Hannes Schellhorn

Effizienzeffekte der Einkommensteuer bei Steuervermeidung

WIRTSCHAFTSWISSENSCHAFT

Hannes Schellhorn

Effizienzeffekte der Einkommensteuer bei Steuervermeidung

Mit einem Geleitwort von Prof. Dr. Wolfgang Wiegard

Deutscher Universitäts-Verlag

Bibliografische Information Der Deutschen Bibliothek
Die Deutsche Bibliothek verzeichnet diese Publikation in der Deutschen Nationalbibliografie; detaillierte bibliografische Daten sind im Internet über <http://dnb.ddb.de> abrufbar.

Dissertation Universität Regensburg, 2004

1. Auflage September 2005

Lektorat: Ute Wrasmann / Dr. Tatjana Rollnik-Manke

Der Deutsche Universitäts-Verlag ist ein Unternehmen von Springer Science+Business Media.
www.duv.de

Umschlaggestaltung: Regine Zimmer, Dipl.-Designerin, Frankfurt/Main

Gedruckt auf säurefreiem und chlorfrei gebleichtem Papier

ISBN-13: 978-3-8244-0793-4 e-ISBN-13: 978-3-322-81169-1
DOI: 10.1007/978-3-322-81169-1

Geleitwort

An Reformvorschlägen zur Einkommensteuer besteht in Deutschland kein Mangel. Der Einschränkung oder Beseitigung bislang gewährter Steuervergünstigungen kommt in den meisten Vorschlägen eine bedeutsame Rolle zu. In der Tat lassen sich für eine solche Verbreiterung der steuerrechtlichen Bemessungsgrundlage vor allem unter dem Aspekt der Steuervereinfachung gute Gründe anführen. Unter ökonomischen Gesichtspunkten kommt es bei der Beurteilung eines Steuersystems aber vor allem auf dessen allokative Eigenschaften an. Den unbefangenen Beobachter mag deshalb verwundern, daß über die mit der Inanspruchnahme von bestehenden Steuervergünstigungen hierzulande verbundenen Wohlfahrtsverluste bislang nur wenig bekannt war. Unter dem Titel "Effizienzeffekte der Einkommensteuer bei Steuervermeidung" leistet vorliegende Arbeit einen wichtigen Beitrag, diese Lücke zu schließen.

Die Arbeit zeichnet sich aus durch eine besonders gelungene Verknüpfung von theoretischer Analyse einerseits und angewandter Finanzwissenschaft andererseits. Sie erweitert zunächst das theoretische Modell zur Ermittlung der Effizienzeffekte der Einkommensbesteuerung um Steuervermeidungsaktivitäten der besteuerten Haushalte. Dies bildet die Grundlage für die nachfolgende empirische Untersuchung des Steuervermeidungsverhaltens und insbesondere für die - im Hinblick auf vorliegende deutsche Forschungsarbeiten methodisch innovative - Schätzung der (kompensierten und unkompensierten) Elastizität des zu versteuernden Einkommens deutscher Steuerpflichtiger im quasi-natürlichen Experiment der Steuerreform 1990. Für die Effizienzanalyse ist dieser Verhaltensparameter zentral, und in der Folge ist der Verfasser in der Lage, für die Bundesrepublik erstmals empirisch fundierte Schätzungen der Zusatzlasten der Einkommensbesteuerung unter Berücksichtigung von Steuervermeidung vorzulegen.

Die Ergebnisse haben erhebliche Konsequenzen für die aktuelle und für zukünftige Steuerreformdiskussionen. Während bislang davon auszugehen war, daß die sich auf das stundenmäßige Arbeitsangebot beziehenden relevanten Elastizitäten vergleichsweise gering ausfallen, ergibt sich nun vor allem (aber nicht nur) bei einkommensstarken Haushalten ein völlig anderes Bild: Die durchschnittlichen und insbesondere die marginalen Zusatzlasten der Einkommensbesteuerung nehmen nämlich eine Größenordnung an, die die Relevanz von Effizienzeffekten gegenüber Verteilungsaspekten in der Steuerreformdebatte in einem neuen Licht erscheinen läßt. In methodischer Hinsicht erweist sich, daß weit verbreitete Steuerwirkungsanalysen mithilfe von Simulationsmodellen ohne Berücksichtigung von Verhaltensreaktionen zu einseitigen Schlußfolgerungen gelangen können. Gerade eine auf die Erzielung von Wachstumsimpulsen ausgerichtete Steuerpolitik darf die Effizienzwirkungen von Steuerreformen nicht außer Acht lassen. Nach den Ergebnissen vorliegender Arbeit kann daran kein Zweifel bestehen.

Prof. Dr. Wolfgang Wiegard

Vorwort

Vorliegende Arbeit wurde Ende des Jahres 2003 an der Wirtschaftswissenschaftlichen Fakultät der Universität Regensburg als Dissertation eingereicht. Eine Reihe von Menschen hat, jeder auf seine Weise, Anteil an ihrem Entstehen, und es ist mir ein Anliegen, ihnen an dieser Stelle zu danken.

Danken möchte ich zuvorderst dem Betreuer der Arbeit, Herrn Prof. Dr. Wolfgang Wiegard, der meine Art, über finanzwissenschaftliche Fragen nachzudenken, in wahrscheinlich schwer zu überschätzendem Maß beeinflußt und mein Vergnügen an solcherart Beschäftigung recht eigentlich erst begründet hat. Dies galt bereits für den ersten Besuch einer seiner Vorlesungen - "Probleme der Staatsverschuldung" im Sommersemester 1995 an der Universität Tübingen -, und erstreckte sich schließlich auf die gesamte Zeit meiner Tätigkeit als wissenschaftlicher Mitarbeiter an seinem Lehrstuhl für Volkswirtschaftslehre an der Universität Regensburg. Ich danke auch dem Zweitgutachter der Arbeit, Herrn Prof. Dr. Wolfgang Buchholz, für eine Vielzahl an Gesprächen über finanzwissenschaftliche Fragen, die mir eine wichtige Begleitung bei der Erstellung meiner eigenen Arbeit waren.

Teile der vorliegenden Arbeit entstanden im Rahmen eines von der Deutschen Forschungsgemeinschaft geförderten Projekts, an dem ich gemeinsam mit Herrn PD Dr. Peter Gottfried beteiligt war. Ohne die Förderung der DFG und ohne die Zusammenarbeit und das sowohl fachlich fruchtbare als auch persönlich vertrauensvolle Verhältnis zu Peter Gottfried wären zentrale Vorhaben dieser Arbeit - vor allem die Erstellung des Mikrosimulationsmodells SIMST sowie die ökonometrischen Schätzungen und deren Interpretation - ohne Zweifel weit weniger gut geglückt. Danken möchte ich auch dem Institut für Angewandte Wirtschaftsforschung (Tübingen) und dessen vormaligem Leiter, Herrn Prof. Dr. Gerd Ronning. Das IAW hat nicht nur die in dieser Arbeit verwendeten Daten zur Verfügung gestellt, sondern mich bei meinen zahlreichen Aufenthalten in Tübingen auch sehr nett und hilfsbereit aufgenommen.

In der ganzen Zeit meiner Tätigkeit als wissenschaftlicher Mitarbeiter an den Universitäten Tübingen und Regensburg hatte ich das Glück, auf tolle Kolleginnen und Kollegen zu treffen. Das betrifft in einem ersten Abschnitt Prof. Dr. Hans Fehr, Dr. Nouhoum Ganaba, PD Dr. Peter Gottfried und Dr. Anna Ruocco. Auf dem abschließenden Teil des Wegs begleiteten mich Dr. Andrea Schrage, mit der ich die theoretischen Aspekte der Steuervermeidung diskutiert habe (und die netterweise die gesamte vorliegende Arbeit kritisch gelesen hat), und Michael Hartwein, der mir auch im Hinblick auf die praktischen Aspekte der Steuervermeidung ein unersetzlicher Gesprächspartner war. Schließlich haben mich Oliver Abeltshauser, Oliver Platzen, Maya Popova und Sabine Schmalhofer als studentische Hilfskräfte bei meiner Arbeit tatkräftig unterstützt.

Ergebnisse der vorliegenden Arbeit wurden im Rahmen von Forschungsseminaren an den Universitäten Regensburg, Würzburg und Zürich, am CESifo in München sowie - mit

Peter Gottfried als Ko-Autor - auf der Jahrestagung des Vereins für Socialpolitik 2002 in Innsbruck vorgetragen. Alle, die sich bei dieser Gelegenheit auf anregende Weise mit der Arbeit auseinandergesetzt haben, haben zu deren Gelingen beigetragen.

In die Zeit, in der ich mich mit dieser Arbeit beschäftigt habe, fiel eine schwere Zeit in meinem Leben. Es ist mir ein ganz besonderes Bedürfnis, denjenigen Menschen zu danken, die mir in dieser Zeit beiseite standen - meinen Freunden Adrian Mattke, Ingo Pitterle, Nouhoum Ganaba, Ruth Große, Gitte Halder, Makarie und Nicol Matt, Christian Münch, Nils Schmid, Axel Stühmer und Martin Summer. Außerdem habe ich eine Gruppe ziemlich mutiger Menschen kennengelernt, an die ich mich mit großer Freude erinnere, besonders an Christijan Sekely und an Christiane Texdorf.

Am meisten freue ich mich darüber, demjenigen Menschen zu danken, der mir am liebsten ist, nämlich meiner Frau Juliane Völz-Schellhorn. Ohne sie hätte ich diese Arbeit vermutlich so oder so ähnlich geschrieben - aber es hätte mir, wie alles andere auch, mit Sicherheit weniger Freude gemacht. Wem sonst als ihr sollte diese Arbeit also gewidmet sein?

Hannes Schellhorn

Inhaltsverzeichnis

Abbildungsverzeichnis

Tabellenverzeichnis

To a large extent, the analysis of taxation is a search of those kinds of activities that escape taxation.
ATKINSON/STIGLITZ (1980, 27)

1 Einleitung

Die Beantwortung der Frage, in welcher Form und in welcher Stärke sich die Erhebung einer Steuer im Verhalten von der Besteuerung betroffener Individuen niederschlägt, zählt seit jeher zu den zentralen und für die Beurteilung finanzpolitischer Entscheidungen wichtigsten Vorhaben der Finanzwissenschaft. Ausgangspunkt jeder theoretischen Auseinandersetzung mit den Wirkungen der Besteuerung ist die Beobachtung, daß mit dem steuerbedingten Ressourcenentzug konfrontierte Haushalte Strategien entwickeln, die zu leistende Steuerzahlung durch Ausweichhandlungen zu vermeiden: So gut wie jede Steuer beeinflußt das Gefüge relativer Preise einer Ökonomie und führt zu Substitutionsprozessen zugunsten nicht oder geringer besteuerter Aktivitäten. In der Folge besteht eine der wichtigsten Erkenntnisse einer finanzwissenschaftlichen Beschäftigung mit den Steuerwirkungen darin, daß die schiere Existenz solch durch preisliche Verzerrungen bedingter Substitutionseffekte über die eigentliche Zahllast der Steuer hinausgehende Nutzenverluste auf seiten der besteuerten Haushalte bewirkt. Es ist unvermeidlich, daß die Wohlfahrt steuervermeidender Haushalte sinkt.

Betrachtet man die Wirkungen einer Einkommensteuer auf das individuelle Verhalten, beschränkt sich die finanzwissenschaftliche Perspektive traditionell ganz überwiegend auf diejenigen Effekte, die von der Besteuerung auf die Zahl der von abhängig Beschäftigten geleisteten Arbeitsstunden ausgehen. In dieser Sichtweise kommt die Einkommensteuer einer diskriminierenden Konsumsteuer gleich, die den Genuß von unproduktiv verbrachter Freizeit gegenüber dem Genuß aller übrigen und aus mühsam erarbeitetem Lohneinkommen erworbenen Güter bevorzugt. Im Resultat verringert sich der "Preis" unbesteuert bleibender Freizeit im Vergleich zum Preis all derjenigen Güter, die man aus bereits versteuertem Einkommen erwirbt. Das steuerlich verzerrte Preissignal motiviert dazu, bei der individuellen Konsumwahl zugunsten des präferentiell behandelten Gutes zu substituieren, und der Haushalt wird animiert, einen Teil der zu leistenden Steuerzahlung durch vermehrten Freizeitkonsum bzw., was dasselbe ist, durch eine Verminderung seines Arbeitsangebots zu vermeiden.

Für die praktische Finanzpolitik ist dann natürlich die Frage nach dem Ausmaß und der Bedeutung dieser Substitutions- und Vermeidungsprozesse in der Wirklichkeit von entscheidendem Interesse, weil sie die Erzielung eines bestimmten Aufkommens schwieriger und die Steuererhebung an sich kostspieliger machen. Tatsächlich existiert eine große Zahl an Schätzungen individueller Arbeitsangebotsfunktionen, die auch international in ihrer großen Mehrzahl zu einem bemerkenswert eindeutigen Ergebnis gelangen: Die allermeisten Arbeitnehmer - (noch immer) vor allem verheiratete Männer, aber auch unverheiratete

Beschäftigte - passen ihre Arbeitszeit in kaum merklichem Umfang an die Besteuerung ihres Lohneinkommens an. Unter diesen Umständen ist die finanzpolitische Schlußfolgerung eindeutig: Mit der Erhebung der Einkommensteuer stünde dem Fiskus eine besonders attraktive Möglichkeit zur Finanzierung staatlicher Aufgaben zur Verfügung. Denn die Einnahmen aus der Einkommensteuer - die sich im Jahr 2002 auf immerhin rund 140 Mrd. Euro oder ein Drittel des gesamten Steueraufkommens in der Bundesrepublik beliefen - würden zum einen weitgehend verzerrungsfrei erzielt. Zum anderen reagierte die Bemessungsgrundlage der Einkommensteuer nahezu unelastisch auf die Höhe der steuerlichen Belastung. Aus Sicht des Fiskus ist das eine solch günstige Eigenschaft einer Steuer, daß die Frage naheläge, ob nicht ein größerer Teil der Staatsausgaben durch die Besteuerung der Löhne zu finanzieren und das Niveau anderer und im Hinblick auf allokative Kriterien vermutlich weniger vorteilhafter Steuerarten zu senken sei.

Die eben umrissene und arbeitsangebotszentrierte Darstellung der Wirkung einer Einkommensteuer läßt sich so oder ähnlich in den meisten finanzwissenschaftlichen Lehrbüchern finden (vgl. für den deutschen Sprachraum etwa HOMBURG, 1997, 184ff.). Andererseits steht diese Beschreibung aber in einem auffallendem Mißverhältnis zu den Eindrücken, die man als Einkommensteuerpflichtiger selbst oder als Beobachter der steuerpolitischen Diskussion in der Bundesrepublik nahezu täglich gewinnt. Sie widerspricht der Erfahrung, die man bei der Erstellung einer Steuererklärung machen kann, weil diese - neben der Höhe des erzielten Bruttoeinkommens - eine Fülle an weiteren Einträgen vorsieht, deren Resultat in einer Minderung des zu versteuernden Einkommens und der letztlich zu entrichtenden Steuerzahlung besteht. Sie widerspricht der Erfahrung, die man bei der Konsultation eines Steuerberaters machen kann, weil dieser (wenn er sein Handwerk beherrscht) seine Klienten gerade auf die aus ihrer Sicht vorteilhaften Möglichkeiten solcher Einträge verweist. Und sie widerspricht einem breiten steuerpolitischen Konsens, der schon seit längerem Klage gegen ein "Übermaß an Ausnahmetatbeständen" bei der Einkommensteuer erhebt und mit der Forderung nach der Abschaffung sogenannter "Steuerprivilegien" oder "Steuerschlupflöcher" verbindet. So verzeichnet mit PAUL KIRCHHOF einer der vernehmlichsten Fürsprecher eines "einfacheren", d. h. um Ausnahmen bereinigten Steuersystems in einem Interview mit dem *stern* vom 30.10.2003 die Existenz von "163 Privilegien im geltenden Steuerrecht".

Es unterliegt folglich keinem Zweifel, daß das existierende System der Einkommensbesteuerung den Haushalten über die verstärkte Freizeitnachfrage hinaus eine Vielzahl an weiteren Möglichkeiten gewährt, auf die Höhe ihrer Steuerzahlung durch Steuervermeidung Einfluß zu nehmen. In den meisten Fällen ist die Wahrnehmung dieser Möglichkeiten - die Lohnzahlung in Form steuerlich begünstigter Nebenleistungen des Arbeitgebers, der Abzug von privat (mit-)veranlaßten Werbungskosten und Betriebsausgaben, die Leistung einer als Sonderausgabe anerkannten Spende, der zu erhöhten Absetzungen berechtigende Kauf einer Mietwohnung und die Nutzung aller übrigen 159 von KIRCHHOF gezählten "Privilegien" - mit der Entscheidung verbunden, in Abwesenheit der Steuer offenbar als nicht vorteilhaft erschienenen Aktivitäten nachzugehen. Hinter der Inanspruchnahme jedes Abzugstatbestands verbirgt sich folglich ein Substitutionsprozeß, der allein aus steuerlichen Gründen vollzogen und der deshalb ebenfalls die im Zusammenhang mit der steuerlichen Beeinflussung der Arbeitsangebotswahl beschriebenen Folgen haben wird: Ein gegebenes Aufkommen läßt sich, weil die steuerliche Bemessungsgrundlage infolge von Steuervermeidung schrumpft, nur mit höheren Steuersätzen und höheren Nutzeneinbußen der besteuerten Haushalte erzielen. Das Vorhaben, sich von der auf die Wahl des Arbeitsangebots zentrierten Sichtweise zu lösen und die verzerrenden, weil zu Steuervermeidung auffordernden Effekte existierender Einkommensteuersysteme auf umfassende und damit realitätsnähere Weise in den Blick zu nehmen, steht im Mittelpunkt vorliegender Arbeit.

Am Beginn dieses Vorhabens befindet sich die Einsicht, daß die Attraktivität sämtlicher Strategien, die ein Individuum mit dem Ziel der Steuervermeidung verfolgt, auf eine gemeinsame Ursache zurückgeführt werden kann: Der Ertrag einer marginalen Minderung der deklarierten Bemessungsgrundlage besteht in einer Kürzung der geleisteten Steuerzahlung, deren Umfang gerade dem aktuellen Grenzsteuersatz eines Steuerpflichtigen entspricht. In Relation zum Preis aus versteuertem Einkommen erworbener Güter sinkt der Preis steuerbegünstigten Konsums deshalb auf die Residualrate (Eins minus Grenzsteuersatz), also auf denjenigen Anteil am letzten Euro des zu versteuernden Einkommens, der nach alternativem Abzug der Steuer beim Steuerpflichtigen verbleibt. Weil sämtliche Steuervermeidungsstrategien ausserdem die Bemessungsgrundlage der Einkommensteuer auf äquivalente Weise schmälern, läßt sich die Intensität steuermindernder Verhaltensweisen in ihrer Gesamtheit in der *Elastizität des zu versteuernden Einkommens in bezug auf die Residualrate* zusammenfassen. Eine umfassende Betrachtung der Wirkungen einer Einkommensteuer auf das Haushaltsverhalten nimmt diesen Verhaltensparameter - der durch steuerliche Anreize bewirkte Verhaltensänderungen in ihrer Gesamtheit erfaßt und damit die Elastizität des Arbeitsangebots in bezug auf den Nettolohnsatz einschließt, aber um offensichtlich wesentliche Steuervermeidungsoptionen erweitert - in den Blick.

In der Folge lassen sich die Ausführungen vorliegender Arbeit sämtlich als Variationen desselben Themas interpretieren - der Frage, welche Bedeutung der Elastizität des zu versteuernden Einkommens bei der allokativen Beurteilung eines Einkommensteuersystems im allgemeinen und der deutschen Einkommensteuer im besonderen zukommt. In ihren theoretischen Teilen demonstriert diese Arbeit, daß sich wichtige Aussagen zu den Effizienzeigenschaften einer Einkommensteuer nur treffen lassen, wenn man über empirische Kenntnisse zur Elastizität des zu versteuernden Einkommens verfügt. Sie betrachtet zu diesem Zweck das Entscheidungsproblem eines Haushalts, dem sich bei der Besteuerung seines Einkommens - in Erweiterung des herkömmlichen Konsum-Freizeit-Modells - mehrere und unterschiedliche Charakteristika aufweisende Möglichkeiten eröffnen, auf die Höhe des letztlich zu versteuernden Einkommensbetrags Einfluß zu nehmen. Diese Herangehensweise ermöglicht, eine SLUTSKY-Gleichung für das zu versteuernde Einkommen zu entwickeln, mit deren Hilfe sich Substitutions- und Einkommenseffekte einer geringeren Residualrate auf steuerlich relevantes Verhalten und deklarierte Bemessungsgrundlage isoliert voneinander betrachten lassen. Zur Beurteilung der Effizienzeigenschaften einer

Steuer kommt es gerade auf das gesamte Ausmaß der induzierten Substitutionseffekte an. In der Folge läßt sich einerseits zeigen, daß die durch Erhebung einer Einkommensteuer bewirkten Wohlfahrtsverluste proportional mit der kompensierten Elastizität des zu versteuernden Einkommens in bezug auf die Residualrate zunehmen. Je stärker die Haushalte auf die Besteuerung durch Steuervermeidungsaktivitäten reagieren - je höher also die unkompensierte Elastizität des zu versteuernden Einkommens - desto höher steigt wiederum auch der Wert der *marginal cost of public funds* und desto schwieriger wird es, mit den Einnahmen aus der Einkommensteuer finanzierte öffentliche Projekte allokativ zu rechtfertigen.

Im Hinblick auf wichtige finanzpolitische Fragestellungen möchte man dann natürlich wissen, ob Steuervermeidung hierzulande - wie es die aktuelle steuerpolitische Diskussion eigentlich nahelegt - tatsächlich ein quantitativ bedeutsames Phänomen darstellt, oder mit anderen Worten: auf welchen Wert sich die Elastizität des zu versteuernden Einkommens deutscher Steuerpflichtiger beläuft. Ausgehend von LINDSEY (1987) und FELDSTEIN (1995a) bis zu in jüngster Zeit von GRUBER/SAEZ (2002) vorgenommenen Schätzungen stellen vor allem US-amerikanische Untersuchungen eine bemerkenswert starke Sensitivität des Steuervermeidungsverhaltens der Haushalte gegenüber der Höhe ihrer steuerlichen Grenzbelastung fest. Vergleichbare Untersuchungen lagen für die Bundesrepublik bislang nicht vor. Das vor diesem Hintergrund naheliegende Ziel dieser Arbeit besteht deshalb im weiteren darin, eine erste empirische Schätzung der Elastizität des zu versteuernden Einkommens deutscher Steuerpflichtiger vorzunehmen.

Methodisch knüpfen die angewandten Teile dieser Arbeit am Vorgehen der genannten US-amerikanischen Untersuchungen an, und für dieses Vorgehen gibt es im deutschen Fall so seltene Beispiele, daß seine grundlegende Idee an dieser Stelle kurz verdeutlicht werden soll. Unmittelbar einsichtig ist zunächst, daß sich eine Schätzung der Beziehung zwischen individueller Residualrate einerseits und Höhe des deklarierten zu versteuernden Einkommens andererseits auf Basis einzelner Steuerveranlagungen im zeitpunktbezogenen Querschnitt einem ökonometrischen Problem gegenübersähe; denn natürlich handelt es sich bei der tatsächlich beobachteten Residualrate um eine von der Höhe des zu versteuernden Einkommens und damit vom Verhalten des betrachteten Steuerpflichtigen selbst abhängige und insofern endogene Größe. Die empirische Strategie besteht aus diesem Grund darin, das Verhalten eines bestimmten Steuerpflichtigen im Anschluß an eine aus seiner Sicht *exogene* Variation von Grenzsteuersatz bzw. Residualrate in den Blick zu nehmen. In diesem Sinne interpretiert vorliegende Arbeit die im Rahmen der "großen" Steuerreform 1990 vollzogene Tarifsenkung als *natürliches Experiment* und identifiziert die Intensität des individuellen Steuervermeidungsverhaltens in der Änderung des zu versteuernden Einkommens, das von der reformbedingten Änderung ihrer Residualrate in unterschiedlichem Ausmaß betroffene Steuerpflichtige im Veranlagungsjahr 1990 - im Vergleich zur Situation vor Durchführung der Reform - deklarierten. Sie bedient sich bei diesem Vorhaben der Daten des IAW-Steuerpanels, das (fast) alle bei der individuellen Veranlagung erhobenen

Angaben einer identischen Gruppe von rund 40.000 Steuerpflichtigen für die Jahre 1988 bis 1991 im zeitlichen Längsschnitt umfaßt.

Unsere empirische Analyse beruht auf zwei im Kern verwandten, aber methodisch unterschiedlichen Schätzverfahren. Der erste Ansatz orientiert sich an einer Variante der in diesem Kontext erstmals von FELDSTEIN (1995a) angewandten *difference-in-differences*-Methode. Der Vorteil dieser Methode besteht darin, daß sich der Verhaltensparameter von Interesse - hat man die für die Berechnung notwendigen Variablen einmal konstruiert - auf einfache und nachvollziehbare Weise ermitteln läßt. Nun resultieren FELDSTEINs (1995a) Berechnungen vor dem Hintergrund der US-amerikanischen Steuerreform von 1986 in Elastizitätswerten, die ein außerordentlich hohes und finanzpolitische Konsequenzen geradezu herausforderndes Ausmaß annehmen. Ein wichtiges Ergebnis vorliegender Arbeit besteht darin, daß sich diese Werte, wenn man FELDSTEINs (1995a) Konzept auf eine Untersuchung der Steuerreform 1990 überträgt, im deutschen Fall offensichtlich *nicht* replizieren lassen. Dies ist deswegen bemerkenswert, weil sich vorliegende Arbeit wichtigen Kritikpunkten an der Arbeit FELDSTEINs (1995a) - zum Teil wegen des Charakters der zugrundeliegenden Steuerreform, zum Teil wegen eines methodisch in mehrerlei Hinsicht weniger angreifbaren Vorgehens - gerade nicht gegenübersieht. Stattdessen sprechen nach der Auffassung dieser Arbeit triftige Gründe gegen eine Verwendung der *difference-in-differences*-Methode zur Berechnung der Elastizität des zu versteuernden Einkommens, und die Plausibilität der vielbeachteten Ergebnisse FELDSTEINs (1995a) bedarf nach ihrer Meinung zumindest der Interpretation.

In den folgenden Abschnitten wendet sich vorliegende Arbeit mit der multivariaten Regressionsanalyse auf Basis eines *fixed effects*-Modells deswegen auch einem alternativen Schätzverfahren zu, mit dem sich wichtige der bei der FELDSTEINschen (1995a) Analyse aufgetretenen Probleme vermeiden lassen. Das zentrale Ergebnis dieser Schätzungen kann an dieser Stelle vorweggenommen werden: Vornehmlich (aber nicht nur) Steuerpflichtige mit vergleichsweise hohem Einkommen passen die Höhe der deklarierten Bemessungsgrundlage auf eindeutig meßbare Weise an eine Änderung von Grenzsteuersatz und Residualrate an, und dieses gegenüber steuerlichen Anreizen sensible Verhalten schlägt sich in einer Elastizität des zu versteuernden Einkommens einkommensstarker Haushalte von mindestens $0,6$ nieder. Eine Elastizität des zu versteuernden Einkommens in dieser Höhe, die den Ergebnissen jüngerer US-amerikanischer Untersuchungen sehr nahe kommt, übersteigt die von den eingangs erwähnten empirischen Schätzungen individueller Arbeitsangebotsfunktionen ermittelten Verhaltensparameter offensichtlich bei weitem. Der erweiterte, weil sämtliche Vermeidungsmöglichkeiten erfassende Blick auf das Verhalten von Haushalten, deren Einkommen der Besteuerung unterliegt, ist demnach auch quantitativ von großer Bedeutung.

In einem letzten Schritt versucht vorliegende Arbeit - vor dem Hintergrund der theoretisch gewonnenen Einsichten und auf Basis der empirisch beobachteten Intensität, in der Haushalte in der Bundesrepublik zu steuervermeidendem Verhalten neigen - zu einer

Einschätzung der Effizienzeigenschaften des deutschen Einkommensteuersystems zu gelangen. Die durch die Besteuerung hoher Einkommen verursachten Wohlfahrtsverluste sind beträchtlich und belaufen sich bei einkommensstarken Steuerpflichtigen auf durchschnittlich 40 Prozent des entrichteten Steuerbetrags. Etwas vereinfacht ausgedrückt, wären diese Haushalte folglich bereit, für jeden Euro ihrer Steuerzahlung einen Betrag in Höhe von 1,40 Euro aufzuwenden, wenn die Einkommensteuer in ihrer derzeitigen Form abgeschafft werden und stattdessen ein Pauschalbetrag in selber Höhe zu entrichten sein würde. Betrachtet man außerdem die Folgen der mit der Einführung des Solidaritätszuschlags 1991 verbundenen Steuererhöhung, treten die adversen Folgen steuervermeidenden Verhaltens sogar noch deutlicher vor Augen. Durch die Erhöhung ihrer Grenzsteuersätze nahm die Attraktivität von Strategien zur Minderung der Bemessungsgrundlage aus Sicht einkommensstarker Steuerpflichtiger nach 1991 nämlich deutlich zu. Im Resultat gingen dem Fiskus etwa zwei Drittel des unter der (unrealistischen) Vorausetzung eines gegebenen Verhaltens erzielten Aufkommens aus dem Solidaritätszuschlag verloren, und die neu entstandenen Verzerrungen schlugen sich in Nutzenverlusten nieder, die sich auf fast das doppelte der letztlich entrichteten Abgabe belaufen!

Fazit und finanzpolitische Implikationen vorliegender Arbeit sind vor diesem Hintergrund eindeutig: Ganz anders, als es ein Blick auf die Arbeitsangebotsliteratur allein nahelegt, sind mit der Erhebung der Einkommensteuer in der Bundesrepublik Effizienzverluste in bedeutsamem Umfang verbunden. An der Wohlfahrt der besteuerten Haushalte orientierte steuerpolitische Entscheidungen dürfen sich offensichtlich nicht auf die Folgen einer verzerrten Arbeitsangebotsentscheidung beschränken, sondern ziehen Ausmaß und allokative Konsequenzen sämtlicher Strategien zur Minderung der einkommensteuerlichen Bemessungsgrundlage in Betracht.

Diese Arbeit gliedert sich wie folgt. *Abschnitt 2* nimmt eine theoretische Perspektive auf das Verhalten eines Haushalts ein, der sich der Erhebung einer Strategien zur Minderung der deklarierten Bemessungsgrundlage in mehrerlei Hinsicht ermöglichenden Einkommensteuer gegenübersieht. Zu diesem Zweck werden zunächst die vom deutschen Einkommensteuerrecht gewährten Möglichkeiten zur Kürzung des zu versteuernden Einkommens klassifiziert und Entscheidungen zu Steuervermeidung (in Form des Konsums spezieller steuerlich begünstigter Güter) von Entscheidungen zu Steuergestaltung und Steuerhinterziehung (in Form der Verfolgung steuerlich vorteilhafter Aktivitäten, die nicht den Konsum eines bestimmten Gutes gekoppelt sind) abgegrenzt. Das in Abschnitt 2.2 entwickelte theoretische Modell erweitert das herkömmliche Konsum-Freizeit-Modell um zusätzliche Steuervermeidungsoptionen des betrachteten Haushalts und leitet aus dem individuellen Optimierungskalkül die SLUTSKY-Gleichung für das zu versteuernde Einkommen sowohl bei der Existenz eines proportionalen als auch bei der Existenz eines auf allgemeine Weise progressiven Steuertarifs ab (Abschnitt 2.2.2). Unter bestimmten Voraussetzungen behält die SLUTSKY-Gleichung für das zu versteuernde Einkommen auch dann Gültigkeit, wenn man zu Steuergestaltung und Steuerhinterziehung animierende Anreize des Einkommensteuersystems in die Analyse einbezieht (Abschnitt 2.2.3).

Auf Grundlage der zuvor gewonnenen Einsichten wendet sich Abschnitt 2.3 einer theoretischen Analyse der Allokationswirkungen der Einkommensbesteuerung zu. Mithilfe geeigneter Konzepte zur Messung individueller Wohlfahrt werden dort sowohl die absoluten Zusatzlasten (Abschnitt 2.3.2) als auch die marginalen Zusatzlasten der Erhöhung eines progressiven Steuertarifs (Abschnitt 2.3.3) ermittelt, die dem besteuerten Haushalt bei optimaler Anpassung seines Verhaltens an von der Besteuerung ausgehende Anreize auf zwangsläufige Weise entstehen. Die durch Erhebung der Einkommensteuer bewirkten Effizienzverluste nehmen mit der - der SLUTSKY-Gleichung für das zu versteuernde Einkommen zu entnehmenden - kompensierten Elastizität des zu versteuernden Einkommens in bezug auf die Residualrate zu. Abschnitt 2.4 stellt deswegen die Frage, ob und unter welchen Bedingungen der Steuergesetzgeber diesen Verhaltensparameter durch die absichtsvolle Begünstigung bestimmter Konsumgüter senken und die Effizienzeigenschaften des Systems insgesamt auf diese Weise verbessern kann. Mithilfe eines solchen für *second best*-Situationen typischen Arguments läßt sich auch zeigen, daß die (in den meisten Fällen sicherlich naheliegende) Befürwortung des SCHANZ-HAIG-SIMONS-Prinzip einer "idealerweise" möglichst breiten einkommensteuerlichen Bemessungsgrundlage einer in manchen Fällen gar nicht so simplen Rechtfertigung bedarf. Abschnitt 2.5 schließlich erweitert die normative Analyse um Effekte staatlicher Ausgaben, die durch Einnahmen aus der Einkommensteuer finanziert werden. Je stärker die Haushalte auf mit der Besteuerung einhergehende Preisänderungen in Form eines zunehmenden Steuerentzugs reagieren, desto höher steigt die *marginal cost of public funds* eines öffentlichen Projekts, und desto unwahrscheinlicher wird es, daß das Projekt eine Verbesserung in der Nutzenposition der betroffenen Haushalte erbringt.

Abschnitt 3 leitet über zu der empirischen Untersuchung von Ausmaß und Folgen, die Steuervermeidungsstrategien bei der deutschen Einkommensteuer aufweisen. Dieser Untersuchung liegen Mikrosteuerdaten des IAW-Einkommensteuerpanels zugrunde, dessen Umfang und Struktur in Abschnitt 3.1 beschrieben wird. Das für die Datenlage in der Bundesrepublik in vielerlei Hinsicht exzeptionelle IAW-Steuerpanel enthält die individuellen Veranlagungsdaten von rund 40.000 in den Jahren 1988 bis 1991 ununterbrochen erfaßten Steuerfällen und bildet im besonderen die Höhe und Zusammensetzung von Einkünften und geltend gemachten Abzügen auf detaillierte Weise ab. Das in Abschnitt 3.1.3 vorgestellte und im Rahmen unserer empirischen Arbeit an wichtigen Stellen benötigte Mikrosimulationsmodell SIMST erlaubt, die erfaßten Steuerfälle auf Basis des tatsächlichen Steuerrechts oder alternativer (auch fiktiver) Regelungen einer steuerlichen Veranlagung zu unterziehen. Auf Grundlage des IAW-Steuerpanels bietet Abschnitt 3.2 schließlich einen deskriptiven Überblick über die empirische Relevanz, die sich bei einzelnen Steuerminderungstatbeständen in den Veranlagungsdaten des Jahres 1989 feststellen läßt. Eingegangen wird dabei insbesondere auf die Bedeutung, die der Generierung von negativen Einkünften im Rahmen des vertikalen Verlustausgleichs sowie dem Sonderausgabenzug im Veranlagungsverhalten der Steuerpflichtigen in diesem Jahr - abhängig von der Höhe der deklarierten Gesamteinkünfte - zukam.

Abschnitt 4 bietet einen selektiven Überblick über Vorgehen und Ergebnisse vorliegender empirischer Untersuchungen, die sich mit der Intensität einzelner Steuerminderungsstrategien im Verhalten besteuerter Haushalte auseinandersetzen. Abschnitt 4.2 beschäftigt sich mit dem "traditionellen" Strang dieser Literatur, der sich meist auf die Effekte einer *einzelnen* steuerlichen Verzerrung relativer Preise und einer einzelnen Form der Steuervermeidung - typischerweise (aber nicht nur) auf die Wirkung steuerbedingt gesunkener Nettolohnsätze auf das individuelle Arbeitsangebot - konzentriert. Die Schwierigkeit dieser Untersuchungen besteht darin, daß sich eine Vielzahl steuerlich bewirkter und unter Umständen bedeutsamer Verhaltensänderungen selbst bei der Analyse einzelner Veranlagungen nicht als solche erkennen und deshalb empirisch nur schwer evaluieren läßt. Die Antwort der in Abschnitt 4.3 beschriebenen *New Tax Responsiveness*-Literatur besteht darin, in der Folge einen stärker umfassenden Blickwinkel auf steuerlich verzerrte Verhaltensweisen einzunehmen und durch die Betrachtung der Höhe des deklarierten zu versteuernden Einkommens die Bedeutung individueller Steuerminderungsstrategien in ihrer Gesamtheit zu erfassen. Die ausgehend von LINDSEY (1987) und FELDSTEIN (1995a) bis zu GRUBER/SAEZ (2002) vorgenommenen Schätzungen der Elastizität des zu versteuernden Einkommens lassen sich - ebenso wie vorliegende Arbeit - als Beitrag zur *New Tax Responsiveness*-Literatur verstehen.

Abschnitt 5 dokumentiert Vorgehen und Ergebnisse einer ersten Schätzung der Elastizität des zu versteuernden Einkommens deutscher Haushalte, die sich an der in diesem Kontext erstmals von FELDSTEIN (1995a) angewandten *difference-in-differences*-Methode zur Ermittlung individueller Verhaltensparameter orientiert. Indem sie FELDSTEINs (1995a) Vorgehen auf den deutschen Fall überträgt, interpretiert diese Arbeit die Steuerreform 1990 als quasi-natürliches Politikexperiment, in dessen Verlauf der Grenzsteuersatz deutscher Steuerpflichtiger einer zum Teil beträchtlichen Änderung unterlag. Den Zusammenhang zwischen Höhe der Residualrate einerseits und Intensität des individuellen Steuervermeidungsverhaltens andererseits läßt sich dann durch die Beobachtung derjenigen Anpassung des zu versteuernden Einkommens identifizieren, die von der reformbedingten Änderung der steuerlichen Anreize unterschiedlich stark betroffene Steuerfälle in ihrer Veranlagung 1990 vornahmen.

Abschnitt 5.1 stellt zunächst die aus Sicht dieser Arbeit wichtigsten Bestandteile des Steuerreformgesetzes 1990 vor und beschreibt, welchen Änderungen der steuerlichen Anreizstrukturen sich die Steuerpflichtigen im Veranlagungsjahr 1990 gegenübersahen. Abschnitt 5.2 erläutert die gewählte empirische Strategie und weist auf die zum Teil weitreichenden Voraussetzungen hin, unter denen einfache *diff-in-diff*-Berechnungen in aussagekräftigen Elastizitätswerten resultieren. Die folgenden Abschnitte demonstrieren, welche Bedeutung vor diesem Hintergrund der Wahl des Beobachtungszeitraums (Abschnitt 5.3), der Selektion der beobachteten Steuerfälle (Abschnitt 5.4) und der exogenen Fortschreibung der Veranlagungsdaten (Abschnitt 5.5) vor allem im Hinblick auf eine möglichst homogene Zusammensetzung von Experiment- und Kontrollgruppe des natürlichen Experiments zukommt. Die Abschnitte 5.6.1 und 5.6.2 vollziehen die Konstruktion von exogener Variable - der reformbedingten Änderung der Residualrate - und endogener Variable - der Änderung des zu versteuernden Einkommens im Veranlagungsjahr 1990 - der empirischen Schätzung nach. Abschnitt 5.7 schließlich präsentiert die Ergebnisse unserer *diff-in-diff*-Berechnungen, die, wie eingangs erwähnt, die außerordentlich hohen Elastizitätswerte der Studie FELDSTEINs (1995a) deutlich unterschreiten. Gründe für diese Beobachtung, die sich vor allem auf die Bedeutung von exogenen - d. h. zeitgleich mit, aber unabhängig von der untersuchten Steuerreform wirksamen - Determinanten des zu versteuernden Einkommens im Untersuchungszeitraum beziehen, werden in der Diskussion unserer Ergebnisse in Abschnitt 5.8 deutlich gemacht. Im Fazit gelangt diese Arbeit zu der Auffassung, daß einfache *diff-in-diff*-Berechnungen aus grundsätzlichen Erwägungen heraus keine adäquate Methode darstellen, um aus Änderungen des steuerlich relevanten Verhaltens im Anschluß an die deutsche Steuerreform 1990 auf die Höhe der individuellen Elastizität des zu versteuernden Einkommens zu schließen.

Mit der multivariaten Regressionsanalyse auf Basis eines *fixed effects*-Modells wendet sich vorliegende Arbeit demzufolge in *Abschnitt 6* einem alternativen Schätzverfahren zu, das auf die zuvor konstruierten Schätzvariablen zurückgreift, sich den bei der *diff-in-diff*-Berechnung aufgetretenen Problemen aber in erheblich geringerem Umfang gegenübersieht. Abschnitt 6.2 erläutert zunächst ausführlich die gewählte Schätzspezifikation, die von den Effekten der Steuerreform selbst unabhängige Determinanten einer Änderung des zu versteuernden Einkommens im Untersuchungszeitraum separat zu erfassen und Substitutions- und Einkommenseffekte der Steuersenkung auf das Verhalten der Steuerpflichtigen unabhängig voneinander zu identifizieren erlaubt. Die Ergebnisse der empirischen Schätzung, die auch eine Überprüfung der Hypothese mit der Höhe des deklarierten Einkommens variierender Elastizitätswerte vornimmt, werden in Abschnitt 6.3 dokumentiert und in Abschnitt 6.4 diskutiert. Neben einem Vergleich mit den Ergebnissen verwandter Untersuchungen (und der Erörterung möglicher Gründe, die es für differierende Schätzwerte geben kann) enthält dieser Abschnitt auch Überlegungen zur Repräsentativität der vorgelegten Schätzresultate.

Das zentrale Ergebnis der Schätzungen besteht in der Beobachtung, daß die kompensierte Elastizität des zu versteuernden Einkommens von Steuerpflichtigen mit einem zu versteuernden Einkommen von mehr als 80.000 DM in der Bundesrepublik zu Beginn der 1990er Jahre einen Wert von mindestens 0,6 annimmt. Abschnitt 6.5 verwendet dieses Schätzergebnis, um die Höhe der absoluten und der marginalen Zusatzlasten, die einkommensstarken Haushalte hierzulande durch die Besteuerung ihres Einkommens erwachsen, empirisch zu quantifizieren und dadurch zu einer Einschätzung der Effizienzeigenschaften des deutschen Einkommensteuersystems zu gelangen. Neben der Ermittlung der durch das Einkommensteuersystem an sich bewirkten Nutzeneinbußen (Abschnitt 6.5.2) werden im besonderen auch die Effizienzwirkungen der Steuerreform 1990 (Abschnitt 6.5.3) und des 1991 eingeführten Solidaritätszuschlags (Abschnitt 6.5.4) auf Basis individueller Veranlagungsdaten quantifiziert. Die durch die Besteuerung hoher Einkommen in der Bundesrepublik verursachten Wohlfahrtsverluste sind beträchtlich. Abschnitt 6.5.5 erörtert die finanzpolitischen Konsequenzen dieser Feststellung und setzt sich insbesondere mit der naheliegenden Frage auseinander, ob und unter welchen Voraussetzungen sich die auf Grundlage von über ein Jahrzehnt zurückliegenden Daten und steuerpolitischen Ereignissen gewonnenen Erkenntnisse auf die heutige Situation der Einkommensbesteuerung in der Bundesrepublik übertragen lassen.

Abschnitt 7 faßt die zentralen Ergebnisse vorliegender Untersuchung zusammen und schließt diese Arbeit ab.

2 Theorie der Steuervermeidung

2.1 Die ökonomische Bedeutung der Steuervermeidung

2.1.1 Zum Begriff der Steuervermeidung

Die vorliegende Arbeit beschäftigt sich mit dem Steuervermeidungsverhalten von Haushalten, deren Einkommen der Besteuerung unterliegt. In einer sehr allgemeinen Definition versteht diese Arbeit unter dem Begriff der *Steuervermeidung* sämtliche Handlungen eines Individuums, die als Reaktion auf den steuerlichen Eingriff in relative (Konsumgüter-)Preise auf legale Weise in einer Verringerung des zu entrichtenden Steuerbetrags resultieren.

In einer Welt ohne Steuern ließen sich sämtliche für die Höhe des erzielten Einkommens relevanten Entscheidungen eines Individuums auf zwei Bestimmungsfaktoren zurückführen: Zum einen auf die spezifischen Möglichkeiten des Individuums zur Einkommenserzielung, d. h. auf seine mit allen denkbaren Möglichkeiten einer monetär honorierten Beschäftigung verbundene Produktivität; und zum anderen auf die spezifischen Neigungen des Individuums, entweder das erzielte Einkommen auf die individuell bevorzugte Art zu verwenden oder sich gerade *nicht* auf mühevolle Weise produktiv zu betätigen, d. h. auf seine Präferenzen für Freizeit und alle übrigen aus dem erzielten Einkommen erworbenen Konsumgüter. Die Frage, in welcher Relation das Individuum seine Ausstattung auf den Erwerb einzelner Konsumgüter aufteilt, bliebe von steuerlichen Aspekten unberührt.

Tatsächlich unterliegt das erzielte Einkommen aber der Besteuerung, was zum einen bei gegebenem Einkommen die Konsummöglichkeiten des Individuums schmälert und schon deswegen eine Anpassung seiner Entscheidungen in Form einer Einschränkung seines Konsumplans erforderlich macht. Zum anderen greifen existierende Einkommensteuersysteme in vielfacher Weise in das Gefüge relativer Preise einer Ökonomie ein und vermitteln Anreize, nicht oder geringer besteuerte Güter bevorzugt nachzufragen und auf diese Weise die Höhe des erzielten (Brutto-)Einkommens oder, was im allgemeinen nicht dasselbe ist, die Höhe des letztlich zu versteuernden Einkommensbetrags zu reduzieren. Die Gesamtheit dieser Substitutionsprozesse, die sich als Reaktion auf steuerbedingt verzerrte preisliche Anreize interpretieren lassen und in der Vermeidung eines Teils der individuellen Steuerzahlung resultieren, werden in der vorliegenden Arbeit als *Steuervermeidung* bezeichnet.

So macht die Besteuerung des Einkommens die nicht-produktive Zeitgestaltung im Vergleich zur steuerlosen Situation attraktiver, da dem Individuum vom mühsam erworbenen Einkommen bloß ein um die Steuerzahlung verminderter Anteil verbleibt.[1] Für sich

[1] Auf ähnliche Weise entstehen Anreize, aus versteuertem Einkommen erworbene Konsumgüter durch in unbesteuerter Eigenarbeit hergestellte Güter zu ersetzen (vgl. ATKINSON/STIGLITZ, 1980, 27 und 46f.). Wenn im folgenden von der steuerlich beeinflußten Höhe des Freizeitkonsums eines Individuums

genommen, wird das von der Besteuerung ausgehende Preissignal einen zusätzlichen Freizeitkonsum des Individuums zur Folge haben. Zu den theoretischen Implikationen dieser Form der Steuervermeidung existiert eine umfangreiche finanzwissenschaftliche Literatur, die sich vor allem auf die Effekte der Besteuerung auf das Arbeitsangebot abhängig Beschäftigter konzentriert (vgl. etwa ATKINSON/STIGLITZ, 1980, Lektion 2). Auf vergleichbare Weise mindert die Besteuerung aber auch die Opportunitätskosten des Freizeitkonsums derjenigen Individuen, die - etwa als Selbständige, als Gewerbetreibende oder als Besitzer fremdgenutzter Immobilien - über andere Möglichkeiten zur Erzielung besteuerten Einkommens verfügen.[2]

Darüber hinaus begünstigt die Ausgestaltung des Einkommensteuerrechts aber auch einzelne Formen der konsumptiven Einkommensverwendung, indem bestimmte Entlohnungsbestandteile unbesteuert bleiben und bestimmte (ganz oder teilweise) privat veranlaßte Aufwendungen als Betriebsausgaben oder Werbungskosten vom erzielten Einkommen abzugsfähig sind.

So knüpft im Falle von Einkommen aus nichtselbständiger Arbeit die Besteuerung in erster Linie an der Lohnzahlung des Arbeitgebers an. Nicht-monetäre Entlohnungsbestandteile sind zwar prinzipiell ebenso steuerpflichtig (§§ 8 Abs. 1 und 19 EStG), entziehen sich tatsächlich aber häufig der Besteuerung.[3] Zum einen ist hierfür das Steuerrecht selbst die Ursache, wenn es etwa eine begrenzt steuerfreie Inanspruchnahme von Belegschaftsrabatten (§ 8 Abs. 3 EStG) zuläßt. Steuerfrei bleiben außerdem zum Beispiel vom Arbeitgeber erbrachte Leistungen zur Betreuung der Kinder des Arbeitnehmers (§ 3 Nr. 33 EStG) sowie Zuschüsse zu den Aufwendungen des Arbeitnehmers für Fahrten zwischen Wohnung und Arbeitsstätte mit einem öffentlichen Verkehrsmittel (§ 3 Nr. 34 EStG). Einer pauschalen Besteuerung in Höhe von 25% unterliegen vom Arbeitgeber unentgeltlich oder verbilligt angebotene Mahlzeiten oder äquivalente Essensgutscheine (§ 40 Abs. 2 Nr. 1 EStG) sowie dem Arbeitnehmer übereignete Computerhard- und -software (§ 40 Abs. 2 Nr. 5 EStG); wenn der aktuelle Grenzsteuersatz des Beschäftigten den pauschalierten Steuersatz überschreitet, ist die Inanspruchnahme der genannten Leistungen als Ersatz steuerlich höher belasteten Barlohns vorteilhaft. Gänzlich steuerlich unberücksichtigt bleiben betriebliche Nebenleistungen schließlich in denjenigen Fällen, in denen die beim Ar-

die Rede ist, schließt dieser Begriff immer den Zeitaufwand ein, den das Individuum der Substitution auf einem Markt erworbener durch in Eigenproduktion hergestellte Güter widmet.

2 Daneben hat die Besteuerung des Einkommens eine Anpassung der Sparentscheidung sowie der unter Unsicherheit getroffenen Kapitalanlage- bzw. Portfolioentscheidungen eines Steuerpflichtigen zur Folge. In beiden Fällen greift die Besteuerung ebenfalls in relative Preise - zwischen heutigem und zukünftigem Konsum bzw. zwischen sicheren und riskanten Optionen einer Kapitalanlage - ein (vgl. etwa ATKINSON/STIGLITZ, 1980, Lektionen 3 und 4). Die entsprechenden steuerinduzierten Verhaltensänderungen ließen sich auf Grundlage eingangs genannter Definition ebenfalls als Steuervermeidung klassifizieren. Die vorliegende Arbeit beschränkt sich aber auf das Steuervermeidungsverhalten in einer statischen Perspektive und klammert die steuerliche Beeinflussung intertemporaler Konsumentscheidungen aus.

3 Vgl. zum folgenden vor allem WAGNER (1992). KATZ/MANKIEW (1985) bieten einen ausführlichen Überblick über die - der deutschen Situation im wesentlichen sehr ähnlichen - Formen begünstigt behandelter Lohnnebenleistungen im US-amerikanischen Steuersystem.

beitnehmer entstandenen Vorteile für den Fiskus entweder nur schwer monetär zu bewerten oder überhaupt nicht zu beobachten sind. Dies betrifft die materielle Ausgestaltung der Arbeitsbedingungen des Beschäftigten, zu denen die Einrichtung des Arbeitsplatzes ebenso gehört wie die Pflege des zur Verfügung gestellten Dienstwagens sowie Anzahl und Komfort der bewilligten Dienstreisen o. ä. (vgl. dazu SCHMIDT, 2001, 1592f.); sowie die Vorteile aus der privaten Nutzung betrieblich bereitgestellter Arbeitsmittel, auf deren Besteuerung der Fiskus etwa im Fall von Personalcomputern und Telekommunikationsgeräten zur Gänze verzichtet (§ 3 Nr. 45 EStG).[4] Natürlich hat diese kursorische Aufzählung nur beispielhaften Charakter und erhebt keinen Anspruch auf Vollständigkeit. Deutlich wird aber, daß das Steuerrecht in vielerlei Hinsicht explizite oder implizite Anreize bietet, monetäre Lohnbestandteile durch betriebliche Nebenleistungen mit aus Sicht des abhängig beschäftigten Steuerpflichtigen konsumptivem Charakter zu ersetzen.

Eine weitere Möglichkeit zur Steuervermeidung entsteht, weil das Einkommensteuerrecht auf dem sogenannten "objektiven Nettoprinzip" basiert (vgl. TIPKE/LANG, 1991, 203) und Aufwendungen eines Steuerpflichtigen, die selbst durch die Erzielung steuerpflichtiger Einnahmen veranlaßt sind, als Werbungskosten (§ 9 EStG) oder Betriebsausgaben (§ 4 EStG) bei der Ermittlung der steuerpflichtigen Einkünfte zum Abzug zu bringen erlaubt. Tatsächlich macht schon die flüchtige Lektüre der juristischen Kommentarliteratur deutlich, daß bei der Abgrenzung zwischen beruflicher Veranlassung einerseits und privatem Nutzenzuwachs andererseits eine Vielzahl an Schwierigkeiten entsteht.[5] Dies betrifft gerade die bei Einnahmen aus nichtselbständiger Arbeit besonders häufig und in besonders hohen Beträgen geltend gemachten Aufwendungen für Fahrten zwischen Wohnung und Arbeitsstätte, die regelmäßig als Werbungskosten anerkannt und entfernungsabhängig pauschaliert zum Abzug gebracht werden (§ 9 Abs. 1 Nr. 4 EStG und SCHMIDT, 2001, 794f.). Die Entscheidung über Wohnortwahl bzw. Entfernung des Wohnorts zum Arbeitsplatz dürfte aber in vielen Fällen privat veranlaßt sein (vgl. dazu BEIRAT BMWI, 1996, 16; und vor allem RICHTER/THIELE, 1998). Offensichtlich ist die private (Mit-)Veranlassung auch bei den geltend gemachten Aufwendungen für das häusliche Arbeitszimmer, bei denen sich der Rahmen des zulässigen Werbungskostenabzugs nach der Relation zwischen beruflicher *und* - von seiten des Fikus niemals gänzlich auszuschließender - privater Nutzung bemißt (vgl. SCHMIDT, 2001, 1623-1629).

4 Erkennbar wird, daß von der Existenz einer Einkommensteuer ganz ähnliche Anreize darauf ausgehen, Güter innerhalb eines Unternehmens (in Form unbesteuerter Nebenleistungen als Barlohnsubstitut) zu konsumieren wie auch innerhalb des Haushalts zu produzieren. Da die Besteuerung am beobachtbaren *Markt*einkommen anknüpft, bleibt dem Fiskus die steuerliche Erfassung solcher nicht über Märkte vollzogener Transaktionen im allgemeinen verwehrt (vgl. dazu den Hinweis von ATKINSON/STIGLITZ, 1980, 27 und 151).

5 Laut SCHÖN (2002, 32) verursacht die für den Bereich der Werbungskosten und Betriebsausgaben typische "Problematik" der Trennung von Privat- und Erwerbsphäre "einen erheblichen Teil der Streitfälle zwischen Steuerpflichtigem und Finanzverwaltung"; vgl. hierzu auch die Aufzählung und juristische Würdigung als Werbungskosten bzw. Betriebsausgaben im einzelnen zu berücksichtigender oder zu vernachlässigender Tatbestände bei SCHMIDT (2001, 470-635 und 1623-1651).

Besonders evident schließlich werden die Schwierigkeiten, private Konsumausgaben von den Kosten zur Einkunftserzielung zu trennen, wenn der Steuerpflichtige über Einnahmen aus Gewerbebetrieb oder einer selbständigen Tätigkeit verfügt. Das Steuerrecht untersagt zwar ausdrücklich, Aufwendungen für "Haushalt" und "Lebensführung" des Steuerpflichtigen steuermindernd zum Abzug zu bringen (§ 12 Nr. 1 EStG) und nimmt etwa Aufwendungen des Steuerpflichtigen für Segel- und Motorjachten als sogenannte "verdeckt privat mitveranlaßte Betriebsausgaben" vom Abzug aus (vgl. § 4 Abs. 5 Nr. 1-5 EStG und TIPKE/LANG, 1991, 272). Gleichwohl läßt sich in einer Vielzahl von gesetzlich nicht im einzelnen geregelten Fällen die private Sphäre nur schwer von der beruflichen Sphäre trennen, wenn man auch hier etwa an betrieblich angeschaffte und auch privat genutzte Arbeitsmittel sowie an Ausgaben für Reisen sowie die Bewirtung von Geschäftspartnern denkt (vgl. dazu ausführlich die von CLOTFELTER, 1983, 1054, beschriebenen Aktivitäten an der *Business-Pleasure Borderline*). Die Besteuerung verringert dann ebenso wie bei den Werbungskosten den relativen Preis ausschließlich derjenigen Güter, deren Anschaffung zwar beruflich bedingt ist - oder sich dem Fiskus gegenüber als beruflich bedingt legitimieren läßt -, die aber ganz oder teilweise privaten Nutzen stiften.

Der steuerbedingte Eingriff in das System relativer Güterpreise läßt sich im Falle von betrieblichen Nebenleistungen mit Konsumgutcharakter sowie von privat (mit-)veranlaßten Werbungskosten und Betriebsausgaben mit Informationsasymmetrien begründen, auf die der Steuergesetzgeber entweder gar nicht oder nur durch Pauschalierungen oder durch gänzliche steuerliche Freistellung reagieren kann.[6] Das Steuerrecht sieht aber auch von sich aus den Abzug bestimmter und ausschließlich privat veranlaßter Aufwendungen eines Steuerpflichtigen als Sonderausgaben von der Bemessungsgrundlage der Einkommensteuer vor. Dazu gehören vor allem Spenden zur Förderung mildtätiger, kirchlicher, religiöser, wissenschaftlicher und staatspolitischer Zwecke (§ 10b EStG) sowie die entrichtete Kirchensteuer (§ 10 Abs. 1 Nr. 4 EStG). Von dieser Regelung geht der preisliche Anreiz aus, Spende und Konfessionszugehörigkeit im Verhältnis zum Konsum von aus versteuertem Einkommen erworbenen Gütern mit substitutivem Charakter zu bevorzugen.[7]

---

6 Die Ursache, aufgrund derer der Konsum bestimmter Güter als Nebenleistungen, Werbungskosten und Betriebsausgaben steuerlich begünstigt ist, weist eine gewisse Analogie auf zur anfangs genannten steuerbedingten Verringerung der Opportunitätskosten des Freizeitkonsums. Die juristische Kommentarliteratur läßt wenig Zweifel daran, daß die Besteuerung von betrieblichen Nebenleistungen und das Abzugsverbot des privat veranlaßten Teils von Werbungskosten und Betriebsausgaben steuersystematisch geboten wäre, aber aufgrund von Abgrenzungs- und Kontrollproblemen entweder nur eingeschränkt-typisierend vorgenommen werden kann oder ganz unterbleibt (vgl. etwa TIPKE/LANG, 1991, 324-327). In den gemäß § 3 EStG als steuerfreie Einnahmen klassifizierten Kategorien setzt das Steuerrecht überdies voraus, daß die Leistungen vom Beschäftigten "zusätzlich zum ohnehin geschuldeten Arbeitslohn" in Anspruch genommen werden. Das Kriterium der Additivität dürfte in der Realität von seiten des Fiskus aber ebenfalls nur schwer zu überprüfen sein (vgl. WAGNER, 1992, insb. 294). Sowohl die Verifizierung des individuellen Freizeitkonsums als auch die Abgrenzung zwischen privaten und erwerbsmäßig begründeten Ausgaben sind dem Fiskus also aufgrund ganz ähnlich gelagerter Informationsprobleme verwehrt (vgl. dazu auch ATKINSON/STIGLITZ, 1980, 27f. und 356ff.).

7 Bis 1996 existierte mit der Eigenheimförderung gemäß § 10e EStG ein weiterer Abzugstatbestand, der von den Steuerpflichtigen in erheblichem Ausmaß wahrgenommen wurde (vgl. dazu Abschnitt

Eine letzte Kategorie steuerbegünstigter Konsumgüter bilden schließlich diejenigen Güter, deren Erwerb mit steuerrechtlich als außergewöhnliche Belastung (§ 33 EStG) anerkannten Aufwendungen verbunden ist. Der Steuergesetzgeber setzt hier zwar ausdrücklich die "Zwangsläufigkeit" der entstandenen Aufwendungen voraus, denen sich der Steuerpflichtige "aus rechtlichen, tatsächlichen oder sittlichen Gründen nicht entziehen kann". Wird diesem Prinzip, trotz zwangsläufig entstehender Abgrenzungsprobleme (vgl. SCHMIDT, 2001, 1940ff.), gefolgt, besteht die Begünstigung in diesem Fall weniger darin, *daß* ein entsprechendes Gut vom Steuerpflichtigen erworben wird. Als regelmäßig anerkannte außergewöhnliche Belastungen gelten aber vor allem durch eine Krankheit oder vergleichbare Umstände des Steuerpflichtigen verursachte Aufwendungen, darunter die Kosten für die Unterbringung in einem Alten- oder Pflegeheim sowie Kosten für eine medizinische Behandlung, die nicht durch Leistungen einer Versicherung des Steuerpflichtigen abgegolten werden (vgl. hierzu und zu weiteren Beispielen SCHMIDT, 2001, 1948 und 1958ff.). Die Abzugsfähigkeit der Aufwendungen begünstigt dann den Erwerb besonders hochwertiger Konsumgüter, denen der Steuerpflichtige in der steuerlosen Situation substitutive Güter mit minderem Wert den Vorzug gegeben hätte.

Die genannten Beispiele machen deutlich, daß existierende Einkommensteuersysteme in vielfacher Weise - zum Teil mittelbar verursacht, zum Teil vom Steuergesetzgeber willentlich herbeigeführt - in das Verhältnis relativer Güterpreise einer Ökonomie eingreifen und die von den Steuerpflichtigen getroffenen Nachfrageentscheidungen verzerren. Dazu gehört zum einen die steuerliche Begünstigung des Freizeitkonsums. Indem Aufwendungen für den Konsum bestimmter Güter steuerfrei bleiben (betriebliche Nebenleistungen) oder von der Bemessungsgrundlage der Einkommensteuer abzugsfähig sind (Werbungskosten bzw. Betriebsausgaben sowie Sonderausgaben), gehen von der Besteuerung aber zudem eine Vielzahl weiterer preislicher Anreize zur Nachfrage bestimmter Konsumgüter aus. Sämtliche Güter dieser Kategorie, Freizeit eingeschlossen, werden im folgenden als *steuerbegünstigte Konsumgüter* bezeichnet. Rationale Steuerpflichtige, deren Konsumwahl auf der Maximierung des individuellen Nutzens beruht, werden steuerbegünstigte Güter gegen aus versteuertem Einkommen erworbene Güter substitutieren.

Die für die finanztheoretischen Implikationen des Steuervermeidungsverhaltens entscheidende Beobachtung besteht darin, daß die Besteuerung den relativen Preis sämtlicher

3.2.3). Durch die Möglichkeit, einen Teil der Anschaffungs- und Herstellkosten als Sonderausgaben geltend zu machen, verringerte sich steuerbedingt der Preis selbstgenutzten Wohneigentums. Als beschränkt abzugsfähige Sonderausgabe sind ferner Vorsorgeaufwendungen des Steuerpflichtigen von der Bemessungsgrundlage abzugsfähig (§ 10 Abs. 1 Nr. 2 EStG), was eine Abnahme des relativen Preises einzelner Spar- sowie Versicherungsformen (vor allem bestimmter Lebensversicherungen) im Vergleich zu steuerlich nicht begünstigten Alternativen zur Folge hat. Die tatsächlich geltend gemachten Vorsorgeaufwendungen bestehen aber beim größten Teil der Steuerpflichtigen aus den geleisteten Beiträgen zu den gesetzlichen Pflichtversicherungen und entziehen sich in dieser Hinsicht der individuellen Einflußnahme. In den verbleibenden Fällen ist die Entscheidung, eine entsprechende Vorsorge zu betreiben, von intertemporalen und insbesondere von risikobezogenen Erwägungen des Steuerpflichtigen bestimmt und bleibt deshalb in der vorliegenden Untersuchung ebenfalls ausgeblendet.

steuerbegünstigter Konsumgüter im Vergleich zum Preis aus versteuertem Einkommen erworbener Güter in identischer Weise beeinflußt: Die Besteuerung mindert eine zusätzliche Einheit der vor dem Steuerzugriff zur Verfügung stehenden Ressourcen gerade um einen Anteil in Höhe des Grenzsteuersatzes τ eines Steuerpflichtigen. Steuerbegünstigte Konsumgüter, die aus unversteuertem Einkommen erworben werden, verbilligen sich folglich sämtlich um den Faktor $1-\tau$. Der Term $1-\tau$, die *Residualrate* eines Steuerpflichtigen, gibt an, in welchem Verhältnis der Steuerpflichtige steuerbegünstigte durch aus versteuertem Einkommen erworbene Konsumgüter substituieren kann.[8] Der Residualrate eines Steuerpflichtigen kommt deshalb für die individuelle Konsumentscheidung unter Besteuerung - der optimalen Wahl des Verbrauchs steuerbegünstigter und aus versteuerndem Einkommen erworbener Güter - entscheidende Bedeutung zu (vgl. dazu ausführlich Abschnitt 2.2).

2.1.2 Steuergestaltung und Steuerhinterziehung

Die als Steuervermeidung beschriebene Reaktion auf eine Änderung relativer Güterpreise bestimmt das steuerlich relevante Verhalten eines Individuums aus genannten Gründen zwar wesentlich. Sie ist aber nur ein Ausschnitt aus der Gesamtheit aller Entscheidungen, die ein Haushalt unter Beeinflussung der Besteuerung seines Einkommens trifft. Für die Zwecke der vorliegenden Arbeit ist es hilfreich, von Steuervermeidung konzeptionell insbesondere zwei weitere Aktivitäten eines Steuerpflichtigen zu unterscheiden, die ebenfalls in einer Minderung des zu entrichtenden Steuerbetrags resultieren (können).

Die erste Kategorie dieser Aktivitäten läßt sich auf eine Differenz in den Steuersätzen zurückführen, mit denen alternativ anwendbare steuerrechtliche Regelungen einen identischen Einkommensstrom belegen. Für den Steuerpflichtigen ergeben sich aus der Mehrdeutigkeit des Gesetzes Möglichkeiten, durch die geeignete - allein steuerlich motivierte, aber auch nur allein steuerlich relevante - Umwidmung eines gegebenen Einkommenstroms in den Genuß eines niedrigeren Steuersatzes bzw. einer niedrigeren Steuerschuld zu kommen. Diese Aktivitäten werden im folgenden als *Steuergestaltung* bezeichnet.[9] Plastisch

---

8 Vgl. dazu die Definitionen des Begriffs *after-tax share* bei LINDSEY (1987, 175) und des Begriffs *net of tax rate* bei FELDSTEIN (1995a, 560). SINN (1985, 47) schlägt, in einem anderen Kontext, für den deutschen Sprachgebrauch die Verwendung des Begriffs *Steuerfaktor* vor. Für die Zwecke vorliegender Arbeit erscheint die etwas wörtlichere Übertragung *Residualrate* brauchbarer, weil dem Steuerpflichtigen von einer Einheit zu versteuerndem Einkommen nach Besteuerung gerade ein Anteil in Höhe von $1-\tau$ an verfügbarem (oder residualem) Einkommen verbleibt.

9 Die Entwicklung einer vollständigen Phänomenologie des Verhaltens von Haushalten unter Besteuerung ist nicht Ziel der vorliegenden Arbeit. Schon auf der nomenklatorischen Ebene erweist sich die Literatur zu diesem Thema allerdings als ausgesprochen uneins. Die in dieser Arbeit verwendeten Definitionen der Steuervermeidung und der Steuergestaltung widersprechen der Definition dieser Begriffe in einem Teil der Literatur, aber jede alternative Begriffswahl hätte sich dem gleichen Vorwurf ausgesetzt. Die hiesige Definition von Steuervermeidung oder *tax avoidance* orientiert sich an FELDSTEIN (1995a; 1995b; 1999) und ATKINSON/STIGLITZ (1980, 27). SLEMROD (1995) und SLEMROD/YITZHAKI (2002) hingegen wählen für die steuerlich beeinflußte Konsumentscheidung den (zutreffenden) Ausdruck *real response* und klassifizieren wie STIGLITZ (1985) das hier als

(und etwas vereinfachend) läßt sich von Steuergestaltung immer dann sprechen, wenn ein Steuerpflichtiger, nachdem er sämtliche für die Erstellung seiner Steuererklärung relevanten Entscheidungen über die Höhe des erzielten Einkommens gefällt hat, einen Steuerberater konsultiert und sich mit dessen Unterstützung - die Form von Deklarierung und steuerlicher Behandlung gegebener Aktivitäten betreffend - Bemessungsgrundlage und zu entrichtender Steuerbetrag mindern lassen.

Zur Kategorie steuergestaltender Aktivitäten gehören zum einen sämtliche Ausprägungen der Steuerarbitrage, deren Ziel in der Nutzung zwischen verschiedenen Zeitpunkten, verschiedenen Personen oder verschiedenen Steuerarten existierender Steuersatzdifferentiale besteht (vgl. dazu STIGLITZ, 1985, 325): In interperiodischer Hinsicht entsteht dem Steuerpflichtigen eine Steuerersparnis, wenn es ihm gelingt, einen gegebenen Einkommensstrom (bei gegebenem Steuerrecht) erst mit Verzögerung der Besteuerung zu unterwerfen. Anreize, einen gegebenen Einkommensstrom bzw. gegebene steuerliche Abzüge vorzuziehen oder zu verschieben, ergeben sich auch, wenn der individuelle Steuersatz in der Zeit variiert; dies kann auf im Zeitablauf schwankende Einkommen vor dem Hintergrund eines progressiven Steuertarifs zurückzuführen sein oder auf die angekündigte Änderung des Tarifs bzw. einer bestimmten Steuerregelung. Eine Minderung des (gemeinsamen) Steuerbetrags läßt sich ferner dadurch erzielen, daß das gegebene Einkommen eines Steuerpflichtigen von einem anderen Steuerpflichtigen versteuert wird, der über ein für sich genommen geringeres zu versteuerndes Einkommen und einen geringeren Steuersatz verfügt.[10] Intratemporal unterliegt ein gegebenes Einkommen schließlich häufig unterschiedlichen Steuersätzen abhängig davon, der Bemessungsgrundlage welcher Steuerart es vom Steuerpflichtigen zugeordnet wird. Unterscheiden sich etwa die Steuersätze bei Einkommen- und Körperschaftsteuer, hat dies zum einen Auswirkungen auf die von den Anteilseignern getroffene Wahl der Rechtsform eines Unternehmens;[11] niedrigere Unternehmensteuersätze machen zum anderen unter Umständen die Entlohnung von Mitarbeitern in Form von Aktienoptionen attraktiv (vgl. dazu FUEST/HUBER, 2001). Vergleichbare Anreize

---

Steuergestaltung bezeichnete Verhalten als *tax avoidance*. ALM (1988, 34) wiederum identifiziert *tax avoidance* darin, daß sich die entsprechenden Strategien zur Verringerung des Steuerbetrags aus Sicht des Steuerpflichtigen - im Gegensatz zur Hinterziehungsentscheidung - unter Sicherheit durchführen lassen, was sowohl Steuervermeidung als auch Steuergestaltung im Sinne vorliegender Arbeit einschlösse. Die von WREDE (1993) für den deutschen Sprachraum vorgelegte "ökonomische Theorie des Steuerentzuges" ist für unsere Zwecke nur eingeschränkt brauchbar, weil sie steuervermeidendes Verhalten als Reaktion auf verzerrte Güterpreise gerade *nicht* berücksichtigt. Dagegen existiert eine interessante Analogie zwischen der Terminologie vorliegender Arbeit und derjenigen der juristischen Literatur; diese spricht nämlich von Steuervermeidung, wenn "die Merkmale des gesetzlichen Steuertatbestands bewußt nicht erfüllt" werden (vgl. TIPKE/LANG, 1991, 130).

10 Diese Form der interpersonellen Steuerarbitrage liegt besonders nahe, wenn es sich bei den betroffenen Steuerpflichtigen um einander persönlich nahestehende Personen handelt. Das im deutschen Einkommensteuersystem verankerte Ehegattensplitting, das steuerlich beiden Ehepartnern die Hälfte des insgesamt erzielten Einkommens zurechnet, nimmt das Resultat solchermaßen gearteter Steuergestaltung gewissermaßen vorweg.

11 Die Frage nach der steuerlich optimalen Rechtsform - Personengesellschaft oder Kapitalgesellschaft - eines Unternehmens wird für den Fall des deutschen Steuerrechts zum Beispiel von JACOBS ET AL. (2003) behandelt.

zur Steuergestaltung gehen aber auch vom partiell schedulensteuerartigen Charakter der Einkommensbesteuerung aus. Aufgrund der Existenz einkunftsspezifischer Freibeträge - etwa Arbeitnehmerpauschbetrag (§ 9a Abs. 1 Nr. 1 EStG) oder Sparerfreibetrag (§ 9a Abs. 1 Nr. 2 EStG) - sowie Freigrenzen - etwa bei privaten Veräußerungsgeschäften (§ 23 Abs. 3 Satz 6 EStG) - ist es nicht gleichgültig, welcher Einkunftsart der Steuerpflichtige ein Einkommen oder entstandene Ausgaben in gegebener Höhe zurechnet.[12]

Von der Steuervermeidung im Sinne vorliegender Arbeit unterscheiden sich die verschiedenen Formen der Steuergestaltung dadurch, daß letztere in einem Rückgang der Bemessungsgrundlage und einem Anstieg des verfügbaren Einkommens resultieren, der *nicht* an den Erwerb bestimmter Konsumgüter gebunden ist und in diesem Sinne keine steuerliche Verzerrung der individuellen Konsumentscheidung bewirkt. Andererseits ist Steuergestaltung offensichtlich mit monetären (oder anderen) Kosten verbunden, die gleichzeitig dem Umfang, in dem sich eine entsprechende Minderung der Steuerzahlung auf vorteilhafte Weise durchführen läßt, Grenzen setzen; andernfalls wäre schwer begründbar, warum trotz der vom Steuerrecht gewährten Möglichkeit zur Steuergestaltung dennoch von den meisten Steuerpflichtigen ein positives zu versteuerndes Einkommen deklariert und ein positiver Steuerbetrag entrichtet wird.[13] Demgegenüber bemißt sich der optimale Umfang an Steuervermeidung danach, welchen (marginalen) Nutzen dem Steuerpflichtigen aus dem Konsum eines steuerbegünstigten Gutes - und dem Verzicht auf alternative Konsummöglichkeiten aus dem um die Steuerzahlung geminderten Einkommen - erwächst.

Eine zweite Kategorie von Aktivitäten, die ein Steuerpflichtiger neben der Steuervermeidung zur Minderung seiner Steuerzahlung ergreifen kann, läßt sich unter dem Begriff der *Steuerhinterziehung* zusammenfassen (vgl. zum folgenden vor allem COWELL, 1990, 10ff.). Von der Steuergestaltung unterscheidet sich die Steuerhinterziehung dadurch, daß letztere sich außerhalb des vom Steuerrecht vorgegebenen Rahmens, d. h. auf illegale Weise vollzieht. Aufdeckung der Hinterziehung durch den Fiskus - mit welcher der Steuerpflichtige mit positiver Wahrscheinlichkeit zu rechnen hat - zieht eine Bestrafung nach sich,

12 Vergleichbare Anreize ergeben sich seit Inkrafttreten des Steuerentlastungsgesetzes 1999/2000/2002 und der Beschränkung des vertikalen Verlustausgleichs durch §§ 2 Abs. 3 in Verbindung mit § 10d EStG 2001. Weil ein horizontaler Verlustausgleich weiterhin unbeschränkt vorgenommen werden kann, ist unter bestimmten Bedingungen die Zuordnung negativer Einkünfte zu einer Einkunftsart, in der zudem hohe positive Einkünfte vorliegen, vorteilhaft. Eine umfassende Beschreibung entsprechender Gestaltungsstrategien, die vor allem die Umwidmung vorhandener negativer Einkünfte in Verluste aus Gewerbebetrieb zum Zweck haben, findet sich bei RITZER (2000, 10-14).

13 STIGLITZ (1985) zeigt, auf welche Weise sich die individuelle Steuerzahlung durch Steuergestaltung - bei unverändertem Konsumplan des Steuerpflichtigen und unverändertem Risiko, dem sich der Steuerpflichtige gegenübersieht - gänzlich eliminieren läßt. So lassen sich durch gleichzeitigen Erwerb eines Wertpapiers und einer Option auf den Verkauf des Papiers (deren Kurs mit dem Kurs des Wertpapiers perfekt korreliert ist) risikolos und unabhängig von der Wertentwicklung des Papiers Verluste produzieren, die dann mit anderen positiven Einkünften des Steuerpflichtigen steuermindernd verrechnet werden können. Das Problem besteht natürlich gerade darin, daß solche Arrangements im Falle imperfekter Kapitalmärkte mit Transaktionskosten verbunden sind. Darüber hinaus setzt das Steuerrecht der Verlustverrechnung gerade im beschriebenen Fall enge Grenzen (vgl. etwa das Verbot des vertikalen Verlustausgleichs bei Verlusten aus privaten Veräußerungsgeschäften in § 23 Abs. 3 Satz 8 EStG).

deren Höhe den legal zu entrichtenden Steuerbetrag übersteigt. Die individuelle Entscheidung zur Hinterziehung wird aus Sicht des Steuerpflichtigen folglich unter Unsicherheit getroffen, die im allgemeinen mit einer zusätzlichen Nutzeneinbuße verbunden ist.

Bei Intransparenz oder Lückenhaftigkeit des Steuerrechts sind die Tatbestände der Steuergestaltung und der Steuerhinterziehung in vielen Fällen nur schwer voneinander zu unterscheiden, und die von den Steuerpflichtigen tatsächlich gewählten Strategien bestehen häufig in einer Kombination aus legaler Steuergestaltung und illegaler Steuerhinterziehung (vgl. dazu SLEMROD/YITZHAKI, 2002, 1428f.). Für die im folgenden vorgestellten theoretischen Überlegungen zur Steuervermeidung ist eine exakte Differenzierung zwischen Steuergestaltung und Steuerhinterziehung in vielen Fällen aber ohnehin nicht von Belang. Beide Aktivitäten lassen sich von Steuervermeidung in der Definition vorliegender Arbeit eindeutig dadurch abgrenzen, daß sie einerseits das verfügbare Einkommen eines Steuerpflichtigen beeinflussen, ohne die zusätzlich erlangten privaten Ressourcen an den Konsum bestimmter und hier als steuerbegünstigt bezeichneter Güter zu binden; und daß Steuergestaltung und Steuerhinterziehung aus Sicht des Steuerpflichtigen offensichtlich mit Kosten verbunden sind, durch die dem Umfang, in dem sich die deklarierte Bemessungsgrundlage auf profitable Weise mindern läßt, Grenzen gesetzt sind.

2.1.3 Zusammenfassung

In den vorigen Abschnitten wurden die für vorliegende Arbeit zentralen Begriffe der Steuervermeidung, der Steuergestaltung und der Steuerhinterziehung unter ökonomischen Gesichtspunkten definiert und die Fülle an Möglichkeiten, die sich den Steuerpflichtigen zur Minderung der deklarierten Bemessungsgrundlage eröffnet, anhand ausgewählter Bestimmungen des deutschen Einkommensteuerrechts exemplarisch demonstriert.

Die folgenden Abschnitte untersuchen aus theoretischer Sicht das Verhalten eines Haushalts, dessen Einkommen der Besteuerung unterliegt und dem das Steuerrecht - neben einer der Erhebung einer Einkommensteuer inhärenten Bevorzugung nicht besteuerten Freizeitkonsums - weitere und zuvor beispielhaft beschriebene Möglichkeiten zur Steuervermeidung gewährt. Verdeutlicht wird, daß sich sämtliche steuerbegünstigten Konsumgüter aus Sicht des besteuerten Haushalts in einem aggregierten Konsumgut und die Intensität des Steuervermeidungsverhaltens in seiner Gesamtheit in der Elastizität des zu versteuernden Einkommens in bezug auf die Residualrate zusammenfassen lassen. Im Anschluß daran werden auch Strategien der Steuerpflichtigen in das Blickfeld einbezogen, die deklarierte Bemessungsgrundlage durch Steuergestaltung und Steuerhinterziehung zu reduzieren. Gezeigt wird, daß sowohl die Effizienzeigenschaften einer Einkommensteuer als auch die Aufkommenseffekte einer Einkommensteuerreform unter bestimmten Voraussetzungen vom Ausmaß derjenigen Effekte abhängen, den Steuervermeidung, Steuergestaltung und Steuerhinterziehung zusammengenommen auf die steuerliche Bemessungsgrundlage ausüben.

2.2 Ein Modell der Steuervermeidung

2.2.1 Grundlagen

Dieser Abschnitt schafft die Grundlage für eine formale Untersuchung des Haushaltsverhaltens unter den Bedingungen einer Einkommensteuer, deren Ausgestaltung Steuervermeidung in mehrerlei Hinsicht ermöglicht. Betrachtet wird zu diesem Zweck das auf eine statische (periodenbezogene) Perspektive reduzierte Entscheidungsproblem eines Individuums, dessen Nutzen sich durch die Funktion

$$u = u(c, f, d) \tag{1}$$

darstellen läßt. Argumente der Nutzenfunktion (1) sind ein aus versteuertem Einkommen erworbenes, aggregiertes Konsumgut c, Freizeit f sowie ein aggregiertes steuerbegünstigtes Konsumgut d. Das Individuum sieht sich einer in der laufenden Periode auf $\bar{f}$ beschränkten Zeitausstattung gegenüber, die alternativ für den Konsum von Freizeit oder das Angebot von Arbeitsleistung l zur Verfügung steht. Die Bruttoentlohnung einer Einheit an angebotener Arbeitsleistung (w) und die ohne Beschränkung der Allgemeinheit auf Eins normierten Konsumentenpreise der Güter c und d seien aus Sicht des Haushalts gegeben und bleiben im weiteren konstant.

Das Individuum erzielt durch seine Arbeitsleistung ein Einkommen in Höhe von $w(\bar{f}-f) = wl$. Unterstellt wird die Existenz einer Einkommensteuer, deren Tarif $T = T(TI)$ auf die Bemessungsgrundlage $TI = w(\bar{f} - f) - d$ angewandt wird. Die Bemessungsgrundlage der Steuer entspricht dem Arbeitseinkommen nach Abzug von Aufwendungen für das steuerlich begünstigte Konsumgut d.[14] Die Budgetrestriktion des Individuums lautet unter dieser Voraussetzung

$$c + d + wf = w\bar{f} - T(w\bar{f} - wf - d) + y. \tag{2}$$

Dabei bezeichnet y das exogene, von jeglicher Entscheidung (der laufenden Periode) unabhängige Einkommen des Individuums, das zum Beispiel aus Verzinsung oder Auflösung

[14] Das Individuum verfolgt annahmegemäß keine derjenigen Aktivitäten, die im vorigen Abschnitt als Steuergestaltung und Steuerhinterziehung klassifiziert wurden. Diese Annahme wird beginnend mit Abschnitt 2.2.3 aufgehoben. Das Modell vernachlässigt die Tatsache, daß das erzielte Steueraufkommen zur Finanzierung von Transfers und staatlich bereitgestellten Kollektivgütern zur Verfügung steht (vgl. dazu den Hinweis von FALKINGER, 1988). Andernfalls wäre die Existenz zumindest eines Kollektivguts in der individuellen Nutzenfunktion oder die Existenz staatlicher Transfers in der individuellen Budgetrestriktion zu berücksichtigen. Das Steueraufkommen ist an dieser Stelle des Modells ausschließlich Mittel zur Finanzierung staatlicher Konsumnachfrage, die für die Nutzenposition des Individuums ohne Bedeutung ist (vgl. die Erläuterung der in angewandten allgemeinen Gleichgewichtsmodellen häufig getroffenen Annahme von *government exhaustive expenditures* bei BALLARD, 1991, 178). Diese Annahme wird in Abschnitt 2.5 vorliegender Arbeit aufgehoben.

zu einem früheren Zeitpunkt gebildeter Ersparnisse besteht. Dieses Einkommen bleibt annahmegemäß unbesteuert.

Budgetrestriktion (2) verdeutlicht, daß die Ausstattung $w\bar{f} + y$ des Individuums für den Erwerb der Konsumgüter c, d und f sowie für die zu entrichtende Steuerzahlung zur Verfügung steht. Man erkennt ferner, daß Aufwendungen für die steuerbegünstigten Konsumgüter f und d von der Bemessungsgrundlage der Steuer in ganz symmetrischer Weise ausgenommen sind. Die Höhe des zu versteuernden Einkommens TI ist dabei Resultat einer Vielzahl an Wahlhandlungen, die das Individuum unter dem Einfluß der Besteuerung vornimmt (vgl. zum folgenden vor allem FELDSTEIN, 1999, 674f. und 679; sowie TRIEST, 1998, 761f.).

So bestimmt sich die Höhe des zu versteuernden Einkommens zum einen durch die Höhe des Bruttoeinkommens, wl. Die Variable l erfaßt, wie im "traditionellen" Konsum-Freizeit-Modell (FELDSTEIN, 1999, 674), die Höhe der geleisteten Arbeitsstunden, wenn das Individuum einer abhängigen Beschäftigung nachgeht. Selbst bei konstanter Zahl der angebotenen Arbeitsstunden hängt die Höhe der empfangenen Lohnzahlung aber auch von der Intensität ab, mit der ein abhängig Beschäftigter seiner Arbeit nachgeht und die sich in - als Bestandteil der Bruttoentlohnung - ebenfalls steuerpflichtigen Bonuszahlungen und Gratifikationen des Arbeitgebers niederschlagen kann. Gleiches gilt für die Arbeitsplatzwahl des Beschäftigten, die auch unter der Voraussetzung einer gegebenen Arbeitszeit für die Höhe der Entlohnung von Bedeutung sein kann. Schließlich eröffnet sich dem Individuum, über die Aufnahme einer abhängigen Beschäftigung hinaus, eine Vielzahl weiterer Möglichkeiten zur Einkommenserzielung, bei denen es jeweils über eine spezifische und je geleisteter Arbeitseinheit zum Satz w entgoltene Produktivität verfügt.[15] Die Variable l bezeichnet dann sowohl zeitlichen Umfang als auch Intensität der Arbeitsleistung, die das Individuum (möglicherweise unter anderem) einer selbständigen oder gewerblichen Tätigkeit widmet. Die Aufzählung der Möglichkeiten eines Individuums, durch Wahl einer Kombination aus produktiver Gestaltung des Zeitbudgets und deren marktgemäßer Entlohnung ein Arbeitseinkommen in bestimmter Höhe zu erzielen, ließe sich natürlich beliebig fortführen. Entscheidend ist aber, daß die folgende Analyse keine dieser Möglichkeiten

15 Die Variablen w und l lassen sich als Vektoren $w = (w_1, ..., w_n)$ und $l = (l_1, ..., l_n)$ interpretieren, dessen Komponenten jeder denkbaren Betätigung l_i $(i = 1, ..., n)$ eine spezifische Produktivität w_i $(i = 1, ..., n)$ zugeordnen. Das realisierte Bruttoeinkommen ergibt sich dann als Produkt $w'\,l$, nachdem das Individuum seine Wahl der nutzenmaximal wahrgenommenen w_i-l_i-Kombination(en) getroffen hat (vgl. dazu auch VARIAN, 1984, 217). Für das weitere Vorgehen, das die aus Sicht des Individuums optimale Bestimmung des individuellen zu versteuernden Einkommens nachvollzieht, ist eine solche Differenzierung allerdings nicht von Bedeutung. Im folgenden wird deshalb zur Vereinfachung von einer einzigen Dimension der produktiven Zeitgestaltung ausgegangen. Unterliegen, wie im Fall des deutschen Steuerrechts, Ehegatten einer gemeinsamen Veranlagung, kann es sich bei dem hier betrachteten "Individuum" bzw. Haushalt um zwei Personen handeln. Unter Vernachlässigung innerfamiliärer Entscheidungsprozesse hat dies im hiesigem Kontext aber lediglich zur Folge, daß sich die Menge der aus Sicht des Haushalts möglichen Produktivitäts-Betätigungs-Kombinationen entsprechend vergrößert.

ausschließt und sich insbesondere nicht lediglich auf die Zahl der angebotenen Arbeitsstunden abhängig beschäftigter Individuen beschränkt.

Budgetrestriktion (2) berücksichtigt ferner, daß das Arbeitseinkommen wl nicht notwendig auch der Höhe desjenigen Einkommensbetrags entspricht, der letztlich der Besteuerung unterliegt. Denn die Variable d kennzeichnet das Bündel der im vorigen Abschnitt exemplarisch angeführten - und allen weiteren im gegebenen steuerrechtlichen Rahmen denkbaren - steuerbegünstigten Konsumgüter, deren Erwerb aus unversteuertem Einkommen erfolgt bzw. von der steuerlichen Bemessungsgrundlage abzugsfähig ist. Dazu gehören steuerfreie betriebliche Nebenleistungen ebenso wie Werbungskosten und Betriebsausgaben, die aus Sicht des Individuums einen konsumptiven Charakter aufweisen. Wird etwa ein Betrag in Höhe von $\hat{d}$ des Einkommens $\hat{wl}$ als betriebliche Nebenleistung an Lohnes statt vereinbart, beträgt der besteuerte Teil des Bruttoeinkommens nurmehr $\hat{wl} - \hat{d}$. Auf analoge Weise ergibt sich der letztlich zu versteuernde Einkommensbetrag als Differenz zwischen dem Arbeitseinkommen eines Individuums und den privat veranlaßten Werbungskosten bei nichtselbständiger Arbeit bzw. den privat veranlaßten Betriebsausgaben bei selbständiger oder gewerblicher Tätigkeit. Schließlich umfaßt das aggregierte Gut d auch diejenigen Konsumgüter, deren Erwerbsaufwendungen das Steuerrecht als Sonderausgabe anerkennt und zum Abzug von der Bemessungsgrundlage zuläßt.[16]

Maximierung der Nutzenfunktion (1) unter der Nebenbedingung (2), etwa durch Maximierung einer Lagrangefunktion mit Lagrangeparameter λ, resultiert in den Bedingungen erster Ordnung[17]

$$\frac{\partial u}{\partial c} = \lambda, \quad \frac{\partial u}{\partial d} = \lambda(1 - T'(TI)) \quad \text{und} \quad \frac{\partial u}{\partial f} = \lambda w(1 - T'(TI)), \tag{3}$$

wobei $T'(TI)$ den Grenzsteuersatz des betrachteten Individuums bezeichnet. Eliminiert man den Parameter λ aus Gleichungssystem (3), gilt im Haushaltsoptimum

16 Das Lohneinkommen wl versteht sich in der Darstellung hiesigen Modells nach Abzug beruflich bedingter Werbungskosten bzw. Betriebsausgaben. Sind die als Werbungskosten oder Betriebsausgaben geltend gemachten Abzüge sowohl beruflich als auch privat veranlaßt, umfaßt die Variable d in Gleichung (2) lediglich den privat veranlaßten Teil, aus dem das Individuum in Gestalt der Funktion (1) Nutzen zieht. Zu beachten ist, daß das Steuerrecht in einer Reihe von Fällen nur eine begrenzte Steuerfreiheit von betrieblichen Nebenleistungen bzw. eine begrenzte Abzugsfähigkeit von Werbungskosten, Betriebsausgaben und Sonderausgaben vorsieht. Die Existenz eines steuerrechtlich vorgegebenen Maximalwerts der Variable d wird an dieser Stelle ausgeschlossen; vgl. dazu aber PARRY (2002), der eine beschränkte (proportionale) Abzugsfähigkeit bestimmter Konsumgutaufwendungen von der einkommensteuerlichen Bemessungsgrundlage berücksichtigt und in qualitativer Hinsicht zu denselben Ergebnissen gelangt.

17 Die Funktion $u(\cdot)$ weist annahmegemäß die üblichen Eigenschaften zweifach stetiger Differenzierbarkeit und strikter Quasi-Konkavität auf. Das Optimierungsproblem hat dann unter den Voraussetzungen des Modells (vgl. vor allem Fußnote 16) eine innere Lösung, und die notwendige Bedingung für ein Nutzenmaximum ist auch hinreichend.

$$\frac{\partial u/\partial d}{\partial u/\partial c} = 1 - T'(TI), \quad \frac{\partial u/\partial f}{\partial u/\partial c} = w(1 - T'(TI)) \quad \text{sowie} \quad \frac{\partial u/\partial f}{\partial u/\partial d} = w. \tag{4}$$

Man erkennt, daß die Steuer den relativen Preis zwischen den steuerbegünstigten Konsumgütern f und d einerseits und dem Bündel aus versteuertem Einkommen erworbener Konsumgüter c andererseits verringert. Die Grenzrate der Substitution zwischen Freizeit und aus versteuertem Einkommen erworbenen Konsumgütern fällt auf den marginalen Nettolohn, $w(1-T'(TI))$, und die Grenzrate der Substitution zwischen steuerbegünstigten Konsumgütern und aus versteuertem Einkommen erworbenen Konsumgütern fällt auf die Residualrate, $1 - T'(TI)$, des betrachteten Individuums.

Demgegenüber bleibt der relative Preis zwischen den steuerbegünstigten Konsumgütern f und d im Vergleich zur steuerlosen Situation konstant (vgl. zu dieser Beobachtung zuerst BROWNING, 1979, 201; sowie FELDSTEIN, 1999, 674). Sämtliche steuerbegünstigten Konsumgüter, Freizeit eingeschlossen, lassen sich deshalb gedanklich in einem einzigen Konsumgut im Sinne von HICKS (1946, 312f.) zusammenfassen, dem die Residualrate des betrachteten Individuums als Preisindex zugewiesen wird. Das zu versteuernde Einkommen ist als $TI = w\bar{f} - wf - d$ definiert und wird, weil die Ausstattung $w\bar{f}$ exogen ist, ausschließlich durch die Nachfrage nach dem zusammengefaßten Bündel der steuerbegünstigten Konsumgüter bestimmt. Die im folgenden vorgestellte SLUTSKY-Gleichung für das zu versteuernde Einkommen läßt sich vor diesem Hintergrund als spezielle Anwendung des *composite commodity*-Theorems interpretieren.

2.2.2 Die SLUTSKY-Gleichung für das zu versteuernde Einkommen

Die Konsumentscheidungen des im vorigen Abschnitt betrachteten Individuums werden durch die Erhebung einer Einkommensteuer in zweifach-unterschiedlicher Weise beeinflußt. Zum einen macht schon der in Form der Besteuerung erzwungene Ressourcenentzug eine Anpassung der individuellen Konsumwahl erforderlich. Sind die in Nutzenfunktion (1) enthaltenen Konsumgüter c, f und d aus Sicht des Haushalts nicht-inferior, wird er auf die Besteuerung mit einer Verringerung seiner Nachfrage nach diesen Gütern reagieren, wodurch die Bemessungsgrundlage der Einkommensteuer für sich genommen ansteigt. Zum anderen beeinflußt die Besteuerung, wie Gleichungssystem (4) erwies, aber auch den relativen Preis unterschiedlicher Konsumoptionen. Im Vergleich zum steuerlosen Zustand steigt die Attraktivität des Erwerbs steuerbegünstigter Konsumgüter, was für sich genommen einen Anstieg der Nachfrage nach diesen Gütern und einen Rückgang der Bemessungsgrundlage bewirkt.

Die SLUTSKY-Gleichung ist ein theoretisches Konzept, mit dessen Hilfe sich die gesamte Reaktion des Haushalts auf die Steuererhebung in die beiden genannten Effekte - in Einkommenseffekt und Substitutionseffekt - zerlegen läßt. Abhängig von der untersuchten Fragestellung kommt es entweder auf den Umfang des Gesamteffekts oder, für sich betrachtet, auf den Umfang des Substitutionseffekts der Besteuerung auf die individuelle Bemessungsgrundlage an. So lassen sich die Aufkommenswirkungen einer Tarifreform nur in Kenntnis sämtlicher individueller Anpassungsprozesse prognostizieren, während es bei der Beurteilung ihrer Effizienzwirkungen im besonderen der Kenntnis der hervorgerufenen Substitutionsprozesse bedarf (vgl. dazu ausführlich Abschnitt 2.3 dieser Arbeit).

Die beiden folgenden Abschnitte ermitteln die SLUTSKY-Gleichung für das zu versteuernde Einkommen eines Haushalts, wenn das Steuersystem - neben der steuerlichen Begünstigung des Freizeitkonsums - die Nachfrage nach einem weiteren steuerbegünstigten Konsumgut erlaubt. Die Analyse unterstellt zunächst die Existenz einer proportionalen Einkommensteuer, wird im weiteren aber verallgemeinert und auf die Existenz eines progressiven Einkommensteuersystems ausgedehnt. Spätere Abschnitte vorliegender Arbeit nehmen eine empirische Untersuchung des Steuervermeidungsverhaltens deutscher Haushalte vor. Die dort beschriebenen Schätzungen von sowohl unkompensierten als auch kompensierten Elastizitäten des zu versteuernden Einkommens werden auf Basis der nachfolgend vorgestellten SLUTSKY-Gleichung für das zu versteuernde Einkommen durchgeführt.

Proportionale Einkommensteuer

Unterstellt man die Existenz einer proportionalen Einkommensteuer mit Steuersatz τ auf die gesamte Bemessungsgrundlage $TI = w(\bar{f} - f) - d$, wird Budgetrestriktion (2) zu

$$c = (1 - \tau)(w(\bar{f} - f) - d) + y, \tag{5}$$

und in den Optimalbedingungen (3) und (4) läßt sich der Grenzsteuersatz $T'(TI)$ durch die Variable τ ersetzen. Setzte man das entsprechend modifizierte Gleichungssystem in Budgetrestriktion (5) ein, ließen sich die unkompensierten oder MARSHALLschen Nachfragefunktionen nach den drei dem Haushalt zur Verfügung stehenden Konsumgütern,

$$c = c(1 - \tau, y), \quad d = d(1 - \tau, y) \quad \text{und} \quad f = f(1 - \tau, y), \tag{6}$$

sowie die Arbeitsangebotsfunktion $l(1 - \tau, y) = \bar{f} - f(1 - \tau, y)$ ermitteln. Die MARSHALLschen Nachfragefunktionen sind nur von der Residualrate und vom exogenen Einkommen des betrachteten Individuums abhängig.[18] Durch Einsetzen der Nachfragefunktionen (6) in die Nutzenfunktion (1) erhält man die indirekte Nutzenfunktion

$$v(1 - \tau, y) \equiv u[c(1 - \tau, y), d(1 - \tau, y), f(1 - \tau, y)]. \tag{7}$$

[18] Die Produktivität w, über die der Haushalt bei Betätigung l verfügt, braucht als Argument der Nachfragefunktionen (6) nicht aufgeführt zu werden. Dies ist eine Anwendung des oben erläuterten *composite commodity*-Theorems, wenn dem aggregierten steuerbegünstigten Konsumgut die Residualrate als Preisindex zugewiesen (und der Bruttolohnsatz w aus Sicht des Individuums als konstant angenommen) wird.

Die HICKSschen Nachfragefunktionen geben die Nachfrage nach den zur Verfügung stehenden Konsumgütern in Abhängigkeit von gegebenen Güterpreisen und gegebenem Nutzenniveau an.[19] Sie lauten für Freizeit sowie für das Bündel aller übrigen steuerbegünstigten Konsumgüter

$$f^c = f(1-\tau, v(1-\tau, y)) \quad \text{und} \quad d^c = d(1-\tau, v(1-\tau, y)).$$

Im folgenden wird der Gesamteffekt einer Änderung des Steuersatzes τ bzw. der Residualrate $1-\tau$ auf das zu versteuernde Einkommen des Haushalts in Substitutions- und Einkommenseffekt zerlegt. Zur Ermittlung des Substitutionseffekts wird das exogene Einkommen des Haushalts in einer Weise angepaßt, daß er - wenn er auf die Kombination aus neuer Residualrate und angepaßtem exogenen Einkommen optimal reagierte - gerade das Nutzenniveau vor Änderung von Residualrate und exogenem Einkommen erreichen würde. Da die Kombination aus Änderung von Residualrate und Änderung von exogenem Einkommen nutzenneutral erfolgt, muß

$$\begin{aligned} \mathrm{d}v \equiv 0 = \{&\frac{\partial u}{\partial c}\frac{\partial c}{\partial(1-\tau)} + \frac{\partial u}{\partial d}\frac{\partial d}{\partial(1-\tau)} + \frac{\partial u}{\partial f}\frac{\partial f}{\partial(1-\tau)}\}\mathrm{d}(1-\tau) \\ &+\{\frac{\partial u}{\partial c}\frac{\partial c}{\partial y} + \frac{\partial u}{\partial d}\frac{\partial d}{\partial y} + \frac{\partial u}{\partial f}\frac{\partial f}{\partial y}\}\mathrm{d}y \end{aligned} \tag{8}$$

gelten. Ist die Budgetrestriktion des Haushalts erfüllt, lassen sich die aus der Haushaltsoptimierung folgenden MARSHALLschen Nachfragefunktionen in Gleichung (2) einsetzen und die resultierende Definition nach Residualrate und exogenem Einkommen differenzieren. Man erhält

$$\begin{aligned} \frac{\partial c}{\partial(1-\tau)} &\equiv (wl+d) + (1-\tau)(-w\frac{\partial f}{\partial(1-\tau)} - \frac{\partial d}{\partial(1-\tau)}) \quad \text{bzw.} \\ \frac{\partial c}{\partial y} &\equiv (1-\tau)(-w\frac{\partial f}{\partial y} - \frac{\partial d}{\partial y}) + 1. \end{aligned}$$

Setzt man diese Beziehungen und das Gleichungssystem (3) in das totale Differential der indirekten Nutzenfunktion (8) ein, erhält man unter der Voraussetzung einer proportionalen Einkommensteuer

$$\lambda\{(wl-d)\,\mathrm{d}(1-\tau) + \mathrm{d}y\} = 0,$$

[19] Die Nutzenmaximierung unter der Nebenbedingung eines gegebenen Budgets ist äquivalent zum dualen Problem einer Minimierung der Ausgaben, die ein Haushalt zur Erlangung eines vorgegebenen Nutzenniveaus aufzubringen hat. Die Lösung dieses dualen Problems resultiert in den angeführten HICKSschen oder (einkommens-)kompensierten Nachfragefunktionen.

oder, wenn man $\lambda \neq 0$ berücksichtigt,[20]

$$\mathrm{d}y|_{\mathrm{d}v\equiv 0} = -(wl - d)\,\mathrm{d}(1-\tau) = -TI\,\mathrm{d}(1-\tau). \tag{9}$$

In dieser Gleichung kennzeichnet *TI* die Höhe des zu versteuernden Einkommens vor der reformbedingten Änderung von Steuersatz bzw. Residualrate. Gleichung (9) zeigt, daß die zur Ermittlung des Substitutionseffekts notwendige Kompensation wegen $-TI\,\mathrm{d}(1-\tau) = TI\,\mathrm{d}\tau$ gerade derjenigen Änderung des Steuerbetrags entspricht, der sich der Haushalt gegenübersähe, wenn er auf die Steueränderung überhaupt nicht reagierte.

Für eine gegebene Residualrate und ein gegebenes exogenes Einkommen gilt in der Ausgangssituation definitionsgemäß

$$\begin{aligned} d[(1-\tau), v(1-\tau, y)] &\equiv d(1-\tau, y) \quad \text{und} \\ f[(1-\tau), v(1-\tau, y)] &\equiv f(1-\tau, y), \end{aligned}$$

da der Haushalt seine Konsumnachfrage nutzenmaximal wählt. Unter Beachtung von Gleichung (9) ergibt sich die kompensierte Änderung der Nachfrage nach den Gütern *f* und *d* infolge einer marginalen Steuersatzänderung dann als

$$\begin{aligned} \frac{\partial f^c}{\partial(1-\tau)} &\equiv \frac{\partial f}{\partial(1-\tau)} + \frac{\partial f}{\partial y}\frac{\mathrm{d}y}{\mathrm{d}(1-\tau)}|_{\mathrm{d}v\equiv 0} = \frac{\partial f}{\partial(1-\tau)} - TI\frac{\partial f}{\partial y} \quad \text{und} \\ \frac{\partial d^c}{\partial(1-\tau)} &\equiv \frac{\partial d}{\partial(1-\tau)} + \frac{\partial d}{\partial y}\frac{\mathrm{d}y}{\mathrm{d}(1-\tau)}|_{\mathrm{d}v\equiv 0} = \frac{\partial d}{\partial(1-\tau)} - TI\frac{\partial d}{\partial y}. \end{aligned}$$

Da das zu versteuernde Einkommen durch $TI = w(\bar{f} - f) - d$ definiert ist, muß auch

$$\begin{aligned} \frac{\partial TI^c}{\partial(1-\tau)} &= -w[\frac{\partial f}{\partial(1-\tau)} - TI\frac{\partial f}{\partial y}] - [\frac{\partial d}{\partial(1-\tau)} - TI\frac{\partial d}{\partial y}] \\ &= w\frac{\partial l}{\partial(1-\tau)} - \frac{\partial d}{\partial(1-\tau)} - TI[w\frac{\partial l}{\partial y} - \frac{\partial d}{\partial y}] \\ &= \frac{\partial TI}{\partial(1-\tau)} - TI\frac{\partial TI}{\partial y} \end{aligned}$$

[20] Der Ausdruck $\lambda = \partial u/\partial c$ entspricht dem Grenznutzen des (exogenen) Einkommens des Individuums, da der Preis des Konsumguts *c* auf Eins normiert wurde. Der Grenznutzen des Einkommens ist unter den hinsichtlich der Nutzenfunktion $u(\cdot)$ in Fußnote 17 getroffenen Annahmen strikt positiv.

oder

$$\frac{\partial TI}{\partial(1-\tau)} = \underbrace{\frac{\partial TI^c}{\partial(1-\tau)}}_{>0} + TI\underbrace{\frac{\partial TI}{\partial y}}_{?} \tag{10}$$

gelten. SLUTSKY-Gleichung (10) verdeutlicht, daß sich die Reaktion eines Individuums auf eine steuerlich bedingte Änderung relativer Preise - in Form einer Änderung der Residualrate - vollständig durch die resultierende Änderung des individuellen zu versteuernden Einkommens beschreiben läßt. Der Substitutionseffekt einer Änderung der Residualrate auf das zu versteuernde Einkommen, $\partial TI^c/\partial(1-\tau)$, ist positiv: Eine steigende Residualrate impliziert, daß der relative Preis steuerbegünstigter Konsumgüter ansteigt, was die kompensierte Nachfrage nach diesen Gütern reduziert und das zu versteuernde Einkommen für sich genommen erhöht. Das Vorzeichen des Einkommenseffekts, $\partial TI/\partial y$, ist dagegen theoretisch unbestimmt. Nicht-Inferiorität der steuerbegünstigten Konsumgüter (in aggregierter Form) vorausgesetzt, hat eine Erhöhung des exogenen Einkommens eine zunehmende Nachfrage nach steuerbegünstigten Konsumgütern und für sich genommen eine Abnahme des zu versteuernden Einkommens zur Folge. Das Vorzeichen des Gesamteffekts läßt sich in diesem Fall - ebenso wie bei der SLUTSKY-Gleichung für das Arbeitsangebot (vgl. etwa ATKINSON/STIGLITZ, 1980, 34) - theoretisch nicht vorhersagen.

Die empirischen Teile der vorliegenden Arbeit greifen häufig auf das Konzept der Elastizität des zu versteuernden Einkommens in bezug auf die Residualrate zurück. Es ist deswegen hilfreich, die SLUTSKY-Gleichung (10) unter Verwendung von Elastizitäten als

$$\zeta = \zeta^c + (1-\tau)\frac{\partial TI}{\partial y} \tag{11}$$

zu formulieren. In Gleichung (11) bezeichnen $\zeta := \partial TI/\partial(1-\tau)(1-\tau)/TI$ die unkompensierte Elastizität und $\zeta^c := \partial TI^c/\partial(1-\tau)(1-\tau)/TI$ die kompensierte Elastizität des zu versteuernden Einkommens in bezug auf die Residualrate.[21] Der Term $(1-\tau)\partial TI/\partial y$

[21] Gleichung (11) weist eine enge Analogie auf zur SLUTSKY-Gleichung für das Arbeitsangebot, die sich in Elastizitätenform als

$$\varepsilon_{l,w(1-\tau)} = \varepsilon^c_{l,w(1-\tau)} + w(1-\tau)\frac{\partial l}{\partial y}$$

bestimmen läßt (vgl. zum Beispiel BLUNDELL/MACURDY, 1999, 1589). Der Term $w(1-\tau)\partial l/\partial y$ gibt die Veränderung des Nettoarbeitseinkommens infolge einer marginalen Zunahme des exogenen Einkommens an und wird deshalb häufig als *marginal propensity to earn* bezeichnet. Eine hinreichende (aber nicht notwendige) Bedingung dafür, daß die Elastizität des zu versteuernden Einkommens größer ist als die Arbeitsangebotselastizität, ist eine positive Preiselastizität der Nachfrage nach dem steuerbegünstigten Konsumgut ($\varepsilon_{d,(1-\tau)} < 0$). Denn bei konstantem Bruttolohnsatz w gilt $\zeta = wl/(wl-d)\,\varepsilon_{l,w(1-\tau)} - d/(wl-d)\,\varepsilon_{d,(1-\tau)}$.

läßt sich als *marginal propensity to tax avoidance* interpretieren. Denn durch diesen Term bestimmt sich aufgrund von

$$(1-\tau)\frac{\partial TI}{\partial y} = -w(1-\tau)\frac{\partial f}{\partial y} - (1-\tau)\frac{\partial d}{\partial y}$$

gerade diejenige Änderung des nach Abzug des Steuerbetrags disponiblen Einkommens - oder, was dasselbe ist, der vermiedenen Steuerzahlung -, die ein Haushalt realisiert, wenn er seinen Konsum der steuerbegünstigten Güter f und d an eine marginale Änderung seines exogenen Einkommens anpaßt.

Progressive Einkommensteuer

Im vorigen Abschnitt wurde das Entscheidungskalkül eines Haushalts bei Existenz einer proportionalen Einkommensteuer vorgestellt, die den Abzug von Aufwendungen für steuerbegünstigte Konsumgüter von der Bemessungsgrundlage zuläßt. Nun sind Steuertarife in der Realität aber meist komplizierter und sehen im allgemeinen mit der Bemessungsgrundlage steigende Grenzsteuersätze und die Existenz eines Grundfreibetrags sowie weiterer, bei Vorliegen bestimmter Einkünfte oder Charakteristika des Steuerpflichtigen gewährter Frei- und Abzugsbeträge vor. Im folgenden wird unterstellt, daß das zu versteuernde Einkommen des betrachteten Individuums einem solchen, auf beliebige Weise progressiven Einkommensteuertarif unterliegt. Die Reaktion des Individuums auf die Erhebung eines progressiven Tarifs kann mithilfe des bisher verwendeten Instrumentariums analysiert werden, was sich wie folgt verdeutlichen läßt.

Angenommen wird, der von Individuum i zu entrichtende Steuerbetrag bestimme sich allgemein durch die Steuerbetragsfunktion $T_i = T_i(TI_i)$. Zu beachten ist, daß der Ermittlung des Steuerbetrags T_i hier eine individualisierte Funktion $T_i(TI_i)$ zugrundeliegt, die - neben der für alle Steuerpflichtigen geltenden Tariffunktion $T(TI_i)$, die auch allen Steuerpflichtigen in gleicher Höhe zustehende Freibeträge erfaßt - der Existenz individualisierter und von sozio-ökonomischen Charakteristika des Steuerpflichtigen abhängiger Frei- und Abzugsbeträge Rechnung trägt. Eine solche Darstellung hat konzeptionell den Vorteil, daß die Höhe des zu versteuernden Einkommens dann tatsächlich ausschließlich auf Entscheidungen des betrachteten Individuums zurückführen ist. Das Individuum trifft mit der nutzenmaximalen Wahl seines zu versteuernden Einkommens TI_i, das erneut der Differenz zwischen dem erzielten Einkommen $w_i l_i$ und den in Form bestimmter Konsumaufwendungen d_i vorgenommenen Abzügen entspricht, auch die Entscheidung über die Höhe des Grenzsteuersatzes τ_i, der im allgemeinen von der Bemessungsgrundlage TI_i abhängig ist. Der individuelle Durchschnittsteuersatz t_i ist durch $t_i = T_i(TI_i)/TI_i$ bestimmt.

Im Gleichgewicht verhält sich dieser Haushalt (lokal) genau so, als sähe er sich einem alternativ-hypothetischen Steuertarif gegenüber. Dieser hypothetische Steuertarif kombiniert einen konstanten Proportionalsteuersatz auf das gesamte zu versteuernde Einkommen, der dem tatsächlichen Grenzsteuersatz τ_i entspricht, mit einem individuellen Steuerabzugsbetrag oder *virtuellen Einkommen* (vgl. HAUSMAN, 1981, 31) in Höhe von

$$y_i^v := \tau_i TI_i - T_i = \tau_i TI_i - T_i(TI_i) = (\tau_i - t_i)TI_i. \tag{12}$$

Das virtuelle Einkommen bestimmt sich gemäß Gleichung (12) folglich gerade als Differenz zwischen demjenigen Steuerbetrag, der sich aus der Anwendung des aktuellen Grenzsteuersatzes des Individuums auf sein gesamtes zu versteuerndes Einkommen ergäbe, und der tatsächlich geleisteten Steuerzahlung.[22] Das virtuelle Einkommen ist immer dann positiv, wenn inframarginale Teile des zu versteuernden Einkommens - infolge mit der Bemessungsgrundlage steigender Grenzsteuersätze oder der Existenz steuerlicher Freibeträge - geringer besteuert werden als die mit dem aktuellen Grenzsteuersatz belegte marginale Einheit zusätzlichen zu versteuernden Einkommens. Diese Aussage ist äquivalent zu der Aussage, daß der zugrundeliegende Steuertarif progressiv ist. Der Grenzsteuersatz übersteigt in diesem Fall nämlich den Durchschnittsteuersatz, und in Gleichung (12) gilt wegen $\tau_i - t_i > 0$ auch $y_i^v > 0$.

Die Kombination aus Grenzsteuersatz und virtuellem Einkommen (τ_i, y_i^v) beschreibt vollständig die steuerliche Situation von Individuum i vor dem Hintergrund eines progressiven Steuersystems und nachdem das Individuum sämtliche für die Höhe der Bemessungsgrundlage relevanten Entscheidungen getroffen hat. Eine Steuerreform beeinflußt im allgemeinen sowohl Grenzsteuersatz als auch virtuelles Einkommen eines Steuerpflichtigen, wobei sich die Änderung des virtuellen Einkommens als

$$\mathrm{d}y_i^v = TI_i\,\mathrm{d}\tau_i - \mathrm{d}T_i = (\mathrm{d}\tau_i - \mathrm{d}t_i)TI_i \tag{13}$$

bestimmt. In Gleichung (13) bezeichnen $\mathrm{d}\tau_i$ die Änderung des Grenzsteuersatzes und $\mathrm{d}t_i$ die Änderung des Durchschnittsteuersatzes von Individuum i, wenn man Verhalten und zu versteuerndes Einkommen TI_i vor Durchführung der Steueränderung als gegeben betrachtet. Die Steuersatzänderungen $\mathrm{d}\tau_i$ und $\mathrm{d}t_i$ sind in diesem Zusammenhang folglich *ex-ante*, d. h. vor Berücksichtigung jeglicher Verhaltensreaktion definiert. Die Änderung des virtuellen Einkommens $\mathrm{d}y_i^v$ kennzeichnet, in welchem Ausmaß die Steuerreform inframarginale Teile des zu versteuernden Einkommens - relativ zur Änderung des Grenzsteuersatzes - belastet oder entlastet. Von der Änderung des virtuellen Einkommens geht lediglich ein Einkommenseffekt auf die Nachfrage nach steuerbegünstigten Konsumgütern und auf das zu versteuernde Einkommen aus. Substitutions- und Einkommenseffekt einer

[22] Im Falle eines indirekt-progressiven Steuersystems, das einen konstanten Steuersatz τ mit einem Steuerabzugsbetrag in Höhe von A kombiniert, bestimmt sich die Steuerzahlung als $T_i = \tau TI_i - A$. Der Durchschnittsteuersatz ergibt sich dann als $t_i = \tau - A/TI_i$, und das virtuelle Einkommen entspricht dem Steuerabzugsbetrag A, der unabhängig von der Höhe der individuellen Bemessungsgrundlage und folglich aus Sicht aller Steuerpflichtigen identisch ist.

Änderung des Grenzsteuersatzes, die schon bei der Reform einer proportionalen Einkommensteuer auftraten, werden bei der Reform eines progressiven Tarifs demzufolge von einem weiteren Einkommenseffekt begleitet, der auf die Änderung des virtuellen Einkommens zurückzuführen ist.

Im folgenden bezeichnet die Variable $m_i := y_i + y_i^v$ das gesamte exogene Einkommen des Individuums, das der Summe aus exogenem Einkommen y_i und progressionsbedingt-virtuellem Einkommen y_i^v entspricht. Unter Beachtung der Gleichungen (10) und (13) läßt sich die Reaktion des zu versteuernden Einkommens auf die Steueränderung,

$$\begin{aligned} \mathrm{d}TI_i &= \mathrm{d}TI_i|_{\mathrm{d}y_i^v \equiv 0} + \mathrm{d}TI_i|_{\mathrm{d}(1-\tau_i)\equiv 0} \\ &= \frac{\partial TI_i^c}{\partial(1-\tau_i)}\mathrm{d}(1-\tau_i) + \frac{\partial TI_i}{\partial m_i}\mathrm{d}y_i + \frac{\partial TI_i}{\partial m_i}\mathrm{d}y_i^v \\ &= \frac{\partial TI_i^c}{\partial(1-\tau_i)}\mathrm{d}(1-\tau_i) + \frac{\partial TI_i}{\partial m_i}TI_i(-\mathrm{d}\tau_i) + \frac{\partial TI_i}{\partial m_i}(\mathrm{d}\tau_i - \mathrm{d}t_i)TI_i, \end{aligned} \qquad (14)$$

in drei Komponenten zerlegen: Die ersten beiden Terme auf der rechten Seite von Gleichung (14) bezeichnen Substitutions- und Einkommenseffekt infolge der Änderung der Residualrate des Individuums und bei gedanklich konstant gehaltenem virtuellen Einkommen. Diese Effekte treten auch bei Erhebung einer proportionalen Steuer auf. Der dritte Term ist der zusätzliche Einkommenseffekt, der Folge einer Änderung des virtuellen Einkommens in einem progressiven Steuersystem ist. Faßt man beide Einkommenseffekte zusammen, erhält man die SLUTSKY-Gleichung für das zu versteuernde Einkommen, wenn man die (marginale) Reform eines progressiven Steuertarifs zugrundelegt. Sie lautet

$$\frac{\partial TI_i}{\partial(1-\tau_i)} = \frac{\partial TI_i^c}{\partial(1-\tau_i)} + \frac{\mathrm{d}t_i}{\mathrm{d}\tau_i} TI_i \frac{\partial TI_i}{\partial m_i}. \qquad (15)$$

Gleichung (15) ist die SLUTSKY-Gleichung für das zu versteuernde Einkommen bei Existenz einer progressiven Einkommensteuer, die in FELDSTEIN/FEENBERG (1996, 101f.), FELDSTEIN (1999, 676) und GRUBER/SAEZ (2002, 9) Verwendung findet, dort aber nicht auf Grundlage des individuellen Optimierungskalküls unter Besteuerung hergeleitet wird. Weil der Substitutionseffekt positiv und der Einkommenseffekt bei nicht-inferiorer Nachfrage nach dem aggregierten steuerbegünstigten Konsumgut negativ ist - und wenn die Änderungen von Grenz- und Durchschnittsteuersatz *ex-ante* dasselbe Vorzeichen aufweisen -, ist das Vorzeichen des Gesamteffekts einer Änderung der Residualrate auf das zu versteuernde Einkommen auch hier unbestimmt.

Der Einkommenseffekt in SLUTSKY-Gleichung (15) saldiert die Einkommenseffekte aufgrund der simultanen Änderung von Residualrate und virtuellem Einkommen. Im Vergleich zum Einkommenseffekt bei Betrachtung einer proportionalen Steuer wird der Einkommenseffekt in Gleichung (15) mit einem Term gewichtet, der die reformbedingte

Änderung von Durchschnitt- und Grenzsteuersatz des betrachteten Steuerpflichtigen zueinander in Beziehung setzt. Intuitiv läßt sich der Einkommenseffekt einer Steueränderung als Reaktion auf die Änderung von Durchschnittsteuersatz bzw. Steuerbetrag (bei gegebenem Verhalten) interpretieren; die Reaktion auf eine Änderung des Grenzsteuersatzes, d. h. auf die Änderung der steuerlichen Anreizstrukturen, schlägt sich im Substitutionseffekt nieder. Der Term $\mathrm{d}t_i/\mathrm{d}\tau_1$ und das Gewicht des Einkommenseffekts nehmen zu, je stärker die Belastungs- oder Entlastungswirkungen beim Durchschnittsteuersatz - relativ zur Änderung des Grenzsteuersatzes - ausfallen. Im Falle eines proportionalen Tarifs auf das zu versteuernde Einkommen gilt natürlich schon definitionsgemäß $\mathrm{d}t_i = \mathrm{d}\tau_i$, und Gleichung (15) entspricht SLUTSKY-Gleichung (10), die die Erhebung einer proportionalen Steuer voraussetzte.

In Elastizitätenform läßt sich Gleichung (15) als

$$\zeta_i = \zeta_i^c + \frac{\mathrm{d}t_i}{\mathrm{d}\tau_i}\,(1-\tau_i)\frac{\partial TI_i}{\partial m_i} \tag{16}$$

darstellen, wobei ζ_i und ζ_i^c wieder unkompensierte bzw. kompensierte Elastizität des zu versteuernden Einkommens in bezug auf die Residualrate kennzeichnen und der Term $\mathrm{d}t_i/\mathrm{d}\tau_i\ (1-\tau_i)(\partial TI_i/\partial m_i)$ wie im vorigen Abschnitt als *marginal propensity to tax avoidance* bei Erhebung einer progressiven Steuer interpretiert werden kann. Die empirischen Teile vorliegender Arbeit identifizieren die Intensität des Steuervermeidungsverhaltens in der Reaktion individueller zu versteuernder Einkommen auf die im Rahmen der "großen" Einkommensteuerreform 1990 vollzogene Steuersenkung. Im Zuge dieser Reform sahen sich die allermeisten Steuerpflichtigen sowohl einer Änderung von Grenzsteuersatz und Residualrate als auch von Steuerbetrag und virtuellem Einkommen in zum Teil beträchtlichem Umfang gegenüber. Davon auszugehen ist deshalb, daß sich in der Reaktion der Steuerpflichtigen auf von der Reform ausgehende Anreize sowohl Substitutions- als auch Einkommenseffekte niederschlugen, die auf Basis der SLUTSKY-Gleichungen (15) und (16) isoliert voneinander betrachtet werden können.

Allgemein setzt der Term $\mathrm{d}t_i/\mathrm{d}\tau_i$ in den Gleichungen (15) und (16) die Änderung der Besteuerung inframarginaler Einkommensteile - die überhaupt nur bei Existenz eines progressiven Steuersystems von Relevanz ist - in Beziehung zur Änderung der Besteuerung marginal-zusätzlichen Einkommens und ist in diesem Sinne ein Maß für die *Progressivität* der untersuchten Steuerreform (vgl. dazu in einem anderen Kontext auch BROWNING, 1987, 19). Die Ausgestaltung der betrachteten Steuerreform, die sich aus Sicht des betroffenen Individuums als Vektor $(\mathrm{d}\tau_i, \mathrm{d}t_i)$ darstellt, wurde bislang modellhaft in keiner Weise restringiert. Mithilfe der SLUTSKY-Gleichungen (15) und (16) lassen sich aber auch Aussagen über die Reaktion des individuellen zu versteuernden Einkommens auf spezifische und unter Umständen empirisch relevante Steuerreformprojekte treffen. Es ist deshalb aufschlußreich, kurz die Implikationen unterschiedlicher Budget- und Verteilungsziele der Reform eines progressiven Steuersystems für das Ausmaß des individuellen Steuervermeidungsverhaltens zu diskutieren. Unterstellt wird im folgenden generell, daß die Reform mit einer Absenkung des aktuellen Grenzsteuersatzes des betrachteten Individuums verbunden ist ($d\tau_i < 0$).

Eine erste Reformalternative besteht darin, daß die Absenkung des Grenzsteuersatzes aufkommensneutral durchgeführt wird, weshalb $dt_i = 0$ gilt.[23] Gleichung (15) macht deutlich, daß sich in der Änderung des zu versteuernden Einkommens in diesem Fall ausschließlich der Substitutionseffekt einer veränderten Residualrate niederschlägt. Denn aus Sicht des betrachteten Individuums ist die Reform gerade so konzipiert, daß die Abnahme des virtuellen Einkommens ($dy_i^v = TI_i\, d\tau_i < 0$) dem hypothetischen Anstieg seiner Konsummöglichkeiten alleine infolge des verringerten Grenzsteuersatzes ($dy_i = -TI_i\, d\tau_i$) entspricht. Steuervermeidungsaktivitäten werden infolge des Substitutionseffekts einer steigenden Residualrate weniger attraktiv, und das zu versteuernde Einkommens des Individuums nimmt unzweideutig zu. Verwirklichen läßt sich eine solche Reform zum Beispiel dadurch, daß die Senkung des Grenzsteuersatzes durch die Einschränkung oder Abschaffung bislang gewährter Frei- und Abzugsbeträge flankiert wird. Tatsächlich lag dieses Prinzip eines *tax cut cum base broadening* den meisten Steuerreformen zugrunde, die seit Mitte der 1980er Jahren in einer Vielzahl von OECD-Staaten durchgeführt wurden.[24] Zumindest im Prinzip diente es auch als Leitbild der Steuerreform 1990, die dem empirischen Teil vorliegender Arbeit als quasi-natürliches Experiment einer Änderung der steuerbedingten Anreizstrukturen zugrundeliegt. Die SLUTSKY-Gleichung für das zu versteuernde Einkommen zeigt, daß dann Substitutionseffekte innerhalb der beobachteten Verhaltensanpassung besonders stark ins Gewicht fallen.

Verringert die betrachtete Steuerreform hingegen den Durchschnittssteuersatz des Individuums i in absolut dem gleichen Ausmaß wie den Grenzsteuersatz, gilt $d\tau_i = dt_i$. Gemäß Gleichung (13) muß dann auch $dy_i^v = 0$ gelten, und die Höhe des virtuellen Einkommens bleibt durch die Reform unbeeinflußt. Der Einkommenseffekt in SLUTSKY-Gleichung (15) wird nicht gewichtet, und die induzierten Substitutions- und Einkommenseffekte entsprechen den Effekten der Steuersatzänderung in einem proportionalen System;[25] das Vorzeichen des Gesamteffekts auf Steuervermeidungsverhalten und zu versteuerndes Einkommen ist dementsprechend wieder theoretisch unbestimmt. Eine auf diese Weise konzipierte Re-

---

[23] Zu erinnern ist daran, daß das Kriterium der Aufkommensneutralität - und die reformbedingte Änderung des Durchschnittsteuersatzes allgemein - aus *ex-ante*-Sicht definiert ist. Die tasächlichen Aufkommenswirkungen dieses und aller nachfolgend beschriebenen Reformprojekte sind natürlich wiederum selbst von der reformbedingten Reaktion des Steuervermeidungsverhaltens der betroffenen Individuen abhängig.

[24] Vgl. dazu ausführlich Abschnitt 5.1.2 vorliegender Arbeit. FELDSTEIN (1995a, 557f.) weist darauf hin, daß der US-amerikanische *Tax Reform Act* von 1986 eine drastische Absenkung des Steuertarifs mit einer Verbreiterung der Bemessungsgrundlage unter der Maßgabe individueller Aufkommensneutralität verband. Träfe dies zu, wäre eine beobachtete Verhaltensänderung US-amerikanischer Haushalte nach 1986 ausschließlich auf den Substitutionseffekt gestiegener Residualraten zurückzuführen.

[25] Zu beachten ist natürlich, daß sich das vor Durchführung der Reform eines progressiven Systems einstellende Gleichgewicht im allgemeinen von dem in einem proportionalen System erreichten Gleichgewicht unterscheidet. Unterscheiden dürfte sich deshalb auch die im jeweiligen Fall empirisch zu beobachtende Elastizität des zu versteuernden Einkommens.

form entlastet aus Sicht des betroffenen Steuerpflichtigen inframarginale Einkommensteile in identischer Weise wie den marginalen Einkommenszuwachs, wofür sowohl eine durchgehende Tarifsenkung als auch die Anhebung in Form von Frei- und Abzugsbeträgen unbesteuerter Einkommensteile erforderlich sind.

Eine dritte Reformvariante senkt den Durchschnittsteuersatz in relativ dem gleichem Ausmaß wie den Grenzsteuersatz des betrachteten Individuums, sodaß $dt_i/d\tau_i = t_i/\tau_i$ in SLUTSKY-Gleichung (15) zu berücksichtigen ist. Ist das Steuersystem in der Ausgangssituation progressiv, gilt $t_i/\tau_i < 1$. Der Gesamteffekt auf das zu versteuernde Einkommen ist unter den oben getroffenen Annahmen erneut theoretisch unbestimmt. Der Einkommenseffekt fällt allerdings geringer aus, als wenn ein ursprünglich proportionaler Steuersatz im selben Ausmaß gesenkt (oder in einem progressiven System die zweite Reformvariante durchgeführt) würde. Ein aktuelles finanzpolitisches Beispiel für eine solche Reform ist die in der politischen Diskussion häufig geforderte Minderung oder Abschaffung des Solidaritätszuschlags, der - als Aufschlag auf die Steuerschuld - einen Anstieg von sowohl Grenz- als auch Durchschnittsteuersatz eines Steuerpflichtigen um relativ denselben Prozentsatz zur Folge hat.

In einem letzten Beispiel sollen die Wirkungen einer Steuerreform beschrieben werden, die mit einer Absenkung des Grenzsteuersatzes verbunden ist, den ursprünglichen Progressionsgrad des Systems *ex-ante* aber unverändert läßt. Die Betrachtung eines solchen Reformprojekts liegt deshalb nahe, weil üblicherweise verwendete Progressionsmaße ebenfalls - wie der Einkommenseffekt in SLUTSKY-Gleichung (15) - auf dem Verhältnis zwischen Grenz- und Durchschnittsteuersatz der Steuerpflichtigen beruhen. Im folgenden dient die Residualeinkommenselastizität ρ als Progressionsmaß, die sich durch die Beziehung $\rho = (1-\tau)/(1-t)$ bestimmt (vgl. JAKOBSSON, 1976). Die Residualeinkommenselastizität bleibt beim zu versteuernden Einkommen TI_i wegen

$$d\rho \equiv 0 = \frac{1}{1-t_i}(\rho \, dt_i - d\tau_i)$$

von einer Reform des Steuersystems gerade dann unbeeinflußt, wenn $d\tau_i/dt_i = \rho$ gilt, das Verhältnis der reformbedingten Änderungen von Grenz- und Durchschnittsteuersatz also der Höhe der ursprünglichen Residualeinkommenselastizität entspricht. Ist das Steuersystem in der Ausgangssituation (beim zu versteuernden Einkommen TI_i) progressiv, gilt $\rho < 1$. Eine unter der Voraussetzung eines konstanten Progressionsgrads konzipierte Reform muß für eine gegebene Bemessungsgrundlage den Durchschnittsteuersatz folglich stärker absenken als den Grenzsteuersatz. Intuitiv ist dies darauf zurückzuführen, daß eine überproportionale Entlastung inframarginaler Einkommensteile einer überproportionalen Entlastung bei niedrigeren Einkommensniveaus entspricht. Von der Senkung des Steueraufkommens insgesamt profitieren dann niedrige Einkommen auch in überproportionalem Ausmaß, was Vorausetzung für eine - wie vorgegeben - unveränderte Verteilung der Nettoeinkommen ist. SLUTSKY-Gleichung (15) macht deutlich, daß sich in der Verhaltensanpassung des betrachteten Individuums in diesem Fall vergleichsweise starke Einkommenseffekte niederschlagen. Sind die steuerbegünstigten Konsumgüter nicht-inferior, steigt das zu versteuernde Einkommen bei einer Reduktion im Grenzsteuersatz demnach weniger stark an als infolge der zuvor besprochenen Reformalternativen.[26]

Schließlich macht das letzte Beispiel der verteilungsneutralen Reform einer progressiven Einkommensteuer unter Beachtung von SLUTSKY-Gleichung (15) auch den grundlegenden Konflikt zwischen der effizienten und der als verteilungsgerecht empfundenen Steuererhebung - hier: der Durchführung einer entsprechenden Steuersenkung - deutlich. Eine verteilungsneutrale Absenkung des Steueraufkommens läßt sich nur dadurch erreichen, daß der Durchschnittsteuersatz im Vergleich zum Grenzsteuersatz bei *jedem* zu versteuernden Einkommen TI_i vergleichsweise stark verringert wird. Wie in Abschnitt 2.3 dieser Arbeit demonstriert wird, kommt es bei einer unter Effizienzgesichtspunkten durchgeführten Reform im Gegensatz dazu aber gerade auf die Absenkung der Grenzsteuersätze an.

2.2.3 Steuervermeidung und Steuergestaltung

In Abschnitt 2.1 als Steuergestaltung und Steuerhinterziehung beschriebene Aktivitäten eines Individuums blieben im bisherigen Modellrahmen annahmegemäß unberücksichtigt. Tatsächlich nimmt die vorliegende empirische Literatur zur Steuervermeidung eine strikte Trennung zwischen den unterschiedlichen Verhaltensweisen vor, die eine Minderung der individuellen Steuerzahlung zum Ziel haben (vgl. vor allem FELDSTEIN, 1995a und 1999; und zuletzt auch GRUBER/SAEZ, 2002). Vorliegende empirische Schätzungen der Elastizität des zu versteuernden Einkommens jedenfalls beruhen ausnahmslos auf der im vorigen Abschnitt ermittelten SLUTSKY-Gleichung für das zu versteuernde Einkommen (oder auf einer Variante dieser Gleichung), die Steuergestaltung und Steuerhinterziehung ausdrücklich unberücksichtigt läßt. Andererseits läßt sich kaum bestreiten, daß sich Zensiten in der Realität eines Teils ihrer Steuerzahlung auch durch - legale oder illegale - Maßnahmen entziehen, die nicht unmittelbar mit einer Änderung ihres *Konsum*verhaltens in Form einer verstärkten Nachfrage nach steuerbegünstigten Gütern verbunden sind (vgl. dazu die Diskussion in Abschnitt 2.1.2 vorliegender Arbeit). Im folgenden wird deshalb das Optimierungskalkül eines besteuerten Individuums um Steuergestaltungs- und -hinterziehungsaktivitäten erweitert. Auf diese Weise lassen sich Interdependenzen zwischen den unterschiedlichen Arten von Anreizen aufzeigen, denen sich ein Individuum

[26] HEMMING (1980) kommt zum gleichen Ergebnis, betrachtet aber ausschließlich Effekte, die von der Reform eines indirekt-progressiven Steuertarifs auf die angebotenen Arbeitsstunden ausgehen. Zu beachten ist, daß die Verwendung alternativer Größen zur Messung der Steuerprogression zu völlig gegenläufigen Schlußfolgerungen führen kann (vgl. dazu zuerst MUSGRAVE/THIN, 1948). So bleibt die etwa von BROWNING (1987, 19) präferierte Steuerbetragselastizität, die sich als Verhältnis von Grenz- und Durchschnittsteuersatz (τ_i/t_i) bestimmt, gerade unter der Voraussetzung $d\tau_i/dt_i = \tau_i/t_i$ konstant. Dies ist beim dritten der im Text genannten Reformprojekte (also etwa der Abschaffung des Solidaritätszuschlags) der Fall, das allerdings mit einer steigenden Residualeinkommenselastizität und einer zunehmenden *Un*gleichheit der Nettoeinkommensverteilung verbunden ist. Ein ganz ähnlicher Hinweis findet sich, wenn auch in einem anderen Kontext, bei DAHLBY (1998, 115).

bei der Besteuerung seines Einkommens gegenübersieht. Demonstrieren läßt sich außerdem, unter welchen Voraussetzungen man mit der im vorigen Abschnitt vorgestellten SLUTSKY-Gleichung für das zu versteuernde Einkommen tatsächlich in der Lage ist, das steuerlich relevante Verhalten eines Individuums auch in einem breiteren Modellrahmen korrekt abzubilden.

Betrachtet wird im folgenden erneut ein Haushalt, dessen Nutzenfunktion $u = u(c, f, d)$ neben Freizeit ein aus versteuertem Einkommen erworbenes sowie ein steuerbegünstigtes Konsumgut als Argumente enthält. Auch die übrigen Annahmen, insbesondere Normierung und Konstanz der jeweiligen (Produzenten-)Preise betreffend, werden aus dem vorigen Abschnitt übernommen. Unterstellt wird nun aber die Existenz einer proportionalen Einkommensteuer mit Satz τ, deren Bemessungsgrundlage sich durch Steuergestaltung um einen Betrag in Höhe von a mindern läßt. Die individuelle Budgetrestriktion lautet

$$c + d = w(\bar{f} - f) - \tau(w(\bar{f} - f) - d - a) - e(a, \cdot) + y. \tag{17}$$

Gleichung (17) macht den zentralen Unterschied deutlich, der zwischen Steuervermeidungs- und Steuergestaltungsaktivitäten eines Haushalts besteht. Steuergestaltung in Höhe von a und Aufwendungen für das steuerbegünstigte Konsumgut d verringern die Bemessungsgrundlage der Steuer zwar in ganz symmetrischer Weise. Der Umfang der Aktivität a, die nicht direkt in die Nutzenfunktion des Haushalts eingeht, verursacht aber monetäre Kosten, die sich durch die Funktion $e = e(a, \cdot)$ darstellen lassen.[27] Im folgenden wird angenommen, daß die Grenzkosten der Aktivität a positiv sind ($\partial e/\partial a := e_a > 0$) und mit dem Betrag a zunehmen ($\partial^2 e/\partial a^2 := e_{a,a} > 0$); außerdem gelte $e(0, \cdot) = 0$. Durch welche Variablen die Höhe der entstehenden Steuergestaltungskosten $e(a, \cdot)$ darüber hinaus determiniert wird, ist für die Aussagen des Modells von erheblicher Bedeutung. Im allgemeinen Fall sei unterstellt, daß sich die Kosten der Steuergestaltung mit der Höhe des erzielten Einkommens verringern, sodaß $e = e(a, wl)$ mit $\partial e/\partial(wl) := e_l < 0$ gilt.[28] Die empirische Relevanz dieser Annahme wird nach der Herleitung der Modellergebnisse für den allgemeinen Fall diskutiert.

---

27 Die Kosten der Steuergestaltung können einerseits in Aufwendungen bestehen, die dem Steuerpflichtigen durch Informationsbeschaffung und Inanspruchnahme von (Steuer-) Beratungsleistungen entstehen. In intertemporaler Hinsicht bildet die Funktion $e = e(a, \cdot)$ zudem die inferiore Rendite steuerlich begünstigter Anlageprodukte (etwa im Bereich des Mietwohnungsbaus) ab. MAYSHAR (1991, 78) zeigt, daß sich mit einer ähnlichen Modellspezifikation auch Steuerhinterziehungsaktivitäten des Haushalts erfassen lassen, die ebenfalls in einer Minderung der steuerlichen Bemessungsgrundlage resultieren. Der Hinterziehung eines Betrags in Höhe von a stehen aus Sicht des Steuerpflichtigen Kosten in Höhe von $e(a, \cdot)$ gegenüber, die neben dem mit der Aktivität a direkt verbundenen monetären Aufwand zusätzlich aus dem Erwartungswert der Bestrafung bei aufgedeckter Hinterziehung bestehen. Die Variable a wird im Text durchgehend als Steuergestaltung bezeichnet, schließt aber - bei entsprechend modifizierter Interpretation der Kostenfunktion $e(a, \cdot)$ - immer hinterzogene Teile des steuerrechtlich korrekt ermittelten zu versteuernden Einkommens ein.

28 In dieser Form orientiert sich die Grundstruktur des Modells - bei zusätzlicher Berücksichtigung des steuerbegünstigten Konsumguts d - an SLEMROD (2001), auf dessen Arbeit ein wesentlicher Teil der im folgenden beschriebenen Modellaussagen beruht.

Die Bedingungen erster Ordnung der Haushaltsoptimierung über die Variablen c, f, d und a lauten

$$\frac{\partial u/\partial f}{\partial u/\partial c} = w(1-\tau-e_l), \tag{18}$$

$$\frac{\partial u/\partial d}{\partial u/\partial c} = 1-\tau, \tag{19}$$

$$\frac{\partial u/\partial f}{\partial u/\partial d} = w\frac{1-\tau-e_l}{1-\tau} \quad \text{und} \tag{20}$$

$$e_a = \tau. \tag{21}$$

Bedingung (21) zeigt, daß Abzüge von der Bemessungsgrundlage in Form des Betrags a solange ausgedehnt werden, bis die Grenzkosten der Steuergestaltung dem Grenzertrag in Höhe der um den Steuersatz τ geminderten Steuerzahlung entsprechen. Bedingung (18) macht darüber hinaus deutlich, daß die Erhebung der Einkommensteuer den relativen Preis zwischen Freizeit und aus versteuertem Einkommen erworbenen Konsumgütern nun in zweifacher Weise beeinflußt: Zum einen bleibt der Freizeitkonsum unbesteuert, was den relativen Preis für sich genommen um einen Faktor in Höhe der Residualrate $1-\tau$ mindert und dem Individuum Anreize zur Steuervermeidung verleiht. Zum anderen verringert der zusätzliche Freizeitkonsum aber auch das erzielte Einkommen, was für sich genommen zu einem Anstieg der Steuergestaltungskosten ($e_l < 0$) führt. Steuervermeidung in Form einer Ausweitung des Freizeitkonsums wird unter Berücksichtigung von Steuergestaltungsoptionen demzufolge weniger attraktiv. In der Konsequenz verdeutlicht Bedingung (20), daß die sich eröffnenden Möglichkeiten zur Steuergestaltung einen Keil zwischen die Preise der zur Verfügung stehenden steuerbegünstigten Konsumgüter treiben. Das *composite commodity*-Theorem ist unter diesen Umständen auf die Güter f und d nicht mehr anwendbar, und SLUTSKY-Gleichung (15) verliert ihre Gültigkeit.[29]

Anhang 2.7.1 zu diesem Abschnitt demonstriert, wie sich der kompensierte Effekt einer Änderung der Residualrate auf die Freizeitnachfrage, d. h. der Term $\mathrm{d}f^c/\mathrm{d}(1-\tau)$, ermitteln läßt, wenn sich dem betrachteten Individuum eine Option zur Steuervermeidung - in Form des Konsums unbesteuerter Freizeit - und eine Option zur Steuergestaltung - in Form eines mit monetären Kosten verbundenen Abzugs a von der Bemessungsgrundlage - eröffnen.[30] Der Substitutionseffekt einer geänderten Residualrate auf die Freizeitnachfrage

[29] Wie in Abschnitt 2.2.2 diskutiert, setzt die Anwendung des *composite commodity*-Theorems ein konstantes Verhältnis der Konsumentenpreise aller im *composite commodity* zusammengefaßten Konsumgüter voraus. Formal gesprochen, läßt sich nur unter dieser Voraussetzung die Substitutionselastizität zwischen diesen Gütern, die der individuellen Präferenzordnung entstammt, bei der Analyse der Besteuerungswirkungen vernachlässigen. Diese Bedingung ist im hier angesprochenen Fall offensichtlich nicht erfüllt.

[30] Auf die Modellierung eines weiteren steuerbegünstigten Konsumguts d wird verzichtet, weil sich alle wesentlichen Aussagen auch auf Basis eines einfachen Konsum-Freizeit-Steuergestaltung-Modells treffen lassen. Die im Anhang durchgeführten Berechnungen würden bei Berücksichtigung eines weiteren Arguments in der Nutzenfunktion aber erheblich aufwendiger.

lautet in diesem Fall (vgl. SLEMROD, 2001, 122)

$$\frac{\mathrm{d}f^c}{\mathrm{d}(1-\tau)} = w\frac{1 + e_{l,a}/e_{a,a}}{(u_{f,f} - 2zu_{f,c} + z^2u_{c,c})/u_c - w^2(e_{l,l}e_{a,a} - e_{l,a}e_{a,l})/e_{a,a}}, \tag{22}$$

wobei die Variable $z := w(1 - \tau - e_l)$ die Opportunitätskosten des Freizeitkonsums hier aus Gründen einer einfacheren Notation ersetzt.

Der Term $w/((u_{f,f} - 2zu_{f,c} + z^2u_{c,c})/u_c) < 0$ in Gleichung (22) ist äquivalent zu dem Substitutionseffekt, der auch bei der Konsum-Freizeit-Wahl unter Besteuerung und ohne Berücksichtigung von Steuergestaltung auftritt (vgl. zum Beispiel VARIAN, 1984, 134f.). Läßt das Steuersystem Möglichkeiten der Steuergestaltung zu, wird die kompensierte Änderung des Freizeitkonsums laut Gleichung (22) darüber hinaus aber auch von der konkreten Form der Kostenfunktion $e(\cdot)$ bestimmt. Eine besondere Bedeutung kommt dabei offensichtlich dem Effekt zu, den ein Anstieg des Bruttoeinkommens wl auf die Grenzkosten der Steuergestaltung hat. Nehmen die Grenzkosten der Steuergestaltung mit der Höhe des Einkommens ab ($e_{a,l} = e_{l,a} < 0$), geht von einer Erhöhung des Steuersatzes bzw. einer Senkung der Residualrate, neben dem üblichen (positiven) Substitutionseffekt, ein weiterer und gegenläufiger Effekt auf den kompensierten Freizeitkonsum aus (vgl. SLEMROD, 2001, 123). Denn der Term $e_{l,a}/e_{a,a}$ im Zähler von Gleichung (22) ist dann negativ und der Nenner von Gleichung (22) nimmt wegen $e_{l,a}e_{a,l} > 0$ zu,[31] was den Substitutionseffekt insgesamt im Vergleich zur Situation ohne Option zur Steuergestaltung verringert. Die intuitive Erklärung dieser Beobachtung besteht darin, daß steigende Steuersätze - wegen Bedingung (21) und der Annahme $e_{a,a} > 0$ gilt $\mathrm{d}a/\mathrm{d}(1-\tau) < 0$ - eine Ausweitung der Steuergestaltung zur Folge haben, wodurch aufgrund von $e_{l,a} < 0$ die kostendämpfende Wirkung zusätzlich erzielten Arbeitseinkommens verstärkt ins Gewicht fällt und sich der relative Preis des Freizeitkonsums für sich genommen erhöht. Der kompensierte Effekt einer Änderung der Residualrate auf den Freizeitkonsum fällt deswegen geringer aus.

Sind die Kosten der Steuergestaltung hingegen nur von der Höhe des von einem Individuum deklarierten Einkommens $TI = wl - a$ abhängig, gilt

$$e_{a,a} = -e_{a,l} = -e_{l,a} = e_{l,l}.$$

Aus Gleichung (22) folgt unter dieser Voraussetzung $\mathrm{d}f^c/\mathrm{d}(1-\tau) = 0$, und von einer Änderung der Residualrate geht überhaupt kein Effekt auf die Höhe des kompensierten

[31] Die hinreichende Bedingung für ein Nutzenmaximum in oben beschriebenem Entscheidungsproblem gewährleistet, daß der Nenner in Gleichung (22) insgesamt negativ ist (vgl. SLEMROD, 2001, 122f.). Der Term $-w^2(e_{l,l}e_{a,a} - e_{l,a}e_{a,l})/e_{a,a}$ kann also selbst unter der Voraussetzung $e_{l,a}e_{a,l} > 0$ positiv sein, wenn $e_{l,l} < 0$ gelten sollte. SLEMROD (2001, 121) schließt die Möglichkeit, daß das Bruttoeinkommen positive Grenzerträge im Sinne einer Kostenreduktion aufweist, allerdings explizit aus.

Freizeitkonsums aus. Das zu versteuernde Einkommen nimmt zwar dennoch mit einem kompensierten Anstieg des Steuersatzes ab. Wegen $\mathrm{d}f^c/\mathrm{d}(1-\tau) = 0$ ist diese Beobachtung aber alleine auf einen unzweideutig zunehmenden Umfang der Steuergestaltung - bei $\mathrm{d}f^c = 0$ muß unzweideutig auch $\mathrm{d}a/\mathrm{d}(1-\tau) < 0$ gelten - zurückzuführen (vgl. SLEMROD, 2001, 123f.).

Eine dritte mögliche Spezifikation der Kostenfunktion besteht darin, daß die Kosten der Steuergestaltung gänzlich unabhängig sind von der Höhe des erzielten Einkommens. Wegen $e_{l,a} = e_{l,l} = e_{l,a} = e_{a,l} = 0$ treten dann in Gleichung (22) keine Interdependenzen zwischen Steuervermeidung und Steuergestaltung auf. Der kompensierte Effekt auf das zu versteuernde Einkommen in SLUTSKY-Gleichung (15) behielte auch Gültigkeit, wenn Möglichkeiten zu Steuervermeidung und Steuergestaltung des besteuerten Haushalts simultan berücksichtigt würden. Jegliche Entscheidung eines Haushalts über das Ausmaß steuergestaltender Aktivitäten vollzöge sich inframarginal und bliebe ohne Auswirkung auf das (kompensierte) Steuervermeidungsverhalten. Allerdings veränderte sich der Einkommenseffekt. Wie Anhang 2.7.1 zu diesem Abschnitt zeigt, ist für die nutzenneutrale Kompensation einer Änderung der individuellen Residualrate eine Anpassung des exogenen Einkommens in Höhe von $\mathrm{d}y/\mathrm{d}(1-\tau)|_{dv\equiv 0} = wl - a$ erforderlich. In der Folge lautet der Einkommenseffekt in SLUTSKY-Gleichung (15) auch weiterhin $TI\, \partial TI/\partial y$, wobei der die Höhe der ursprünglichen Bemessungsgrundlage repräsentierende Term TI nun aber auch in Form von Steuergestaltung vorgenommene Abzüge reflektiert.[32]

Berücksichtigt man Steuergestaltung (und Steuerhinterziehung) besteuerter Haushalte, ist folglich selbst das Vorzeichen des Effekts einer kompensierten Änderung der Residualrate auf den Freizeitkonsum nicht eindeutig und hängt insbesondere von Argumenten und Krümmung der Funktion der durch Steuergestaltung entstehenden Kosten $e(\cdot)$ ab. Die Frage, welche Form die Funktion $e(\cdot)$ in der Realität aufweist, läßt sich letztlich natürlich nur empirisch beantworten. GOOLSBEE (2000a; 2000b) belegt, daß US-amerikanische Steuerpflichtige mit sehr hohen Arbeitseinkommen, d. h. vor allem Mitglieder der Führung großer Unternehmen über besonders ausgeprägte Möglichkeiten verfügen, den Zeitpunkt der Deklaration ihrer Einkünfte - abhängig etwa von antizipierten Änderungen in der Steuerpolitik - zu bestimmen. Zumindest die Kosten zeitlicher Steuerarbitrage scheinen in diesem Fall tatsächlich mit der Höhe des Einkommens negativ korreliert zu sein. Empirische Untersuchungen zum Hinterziehungsverhalten im Rahmen der Einkommensteuer kommen hingegen meist zu dem Ergebnis, daß zwischen der Höhe des (steuerlich korrekt

---

32 Darauf hinzuweisen ist ferner, daß Grenzsteuersatz und Residualrate, denen sich ein Individuum bei Existenz einer progressiven Einkommensteuer gegenübersieht, auf simultane Weise durch das Ausmaß von Steuervermeidung *und* Steuergestaltung bestimmt sind. Die Wahrnehmung einer Option zur Steuergestaltung erhöht für sich genommen den relativen Preis steuerbegünstigter Konsumgüter, und jegliche Form von Steuervermeidung macht Steuergestaltung *ceteris paribus* weniger attraktiv. Die Interdependenz unterschiedlicher Strategien zur Minderung der Bemessungsgrundlage läßt sich in dieser Hinsicht nie völlig ausschließen.

ermittelten) Bruttoeinkommens und dem Umfang hinterzogener Steuern keine signifikante Beziehung existiert (vgl. die Übersicht bei ANDREONI ET AL., 1998, 838ff.).[33]

Für die Bundesrepublik liegt nach unserer Kenntnis diesbezüglich bisher keine empirische Evidenz vor, und die Frage nach Höhe und Bestimmungsgründen der deutschen Steuerpflichtigen durch Steuergestaltung entstehenden Kosten muß an dieser Stelle unbeantwortet bleiben.[34] Sowohl den weiteren theoretischen Abschnitten als auch der empirischen Schätzung der Elastizität des zu versteuernden Einkommens legt vorliegende Arbeit (meist auf implizite Weise) eine Funktion der durch Steuergestaltung entstehenden Kosten zugrunde, die - wie im letzten der beschriebenen Beispielfälle - von der Höhe des erzielten Einkommens unabhängig ist. Wie zu Beginn dieses Abschnitts erläutert, befindet sich vorliegende Arbeit in dieser Hinsicht im Einklang mit der Gesamtheit der verwandten Literatur zur Elastizität des zu versteuernden Einkommens. Deutlich wurde im vorangegangenen aber auch, daß für ein solches Vorgehen möglicherweise starke, aber empirisch bislang nicht zu falsifizierende Annahmen erforderlich sind.

[33] Ein signifikant positiver Einfluß auf den Umfang hinterzogener Steuern geht diesen Studien zufolge aber vom Grenzsteuersatz eines Steuerpflichtigen aus (vgl. hierzu ebenfalls ANDREONI ET AL., 1998, 839), wodurch die in diesem und allen folgenden Abschnitten vorliegender Arbeit getroffenen Modellannahmen als eher gerechtfertigt erscheinen. Für das Ausmaß an Steuergestaltung und -hinterziehung sind - anders als für das Ausmaß an Steuervermeidung - eine Reihe weiterer Bestimmungsfaktoren denkbar. Zu diesen zählen die Möglichkeit und die Kosten, Informationen über Optionen zur Steuergestaltung zu erlangen, die wiederum von Beruf und Struktur der Einkünfte eines Steuerpflichtigen sowie vom Grad der Transparenz des Steuerrechts abhängen; die Intensität, mit der steuerlich relevante Angaben von seiten des Fiskus überprüft werden; Form und Ausgestaltung monetärer bzw. nicht-monetärer Strafen bei aufgedeckter Steuerhinterziehung; die individuelle Risikoneigung; sowie Moralvorstellungen der Steuerpflichtigen (vgl. dazu ANDREONI ET AL., 1998, 840-847).

[34] LANG ET AL. (1997, 338ff.) ermitteln, daß die Differenz zwischen Bruttoeinkommen und zu versteuerndem Einkommen deutscher Haushalte - unter Ausschluß steuerrechtlich pauschalierter sowie von erkennbaren sozio-ökonomischen Kriterien abhängiger Frei- und Abzugsbeträge - mit dem Bruttoeinkommen zunimmt und folgern, "tax shelter is not at all independent of gross income even if we control for (semi-)legal tax shelter possibilities". LANG ET AL. (1997) legen ihrer Arbeit allerdings Haushaltsdaten der Einkommens- und Verbrauchsstichprobe zugrunde, aus denen eine Reihe bedeutsamer *legaler* Steuerminderungsmöglichkeiten insbesondere in Form der Generierung negativer Mieteinkünfte nicht hervorgeht, und die zitierte Schlußfolgerung ist deswegen empirisch zumindest zweifelhaft (vgl. dazu ausführlich Abschnitt 3.2.2 vorliegender Arbeit).

2.3 Effizienzeffekte der Einkommensteuer bei Steuervermeidung

2.3.1 Vorbemerkung

Der mit Entrichtung der Einkommensteuerzahlung einhergehende Ressourcenentzug wird, wenn man die staatliche Verwendung der erzielten Steuereinnahmen außer Acht läßt, zwangsläufig in einem Nutzenverlust des besteuerten Haushalts resultieren. Darüber hinaus aber "verzerren" existierende Einkommensteuersysteme, wie Abschnitt 2.1.1 dieser Arbeit anhand des aktuellen Einkommensteuergesetzes exemplarisch verdeutlichte, in vielfacher Weise das Gefüge relativer Preise einer Ökonomie und machen Substitutionsprozesse zugunsten nicht oder geringer besteuerter Güter bzw. Aktivitäten attraktiv. Ein gegebenes Aufkommen läßt sich, wenn die steuerliche Bemessungsgrundlage infolge von Steuervermeidung schrumpft, nur mit höheren Steuersätzen erzielen. Von einer verzerrenden - d. h. Steuervermeidung ermöglichenden - Steuer ausgehende Substitutionseffekte sind deshalb verantwortlich für zusätzliche und über die reine Zahllast hinausgehende Nutzenverluste auf seiten der besteuerten Haushalte. Es ist unvermeidlich, daß der Nutzen steuervermeidender Haushalte sinkt.

Im folgenden wird gezeigt, auf welche Weise sich die Zusatzlast, die einem Haushalt aus der Erhebung einer in mehrerlei Hinsicht verzerrenden Einkommensteuer entsteht, theoretisch erfassen und in Kenntnis individueller Verhaltensparameter empirisch ermitteln läßt. Betrachtet wird zu diesem Zweck erneut ein Haushalt, dem aus dem Konsum von Freizeit f, einem Bündel weiterer steuerbegünstigter Konsumgüter d sowie einem Bündel aus versteuertem Einkommen erworbener Konsumgüter c Nutzen in Form der Funktion $u = u(c, f, d)$ erwächst. In der steuerlosen Situation entsprechen die Opportunitätskosten des Freizeitkonsums der Produktivität w des Haushalts bei einer Betätigung im Umfang von $l = \bar{f} - f$. Die Produzentenpreise der marktmäßig erworbenen Güter c und d werden auf Eins normiert; ebenso wie der Bruttolohnsatz sind sie aus Sicht des Haushalts gegeben und bleiben im Verlauf der folgenden partial-ökonomischen Analyse konstant. Unterstellt man die Existenz einer progressiven Einkommensteuer, die aus Sicht des Haushalts den aktuellen Grenzsteuersatz τ auf die gesamte Bemessungsgrundlage mit einem virtuellen Einkommen in Höhe von y^v kombiniert, läßt sich die individuelle Budgetrestriktion wie in Abschnitt 2.2.3 als

$$c = (1 - \tau)(w(\bar{f} - f) - d) + \tau a - e(a) + y + y^v \tag{23}$$

formulieren. Die Variablen y und y^v bezeichnen das auch in der steuerlosen Situation vorhandene und annahmegemäß unbesteuerte exogene Einkommen bzw. den virtuellen Einkommenstransfer, der Folge der progressionsbedingt geringeren Besteuerung inframarginaler Einkommensteile ist. Das dem Haushalt insgesamt zur Verfügung stehende exogene

Einkommen wird in diesem Abschnitt als $m := (1-\tau)w\bar{f} + y + y^v$ definiert und schließt den (steuerbedingt geminderten) Wert der Zeitausstattung des Individuums ein.[35] Die Variable a bezeichnet wie im vorigen Abschnitt einen als Folge von Steuergestaltung von der Bemessungsgrundlage zum Abzug gebrachten Betrag, wodurch dem Haushalt Kosten in Höhe von $e(a)$ mit $\partial e/\partial a := e_a > 0$ und $\partial^2 e/\partial a^2 := e_{a,a} > 0$ entstehen.

Im Haushaltsoptimum müssen sich Grenzertrag und Grenzkosten der Steuergestaltung gerade entsprechen. Durch die Bedingung erster Ordnung $\tau = e_a$ ist dann implizit auch das optimale Ausmaß an Steuergestaltung als fallende Funktion der Residualrate, $a = a(1-\tau)$ mit $\mathrm{d}a/\mathrm{d}(1-\tau) = -1/e_{a,a} < 0$, definiert. Die MARSHALLschen Nachfragefunktionen wiederum geben den aus Sicht des Haushalts optimalen Konsum der Güter c, f und d in Abhängigkeit von Residualrate, exogenem Einkommen und Steuergestaltung an, wobei letztere - wie gesehen - selbst eine Funktion der Residualrate ist. Nach Einsetzen in die direkte Nutzenfunktion $u = u(c, f, d)$ erhält man die indirekte Nutzenfunktion,

$$v := u(c(1-\tau, m), f(1-\tau, m), d(1-\tau, m)) = v(1-\tau, m),$$

mit der sich das für gegebene Residualrate und gegebenes exogenes Einkommen bei optimaler Wahl von Konsumplan und Steuergestaltung maximal zu erreichende Nutzenniveau bestimmen läßt.

Ein zur Nutzenmaximierung unter Beachtung der individuellen Budgetrestriktion äquivalentes (oder duales) Optimierungsproblem besteht in der Minimierung derjenigen Ausgaben, die der Haushalt bei gegebenem Vektor relativer Preise zu tätigen hat, um ein vorgegebenes Nutzenniveau zu erreichen. Ergebnis des dualen Optimierungsproblems ist die Ausgabenfunktion

$$b = b(1-\tau, v(1-\bar{\tau}, \bar{m})), \tag{24}$$

die denjenigen Ausgabenbetrag angibt, den der Haushalt mindestens zu tätigen hat, wenn er sich einer Residualrate in Höhe von $1-\tau$ gegenübersieht und das Referenznutzenniveau $\bar{v} := v(1-\bar{\tau}, \bar{m})$ erreichen möchte (vgl. VARIAN, 1984, 125f. und 162). SHEPHARDS Lemma besagt, daß das partielle Differential der Ausgabenfunktion nach dem Preis eines Konsumguts in der kompensierten Nachfrage nach diesem Konsumgut - bewertet zum Preisvektor im Gleichgewicht der Ausgangssituation und zum vorgegebenen und konstanten Nutzenniveau $\bar{v}$ - resultiert. Im Kontext vorliegender Arbeit macht die Anwendung von

35 Auf eine - Ausstattung, Präferenzen und steuerliche Situation des Haushalts i kennzeichnende - Indizierung der ökonomischen Größen in Nutzenfunktion und Budgetrestriktion wurde einer einfacheren Notation zuliebe verzichtet. Hervorzuheben ist gleichwohl, daß sämtliche Nachfrageentscheidungen und in der Folge insbesondere die steuerlichen Parameter τ und y^v von individuellen Charakteristika des betrachteten Haushalts abhängig sind.

SHEPHARDs Lemma allerdings zwei Modifikationen erforderlich: Zum einen definiert die Residualrate den Preis(index) eines HICKSschen Konsumguts, das alle dem Haushalt zur Verfügung stehenden steuerbegünstigten Konsumgüter umfaßt. Die Opportunitätskosten des Freizeitkonsums in Höhe des Nettolohnsatzes $w(1-\tau)$ gehen in diesen Preisindex mit dem Faktor $1/w$ gewichtet ein. In der Nachfrage nach dem aggregierten steuerbegünstigten Konsumgut ist deshalb - nach erfolgter Disaggregation - die Freizeitnachfrage ebenfalls mit dem Faktor $1/w$ gewichtet enthalten. Aus diesem Grund ist es hilfreich, eine Skalierung des Freizeitkonsums gemäß der Vorschrift $\tilde{f} := wf$ vorzunehmen. Zum anderen hat eine Änderung der Residualrate auch eine Änderung des Umfangs an Steuergestaltung a zur Folge. Dem Individuum eröffnen sich dadurch zusätzliche Ausgabenspielräume, die bei Ermittlung des Differentials der Ausgabenfunktion zu berücksichtigen sind.

Anhang 2.7.2 zu diesem Abschnitt zeigt, daß das Differential der Ausgabenfunktion bei Steuervermeidung und Steuergestaltung analog zu SHEPHARDs Lemma im Ausdruck

$$\frac{\partial b(1-\tau, v(1-\bar{\tau}, \bar{m}))}{\partial(1-\tau)} \equiv \tilde{f}^c(1-\tau, v(1-\bar{\tau}, \bar{m})) + d^c(1-\tau, v(1-\bar{\tau}, \bar{m})) + a(1-\tau) \qquad (25)$$

resultiert. Gleichung (25) besagt, daß die Änderung der Ausgaben, die ein Haushalt tätigen muß, um bei marginaler Erhöhung der Residualrate ein ursprünglich realisiertes Nutzenniveau zu bewahren, der Addition aus der kompensierten Nachfrage nach dem aggregierten steuerbegünstigten Konsumgut und dem als Steuergestaltung von der Bemessungsgrundlage zum Abzug gebrachten Betrag - bewertet jeweils im Gleichgewicht vor Variation der Residualrate - entspricht.

2.3.2 Absolute Zusatzlasten

Die aus der Erhebung einer Steuer resultierende Zusatzlast bestimmt sich als derjenige Nutzenverlust, der dem besteuerten Haushalt allein dadurch entsteht, daß die betrachtete Steuer Möglichkeiten zur Steuervermeidung (und zur Steuergestaltung) gewährt. Eine am Gemeinwohl - das heißt an der Nutzenposition der Zensiten nach Steuererhebung - orientierte Finanzpolitik sollte darauf ausgerichtet sein, die aus der Steuererhebung resultierenden Zusatzlasten unter Beachtung mit der Besteuerung verfolgter Aufkommens- und Verteilungsziele auf ein Mindestmaß zu begrenzen. Der ganz offensichtlich erheblichen finanzpolitischen Relevanz des Konzepts der individuellen Zusatzlasten zum Trotz, besteht in der finanzwissenschaftlichen Literatur allerdings keineswegs Einigkeit darüber, wie die einem besteuerten Haushalt erwachsende Zusatzlast theoretisch zu ermitteln und auf dieser Grundlage empirisch zu messen sei. Die vorliegende Arbeit verzichtet weitgehend auf eine Diskussion der üblicherweise verwendeten Methoden, weil sie den selbstgesteckten Rahmen bei weitem sprengen würde. Eine Gegenüberstellung und kritische Würdigung alternativer Zusatzlastmaße findet sich zum Beispiel in AHLHEIM/ROSE (1984, 274-317) und MAYSHAR (1990). Die dem folgenden zugrundeliegende Definition orientiert sich an KAY (1980, 114f.) und AUERBACH/HINES (2002, 1352f.) und ermittelt die Zusatzlast einer verzerrenden Steuer als Differenz zwischen dem steuerbedingt tatsächlich entstandenen Nutzenverlust und demjenigen Nutzenverlust, der dem Haushalt bei alternativer Erhebung einer aufkommensgleichen, aber nicht verzerrenden *lump sum*-Steuer entstünde.

Die zu vergleichenden, aber nur ordinal zu klassifizierenden Nutzenpositionen werden durch Verwendung der HICKSschen äquivalenten Variation monetär bewertet und quantifiziert.[36] Die äquivalente Variation (EV) gibt denjenigen Betrag an, den man dem Haushalt in der Ausgangssituation - alternativ zur Einführung der Steuer - maximal entziehen könnte, damit er das nach Einführung der Steuer tatsächlich erreichte Nutzenniveau realisiert. Mit der EV ist demzufolge gleichzeitig derjenige Betrag bestimmt, den der Haushalt für die Abschaffung der tatsächlich eingeführten Steuer maximal zu entrichten bereit wäre. Formal gilt dann unter Verwendung der indirekten Nutzenfunktion

$$v(1-\tau_1, m_1) \equiv v(1-\tau_0, m_0 - EV). \tag{26}$$

Die linke Seite von Gleichung (26) beschreibt die Nutzenposition eines Haushalts nach Einführung einer progressiven Einkommensteuer, die sich nach optimaler Anpassung an die steuerlichen Parameter - eine Residualrate in Höhe von $1-\tau_1$ und ein virtuelles Einkommen in Höhe von y_1^v, das sich in einem exogenen Einkommen in Höhe von $m_1 = w(1-\tau_1)\bar{f} + y + y_1^v$ niederschlägt - erzielen läßt. Die rechte Seite von Gleichung (26) gibt die Nutzenposition des Haushalts nach alternativem Entzug eines positiven Betrags in Höhe der EV und gegenüber der steuerlosen Ausgangssituation unveränderter Residualrate in Höhe von $1-\tau_0 = 1$ und unverändertem exogenen Einkommen in Höhe von $m_0 = w\bar{f}+y$ an. Der Betrag EV wird dabei gerade so gewählt, daß der Wert der indirekten Nutzenfunktion in beiden Fällen identisch ist.

Nimmt der Haushalt seine Wahlhandlungen in optimaler Weise vor, entspricht das exogene Einkommen im letztgenannten Fall, $m_0 - EV$, gerade den Ausgaben, die der Haushalt bei Gültigkeit von Residualrate $1-\tau_0$ zur Realisierung von Nutzenniveau $v(1-\tau_1, m_1)$ mindestens zu tätigen hat. Wegen $m_0 - EV = b(1-\tau_0, v(1-\tau_1, m_1))$ bestimmt sich der Betrag EV folglich als

36 Die äquivalente Variation genügt den von einem sinnvollen Maß für die individuelle Wohlfahrtsänderung zu fordernden Kriterien. Sie ordnet die aus verschiedenen Preis-Einkommenskonstellationen resultierenden Nutzenpositionen eindeutig und gerade in derjenigen Rangfolge, die durch die Präferenzordnung des betrachteten Haushalts vorgegeben ist; vgl. dazu zum Beispiel AHLHEIM/ROSE (1984, 289f. und 302).

$$\begin{aligned} EV &\equiv m_0 - b(1-\tau_0, v(1-\tau_1, m_1)) \\ &= b(1-\tau_0, v(1-\tau_0, m_0)) - b(1-\tau_0, v(1-\tau_1, m_1)) \\ &= b(1-\tau_1, v(1-\tau_1, m_1)) - b(1-\tau_0, v(1-\tau_1, m_1)) - \mathrm{d}m. \end{aligned} \tag{27}$$

Bei den letzten beiden Umformungen wurde außerdem berücksichtigt, daß das in der Ausgangssituation zur Verfügung stehende exogene Einkommen m_0 gerade den zur Realisierung von Nutzenniveau $v(1-\tau_0, m_0)$ notwendigen Ausgaben entspricht; und daß sich eine Änderung der in der steuerlosen Ausgangssituation einerseits und in der Situation nach Einführung der Steuer andererseits getätigten Ausgaben nur auf eine Änderung des exogenen Einkommens in Höhe von $\mathrm{d}m$ zurückführen läßt.

Der zweite Hauptsatz der Integralrechnung erlaubt, die vom Haushalt steuerbedingt erlittene Nutzeneinbuße auf Grundlage von Gleichung (27) auch als

$$EV = \int_{1-\tau_0}^{1-\tau_1} \frac{\partial b}{\partial(1-\tau)}(1-\tau, v(1-\tau_1, m_1))\mathrm{d}(1-\tau) - \mathrm{d}m \tag{28}$$

$$= -\int_{1-\tau_1}^{1-\tau_0} \frac{\partial b}{\partial(1-\tau)}(1-\tau, v(1-\tau_1, m_1))\mathrm{d}(1-\tau) - \mathrm{d}m \tag{29}$$

zu schreiben (vgl. AHLHEIM/ROSE, 1984, 295 und 301), woraus sich wegen der modifizierten Form von SHEPHARDs Lemma aus Gleichung (25)

$$\begin{aligned} EV = &-\int_{1-\tau_1}^{1-\tau_0} \tilde{f}^c(1-\tau, v_1)\mathrm{d}(1-\tau) \\ &-\int_{1-\tau_1}^{1-\tau_0} d^c(1-\tau, v_1)\mathrm{d}(1-\tau) - \int_{1-\tau_1}^{1-\tau_0} a(1-\tau)\mathrm{d}(1-\tau) - \mathrm{d}m \end{aligned} \tag{30}$$

folgern läßt. In Gleichung (30) wurde das nach Steuererhebung erreichte Nutzenniveau mit $v_1 := v(1-\tau_1, m_1)$ gekennzeichnet. Zuletzt ist die Änderung des exogenen Einkommens $\mathrm{d}m$ zu berücksichtigen. Aus Sicht des Haushalts geht infolge der Steuer einerseits der Wert seiner gesamten Zeitausstattung zurück. Andererseits kommt er in den Genuß eines Transfers in Höhe des progressionsbedingten virtuellen Einkommens. Insgesamt gilt aus diesem Grund $\mathrm{d}m = -\tau_1 w\bar{f} + y_1^v$, und Gleichung (30) wird wegen

$$-\int_{1-\tau_1}^{1-\tau_0} \tilde{f}^c(1-\tau, v_1)\mathrm{d}(1-\tau) + \tau_1 w\bar{f} = \int_{1-\tau_1}^{1-\tau_0} \tilde{l}^c(1-\tau, v_1)\mathrm{d}(1-\tau)$$

zu

$$EV = \int_{1-\tau_1}^{1-\tau_0} \tilde{l}^c(1-\tau, v_1)\mathrm{d}(1-\tau) - \int_{1-\tau_1}^{1-\tau_0} d^c(1-\tau, v_1)\mathrm{d}(1-\tau) - \int_{1-\tau_1}^{1-\tau_0} a(1-\tau)\mathrm{d}(1-\tau) - y_1^v. \quad (31)$$

Der durch Gleichung (31) bestimmte Betrag EV ist monetärer Ausdruck des Nutzenverlusts, der dem betrachteten Haushalt infolge der Erhebung einer progressiven Einkommensteuer mit Residualrate $1-\tau_1$ und virtuellem Einkommen y_1^v entsteht. Die Zusatzlast einer solchen Steuer läßt sich ermitteln, wenn man dem Betrag EV aus Gleichung (31) denjenigen Nutzenverlust gegenüberstellt, der dem Haushalt aus der alternativen Erhebung einer aufkommensgleichen *lump sum*-Steuer erwüchse. Die äquivalente Variation der letztgenannten Besteuerungsalternative entspricht aber, da die Residualrate in diesem Fall mit $1-\tau_0 = 1$ konstant bleibt, gerade dem - durch Erhebung der progressiven Steuer tatsächlich erzielten, nun aber in pauschaler Form zu entrichtenden - Steuerbetrag $T_1 = \tau_1 TI_1 - y_1^v$. Die im folgenden als EB gekennzeichnete Zusatzlast oder *excess burden* der Einkommensteuer läßt sich deswegen mithilfe von Gleichung (31) als

$$\begin{aligned} EB &:= EV - T_1 \\ &= \int_{1-\tau_1}^{1-\tau_0} \tilde{l}^c(1-\tau, v_1)\mathrm{d}(1-\tau) - \int_{1-\tau_1}^{1-\tau_0} d^c(1-\tau, v_1)\mathrm{d}(1-\tau) \\ &\quad - \int_{1-\tau_1}^{1-\tau_0} a(1-\tau)\mathrm{d}(1-\tau) - \tau_1 TI_1 \end{aligned} \quad (32)$$

bestimmen. Abbildung 1 zeigt, wie die Zusatzlast auf Grundlage von Gleichung (32) graphisch dargestellt werden kann. Aus Gründen der Übersichtlichkeit beschränkt sich die Abbildung auf eine zweidimensionale Darstellung, und die Option, die Bemessungsgrundlage durch Steuergestaltung zu mindern, wird vorübergehend vernachlässigt. Abbildung 1 faßt die kompensierte Nachfrage nach dem steuerbegünstigten Konsumgut, d^c, und das kompensierte Arbeitsangebot, $\tilde{l}^c$, zusammen. Die abgebildeten Kurven geben, jeweils in inverser Form, die (fallende) Nachfrage nach d bzw. das (steigende) Angebot von $\tilde{l}$ bei variabler Residualrate und dem vorgegebenen Referenznutzenniveau $v_1 = (1-\tau_1, m_1)$ an, das dem nach Einführung der Steuer tatsächlich erreichten Nutzenniveau entspricht. Das Arbeitsangebot wurde der Vorschrift $\tilde{l} = wl$ entsprechend skaliert.

Kompensierte Nachfrage nach d und kompensiertes Arbeitsangebot wurden in Abbildung 1 von links nach rechts abgetragen und die Achsen des Diagramms gerade so lokalisiert, daß sich d_0^c im Schnittpunkt von horizontaler sowie linker vertikaler Achse befindet und $\tilde{l}_0^c$ der gesamten Länge der horizontalen Achse entspricht. Würde dem Haushalt

Abbildung 1: Absolute Zusatzlast der Steuervermeidung

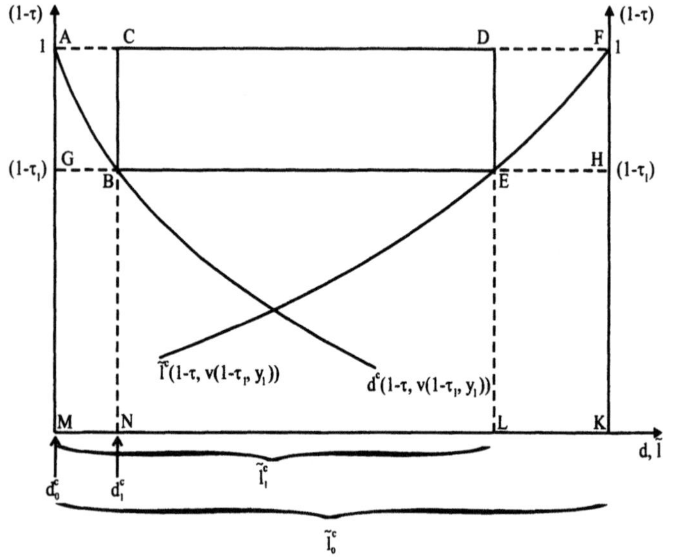

Einkommen in pauschaler Form entzogen, sodaß er gerade das nach Erhebung der Einkommensteuer tatsächlich erreichte Nutzenniveau realisierte, bliebe die Residualrate gegenüber der steuerlosen Ausgangssituation unverändert $(1-\tau_0 = 1)$. Weder Freizeit noch das Güterbündel d erführen in diesem Fall eine steuerliche Bevorzugung. Die Nachfrage nach d beliefe sich auf $d_0^c = d^c(1-\tau_0, v(1-\tau_1, m_1))$, und das Arbeitsangebot betrüge $\tilde{l}_0^c = \tilde{l}^c(1-\tau_1, v(1-\tau_1, m_1))$. Nach Einführung der Einkommensteuer steigt der Grenzsteuersatz des Haushalts auf τ_1 und die Residualrate geht auf $1-\tau_1$ zurück. Von der steuerbedingten Preisänderung gehen nun mehrerlei Anreize aus: Freizeit bleibt unbesteuert, und das Arbeitsangebot geht auf $\tilde{l}_1^c = \tilde{l}^c(1-\tau_1, v(1-\tau_1, m_1))$ zurück; dies entspricht einer Erhöhung des Freizeitkonsums um $\tilde{l}_0^c - \tilde{l}_1^c$ oder um Strecke $\overline{EH}$. Aufwendungen für das steuerbegünstigte Gut d lassen sich von der Bemessungsgrundlage abziehen, und die Nachfrage nach diesem Gut steigt auf $d_1^c = d^c(1-\tau_1, v(1-\tau_1, m_1))$, was einem Anstieg um $d_1^c - d_0^c$ oder um Strecke $\overline{GB}$ entspricht.[37] Man erkennt, daß Steuervermeidung des

[37] Die Nachfrage nach d und das Angebot von $\tilde{l}$ entsprechen in diesem Fall gerade den im Gleichgewicht nach Steuererhebung tatsächlich realisierten Mengen, weil das den kompensierten Funktionen zugrundeliegende Referenznutzenniveau $v(1-\tau_1, m_1)$ nach optimaler Anpassung an die Einführung der Steuer erreicht wird. Die kompensierten Kurven werden von der MARSHALLschen Nachfrage $d = d(1-\tau, m_1)$ bzw. dem MARSHALLschen Arbeitsangebot $\tilde{l} = \tilde{l}(1-\tau, m_1)$ - beide nicht eingezeichnet - in den in der Abbildung als B und E gekennzeichneten Gleichgewichten geschnitten. Die MARSHALLsche Arbeitsangebotskurve verliefe steiler als ihr kompensiertes Pendant, weil sich in jener auch Einkommenseffekte widerspiegeln und etwa geringere Steuersätze bzw. höhere Residualraten dann eine in der Tendenz höhere Freizeitnachfrage bzw. ein geringeres Arbeitsangebot nach

Haushalts die Bemessungsgrundlage der Steuer in zweifacher Hinsicht schmälert und bei Residualrate $1-\tau_1$ wegen

$$\begin{aligned}\tilde{l}_1^c(1-\tau_1, v(1-\tau_1)) &= \tilde{l}_1(1-\tau_1, m_1) \quad \text{und}\\ d^c(1-\tau_1, v(1-\tau_1)) &= d_1(1-\tau_1, m_1)\end{aligned}$$

sowie bei Beachtung von $\tilde{l}_1 = wl_1$ nur noch $\tilde{l}_1^c - d_1^c$ oder Strecke $\overline{BE}$ beträgt.

Der vom betrachteten Haushalt erlittene Nutzenverlust entspricht, wie die äquivalente Variation aus Gleichung (31) erwies, der Fläche *ABEF* abzüglich dem mit der Steuer einhergehenden virtuellen Einkommenstransfer. Von der auf diese Weise monetär bewerteten Nutzeneinbuße ist zur Ermittlung der Zusatzlast der tatsächlich entrichtete Steuerbetrag abzuziehen. In der Abbildung entspricht die geleistete Steuerzahlung der Fläche *BEDC* - dem Produkt aus Grenzsteuersatz τ_1 und Bemessungsgrundlage - abzüglich dem vom Haushalt empfangenen virtuellen Einkommenstransfer. Saldiert man äquivalente Variation und Steuerbetrag gemäß Gleichung (32), läßt sich die Zusatzlast der Einkommensteuer folglich gerade als Summe der Flächen *ABC* und *DEF* identifizieren.[38] Nach linearer Approximation der beiden Kurven gilt dann

sich ziehen. Analog verhält es sich mit der unkompensierten Nachfrage nach dem steuerbegünstigten Gut d.

[38] Fläche *DEF* ist auf die steuerlich verzerrte Konsum-Freizeit-Entscheidung des Haushalts zurückzuführen. Bei Ersatz der Einkommensteuer durch eine Pauschalsteuer, die zum gleichen Nutzenniveau führt (Punkt F), nähme das Arbeitseinkommen des Individuums um Fläche *DLKF* zu. Die dadurch zusätzlich entstehenden Konsummöglichkeiten übersteigen den Wert, den das Individuum der entgangenen Freizeit beimißt (*ELKF*), gerade um die entstandenen Zusatzlast (*DEF*). Fläche *ABC* reflektiert das steuerlich verzerrte Konsumverhalten zugunsten des Erwerbs steuerbegünstiger Güter. Die alternative Erhebung einer nutzenneutralen Pauschalsteuer erhöht das disponible Einkommen des Haushalts um Fläche *AMNC*, wobei das Individuum die damit verbundene Einschränkung seines Konsums von d nur im Umfang von Fläche *AMNB* als Verlust begreift. Die Addition der Flächen ist zulässig, weil $\partial \tilde{f}^c/\partial(1-\tau) = \partial d^c/\partial(1-\tau)$ gilt und das zugrundeliegende Integral in Gleichung (29) pfadunabhängig ist (vgl. AHLHEIM/ROSE, 1984, 301). Die *Lage* der Kurve der kompensierten Nachfrage nach einem steuerbegünstigten Konsumgut allerdings ist im allgemeinen nicht unabhängig von der Nachfrage nach dem oder den anderen steuerbegünstigten Konsumgut bzw. -gütern. Insofern ist die Reihenfolge, in der die beiden Flächen addiert werden, nicht zweitrangig und wird von der Darstellung in Abbildung 1 implizit vorgegeben. Abschnitt 2.4 diskutiert die Bedeutung, die von kompensierter Komplementarität bzw. Substitutionalität zwischen unbesteuerter Freizeit und dem (potentiell) steuerbegünstigten Konsumgut d auf eine optimale Differenzierung in der steuerlichen Behandlung der Konsumgüter c und d ausgeht.

$$\begin{aligned} EB &\simeq \frac{1}{2}\mathrm{d}\tilde{l}^c\mathrm{d}(1-\tau) - \frac{1}{2}\mathrm{d}d^c\mathrm{d}(1-\tau) \\ &= \frac{1}{2}\frac{\partial\tilde{l}^c}{\partial(1-\tau)}[\mathrm{d}(1-\tau)]^2 - \frac{1}{2}\frac{\partial d^c}{\partial(1-\tau)}[\mathrm{d}(1-\tau)]^2 \\ &= \frac{1}{2}\tau_1^2(\frac{\partial\tilde{l}^c}{\partial(1-\tau)} - \frac{\partial d^c}{\partial(1-\tau)}) \\ &= \frac{1}{2}\tau_1^2\frac{\partial TI^c}{\partial(1-\tau)} \\ &= \frac{1}{2}\frac{\tau_1^2}{1-\tau_1}TI_1\,\zeta^c, \end{aligned} \tag{33}$$

wenn man die Definition der Bemessungsgrundlage, $TI = wl - d$, berücksichtigt. Der Verhaltensparameter $\zeta^c = \partial TI^c/\partial(1-\tau)(1-\tau_1)/(TI_1)$ ist die kompensierte Elastizität des zu versteuernden Einkommens in bezug auf die Residualrate, bewertet im aktuellen Gleichgewicht nach Einführung der Steuer.[39] Gleichung (33) zeigt, daß die absolute Zusatzlast, die einem Individuum aus der Erhebung der Einkommensteuer entsteht, mit dem individuellen zu versteuernden Einkommen, (approximativ) mit dem Quadrat des zugrundeliegenden Grenzsteuersatzes sowie mit der kompensierten Elastizität des zu versteuernden Einkommens zunehmen. Die kompensierte Elastizität des zu versteuernden Einkommens reflektiert, in welcher Intensität der Haushalt auf eine Änderung der Residualrate durch Substitutionsprozesse zugunsten steuerbegünstigter Konsumgüter - in ihrer Gesamtheit - reagiert (vgl. Abschnitt 2.2.2). Weil jede aufkommensäquivalente Besteuerungsalternative und insbesondere auch eine nicht verzerrende Pauschalsteuer mit einem Einkommenseffekt in gleicher Höhe verbunden wäre, kommt es bei Bestimmung der steuerlichen Zusatzlast nur auf die verzerrungsbedingten Substitutionseffekte an.[40]

Gleichung (33) hat auch Gültigkeit, wenn der Haushalt die Bemessungsgrundlage der Einkommensteuer durch Steuergestaltung in Höhe von a mindern kann. Abbildung 2 zeigt, daß sich der optimale Umfang an Steuergestaltung in Abhängigkeit von der Residualrate ebenfalls als fallende Funktion $a = a(1-\tau)$ darstellen läßt, die durch Optimalbedingung

[39] Gleichung (33) entspricht der von FELDSTEIN (1999, 675) vorgestellten Formel zur Berechnung der Zusatzlast einer Einkommensteuer bei Steuervermeidung. FELDSTEIN (1999) belegt die Gültigkeit von Gleichung (33) aber nur intuitiv und bei Existenz einer proportionalen Steuer. BROWNING (1987, 12f.) zeigt, daß sich die Zusatzlast einer progressiven Lohneinkommensteuer ohne weitere Steuervermeidung durch eine Vorschrift ermitteln läßt, die Gleichung (33) äquivalent ist. Für $d = 0$ gilt nämlich $TI = wl$, und die kompensierte Elastizität des zu versteuernden Einkommens in bezug auf die Residualrate, $\partial TI^c/\partial(1-\tau)(1-\tau_1)/(TI_1) = \partial wl^c/\partial(1-\tau)(1-\tau_1)/(wl_1)$, entspricht - weil der Bruttolohnsatz w annahmegemäß konstant bleibt - der kompensierten Elastizität des Arbeitsangebots in bezug auf den Nettolohnsatz. Nach Einsetzen erhält man gerade BROWNINGS (1987, 13) Gleichung (4).

[40] Die Höhe der absoluten Zusatzlast ist gemäß Gleichung (33) nicht direkt abhängig vom Steuerbetrag, den der betrachtete Haushalt entrichtet. Über den Einkommenseffekt beeinflußt die Höhe des Durchschnittsteuersatzes indirekt aber sowohl die Höhe des zu versteuernden Einkommens TI_1 als auch die Höhe der kompensierten Elastizität des zu versteuernden Einkommens ζ^c im Gleichgewicht nach Einführung der Steuer (vgl. SLUTSKY-Gleichung (15) aus Abschnitt 2.2.2).

Abbildung 2: Zusatzlast der Steuergestaltung

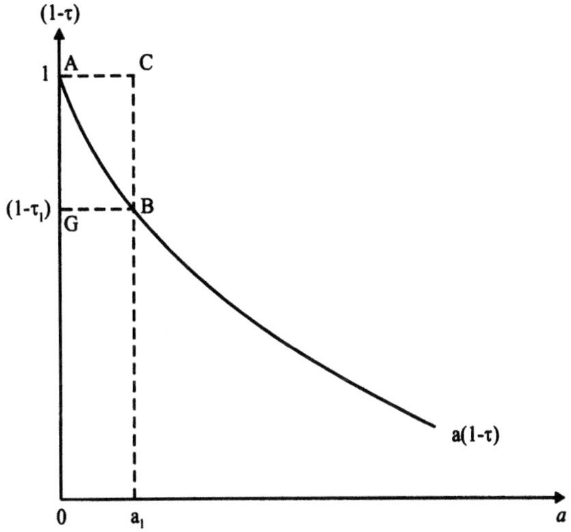

$\tau = e_a(a)$ implizit bestimmt ist; abgebildet ist die Funktion $a = a(1-\tau)$ hier wieder in inverser Form.

In Absenz einer Einkommensteuer wird $a = 0$ gewählt. Sieht sich der Haushalt hingegen einer Residualrate in Höhe von $1 - \tau_1$ gegenüber, entscheidet er sich für Steuergestaltung im Umfang von a_1. Blendet man Steuervermeidung in Form der Nachfrage nach d aus der Analyse aus, läßt sich die kompensierte Nachfragekurve d^c in Abbildung 1 durch die - natürlich unkompensierte - Kurve zur Bestimmung optimaler Steuergestaltung aus Abbildung 2 ersetzen. Das Integral $\int_{1-\tau_1}^{1-\tau_0} a(1-\tau)\mathrm{d}(1-\tau)$, um das sich die äquivalente Variation der steuerlich bedingten Preisänderung gemäß Gleichung (32) vermindert, entspricht dann Fläche ABG in Abbildung 1.

Die Zusatzlast der Einkommensteuer nimmt bei Steuergestaltung ebenfalls im Umfang der Fläche ABC zu, was sich intuitiv wie folgt verdeutlichen läßt: Die Steuerersparnis $\tau_1 a_1$, in deren Genuß der Haushalt durch Steuergestaltung in Höhe von a_1 kommt (Fläche $AGBC$), stellt einen Ressourcentransfer zuungunsten des Staates dar, der für sich genommen wohlfahrtsunschädlich ist. Dem steht allerdings ein privater Ressourcenverbrauch in Form der durch die steuergestaltende Aktivität entstandenen Kosten gegenüber, die sich in Abbildung 2 wegen $\tau = e_a$ und $a - \int_0^{a_1}(1 - e_a(a))\mathrm{d}a = e(a_1)$ gerade als Fläche ABC - die Zusatzlast der Steuergestaltung - identifizieren lassen.[41] Definiert man das zu versteu-

41 Ähnliches gilt für (geglückte) Steuerhinterziehung, die keine Änderung des individuellen Konsumverhaltens voraussetzt und deshalb ebenfalls nur einen für sich genommen verzerrungsfreien Ressourcentransfer zuungunsten des Staates zur Folge hat. Die zusätzlichen - über die geminderte Steuerzahlung hinausgehenden - Wohlfahrtsverluste bestehen dagegen in den Kosten, die den Privaten in Verfolgung

ernde Einkommen in diesem Fall als $TI = wl - a$, resultiert die lineare Approximation der Kurve optimaler Steuergestaltung bei geeigneter Umformung ebenfalls in Gleichung (33).

Auf ganz ähnliche Weise ließe sich zeigen, daß Gleichung (33) zur Bestimmung der Zusatzlasten einer progressiven Einkommensteuer auch dann ihre Gültigkeit behält, wenn die Bemessungsgrundlage der Steuer allgemein durch $TI = wl - d - a$ bestimmt ist. Die Elastizität des zu versteuernden Einkommens erfaßt dann die Intensität, mit der ein Haushalt sowohl sein Steuervermeidungsverhalten als auch den Umfang an Steuergestaltung (und Steuerhinterziehung) optimal an steuerbedingte Verzerrungen anpaßt.[42]

2.3.3 Marginale Zusatzlasten

Die marginale Zusatzlast läßt sich als individueller Nutzenverlust infolge der Erhöhung einer verzerrenden Steuer abzüglich des durch die Politikänderung zusätzlich erzielten Steuerbetrags definieren. Da das Konzept marginaler Zusatzlasten häufig dem Vergleich alternativer Steuererhöhungsprojekte unter Wohlfahrtsgesichtspunkten dient, wird die solchermaßen ermittelte Änderung der steuerbedingten Zusatzlast in der Regel zum zusätzlich erzielten Aufkommen in Bezug gesetzt. Man erhält dann eine Vorstellung von der relativen Effizienz, die unterschiedliche Steuerquellen im Hinblick auf eine marginale Erweiterung des staatlichen Ausgabenspielraums aufweisen. Allerdings ist auch (und gerade) die theoretische Ermittlung marginaler Zusatzlasten in der Literatur nicht unumstritten, wie ein Überblick über die üblicherweise verwendeten Konzepte etwa bei MAYSHAR (1990, 270-279) zeigt. Die folgenden Ausführungen basieren auf der Definition von AUERBACH/HINES (2002, 1354f.) und damit insbesondere auf einer Verwendung der HICKSschen kompensierenden Variation zur Bewertung steuerbedingter Preisänderungen. Die Verwendung dieses Wohlfahrtsmaßes ist im Kontext der Ermittlung marginaler Zusatzlasten einerseits mit Vorzügen besonders hinsichtlich ihrer graphischen Darstellung, andererseits aber auch mit Schwierigkeiten verbunden; auf diese wird in der Diskussion der Ergebnisse - wenn auch wieder nur kursorisch - eingegangen.

Auch bei der Quantifizierung einer Änderung des Nutzenniveaus, der sich ein Haushalt als Folge einer Steuerreform gegenübersieht, stellt sich die Frage nach der Wahl eines geeigneten Wohlfahrtsmaßes, mit dem sich lediglich ordinal bestimmte Nutzenpositionen in monetäre Einheiten überführen lassen. Die hier verwendete kompensierende Variation (CV) gibt denjenigen Betrag an, den man dem Haushalt nach Durchführung einer Steueränderung mindestens zukommen lassen müßte, damit sein ursprünglich - vor Durchführung der Steueränderung - realisiertes Nutzenniveau unverändert bleibt. Formal

ihrer Strategien zur Steuerminderung und dem Staat im Versuch der Verhinderung oder Aufdeckung dieser Strategien entstehen (vgl. SLEMROD/YITZHAKI, 2002, 1447ff.).

42 Voraussetzung dafür ist natürlich, daß die mit Steuergestaltung und Steuerhinterziehung verbundenen Kosten insbesondere nicht abhängig vom Einkommen eines Steuerpflichtigen variieren (vgl. Abschnitt 2.2.3). Die Tatsache, daß die Zunahme der Steuergestaltung infolge einer marginalen Erhöhung des Steuersatzes ohne (direkte) Konsequenzen für das Nutzenniveau eines Haushalts bleibt, resultiert dann aus Anwendung des *envelope*-Theorems.

gilt unter Verwendung der indirekten Nutzenfunktion

$$v(1-\tau_2, m_2 + CV) \equiv v(1-\tau_1, m_1). \tag{34}$$

Die linke Seite von Gleichung (34) bezeichnet das Nutzenniveau nach der Reform einer progressiven Einkommensteuer, die in einer Residualrate $1-\tau_2$ und in einem exogenen Einkommen in Höhe von $m_2 = w(1-\tau_2)\bar{f} + y + y_2^v$ resultiert. Wird dem exogenen Einkommen m_2 ein Betrag CV zugeschlagen, erreicht der Haushalt gerade das Nutzenniveau vor Durchführung der Steuerreform, $v_1 = v(1-\tau_1, m_1)$. Im folgenden wird unterstellt, daß die betrachtete Steuerreform mit einer Erhöhung des Grenzsteuersatzes bzw. einer Verringerung der Residualrate einhergeht, sodaß $\mathrm{d}\tau > 0$ und $\mathrm{d}(1-\tau) < 0$ gilt.

Wegen $m_2 + CV \equiv b(1-\tau_2, v(1-\tau_1, m_1))$ läßt sich die kompensierende Variation einer Steuererhöhung, bei ganz ähnlichem Vorgehen wie zur Ermittlung der äquivalenten Variation in Gleichung (31) verdeutlicht, als

$$\begin{aligned} CV &\equiv b(1-\tau_2, v(1-\tau_1, m_1)) - m_2 \\ &= b(1-\tau_2, v(1-\tau_1, m_1)) - b(1-\tau_2, v(1-\tau_2, m_2)) \\ &= b(1-\tau_2, v(1-\tau_1, m_1)) - b(1-\tau_1, v(1-\tau_1, m_1)) - \mathrm{d}m \\ &= -\int_{1-\tau_2}^{1-\tau_1} \frac{\partial b}{\partial(1-\tau)}(1-\tau, v(1-\tau_1, m_1))\mathrm{d}(1-\tau) - \mathrm{d}m \end{aligned} \tag{35}$$

formulieren. Die Änderung der Zusatzlast infolge der Steuerreform ($\mathrm{d}EB$) wird in dieser Arbeit als Differenz zwischen der kompensierenden Variation und dem *nach erfolgter Kompensation* zusätzlich erzielten Steuerbetrag ($\mathrm{d}T^c$) definiert (vgl. dazu zuerst DIAMOND/MCFADDEN, 1974; sowie AUERBACH/HINES, 2002, 1354). Die Änderung des vom betrachteten Haushalt im kompensierten Gleichgewicht entrichteten, hypothetischen Steuerbetrags bestimmt sich als

$$\begin{aligned} \mathrm{d}T^c &= (\tau_2 TI_2^c - y_2^v) - (\tau_1 TI_1 - y_1^v) \\ &= TI_1\,\mathrm{d}\tau + \tau_2\,\mathrm{d}TI^c - \mathrm{d}y^v. \end{aligned}$$

Man erkennt, daß neben dem Anstieg der Steuerzahlung, der für sich genommen aus einem Anstieg des Steuersatzes bei gegebener Bemessungsgrundlage resultiert ($TI_1\,\mathrm{d}\tau > 0$), der Rückgang der Steuerzahlung als Folge eines verminderten zu versteuernden Einkommens ($\tau_2\,\mathrm{d}TI^c < 0$) sowie die Änderung des virtuellen Einkommens ($\mathrm{d}y^v$) zu berücksichtigen ist. Die Änderung des exogenen Einkommens infolge der Reform beläuft sich auf $\mathrm{d}m = -w\bar{f}\,\mathrm{d}\tau + \mathrm{d}y^v$, sodaß die Änderung der Zusatzlast $\mathrm{d}EB$ unter Beachtung von SHEPHARDS Lemma aus Gleichung (25)

$$\begin{aligned} \mathrm{d}EB &= CV - \mathrm{d}T^c \\ &= \int_{1-\tau_2}^{1-\tau_1} \tilde{l}^c(1-\tau, v_1)\mathrm{d}(1-\tau) - \int_{1-\tau_2}^{1-\tau_1} d^c(1-\tau, v_1)\mathrm{d}(1-\tau) \\ &\quad - \int_{1-\tau_1}^{1-\tau_0} a(1-\tau)\mathrm{d}(1-\tau) - TI_1\,\mathrm{d}\tau - \tau_2\,\mathrm{d}TI^c \end{aligned} \tag{36}$$

beträgt. Abbildung 3 macht die Vorzüge deutlich, die mit einer Verwendung der kompensierenden Variation zur Ermittlung marginaler Zusatzlasten verbunden sind.[43] In dieser Abbildung wird erneut nur Steuervermeidung in Form des Konsums der steuerbegünstigten Güter f und d berücksichtigt. Die Argumentation ließe sich aber, wie bei der Erläuterung von Abbildung 2 gesehen, ohne weiteres auf die simultane Entscheidung eines Haushalts über Steuervermeidung und Steuergestaltung übertragen.

Abbildung 3: Marginale Zusatzlast der Steuervermeidung

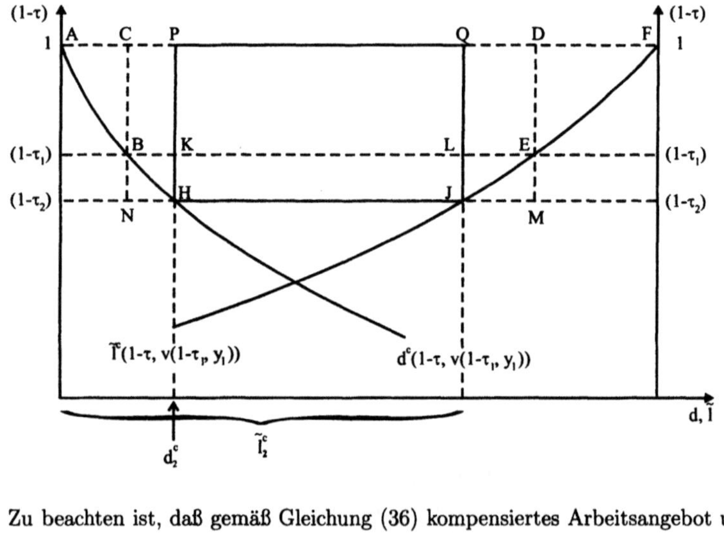

Zu beachten ist, daß gemäß Gleichung (36) kompensiertes Arbeitsangebot und kompensierte Nachfrage nach dem steuerbegünstigten Gut d vom Nutzenniveau *vor* Durchführung der Steueränderung abhängig sind. Nachfragekurve $d^c(1-\tau, v_1)$ und Arbeitsangebotskurve $\tilde{l}^c(1-\tau, v_1)$ können deshalb - ebenso wie die Konstruktion der Graphik überhaupt - aus Abbildung 1 übernommen werden. Das ursprüngliche Gleichgewicht ist bei Residualrate

[43] Eine vergleichbare Graphik findet sich, wenn auch in einem anderen Kontext, bei USHER (1986, 566), der die simultane Entscheidung eines Haushalts über Arbeitsangebot und Steuerhinterziehung modelliert. Die der Graphik zugrundeliegenden Kurven werden im genannten Beitrag nicht aus dem individuellen Optimierungskalkül hergeleitet.

$1 - \tau_1$ wie bisher durch die Punkte B und E gekennzeichnet. Infolge der Steuererhöhung geht die Residualrate auf $1 - \tau_2$ zurück. Die Gewährung eines kompensierenden Pauschaltransfers in Höhe der CV ermöglicht es dem Haushalt, auch beim neuen Preisverhältnis das ursprüngliche Nutzenniveau $v_1 = v(1 - \tau_1, m - 1)$ zu realisieren. Das resultierende Gleichgewicht läßt sich durch die Punkte H und J charakterisieren, und die kompensierte Nachfrage nach dem steuerbegünstigten Konsumgut nimmt auf $d_2^c = d^c(1 - \tau_2, v_1)$ zu, während das kompensierte Arbeitsangebot auf $\tilde{l}_2^c = \tilde{l}^c(1 - \tau_2, v_1)$ zurückgeht. Insgesamt wird die Bemessungsgrundlage der Steuer durch eine Zunahme an Steuervermeidung um die Strecken $\overline{BK}$ und $\overline{LE}$ gemindert und entspricht nach Durchführung der Steuererhöhung nur noch der Strecke $\overline{KL} = \overline{HJ}$.

Die kompensierende Variation der Steuererhöhung entspricht Gleichung (35) zufolge der Fläche $BHJE$ abzüglich der reformbedingten Änderung des virtuellen Einkommens. Möchte man die Änderung der individuellen Zusatzlast $\mathrm{d}EB$ ermitteln, ist vom Nutzenverlust CV gemäß Gleichung (36) der im kompensierten Gleichgewicht zusätzlich entrichtete Steuerbetrag abzuziehen. Dieser setzt sich zusammen aus dem Anstieg des Aufkommens, der sich aus Anwendung des höheren Steuersatzes auf die gegebene Bemessungsgrundlage ergibt, und der $TI_1\,\mathrm{d}\tau$ oder Fläche $BNME$ entspricht; aus dem Rückgang des Aufkommens, der Folge einer geschrumpften Steuerbasis ist und der dem Term $-\tau_2\,\mathrm{d}TI^c$ oder der Summe der Flächen $CNHP$ und $QJMD$ entspricht; sowie aus der reformbedingten Änderung des virtuellen Einkommens, $\mathrm{d}y^v$. Insgesamt läßt sich die infolge der Steuererhöhung neu entstandene Zusatzlast in Abbildung 3 demnach als Addition der Flächen $CBHP$ und $QJED$ identifizieren.

Die Vorteile, die im hiesigen Kontext mit der Verwendung der kompensierenden Variation zur monetären Quantifizierung individueller Nutzeneinbußen verbunden sind, fallen anhand von Abbildung 3 schnell ins Auge. Weil die kompensierende Variation am vor Durchführung der Steuererhöhung realisierten Nutzenniveau anknüpft, lassen sich die zur Ermittlung der absoluten Zusatzlast verwendeten und nach Maßgabe des ursprünglichen Nutzenniveaus v_1 kompensierten Nachfrage- und Angebotskurven unverändert übernehmen. Im Ergebnis entspricht die durch die Steuererhöhung verursachte Zusatzlast der Differenz zwischen den absoluten Zusatzlasten, die sich auf Grundlage der ursprünglichen steuerlichen Situation 1 ($ABC + DEF$) und auf Grundlage der neuen steuerlichen Situation 2 ($AHP + QJF$) ermitteln ließen (vgl. AUERBACH/HINES, 2002, 1355). Formal ergibt sich, wenn man die relevanten Kurven erneut linear approximiert,

$$\begin{aligned} \mathrm{d}EB &\simeq \frac{1}{2}\mathrm{d}\tilde{l}^c\,\mathrm{d}(1-\tau) - \frac{1}{2}\mathrm{d}d^c\,\mathrm{d}(1-\tau) - \frac{1}{2}\mathrm{d}a\,\mathrm{d}(1-\tau) \\ &\quad -\tau_1(\mathrm{d}\tilde{l}^c - \mathrm{d}d^c - \mathrm{d}a) \\ &= \frac{1}{2}\mathrm{d}TI^c\mathrm{d}(1-\tau) - \tau_1\mathrm{d}TI^c \\ &= \frac{1}{2}TI_1\frac{(\tau_1+\tau_2)}{1-\tau_1}[-\mathrm{d}(1-\tau)]\,\zeta^c \\ &= \frac{1}{2}TI_1\frac{\tau_2^2-\tau_1^2}{1-\tau_1}\,\zeta^c. \end{aligned} \tag{37}$$

Man erkennt, daß die marginale Zusatzlast der Einkommensteuer stets positiv ist, weil die kompensierte Elastizität des zu versteuernden Einkommens in bezug auf die Residualrate ein theoretisch unzweideutig positives Vorzeichen aufweist. Für die empirische Ermittlung der durch eine Steuererhöhung hervorgerufenen Zusatzlast hat Gleichung (37) einen wichtigen Vorzug, der auf der Verwendung der HICKSschen kompensierenden Variation als Wohlfahrts(änderungs)maß beruht. Der Ausdruck dEB hängt in dieser Darstellung nämlich nur von der Höhe des neuen Steuersatzes sowie von Steuersatz, Bemessungsgrundlage und kompensierter Elastizität des zu versteuernden Einkommens im Ausgangsgleichgewicht ab. All diese Größen sind - zumindest im Prinzip - beobachtbar, weshalb sich die Effizienzeffekte einer Steuerreform mithilfe von Gleichung (37) auch *ex-ante* quantifizieren und mit den Konsequenzen alternativer Reformprojekte vergleichen lassen.[44]

Bezieht man die neu entstandene Zusatzlast, dEB, auf die nach Durchführung der Steuererhöhung tatsächlich zu verzeichnende Änderung des Steuerbetrags, erhält man eine Vorstellung von der Höhe der marginalen Zusatzlast, die mit der Erhöhung einer verzerrenden Steuer verbunden ist. Der von dem betrachteten Haushalt entrichtete Steuerbetrag bestimmt sich allgemein als

$$T = \tau\,TI(1-\tau,m) - y^v, \tag{38}$$

44 MAYSHAR (1990, 273ff.) zeigt, daß eine Reihe anderer möglicher Konzepte zur empirischen Berechnung reforminduzierter Effizienzeffekte diese Eigenschaft nicht aufweist. So läßt sich die äquivalente Variation einer Steueränderung nur unter Verwendung neuer kompensierter Nachfrage- und Angebotskurven ermitteln, die das nach Durchführung der Steueränderung erzielte Nutzenniveau als Argument enthalten. Zur Ermittlung des Ausdrucks dEB benötigte man dann die Elastizität des zu versteuernden Einkommens im neuen Gleichgewicht nach Durchführung der Steueränderung, welche aber im allgemeinen nur *ex-post* bekannt ist. Ursprünglich existierende absolute und neu entstehende marginale Wohlfahrtsverluste kumulieren sich in diesem Fall außerdem graphisch auf nicht leicht zu interpretierende Weise. Der Nachteil der in vorliegender Arbeit verwendeten kompensierenden Variation wiederum besteht darin, daß sich die Effizienzeigenschaften alternativer Steuerreformprojekte auf ihrer Grundlage tatsächlich nicht ohne weiteres vergleichen lassen. Der Grund läßt sich anhand von Gleichung (34) leicht erkennen: Der Ermittlung der CV liegt zwar ein konstantes Nutzenniveau v_1 - vor Durchführung der Steueränderung -, aber auch das nach der Reform geltende Preisverhältnis $1-\tau_2$ zugrunde, das sich bei alternativen Reformprojekten unterscheidet (vgl. dazu schon KAY, 1980, 112ff.; und AHLHEIM/ROSE, 1984, 299ff.).

wobei das zu versteuernde Einkommen,

$$TI(1-\tau, m) = wl(1-\tau, m) - d(1-\tau, m) - a(1-\tau),$$

von Residualrate und exogenem Einkommen abhängig ist. Das totale Differential des Steuerbetrags nach den beiden steuerlichen Parametern ergibt sich, ausgehend von der Situation $(1-\tau_1, y_1^v)$ und anknüpfend an das totale Differential des zu versteuernden Einkommens in Gleichung (14) aus Abschnitt 2.2.2, als

$$\begin{aligned} \mathrm{d}T &= (TI_1 - \tau_1 \frac{\partial TI}{\partial(1-\tau)})\mathrm{d}\tau - \mathrm{d}y^v \\ &= TI_1\,(\mathrm{d}t - \frac{\tau_1}{1-\tau_1}\zeta \mathrm{d}\tau), \end{aligned} \tag{39}$$

wenn man auch hier $\mathrm{d}y^v = (\mathrm{d}\tau - \mathrm{d}t)\,TI_1$ beachtet. Der Zunahme der Steuerzahlung bei gegebenem Verhalten, $TI_1\,\mathrm{d}t$, sind diejenigen Effekte auf das erzielte Aufkommen gegenüberzustellen, die Folge der induzierten Reaktion der Bemessungsgrundlage - verkörpert in der Elastizität des zu versteuernden Einkommens - sind.[45] Der Parameter ζ reflektiert, wie im Zusammenhang mit SLUTSKY-Gleichung (15) in Abschnitt 2.2.2 erläutert, dabei die gesamte Verhaltensanpassung eines Haushalts an die veränderte Residualrate (Substitutions- und Einkommenseffekt) sowie an das veränderte virtuelle Einkommen (Einkommenseffekt) eines progressiven Steuersystems.[46] Die marginale Zusatzlast schließlich lautet unter Verwendung der Gleichungen (37) und (39)

[45] Zu beachten ist, daß vorliegende Arbeit unter dem Begriff der Steuergestaltung auch denkbare Formen der Steuerarbitrage subsumiert (vgl. dazu die in Abschnitt 2.1.2 genannten Beispiele). Dem durch Steuergestaltung um $\tau_1 a_1$ geminderten Steuerbetrag steht deshalb unter Umständen ein zusätzliches Aufkommen bei einem anderen Steuerpflichtigen, zu einem anderen Zeitpunkt oder im Rahmen einer anderen Steuerart gegenüber. Strenggenommen wäre dieser Effekt beim Differential des Steuerbetrags $\mathrm{d}T$ zu berücksichtigen. Die Ermittlung der absoluten Zusatzlast EB und deren Veränderung $\mathrm{d}EB$ behält allerdings auch in dieser Hinsicht Gültigkeit. Denn die Wohlfahrtsverluste der Steuergestaltung bestehen nicht in der Verringerung des Steuerbetrags selbst, sondern in den individuellen Kosten, die in Verfolgung entsprechender Aktivitäten entstehen.

[46] Der vom betrachteten Haushalt zu entrichtende Steuerbetrag nimmt Gleichung (39) zufolge zu, wenn $\tau_1/(1-\tau_1)\zeta < \mathrm{d}t/\mathrm{d}\tau$ gilt. Vergleicht man lediglich progressive Einkommensteuersysteme, wird das Maximum der individuellen LAFFER-Kurve folglich im System mit dem höheren Grenzsteuersatz schon bei einer geringen Elastizität des zu versteuernden Einkommens erreicht. Die entsprechende Bedingung in einem proportionalen System lautet $\tau_1/(1-\tau_1)\zeta < 1$. Dann gilt, daß bei identischem Grenzsteuersatz τ_1 das Maximum der individuellen LAFFER-Kurve im progressiven System ($\mathrm{d}t < \mathrm{d}\tau$) bereits bei einer geringeren Elastizität der Bemessungsgrundlage erreicht wird. Ob und inwiefern sich die jeweilige Elastizität des zu versteuernden Einkommens in unterschiedlichen Steuersystemen unterscheidet, hängt von den Charakteristika des ursprünglichen Gleichgewichts sowie von der Ausgestaltung des betrachteten Steuerreformprojekts - und bei einer progressiven Steuer insbesondere von der Änderung des virtuellen Einkommens und den dadurch induzierten Einkommenseffekten - ab (vgl. dazu die Diskussion einiger stilisierter Reformprojekte in Abschnitt 2.2.2).

$$MEB := \mathrm{d}EB/\mathrm{d}T = \frac{1}{2}\frac{TI_1(\tau_2^2 - \tau_1^2)/(1-\tau_1)\,\zeta^c}{TI_1(\mathrm{d}t - \tau_1/(1-\tau_1)\zeta\mathrm{d}\tau)} = \frac{1}{2}\frac{\zeta^c\,(\tau_1+\tau_2)}{(1-\tau_1)\mathrm{d}t/\mathrm{d}\tau - \tau_1\,\zeta}. \tag{40}$$

Gleichung (40) verdeutlicht, daß für die Bestimmung der marginalen Zusatzlast einer Einkommensteuer sowohl die kompensierte Reaktion der Bemessungsgrundlage - weil sie die Wohlfahrtskosten einer Steuererhöhung ansteigen läßt - als auch die unkompensierte Reaktion der Bemessungsgrundlage - weil sie die Höhe des zusätzlich erzielten Steuerbetrags beeinflußt - von Bedeutung sind.[47]

Die empirischen Teile vorliegender Arbeit präsentieren die Ergebnisse einer ersten Schätzung von sowohl unkompensierter als auch kompensierter Elastizität des zu versteuernden Einkommens deutscher Steuerpflichtiger unter der Voraussetzung, daß das Steuerrecht Möglichkeiten zu Steuervermeidung und Steuergestaltung eröffnet. Wie die theoretische Diskussion von absoluten und marginalen Zusatzlasten dieses Abschnitts zeigte, ermöglichen es unsere Schätzergebnisse, bei der Einkommensteuer in der Bundesrepublik entstehende Effizienzverluste erstmalig unter einem umfassenden und realitätsnahen Blickwinkel empirisch zu quantifizieren (vgl. Abschnitt 6.5).

2.4 Läßt sich die steuerliche Begünstigung bestimmter Konsumgüter rechtfertigen?

Wie jede wirtschaftspolitische Maßnahme läßt sich die Höhe der steuerlichen Belastung, der eine wirtschaftliche Aktivität von seiten des Fiskus unterworfen wird, einerseits unter Effizienzgesichtspunkten und andererseits im Hinblick auf die Erreichung eines als wünschenswert erachteten Verteilungsziels beurteilen. In diesem Abschnitt geht es um die Frage, ob und inwiefern die präferentielle Behandlung von Aufwendungen für bestimmte Konsumgüter im Rahmen der Einkommensteuer vornehmlich unter Effizienz-, aber auch unter Verteilungserwägungen gerechtfertigt werden kann.

Die vorangegangenen Abschnitte erwiesen, daß die Existenz eines steuerbegünstigten Konsumguts Anpassungsreaktionen der besteuerten Haushalte in Form einer gestiegenen Nachfrage nach diesem Gut (d. h. in Form von Steuervermeidung) bewirkt. Die eingangs gestellte Frage ist deshalb gleichbedeutend mit der Frage, ob und in welchen Fällen das Einkommensteuerrecht dem Individuum Möglichkeiten zur Steuervermeidung

47 Gleichung (40) ist äquivalent zur Vorschrift zur Ermittlung der marginalen Zusatzlast (oder *marginal welfare cost*), die BROWNING (1987, 17f.) für eine Lohneinkommensteuer ohne Steuervermeidung und Steuergestaltung vorstellt. BROWNING (1987) nimmt aber durchweg an, daß das unkompensierte Arbeitsangebot auf die Steuererhebung nicht reagiert. Für die Arbeitsangebotselastizität mag dies empirisch plausibel sein, während Schätzungen der Elastizität des zu versteuernden Einkommens eine solche Annahme nicht ohne weiteres rechtfertigen.

gewähren *soll*, und die Formulierung dieser Frage ist offensichtlich unvollständig: Weil die Erhebung einer Einkommensteuer am beobachtbaren Markteinkommen der Zensiten anknüpfen muß, bleiben Konsumaufwendungen, die ein Individuum aus für den Fiskus nicht beobachtbarem Einkommen tätigt, gewissermaßen definitionsgemäß unbesteuert. Dazu zählt insbesondere der monetär bewertete Konsum von Freizeit (in einem sehr weiten Sinne, der die Eigenproduktion innerhalb eines Haushalts einschließt), aber auch der Bezug von Lohnnebenleistungen, die einen Teil des Barlohns durch betrieblich bereitgestellte und dem Steuerzugriff ebenso entzogene Konsumgüter ersetzen. Unabhängig davon, ob diese Aufwendungen andernfalls als Bestandteil der Bemessungsgrundlage gelten sollten, *muß* die Erhebung einer Einkommensteuer aufgrund von Informationsproblemen bestimmte Konsumgüter präferentiell behandeln und wird notwendigerweise in Vermeidungsreaktionen der besteuerten Haushalte resultieren.

Die einer Einkommensteuer inhärente Begünstigung aus unversteuerten Mitteln erworbener und nicht beobachtbarer Konsumaufwendungen hat zum einen unumgängliche Effizienzverluste zur Folge. Denn die im vorangegangenen Abschnitt ermittelte Zusatzlast der Einkommensteuer ließ sich immer (auch) auf die verzerrte individuelle Konsum-Freizeit-Entscheidung zurückführen. Steuervermeidung in Form vermehrten steuerbegünstigten Konsums mindert aber auch die Eignung einer Einkommensteuer als Instrument der Verteilungspolitik. Denn das erzielte Einkommen reflektiert dann nicht nur die Möglichkeiten eines Steuerpflichtigen zur Einkommenserzielung, sondern auch seine Präferenzen für die nicht-produktive Zeitgestaltung. Demgegenüber belegt der Einkommensteuertarif Individuen mit einem identischen Einkommen, aber einem unterschiedlichen Freizeitkonsum, mit einem identischen Steuerbetrag. Es ist offensichtlich, daß die Besteuerung dann sowohl gegen den Grundsatz der horizontalen Gleichbehandlung - von Individuen mit identischer Nutzenposition in der Situation ohne Steuererhebung - als auch der vertikalen *Un*gleichbehandlung - von Individuen mit unterschiedlicher Nutzenposition in der Situation ohne Steuererhebung - verstößt (vgl. dazu FELDSTEIN, 1976, 82f.). Ein sowohl effizienter als auch gerechter Ersatz der existierenden Einkommensteuer schlösse die Besteuerung des zu Marktpreisen bewerteten Konsums von Freizeit ein (vgl. MUSGRAVE, 1976, 7ff.). Daß die Bemessungsgrundlage einer solchen Steuer auf Ausstattung oder Fähigkeiten eines Individuums nicht beobachtbar ist, ist die gemeinsame Wurzel der problematischen, aber im Grundsatz unumgänglichen Effizienz- und Verteilungsimplikationen existierender Einkommensteuersysteme (vgl. FELDSTEIN, 1976, 83 und 87).

Richtig ist aber auch, daß sich die vom deutschen Einkommensteuerrecht gewährten Möglichkeiten zur Steuervermeidung nicht alleine auf Informationsprobleme des Fiskus zurückführen lassen (vgl. Abschnitt 2.1.1). So hat der Steuerpflichtige über als Sonderausgaben abzugsfähige Aufwendungen für steuerbegünstigte Konsumgüter - etwa Spenden an eine gemeinnützige Organisation - bei der Veranlagung selbst Rechenschaft abzulegen. Ähnliches gilt für als Werbungskosten oder Betriebsausgaben zum Abzug gebrachte Aufwendungen für (auch) privat Nutzen stiftende Güter, deren (überwiegend) berufliche Veranlassung der Steuerpflichtige selbst nachzuweisen hat. Durch ein Verbot des entsprechenden Abzugs wäre es dem Fiskus im Grundsatz möglich, die im einzelnen verursachte Begünstigung gänzlich zu unterbinden. In einer präziseren Formulierung der Überschrift dieses Abschnitts ist deshalb zu fragen, ob und inwiefern sich vom Steuergesetzgeber willentlich herbeigeführte Möglichkeiten zur Steuervermeidung rechtfertigen lassen.

Diese Frage wird häufig mit Nachdruck verneint, indem auf die SCHANZ-HAIG-SIMONS (SHS)-Definition einer "idealen" einkommensteuerlichen Bemessungsgrundlage Bezug genommen wird. Das zu versteuernde Einkommen, an dessen Höhe allein sich der Umfang der steuerlichen Belastung orientieren sollte, entspricht in dieser Definition "the algebraic sum of (1) the market value of rights exercised in consumption and (2) the change in the value of the store of property rights between the beginning and the end of the period in question" (SIMONS, 1938, 50). Am SHS-Prinzip ausgerichtete Einkommensteuern, zu denen sich die deutsche Einkommensteuer zumindest im Prinzip zählen läßt, implizieren, daß das gesamte Einkommen eines Steuerpflichtigen einer gleichmäßigen und von der jeweiligen konsumptiven Verwendung unabhängigen Besteuerung zu unterwerfen ist (vgl. zum Beispiel TIPKE/LANG, 1991, 191). Die präferentielle Behandlung des Erwerbs bestimmter Güter ist in dieser Sichtweise nicht völlig ausgeschlossen, wird aber auf die steuerliche Nichtberücksichtigung indisponibler Einkommensbestandteile - mit denen kein "Recht" auf die Erfüllung von Konsumwünschen verbunden ist - beschränkt. Zu diesen zählen insbesondere die im Rahmen der Einkommenserzielung selbst entstandenen Kosten (Werbungskosten und Betriebsausgaben) sowie andere als zwangsläufig identifizierte Belastungen des Steuerpflichtigen (vgl. auch hier TIPKE/LANG, 1991, 197). Jede darüber hinausgehende Bevorzugung des Erwerbs bestimmter Konsumgüter widerspricht offensichtlich einer in Anlehnung an das SHS-Prinzip konstruierten Bemessungsgrundlage.

Die SHS-Definition ist eine sehr starke (und eingängige) Maxime, wenn man sich auf die Suche nach einer "guten" einkommensteuerlichen Bemessungsgrundlage begibt. Die in Verfolgung dieser Definition implizierte Abschaffung bestehender Steuervermeidungsmöglichkeiten wird von ihren Anhängern sowohl effizienztheoretisch als auch verteilungspolitisch begründet.[48]

---

[48] Allgemein (und etwas unscharf) gesprochen, läßt sich in der Steuerpolitik von Ländern mit im Grundsatz synthetischen Einkommensteuersystemen in jüngerer Zeit eine Rückwendung zum SCHANZ-HAIG-SIMONS-Prinzip feststellen. So wurden, ausgehend vom US-amerikanischen *Tax Reform Act* von 1986, im Laufe der vergangenen 15 Jahre in einer Vielzahl an OECD-Staaten Einkommensteuerreformen durchgeführt, die unter der Maxime eines *tax cut cum base broadening* neben Tarifsenkungen im Abbau steuerrechtlicher Sonderregelungen und Vergünstigungen bestanden und die sich im allgemeinen mit der Hoffnung auf eine Verbesserung von sowohl den Effizienz- als auch den Verteilungseigenschaften der Steuer verbanden (vgl. dazu ausführlich CNOSSEN/MESSERE, 1990; und Abschnitt 5.1.2 vorliegender Arbeit). Die Verbreiterung der steuerlichen Bemessungsgrundlage diente auch als Leitbild der "großen" deutschen Steuerreform des Jahres 1990, von der man sich ein "leistungsfreundliches und gerechteres Steuersystem" zu gestalten erhoffte (vgl. BMF, 1989, 91; und Abschnitt 5.1.2 vorliegender Arbeit). Auch seitdem scheint ein weitgehender Konsens zu bestehen, daß die diesbezüglichen Anstrengungen nicht weit genug gingen. Im deutschen Fall etwa empfahl bereits wenige Jahre später eine Reformkommission erneut den Abbau "ungerechtfertigter" Steuervergünstigungen, welche "die marktwirtschaftlichen Prozesse" verzerrten und "regelmäßig gegen die horizontale und vertikale Steuergerechtigkeit" verstießen (vgl. BAREIS-Kommission, 1995, 32f.).

Unter Verteilungsgesichtspunkten wird argumentiert, daß der zugrundeliegende Einkommensbegriff - das disponible Einkommen - der individuellen Leistungsfähigkeit als Grundlage für die Bemessung der Steuerschuld am besten Rechnung trage (vgl. zum Beispiel TIPKE/LANG, 1991, 191). Aus dem oben gesagten wurde deutlich, daß der Umfang vom Steuerpflichtigen ausgeübter "Rechte", einen Teil seiner Zeit nicht-produktiv zu verbringen (und andere aus unversteuertem Einkommen unbeobachtet erworbene Güter zu konsumieren), nicht Teil der solchermaßen definierten Leistungsfähigkeit ist. Das SHS-Prinzip läuft dann auf das Ziel hinaus, den oben beschriebenen und möglicherweise als unerwünscht empfundenen Verteilungsimplikationen einer Besteuerung des beobachtbaren Einkommens keine weitere Ungleichbehandlung von Haushalten hinzuzufügen, die steuerlich differenziert behandelte Güter in unterschiedlichem Ausmaß konsumieren. Dieses Problem kann hier nicht in angemessener Ausführlichkeit behandelt werden. Nachweisen läßt sich jedoch tatsächlich, daß sich mit der Besteuerung verfolgte Verteilungsziele eher in der Ausgestaltung des Steuertarifs - und eben nicht der steuerrechtlichen Definiton der Bemessungsgrundlage - niederschlagen sollten. Der unter Verteilungsgesichtspunkten optimale, nicht-lineare Steuertarif ist dann auf eine Bemessungsgrundlage vom SHS-Typ anzuwenden (vgl. ATKINSON/STIGLITZ, 1976).[49] Die Besteuerung sollte unter diesen Umständen also tatsächlich von einer verteilungspolitisch motivierten Begünstigung bestimmter Konsumgüter absehen.

Unter Effizienzgesichtspunkten mag die Rechtfertigung des SHS-Prinzips auf den ersten Blick noch einsichtiger erscheinen. Abschnitt 2.3 vorliegender Arbeit demonstrierte, daß die Begünstigung des Freizeitkonsums bei Erhebung einer Einkommensteuer unumgänglich mit einer Verzerrung der individuellen Konsum-Freizeit-Entscheidung und deshalb mit Zusatzlasten verbunden ist. Abbildung 1, mit der sich die Zusatzlast nach Berücksichtigung eines weiteren steuerbegünstigten Konsumguts *d* graphisch darstellen ließ, legt den Schluß nahe, daß die Hinzunahme einer weiteren Verzerrung - wegen der

[49] Die besteuerten Individuen unterscheiden sich im Modell von ATKINSON/STIGLITZ (1976) nur in ihrer Arbeitsproduktivität. Die Nutzenfunktionen aller Haushalte sind identisch und weisen die Eigenschaft schwacher Separabilität zwischen Freizeit einerseits und allen übrigen Konsumgütern andererseits auf. Individuen mit demselben Lohneinkommen weisen dann - auch bei unterschiedlicher Produktivität, d. h. bei unterschiedlich hoher Freizeitnachfrage - dasselbe Konsumverhalten auf, und eine differenzierte Konsumsteuer ist nicht geeignet, unbeobachtbare Produktivitätsvorteile auf indirekte Weise verstärkt zu belasten. Mit einer ganz ähnlichen Begründung läßt sich zeigen, daß es unter den genannten Annahmen auch allokativ keinen Anlaß gibt, innerhalb des Bündels der Konsumgüter differenzierte Steuersätze zu erheben (vgl. dazu die weiteren Ausführungen im Text). Einschränkend ist anzumerken, daß die aus diesem Modell resultierende Politikempfehlung auf der Voraussetzung basiert, der Fiskus könne lediglich den Freizeitkonsum eines Steuerpflichtigen nicht beobachten und sähe sich darüber hinaus keinen Informationsproblemen gegenüber. Dies gilt insbesondere für exakte Bestimmung und korrekte steuerliche Erfassung des privat mitveranlaßten Teils der geltend gemachten Werbungskosten und Betriebsausgaben. In der Realität liegen solche Informationsdefizite aber zweifellos vor. Mit der Entscheidung für das SHS-Prinzip, das die Abzugsfähigkeit privater Aufwendungen zumindest zum Teil zulassen muß, sind dann - im Vergleich zum theoretisch ebenso denkbaren Fall des vollständigen Verzichts auf steuerliche Abzugsfähigkeit von Kosten der Einkunftserzielung - natürlich dennoch (weitere) Verteilungseffekte verbunden; vgl. dazu vor allem BALDRY (1998, 48-51; 56), der gerade aus diesem Grund die steuerliche Anerkennung von Werbungskosten und Betriebsausgaben unter Verweis auf Gerechtigkeitsdefizite ablehnt.

Existenz eines weiteren "HARBERGER-Dreiecks" - in zusätzlichen Wohlfahrtsverlusten resultieren und effizienztheoretisch deshalb ebenfalls abgelehnt werden müsse. Dem ist allerdings nicht so. Denn tasächlich ist keineswegs klar, ob die Effizienzprobleme der Einkommensteuer, die Folge einer verzerrten Konsum-Freizeit-Enscheidung sind, durch Implementierung einer weiteren Verzerrung in Gestalt der Gewährung einer weiteren Steuervermeidungsoption verschärft oder im Gegenteil sogar abgemildert werden. Graphisch gesprochen, hängt die Lage der kompensierten Arbeitsangebotskurve nämlich im allgemeinen von relativem Preis und Nachfrage nach dem steuerbegünstigten Konsumgut d ab, und das rechte (unvermeidbare) "HARBERGER-Dreieck" kann größer oder kleiner ausfallen als graphisch dargestellt, wenn d keiner Begünstigung unterliegt. Fällt es größer aus und insbesondere größer als die gesamte Zusatzlast bei Option auf steuerbegünstigten Konsum des Gutes d, führt das SHS-Prinzip der Minimierung von Steuervermeidungsmöglichkeiten - im speziellen Fall des Gutes d - zu einer Wohlfahrtsverschlechterung und sollte kein Maßstab für eine an allokativen Kriterien ausgerichtete Steuerpolitik sein.

Daß die wirtschaftspolitische Maxime einer prinzipiell möglichen Vermeidung von (weiteren) Verzerrungen fehlleiten kann, wenn die Existenz einer Verzerrung unvermeidlich ist, ist eine zentrale Aussage der Theorie des Zweitbesten (vgl. LIPSEY/LANCASTER, 1956, 11f.). Daß es bei der hier interessierenden Frage, wie einzelne Konsumgüter vor dem Hintergrund einer unumgänglich verzerrten Konsum-Freizeit-Entscheidung steuerlich zu behandeln seien, besonders auf die jeweiligen Kreuzpreis-Effekte auf das kompensierte Arbeitsangebot ankommt, wurde von CORLETT/HAGUE (1953) gezeigt. Das Argument gegen eine undifferenzierte Übernahme des SHS-Prinzips einer auch effizienztheoretisch "idealen" Bemessungsgrundlage ist also alles andere als neu. Für eine Arbeit, die sich mit den theoretischen und empirischen Implikationen von Steuervermeidung beschäftigt, ist es allerdings so wichtig, daß sich - neben der vorangegangenen intuitiv-graphischen Verdeutlichung - die folgende formale Demonstration eines an sich bekannten Sachverhalts dennoch rechtfertigen läßt.[50]

Unterstellt wird zu diesem Zweck eine Ökonomie, deren repräsentativer Haushalt zwei Güter c und d sowie Freizeit f konsumiert und daraus Nutzen in Form der Funktion $u = u(c, d, f)$ erzielt. Die Betrachtung eines repräsentativen Haushalts ist einer Fragestellung angemessen, bei der es nur auf effizienztheoretische Gesichtspunkte ankommt. Angenommen wird dennoch, daß der Staat zur Finanzierung konstanter Ausgaben in

[50] Die nachfolgende Analyse beschränkt sich auf die (mögliche) Sinnhaftigkeit der Entscheidung, den Konsum bestimmter Güter durch einkommensteuerrechtliche Regelungen bewußt zu bevorzugen. Eine verwandte, wenn auch konzeptionell unterschiedlich zu behandelnde Fragestellung untersuchen SLEMROD/KOPCZUK (2002). Sie ermitteln das optimale Ausmaß, in dem der Steuergesetzgeber den Steuerpflichtigen die Möglichkeit zu steuergestaltenden Aktivitäten eröffnen sollte. Dabei wird unterstellt, daß die Verhinderung solcher Aktivitäten aus fiskalischer Sicht mit Kosten - etwa der aufwendigen Überprüfung von den Steuerzahlern bei der Veranlagung gemachter Angaben - verbunden ist. Im Gegensatz zum hiesigen Modell resultiert eine engere steuerliche Bemessungsgrundlage bei SLEMROD/KOPCZUK (2002) natürlich unzweideutig in einer *höheren* Elastizität des zu versteuernden Einkommens (und für sich genommen in höheren Nutzenverlusten auf seiten der besteuerten Haushalte).

Höhe von $\bar{T}$ auf verzerrende Steuern zugreifen muß und in der Ausgangssituation das Lohneinkommen des Haushalts, $w(\bar{f}-f)=wl$, einer proportionalen Besteuerung zum Satz τ unterwirft.[51] Die Nutzenposition des Haushalts bleibt von der Verwendung des staatlichen Budgets in Höhe von $\bar{T}$ unbeeinflußt. Den Bruttolohnsatz w und die auf Eins normierten Produzentenpreise der Güter c und d betrachtet der Haushalt als gegeben; diese Preise bleiben im Verlauf der Analyse konstant. Die Budgetrestriktion des Haushalts lautet

$$p_c c + p_d d = w(1-\tau)(\bar{f}-f) + y, \tag{41}$$

wobei die für die individuelle Nachfrageentscheidung relevanten Konsumentenpreise der Güter c und d normiert und, in Absenz anderer Steuern, mit $p_c = 1$ bzw. $p_d = 1$ bezeichnet wurden. Die Variable y kennzeichnet das exogene, von der Wahl des Arbeitsangebots unabhängige Einkommen, das Null betragen soll.[52] Maximierung des Nutzens unter Beachtung von Budgetrestriktion (41) resultiert in Nachfragefunktionen, die von den Preisen p_c und p_d, vom Nettolohnsatz $w(1-\tau)$ sowie vom exogenen Einkommen y abhängig sind. Setzte man diese in die Nutzenfunktion des Haushalts ein, erhielte man die indirekte Nutzenfunktion $v = v(p_c, p_d, w(1-\tau), y)$. Aufgrund von ROYs Identität gilt (vgl. zum Beispiel VARIAN, 1984, 126ff.)

$$-\frac{\partial v/\partial p_d}{\partial v/\partial y} = d \quad \text{und} \quad \frac{\partial v/\partial(1-\tau)}{\partial v/\partial y} = w(\bar{f}-f) = wl, \tag{42}$$

wobei d und f bzw. l in den Gleichungen (42) die für gegebene Preise und gegebenes Einkommen optimalen Nachfrage- bzw. Angebotsmengen kennzeichnen.

Die Erhebung der Einkommensteuer entspricht, wie man durch Umstellung von Budgetrestriktion (41) erkennt, unter der Voraussetzung $y = 0$ einer einheitlichen (Wert-)Steuer auf den Verbrauch von c und d mit Steuersatz $\tau/(1-\tau)$. Zu fragen ist nun, ob im Gegensatz dazu eine besondere steuerliche Behandlung des Konsumguts d aus Sicht des betrachteten Haushalts mit einer Wohlfahrtsverbesserung verbunden wäre. Dazu wird folgendes

---

51 Die Annahme, daß der Fiskus auch im Fall identischer Haushalte nur das erzielte Markteinkommen - und nicht den Freizeitkonsum - beobachten kann, ist zwar plausibel. Andererseits stünde dem Staat dann die verzerrungsfreie Erhebung einer Kopfsteuer zur Verfügung, gegen die bei Existenz eines homogenen Haushaltssektors auch unter Verteilungsgesichtspunkten natürlich nichts einzuwenden wäre. Diese Möglichkeit muß hier ausdrücklich ausgeschlossen werden.

52 Die Konsumgüter c und d werden nur mit dem Faktor Arbeit und mit linearer Technologie produziert. Die jeweiligen Angebotskurven sind dann vollkommen elastisch, und es gibt - wenn man, wie im hiesigen Modell, die Existenz staatlicher Transfers vernachlässigt - keine Quelle, aus welcher den Haushalten ein Nicht-Lohneinkommen zufließen könnte. Das Differential von Nachfrage- und indirekter Nutzenfunktion des Haushalts nach dem exogenen Einkommen ist an der Stelle $y = 0$ aber dennoch eindeutig definiert.

Gedankenexperiment durchgeführt: Ausgehend von der Situation der alleinigen Einkommensteuererhebung erhält der Staat die Möglichkeit, den Konsumentenpreis des Gutes d - und nicht den Konsumentenpreis des Gutes c - durch Erhebung einer Mengensteuer $\mu > 0$ bzw. einer Mengensubvention $\mu < 0$ differentiell zu beeinflussen, sodaß $p_d = 1 + \mu$ gilt. Durch eine simultane Änderung des Einkommensteuersatzes τ wird dabei sichergestellt, daß die vorgenommene Reform der Steuer- bzw. Subventionspolitik nutzenneutral erfolgt. Steigt unter dieser Voraussetzung der vom repräsentativen Haushalt entrichtete Steuerbetrag - was wiederum Spielraum für eine Senkung des Einkommensteuersatzes und für eine unzweideutige Verbesserung der Nutzenposition des Haushalts eröffnen würde - , wäre eine solche Reform mit einem Wohlfahrtsanstieg verbunden und demnach unter Effizienzgesichtspunkten zu befürworten.[53]

Weil die Politikänderung $(\mathrm{d}(1-\tau), \mathrm{d}\mu)$ nutzenneutral erfolgen soll, muß unter Verwendung der indirekten Nutzenfunktion des Haushalts

$$\mathrm{d}v \equiv 0 = \frac{\partial v}{\partial p_d}\mathrm{d}p_d + \frac{\partial v}{\partial(1-\tau)}\mathrm{d}(1-\tau)$$

oder, wegen ROYs Identitäten aus Gleichung (42),

$$\frac{\partial v}{\partial y} \cdot (w(\bar{f} - f)\mathrm{d}(1-\tau) - d\,\mathrm{d}\mu) = 0 \quad \text{bzw.} \quad \frac{\mathrm{d}(1-\tau)}{\mathrm{d}\mu}|_{\mathrm{d}v\equiv 0} = \frac{d}{w(\bar{f} - f)} \tag{43}$$

gelten.[54] Gleichung (43) verdeutlicht, daß der Haushalt für die Einführung einer Steuer auf das Gut d ($\mathrm{d}\mu > 0$) nur durch eine Einkommensteuersenkung, d. h. eine höhere Residualrate nutzenneutral kompensiert werden kann; bei Einführung einer spezifischen Subvention ist der Einkommensteuersatz entsprechend zu erhöhen bzw. die Residualrate zu vermindern.

Die staatliche Budgetrestriktion lautet, in pro-Kopf-Schreibweise,

$$T = \tau w(\bar{f} - f) + \mu d,$$

wobei in der Ausgangssituation natürlich $T = \bar{T}$ und $\mu = 0$ gilt. Die reformbedingte Veränderung des vom Haushalt entrichteten Steuerbetrags entspricht, ausgehend von der Situation $\mu = 0$,

53 Dieses Vorgehen orientiert sich in vereinfachter Form an CHRISTIANSEN (1985), dem es allerdings vornehmlich auf die optimale Differenzierung der Konsumsteuersätze in einem intertemporalen Kontext ankommt.

54 Bei strikt quasi-konkaver Nutzenfunktion des betrachteten Haushalts ist der Grenznutzen des Einkommens, $\partial v/\partial y$, stets positiv.

$$\mathrm{d}T = \left(-w(\bar{f} - f) - \tau w \frac{\partial f}{\partial(1-\tau)}\right) \mathrm{d}(1-\tau) + (-\tau w \frac{\partial f}{\partial p_d} + d)\, \mathrm{d}\mu,$$

woraus sich, wenn man Gleichung (43) einsetzt,

$$\begin{aligned} \frac{\mathrm{d}T}{\mathrm{d}\mu}|_{\mathrm{d}v\equiv 0} &= \left(-w(\bar{f} - f) - \tau w \frac{\partial f^c}{\partial(1-\tau)}\right) \frac{d}{w(\bar{f} - f)} + d - \tau w \frac{\partial f^c}{\partial p_d} \\ &= -\tau w \left(\frac{d}{w(\bar{f} - f)} \frac{\partial f^c}{\partial(1-\tau)} + \frac{\partial f^c}{\partial p_d}\right). \end{aligned} \tag{44}$$

ergibt. Die Budgetwirkungen einer nutzenneutralen Einführung des steuerlichen Parameters $\mu \neq 0$ werden Gleichung (44) zufolge durch die Reaktion der kompensierten Freizeitnachfrage f^c auf die reformbedingten Preisänderungen - von Residualrate $1 - \tau$ und von p_d - bestimmt. Diese lassen sich leichter interpretieren, wenn man die Definition

$$\frac{\partial f^c}{\partial p_c} p_c + \frac{\partial f^c}{\partial p_d} p_d + \frac{\partial f^c}{\partial w(1-\tau)} w(1-\tau) \equiv 0 \tag{45}$$

berücksichtigt.[55]

[55] Die Ausgabenfunktion $b = b(p_c, p_d, w(1-\tau), \bar{v})$ kennzeichnet diejenigen Ausgaben, die der Haushalt mindestens aufzuwenden hat, um bei gegebenem Vektor relativer Preise ein vorgegebenes Nutzenniveau $\bar{v}$ zu erreichen. Die Ausgabenfunktion ist homogen vom Grade Eins in den Güterpreisen (vgl. zum Beispiel VARIAN, 1984, 123), sodaß aus Anwendung des EULER-Theorems

$$\frac{\partial b}{\partial p_c} p_c + \frac{\partial b}{\partial p_d} p_d + \frac{\partial b}{\partial w(1-\tau)} w(1-\tau) \equiv b(\cdot)$$

folgt. Differentiation dieser Gleichung nach dem Nettolohnsatz ergibt

$$\frac{\partial^2 b}{\partial p_c \partial w(1-\tau)} p_c + \frac{\partial^2 b}{\partial p_d \partial w(1-\tau)} p_d + \frac{\partial^2 b}{(\partial w(1-\tau))^2} w(1-\tau) \equiv 0.$$

Gemäß SHEPHARDs Lemma resultiert das Differential der Ausgabenfunktion nach einem bestimmten Güterpreis in der kompensierten Nachfrage nach dem entsprechenden Gut, bewertet zum Preisvektor der Ausgangssituation und zum Nutzenniveau $\bar{v}$ (vgl. dazu Abschnitt 2.2.2). Die letzte Gleichung läßt sich dann auch schreiben als

$$\frac{\partial c^c}{\partial w(1-\tau)} p_c + \frac{\partial d^c}{\partial w(1-\tau)} p_d + \frac{\partial f^c}{\partial w(1-\tau)} w(1-\tau) \equiv 0$$

und entspricht, weil die Kreuzpreiseffekte auf die kompensierte Nachfrage identisch sind ($\partial c^c/\partial w(1-\tau) = \partial f^c/\partial p_c$ und $\partial d^c/\partial w(1-\tau) = \partial f^c/\partial p_d$), Gleichung (45) im Text.

Setzt man nämlich Gleichung (45) in Gleichung (44) ein, erhält man für die Änderung des vom Haushalt entrichteten Steuerbetrags

$$\begin{aligned}
\frac{\mathrm{d}T}{\mathrm{d}\mu}|_{\mathrm{d}v\equiv 0} &= -\tau w \left(\frac{d}{w(1-\tau)(\bar{f}-f)} (-\frac{\partial f^c}{\partial p_d} p_d - \frac{\partial f^c}{\partial p_c} p_c) + \frac{\partial f^c}{\partial p_d} \right) \\
&= -\tau w \frac{1}{p_c c + p_d d} \left(\frac{\partial f^c}{\partial p_d} p_c\, c - \frac{\partial f^c}{\partial p_c} p_c\, d \right) \\
&= -\tau w \frac{p_c(cd)}{p_c c + p_d d} \left(\frac{\partial f^c}{\partial p_d} \frac{1}{d} - \frac{\partial f^c}{\partial p_c} \frac{1}{c} \right) \\
&= -\frac{\tau}{1-\tau} \frac{p_c(cd)}{p_c c + p_d d} \left(\underbrace{\frac{\partial d^c}{\partial w(1-\tau)} \frac{w(1-\tau)}{d} - \frac{\partial c^c}{\partial w(1-\tau)} \frac{w(1-\tau)}{c}}_{\varepsilon^c_{d,w(1-\tau)} - \varepsilon^c_{c,w(1-\tau)}} \right). \qquad (46)
\end{aligned}$$

Dabei greift die erste Umformung auf Budgetrestriktion (41) und die letzte Umformung auf die Tatsache zurück, daß die kompensierten Kreuzpreiseffekte identisch sind. Zu beachten ist ferner $\partial f^c/\partial(w(1-\tau)) = 1/w\, \partial f^c/\partial(1-\tau)$, weil der Bruttolohn annahmegemäß konstant ist.

Gleichung (46) macht CORLETT/HAGUES (1953) zentrale Erkenntnis auf einfache Weise deutlich. Tatsächlich ist denkbar, daß die steuerliche Gleichbehandlung der Konsumgüter c und d wohlfahrtsoptimal ist, und daß sich ein Plädoyer für das SHS-Prinzip und - im hiesigen Kontext - die Erhebung einer reinen Lohneinkommensteuer rechtfertigen läßt. Voraussetzung ist aber, daß die kompensierten Elastizitäten der Nachfrage nach beiden Konsumgütern in bezug auf den Nettolohnsatz, d. h. die Verhaltensparameter $\varepsilon^c_{d,w(1-\tau)}$ und $\varepsilon^c_{c,w(1-\tau)}$, identisch sind; eine hinreichende Bedingung dafür ist, daß die Nutzenfunktion des repräsentativen Haushalts die Eigenschaft schwacher Separabilität zwischen Freizeit einerseits und den Konsumgütern c und d andererseits aufweist sowie homothetisch in den Konsumgütern ist (vgl. ATKINSON/STIGLITZ, 1972, 114). Eine marginale steuerliche Bevorzugung oder Benachteiligung eines der beiden Konsumgüter hat dann keine Auswirkungen auf den entrichteten Steuerbetrag und, weil das zugrundeliegende Gedankenexperiment in einer für sich genommen nutzenneutralen Anpassung der steuerlichen Parameter bestand, auch auf die Wohlfahrt der Modellökonomie.

Im allgemeinen dürften sich die Verhaltensparameter $\varepsilon^c_{d,w(1-\tau)}$ und $\varepsilon^c_{c,w(1-\tau)}$ aber unterscheiden. Gleichung (46) verdeutlicht, daß unter diesen Umständen dasjenige Gut einer ungünstigeren steuerlichen Behandlung unterworfen werden sollte, dessen kompensierte Nachfrage eine stärkere Komplementarität zur kompensierten Freizeitnachfrage aufweist. Bei Vorliegen kompensierter Komplementarität sind die jeweiligen Elastizitäten aus Gleichung (46) negativ; fiele die Elastizität für das Gut d absolut betrachtet höher aus, wäre die nutzenneutrale Einführung einer speziellen Verbrauchsteuer auf den Konsum von d mit einem Anstieg des Steueraufkommens ($\mathrm{d}T/\mathrm{d}\mu|_{\mathrm{d}v\equiv 0} > 0$) und mit einem Wohlfahrtszuwachs verbunden. Umgekehrt gilt aber auch, daß die Situation $\varepsilon^c_{d,w(1-\tau)} - \varepsilon^c_{c,w(1-\tau)} > 0$ wegen $\mathrm{d}T/\mathrm{d}\mu|_{\mathrm{d}v\equiv 0} < 0$ unter Wohlfahrtsgesichtspunkten für eine präferentielle steuerliche Behandlung des Gutes d spricht. Der Grund liegt natürlich darin, daß ein Rückgang des Preises p_d in diesem Fall die Freizeitnachfrage vergleichsweise stark senkt (bzw. im Vergleich zum steuerlosen Zustand weniger stark ansteigen läßt) und sich so der einer Einkommensteuer inhärente Anreiz, Steuervermeidung in Form eines vermehrten Freizeitkonsums zu betreiben, zumindest partiell korrigieren läßt. Auf die graphische Darstellung in Abbildung 1 aus Abschnitt 2.3 übertragen, triebe die steuerliche Begünstigung des Konsumguts d die kompensierte Arbeitsangebotskurve vergleichsweise stark nach unten, und die Zusatzlast einer Einkommensteuer, die Nicht-Besteuerung oder Abzugsfähigkeit von Aufwendungen für d erlaubt, fiele geringer aus als bei alternativer Erhebung einer Lohneinkommensteuer nach dem SHS-Prinzip.

Nun läßt sich die Frage, wie sensitiv die kompensierte Nachfrage nach einem speziellen Konsumgut mit dem individuellen Nettolohnsatz variiert, letztlich nur empirisch beantworten. Empirische Schätzungen entsprechender Verhaltensparameter liegen unserer Kenntnis nach für die Bundesrepublik nicht vor. Abschnitt 2.1.1 allerdings wies darauf hin, daß eine Teilmenge des Bündels der durch bestehende Einkommensteuersysteme begünstigten Konsumgüter darauf zurückzuführen ist, daß als Werbungskosten und Betriebsausgaben geltend gemachte Aufwendungen (auch) privat Nutzen stiften. Mit der grundsätzlichen Entscheidung für das objektive Nettoprinzip der Besteuerung hat sich die Steuerpolitik gleichzeitig aber gegen ein generelles Abzugsverbot (auch) beruflich bedingter Aufwendungen entschieden. Dieses Vorgehen läßt sich einerseits, wie oben diskutiert, unter Verteilungsgesichtspunkten rechtfertigen. Nimmt man die Vorstellung ernst, daß sich steuerpolitische Entscheidungen an der Lösung eines Wohlfahrtsmaximierungsproblemes orientieren, bietet die Analyse dieses Abschnitts aber auch eine effizienztheoretische Begründung - und zwar dann, wenn es sich bei den auf diese Weise implizit begünstigten Konsumgüter um besonders starke Substitute zum Freizeitkonsum handelt. Bedenkt man, daß der Steuerpflichtige, wenn er diese Form der Begünstigung in Anspruch nehmen möchte, zumindest einen beruflichen Bezug der als Werbungskosten und Betriebsausgaben zum Abzug gebrachten Aufwendungen nachweisen muß, erscheint diese Annahme nicht einmal unplausibel.[56]

---

[56] TRIEST (1992) untersucht empirisch, auf welche Weise das Arbeitsangebot US-amerikanischer Lohnempfänger mit der Höhe der steuerlich zum Abzug gebrachten Konsumgutaufwendungen - die den im deutschen Steuerrecht gewährten Sonderausgabentatbeständen stark ähneln - variiert. Das zentrale Ergebnis seiner Schätzungen besteht darin, daß steuerbegünstigte Konsumgüter eine stärker substitutive Beziehung zum Freizeitkonsum aufweisen als aus versteuertem Einkommen erworbene Güter, was für sich genommen die empirische Bedeutung der effizienzorientierten Argumentation stützen könnte. Zu beachten ist aber, daß TRIEST (1992) lediglich Schätzungen *un*kompensierter Nachfrageelastizitäten vorlegt. Da der Einkommenseffekt einer Senkung der Residualrate (d. h. des Preises steuerbegünstigter Güter) bei nicht-inferiorer Freizeit einen Rückgang des Freizeitkonsums nach sich zieht, ist das Vorzeichen der kompensierten Kreuzpreiselastizität allein auf Basis der von TRIEST (1992) vorgelegten Ergebnisse nicht eindeutig zu bestimmen.

Dabei setzt sich das vorgestellte Modell natürlich einer Reihe naheliegender Einwände aus. So wurde unterstellt, daß der Haushalt neben nicht besteuerter Freizeit lediglich zwei Güter konsumieren kann, und die Aussagen zur optimalen Steuersatzdifferenzierung fallen schwächer aus, wenn man das Modell auf eine größere Zahl an Konsumoptionen ausdehnt (vgl. OEHSEN, 1982, 42f. und 61-72). Schon in seiner Grundstruktur vermittelt das Modell ferner Einsichten lediglich hinsichtlich der Struktur - und nicht hinsichtlich der genauen Höhe - optimal differenzierter Konsumsteuer- und -subventionssätze (vgl. zum Beispiel ATKINSON/STIGLITZ, 1980, 376). Insbesondere aber läßt sich unter den genannten Voraussetzungen zwar die präferentielle steuerliche Behandlung eines bestimmten Konsumguts (etwa d) rechtfertigen. *A priori* gibt es allerdings keinen Grund, diese Bevorzugung gerade über einen Abzug der Aufwendungen für das Gut d von der einkommensteuerlichen Bemessungsgrundlage und eine Verringerung des relativen Preises von d auf die Residualrate eines Steuerpflichtigen wirksam werden zu lassen.[57] Zu berücksichtigen ist schließlich, daß die Implementierung steuerrechtlicher Sonderregelungen selbst zusätzliche - hier nicht modellierte, aber quantitativ möglicherweise nicht unbedeutende - Kosten auf seiten der Steuerpflichtigen und der Steueradministration verursachen kann. Denn die Nutzung einer speziellen Vorkehrung im Steuerrecht erhöht zeitlichen Aufwand und Kosten der Informationsbeschaffung, die mit der Veranlagung verbunden sind, und macht eine stärkere Kontrolle der abgegebenen Steuererklärungen durch den Fiskus erforderlich.[58]

Die zentrale Erkenntnis dieses Abschnitts bleibt trotz dieser Kritikpunkte erhalten. Liegen in einer Ökonomie unabwendbare Verzerrungen - hier: die preisliche Begünstigung nicht beobachtbaren Freizeitkonsums, wenn der Staat sich für die Erhebung einer Einkommensteuer entschieden hat - vor, kann die bewußte Herbeiführung einer weiteren Verzerrung - hier: die preisliche Begünstigung eines Guts, das zum Freizeitkonsum in kompensiert-substitutiver Beziehung steht - effizienzsteigernde Effekte haben. Dieser Sachverhalt ließe sich auf die effizienztheoretische Rechtfertigung weiterer durch das Steuerrecht gewährter, in

57 Zu beachten ist, daß die Höhe des Subventionssatzes, wenn das Einkommensteuersystem mit dem zu versteuernden Einkommen steigende Grenzsteuersätze vorsieht, selbst eine endogene Größe darstellt. Der Preis des steuerbegünstigten Konsumguts d nimmt in diesem Fall für sich genommen *zu*, wenn das Arbeitsangebot des Haushalts als Folge negativer steuerlicher Anreize abnimmt. Der effizienzsteigernde Effekt einer Subventionierung von d wird dadurch partiell konterkariert und entfällt völlig, wenn das vom Haushalt erzielte Arbeitseinkommen unter dem Grundfreibetrag liegt. Für die Abzugsfähigkeit im Rahmen der Einkommensteuer - und gegen eine differenzierte Behandlung des Konsumguts d etwa im Rahmen der indirekten Steuern - schließlich sprechen erneut Informationsprobleme des Fiskus. Denn zwischen der *auch* und der *allein* privaten Motivation der Aufwendungen für das betrachtete Gut ließe sich dann nicht mehr unterscheiden. Akzeptiert man die im Text vorgeschlagene Argumentation, kommt es aber gerade auf diese Unterscheidung an.

58 Interessanterweise sieht SIMONS (1938, 206f.) selbst die Beobachtungs- und Bewertungsprobleme, die vor allem eine - eigentlich angezeige - Besteuerung betrieblicher Nebenleistungen aufwerfen würde, für so gravierend an, daß solche Konsumausgaben nach seiner Auffassung nicht Bestandteil der "idealen" Bemessungsgrundlage sein sollten. PITT/SLEMROD (1989) schätzen die auf seiten US-amerikanischer Steuerpflichtiger entstehenden (Beratungs-)Kosten, Sonderausgaben und sonstige Abzüge der Bemessungsgrundlage im Einzelnachweis geltend zu machen, auf rund 3 Prozent der bei der alternativen Inanspruchnahme eines pauschalierten Abzugsbetrags (*standard deduction*) mindestens resultierenden Steuerersparnis.

diesem Abschnitt aber nicht diskutierter Steuervermeidungsoptionen übertragen. So kann die steuerliche Begünstigung eines Konsumguts dann mit einem Wohlfahrtszuwachs verbunden sein, wenn der Konsum des Guts durch einen Steuerpflichtigen mit positiven Externalitäten verbunden ist und den Nutzen anderer Individuen erhöht (vgl. etwa SANDMO, 1975). Träfe dies, was nicht unplausibel erscheint, auf Spenden an gemeinnützige Einrichtungen zu, kann die Berücksichtigung entsprechender Aufwendungen als Sonderausgabe unter Wohlfahrtsgesichtspunkten ebenfalls angezeigt sein (vgl. dazu ausführlich PAQUE, 1986, 76-111).[59]

Jede Form der Steuervermeidung ist für sich genommen mit Substitutionseffekten und aus Sicht der besteuerten Haushalte mit einer zusätzlichen Nutzeneinbuße verbunden. Im Fazit gibt dieser Abschnitt zu bedenken, daß eine am Effizienzziel ausgerichtete Steuerpolitik diese steuerbedingte Zusatzlast mit an anderer Stelle möglicherweise verringerten (und unvermeidbaren) Wohlfahrtsverlusten abzuwägen hat - und daß das SCHANZ-HAIG-SIMONS-Prinzip einer "idealen" einkommensteuerlichen Bemessungsgrundlage zu seiner Rechtfertigung offensichtlich einer solchen Abwägung bedarf.

2.5 Die *Marginal Cost of Public Funds* bei Steuervermeidung

Die in den vorangegangenen Abschnitten vorgestellten Implikationen des Steuervermeidungsverhaltens bei der persönlichen Einkommensteuer hatten durchgängig ein partialökonomisches Modell zur Grundlage, das die Verwendung des erzielten Steueraufkommens durch den Fiskus unberücksichtigt ließ. Die folgende Analyse erweitert den theoretischen Blickwinkel und bezieht die Existenz eines von staatlicher Seite bereitgestellten Kollektivguts ein. Die Bereitstellung dieses Kollektivguts wird durch Einnahmen aus einer Einkommensteuer finanziert, die den besteuerten Individuen Möglichkeiten zu Steuervermeidung und Steuergestaltung eröffnet. Die Untersuchung des optimalen staatlichen Kollektivgutangebots vor dem Hintergrund verzerrender Einkommen- bzw. Konsumsteuern hat ihren Ursprung in Beiträgen von STIGLITZ/DASGUPTA (1971) und ATKINSON/STERN (1974). Grundsätzlich neue Einsichten vermitteln die folgenden Überlegungen nicht. Für die Zwecke vorliegender Arbeit ist es dennoch aufschlußreich zu demonstrieren, auf welche Weise die an Wohlfahrtsgesichtspunkten orientierte Entscheidung zur Bereitstellung

[59] In der Literatur werden eine Vielzahl weiterer effizienzorientierter Modifikationen der "idealen" einkommensteuerlichen Bemessungsgrundlage diskutiert. Möchte der Steuergesetzgeber Fahrtkosten zwischen Wohnung und Arbeitsstätte sowie beruflich bedingte Umzugskosten zum Abzug zulassen, während die mit einem Umzug verbundenen privaten Kosten (etwa zur Aufrechterhaltung sozialer Beziehungen) aufgrund naheliegender Beobachtungs- und Bewertungsprobleme unberücksichtigt bleiben müssen, verzerrt die Besteuerung die Wohnortwahl von Lohnempfängern. Effizienzgründe sprechen in diesem Fall für eine begrenzte Abzugsmöglichkeit bei beruflich verursachten und eine pauschalierte Abzugsmöglichkeit bei privat motivierten Pendelkosten (vgl. RICHTER/THEILE, 1998). Selbst bei gegebener Wohnortentscheidung des Steuerpflichtigen läßt sich eine begrenzte Abzugsfähigkeit beruflich veranlaßter Fahrtkosten dadurch begründen, daß auf diese Weise eine Verzerrung der individuellen Wahl von Verkehrsmittel und zeitlichem Pendelaufwand begrenzt wird (vgl. WREDE, 2000).

eines steuerfinanzierten Kollektivguts von Möglichkeiten der Haushalte zu Steuervermeidung und Steuergestaltung beeinflußt wird. Von besonderem Interesse ist dabei die Frage, welche Rolle der Elastizität des zu versteuernden Einkommens bei der Bestimmung der Kosten öffentlicher Projekte zukommt.

Der im folgenden betrachteten Modellökonomie gehören H identische Haushalte an, deren Nutzenfunktion $u = u(c, f, d, g)$ - neben Freizeit (f), einem weiteren steuerbegünstigten Konsumgut (d) sowie einem Bündel aus versteuertem Einkommen erworbener Konsumgüter (c) - nun ein staatlich bereitgestelltes Kollektivgut g als Argument enthält. Der private Grenznutzen aus der Bereitstellung des Kollektivguts soll positiv sein, weshalb $\partial u/\partial g > 0$ gilt. Die Bereitstellung des Kollektivguts wird finanziert durch Erhebung einer indirekt-progressiven Einkommensteuer, die einen konstanten Steuersatz τ mit einem für alle Individuen identischen Abzugsbetrag A kombiniert.[60] Dem in Form von Steuergestaltung von der Bemessungsgrundlage der Einkommensteuer abgezogenen Betrag a stehen Kosten in Höhe von $e(a)$ mit $\partial e/\partial a := e_a > 0$ und $\partial^2 e/\partial a^2 := e_{a,a} > 0$ gegenüber. Maximierung der Nutzenfunktion unter Beachtung der individuellen Budgetrestriktion

$$c = w(\bar{f} - f) - \tau(w(\bar{f} - f) - d - a) - e(a) + A \tag{47}$$

führt dann mittels Maximierung einer Lagrangefunktion mit Langrangeparameter λ zu den Optimalbedingungen

$$\frac{\partial u}{\partial c} = \lambda, \quad \frac{\partial u}{\partial f} = \lambda w(1-\tau), \quad \frac{\partial u}{\partial d} = \lambda(1-\tau) \quad \text{und} \quad \tau = e_a. \tag{48}$$

Aus der letztgenannten Bedingung, die marginalen Ertrag (τ) und marginale Kosten der Steuergestaltung (e_a) gleichsetzt, läßt sich $\mathrm{d}a/\mathrm{d}(1-\tau) = -1/e_{a,a} < 0$ folgern; der optimale Umfang der Steuergestaltung nimmt unter den hier getroffenen Annahmen folglich mit der Residualrate des Haushalts ab. Die aus dem Optimierungskalkül resultierenden MARSHALLschen Nachfragefunktionen sind abhängig von den aus Sicht des Haushalts exogenen staatlichen Entscheidungsvariablen $1-\tau$, A und g sowie vom Umfang der Steuergestaltung a, der selbst ebenfalls eine Funktion der Residualrate - und ausschließlich der Residualrate - ist.

[60] Strikt gesprochen, läßt sich die Existenz einer progressiven Steuer in einer Ökonomie mit identischen Haushalten auf sinnvolle Weise nicht rechtfertigen. Mit einer progressiven Steuer verfolgte Umverteilungsziele werden vor dem Hintergrund eines homogenen Haushaltssektors obsolet, und nichts spräche gegen die Erhebung einer verzerrungsfreien, weil für die Steuerpflichtigen nicht vermeidbaren Pauschalsteuer zur Finanzierung der staatlichen Ausgaben. In diesem Sinne hat das im folgenden vorgestellte Modell lediglich expositorischen Charakter. DAHLBY (1998) und SLEMROD/YITZHAKI (2001) ermitteln die *Social Costs of Public Funds* einer progressiven Steuer auf Lohneinkommen, wenn die Steuerpflichtigen bei der Einkommenserzielung über eine unterschiedliche Produktivität verfügen. Die genannten Beiträge unterstellen die Existenz einer progressiven Einkommensteuer, die sich aus Sicht des einzelnen Steuerpflichtigen - wie in Abschnitt 2.2.2 dieser Arbeit - als Kombination aus Grenzsteuersatz und virtuellem Einkommen charakterisieren läßt.

Differenzieren der individuellen Budgetrestriktion nach den staatlichen Entscheidungsvariablen sowie nach dem Umfang an Steuergestaltung resultiert definitionsgemäß in den Beziehungen

$$\frac{\partial c}{\partial(1-\tau)} \equiv TI + (1-\tau)(-w\frac{\partial f}{\partial(1-\tau)} - \frac{\partial d}{\partial(1-\tau)}), \tag{49}$$

$$\frac{\partial c}{\partial A} \equiv (1-\tau)\frac{\partial TI}{\partial A} + 1, \tag{50}$$

$$\frac{\partial c}{\partial g} \equiv (1-\tau)\frac{\partial TI}{\partial g} \quad \text{und} \tag{51}$$

$$\frac{\partial c}{\partial a} \equiv (1-\tau)(-w\frac{\partial f}{\partial a} - \frac{\partial d}{\partial a}), \tag{52}$$

wobei die Definition der Bemessungsgrundlage, $TI = w(\bar{f} - f) - d - a$, und in den Gleichungen (49) und (52) die notwendige Bedingung optimaler Steuergestaltung aus Gleichungssystem (48) berücksichtigt wurden.

Bezeichnet man mit p_g den Preis des Kollektivguts in Einheiten des Numéraireguts c, lautet die staatliche Budgetrestriktion[61]

$$p_g g = H \cdot [\tau(w(\bar{f} - f) - d - a) - A]. \tag{53}$$

Ermittelt werden im folgenden die Effekte, die von einer Erhöhung der Bereitstellungsmenge des betrachteten Kollektivguts, $\mathrm{d}g > 0$, auf die aggregierte Wohlfahrt der Haushalte $W := Hu(\cdot)$ ausgehen. Die Finanzierung des zusätzlichen staatlichen Kollektivgutangebots macht eine Änderung der Steuerpolitik in Form des Vektors $(\mathrm{d}\tau, \mathrm{d}A)$ erforderlich, deren Ausgestaltung - eine Erhöhung des Steuersatzes τ, eine Absenkung des Abzugsbetrags A oder eine Kombination aus beiden Maßnahmen - über die Erfüllung der staatlichen Budgetrestriktion hinaus einstweilen keiner weiteren Beschränkung unterliegen soll. Im allgemeinen Fall läßt sich die Änderung der aggregierten Wohlfahrt dann durch das H-fache Differential der semi-indirekten Nutzenfunktion $v \equiv u(c(\cdot), f(\cdot), d(\cdot), g)$ nach den staatlichen Entscheidungsvariablen $1-\tau$, A und g sowie nach dem Umfang der Steuergestaltung a erfassen. Die Änderung des Nutzens eines Haushalts infolge der Politikänderung $(\mathrm{d}\tau, \mathrm{d}A, \mathrm{d}g)$ beträgt

61 Die Produzentenpreise der Güter c und d und der Bruttolohnsatz w werden annahmegemäß auch weiterhin durch einen Haushalt als gegeben betrachtet und bleiben im Verlauf der Analyse konstant. Das Modell ließe sich in diesem Fall schließen durch Berücksichtigung einer Produktionsmöglichkeitenmenge, die bei Annahme linearer Technologien durch die Beziehung $w\bar{f} = wf + c + d + e(a) + p_g g$ begrenzt ist.

$$\begin{aligned} dv = &(\frac{\partial u}{\partial c}\frac{\partial c}{\partial(1-\tau)} + \frac{\partial u}{\partial f}\frac{\partial f}{\partial(1-\tau)} + \frac{\partial u}{\partial d}\frac{\partial d}{\partial(1-\tau)})d(1-\tau) \\ &+(\frac{\partial u}{\partial c}\frac{\partial c}{\partial A} + \frac{\partial u}{\partial f}\frac{\partial f}{\partial A} + \frac{\partial u}{\partial d}\frac{\partial d}{\partial A})dA + (\frac{\partial u}{\partial c}\frac{\partial c}{\partial g} + \frac{\partial u}{\partial f}\frac{\partial f}{\partial g} + \frac{\partial u}{\partial d}\frac{\partial d}{\partial g} + \frac{\partial u}{\partial g})dg \\ &+(\frac{\partial u}{\partial c}\frac{\partial c}{\partial a} + \frac{\partial u}{\partial f}\frac{\partial f}{\partial a} + \frac{\partial u}{\partial d}\frac{\partial d}{\partial a})da. \end{aligned} \quad (54)$$

Die staatliche Budgetrestriktion soll in der laufenden Periode auch nach Durchführung der untersuchten Politikänderung erfüllt sein, weshalb

$$\begin{aligned} p_g dg/H = &(-TI + \tau(-w\frac{\partial f}{\partial 1-\tau} - \frac{\partial d}{\partial 1-\tau} - \frac{\partial a}{\partial 1-\tau}))d(1-\tau) \\ &+\tau(-w\frac{\partial f}{\partial g} - \frac{\partial d}{\partial g})dg + (\tau(-w\frac{\partial f}{\partial A} - \frac{\partial d}{\partial A}) - 1)dA \end{aligned}$$

oder, nach der Änderung der bereitgestellten Kollektivgutmenge dg aufgelöst,

$$dg = H\frac{(-TI + \tau\frac{\partial TI}{\partial(1-\tau)})d(1-\tau) + (\tau\frac{\partial TI}{\partial A} - 1)dA}{p_g - H\tau\frac{\partial TI}{\partial g}}$$

zu gelten hat. Setzt man diese Gleichung, das Gleichungssystem (49) bis (52) und die Bedingungen erster Ordnung aus dem Kalkül der Haushaltsoptimierung (48) in das Differential der indirekten Nutzenfunktion (54) ein, erhält man für die Änderung des individuellen Nutzens den Ausdruck

$$dv = \lambda(TId(1-\tau) + dA) + H\frac{\partial u}{\partial g}\frac{(-TI + \tau\frac{\partial TI}{\partial(1-\tau)})d(1-\tau) + (\tau\frac{\partial TI}{\partial A} - 1)dA}{p_g - H\tau\frac{\partial TI}{\partial g}}.$$

Wenn die Politikänderung $(d\tau, dA, dg)$ eine Erhöhung der aggregierten privaten Wohlfahrt zur Folge haben soll, muß $dv > 0$ und folglich auch

$$\begin{aligned} H\frac{\partial u/\partial g}{\lambda} &> \frac{(p_g - H\tau\frac{\partial TI}{\partial g})(-TId(1-\tau) - dA)}{(-TI + \tau\frac{\partial TI}{\partial(1-\tau)})d(1-\tau) + (\tau\frac{\partial TI}{\partial A} - 1)dA} \quad \text{bzw.} \\ H\frac{\partial u/\partial g}{\lambda} &> \frac{p_g - H\tau\frac{\partial TI}{\partial g}}{1 - \tau(\frac{\partial TI}{\partial(1-\tau)}d(1-\tau) + \frac{\partial TI}{\partial A}dA)/(TId(1-\tau) + dA)} \end{aligned} \quad (55)$$

gelten. Die rechte Seite von Gleichung (55) ist abhängig vom "Finanzierungsmix" ($d(1-\tau), dA$), den der Staat der vorgenommenen Ausweitung der Kollektivgutbereitstellung zugrundelegt. Gleichung (55) läßt sich einfacher interpretieren, wenn man berücksichtigt, daß sich der Durchschnittsteuersatz einer indirekt-progressiven Einkommensteuer mit der Kombination aus Grenzsteuersatz bzw. Residualrate und Abzugsbetrag eindeutig durch die Beziehung $t = \tau - A/TI$ bestimmen läßt. Für den betrachteten Politikwechsel gilt dann *ex-ante* auch

$$\frac{\mathrm{d}A}{\mathrm{d}(1-\tau)} = -(1 - \frac{\mathrm{d}t}{\mathrm{d}\tau})TI, \tag{56}$$

und Gleichung (55) läßt sich schreiben als

$$H\frac{\partial u/\partial g}{\lambda} > \frac{p_g - H\tau\frac{\partial TI}{\partial g}}{1 - \tau(\frac{\partial TI}{\partial(1-\tau)} - TI\frac{\partial TI}{\partial A} + \frac{\mathrm{d}t}{\mathrm{d}\tau}TI\frac{\partial TI}{\partial A})/(\frac{\mathrm{d}t}{\mathrm{d}\tau}TI)}. \tag{57}$$

Gleichung (57) beschreibt, unter welcher Voraussetzung eine Ausweitung des staatlichen Kollektivgutangebots eine Wohlfahrtssteigerung bewirkt, wenn dafür zusätzliche Einnahmen aus einer indirekt-progressiven Einkommensteuer erforderlich sind und die Haushalte der Steuererhöhung durch Steuervermeidung und Steuergestaltung ausweichen können. Gleichung (57) vergleicht den Nutzenanstieg, der den Haushalten aus dem zusätzlich bereitgestellten Kollektivgut erwächst, mit den Kosten, die den Haushalten aus der Finanzierung des zusätzlichen Kollektivguts entstehen. Wenn der (Grenz-) Nutzen die (Grenz-)Kosten des erwogenen öffentlichen Projekts übersteigt, ist die untersuchte Politikänderung mit einem Wohlfahrtszuwachs verbunden.

Der Ertrag des zusätzlichen Kollektivgutangebots bestimmt sich dabei, wie die linke Seite von Gleichung (57) zeigt, durch die Summe der Grenzraten der Substitution zwischen dem Kollektivgut g - von dessen Nutzung kein Haushalt ausgeschlossen werden kann - und dem als Numéraire gewählten privaten Gut c über alle H Haushalte der Ökonomie. Demgegenüber verursacht das marginale Kollektivgutangebot (direkte) Kosten in Höhe von p_g, dem relativen Preis des Kollektivguts in Einheiten des Numérairegauts bzw. der Grenzrate der Transformation zwischen Kollektivgut g und privatem Gut c. Würde das staatliche Budget ausschließlich durch in *lump-sum*-Form erhobene Steuern finanziert, gälte außerdem $\tau = 0$, und Gleichung (57) reduzierte sich zur bekannten SAMUELSON (1954)-Regel zur optimalen Bereitstellung von Kollektivgütern. Verzerrende Steuern zeichnen sich aber gerade dadurch aus, daß die Höhe ihrer Bemessungsgrundlage von Wahlhandlungen der besteuerten Haushalte beeinflußt wird. Die verbleibenden Terme auf der rechten Seite reflektieren dementsprechend die Impulse zu Steuervermeidung und Steuergestaltung, die von der Finanzierung eines erhöhten Kollektivgutangebots ausgehen.

So hat eine zusätzliche Bereitstellung des Kollektivguts u. U. selbst Auswirkungen auf die Nachfrage nach steuerbegünstigten Konsumgütern. Der zweite Term im Zähler der rechten Seite von Gleichung (57) erfaßt diesen direkten Effekt auf Bemessungsgrundlage und Steueraufkommen und verdeutlicht, daß die Kosten der Bereitstellung steigen, wenn zwischen g einerseits und f bzw. d andererseits eine komplementäre Beziehung besteht ($\partial TI/\partial g < 0$); kann eine substitutive Beziehung unterstellt werden, verhält es sich gerade umgekehrt. Ohne die Bedeutung dieses Effekts für die empirische Kosten-Nutzen-Analyse öffentlicher Projekte zu verkennen, wird im folgenden der Einfachheit halber dennoch $\partial TI/\partial g = 0$ unterstellt.[62]

Die Bedeutung des Nenners im Bruch auf der rechten Seite von Gleichung (57) läßt sich besonders einfach anhand des Beispiels einer proportionalen Einkommensteuer vor Augen führen. In diesem Fall gilt nämlich schon definitionsgemäß $\mathrm{d}t = \mathrm{d}\tau$, und Gleichung (57) wird zu

$$H\frac{\partial u/\partial g}{\lambda} > p_g \frac{1}{1-\tau/(1-\tau)\,\zeta}. \tag{58}$$

Die direkten Kosten des öffentlichen Projekts, p_g, sind gemäß Gleichung (58) mit einem Term zu multiplizieren, in dem sich die Anpassungsreaktionen der Steuerpflichtigen an die zur Finanzierung des öffentlichen Projekts notwendige Steueränderung widerspiegeln. Dieser Term resultiert aus der Relation zwischen dem zusätzlichen Aufkommen, das für sich genommen aus einer marginalen Erhöhung der - hier proportionalen - Steuer resultiert, auf welche die Haushalte nicht reagieren (TI); und dem tatsächlich, d. h. bei Berücksichtigung sämtlicher Verhaltensanpassungen zusätzlich erzielten Aufkommen ($TI - \tau\partial TI/\partial(1-\tau)$). Führt die Steuererhöhung zu einem Anstieg derjenigen Aktivitäten, die auf eine Minderung der individuellen Steuerzahlung ausgerichtet sind ($\zeta > 0$), sinkt die Bemessungsgrundlage, und die Kosten des öffentlichen Projekts nehmen zu. Der Multiplikand der direkten Kosten des öffentlichen Projekts wird aus diesem Grund als *marginal cost of public funds* (*mcf*) bezeichnet.[63]

---

62 Im Unterschied zu den im folgenden diskutierten Finanzierungseffekten ist die Ausprägung des Terms $\partial TI/\partial g$ in der Realität von Charakteristika des im besonderen untersuchten öffentlichen Projekts abhängig (vgl. dazu vor allem WILDASIN, 1984, 232-235). Die Bedingung $\partial TI/\partial g = 0$ ist bei schwacher Separabilität der Nutzenfunktion bezüglich der privaten Konsumgüter einerseits und des Kollektivguts andererseits erfüllt. Läßt sich etwa eine Nutzenfunktion der Form $u = u(h(c, f, d), g)$ unterstellen, beeinflußt eine Änderung von g nicht die Wahl eines Haushalts zwischen steuerbegünstigten und aus versteuertem Einkommen erworbenen Konsumgütern, und die Bemessungsgrundlage der Steuer bleibt unabhängig von der Bereitstellungsmenge g konstant.

63 Die Prägung des Begriffs geht nach unserer Kenntnis auf BROWNING (1976) zurück, der ihn allerdings in einem etwas anderen Kontext verwendet; zur damit verbundenen, temporären Irritation in der Literatur vgl. auch Fußnote 64 der vorliegenden Arbeit. Eine Erläuterung des Begriffs in seiner heute überwiegend gebräuchlichen Bedeutung findet sich zum Beispiel bei SLEMROD/YITZHAKI (2001, 192) und AUERBACH/HINES (2002, 1385f.).

Der Term für die *marginal cost of public funds* in Gleichung (58) erlaubt zwei aufschlußreiche Beobachtungen. Zum einen werden die Auswirkungen einer Steueränderung auf die individuelle Steuergestaltungsaktivität von diesem Term nur indirekt, nämlich durch die Elastizität des zu versteuernden Einkommens in bezug auf die Residualrate erfaßt (vgl. zu dieser Beobachtung im Kontext der Steuerhinterziehung auch USHER, 1986, 572). Die Elastizität ζ umfaßt mit dem Differential $\partial a/\partial(1-\tau)$ auch Effekte, die von der Zunahme des Steuersatzes bzw. der Absenkung der Residualrate auf den optimalen Umfang an Steuergestaltung ausgehen und die unter den hier getroffenen Annahmen positiv sind. Um Aufschluß über die Finanzierungskosten eines öffentlichen Projekts in der Realität zu erlangen, genügt es deshalb, die Reaktion der Bemessungsgrundlage auf eine Steueränderung insgesamt - d. h. die Elastizität des zu versteuernden Einkommens - zu kennen.

Zum anderen ist der entscheidende Verhaltensparameter zur Bestimmung der *marginal cost of public funds* einer Einkommensteuer die *un*kompensierte Elastizität des zu versteuernden Einkommens. Dies ist deswegen bemerkenswert, weil sich vermuten ließe - und von PIGOU (1947, 33f.) in einem einflußreichen Beitrag auch vermutet wurde -, daß es bei der Bestimmung der (Finanzierungs-)Kosten einer verzerrenden Steuer allein auf die induzierten Substitutionseffekte, d. h. auf die Höhe kompensierter Elastizitäten ankäme. Daran ist richtig, daß Substitutionseffekte zugunsten steuerbegünstigter Konsumgüter die steuerliche Bemessungsgrundlage mindern und die Finanzierung eines öffentlichen Projekts für sich genommen erschweren; in der Folge ist die Erhöhung einer solchen Steuer - wie in Abschnitt 2.3 vorliegender Arbeit gesehen - mit Effizienzverlusten verbunden. Bei Existenz einer verzerrenden Steuer hat aber im allgemeinen auch der Einkommenseffekt einer Steuererhöhung Auswirkungen auf die Höhe von Bemessungsgrundlage und (bislang) erzieltem Aufkommen. Beide Effekte zusammengenommen spiegeln sich in der unkompensierten Elastizität der besteuerten Aktivitäten in bezug auf den betrachteten steuerpolitischen Parameter wider.[64] Unterstellt man etwa die Existenz einer Lohneinkommensteuer, die über die Freizeitnachfrage hinaus keine Steuervermeidung oder -gestaltung zuläßt, sowie ein unelastisches Arbeitsangebot, beträgt die *mcf* Eins und die SAMUELSON-Regel behält

64 Entsprechende Hinweise finden sich bereits bei STIGLITZ/DASGUPTA (1971, 158f.) und vor allem bei ATKINSON/STERN (1974, 123), die *distortionary effect* und *revenue effect* einer Steuererhöhung separat betrachten. Eine sehr gute Zusammenfassung der sich an PIGOUS (1947) Vermutung anschließenden und machmal etwas konfusen Diskussion bieten BALLARD/FULLERTON (1992). Zu beachten ist, daß sich die Interpretation der *marginal cost of public funds* und der marginalen Zusatzlast einer Steuer in dieser Hinsicht fundamental unterscheiden (vgl. dazu vor allem TRIEST, 1990a; und AUERBACH/HINES, 2002, 1386f.). Denn das Konzept der Zusatzlast vergleicht die Wohlfahrtsimplikationen einer verzerrenden Steuer im Vergleich zu Erhebung bzw. Erhöhung einer *lump-sum*-Steuer in einer Modellwelt ohne jegliche Verzerrungen. Weil die Einkommenseffekte dieser Besteuerungsalternativen identisch sind, kommt es bei der Bestimmung der Zusatzlasten nur auf die kompensierte Reaktion der Steuerbasis an (vgl. Abschnitt 2.3). Vergleichsmaßstab bei Ermittlung der *mcf* ist dagegen nicht die verzerrungsfrei finanzierte Bereitstellung eines Kollektivguts, sondern daß auf das zusätzliche öffentliche Projekt nach Abwägung von Ertrag und Finanzierungskosten ganz verzichtet wird. Eine Synthese beider Konzepte gelingt dadurch, daß man ein - vom allokativen Standpunkt aus betrachtet - wohlfahrtsoptimales Steuersystem betrachtet. Denn ein solches System zeichnet sich sowohl durch eine identische *mcf* als auch durch identische marginale Zusatzlasten aller dem Fiskus potentiell zur Verfügung stehenden Steuerquellen aus (vgl. FULLERTON, 1991, 307).

ihre Gültigkeit. Denn Substitutionseffekt und Einkommenseffekt der Steuererhebung entsprechen in diesem Fall gerade einander, und die infolge des Substitutionseffekts (erhöhte Freizeitnachfrage) entstehenden Wohlfahrtsverluste werden durch das zusätzliche Aufkommen aufgrund des Einkommenseffekts (verminderte Freizeitnachfrage) gerade aufgewogen (vgl. FULLERTON, 1991, 304f.).

Die Bedeutung des Einkommenseffekts für die *marginal cost of public funds* läßt sich mithilfe von Gleichung (57) verdeutlichen, wenn angenommen wird, daß das betrachtete öffentliche Projekt durch eine Absenkung des Abzugsbetrags A - also für sich genommen verzerrungsfrei - finanziert wird. Wegen $d\tau = 0$ gilt dann nämlich

$$H\frac{\partial u/\partial g}{\lambda} > p_g \frac{1}{1-\tau(\partial TI/\partial A)}, \tag{59}$$

und die *mcf* wird noch immer durch den entstandenen Einkommenseffekt bestimmt. Ist die Nachfrage nach dem aggregierten steuerbegünstigten Konsumgut nicht-inferior ($\partial TI/\partial A < 0$), fallen die Kosten des Projekts geringer aus, als allein aufgrund der direkten Kosten des Erwerbs einer Einheit des Kollektivguts (p_g) zu erwarten wäre. In diesem Sinne macht Gleichung (59) deutlich, daß die Anwendung der SAMUELSON-Regel nicht nur eine unverzerrende Finanzierungsoption, sondern auch ein insgesamt verzerrungsfreies Steuersystem voraussetzt.

Im allgemeinen wird die Finanzierung eines zusätzlichen öffentlichen Projekts aber vor dem Hintergrund eines progressiven Steuersystems in einer Veränderung von sowohl Grenz- als auch Durchschnittsteuersatz der betroffenen Steuerpflichtigen bestehen. In diesem Fall ist zur Bestimmung der *marginal cost of public funds* Gleichung (57) anzuwenden, die sich infolge der Annahme $\partial TI/\partial g = 0$ und unter Beachtung der SLUTSKY-Gleichung (10) schreiben läßt als

$$H\frac{\partial u/\partial g}{\lambda} > p_g \frac{1}{1-\tau(\frac{\partial TI^c}{\partial(1-\tau)}+\frac{\mathrm{d}t}{\mathrm{d}\tau}TI\frac{\partial TI}{\partial A})/(\frac{\mathrm{d}t}{\mathrm{d}\tau}TI)} = p_g \frac{1}{1-\frac{\tau}{1-\tau}\frac{\mathrm{d}\tau}{\mathrm{d}t}\zeta}. \tag{60}$$

Gleichung (60) zeigt, daß die *marginal cost of public funds* auch bei Existenz eines progressiven Steuersystems von der Höhe der unkompensierten Elastizität des zu versteuernden Einkommens in bezug auf die Residualrate bestimmt wird.[65]

[65] Gleichung (60) ähnliche Definitionen für die *mcf* finden sich in AHMED/CROUSHORE (1995, 176) für eine indirekt-progressive sowie in SNOW/WARREN (1996, 295) für eine beliebige progressive Lohneinkommensteuer ohne (zusätzliche) Steuervermeidungs- und Steuergestaltungsoptionen. Allerdings wird in diesen Beiträgen die Änderung des Durchschnittsteuersatzes anders, nämlich *ex-post* unter Einschluß aller Verhaltensanpassungen der Haushalte definiert. DAHLBY (1998, 111 und 117) verwendet bei seiner Darstellung der *mcf* die auch in vorliegender Arbeit gewählte *ex-ante*-Definition des Terms dt. Seine Gleichung (11) läßt sich, nach Berücksichtigung von Steuervermeidung und Steuergestaltung und geringfügiger Modifikation, in Gleichung (60) vorliegender Arbeit überführen.

Die Höhe der *mcf* eines öffentlichen Projekts ist in einem progressiven Einkommensteuersystem folglich nicht eindeutig definiert, und die Relation, in der sich der Term ζ aus Substitutions- und Einkommenseffekt(en) zusammensetzt, ist abhängig von der konkreten Form der Finanzierung des untersuchten Projekts. Je stärker aber der Grenzsteuersatz im Vergleich zum Durchschnittsteuersatz erhöht wird, d. h. je "progressiver" die Steuererhöhung ausfällt, desto stärker fallen die Substitutionseffekte innerhalb der Reaktion des zu versteuernden Einkommens ins Gewicht. Die im Zusammenhang mit der Diskussion der SLUTSKY-Gleichung für das zu versteuernde Einkommen in Abschnitt 2.2.2 gewonnenen Erkenntnisse lassen sich in dieser Hinsicht auch auf die Interpretation der *marginal cost of public funds* bei Steuervermeidung übertragen.[66]

Im Fazit demonstriert Gleichung (60), auf welche Weise Steuervermeidung und Steuergestaltung die optimale Entscheidung über die (zusätzliche) staatliche Bereitstellung eines Kollektivguts beeinflussen, wenn deren Finanzierung durch Erhöhung einer progressiven Einkommensteuer erfolgt. Neben der marginalen Wertschätzung des Kollektivguts durch die betroffenen Haushalte, den direkten Bereitstellungskosten sowie der Frage, in welcher Weise der Konsum des Kollektivguts selbst sich im steuerlich relevanten Verhalten der Haushalte niederschlägt kommt bei dieser Entscheidung der unkompensierten Elastizität des zu versteuernden Einkommens unter normativen Gesichtspunkten eine zentrale Bedeutung zu. Je stärker die besteuerten Haushalte auf die von einer Steuererhöhung ausgehenden Preissignale reagieren, desto höher steigt die *marginal cost of public funds* und desto schwieriger wird es, zusätzliche und durch Einnahmen aus der Einkommensteuer finanzierte staatliche Ausgabenprojekte unter Wohlfahrtsgesichtspunkten zu rechtfertigen.

66 Von Interesse ist, daß die Elastizität des zu versteuernden Einkommens in Gleichung (60) im Vergleich zu der *mcf* einer proportionalen Steuer mit einem Term gewichtet wird, der die Änderung von Grenz- und Durchschnittsteuersatz zueinander in Beziehung setzt. Dieser Term ist auf die Existenz eines weiteren Einkommenseffekts zurückzuführen. Aus Gleichung (56) folgt $\mathrm{d}t/\mathrm{d}\tau = 1 + \mathrm{d}A/(TI\,\mathrm{d}(1-\tau))$, was gerade der *mcf* einer aufkommensneutralen Kombination aus simultaner Anhebung von Steuersatz und Abzugsbetrag - und bei konstantem Kollektivgutangebot - entspricht. Zeigen läßt sich nämlich, daß die monetär bewertete Wohlfahrtsänderung als Folge einer solchen Reform durch

$$\frac{\mathrm{d}v}{\mathrm{d}(1-\tau)}\frac{1}{\lambda} = 1 + \frac{\mathrm{d}A}{\mathrm{d}(1-\tau)}\frac{1}{TI} = \tau\frac{\partial TI^c/\partial(1-\tau)}{1-\tau(\partial TI/\partial A)}$$

bestimmt ist. Man erkennt, daß die Reaktion auf die Reform, obwohl diese den Netto-Steuerbetrag *ex-post* unverändert läßt, nicht nur aus einem Substitutionseffekt (im Zähler), sondern auch aus einem Einkommenseffekt (im Nenner) besteht. Der durch Erhebung einer verzerrenden Steuer finanzierte Transfer reicht nicht aus, um den Haushalt für den infolge der Besteuerung entstandenen Nutzenverlust vollständig zu kompensieren. Der letzlich resultierende Nutzenverlust, die marginale Zusatzlast der Besteuerung, ruft dann den zusätzlichen Einkommenseffekt im Nenner eben angeführter Gleichung bzw. in Gleichung (60) im Text hervor.

2.6 Zusammenfassung

Nimmt man den Einfluß einer Einkommensteuer auf das Verhalten besteuerter Individuen in den Blick, beschränkt sich die "traditionelle" finanzwissenschaftliche Perspektive weitgehend auf diejenigen Wirkungen, die von der Besteuerung auf die Zahl der angebotenen Arbeitsstunden abhängig beschäftigter Steuerpflichtiger ausgehen. Das Entscheidungsproblem eines Haushalts besteht in dieser Sichtweise in der nutzenmaximalen Wahl von Freizeitkonsum und aus Lohneinkommen erworbenen Konsumgütern. Die Wirkung einer Einkommensteuer ist dann derjenigen einer partiellen Konsumsteuer äquivalent: Der Preis des Konsums steuerbegünstigter, weil unbesteuert bleibender Freizeit verringert sich im Vergleich zum Preis aus versteuertem Einkommen erworbener Güter. In der Folge wird der Haushalt einen Teil der Steuerzahlung vermeiden, indem er seine Freizeitnachfrage erhöht bzw. sein Arbeitsangebot - gemessen an der Alternative einer aufkommensgleichen Pauschalbesteuerung - reduziert. Auf Grundlage der Beobachtung einer steuerlich verzerrten Wahl des Arbeitsangebots lassen sich dann sowohl deskriptive und als auch normative Aussagen zu den Implikationen der Besteuerung von (Lohn-)Einkommen treffen.

Vorliegende Arbeit nimmt einen erweiterten Blickwinkel auf die durch eine Einkommensteuer beeinflußten Verhaltensweisen besteuerter Individuen ein. In den vorangegangenen Abschnitten beschäftigte sie sich aus theoretischer Sicht mit Wirkungsweise und Implikationen der Erhebung einer Einkommensteuer, die den Steuerpflichtigen - über die verstärkte Freizeitnachfrage hinaus - eine Vielzahl an weiteren Möglichkeiten sowohl zu Steuervermeidung (in Form des Konsums steuerbegünstigter Güter) als auch zu Steuergestaltung (in Form der Verfolgung steuerlich vorteilhafter Aktivitäten, die nicht an den Konsum eines bestimmten Gutes gekoppelt sind) eröffnet. Wie sich anhand einer Beschreibung exemplarisch ausgewählter Regelungen des deutschen Einkommensteuerrechts demonstrieren ließ, stellen Steuervermeidung und Steuergestaltung ermöglichende "Sonder"tatbestände in der Realität tatsächlich eher die Regel als die Ausnahme bei der Ausgestaltung existierender Einkommensteuersysteme dar. Strategien der Steuerpflichtigen mit dem Ziel der Steuervermeidung und Steuergestaltung in ihrer Gesamtheit in den Blick zu nehmen, ist für die wirklichkeitsnahe Untersuchung des Verhaltens von Individuen unter Besteuerung deshalb von erheblicher Relevanz.

Die zentrale Beobachtung der vorangegangenen Abschnitte bestand zunächst darin, daß der relative Preis innerhalb der Gruppe steuerbegünstigter Konsumgüter infolge der Besteuerung konstant bleibt und in Relation zum Preis aus versteuertem Einkommen erworbener Konsumgüter auf die Residualrate des Steuerpflichtigen (Eins minus Grenzsteuersatz) sinkt. Sämtliche steuerlich begünstigten Konsumgüter lassen sich deshalb aus Sicht des besteuerten Indivduums in einem aggregierten Konsumgut und die Intensität des individuellen Steuervermeidungsverhaltens in seiner Gesamtheit in der Elastizität des zu versteuernden Einkommens in bezug auf die Residualrate zusammenfassen. Die Bedeutung von Substitutions- und Einkommenseffekt einer Änderung der Residualrate auf die individuelle Bemessungsgrundlage wiederum ist mithilfe der - in vorliegender Arbeit erstmals sowohl für einen proportionalen als auch für einen beliebig-progressiven Steuertarif ermittelten - SLUTSKY-Gleichung für das zu versteuernde Einkommen auf isolierte Weise darstellbar (Abschnitt 2.2.2). Unter bestimmten Voraussetzungen, die sich vor allem auf die Struktur mit solchen Aktivitäten verbundener Kosten beziehen, läßt sich die SLUTSKY-Gleichung für das zu versteuernde Einkommen auf die Analyse sämtlicher Strategien der Steuerpflichtigen mit dem Ziel einer Minderung der Bemessungsgrundlage verallgemeinern (Abschnitt 2.2.3).

Die Elastizität des zu versteuernden Einkommens (ζ) ist für die Beantwortung normativer Fragen der Einkommensbesteuerung von entscheidender Bedeutung. Die kompensierte Elastizität des zu versteuernden Einkommens (ζ^c) reflektiert, in welcher Intensität das besteuerte Individuum auf eine Änderung der Residualrate durch Substitutionsprozesse zugunsten steuerbegünstigter Aktivitäten *in ihrer Gesamtheit* reagiert. Bei der Beurteilung der Effizienzeigenschaften eines Steuersystems kommt es gerade auf das gesamte Ausmaß der induzierten Substitutionseffekte - d. h. auf das gesamte Ausmaß der steuerlich verursachten Verzerrungen - an, und im Resultat nimmt sowohl die absolute Zusatzlast der Einkommensteuer (Abschnitt 2.3.2) als auch die marginale Zusatzlast einer Anhebung des Einkommensteuertarifs (Abschnitt 2.3.3) proportional mit der Höhe des Parameters ζ^c zu. An der Wohlfahrt der besteuerten Haushalte orientierte steuerpolitische Entscheidungen dürfen sich offensichtlich nicht auf die Folgen einer verzerrten Arbeitsangebotsentscheidung beschränken, sondern ziehen Ausmaß und allokative Konsequenzen sämtlicher Strategien zur Minderung der einkommensteuerlichen Bemessungsgrundlage in Betracht.

Intuitiv würde man davon ausgehen, daß die bloße Existenz eines steuerrechtlichen Ausnahmetatbestands nicht nur das Ausmaß aus Sicht der Haushalte optimaler Steuervemeidung und Steuergestaltung erhöht, sondern unter sonst gleichen Bedingungen auch einen Anstieg der Elastizität des zu versteuernden Einkommens und eine Verschlechterung der Effizienzeigenschaften des Steuersystems bewirkt. Es läge dann nahe, auf Basis der wohlfahrtstheoretischen Analyse die steuerpolitische Forderung nach einer Verbreiterung der Bemessungsgrundlage und einer Annäherung an das SCHANZ-HAIG-SIMONSsche Ideal zu befürworten. In der Tat liegt den jüngst in einer Reihe von OECD-Staaten durchgeführten Steuerreformen eine durch die Schließung sogenannter "Steuerschlupflöcher" finanzierte Senkung der Steuersätze als Prinzip zugrunde, und in vielerlei Hinsicht wird die Orientierung am Prinzip eines *tax cut cum base broadening* zweifelsohne Effizienzgewinne erbracht haben. Eine interessante Implikation der in Abschnitt 2.4 untersuchten Begründungen, die es für eine steuerliche Bevorzugung bestimmter Konsumgüter geben kann, besteht allerdings darin, daß der Steuergesetzgeber die Höhe der Elastizität des zu versteuernden Einkommens unter Umständen durch die steuerliche Bevorzugung eines Konsumguts *senken* und die Effizienzeigenschaften des Systems dadurch verbessern kann. Voraussetzung ist, daß sich der Umfang der unumgänglichen Verzerrungen - etwa der einer Einkommensteuer inhärenten Bevorzugung unbesteuerten Freizeitkonsums - durch absichtsvoll induzierte, zusätzliche Substitutionsprozesse verringern läßt. Natürlich setzt die praktische Umsetzung eines solchen *second best*-Arguments, wie so häufig, eine umfassende Kenntnis empirischer Zusammenhänge und Verhaltensparameter voraus. Es schärft allerdings den Blick auf die mögliche Rechtfertigung beispielsweise einer sehr weitgehenden Anerkennung privat mitveranlaßter Werbungskosten und Betriebsausgaben, wenn diese Ausgaben positive Effekte auf die Höhe der deklarierten Einkünfte haben; und es zeigt, daß das SCHANZ-HAIG-SIMONS-Prinzip einer "idealen" einkommensteuerlichen Bemessungsgrundlage selbst einer in manchen Fällen gar nicht simplen Rechtfertigung bedarf.

Abschnitt 2.5 schließlich erweiterte die Analyse um Effekte staatlicher Ausgaben, die mit Einnahmen aus der Einkommensteuer finanziert werden. Demonstriert wurde, auf welche Weise die an Wohlfahrtserwägungen orientierte Entscheidung zur Bereitstellung eines Kollektivguts von Möglichkeiten der Individuen beeinflußt wird, die steuerliche Bemessungsgrundlage durch Steuervermeidung und Steuergestaltung zu kürzen und damit einen Teil ihrer Steuerzahlung zu umgehen. Der *un*kompensierten Elastizität des zu versteuernden Einkommens - die sowohl Substitutions- und Einkommenseffekte auf das individuelle Verhalten umfaßt - kommt bei dieser Entscheidung eine zentrale Bedeutung zu: Je stärker die besteuerten Haushalte auf mit der Steuererhöhung einhergehende Preisänderungen in Form eines zunehmenden Steuerentzugs reagieren, desto höher steigt die *marginal cost of public funds*, und desto unwahrscheinlicher wird es, daß das staatliche Ausgabenprojekt insgesamt betrachtet eine Verbesserung der Nutzenposition der betroffenen Haushalte erbringt.

In den folgenden Abschnitten präsentiert vorliegende Arbeit erste empirische Schätzungen der Elastizität des zu versteuernden Einkommens deutscher Steuerpflichtiger. Im Fazit erweist die vorangegangene theoretische Analyse, daß es bei der Beurteilung der allokativen Effekte eines Einkommensteuersystems der Kenntnis der Elastizität des zu versteuernden Einkommens - und nicht allein der Arbeitsangebotselastizität abhängig beschäftigter Lohnempfänger - bedarf. Die Untersuchung von Ausmaß und Intensität, mit der Individuen auf steuerliche Anreize durch eine Vielzahl an Strategien zur Minderung ihrer Bemessungsgrundlage reagieren, eröffnet eine neue Perspektive auf die Wirkung der deutschen Einkommensteuer und hat weitreichende Konsequenzen für die Beantwortung finanzpolitischer Fragestellungen in der Bundesrepublik.

2.7 Anhang

2.7.1 Anhang zu Abschnitt 2.2.3

Dieser Anhang zeigt, wie sich der kompensierte Effekt einer Änderung der Residualrate auf die Freizeitnachfrage, $\mathrm{d}f^c/\mathrm{d}(1-\tau)$, ermitteln läßt, wenn sich dem betrachteten Individuum eine Option zur Steuervermeidung - in Form des Konsums unbesteuerter Freizeit - und eine Option zur Steuergestaltung - in Form eines mit monetären Kosten verbundenen Abzugs a von der Bemessungsgrundlage - eröffnen.

Das Individuum maximiert in diesem Fall seinen Nutzen $u = u(c, f)$ unter der Nebenbedingung, daß die Budgetrestriktion

$$c = w(\bar{f} - f) - \tau(w(\bar{f} - f) - a) - e(a, wl) + y$$

erfüllt ist. Die Kosten der Steuergestaltung hängen sowohl von der Höhe des Betrags a als auch von der Höhe des erzielten Einkommens wl ab. Partielle Ableitungen der Kostenfunktion $e(\cdot)$ werden mit tiefgestellten Indizes gekennzeichnet; so gilt zum Beispiel $\partial e/\partial a := e_a$ und $\partial^2 e/(\partial a \partial wl) := e_{a,l}$. Eine analoge Notation wird für partielle Ableitungen der Nutzenfunktion gewählt, sodaß etwa $\partial u/\partial f := u_f$ und $\partial^2 u/(\partial f \partial c) := u_{f,c}$ entspricht.

Die Bedingungen erster Ordnung des oben beschriebenen Haushaltsoptimums wurden ähnlich schon im Text angeführt. Sie lauten

$$\frac{\partial u}{\partial f} = \frac{\partial u}{\partial c}\, w(1 - \tau - e_l) \quad \text{und} \tag{61}$$

$$e_a = \tau. \tag{62}$$

Die indirekte Nutzenfunktion bestimmt sich dann als

$$v \equiv u(w(1 - \tau)(\bar{f} - f) + \tau a - e(a, wl) + y,\ f), \tag{63}$$

wobei die Variablen f (bzw. l) und a in Gleichung (63) ihre optimalen Werte bei Gültigkeit des ursprünglich gegebenen Steuersatzes τ annehmen sollen. Auf eine Änderung des Steuersatzes τ bzw. der Residualrate $1 - \tau$ reagiert das Individuum durch eine Anpassung seiner Freizeit f und des Umfangs der Steuergestaltung a; indirekt ist damit auch die Höhe des aus versteuertem Einkommen erworbenen Konsums c bestimmt. Wird der Haushalt für die mit der Steuersatzänderung einhergehende Nutzenänderung durch eine Änderung seines exogenen Einkommens in Höhe von $\mathrm{d}y$ kompensiert, muß gerade

$$\mathrm{d}v \equiv 0 = u_c[(w(\bar{f} - f) - a)\mathrm{d}(1 - \tau) - w(1 - \tau - e_l)\mathrm{d}f + \mathrm{d}y] + u_f\mathrm{d}f \tag{64}$$

gelten. Dabei wurde Gleichgewichtsbedingung (62) bereits berücksichtigt. Durch Einsetzen von Gleichgewichtsbedingung (61) in Gleichung (64) und Umformung erhält man außerdem

$$\mathrm{d}y|_{\mathrm{d}v\equiv 0} = -(w(\bar{f} - f) - a)\mathrm{d}(1 - \tau). \tag{65}$$

Das totale Differential der Bedingungen erster Ordnung (61) und (62) lautet

$$\begin{aligned} & u_{f,c}[(w(\bar{f} - f) - a)\mathrm{d}(1 - \tau) - w(1 - \tau - e_l)\mathrm{d}f] + u_{f,f}\mathrm{d}f + \mathrm{d}y \\ & \quad = u_{c,c}[(w(\bar{f} - f) - a)\mathrm{d}(1 - \tau) - w(1 - \tau - e_l)\mathrm{d}f + \mathrm{d}y]w(1 - \tau - e_l) \\ & \qquad + u_{c,f}w(1 - \tau - e_l)\mathrm{d}f + u_c w[d(1 - \tau) + e_{l,l}w\,\mathrm{d}f - e_{l,a}\mathrm{d}a] \end{aligned} \tag{66}$$

und

$$e_{a,a}\mathrm{d}a - e_{a,l}w\,\mathrm{d}f = -\mathrm{d}(1 - \tau). \tag{67}$$

Die Gleichungen (66) und (67) müssen erfüllt sein, da der Haushalt die Anpassung von Freizeitkonsum ($\mathrm{d}f$) und Steuergestaltung ($\mathrm{d}a$) an die veränderte Residualrate $\mathrm{d}(1 - \tau)$ auf optimale Weise vornimmt. Im folgenden werden die Opportunitätskosten des Freizeitkonsums zur Vereinfachung der Notation als

$$w(1 - \tau - e_l) := z$$

definiert. Löst man Gleichung (67) nach der Änderung des Umfangs steuergestaltender Aktivitäten, $\mathrm{d}a$, und setzt das Resultat gemeinsam mit Gleichung (65) in Gleichung (66) ein, erhält man

$$\begin{aligned} & -u_{f,c}z\mathrm{d}f^c + u_{f,f}\mathrm{d}f^c \\ & \quad = -u_{c,c}z^2\mathrm{d}f^c + u_{c,f}z\mathrm{d}f^c \\ & \qquad + u_c w[\mathrm{d}(1 - \tau) + e_{l,l}w\,\mathrm{d}f^c - \frac{e_{a,l}}{e_{a,a}}(e_{a,l}w\mathrm{d}f^c - \mathrm{d}(1 - \tau))]. \end{aligned}$$

Da die Steuersatzänderung nutzenneutral durchgeführt wurde, läßt sich die Reaktion des Freizeitkonsums als kompensierte Änderung interpretieren und in der letzten Gleichung als $\mathrm{d}f^c$ kennzeichnen. Der kompensierte Effekte einer Änderung der Residualrate auf den Freizeitkonsum ergibt sich schließlich nach Auflösung als

$$\frac{\mathrm{d}f^c}{\mathrm{d}(1-\tau)} = w\frac{1+e_{l,a}/e_{a,a}}{(u_{f,f}-2zu_{f,c}+z^2u_{c,c})/u_c - w^2(e_{l,l}e_{a,a}-e_{l,a}e_{a,l})/e_{a,a}}. \tag{68}$$

Gleichung (68) entspricht - nach geringfügiger Anpassung der Notation - der ersten Gleichung in Tabelle 1 von SLEMROD (2001, 122) sowie Gleichung (22) im Text.

2.7.2 Anhang zu Abschnitt 2.3.1

Dieser Anhang zeigt, auf welche Weise SHEPHARDs Lemma - die partielle Differentiation der Ausgabenfunktion nach dem Preis eines Konsumguts resultiert in der kompensierten Nachfrage nach diesem Konsumgut, bewertet zum Preisvektor im Gleichgewicht der Ausgangssituation und zum vorgegebenen Referenznutzenniveau $\bar{v}$ - auf die Existenz multipler Steuervermeidung sowie einer zusätzlichen Steuergestaltungsoption zu verallgemeinern ist.

Angeknüpft wird im folgenden an die im Text erläuterte Bedeutung der Ausgabenfunktion eines Haushalts, $b = b(1-\tau, v(1-\bar{\tau}, \bar{m}))$. Definitorisch entspricht der Wert der Ausgabenfunktion bei gegebener Residualrate $1-\bar{\tau}$ und gegebenem Referenznutzenniveau $\bar{v} = v(1-\bar{\tau}, \bar{m})$ der Ausstattung $\bar{m} = y + \bar{y}^v + w\bar{f}(1-\bar{\tau})$ eines Individuums bzw. - gemäß Budgetrestriktion (23) im Text den Konsumausgaben abzüglich dem Nettoertrag, den das Individuum in Verfolgung von Steuergestaltungsaktivitäten realisiert. Es gilt demzufolge

$$\begin{aligned} b(1-\bar{\tau}, v(1-\bar{\tau}, \bar{m})) &\equiv y + \bar{y}^v + w(1-\bar{\tau})\bar{f} \\ &\equiv c + (1-\bar{\tau})(\tilde{f}+d) - (\bar{\tau}a - e(a)), \end{aligned} \tag{69}$$

wobei wie im Text $\tilde{f} := wf$ definiert wurde. Die nachgefragten Konsummengen sind in Gleichung (69) als kompensierte Funktionen in Abhängigkeit von Residualrate und Nutzenniveau $\bar{v}$ und bewertet zur Residualrate $1-\bar{\tau}$ bestimmt. Die Effekte einer Variation der Residualrate lassen sich durch das Differential der Definition (69) als

$$\mathrm{d}b(1-\tau, v(1-\bar{\tau}, \bar{m})) \equiv (d+\tilde{f}+a)\mathrm{d}(1-\tau) + \mathrm{d}c^c + (1-\bar{\tau})(\mathrm{d}d^c + \mathrm{d}\tilde{f}^c) \tag{70}$$

darstellen, wenn man die notwendige Bedingung für optimale Steuergestaltung in der Ausgangssituation, $\bar{\tau} = e_a$, berücksichtigt. Die simultane Änderung der Residualrate und des

Werts der Ausgabenfunktion erfolgt in Gleichung (70) nutzenneutral, da das Referenznutzenniveau $\bar{v}$ auch weiterhin erreicht werden soll. Die Änderungen der Konsummengen in Gleichung (70) bestimmen sich nach Durchführung einer entsprechenden Kompensation und wurden deshalb mit dem hochgestellten Index c gekennzeichnet. Wenn das Referenznutzenniveau $\bar{v}$ konstant bleibt, muß auch

$$\mathrm{d}v \equiv 0 = \frac{\partial u}{\partial c}\mathrm{d}c^c + \frac{\partial u}{\partial f}\mathrm{d}f^c + \frac{\partial u}{\partial d}\mathrm{d}d^c \tag{71}$$

gelten. Setzt man die notwendigen Bedingungen für ein Haushaltsoptimum in der Ausgangssituation, $\partial u/\partial c = \lambda$, $\partial u/\partial f = \lambda w(1-\bar{\tau})$ und $\partial u/\partial d = \lambda(1-\bar{\tau})$ (vgl. Abschnitt 2.2), in Gleichung (71) ein, erhält man unter Beachtung von $\tilde{f} = wf$ sowie $\lambda \neq 0$

$$\mathrm{d}c^c + (1-\bar{\tau})(\mathrm{d}d^c + \mathrm{d}\tilde{f}^c) = 0,$$

und Gleichung (70) wird für eine marginale Änderung der Residualrate zu

$$\begin{aligned}&\frac{\partial b(1-\tau, v(1-\bar{\tau},\bar{m}))}{\partial(1-\tau)} \\ &\quad\equiv d^c(1-\tau, v(1-\bar{\tau},\bar{m})) + \tilde{f}^c(1-\tau, v(1-\bar{\tau},\bar{m})) + a(1-\tau).\end{aligned} \tag{72}$$

Gleichung (72) besagt, daß das partielle Differential der Ausgabenfunktion eines Haushalts nach der Residualrate analog zu SHEPHARDs Lemma der Addition aus der kompensierten Nachfrage nach dem aggregierten steuerbegünstigten Konsumgut und dem Steuergestaltungsbetrag a, jeweils bewertet im Gleichgewicht vor Variation der Residualrate, entspricht. Gleichung (72) wird im Text als Gleichung (25) repliziert.

3 Steuervermeidung in Deutschland

3.1 Das IAW-Einkommensteuerpanel

3.1.1 Art und Umfang der Stichprobe

Als Grundlage der im folgenden vorgestellten empirischen Untersuchung zum Steuervermeidungsverhalten deutscher Haushalte dient das Einkommensteuer-Panel des Instituts für Angewandte Wirtschaftsforschung (IAW), Tübingen. Dieser Datensatz enthält den größten Teil der Veranlagungsdaten einer identischen Gruppe von Steuerpflichtigen, die in den Veranlagungsjahren 1988 bis 1991 ununterbrochen zur veranlagten Einkommensteuer herangezogen wurden. Die ursprüngliche Auswahl der im Datensatz enthaltenen Steuerfälle erfolgte auf Basis einer Zufallsstichprobe aus allen baden-württembergischen Steuerpflichtigen, deren Steuerschuld des Jahres 1988 im Rahmen der veranlagten Einkommensteuer ermittelt wurde.[67]

In der ersten Welle des IAW-Steuerpanels, d. h. für den Veranlagungszeitraum (VZ) 1988, umfaßt die Stichprobe die individuellen Veranlagungsdaten von 51.238 Steuerpflichtigen. Die Zahl der erfaßten Steuerfälle verringerte sich, wenn ein ursprünglicher Beobachtungsfall nicht mehr der Steuerpflicht unterlag oder in das Lohnsteuerverfahren bzw. in die Zuständigkeit einer anderen steueradministrativen Einheit überwechselte,[68] auf 45.526 (VZ 1989), 40.827 (VZ 1990) und 34.555 (VZ 1991). Mit rund 35.000 ununterbrochen erfaßten Steuerpflichtigen ist die Datenbasis unserer Analyse im Vergleich zur vorliegenden Literatur außerordentlich umfangreich. So umfaßt das von FELDSTEIN (1995a) in einer vergleichbaren Untersuchung verwendete US-amerikanische Panel die Angaben von lediglich 3.792 Steuerfällen. Die Studie von AUTEN/CARROLL (1999) beobachtet das Verhalten von 15.579 US-amerikanischen Steuerfällen, während AARBU/THORESEN (2001) auf ein Panel individueller Veranlagungsdaten 2.246 norwegischer Steuerfälle zugreifen.[69]

Zu beachten ist, daß Steuerpflichtige, die im Veranlagungsjahr 1988 einen Lohnsteuerjahresausgleich vornahmen, im IAW-Steuerpanel nicht enthalten sind. Die empirische Arbeit mit diesem Datensatz muß sich deshalb auf die Untersuchung des steuerlich relevanten Verhaltens von Individuen beschränken, die im Beobachtungszeitraum zur veranlagten

---

67 Zur Technik der Erhebung vgl. HOCHMUTH/KLEIMANN (1994). Die Daten wurden anonymisiert, sodaß in keinem Fall auf Person oder Wohnort des Steuerpflichtigen geschlossen werden kann. Aus datenschutzrechtlichen Gründen kann auf das Panel dennoch nur in Kooperation mit dem IAW zugegriffen werden. Zu früheren Forschungsarbeiten auf Basis des IAW-Steuerpanels, die sich vor allem distributiven Effekten der Einkommensbesteuerung in der Bundesrepublik widmeten, vgl. HOCHMUTH/KLEIMANN (1994).

68 Hierzu gehört neben dem Umzug des Steuerpflichtigen in eine andere Gemeinde auch die Aufnahme einer gewerblichen Tätigkeit innerhalb eines Personenunternehmens, die einen Wechsel der finanzamtsinternen Zuständigkeit zur Folge hat.

69 Der jeweils genannte Umfang des Datensatzes ergibt sich nach Eliminierung bestimmter Steuerfälle aus dem verwendeten Datensatz. Abschnitt 5.4 zeigt, daß das IAW-Steuerpanel bei vergleichbarem Vorgehen immer noch über 24.000 Steuerfälle enthält.

Einkommensteuer herangezogen wurden. Neben Land- und Forstwirten, Gewerbetreibenden und Selbständigen gilt dies im Zeitraum der Erhebung insbesondere für Steuerpflichtige mit Einkünften aus nichtselbständiger Arbeit, wenn ihr steuerrechtlich auf Grundlage von § 2 Abs. 4 EStG ermitteltes Einkommen mindestens 24.000 DM (Besteuerung nach der Grundtabelle) bzw. 48.000 DM (Besteuerung nach der Splittingtabelle) beträgt oder wenn ihre Einkünfte, die nicht dem Steuerabzug vom Arbeitslohn unterworfen sind, einen Betrag von 800 DM überschreiten (§ 46 EStG).[70] Indem es ausschließlich zur veranlagten Einkommensteuer herangezogene Individuen umfaßt, dokumentiert das IAW-Steuerpanel das steuerlich relevante Verhalten derjenigen Steuerpflichtigen, die entweder über Gewinneinkünfte oder über Einkünfte aus Kapitalvermögen und insbesondere aus Vermietung und Verpachtung in steuerlich relevantem Umfang verfügen. Die Daten beziehen überdies, anders als vergleichbare Mikrodatensätze (etwa die Einkommens- und Verbrauchsstichprobe des Statistischen Bundesamts), auch einkommensstarke Steuerpflichtige ein, und ein Anteil von 1,7 Prozent der Steuerfälle weist in seiner Veranlagung 1988 einen Gesamtbetrag der Einkünfte von über 250.000 DM aus. Auf Basis des IAW-Steuerpanels läßt sich folglich gerade das Verhalten derjenigen Steuerpflichtigen beobachten, deren Anreize und deren Möglichkeiten, Strategien mit dem Ziel der Steuervermeidung und Steuergestaltung zu verfolgen, besonders ausgeprägt sind.

3.1.2 Charakterisierung der enthaltenen Angaben

Für jeden Steuerpflichtigen werden in jedem der vier vorliegenden Veranlagungsjahre (1988 bis 1991) über 100 bei der individuellen Veranlagung erfaßte Variablen ausgewiesen, darunter von seiten der Finanzverwaltung ermittelte bzw. saldierte Größen wie die Summe der Einkünfte, der Gesamtbetrag der Einkünfte, das Einkommen und das zu versteuernde Einkommen sowie der letztlich zu entrichtende Steuerbetrag.

Im einzelnen enthält das Panel zunächst separate Angaben über die Höhe der in jeder der sieben Einkunftsarten (§ 2 Abs. 1 EStG) deklarierten Beträge. Im Rahmen der drei Gewinneinkunftsarten (Einkünfte aus Land- und Forstwirtschaft, Einkünfte aus Gewerbebetrieb sowie Einkünfte aus selbständiger Arbeit) werden nur bereits saldierte Größen nach Abzug der jeweils geltend gemachten Betriebsausgaben und nach Durchführung des horizontalen Verlustausgleichs ausgewiesen. Die zur Verfügung stehenden Angaben erlauben demzufolge keinen Aufschluß über Höhe und Zusammensetzung positiver und negativer Einkünfte innerhalb einer Einkunftsart. Gleiches gilt für die im Rahmen der Einkünfte aus Vermietung und Verpachtung deklarierten Beträge, bei denen sich Höhe und steuerrechtliche Grundlage des im einzelnen vorgenommenen Werbungskostenabzugs nicht nachvollziehen lassen.[71] Dagegen sind im Rahmen der Einkünfte aus nichtselbständiger

70 So nicht anders gekennzeichnet, beziehen sich Verweise auf das Einkommensteuergesetz immer auf die 1988 - im ersten der erhobenen Veranlagungsjahre - gültige Fassung. Für die Veranlagung der erfaßten Steuerpflichtigen im Untersuchungszeitraum bedeutsame Änderungen des Steuerrechts werden in Abschnitt 5.1.2 ausführlich beschrieben.

71 Steuerpflichtige mit Einkünften aus Gewerbebetrieb haben gegenüber der Finanzverwaltung die

Arbeit die Höhe der deklarierten Roheinnahmen, die Summe aus Weihnachts- und Arbeitnehmerfreibetrag, die Summe der im Einzelnachweis geltend gemachten Werbungskosten oder alternativ der Werbungskostenpauschbetrag[72] sowie der in Anspruch genommene Versorgungsfreibetrag (§ 19 Abs. 2 EStG) ausgewiesen; bei Existenz eines steuerrechtlichen Maximalwerts sind die entsprechenden Abzugsbeträge ggf. bereits gekappt. Gleiches gilt für die deklarierten Kapitaleinkünfte, die sich als Saldo der jeweils separat ausgewiesenen Einnahmen aus Kapitalvermögen, Sparerfreibetrag sowie Werbungskosten bzw. Werbungskostenpauschbetrag ermitteln lassen. Hinsichtlich der Sonstigen Einkünfte (§ 22 EStG) differenziert das Panel nach dem Bruttoertrag der ersten, der zweiten und ggf. der Summe weiterer Leibrenten sowie deren im einzelnen anzuwendenden Ertragsanteilen. Die Daten unterscheiden darüber hinaus zwischen steuerrechtlich ebenfalls zu den Sonstigen Einkünften zu zählenden wiederkehrenden Bezügen, Spekulationsgewinnen sowie Einkünften aus Leistungen und aus Abgeordnetentätigkeit. Handelt es sich bei dem Steuerfall um ein nach der Splittingtabelle besteuertes Ehepaar, wird die Höhe von deklarierten Einkünften und vorgenommenen Abzügen für den jeweiligen Haupt- und Nebenverdiener getrennt aufgeführt.

Die Addition der Einkünfte in den sieben Einkunftsarten resultiert steuerrechtlich in der Summe der Einkünfte (§ 2 Abs. 3 EStG). Von der Summe der Einkünfte zum Gesamtbetrag der Einkünfte gelangt man nach Abzug des Freibetrags für Einkünfte aus Land- und Forstwirtschaft (§ 13 Abs. 3 EStG), des Altersentlastungsbetrags (§ 24a EStG) sowie des in den Jahren 1988 und 1989 gewährten Ausbildungsplatz-Abzugsbetrags (§ 24b EStG). Mit Ausnahme des Freibetrags für Einkünfte aus Land- und Forstwirtschaft sind die entsprechenden Einträge im Panel enthalten. Der fehlende Freibetrag knüpft aber an die Existenz positiver Einkünfte aus Land- und Forstwirtschaft und an die Besteuerung nach Grund- oder Splittingtabelle an und läßt sich deshalb residual aus den übrigen zur Verfügung stehenden Informationen ermitteln.[73]

Quelle ihrer jeweiligen Einkünfte - Einzelunternehmen, Personengesellschaft oder Beteiligung - offenzulegen. Diese Information ist dem Datensatz ebenfalls nicht zu entnehmen. Hinsichtlich der Einkünfte aus Vermietung und Verpachtung enthält das Panel keine Informationen zur Anlage V eines Mietobjekts, in der Werbungskosten und erhöhte Absetzungen im Einzelnachweis zu deklarieren sind.

72 Weihnachts- und Arbeitnehmerfreibetrag sowie Werbungskostenpauschale wurden 1990 in einem Arbeitnehmerpauschbetrag (§ 9a EStG 1990) zusammengefaßt (vgl. dazu ausführlich Abschnitt 5.1.2), der in den Wellen 1990 und 1991 des Panels an die Stelle der separaten Einträge der beiden vorangegangenen Jahre tritt.

73 Bei der Ermittlung des Gesamtbetrags der Einkünfte sieht das Steuerrecht eine Reihe weiterer Hinzurechnungen und Abzüge vor, die sich insbesondere auf ausländische Verluste und gezahlte ausländische Steuern des Steuerpflichtigen beziehen. Generell enthält das Panel keinerlei Angaben über die Höhe der Einkünfte oder der Steuerbeträge, die ein Steuerpflichtiger im Ausland erzielt bzw. entrichtet hat. Entsprechende Angaben sind in einer separaten Anlage zur Einkommensteuererklärung enthalten, deren Erfassung bei Erhebung des Datensatzes unterblieb. Stimmt der anhand der vorliegenden Angaben ermittelte Gesamtbetrag der Einkünfte nicht mit dem im Datensatz tatsächlich ausgewiesenen Wert überein, kann über die Ursache der Differenz im Einzelfall keine Aussage getroffen werden. Allerdings entfielen 1989 im Aggregat rund 97 Prozent der auf Grundlage des Datensatzes selbst nicht erklärten Differenz auf ausländische Verluste im Sinne von § 2 Abs. 1 Satz 1 Auslandsinvestitionsgesetz (vgl. STATISTISCHES BUNDESAMT, 1995, 79). Der Informations-

Die beim Übergang vom Gesamtbetrag der Einkünfte zum Einkommen vorgenommenen Abzüge führt das Panel ebenfalls separat auf. Hierzu zählen zum einen als Sonderausgabe berücksichtigte Unterhaltszahlungen an den geschiedenen oder dauernd getrennt lebenden Ehepartner, Renten und andere dauernde Lasten, Vorsorgeaufwendungen, Beiträge an Bausparkassen zur Erlangung eines Baudarlehens, Aufwendungen für die eigene Berufsausbildung und Weiterbildung, die im Veranlagungsjahr angefallene Differenz aus gezahlter und erstatteter Kirchensteuer, Steuerberatungskosten (§ 10 EStG) sowie Spenden (§ 10b EStG). Ausgewiesen werden zum anderen die im einzelnen geltend gemachten Verlustvorträge und Verlustrückträge (§ 10d EStG), außergewöhnliche Belastungen (§ 33 EStG) und außergewöhnliche Belastungen in besonderen Fällen (§ 33a EStG) sowie pauschale Freibeträge für Körperbehinderte und Hinterbliebene (§ 33b EStG).[74]

Beim Übergang vom Einkommen zum zu versteuernden Einkommen kommen der Haushaltsfreibetrag (§ 32 Abs. 7 EStG), der bis einschließlich 1989 gewährte Altersfreibetrag (§ 32 Abs. 8 EStG) sowie die geltend gemachten Kinderfreibeträge (§ 32 Abs. 6 EStG) zum Abzug. Die Steuerschuld läßt sich dann auf Grundlage des zu versteuernden Einkommens, der Angabe über die Besteuerung nach Grund- oder Splittingtabelle sowie des im betrachteten Veranlagungsjahr gültigen Steuertarifs (§ 32a EStG) ermitteln. Neben der Höhe der tariflichen Einkommensteuer enthält das Panel aber auch die festgesetzte Einkommensteuer der Steuerpflichtigen. Die festgesetzte ergibt sich aus der tariflichen Einkommensteuer nach Abzug bestimmter Beträge, die direkt die Steuerschuld - und nicht die Bemessungsgrundlage - des Steuerpflichtigen mindern. Dazu zählen die Anwendung eines ermäßigten Steuersatzes bei Vorliegen bestimmter Einkünfte aus Land- und Forstwirtschaft (§ 34b EStG), angerechnete ausländische Steuern aus Staaten, mit denen kein Doppelbesteuerungsabkommen besteht (§ 34c EStG), das Baukindergeld (§ 34f EStG) sowie 50 Prozent der Spenden an politische Parteien und unabhängige Wählervereinigungen bis zu einem Maximalbetrag von 1.200 DM/2.400 DM (§ 34g EStG). Aus den Angaben des Panels geht allerdings nur die gesamte Differenz zwischen tariflicher und festgesetzter Einkommensteuer hervor, und über die Höhe der im einzelnen berücksichtigten Steuerminderungsbeträge geben die Daten keinen Aufschluß.

---

verlust ist deshalb nicht gravierend, wenn man die gesamte Differenz auf ausländische Verluste der relevanten Steuerfälle zurückführt.

74 Beim Übergang vom Gesamtbetrag der Einkünfte zum Einkommen fehlen Angaben über die Höhe des steuerbegünstigten nicht entnommenen Gewinns (§ 10a EStG) sowie über die im Rahmen der Förderung selbstgenutzten Wohneigentums (§ 10e EStG) zum Abzug gebrachten Beträge, denn die Inanspruchnahme der entsprechenden Vergünstigungen setzt eine separate Anlage zur Einkommensteuererklärung voraus. Zieht man wieder die aggregierte Steuerstatistik zum Vergleich heran, betrug der steuerbegünstigte nicht entnommene Gewinn aller (Einkommen-)Steuerpflichtigen in der Bundesrepublik 1989 lediglich 1 Mio. DM, während sich die im Rahmen der Eigenheimförderung vorgenommenen Abzüge aggregiert auf 21,5 Mrd. DM beliefen (vgl. STATISTISCHES BUNDESAMT, 1995, 82f.). Wir interpretieren deshalb die gesamte in der einzelnen Veranlagung entstehende Differenz zwischen Gesamtbetrag der Einkünfte und Einkommen als Steuerbegünstigung selbstgenutzten Wohneigentums.

Zusammenfassend ist festzuhalten, daß das für die Besteuerung des Einkommens relevante Verhalten der im IAW-Steuerpanel erfaßten Steuerpflichtigen überaus detailliert und präzise abgebildet wird. Der Umfang demographischer Informationen ist dagegen, wie bei wissenschaftlich zugänglichen Mikrosteuerdaten im allgemeinen üblich, aus datenschutzrechtlichen Gründen eher beschränkt (vgl. auch FEENBERG/ COUTTS, 1993, 189). So lassen sich dem Datensatz weder das Geschlecht des Steuerpflichtigen - im Falle gemeinsam veranlagter Ehegatten auch nicht das Geschlecht von Haupt- und Nebenverdiener(in) - noch Informationen über Alter, Wohnort und ausgeübten Beruf des Steuerpflichtigen entnehmen. Indirekt kann aus der Information über die Veranlagungsform nach Grund- oder Splittingtabelle aber auf den Familienstand geschlossen werden, und geschiedene sowie alleinerziehende Steuerpflichtige lassen sich über als Sonderausgabe geltend gemachte Unterhaltszahlungen bzw. die Inanspruchnahme des Haushaltsfreibetrags identifizieren. Eine Identifizierung von Steuerpflichtigen, die im entsprechenden Veranlagungsjahr das 64. Lebensjahr vollendet haben, ermöglicht die Inanspruchnahme des Altersfrei- und, wenn der Steuerpflichtige neben Altersbezügen über zusätzliche Einkünfte verfügt, des Altersentlastungsbetrags. Rückschlüsse auf die Zahl der (steuerlich berücksichtigten) Kinder eines Steuerpflichtigen schließlich lassen sich aus der Summe der geltend gemachten Kinderfreibeträge ziehen.

Für empirische Arbeiten mit dem IAW-Steuerpanel von Interesse ist die Kennzeichnung von Steuerpflichtigen im Ruhestand, die der Datensatz nur eingeschränkt erlaubt. So läßt sich aus der Inanspruchnahme des Versorgungsfreibetrags zwar unzweideutig auf den Bezug einer Beamtenpension schließen. Für Empfänger einer gesetzlichen Altersrente ist vergleichbares allerdings nicht ohne weiteres möglich, da als Leibrente steuerrechtlich auch bestimmte auf Rentenbasis ausgezahlte private Versicherungsleistungen erfaßt werden und die Daten außerdem nicht zwischen gesetzlichen Alters-, Invaliden- sowie Hinterbliebenenrenten differenzieren. Soll sich die empirische Untersuchung - wie in vorliegender Arbeit - auf die Beobachtung des Verhaltens von erwerbstätigen Steuerpflichtigen beschränken, ergeben sich aus diesem Sachverhalt Schwierigkeiten, auf die in Abschnitt 5.4 näher eingegangen wird.

3.1.3 Das Mikrosimulationsmodell SIMST

Die Funktionsweise von SIMST

Aus dem vorangegangenen Abschnitt wurde ersichtlich, daß die Angaben des IAW-Einkommensteuerpanels eine simulative Veranlagung der erfaßten Steuerpflichtigen ermöglichen, ohne daß auf von der Finanzverwaltung ermittelte und im Datensatz ebenfalls enthaltene Zwischengrößen (vor allem den Gesamtbetrag der Einkünfte, das Einkommen und das zu versteuernde Einkommen) zurückgegriffen werden muß. Zu diesem Zweck wurde vom Verfasser gemeinsam mit P. GOTTFRIED (IAW) das Mikrosimulationsmodell SIMST (= SIMulationsmodell zur veranlagten EinkommenSTeuer) entwickelt. Die

Funktionsweise von SIMST ähnelt derjenigen handelsüblicher Software-Pakete, die Steuerzahler bei der Abfassung ihrer Steuererklärung und der Ermittlung ihrer Steuerschuld unterstützen. Das Modell greift auf die im IAW-Steuerpanel enthaltenen sowie die zuvor erläuterten, ergänzend erstellten Einträge zu und wurde so flexibel programmiert, daß es eine Veranlagung auf Basis unterschiedlicher steuerrechtlicher Regelungen - des tatsächlichen Steuerrechts in einem der Jahre 1988 bis 1991, aber auch beliebiger anderer und unter Umständen fiktiver Steuerregimes - erlaubt.[75]

Individuelle Grenzsteuersätze berechnet das Mikrosimulationsmodell SIMST, indem es den unterstellten (tatsächlichen oder fiktiven) Steuertarif auf das zu versteuernde Einkommen des Steuerpflichtigen anwendet und die aus einer hinreichend großen Zunahme des zu versteuernden Einkommens[76] resultierende zusätzliche Steuerbelastung ermittelt.[77] Zur Validierung des Mikrosimulationsmodells wurde eine Veranlagung aller vom IAW-Steuerpanel im Zeitraum 1988 bis 1990 durchgängig erfaßten Steuerpflichtigen (in jedem der drei vorliegenden Veranlagungsjahre) durchgeführt und die resultierenden Größen - die Summe der Einkünfte, der Gesamtbetrag der Einkünfte, das Einkommen, das zu versteuernde Einkommen sowie die tarifliche Einkommensteuer - mit denjenigen Werten verglichen, die das Panel tatsächlich ausweist. Im Falle von 888 Einzelveranlagungen konnte SIMST die Höhe der im Panel ausgewiesenen Steuerschuld nicht korrekt nachvollziehen, was einem Anteil von 0,7 Prozent an den insgesamt vorliegenden Steuererklärungen entspricht. Wir gehen davon aus, daß sich in diesen Veranlagungen Ungenauigkeiten der Steuerverwaltung niederschlagen und eliminieren die betroffenen Steuerpflichtigen gänzlich, d. h. in allen vorliegenden Veranlagungsjahren aus dem Datensatz. Die empirischen Teile vorliegender Arbeit greifen damit auf eine Unterstichprobe des IAW-Steuerpanels zu, das für 39.939 Steuerpflichtige vollständige, ununterbrochene und mithilfe der Mikrosimulation korrekt nachvollziehbare Veranlagungsdaten der Jahre 1988 bis 1990 enthält. Dieser Datensatz wird im folgenden als *konsolidiertes* IAW-Steuerpanel bezeichnet.

---

75 Ein vergleichbares Mikrosimulationsmodell wurde am *National Bureau for Economic Research* unter dem Namen TAXSIM für die Arbeit mit US-amerikanischen Mikrosteuerdaten entwickelt. Ein großer Teil der US-amerikanischen Arbeiten zur Beobachtung des Steuervermeidungsverhaltens - FELDSTEIN (1995a), FELDSTEIN/FEENBERG (1996), GRUBER/SAEZ (2002) und andere - führen Schätzungen mithilfe von TAXSIM-Simulationen durch. Eine Beschreibung von TAXSIM findet sich in FEENBERG/COUTTS (1993).

76 Beim deutschen Einkommensteuertarif handelt es sich infolge der im Untersuchungszeitraum anzuwendenden 54-DM-Regelung (§ 32a EStG) um die besondere Form eines Stufentarifs. Ist das um eine D-Mark erhöhte zu versteuernde Einkommen nicht durch 54 teilbar, sieht sich der Steuerpflichtige strenggenommen einem Grenzsteuersatz von Null gegenüber. Aus diesem Grund schlägt SIMST zur Ermittlung individueller Grenzsteuersätze dem zu versteuernden Einkommen eines Steuerfalls jeweils gerade denjenigen Betrag zu, der einen Anstieg in die nächsthöhere 54-DM-Stufe nach sich ziehen würde.

77 Zu beachten ist in diesem Zusammenhang, daß das IAW-Steuerpanel keine Angaben über die Höhe der deklarierten außerordentlichen Einkünfte enthält, die mit dem halben Durchschnittssteuersatz - berechnet auf Grundlage aller Einkünfte - belegt werden (§ 34 EStG); ebenfalls nicht ausgewiesen werden die empfangenen Einkünfte eines Steuerpflichtigen, die dem Progressionsvorbehalt (§ 32b EStG) unterliegen. Der folgende Abschnitt beschreibt unser Vorgehen, die Höhe der deklarierten außerordentlichen Einkünfte sowie die dem Progressionsvorbehalt unterliegenden Einkünfte auf Grundlage der zur Verfügung stehenden Angaben residual zu ermitteln.

Fiktive Veranlagung der Steuerpflichtigen

Im Rahmen der empirischen Arbeit mit dem IAW-Steuerpanel muß die Mikrosimulation auch für fiktive Veranlagungen geeignet sein, etwa zur Ermittlung von zu versteuerndem Einkommen und Grenzsteuersatz eines Steuerpflichtigen unter den (kontrafaktischen) Bedingungen des Steuerrechts eines früheren Veranlagungsjahres, aber auf Basis einer exogenen Fortschreibung seiner Einkünfte und Abzüge. Dabei ist zu beachten, daß sich infolge der Fortschreibung auch eine Reihe der vom Steuerpflichtigen in Anspruch genommenen Frei- und Abzugsbeträge ändern kann. Exemplarisch sei der Fall eines Steuerpflichtigen betrachtet, der im Veranlagungsjahr 1988 das 64. Lebensjahr vollendet hat und deshalb in den Genuß des Altersentlastungsbetrags kommt. Gemäß § 24a EStG bleiben 40 Prozent der positiven Summe seiner Einkünfte steuerfrei, wobei Versorgungsbezüge im Sinne von § 19 Abs. 2 EStG ausgenommen sind. Angenommen sei ferner, der Altersentlastungsbetrag des Steuerpflichtigen habe in der Veranlagung 1989 den steuerrechtlich gewährten Maximalbetrag in Höhe von 3.000 DM unterschritten.

Nimmt man für das folgende Veranlagungsjahr auf Basis mit einer exogenen Rate fortgeschriebener Einkünfte eine simulative Veranlagung des Steuerpflichtigen vor, ist dann derjenige Anstieg des Altersentlastungsbetrags zu berücksichtigen, der aus dem Wachstum etwa der individuellen Kapital- oder Mieteinkünfte resultieren kann. Zu beachten ist ferner die Existenz des steuerrechtlichen Maximalbetrags, auf den die Höhe des 1989 in Anspruch genommenen Altersentlastungsbetrags - infolge zunehmender Einkünfte - ggf. zu begrenzen ist. Ein analoges Vorgehen erfordern Inanspruchnahme des Versorgungsfreibetrags (§ 19 Abs. 2 EStG), der 40 Prozent der Versorgungsbezüge bis zu einem Betrag von 4.800 DM unbesteuert läßt, sowie die beschränkt abzugsfähigen Sonderausgaben - etwa Spenden im Sinne von § 10b EStG -, bei denen das Steuerrecht einen maximalen und durch die Fortschreibung möglicherweise überschrittenen Abzugsbetrag festlegt. Das Mikrosimulationsmodell SIMST nimmt eine Neuveranlagung auf Basis einer exogenen Fortschreibung von Einkünften und Abzügen eines Steuerpflichtigen vor, die sich an vorgegebenen steuerrechtlichen Vorschriften orientiert und die Höhe der in Anspruch genommenen Frei- und Abzugsbeträge unter Berücksichtigung steuerrechtlicher Maximalbeträge endogen ermittelt.

Außerordentliche und dem Progressionsvorbehalt unterliegende Einkünfte

Das IAW-Steuerpanel enthält keine Angaben über die Höhe der außerordentlichen Einkünfte sowie der empfangenen Lohnersatzleistungen eines Steuerpflichtigen. Während außerordentliche Einkünfte mit dem halben Durchschnittsteuersatz - berechnet auf Grundlage aller Einkünfte - belegt werden (§ 34 EStG), unterliegen Lohnersatzleistungen dem Progressionsvorbehalt (§ 32b EStG). Die Daten erlauben deshalb nicht ohne weiteres, diejenigen Grenzsteuersätze zu berechnen, denen sich ein Steuerpflichtiger bei der Entscheidung über die Deklarierung einer zusätzlichen Einheit zu versteuernden Einkommens im entsprechenden Veranlagungszeitraum gegenübersieht.

Als Beispiel sei zunächst ein Steuerpflichtiger betrachtet, der neben gewöhnlichen (y^g) auch mit außerordentlichen Einkünften (y^{ao}) veranlagt wird. Mitunter ist es im Rahmen unserer Schätzungen erforderlich, denjenigen Grenzsteuersatz (τ) zu berechnen, mit dem eine zusätzliche Einheit gewöhnlichen Einkommens belegt wird. Bezeichnet man die Steuerbetragsfunktion als $T(\cdot)$, berechnet sich die Steuerschuld T^{ges} in diesem Fall als

$$T^{ges} = T(y^g) + \frac{1}{2}\,\frac{T(y^g + y^{ao})}{y^g + y^{ao}}\,y^{ao},$$

und das Differential von T^{ges} nach y^g,

$$\tau \equiv T'(y^g) + \frac{1}{2}\frac{y^{ao}}{y^g + y^{ao}}[T'(y^g + y^{ao}) - \frac{T(y^g + y^{ao})}{y^g + y^{ao}}],$$

ist selbst von der Höhe der außerordentlichen Einkünfte abhängig. Ähnliches gilt für Lohnersatzleistungen (y^l), die dem Progressionsvorbehalt unterliegen. Die Höhe der Steuerschuld beträgt in diesem Fall

$$T^{ges} = \frac{T(y^g + y^l)}{y^g + y^l}\,y^g,$$

und Differenzieren nach y^g liefert

$$\tau \equiv \frac{T(y^g + y^l)}{y^g + y^l} + \frac{y^g}{y^g + y^l}[T'(y^g + y^l) - \frac{T(y^g + y^l)}{y^g + y^l}],$$

wobei auch dieser Term von der Höhe der empfangenen Lohnersatzleistungen y^l abhängig ist.

Weder außerordentliche Einkünfte (y^{ao}) noch Lohnersatzleistungen (y^l) sind im Panel ausgewiesen. Bei der Veranlagung von Steuerfällen, die im betreffenden Veranlagungsjahr außerordentliche Einkünfte oder Lohnersatzleistungen bezogen, machen wir uns jedoch den Umstand zunutze, daß die Steuerschuld des Zensiten *nach* Anwendung von §§ 34 und 32b EStG bekannt ist. Das Simulationsmodell ermittelt das Gesamteinkommen $y^g + y^{ao}$ bzw. $y^g + y^l$ und die Höhe der nicht explizit ausgewiesenen außerordentlichen Einkünfte y^{ao} bzw. der Lohnersatzleistungen y^l dann durch Invertierung der Durchschnittssteuersatzfunktion und erstellt ggf. einen zusätzlichen Eintrag in Höhe der fehlenden Angabe.

3.1.4 Zur Repräsentativität des Datensatzes

Im Veranlagungsjahr 1989, dem einzigen Jahr des Zeitraums 1988 bis 1991, für das die aggregierte Steuerstatistik des Statistischen Bundesamts vorliegt, wurden in Baden-Württemberg rund 2,7 Mio. natürliche Personen zur veranlagten Einkommensteuer herangezogen (STATISTISCHES BUNDESAMT, 1995, 154f.). Für den Veranlagungszeitraum 1989 enthält das IAW-Steuerpanel Angaben für 16.523 nach der Grundtabelle und 28.828 nach der Splittingtabelle besteuerte Individuen. Insgesamt wird mit 74.179 Personen demzufolge ein Anteil von über 2,7 Prozent aller in Baden-Württemberg veranlagten (einkommen-)steuerpflichtigen Individuen erfaßt,[78] sodaß von einer Repräsentativität der ursprünglichen Stichprobe für dieses Bundesland ausgegangen werden kann.[79]

Bereits erwähnt wurde allerdings, daß sich unsere empirische Arbeit auf die Angaben derjenigen 39.939 Steuerpflichtigen des konsolidierten Panels beschränkt, deren Veranlagungen in den drei Wellen 1988 bis 1990 ununterbrochen vorliegen und die wir mithilfe der Mikrosimulation korrekt nachvollziehen können. Im folgenden zeigen wir, ob und inwiefern sich diese Kürzung des verwendeten Datensatzes in der Repräsentativität der verbleibenden Veranlagungen niederschlägt. Zu diesem Zweck vergleichen wir einige globale Eigenschaften der im konsolidierten IAW-Steuerpanel erfaßten Steuerpflichtigen mit den entsprechenden Angaben der vom STATISTISCHEN BUNDESAMT (1995) erhobenen Einkommensteuerstatistik. Alle Angaben betreffen den Veranlagungszeitraum 1989. Die Werte der aggregierten Statistik beziehen sich auf das alte Bundesgebiet.

Tabelle 1 beginnt mit Angaben, die wichtige sozio-ökonomische Charakteristika der erfaßten Steuerpflichtigen erkennen lassen. Die Anteile von ledigen bzw. verheirateten Steuerpflichtigen sowie von denjenigen Steuerpflichtigen, die mit mindestens einem halben Kinderfreibetrag veranlagt werden, weichen im IAW-Steuerpanel nur geringfügig von den jeweiligen bundesweit beobachteten Werten ab. Ebenfalls ausgewiesen wird der Anteil derjenigen Steuerpflichtigen, die 1989 ein Alter von 64 Jahren erreicht oder überschritten haben und deswegen in den Genuß des Altersfreibetrags kommen. Das IAW-Steuerpanel enthält keine direkten Informationen zum Alter der erfaßten Steuerpflichtigen. Daß sich der Anteil älterer Steuerpflichtiger vom bundesweiten Vergleichswert nur um knapp drei Prozentpunkte unterscheidet, läßt sich aber als Indiz für eine repräsentative Altersstruktur auch aller übrigen im Datensatz erfaßten Individuen interpretieren.

---

78 Zu beachten ist, daß in der gesamten vorliegenden Arbeit der Begriff *Steuerpflichtiger* (ebenso wie der Begriff *Steuerfall*) eine steuerpflichtige Einheit kennzeichnet, die im Fall zusammenveranlagter Ehegatten aus zwei Personen bestehen kann.

79 Vgl. dazu auch BORK/KLEIMANN (1997, 10). Dem IAW-Steuerpanel liegt eine nicht-stratifizierte Stichprobe zugrunde. Der Umfang der Stichprobe stellt aber sicher, daß auch Steuerpflichtige mit hohen Einkünfte ausreichend repräsentiert sind. So gehören dem konsolidierten IAW-Steuerpanel 355 (rund ein Prozent) Steuerpflichtige an, deren zu versteuerndes Einkommen im Veranlagungsjahr 1988 dem Spitzensteuersatz in Höhe von 56 Prozent unterliegt. 3.056 bzw. 7,7 Prozent (577 bzw. 1,4 Prozent) der Steuerpflichtigen verfügen 1988 über einen Gesamtbetrag der Einkünfte von mehr als 100.000 DM (200.000 DM), während das zu versteuernde Einkommen von 1.937 bzw. 4,8 Prozent (454 bzw. 1,1 Prozent) der Steuerpflichtigen mehr als 100.000 DM (200.000 DM) beträgt.

Tabelle 1: Repräsentativität des konsolidierten IAW-Steuerpanels

	Panel	Steuerstatistik	
		Bund	Baden-Württemberg
Anteil Besteuerte nach der			
Grundtabelle	36,29	42,05	k.a.
Splittingtabelle	63,71	57,95	k.a.
Anteil Steuerpflichtige mit Kinderfreibetrag	44,56	41,09	k.a.
Anteil Steuerpflichtige mit Altersfreibetrag	13,82	10,46	k.a.
Anteil Steuerpflichtige mit Einkünften aus			
Land- und Forstwirtschaft	4,15	3,19	2,93
Gewerbebetrieb	18,80	14,45	14,12
selbständiger Arbeit	6,79	5,92	5,50
nichtselbständiger Arbeit	83,59	87,28	88,14
Kapitalvermögen	30,49	21,75	23,84
Vermietung und Verpachtung	38,34	22,40	28,38
Sonstige Einkünfte	20,53	15,90	15,98
Anteil Steuerpflichtige mit Einkünften überwiegend aus			
Land- und Forstwirtschaft	1,76	1,44	k.a.
Gewerbebetrieb	8,94	7,30	k.a.
selbständiger Arbeit	2,55	2,19	k.a.
nichtselbständiger Arbeit	75,55	81,10	k.a.
Kapitalvermögen	2,77	1,88	k.a.
Vermietung und Verpachtung	2,98	1,89	k.a.
Sonstige Einkünfte	5,45	4,20	k.a.

Quelle: STATISTISCHES BUNDESAMT (1995, 26, 48f., 82f., 88 und 154f.); eigene Berechnungen auf Grundlage des konsolidierten IAW-Steuerpanels (39.939 Steuerpflichtige). *Erläuterungen*: Angaben in Prozent, bezogen auf das Veranlagungsjahr 1989. Als *überwiegend* wird diejenige Einkunftsart bezeichnet, die den größten Anteil an der Summe der Einkünfte eines Steuerpflichtigen ausmacht.

Im weiteren lassen sich mithilfe von Tabelle 1 Aussagen zur Repräsentativität der Einkünfte treffen, mit denen die im IAW-Steuerpanel erfaßten Steuerpflichtigen 1989 veranlagt wurden. Wie sich zeigt, wird die bundesweite Situation durch das IAW-Steuerpanel auch hinsichtlich der Verteilung der deklarierten Einkunftsarten - mit geringen Einschränkungen - gut nachgebildet. Zwar werden sechs von sieben Einkunftsarten in einer überproportional hohen Zahl an Veranlagungen unseres Datensatzes ausgewiesen. Dabei geht das Übergewicht besonders bei den Einkünften aus Gewerbebetrieb, aus Kapitalvermögen sowie aus Vermietung und Verpachtung offenbar zu Lasten der Lohnempfänger, die im Panel etwas unterrepräsentiert zu sein scheinen. Aber diese Differenz ist zum einen auf die unterschiedliche Erfassung angefallener Verluste durch IAW-Steuerpanel einerseits und Steuerstatistik andererseits zurückzuführen und bildet zum anderen, wie die letzte Spalte in Tabelle 1 erweist, auch baden-württembergische Besonderheiten ab. So verfügen Steuerpflichtige in diesem Bundesland generell häufiger über Einkünfte aus Kapitalvermögen und vor allem aus Vermietung und Verpachtung als der bundesweite Durchschnitt.[80]

Darüber hinaus bietet Tabelle 1 einen ersten Überblick über die Höhe der in den sieben Einkunftsarten deklarierten Beträge und zeigt, welche Bedeutung einer Einkunftsart als überwiegende Quelle der Einkünfte eines Steuerpflichtigen zukommt. Im einzelnen wird für jede Einkunftsart der Prozentsatz an Steuerpflichtigen ausgewiesen, zu deren deklarierter Summe der Einkünfte - nach Durchführung des vertikalen Verlustausgleichs - die entsprechende Einkunftsart im Jahr 1989 den größten Teil beiträgt. Im Vergleich zu den Angaben der aggregierten Statistik zeichnet die Struktur der im Panel erfaßten Veranlagungen hier die bundesweite Situation ebenfalls erkennbar präzise nach. Deutlich wird darüber hinaus das starke Gewicht der Einkünfte aus nichtselbständiger Arbeit, über die mit 83 Prozent nicht nur der größte Teil der Steuerpflichtigen verfügt, sondern die auch für mehr als drei Viertel der Steuerpflichtigen die wichtigste Quelle der jeweiligen Gesamteinkünfte bilden. Alle übrigen Einkunftsarten werden häufiger deklariert, als sich dies in der jeweiligen Bedeutung für die individuelle Summe der Einkünfte niederschlägt. Insbesondere werden Einkünfte aus Vermietung und Verpachtung in rund 40 Prozent der im IAW-Steuerpanel erfaßten Veranlagungen ausgewiesen, nehmen aber nur bei 8 Prozent dieser Steuerfälle eine vorherrschende Rolle ein. Einkünfte aus Gewerbebetrieb (48

80 Die bundesweite Einkommensteuerstatistik führt Steuerpflichtige mit positiven und mit negativen Einkünften in jeder der sieben Einkunftsarten separat auf. Bei Vorliegen von negativen Einkünften wird nur derjenige Betrag ausgewiesen, dem im Rahmen des vertikalen Verlustausgleichs positive Einkünfte aus anderen Einkunftsarten gegenüberstehen. Dies hat zum einen zur Folge, daß die erfaßten Verlustbeträge im IAW-Steuerpanel schon für sich genommen höher ausfallen. Zum anderen werden Steuerpflichtige von der Steuerstatistik einer Einkunftsart nicht zugerechnet, wenn sich ihre in dieser Kategorie erzielten Verluste nicht mit anderen positiven Einkünften verrechnen lassen. Die Steuerstatistik dürfte deshalb die Anzahl von Steuerpflichtigen mit Gewinneinkünften sowie mit Einkünften aus Vermietung und Verpachtung - in denen überproportional häufig Verluste ausgewiesen werden - unterzeichnen. Die Anzahl der baden-württembergischen Steuerpflichtigen mit negativen Einkünften aus nichtselbständiger Arbeit und aus Kapitalvermögen sowie mit negativen Sonstigen Einkünften von der aggregierten Statistik gar nicht aufgeführt. Die entsprechenden Anteile der letzten Spalte von Tabelle 1 dürften sich bei Berücksichtigung dieser Fälle den Werten des IAW-Steuerpanels weiter annähern.

Prozent), aus Land- und Forstwirtschaft (42 Prozent) und aus selbständiger Arbeit (38 Prozent) sowie Sonstige Einkünfte (27 Prozent) stellen nur für weniger als die Hälfte der entsprechenden Steuerpflichtigen die wichtigste Quelle ihrer Gesamteinkünfte dar.

Tabelle 2 weist zudem für jede Einkunftsart den im Veranlagungsjahr 1989 durchschnittlich deklarierten Betrag aus, wenn der Steuerpflichtige überhaupt über entsprechende Einkünfte verfügte. Man erkennt zunächst, daß auch in dieser Darstellung die in den Gewinneinkunftsarten deklarierten Beträge im bundesweiten Durchschnitt höher ausfallen als in den Veranlagungen des IAW-Steuerpanels, wofür erneut - ebenso wie bei den im Aggregat negativen Einkünften aus Vermietung und Verpachtung - die Untertreibung der angefallenen Verluste in der Steuerstatistik verantwortlich sein dürfte (vgl. dazu Fußnote 80). Der vom repräsentativen Steuerpflichtigen deklarierte Gesamtbetrag der Einkünfte wird von den Veranlagungen unseres Datensatzes aber erneut präzise wiedergegeben. Darüber hinaus unterstreicht Tabelle 2, daß in der Kategorie der Einkünfte aus nichtselbständiger Arbeit die im Durchschnitt höchsten Beträge deklariert werden, wobei für diese Beobachtung vor allem die überdurchschnittlich hohen Lohneinkünfte gemeinsam veranlagter Ehegatten verantwortlich sind.[81]

In den übrigen Einkunftsarten liegt der im Durchschnitt versteuerte Betrag nicht nur - zum Teil deutlich - darunter, sondern unterschreitet in allen Fällen auch den für das IAW-Steuerpanel repräsentativen Gesamtbetrag der Einkünfte. Aus dieser Beobachtung läßt sich allerdings nicht ohne weiteres schließen, daß es sich bei den Beziehern entsprechender Einkommen um vergleichsweise "arme" Steuerpflichtige handelt. Denn die steuerrechtlich bestimmten Einkünfte unterschreiten zum Teil deutlich die Höhe des tatsächlich erzielten Einkommens. So faßt das Steuerrecht unter die Kategorie der Sonstigen Einkünfte in erster Linie die Ertragsanteile gesetzlicher und privater Leibrenten (§ 22 Abs. 3 EStG). Der auf die Rentenzahlung angewandte Ertragsanteil nimmt mit dem Alter des Steuerpflichtigen im Jahr des erstmaligen Rentenbezugs ab: Hat der Steuerpflichtige im Jahr des Beginns einer im Veranlagungsjahr 1989 ausgezahlten Rente ein Alter von 60 Jahren erreicht, beträgt der anzuwendende Ertragsanteil lediglich 29 Prozent, während ein fünf Jahre späterer Rentenbeginn den Ertragsanteil auf nur noch 24 Prozent verringert.[82] Die

[81] Die höchsten Einkünfte aus nichtselbständiger Arbeit erzielen naturgemäß Ehepaare, bei denen beide Partner einer abhängigen Beschäftigung nachgehen. Aus Tabelle 2 geht allerdings hervor, daß diese Beobachtung ausschließlich auf den Zuverdienst des mitveranlagten Ehepartners zurückzuführen ist. Denn die Lohneinkünfte des jeweiligen Hauptverdieners bleiben, wenn der Ehegatte ebenfalls beschäftigt ist, hinter den Einkünften des verheirateten Alleinverdieners zurück. Ins Auge fällt ferner, daß die Lohneinkünfte des verheirateten Alleinverdieners um über die Hälfte höher ausfallen als die entsprechenden Einkünfte des repräsentativen unverheirateten Beschäftigten. Anzunehmen ist, daß nach der Grundtabelle veranlagte Steuerpflichtige im Durchschnitt jünger sind als ihre verheirateten Pendants. Wenn die Höhe des erzielten Einkommens mit dem Alter zunimmt - was Schätzungen typischer Lebenszeiteinkommensprofile nahelegen (vgl. für die Bundesrepublik etwa FITZENBERGER ET AL., 2001) -, fallen die deklarierten Lohneinkünfte lediger Steuerpflichtiger entsprechend geringer aus.

[82] Die steuerlich anzusetzenden Ertragsanteile wurden mit Beginn des Veranlagungsjahres 1994 erhöht und betragen für die beispielhaft genannten Fälle seitdem 32 Prozent (Rentenbeginn mit 60 Jahren) und 27 Prozent (Rentenbeginn mit 65 Jahren); vgl. dazu die bis heute gültigen Regelungen in § 22

Tabelle 2: Durchschnittliche Höhe der Einkünfte

Einkunftsart	**Panel**	**Bund**
Land- und Forstwirtschaft	18.977	23.591
Gewerbebetrieb	44.381	59.772
selbständige Arbeit	50.395	51.619
nichtselbständige Arbeit	57.324	54.098
darunter		
Grundtabelle	39.439	38.835
Splittingtabelle	65.293	64.408
darunter		
Alleinverdiener	60.803	k.a.
Doppelverdiener	78.877	k.a.
darunter		
Erstverdiener	54.704	k.a.
Zweitverdiener	24.173	k.a.
Kapitalvermögen	7.360	8.881
Vermietung und Verpachtung	−4.107	−1.939
Sonstige Einkünfte	5.772	5.950
Gesamtbetrag der Einkünfte	61.932	61.757

Quelle: STATISTISCHES BUNDESAMT (1995, 48-53); eigene Berechnungen auf Grundlage des konsolidierten IAW-Steuerpanels (39.939 Steuerpflichtige). *Erläuterung*: Angaben in DM. Alle Angaben beziehen sich auf das Veranlagungsjahr 1989.

empfangene Rentenzahlung wird also nur zu einem geringeren Teil der Besteuerung unterworfen. In der Folge wird zwar in einem Anteil von 18,1 Prozent aller Veranlagungen die Leibrente eines ledigen Steuerpflichtigen oder verheirateten Erstverdieners deklariert, und 5,4 Prozent aller Veranlagungen weisen die Leibrente eines verheirateten Zweitverdieners aus. Auf die jeweils repräsentative Bruttorente in Höhe von 16.142 DM bzw. 8.694 DM war aber ein durchschnittlicher Ertragsanteil von lediglich 28 bzw. 25 Prozent anzuwenden, sodaß der zu versteuernde Teil der Rente nur noch 4.361 DM bzw. 2.254 DM betrug. Mit diesen Beträgen lagen die jeweils repräsentativen Rentenempfänger, wenn sie nicht über weitere steuerlich erfaßte Einünfte verfügten, bereits vor Berücksichtigung zusätzlich geltend gemachter Abzüge - etwa des Altersfreibetrags oder der angefallenen Sonderausgaben - unter dem 1989 gewährten einkommensteuerlichen Grundfreibetrag in Höhe von 4.752 DM/9.504 DM.

Über positive Einkünfte aus Kapitalvermögen wiederum verfügen 1989 über 30 Prozent der Steuerpflichtigen (vgl. Tabelle 1), die mit einem Betrag von durchschnittlich 7.360 DM veranlagt werden (vgl. Tabelle 2). Bei der Interpretation dieses Werts ist zu beachten, daß im gleichen Jahr tatsächlich ein mit rund 71 Prozent wesentlich größerer Anteil der

Abs. 3 EStG 2001.

Veranlagungen des Jahres 1989 positive *Einnahmen* in dieser Einkunftsart ausweist. Bezogen auf sämtliche Steuerpflichtigen, die über positive Einnahmen aus Kapitalvermögen verfügen, fallen die durchschnittlich deklarierten Einnahmen dann wesentlich geringer aus und belaufen sich auf lediglich 3.529 DM (ledige Steuerpflichtige und verheiratete Hauptverdiener) bzw. 2.056 DM (verheiratete Nebenverdiener). In der Folge unterschreiten die deklarierten Zinseinnahmen von 37 Prozent der allein veranlagten und 53 Prozent der gemeinsam veranlagten Steuerpflichtigen die Summe aus geltend gemachten Werbungskosten sowie in Anspruch genommenem Sparerfreibetrag in Höhe von 600 DM/1.200 DM. Diese Steuerpflichtigen bleiben in den Angaben der Tabellen 1 und 2, die ausschließlich Veranlagungen mit positiven Kapitaleinkünften einbeziehen, unberücksichtigt.

Hinsichtlich der in den Gewinneinkunftsarten deklarierten Beträge ist zum einen zu beachten, daß die entsprechenden Einkünfte häufig zusätzlich - und dann in vergleichsweise geringen Beträgen - zu Einkünften aus einer abhängigen Beschäftigung deklariert werden (vgl. dazu ausführlich Abschnitt 3.2.2). Zum anderen wird ein erheblicher Anteil der Steuerpflichtigen mit Einkünften aus Land- und Forstwirtschaft (8 Prozent), aus Gewerbebetrieb (21 Prozent) und aus selbständiger Arbeit (11 Prozent) mit Verlusten in der jeweiligen Einkunftsart veranlagt. Die angefallenen Verlustbeträge mindern dann auch die in Tabelle 2 ausgewiesenen Durchschnittsbeträge. In besonderem Maße gilt dies schließlich für die deklarierten Einkünfte aus Vermietung und Verpachtung. Eine Mehrheit von 57 Prozent der Steuerpflichtigen, die über Mieteinnahmen verfügen, weist in ihrer Veranlagung einen Negativbetrag in dieser Einkunftsart aus. Die in der Summe deklarierten Einkünfte sind, wie Tabelle 2 zeigt, ebenfalls negativ, sodaß den Besitzern fremdgenutzter Immobilien im Aggregat aus der Vermietung oder Verpachtung ihres Vermögens - steuerlich betrachtet - überhaupt kein Einkommen erwuchs.

Abschnitt 3.2.2 vorliegender Arbeit betrachtet Umfang und Zusammensetzung der in der individuellen Veranlagung deklarierten Einkünfte genauer. Dort wird untersucht, ob und inwiefern sich die Kombination der im einzelnen ausgewiesenen - positiven und (vor allem im Rahmen der Einkünfte aus Vermietung und Verpachtung) negativen - Einkünfte als Indiz für steuervermeidendes oder steuergestaltendes Verhalten eines Steuerpflichtigen bewerten läßt.

3.1.5 Zusammenfassung

Unserer im folgenden vorgestellten empirischen Untersuchung des Steuervermeidungsverhaltens deutscher Haushalte liegen die Mikrosteuerdaten des IAW-Einkommensteuerpanels zugrunde. Dieser Datensatz enthält die individuellen Veranlagungsdaten von rund 40.000 in den Jahren 1988 bis 1991 ununterbrochen erfaßten Steuerfällen und ist damit eine auch im internationalen Vergleich überaus breite Datengrundlage. Das Panel gibt den weitaus größten Teil der im Rahmen der individuellen Einkommensteuerveranlagung erhobenen Informationen wieder und bildet insbesondere Höhe und Zusammensetzung der deklarierten Einkünfte sowie der geltend gemachten Abzüge detailliert ab. Das Mikrosimulationsmodells SIMST erlaubt, die erfaßten Steuerpflichtigen auf Basis des tatsächlichen Steuerrechts oder alternativer steuerrechtlicher Regelungen einer - unter Umständen auch fiktiven - Veranlagung zu unterziehen. In dieser Hinsicht unterscheidet sich unsere Arbeit mit dem IAW-Steuerpanel von vergleichbaren empirischen Untersuchungen zu den allokativen und distributiven Wirkungen des deutschen Einkommensteuersystems, die im allgemeinen auf den - in diesem Kontext auf verschiedene Weise problematischen - Einkommensangaben des *Sozio-ökonomischen Panels* (SOEP) und der *Einkommens- und Verbrauchsstichprobe* (EVS) basieren.

So beschäftigen sich die empirischen Arbeiten von WAGENHALS (2000) und von KAISER ET AL. (1993) mit den Arbeitsangebotseffekten und die Arbeit von VAN ESSEN ET AL. (1988) mit den Verteilungseffekten der 1986 bis 1990 in mehreren Stufen durchgeführten Einkommensteuerreformen. Das diesen Studien jeweils zugrundeliegende Mikrosimulationsmodell basiert auf Daten des SOEP, die zwar Angaben zur Steuerschuld und indirekt - nach Invertierung des Steuertarifs - auch zu versteuerndes Einkommen und Grenzsteuersatz der erfaßten Haushalte enthalten.[83] Mit diesen Informationen lassen sich die Auswirkungen von Änderungen des Einkommensteuertarifs auf die Höhe von Steuersatz und Steuerzahlung eines Haushalts nachzeichnen. Hinsichtlich der Zusammensetzung der deklarierten Einkünfte und insbesondere hinsichtlich der geltend gemachten Abzüge wird das steuerlich relevante Verhalten aber nur sehr rudimentär abgebildet. Im Hinblick auf Reformen der steuerrechtlichen Bemessungsgrundlage lassen sich deshalb nur diejenigen Regelungen berücksichtigen, die mit vom SOEP beobachteten sozio-ökonomischen Charakteristika in eindeutiger Weise verknüpft sind (beispielsweise der Altersfreibetrag oder der Freibetrag für freie Berufe). Wenn sie die Änderung steuerlicher Abzüge modellieren, greifen die genannten Arbeiten aus diesem Grund entweder auf Typisierungen und andere vereinfachende Annahmen zurück (etwa VAN ESSEN ET AL., 1988, 172f.) oder vernachlässigen die mit Beginn des Jahres 1990 wirksam gewordenen Maßnahmen zur Verbreiterung der Bemessungsgrundlage zur Gänze (etwa WAGENHALS, 2000, 205 und 209f.).

BORK (2001) untersucht die distributiven Effekte des sogenannten "Karlsruher Entwurfs", eines jüngeren Vorschlags zur Reform der Einkommensteuer. Sein Modell zur steuerlichen Mikrosimulation basiert auf Querschnittsdaten für 40.000 Haushalte der EVS. Auch BORK (2001, 484f.) konzediert, daß sich mit diesem Datensatz ein großer Teil der konzipierten Reformmaßnahmen gerade zur Einschränkung der steuerrechtlich gewährten Abzüge nicht erfassen läßt. Dies ist vor allem darauf zurückzuführen, daß die EVS die Höhe des insgesamt erzielten Haushaltseinkommens nur unzureichend auf die einkommensteuerlichen

[83] SCHWARZE (1995) beschreibt ein auf die Daten des SOEP anzuwendendes Simulationsprogramm, das allerdings eine Reihe von *ad hoc*-Annahmen und Approximationen erforderlich macht. SCHWARZE (1995, 12) weist überdies selbst darauf hin, daß die im SOEP erhobenen Einkommensdaten interpretationsbedürftig und mit Repräsentativitätsproblemen im Bereich deutlich überdurchschnittlicher Einkommen behaftet sind.

Einkunftsarten verteilt und Rückschlüsse auf in Anspruch genommene Freibeträge und als Sonderausgaben berücksichtigte Aufwendungen - ebenso wie das SOEP - nur sehr eingeschränkt zuläßt.

Die empirische Arbeit mit dem IAW-Einkommensteuerpanel sieht sich vergleichbaren Schwierigkeiten in erheblich geringerem Ausmaß gegenüber. Die individuelle Veranlagung läßt sich auf Basis der enthaltenen Informationen - mit den beschriebenen, geringen Einschränkungen - exakt nachvollziehen und die Effekte gerade einer Reform der steuerrechtlichen Bemessungsgrundlage auf die steuerliche Situation eines erfaßten Individuums präzise abbilden. Für die empirische Arbeit mit dem IAW-Steuerpanel von entscheidender Bedeutung ist schließlich der Längsschnittcharakter der enthaltenen Veranlagungsdaten, der das steuerlich relevante Verhalten einer identischen Gruppe von Steuerpflichtigen im Zeitablauf nachzuverfolgen erlaubt. Für die empirische Untersuchung des Verhaltens von Haushalten unter Besteuerung steht der angewandten finanzwissenschaftlichen Forschung mit dem IAW-Einkommensteuerpanel für die Bundesrepublik ein zweifellos singulärer Mikrosteuerdatensatz zur Verfügung.

3.2 Deskription der Steuervermeidung

3.2.1 Vorbemerkung

Dieser Abschnitt gibt einen deskriptiven Überblick über die im IAW-Steuerpanel enthaltenen Veranlagungen des Jahres 1989 und richtet sein Augenmerk insbesondere auf die Frage, ob und in welchem Umfang sich mögliche Steuervermeidungsstrategien der Steuerpflichtigen in den Veranlagungsdaten nachweisen lassen. Die Untersuchung von Mikrosteuerdaten weist in diesem Zusammenhang eine Reihe von Vorteilen auf. So ließe sich die quantitative Bedeutung, die ausgewählten Ausnahme- und Abzugstatbeständen bei der Ermittlung des aggregierten zu versteuernden Einkommens zukommt, zwar auch den von der Bundesregierung regelmäßig vorgelegten Subventionsberichten entnehmen; dort werden für eine Reihe als sogenannte "Steuervergünstigungen" identifizierter Sonderregelungen die im einzelnen entstandenen Aufkommensverluste aufgeführt (vgl. etwa den für den Beobachtungszeitraum des IAW-Steuerpanels relevanten Zwölften Subventionsbericht 1987-1990, BT-Drucksache 11/5116, 1989). Die vom Statistischen Bundesamt im dreijährigen Turnus publizierte Lohn- und Einkommensteuerstatistik wiederum weist sowohl für die einzelnen Einkunftsarten als auch für die meisten der vorgenommen Abzüge diejenigen Werte aus, mit denen die Steuerpflichtigen insgesamt im jeweiligen Berichtszeitraum veranlagt wurden (vgl. etwa die Einkommensteuerstatistik für das Jahr 1989, Statistisches Bundesamt, 1995). Schon in rein deskriptiver Hinsicht hat die Beobachtung individueller Veranlagungen aber den Vorzug, daß sich in ihnen das steuerlich relevante Verhalten eines bestimmten Steuerpflichtigen in seiner Gesamtheit abbildet, und daß sich auf diese Weise mögliche Muster in der Kombination aus der Höhe des individuellen (Brutto-)Einkommens, den in unterschiedlichen Einkunftsarten deklarierten

Beträgen sowie den in Anspruch genommenen Abzügen im einzelnen erkennen lassen.

Einschränkend vorauszuschicken ist, daß auch die Beschreibung individueller Veranlagungsdaten nur begrenzten Einblick in das Ausmaß geben kann, mit dem die Steuerpflichtigen Strategien mit dem Ziel der Steuervermeidung, aber auch und vor allem der Steuergestaltung und Steuerhinterziehung verfolgen. Abschnitt 2.1 machte deutlich, daß sich Optionen zur Steuervermeidung häufig gerade deswegen eröffnen, weil die Besteuerung am beobachtbaren Markteinkommen eines Individuums anknüpft bzw. anknüpfen muß. Nicht beobachtbare Substitutionsprozesse - die Zunahme des Freizeitkonsums und der Eigenproduktion von Konsumgütern, die Inanspruchnahme betrieblicher Nebenleistungen sowie der Abzug von Werbungskosten und Betriebsausgaben für Güter, die aus Sicht des Steuerpflichtigen (auch) konsumptiven Charakter haben - lassen sich der individuellen Veranlagung demzufolge schon definitionsgemäß nicht entnehmen. Gleiches gilt natürlich für hinterzogene Einkommensbestandteile. Im Rahmen der Gewinneinkünfte schließlich weist das IAW-Steuerpanel lediglich aus, mit welchem Betrag der Steuerpflichtige letztlich - nach Abzug der jeweils angefallenen Betriebsausgaben und nach Durchführung des horizontalen Verlustausgleichs - in der entsprechenden Einkunftsart veranlagt wurde (vgl. Abschnitt 3.1.2). Steuervermeidung, die sich in der Höhe der geltend gemachten Betriebsausgaben niederschlägt, läßt sich deshalb in den Daten ebensowenig erkennen wie Steuergestaltung, die sich in der Inanspruchnahme von erhöhten Abschreibungen etwa für eine vermietete Immobilie widerspiegelt.

Im Rahmen der deklarierten Einkünfte beschränken sich die folgenden Beobachtungen deshalb auf Höhe und Struktur der in den einzelnen Einkunftsarten deklarierten Beträge - und dabei besonders auf die steuerlich angegebenen negativen Einkünfte aus Vermietung und Verpachtung - sowie auf die insbesondere bei Einkünften aus nichtselbständiger Arbeit angefallenen Werbungskosten. Im Unterschied dazu werden die am Gesamtbetrag der Einkünfte vorgenommenen Abzüge in den Veranlagungsdaten des IAW-Steuerpanels vergleichsweise detailliert erfaßt. Die Untersuchung konzentriert sich hier mit den als Sonderausgabe geltend gemachten Steuerberatungskosten, der Kirchensteuerzahlung des Vorjahres sowie den als Sonderausgabe berücksichtigten Spenden auf diejenigen Aufwendungen, über deren Höhe der Steuerpflichtige in besonderem Maße autonom bestimmen kann.

Abschnitt 2.2 vorliegender Arbeit zeigte, daß sich die Intensität, mit der Steuerpflichtige auf die Erhebung einer Einkommensteuer durch (auch im einzelnen nicht beobachtbare) Steuervermeidung, Steuergestaltung und Steuerhinterziehung *insgesamt* reagieren, unter bestimmten Bedingungen in der Elastizität des zu versteuernden Einkommens, d. h. in einem einzigen Verhaltensparameter niederschlägt. Die rein deskriptive Darstellung der folgenden Abschnitte, die sich auf beobachtbare steuerliche Sachverhalte beschränken muß, kann die empirische Schätzung dieses Parameters deshalb nicht ersetzen. Der illustrative Überblick über Umfang und empirische Relevanz einzelner Steuerminderungstatbestände stellt aber ein notwendiges Bindeglied dar zwischen der bloßen Aufzählung steuerrechtlich möglicher Formen von Steuervermeidung und Steuergestaltung (Abschnitt 2.1) und einer Schätzung der Elastizität des zu versteuernden Einkommens (Abschnitte 5 und 6), welche die Reaktion der Steuerpflichtigen auf steuerbedingte Anreize notwendigerweise undifferenziert und in ihrer Gesamtheit erfaßt.

3.2.2 Steuervermeidung im Bereich der Einkünfte

Überwiegende Einkunftsart und Höhe des Gesamtbetrags der Einkünfte

Um Aufschluß über die Repräsentativität der vom IAW-Steuerpanel erfaßten Steuerpflichtigen zu erlangen, stellte Abschnitt 3.1.4 den Anteil derjenigen Veranlagungen des Jahres 1989, die Einkünfte in einer bestimmten Einkunftsart auswiesen, den entsprechenden Angaben der aggregierten Steuerstatistik gegenüber (vgl. Tabelle 1). Erkennbar wurde, daß der mit über 80 Prozent weitaus größte Teil der Steuerpflichtigen über Einkünfte aus nichtselbständiger Arbeit verfügt, und daß Lohneinkünfte für rund 90 Prozent der abhängig Beschäftigten auch die wichtigste Einkommensquelle bilden. Zudem werden in der Kategorie der Lohneinkünfte im Durchschnitt die höchsten Beträge deklariert, während der durchschnittliche Gewinn (aus Land- und Forstwirtschaft, aus Gewerbebetrieb und aus selbständiger Arbeit) den repräsentativen Gesamtbetrag der Einkünfte zum Teil deutlich unterschreitet.

Im allgemeinen verfügt ein Steuerpflichtiger, der zur veranlagten Einkommensteuer herangezogen wird, allerdings über Einkünfte in mehreren Einkunftsarten. Der durchschnittliche Gesamtbetrag der Einkünfte in Höhe von über 60.000 DM fällt dann natürlich höher aus, als es das (gewichtete) Mittel der in den einzelnen Einkunftsarten deklarierten Beträge nahelegt. So dient insbesondere eine selbständige oder gewerbliche Betätigung in vielen Fällen nur dem Nebenerwerb, und Lohneinkünfte stellen auch für rund die Hälfte derjenigen Steuerpflichtigen, die mit Einkünften aus Land- und Forstwirtschaft (46,1 Prozent), aus Gewerbebetrieb (41,8 Prozent) und aus selbständiger Arbeit (53,4 Prozent) veranlagt werden, die wichtigste Quelle ihrer Einkünfte dar. Aus dem gleichen Grund wäre es ein Mißverständnis, aus den im Durchschnitt deklarierten Beträgen zu schließen, daß es sich bei abhängig Beschäftigten im Durchschnitt um eher "reiche" und bei Beziehern von Gewinneinkünften um eher "arme" Steuerpflichtige handelt. Deutlich wird dies, wenn man die Steuerpflichtigen anhand der Quelle ihrer überwiegenden Einkünfte ordnet und - hinsichtlich der insgesamt deklarierten Summe der Einkünfte - einzelnen Einkommensklassen zuweist (vgl. Tabelle 3).

Der obere Teil von Tabelle 3 klassifiziert die Steuerpflichtigen wieder nach derjenigen im Veranlagungsjahr 1989 deklarierten Einkunftsart, die den jeweils größten Teil an der individuellen Summe der Einkünfte nach Durchführung des vertikalen Verlustausgleichs ausmacht. Ausgewiesen wird dann für jede Einkunftsart, mit welchem Anteil der Gesamtbetrag der Einkünfte der jeweiligen Steuerpflichtigen (der dann natürlich wieder sämtliche im Einzelfall deklarierten Einkünfte umfaßt) in eine von drei Einkommensgrößenklassen

Tabelle 3: Überwiegende Einkunftsart und Gesamtbetrag der Einkünfte

	Anteil der Steuerpflichtigen (%) mit Gesamtbetrag der Einkünfte			
	< 50.000 DM	50.000 bis 100.000 DM	> 100.000 DM	alle
Alle Steuerpflichtigen	49,90	39,24	10,85	100,00
Steuerpflichtige mit Einkünften überwiegend aus				
Land- und Forstwirtschaft	77,08	18,62	4,30	100,00
Gewerbebetrieb	48,47	28,37	23,16	100,00
selbständiger Arbeit	30,21	23,79	46,00	100,00
nichtselbständiger Arbeit	43,24	46,95	9,63	100,00
Kapitalvermögen	86,35	8,01	5,64	100,00
Vermietung und Verpachtung	85,99	9,11	4,89	100,00
Sonstigen Einkünften	99,31	0,46	0,23	100,00
	Gesamtbetrag der Einkünfte			
	< 50.000 DM	50.000 bis 100.000 DM	> 100.000	alle
Anteil der Steuerpflichtigen mit Einkünften überwiegend aus (%)				
Land- und Forstwirtschaft	2,73	0,83	0,69	1,76
Gewerbebetrieb	8,73	6,43	18,99	8,94
selbständiger Arbeit	1,55	1,54	10,75	2,55
nichtselbständiger Arbeit	66,09	89,89	66,68	75,55
Kapitalvermögen	4,81	0,56	1,43	2,77
Vermietung und Verpachtung	5,17	0,69	1,34	2,98
Sonstigen Einkünften	10,91	0,06	0,12	5,45
Summe (%)	100,00	100,00	100,00	100,00

Quelle: Eigene Berechnungen auf Basis des konsolidierten IAW-Steuerpanels. Alle Angaben beziehen sich auf das Veranlagungsjahr 1989.

fällt. Illustrativ bezeichnen wir im folgenden diejenigen Steuerpflichtigen als "arm", deren Gesamtbetrag der Einkünfte 1989 weniger als 50.000 DM beträgt, während der Gesamtbetrag der Einkünfte "reicher" Steuerpflichtiger 100.000 DM übersteigt. Zeigen läßt sich auf diese Weise, daß die Verteilung der Lohnempfänger auf die einzelnen Einkommensklassen vergleichsweise nahe an der Gesamtverteilung des Datensatzes liegt, was angesichts des Gewichts dieser Einkunftsart innerhalb der Gesamtzahl der Veranlagungen auch nicht anders zu erwarten ist. Erkennbar wird aber auch, daß es sich bei Selbständigen und Gewerbetreibenden tatsächlich eher um "reiche" Steuerpflichtige handelt. Denn ein Anteil von 46 bzw. 23 Prozent dieser Steuerpflichtigen wird mit einem Gesamtbetrag der Einkünfte von über 100.000 DM veranlagt, während dies in unserem Datensatz insgesamt nur auf rund 11 Prozent aller Fälle zutrifft. Auffallend ist ferner, daß Steuerpflichtige, die überwiegend über Einkünfte aus selbständiger Arbeit und aus Gewerbebetrieb verfügen, in der mittleren Einkommensklasse nur unterproportional vertreten sind.

Bestätigt wird diese Beobachtung durch den zweiten Teil von Tabelle 3, der die Steuerpflichtigen erneut der bei ihrer Veranlagung überwiegend deklarierten Einkunftsart zuordnet. Verglichen wird dann das Gewicht, das diese Steuerpflichtigen in den bereits genannten Einkommensklassen aufweisen, mit dem jeweiligen Anteil an der Gesamtzahl der Steuerfälle (in der letzten Spalte von Tabelle 3). Deutlich wird erneut, daß Lohnempfänger in der Gruppe mit den mittleren (Gesamt-)Einkünften überdurchschnittlich vertreten sind. Dagegen sind Selbständige und Gewerbetreibende unter "reichen" Steuerpflichtigen auch in dieser Darstellung erkennbar überrepräsentiert: Der Anteil der Steuerpflichtigen, die überwiegend Einkünfte aus Gewerbebetrieb angeben und über einen Gesamtbetrag der Einkünfte von über 100.000 DM verfügen, liegt mehr als doppelt so hoch als es dem Gewicht der Gewerbetreibenden an der Gesamtzahl der Veranlagungen entspricht; bei der Gruppe der Selbständigen liegt der entsprechende Anteil sogar um rund das vierfache höher. Die Abschnitte 5 und 6 dieser Arbeit legen Schätzungen der Elastizität des zu versteuernden Einkommens unter anderem für nach der Höhe des Einkommens differenzierte Subpopulationen des IAW-Steuerpanels vor. Tabelle 3 macht deutlich, daß sich bei der Beobachtung des steuerlich relevanten Verhaltens der einkommensstärksten Steuerpflichtigen das Verhalten von Selbständigen und Gewerbetreibenden in besonders starkem Ausmaß niederschlägt.[84]

Die Bedeutung des vertikalen Verlustausgleichs

Die Beobachtungen des vorigen Abschnitts legen die Schlußfolgerung nahe, daß es sich bei Selbständigen und Gewerbetreibenden im Haupterwerb, überspitzt formuliert, entweder um besonders "reiche" oder um besonders "arme" Steuerpflichtige handele. Erklären ließe sich ein solches Muster zum einen dadurch, daß eine selbständige oder gewerbliche

[84] Die vergleichbare US-amerikanische Untersuchung von ALM/WALLACE (2000, 173ff.) kommt zu einer ähnlichen Schlußfolgerung und zeigt, daß Lohneinkünfte einen weit unterdurchschnittlichen Anteil an den Gesamteinkünften der Gruppe der Steuerpflichtigen mit dem höchsten Bruttoeinkommen ausmachen.

Tätigkeit in besonderem Maße mit dem Risiko - unter Umständen nur zeitlich beschränkt - geringer Einkünfte verbunden ist. Eine empirische Überprüfung dieser Vermutung ist auf Grundlage des IAW-Steuerpanels allerdings nicht möglich, da der Datensatz über die einem Veranlagten innerhalb einer Gewinneinkunftsart insgesamt zugeflossenen Einkünfte (nach Abzug der Betriebsausgaben) hinaus keine weiteren Angaben - über die spezifischen wirtschaftlichen Umstände der im einzelnen ausgeübten Tätigkeit(en) - enthält.

Beobachten läßt sich dagegen, welche Bedeutung den in einer *anderen* als der überwiegenden Einkunftsart erzielten Verlusten bei der Bestimmung des individuellen Gesamtbetrags der Einkünfte zukommt. In einer erheblichen Zahl von Veranlagungen ergibt sich dann nämlich ein anderes Bild, als es die Beobachtung des Gesamtbetrags der Einkünfte nach Durchführung des vertikalen Verlustausgleichs in Tabelle 2 nahelegt. So weisen 19 Prozent der Gewerbetreibenden und 27 Prozent der Selbständigen, deren Gesamtbetrag der Einkünfte 50.000 DM unterschreitet, entweder Verluste in einer der beiden anderen Gewinneinkunftsarten oder negative Einkünfte aus Vermietung und Verpachtung aus. Umgekehrt deklarieren 21 Prozent der Steuerpflichtigen mit Einkünften aus Gewerbebetrieb und 11 Prozent der Steuerpflichtigen mit Einkünften aus selbständiger Arbeit Verluste in der jeweiligen Einkunftsart; vor Berücksichtigung der angefallenen Verluste verfügen diese Steuerfälle aber über einen um 5 Prozent bzw. 15 Prozent höheren Gesamtbetrag der Einkünfte als der repräsentative Steuerpflichtige des Datensatzes. Daß einer erheblichen Anzahl von Steuerfällen mit vergleichweise hohen positiven Einkünften steuerliche Verluste - aus dem Besitz fremdgenutzter Immobilien oder durch eine gewerbliche Tätigkeit, die lediglich im Neben"erwerb" ausgeübt wird - entstehen, läßt sich als Indiz für eine bewußte Minderung der Bemessungsgrundlage (etwa durch Nutzung eines überhöhten Betriebsausgabenabzugs oder durch Inanspruchnahme von Abschreibungsvergünstigungen) interpretieren.

Die Bedeutung, die negativen Einkünften bei der Bestimmung der Bruttoeinkünfte eines Steuerpflichtigen insgesamt zukommt, ist besonders evident im Rahmen der deklarierten Einkünfte aus Vermietung und Verpachtung, denn diese fallen 1989 in 57 Prozent der entsprechenden Veranlagungen negativ aus. Auch im Aggregat wird in dieser Einkunftsart 1989 ein Negativbetrag ausgewiesen, der sich, bezogen auf alle Steuerpflichtigen mit Einkünften in dieser Einkunftsart, auf durchschnittlich rund 4.100 DM beläuft; betrachtet man nur die Verlustfälle, werden im Durchschnitt negative Einkünfte in Höhe von knapp 14.350 DM deklariert. In der Gesamtbetrachtung erwachsen den Besitzern fremdgenutzter Immobilien aus der Vermietung oder Verpachtung ihres Vermögens demzufolge überhaupt keine steuerbaren Einkünfte. Stattdessen wird der aggregierte Gesamtbetrag der Einkünfte - aller Steuerpflichtigen unseres Datensatzes zusammengenommen und vor Berücksichtigung der negativen Mieteinkünfte - im Veranlagungsjahr 1989 um rund 5 Prozent gemindert.

Die Höhe der Einkünfte aus Vermietung und Verpachtung bestimmt sich steuerrechtlich als Überschuß der Einnahmen über die Werbungskosten (§ 2 Abs. 2 EStG). Bei den als

Werbungskosten zu berücksichtigenden Aufwendungen kommt dem Herstellungs- und Erhaltungsaufwand der Immobilie quantitativ die wichtigste Bedeutung zu (vgl. § 21 EStG 1988 sowie die Erläuterungen bei SCHMIDT, 1988, insb. 1663-1681). Der geltend gemachte Herstellungsaufwand konnte im Veranlagungszeitraum 1989 durch in § 7 EStG 1988 bestimmte Regeln über den Nutzungszeitraum der Immobilie abgeschrieben werden, und die vorgenommenen Abschreibungen dürften auch für einen Großteil der angefallenen Negativeinkünfte verantwortlich sein. Dies gilt insbesondere für die Teilnahme an einem Bauherrenmodell oder die Kapitalanlage in einem geschlossenen Immobilienfonds, deren Ziel häufig allein in der Zuweisung steuermindernder Abschreibungen besteht. Zur Beschreibung solcher in den 1980er Jahren vielfach praktizierter Modelle vgl. etwa SCHMIDT (1988, 1670-1680).

Nun läßt sich, da das IAW-Steuerpanel lediglich den Saldo der Einkünfte innerhalb einer Einkunftsart ausweist, auf Basis unseres Datensatzes weder die steuerrechtliche Grundlage der geltend gemachten Werbungskosten noch die Anzahl und Verteilung gewinn- und verlustbringender Mietobjekte eines Steuerpflichtigen erkennen. Gleiches gilt für die Frage, ob und in welchem Umfang tatsächlich die Teilnahme an einem Bauherrenmodell oder die Kapitalanlage in einem geschlossenen Immobilienfonds für die entstandenen Negativbeträge verantwortlich sind. Feststellen läßt sich aber, daß nicht nur im Veranlagungszeitraum 1989 die Höhe der Werbungskosten die durch fremdgenutzte Immobilien erzielten Einnahmen in einer Mehrzahl der Fälle übersteigt. Die aggregierten Einkünfte aus Vermietung und Verpachtung fallen in sämtlichen Wellen des IAW-Steuerpanels, d. h. von 1988 bis 1991 - ebenso wie bundesweit in der gesamten Dekade (vgl. STATISTISCHES BUNDESAMT, 1987, 30-33; 1991a, 30f.; 1995, 30f.) - negativ aus. Auch wurde ein Anteil von 83 Prozent der Steuerpflichtigen mit negativen Einkünften aus Vermietung und Verpachtung im Veranlagungszeitraum 1989 bereits im Vorjahr mit einem Negativbetrag in dieser Einkunftsart veranlagt. Dauerhaft negative Einkünfte in einer Einkunftsart lassen sich aber unter Gesichtspunkten der Einnahmenerzielung allein nicht plausibel begründen.

Die theoretischen Überlegungen in Abschnitt 2.2.3 machten deutlich, daß Steuergestaltung - zum Beispiel in Form der Teilnahme an einem Bauherrenmodell - solange ausgedehnt wird, bis die Grenzkosten der jeweiligen Aktivität dem Grenzertrag in Höhe der marginalen Steuerersparnis entsprechen. Letztere entspricht dem aktuellen Grenzsteuersatz eines Steuerpflichtigen (auf das zu versteuernde Einkommen vor Berücksichtigung der realisierten Negativeinkünfte), und unter sonst gleichen Bedingungen sollte die Erzielung negativer Einkünfte aus Vermietung und Verpachtung aus Sicht einkommensstarker Steuerpflichtiger besonders attraktiv sein. Tatsächlich weisen Steuerpflichtige, deren Immobilienbesitz steuerliche Verluste erbringt, im Veranlagungsjahr 1989 (vor Berücksichtigung des im Einzelfall angegebenen Negativbetrags) einen durchschnittlichen Gesamtbetrag der Einkünfte in Höhe von rund 92.000 DM aus. Dieser Betrag liegt um etwa 50 Prozent höher als der Gesamtbetrag der Einkünfte des repräsentativen Steuerpflichtigen, der sich auf rund 61.000 DM beläuft (vgl. Tabelle 3).[85]

[85] Vgl. dazu auch LONG/GWARTNEY (1987, 524f.), die ermitteln, daß der Umfang in der Veranlagung

Auch in dieser Einkunftsart handelt es sich beim repräsentativen Verlustfall folglich um einen Steuerpflichtigen, der über weitere (positive) Einkünfte in überdurchschnittlichem Umfang verfügt. Dabei ist aufschlußreich, daß die Erzielung negativer Einkünfte aus Vermietung und Verpachtung aus Sicht der Steuerpflichtigen offenbar tatsächlich mit Kosten verbunden ist. Andernfalls ließe sich schwer erklären, warum in mehr als 97 Prozent der Veranlagungen bei Vorliegen negativer Einkünfte aus Vermietung und Verpachtung 1989 dennoch ein positiver Gesamtbetrag der Einkünfte verblieb.

Werbungskosten aus nichtselbständiger Arbeit

Unter den übrigen Überschußeinkunftsarten fallen die geltend gemachten Werbungskosten nur bei Einkünften aus nichtselbständiger Arbeit ins Gewicht.[86] Die Angaben des IAW-Steuerpanels weisen hier nur die Höhe der insgesamt geltend gemachten Aufwendungen, nicht aber deren Zusammensetzung und jeweilige steuerrechtliche Grundlage aus, sodaß mögliche Strategien mit dem Ziel der Steuervermeidung in den Daten nicht unmittelbar erkennbar sind. Feststellen läßt sich allerdings, daß die von den Lohnempfängern geltend gemachten Werbungskosten offenbar einer bipolaren Verteilung folgen: Die Möglichkeit, den im Veranlagungsjahr 1989 alternativ gewährten Pauschbetrag in Höhe von 564 DM geltend zu machen, nehmen 40 Prozent der ledigen Steuerpflichtigen und verheirateten Erstverdiener sowie 64 Prozent der verheirateten Zweitverdiener wahr. Die übrigen rund 53 Prozent der abhängig Beschäftigten deklarieren dagegen mit 2.784 DM (Ledige und verheiratete Erstverdiener) bzw. 1.708 DM (verheiratete Zweitverdiener) einen Betrag im Einzelnachweis, der die Höhe des alternativen Werbungskostenpauschbetrags um rund das fünf- bzw. um das dreifache überschreitet. Dabei verfügen Steuerpflichtige, die den Einzelnachweis der angefallenen Werbungskosten vorziehen, über ein deutlich höheres Bruttoeinkommen. Die erzielten Einnahmen aus nichtselbständiger Arbeit überschreiten bei diesen Steuerfällen um 12 Prozent (Ledige und verheiratete Erstverdiener) bzw. um 30 Prozent (verheiratete Zweitverdiener) den vom jeweils repräsentativen Lohnempfänger des Panels deklarierten Betrag. Beim Gesamtbetrag der Einkünfte beläuft sich die Differenz auf 6 bzw. 31 Prozent.

US-amerikanischer Steuerpflichtiger ausgewiesener *passiver Verluste* mit dem Bruttoeinkommen (vor Berücksichtigung sämtlicher Verluste und der steuerlich geltend gemachten Abzüge) zunimmt. Als "passiv" bezeichnet das US-amerikanische Steuerrecht Verluste aus der Beteiligung an einem Unternehmen, an dessen Führung der Steuerpflichtige nicht aktiv beteiligt ist. Die Analogie zu steuerlichen Verlusten, die im deutschen Fall ausf der Beteiligung an einer Abschreibungsgesellschaft, einem Bauherrenmodell o. ä. entstehen, ist unverkennbar.

86 Die zur Erzielung von Einkünften aus Kapitalvermögen angegebenen Werbungskosten belaufen sich 1989 auf durchschnittlich 378 DM bei Ledigen und verheirateten Erstverdienern sowie auf 134 DM bei verheirateten Zweitverdienern. Insgesamt begnügen sich rund 60 Prozent der Steuerpflichtigen mit dem steuerrechtlich gewährten Pauschalbetrag in Höhe von 100 DM/200 DM. Zu berücksichtigen ist, daß das steuerlich relevante Verhalten der Kapitalbesitzer im hier betrachteten Veranlagungsjahr möglicherweise temporär durch Einführung und Abschaffung eines Quellenabzugs auf Kapitalerträge beeinflußt wurde. Zur Beschreibung dieser Maßnahmen und der möglichen Effekte auf das Verhalten der im Panel erfaßten Steuerpflichtigen vgl. die Abschnitte 5.1.3 und 5.5.3 dieser Arbeit.

Der Einwand, daß auch die Notwendigkeit beruflich bedingter Aufwendungen mit der Höhe des erzielten Lohneinkommens zunähme, läßt sich auf Grundlage der verfügbaren Daten zwar nicht entkräften. Deutlich wird aber, daß nur die Hälfte der Lohnempfänger - und darunter vor allem Lohnempfänger mit vergleichsweise hohem Einkommen - Werbungskosten im Einzelnachweis geltend machen und damit überhaupt über die Möglichkeit verfügen, Steuervermeidung in Form des Abzugs von (auch) privaten Aufwendungen als Werbungskosten einer abhängigen Beschäftigung zu betreiben.

3.2.3 Steuervermeidung im Bereich der Abzüge

Läßt das Steuerrecht den Abzug von Aufwendungen für bestimmte Konsumgüter von der Bemessungsgrundlage zu, fällt der relative Preis dieser Güter im Vergleich zum Preis aus versteuertem Einkommen erworbener Güter und geht auf die Residualrate eines Steuerpflichtigen (Eins minus Grenzsteuersatz) zurück (vgl. Abschnitt 2.2). Die Besteuerung vermittelt dann Anreize, steuerbegünstigte Güter bevorzugt zu konsumieren. Dieser Abschnitt beschreibt, welche Aufwendungen das Einkommensteuerrecht zum Abzug zuläßt und in welchem Ausmaß deutsche Steuerpflichtige sich dadurch eröffnende Möglichkeiten zur Steuervermeidung wahrnehmen. Tabelle 4 zeichnet zunächst, ausgehend vom Gesamtbetrag der Einkünfte, die Ermittlung des Einkommens (§ 2 Abs. 4 EStG) in den individuellen Veranlagungen des Jahres 1989 nach. Ein Anhang zu diesem Abschnitt erläutert die steuerrechtlichen Voraussetzungen der im einzelnen vorgenommenen Abzüge.

Die sechs zuerst genannten Kategorien umfassen denjenigen Teil der als Sonderausgaben anzuerkennenden Aufwendungen (aufgeführt in den §§ 10 und 10b EStG), für den alternativ der Sonderausgabenpauschbetrag in Anspruch genommen werden kann.[87] Ebenfalls als Sonderausgabe sind die nachfolgend aufgeführten Vorsorgeaufwendungen in Abzug zu bringen; das Steuerrecht gewährt hier separat einen alternativ-typisierenden Abzug in Form von Vorsorgepauschale oder Vorsorge-Pauschbetrag. Den Gesamtbetrag der Einkünfte steuerrechtlich "wie" Sonderausgaben mindern ferner Abzüge im Rahmen der Förderung selbstgenutzten Wohneigentums und aus anderen Veranlagungsjahren übertragene Verluste (Verlustvortrag und Verlustrücktrag). Bei der Ermittlung des Einkommens zu berücksichtigen sind schließlich spezielle Pauschbeträge für eingeschränkt Erwerbsfähige, Hinterbliebene und Selbständige, sowie Aufwendungen, die das Steuerrecht als außergewöhnliche Belastung eines Steuerpflichtigen anerkennt.

Insgesamt beträgt das (steuerrechtlich definierte) Einkommen, mit dem die Steuerpflichtigen des IAW-Steuerpanels 1989 veranlagt werden, nach Berücksichtigung aller in Tabelle 4 aufgeführten Abzüge noch rund 83 Prozent des aggregierten Gesamtbetrags der

[87] Nicht ausgewiesen werden die als Sonderausgabe anerkannten abzugsfähigen Teile der Lastenausgleichsabgabe, die in den Veranlagungen des IAW-Steuerpanels 1989 nicht geltend gemacht werden. Lediglich zehn Steuerpflichtige nehmen den in Tabelle 4 ebenfalls nicht aufgeführten Freibetrag für besondere Fälle (§ 33a EStG 1953 i. V. m. § 52 Abs. 23 EStG) in Anspruch.

Tabelle 4: Ermittlung des Einkommens

Abzugstatbestand	**Steuerpflichtige (Anteil in %)**	**durchschnittlicher Betrag (DM)**	**Anteil am aggr. GBE (%)**
Unterhaltsleistungen	0,5	10.041	0,08
Renten und dauernde Lasten	2,1	6.244	0,21
Kirchensteuer	55,9	1.370	1,24
Steuerberatungskosten	18,2	517	0,15
Ausbildungskosten	1,8	605	0,00
Spenden	34,0	632	0,35
Sonderausgabenpauschbetrag	39,6	453	0,29
Vorsorgeaufwendungen	54,0	6.662	5,80
Vorsorgepauschale	44,4	5.460	3,91
Vorsorge-Pauschbetrag	1,3	366	0,00
Wohneigentumsförderung	21,1	7.594	2,59
Verlustabzug	1,2	33.478	0,66
Behindertenpauschbetrag	14,4	2.075	0,48
Hinterbliebenenpauschbetrag	0,2	720	0,00
Freibetrag für freie Berufe	3,2	1.099	0,06
außergewöhnliche Belastung	15,4	1.802	0,45
außerg. Belastung in bes. Fällen	27,9	1.846	0,83

Quelle: Eigene Berechnungen auf Basis des konsolidierten IAW-Steuerpanels (39.939 Steuerpflichtige). *Erläuterungen*: Alle Angaben beziehen sich auf das Veranlagungsjahr 1989. Die zweite Spalte gibt den Anteil derjenigen Steuerpflichtigen an, die den entsprechenden Abzugstatbestand geltend machen, bezogen auf die erfaßten Steuerpflichtigen insgesamt. Die dritte Spalte gibt den Betrag an, den diese Steuerpflichtigen durchschnittlich geltend machen. Die vierte Spalte bezieht die Summe der jeweils insgesamt geltend gemachten Beträge auf den aggregierten Gesamtbetrag der Einkünfte (aggr. GBE) der im Datensatz erfaßten Steuerpflichtigen insgesamt. Ausgewiesene Anteile von 0,00 Prozent kennzeichnen Anteile unter 0,005 Prozent. Anhang 3.2.5 zu diesem Abschnitt erläutert die steuerrechtlichen Voraussetzungen der im einzelnen vorgenommenen Abzüge.

Einkünfte.[88] Tabelle 4 macht allerdings deutlich, daß sich die im ganzen 17prozentige Minderung der Bemessungsgrundlage sehr ungleich auf die einzelnen Abzugstatbestände verteilt. So ist der mit rund 79 Prozent weitaus größte Anteil an den geltend gemachten Sonderausgaben auf Vorsorgeaufwendungen zurückzuführen, auf die auch rund die Hälfte der insgesamt bei der Ermittlung des Einkommens vorgenommenen Abzüge entfällt. Unter den übrigen als Sonderausgaben anerkannten Aufwendungen erreicht nur noch die im Veranlagungszeitraum entrichtete Kirchensteuer einen Anteil von über einem Prozent am aggregierten Gesamtbetrag der Einkünfte. Spenden an gemeinnützige Einrichtungen und politische Parteien sowie Steuerberatungskosten werden zwar von einem erheblichen Teil der Steuerpflichtigen geltend gemacht, erreichen aber im Einzelfall nur vergleichsweise geringe Beträge. Umgekehrt haben Unterhaltszahlungen an den geschiedenen Ehegatten sowie Renten und dauernde Lasten offensichtlich eine für den einzelnen Steuerpflichtigen bedeutsame Größenordnung, werden aber nur in einer vergleichsweise geringen Zahl an Veranlagungen ausgewiesen.

Im Rahmen der Eigenheimförderung vorgesehene Abzugsmöglichkeiten werden von rund einem Fünftel der Steuerpflichtigen wahrgenommen und die aggregierte Bemessungsgrundlage dadurch, bei einem durchschnittlich geltend gemachten Betrag von 7.500 DM, um rund 2,5 Prozent gemindert. Auffallend ist schließlich, daß die in Anspruch genommenen Freibeträge in der Summe durchaus bedeutsam sind und insbesondere stärker ins Gewicht fallen als die meisten der als Sonderausgaben vorgenommenen Abzüge. So machen über 14 Prozent der Steuerpflichtigen eine Minderung ihrer Erwerbsfähigkeit geltend, was die aggregierte Bemessungsgrundlage um etwa ein halbes Prozent schmälert. Eine noch größere Bedeutung haben - etwas widersprüchlich - als außergewöhnliche Belastung in besonderen Fällen vorgenommene Abzüge, die von mehr als einem Viertel aller Steuerpflichtigen vorgenommen werden und die zu einem ganz überwiegenden Teil aus den geltend gemachten Freibeträgen für in der Ausbildung befindliche Kinder bestehen.

Die folgenden Ausführungen betrachten mit Kirchensteuerzahlung, Steuerberatungskosten sowie den als Sonderausgabe geltend gemachten Spenden diejenigen Abzüge, deren Höhe ein Steuerpflichtiger - im Falle der Spenden innerhalb eines Maximalbetrags - selbständig bestimmen und deren Inanspruchnahme am deutlichsten als Steuervermeidung im Sinne vorliegender Arbeit interpretiert werden kann. Indem es Vorsorgeaufwendungen zum Abzug von der Bemessungsgrundlage zuläßt, fördert das Steuerrecht zwar auch die langfristige Kapitalanlage im Vergleich zu alternativen Spar- und Anlageformen. Die theoretischen Abschnitte vorliegender Arbeit konzentrieren sich aber, ebenso wie die spätere Schätzung der Elastizität des zu versteuernden Einkommens, auf Steuervermeidung in einer statisch-periodenbezogenen Perspektive.[89] Aus dem gleichen Grund

---

[88] Vgl. zu dieser Beobachtung auch PARRY (2002, 538), der schätzt, daß die von US-amerikanischen Steuerpflichtigen getätigten Aufwendungen für steuerbegünstigte Konsumgüter sich auf rund 12,5 Prozent an den aggregierten Einkünften belaufen. Steuerlich begünstigte Ausgaben innerhalb des Gesundheits- und Immobiliensektors machen dort den weitaus größten Teil dieser Aufwendungen aus.

[89] Im Falle abhängig beschäftigter Steuerpflichtiger, die den weitaus größten Anteil an den veranlag-

werden Abzüge im Rahmen der Eigenheimförderung[90] im folgenden ebensowenig näher betrachtet wie der interperiodische Verlustabzug, der Resultat von Entscheidungen eines Steuerpflichtigen in einem anderen - früheren oder späteren - Veranlagungsjahr ist. Die Inanspruchnahme von speziellen Frei- und Abzugsbeträgen schließlich knüpft, entweder als Sozialzwecknorm (Hinterbliebenenpauschbetrag) oder um einer besonderen Minderung der individuellen Leistungsfähigkeit Rechnung zu tragen, an persönliche Umstände des Steuerpflichtigen an, auf die der Steuerpflichtige nicht oder nur in sehr begrenztem Umfang Einfluß nehmen kann.[91]

Die Möglichkeit des Sonderausgabenabzugs verringert aus Sicht eines Steuerpflichtigen den relativen Preis, einer Konfession anzugehören (weil die geleistete Kirchensteuerzahlung die Bemessungsgrundlage mindert), bei Erstellung der Steuererklärung professionelle Hilfe in Anspruch zu nehmen (weil Steuerberatungskosten abzugsfähig sind) sowie eine zum Abzug zugelassene Spende zu leisten.[92] Der Preis der entsprechenden Güter vermindert sich, gemessen in Einheiten aus versteuertem Einkommen bestrittenen Konsums, auf die Residualrate eines Steuerpflichtigen vor Berücksichtigung des im einzelnen geltend gemachten Abzugsbetrags. Die als Kirchensteuer, Steuerberatungskosten und Spenden insgesamt geltend gemachten Beträge belaufen sich im Veranlagungsjahr 1989 auf 1,74 Prozent des aggregierten Gesamtbetrags der Einkünfte oder auf rund 10 Prozent der bei Ermittlung des Einkommens insgesamt vorgenommenen Abzüge.

Kirchensteuerzahlung

Hinsichtlich der geltend gemachten Kirchensteuerzahlung des vorangegangenen Veranlagungsjahres läßt sich ein vom individuellen Gesamtbetrag der Einkünfte abhängiges Muster feststellen. Nur 37,4 Prozent der in Abschnitt 3.2.2 als "arm" klassifizierten Steuerpflichtigen, deren Gesamtbetrag der Einkünfte einen Betrag von 50.000 DM unterschreitet,

ten Steuerfällen ausmachen, wird der zum Abzug zugelassene Maximalbetrag überdies meist bereits durch die geleisteten Beiträge zur Gesetzlichen Rentenversicherung erreicht. Auf die Höhe dieser Beiträge selbst hat ein Lohnempfänger - ist die Entscheidung über die Höhe des Bruttoarbeitsgelts getroffen - keinen Einfluß (vgl. dazu die Erläuterungen zur steuerrechtlichen Ermittlung des Vorsorgeabzugs in Anhang 3.2.5 zu diesem Abschnitt).

90 Die Investition in selbstgenutztes Wohneigentum läßt sich einerseits als Kapitalanlage interpretieren, die durch den Sonderausgabenabzug von Teilen der Anschaffungs- und Herstellkosten eine steuerliche Begünstigung erfährt. Long/Gwartney (1987, 519) halten die alternative Klassifizierung entsprechender Aufwendungen als Erwerb eines Konsumguts allerdings ebenfalls für begründbar.

91 Vgl. dazu im einzelnen Tipke/Lang (1991, 381). Der mit Beginn des Jahres 1990 abgeschaffte Freibetrag für freie Berufe hatte zum Zweck, Betriebsausgaben von Selbständigen auf pauschale Weise abzugelten und orientierte sich in diesem Sinne ebenfalls an der Verwirklichung des Leistungsfähigkeitsprinzips der Besteuerung (vgl. etwa Tipke/Lang, 1991, 224).

92 Vernachlässigt werden im folgenden als Sonderausgabe anerkannte Unterhaltsleistungen an den geschiedenen oder dauernd getrennt lebenden Ehegatten, deren Höhe ein Steuerpflichtiger innerhalb steuerrechtlich bestimmter Grenzen ebenfalls selbständig bestimmen kann. Außer Acht gelassen werden ferner als Sonderausgabe anerkannte Rentenzahlungen. Zu beachten ist aber, daß das Steuerrecht durch den Abzug gezahlter Renten von der Bemessungsgrundlage Möglichkeiten zur Steuergestaltung eröffnet, indem es u. U. die Zahlung einer Leibrente als zeitlich gestrecktes Entgelt für ein Wirtschaftsgut im Vergleich zur alternativen Sofortbezahlung - die aus versteuertem Einkommen getätigt wird - begünstigt (vgl. Tipke/Lang, 1991, 377).

gehören 1989 einer Religionsgesellschaft mit Besteuerungsrecht an. Bei Steuerpflichtigen mit mittlerem und hohem Gesamtbetrag der Einkünfte liegt die entsprechende Quote mit 72,9 Prozent (Gesamtbetrag der Einkünfte zwischen 50.000 und 100.000 DM) bzw. 79,6 Prozent (Gesamtbetrag der Einkünfte über 100.000 DM) dagegen erheblich höher. Diese Beobachtung läßt sich - wenn Bezieher niedriger Einkommen nicht aus anderen Gründen weniger zur Mitgliedschaft in einer Religionsgemeinschaft neigen - als Indiz dafür interpretieren, daß die steuerliche Begünstigung die Bereitschaft von Steuerpflichtigen fördert, sich konfessionell zu binden.[93]

Steuerberatungskosten

Ein ganz ähnlicher Zusammenhang zwischen der Höhe der Einkünfte einerseits und der in Anspruch genommen Abzüge andererseits läßt sich auch hinsichtlich der geltend gemachten Steuerberatungskosten feststellen. Für sich genommen wäre zu erwarten, daß mit zunehmendem Einkommen und sinkender Residualrate der Anreiz eines Steuerpflichtigen zunimmt, sich bei der Anfertigung seiner Steuererklärung professioneller Beratungsleistungen zu bedienen. Bemerkenswert ist aber zum einen, daß der Anteil derjenigen Steuerpflichtigen, die im Veranlagungsjahr 1989 entstandene Kosten der Steuerberatung zum Abzug bringen, von 13 Prozent in der Klasse der niedrigsten über rund 22 Prozent in der Klasse der mittleren auf lediglich 29 Prozent in der Klasse der höchsten Einkünfte ansteigt. Immerhin 71 Prozent der Steuerpflichtigen mit Einkünften über 100.000 DM verzichten demzufolge auf mit Kosten verbundene Beratung, wenn sie ihre Steuererklärung erstellen.

Zum anderen steigen die durchschnittlich geltend gemachten Steuerberatungskosten über die drei Einkommensklassen hinweg nicht monoton an. Zwar machen Steuerpflichtige mit einem Gesamtbetrag der Einkünfte von über 100.000 DM mit durchschnittlich 967 DM einen knapp doppelt so hohen Betrag geltend wie der repräsentative Steuerfall des Datensatzes, der 517 DM zum Abzug bringt (vgl. Tabelle 4). Die von Steuerpflichtigen mit einem Gesamtbetrag der Einkünfte unter 50.000 DM angegebenen Kosten *über*schreiten mit durchschnittlich 453 DM aber um rund 13 Prozent den Betrag in Höhe von durchschnittlich 400 DM, der beim höheren Gesamtbetrag der Einkünfte zwischen 50.000 und 100.000 DM ausgewiesen wird.[94]

---

93 Zu beachten ist, daß ein Steuerpflichtiger, hat er seine Entscheidung über die Zugehörigkeit zu einer Konfession einmal getroffen, über die Höhe des entsprechenden Sonderausgabenabzugs nicht autonom bestimmen kann. Bemessungsgrundlage der Kirchensteuer ist die Einkommensteuerschuld des Vorjahres, auf die in Baden-Württemberg 1989 ein konstanter Steuersatz in Höhe von meist 8% angewandt wurde (vgl. TIPKE/LANG, 1991, 402). Wenn die Höhe des Gesamtbetrags der Einkünfte 1989 mit der Höhe der Steuerschuld des Vorjahres positiv korreliert ist, nimmt der laufende Sonderausgabenabzug deswegen zwangsläufig mit den Einkünften eines Steuerpflichtigen zu.

94 Die Tatsache, daß Steuerpflichtige mit vergleichsweise geringem Einkommen einen größeren Anteil ihres Bruttoeinkommens für die Inanspruchnahme von Steuerberatungsleistungen aufwenden, ist alles andere als naheliegend und widerspricht gängigen Auffassungen zu dieser Frage. So bezeichnet der Wissenschaftliche Beirat beim Bundesministerium für Wirtschaft in einem 1996 veröffentlichten Gutachten einen Formeltarif bei der Einkommensteuer deswegen als "bürgerunfreundlich", weil sich die Höhe des individuellen Grenzsteuersatzes gerade "Beziehern niedriger Einkommen, die keine

Dieses Muster - eines in Abhängigkeit von den Einkünften U-förmigen Verlaufs der in Abzug gebrachten Steuerberatungskosten - scheint im wesentlichen auf zwei Ursachen zurückzuführen zu sein. Zum einen nimmt ein mit 81 Prozent weit überwiegender Teil derjenigen "armen" Steuerpflichtigen, die 1989 über ein gemäß § 10e EStG gefördertes Eigenheim verfügen, Steuerberatungsleistungen in Anspruch. Die geltend gemachten Kosten fallen in dieser Gruppe mit 510 DM aber überdurchschnittlich hoch aus, und § 10e EStG bewirkte auf diese Weise eine zusätzliche (und häufig übersehene) Schmälerung der Bemessungsgrundlage von begünstigten Steuerpflichtigen mit geringem Einkommen. Zum anderen verfügen rund 27 Prozent derjenigen Steuerpflichtigen mit einem Gesamtbetrag der Einkünfte unter 50.000 DM, deren Veranlagung Steuerberatungskosten ausweist, über negative Einkünfte in mindestens einer Einkunftsart; und auch in dieser Gruppe - die auch die Veranlagungen derjenigen Steuerpflichtigen enthält, die sich steuerlich "arm gerechnet" haben (vgl. dazu Abschnitt 3.2.2) - fällt der zum Abzug gebrachte Betrag mit 515 DM für Bezieher niedriger und mittlerer Einkommen überdurchschnittlich hoch aus.

Spenden

§ 10b EStG erlaubt, die Bemessungsgrundlage um Aufwendungen für Spenden zur Förderung mildtätiger, kirchlicher, religiöser, wissenschaftlicher und staatspolitischer Zwecke zu mindern. Eine solche oder eine vergleichbare Begünstigung der privaten Spendentätigkeit sehen international die meisten Einkommensteuersysteme vor, und die Reaktion des Spendenverhaltens privater Haushalte auf steuerbedingte Anreize wird - wohl, weil der Konsumgutcharakter der begünstigten Aufwendungen besonders offensichtlich ist - seit längerem und in einer großen Anzahl vornehmlich US-amerikanischer Arbeiten untersucht.[95] Insbesondere liegt mit PAQUÉ (1986) aber auch eine Studie vor, die Umfang und Determinanten steuerlich geförderter Spenden in der Bundesrepublik zum Gegenstand hat. Wichtigste Grundlage der empirischen Untersuchung PAQUÉs (1986) ist die aggregierte und nach Bruttoeinkommensklassen gegliederte Steuerstatistik für die Veranlagungszeiträume bis 1980. Dieser Datensatz gestattet es nicht, bestimmte - vor allem hinsichtlich des Zusammenwirkens mehrerer Abzugstatbestände in einer bestimmten Veranlagung bedeutsame - empirische Aussagen zum Steuervermeidungsverhalten deutscher Steuerpflichtiger zu treffen. Tabelle 5 gibt deshalb besonders ausführlich die Evidenz zum steuerlich erfaßten Spendenverhalten wieder, wie sie sich in den Veranlagungsdaten des IAW-Steuerpanels für das Jahr 1989 erkennen läßt. Die folgenden Beobachtungen aktualisieren, präzisieren und ergänzen in verschiedener Hinsicht die von PAQUÉ (1986) gezogenen Schlußfolgerungen und lassen punktuell einen Vergleich mit den steuerlich begünstigten Spendenaktivitäten US-amerikanischer Haushalte zu.

Steuerberatung in Anspruch nehmen", verschließe (vgl. BEIRAT BMWI, 1996, 9).

95 Einen umfassenden Überblick über die Wirkungen der Besteuerung auf Spendenaktivitäten US-amerikanischer Unternehmen und Privathaushalte bietet CLOTFELTER (1985). Neuere empirische Ergebnisse fassen GREENE/MCCLELLAND (2001) zusammen.

Tabelle 5 macht zunächst deutlich, daß auch der Spendenabzug - wie schon Kirchensteuerzahlung und Steuerberatungskosten - bei Steuerpflichtigen mit hohem Gesamtbetrag der Einkünfte die wichtigste Rolle spielt. Steuerfälle, deren Einkünfte 1989 einen Betrag von 100.000 DM übersteigen, sind unter den Spendern insgesamt mit rund 20 Prozent erkennbar überrepräsentiert, und die im Durchschnitt getätigte Spende liegt mit 1.218 DM in dieser Gruppe ungefähr doppelt so hoch wie der vom repräsentativen Steuerpflichtigen geltend gemachte Betrag (vgl. Tabelle 4). Ein ähnliches Bild vermitteln die in Tabelle 5 ausgewiesenen Spendenquoten, denn der Anteil des Spendenvolumens an den gesamten Einkünften einer Einkunftsklasse erreicht bei einem Gesamtbetrag der Einkünfte von über 100.000 DM mit $0,39$ Prozent sein Maximum. Bemerkenswert ist gleichwohl, daß sich die Spendenquote offensichtlich nicht nur als - über die drei Einkunftsklassen hinweg - überaus homogen erweist. Die Quote fällt bei Steuerpflichtigen mit dem geringsten Gesamtbetrag der Einkünfte auch höher aus als in der Klasse mittlerer Einkommen. Bezieht man die Summe der in einer Einkommensklasse geleisteten Spenden auf die Einkünfte ausschließlich derjenigen Steuerpflichtigen, die einen Spendenabzug vornehmen, dreht sich das beschriebene Bild sogar um: Die Spendenquote derjenigen Steuerpflichtigen, die in ihrer Veranlagung überhaupt eine Spende geltend machen, fällt nämlich in der Gruppe der geringsten Einkünfte mit 1,4 Prozent mit Abstand am höchsten aus.

Die Beobachtung einer - relativ zur Höhe ihrer Einkünfte - besonders ausgeprägten Spendenneigung von Steuerpflichtigen mit geringen Einkünften bestätigt sich, wenn man ausschließlich diejenigen Veranlagungen betrachtet, in denen der steuerrechtlich gewährte Maximalbetrag zur Gänze ausgeschöpft wird. Anders als Kirchensteuer und Steuerberatungskosten stellen auf Basis von § 10b EStG berücksichtigte Spenden eine beschränkt abzugsfähige Sonderausgabe dar; in den meisten Fällen beläuft sich der maximal zum Abzug zu bringende Betrag auf 5 Prozent des Gesamtbetrags der Einkünfte im jeweiligen Veranlagungsjahr. Ein Anteil von 11,1 Prozent aller Steuerpflichtigen, die in ihrer Veranlagung 1989 überhaupt einen Spendenabzug vornehmen, erreicht den steuerrechtlich gewährten Maximalbetrag, und *a priori* würde man diese Steuerpflichtigen erneut eher im Bereich vergleichsweise hoher Einkommen lokalisieren. Entgegen dieser Vermutung verfügt die Gruppe besonders spendenfreudiger Steuerpflichtiger aber nur über einen Gesamtbetrag der Einkünfte von durchschnittlich 10.510 DM, und ein Anteil von über 80 Prozent wurde mit einem Gesamtbetrag der Einkünfte von unter 50.000 DM veranlagt. Auch wenn der maximal zugelassene Spendenabzug steuerrechtlich als Quote am Gesamtbetrag der Einkünfte definiert ist - und deshalb bei geringen Einkünften früher erreicht wird -, scheint Tabelle 5 folglich dennoch einen in der Tendenz korrekten Eindruck zu vermitteln: Wenn ein Indiviuum überhaupt über die Neigung verfügt, steuerbegünstigte Spenden zu leisten, scheint diese Neigung bei vergleichsweise geringen Einkünften besonders ausgeprägt zu sein.

Andererseits sollte man das im oberen Teil von Tabelle 5 erkennbare Muster im Spendenverhalten der Steuerpflichtigen auch nicht zu weitgehend interpretieren. Vermuten ließe sich zum einen, daß die Kombination aus niedrigen Einkünften und hoher Spendenlei-

Tabelle 5: Spenden und Kirchensteuerzahlung als Sonderausgaben

	Gesamtbetrag der Einkünfte		
	< 50.000 DM	50.000 bis 100.000 DM	> 100.000
Anteil an den Steuerpflichtigen insgesamt (%)	49,90	39,24	10,85
Anteil am aggregierten Gesamtbetrag der Einkünfte (%)	21,99	44,42	33,59
Spenden			
Anteil an allen Spendern (%)	30,45	49,56	19,65
Anteil an Summe der Spenden insgesamt (%)	21,56	40,58	37,85
durchschnittliche Spende (DM)	448	518	1.218
Spendenquote (bezogen auf aggr. GBE)	0,34	0,32	0,39
Spendenquote (bezogen auf GBE der Spender)	1,40	0,72	0,57
Spende+ (Summe aus Spenden und Kirchensteuerzahlung)			
Anteil an allen Spendern+ (%)	34,64	49,87	15,50
Anteil an Summe der Spenden+ insgesamt (%)	9,82	37,81	47,64
durchschnittliche Spende+ (DM)	699	1.262	5.116
Spenden+ - Quote (bezogen auf aggr. GBE)	1,05	1,35	2,25
Spenden+ - Quote (bezogen auf GBE der Spender+)	2,09	1,77	2,58

Quelle: Eigene Berechnungen auf Basis des konsolidierten IAW-Steuerpanels (39.939 Steuerpflichtige); zu 100 Prozent fehlende Anteile sind auf Rundungsungenauigkeiten zurückzuführen. *Erläuterungen:* Alle Angaben beziehen sich auf das Veranlagungsjahr 1989. Der Ausdruck *Spende+* bezeichnet die Summe der als Sonderausgaben zum Abzug gebrachten Spenden und der 1989 geleisteten abzüglich der erstatteten Kirchensteuer; mit dem Ausdruck *Spender+* werden Steuerpflichtige bezeichnet, die in ihrer Veranlagung entweder einen Spendenabzug oder einen Abzug der geleisteten Kirchensteuerzahlung vornehmen. GBE bezeichnet den Gesamtbetrag der Einkünfte.

stung in besonderem Maße Kennzeichen von Veranlagungen derjenigen Steuerpflichtigen ist, deren Gesamtbetrag der Einkünfte infolge negativer Einkünfte artifiziell niedrig ausfällt. Diese Vermutung läßt sich auf Grundlage unseres Datensatzes partiell dadurch belegen, daß tatsächlich ein Viertel der Steuerpflichtigen, die bei einem Gesamtbetrag der Einkünfte unter 50.000 DM eine Spende zum Abzug bringen, Verluste in mindestens einer Einkunftsart ausweist. Insgesamt beträgt der Anteil der Verlustfälle in dieser Einkommensklasse dagegen nur 6,2 Prozent. Andererseits beläuft sich die durchschnittlich geltend gemachte Spende der entsprechenden Steuerpflichtigen aber auf lediglich 465 DM und übersteigt damit nur geringfügig den innerhalb der Gruppe "armer" Steuerpflichtiger insgesamt zu beobachtenden Betrag in Höhe von 448 DM.[96]

Ein weiterer Einwand gegen die Schlußfolgerung, "arme" Steuerpflichtige verfügten über eine besonders starke Neigung zur Spendenaktivität, nimmt außerdem die als Sonderausgabe anerkannte Kirchensteuerzahlung in den Blick. Interpretiert man die Kirchensteuer als vollkommenes Substitut für eine an die steuererhebende Religionsgemeinschaft gerichtete und als Sonderausgabe zum Abzug gebrachte Spende, läßt sich nämlich ein erweiterter und in Tabelle 5 als *Spende+* bezeichneter Spendenbegriff konstruieren.[97] Orientiert man sich an dem solchermaßen erweiterten Spendenbegriff, wurde im Veranlagungsjahr 1989 ein Spendenabzug in Höhe von insgesamt rund 1,6 Prozent des aggregierten Gesamtbetrags der Einkünfte vorgenommen. Tabelle 5 macht erkennbar, daß der Verlauf der erweiterten Spendenquote jetzt - anders als die Quote der Spenden allein - eine mit den

96 Auch PAQUÉ (1986, 130) zeigt, allerdings auf Grundlage der aggregierten Steuerstatistik des Jahres 1980, daß der Verlauf der Spendenquoten bei Jahreseinkommen von unter 25.000 DM eine starke Ausbuchtung aufweist. PAQUÉ (1986, 131) interpretiert diese Beobachtung als Folge einer "Verzerrung" und vermutet, daß Steuerpflichtige, die über ein lediglich temporär niedriges Einkommen verfügen, ihr übliches Spendenverhalten beibehalten; und daß die entsprechenden Steuerpflichtigen in hohem Ausmaß über steuerlich nicht erfaßte weitere Einkünfte verfügen, wobei er insbesondere realisierte Wertzuwächse von Vermögensbeständen im Blick hat. Empirisch lassen sich diese Hypothesen allerdings nur schwer belegen. Offen bliebe überdies, warum gerade Steuerpflichtige mit geringem Bruttoeinkommen im besonderen etwa über hohe Kapitalgewinne verfügen sollten.

97 Die Annahme vollständiger Substitutionalität ist nicht völlig unproblematisch. Die Mitgliedschaft in einer Religionsgemeinschaft ist im allgemeinen mit der Möglichkeit verbunden, spezifische und nur schwer anderweitig zu erlangende Dienstleistungen in Anspruch zu nehmen. Auch läßt sich eine nichtdiskrete Anpassung der Kirchensteuerzahlung an steuerliche Anreize nicht vornehmen, weil sie an die Höhe der Einkommensteuerschuld gebunden ist (vgl. PAQUÉ, 1986, 125). Beides unterscheidet die mit der Steuerzahlung entgoltene Kirchenmitgliedschaft von der Spende mit religiösem oder karitativem Hintergrund. Die Hypothese einer Substitutionalität zwischen beiden Gütern läßt sich anhand des IAW-Steuerpanels nicht ohne weiteres überprüfen. So weisen sich zwar 90,9 Prozent derjenigen Steuerpflichtigen, die 1989 einen Spendenabzug vornehmen, aber nur 55,5 Prozent der Steuerpflichtigen insgesamt in ihrer Veranlagung als Mitglied einer Religionsgemeinschaft aus. Für sich genommen spricht diese Beobachtung dafür, daß Konfessionszugehörigkeit und Spende in der Nutzenfunktion des repräsentativen Steuerpflichtigen im Gegensatz zur im Text getroffenen Annahme eher komplementäre Güter darstellen. Verzerrt wird dieses Bild allerdings durch den Sachverhalt, daß sich Berücksichtigung der Kirchensteuerzahlung einerseits und Inanspruchnahme des Sonderausgabenpauschbetrags andererseits in ausnahmslos allen Veranlagungen unseres Datensatzes ausschließen. Der Anreiz, überhaupt eine Spende zu leisten, fällt deshalb bei konfessionsungebundenen Steuerpflichtigen - weil die spezifische steuerliche Begünstigung innerhalb des Pauschbetrags entfällt - im Durchschnitt wesentlich geringer aus (vgl. dazu auch die Diskussion des Sonderausgabenpauschbetrags im weiteren Verlauf des Texts).

Einkünften der Steuerpflichtigen monotone Zunahme aufweist. Dabei wurde die erweiterte Spendenquote auf den aggregierten Gesamtbetrag aller Steuerpflichtigen der jeweiligen Einkunftsklasse bezogen. Bezieht man die Summe aus Spende und Kirchensteuer lediglich auf die Einkünfte derjenigen Steuerpflichtigen, die entweder einen Spendenabzug vornahmen oder Kirchensteuer entrichteten, stellt sich die oben beschriebene Beobachtung einer U-förmigen Entwicklung der Spendenquote aber als robust heraus.

Aus den beschriebenen Beobachtungen läßt sich die bemerkenswerte Schlußfolgerung ziehen, daß sich Umfang und Struktur des Spendenverhaltens in der Bundesrepublik von der US-amerikanischen Situation keineswegs auf dramatische Weise unterscheiden - jedenfalls dann nicht, wenn man lediglich die bei der veranlagten Einkommensteuer als Sonderausgabe berücksichtigten Spenden in den Blick nimmt und einen auch die geleistete Kirchensteuerzahlung umfassenden Spendenbegriff zugrundelegt.[98] GREENE/MCCLELLAND (2001, 435) beziehen den Umfang der steuerlich geltend gemachten Spenden auf das Bruttoeinkommen derjenigen Steuerpflichtigen, deren Veranlagung eine steuerbegünstigte Spende ausweist. Sie zeigen, daß der Anteil der Spendenleistung am Einkommen der Spender im Jahr 1997 maximal 3 Prozent - nämlich bei Steuerpflichtigen mit einem Einkommen über 400.000 US-$ - betrug. In ihrer Definition korrespondiert die Spendenquote mit den in der letzten Zeile von Tabelle 5 aufgeführten Werten und fällt für deutsche Steuerpflichtige in der höchsten Einkunftsklasse, deren Quote aus Kirchensteuerzahlung und Spenden sich zusammengenommen auf 2,6 Prozent beläuft, nur unwesentlich geringer aus.[99] Bezieht man den Spendenumfang auf das Einkommen der jeweiligen Haushalte, stellen GREENE/MCCLELLAND (2001) fest, daß die Spendenquote bei Steuerpflichtigen mit geringem Einkommen - in ihrer Klassifizierung unter 25.000 US-$ - 1,5 Prozent beträgt und die Spendenquote im mittleren Einkommensbereich, d. h. zwischen 25.000 und 50.000 US $, damit leicht übertrifft. Tabelle 5 macht deutlich, daß sich ein ähnliches Muster auch für die

[98] PAQUÉ (1986, 125ff.) ermittelt, daß die (Individual-)Spendenquote in der Bundesrepublik 1980 lediglich ein Neuntel des US-amerikanischen Werts beträgt und konstatiert, "daß die Amerikaner erheblich spendenfreudiger sind als die Deutschen". Der verwendete Spendenbegriff erfaßt in diesem Fall aber einerseits auch Schenkungen und Nachlässe im Sinne des Erbschaftsteuerrechts, die im deutschen Fall eine vergleichbar geringe Rolle spielen. Andererseits bleibt die von deutschen Steuerpflichtigen geleistete Kirchensteuerzahlung außer Betracht. Bezieht er letztere in die Betrachtung ein, fällt das Verhältnis der Spendenquoten mit 1 zu 2 auch bei PAQUÉ (1986, 127) in weitaus geringerem Ausmaß zugunsten der USA aus. Ob die Kirchensteuer als Substitut für eine gemäß § 10b EStG zum Abzug zu bringende Spende oder als Entgelt für die Inanspruchnahme von kirchlicher Seite angebotener Dienstleistungen zu interpretieren ist, läßt sich aus den in Fußnote 97 genannten Gründen empirisch schwer überprüfen. Darauf hinzuweisen ist aber, daß Religionsgemeinschaften in den USA nicht über ein Besteuerungsrecht verfügen, und daß der mit 60 Prozent überwiegende Teil der Spendenleistung US-amerikanischer Haushalte religiös motiviert ist (vgl. GREENE/MCCLELLAND, 2001, 437).

[99] Die Übereinstimmung wird noch deutlicher, wenn man nur diejenigen Steuerpflichtigen des IAW-Steuerpanels betrachtet, die Einkünfte über 200.000 DM deklarieren und deren Anteil an allen Steuerpflichtigen im Jahr 1989 2,1 Prozent beträgt. In dieser Gruppe besonders einkommensstarker Steuerpflichtiger nehmen 89 Prozent entweder einen Spendenabzug (75 Prozent) vor oder gehören einer Religionsgemeinschaft an (82 Prozent). Der im Durchschnitt in Abzug gebrachte Betrag beläuft sich - Spende und Kirchensteuer zusammengenommen - auf 13.678 DM, was dann einem Anteil von 2,9 Prozent am aggregierten Gesamtbetrag der Einkünfte der entsprechenden Steuerpflichtigen entspricht.

Bundesrepublik nachweisen läßt und die Summe aus Spende und Kirchensteuer deutscher Steuerpflichtiger mit dem niedrigsten Einkommen mit über 2 Prozent am Gesamtbetrag der Einkünfte die entsprechende Quote im US-amerikanischen Fall sogar leicht übersteigt. Ähnliche Parallelen lassen sich auch hinsichtlich des Spendenverhaltens der reichsten Steuerpflichtigen aufzeigen, die sich den stärksten steuerlichen Anreizen zur Spendentätigkeit gegenübersehen. GREENE/MCCLELLAND (2001) demonstrieren, daß Haushalte mit einem Bruttoeinkommen über 100.000 US-$, die im Jahr 1997 einen Anteil von 7,8 Prozent an der Gesamtzahl der US-amerikanischen Haushalte ausmachen und über 37 Prozent des aggregierten Bruttoeinkommens verfügen, in ihrer Veranlagung 45 Prozent des gesamten privaten Spendenvolumens geltend machen. Tabelle 5 vermittelt aber ein ganz ähnliches Bild und zeigt, daß deutsche Steuerpflichtige mit einem Gesamtbetrag der Einkünfte über 100.000 DM - rund 11 Prozent der Steuerpflichtigen, die über 35 Prozent der aggregierten Einkünfte verfügen - im Jahr 1989 für über 47 Prozent der gesamten Summe aus Spenden und geltend gemachter Kirchensteuer verantwortlich sind.[100]

Sonderausgabenpauschbetrag

Anzusprechen ist schließlich die Bedeutung des steuerrechtlich gewährten Sonderausgabenpauschbetrags (§ 10c EStG), der sich im Veranlagungsjahr 1989 auf 270 DM/540 DM für ledige Steuerpflichtige bzw. gemeinsam veranlagte Ehegatten belief. Die Pauschalierung kann alternativ zum Einzelnachweis der als Sonderausgaben zu berücksichtigenden Aufwendungen - ohne Vorsorgeaufwendungen und ohne die im Rahmen der Eigenheimförderung geltend gemachten Beträge - vorgenommen werden. Anreize, die entsprechenden Konsumgüter steuerbegünstigt nachzufragen, werden aus Sicht eines Steuerpflichtigen in diesem Fall natürlich zur Gänze eliminiert. Für den Umfang, in dem die Steuerpflichtigen einen Sonderausgabentatbestand in Anspruch nehmen, ist die Höhe des alternativen Pauschbetrags von entscheidender Bedeutung. Denn bei einem Anstieg des Sonderausgabenpauschbetrags wird eine zunehmende Zahl von Steuerpflichtigen auf den Einzelnachweis der angefallenen Aufwendungen verzichten, und die Anreize, die Bemessungsgrundlage durch Steuervermeidung zu mindern, gehen im Aggregat zurück.

[100] Generell ist der hier vorgenommene internationale Vergleich von (erweiterten) Spendenquoten nicht unproblematisch. Über die genannten Schwierigkeiten hinaus sind vom jeweiligen nationalen Steuerrecht vorgesehene, weitere Sonderregelungen zu beachten. So mindern im deutschen Fall Spenden, die an politische Parteien und unabhängige Wählervereinigungen gerichtet sind, im Veranlagungsjahr 1989 bis zu einem Maximalbetrag von 600 DM/1.200 DM zur Hälfte die Steuerschuld - und nicht die Bemessungsgrundlage - eines Steuerpflichtigen (§ 34g EStG). Erst darüber hinausgehende Beträge sind dann als Sonderausgabe gemäß § 10b EStG zum Abzug zu bringen, und die Berücksichtigung von Parteispenden würde das bei deutschen Steuerpflichtigen beobachtete Spendenvolumen deshalb weiter erhöhen. Das IAW-Steuerpanel enthält keine Angaben darüber, in welcher Relation sich die einzelnen Steuerminderungsbeträge, zu denen neben der Parteispende vor allem das Baukindergeld (§ 34f EStG) zählt, auf die ausgewiesene Differenz zwischen tariflicher und festgesetzter Einkommensteuer verteilen (vgl. Abschnitt 3.1.2). Unter der Annahme, die im Rahmen von § 34g EStG gewährten Höchstbeträge würden von allen Steuerpflichtigen in vollem Umfang ausgeschöpft, beliefen sich die insgesamt geleisteten Parteispenden 1989 aber auf weitere 1,6 Prozent am aggregierten Gesamtbetrag der Einkünfte.

Nun liegt schon der im Rahmen sämtlicher durch § 10 EStG bestimmter Sonderausgaben durchschnittlich geltend gemachte Betrag 1989 entweder knapp an oder über der Grenze, die der gemeinsam veranlagten Ehegatten gewährte Pauschalbetrag vorgibt (vgl. Tabelle 4). Im Durchschnitt erreichen die im Einzelnachweis zum Abzug gebrachten Sonderausgaben, wenn der Sonderausgabenpauschbetrag nicht in Anspruch genommen wurde, eine Summe, die mit rund 2.100 DM den gemeinsam veranlagten Ehegatten gewährten Pauschbetrag um etwa das vierfache übertrifft. Für die Inanspruchnahme des Sonderausgabenpauschbetrags entscheiden sich demgegenüber 39,6 Prozent aller Steuerpflichtigen, wobei die Quote bei ledigen Steuerpflichtigen (37,2 Prozent) wegen des geringeren Pauschbetrags geringer ausfällt als bei gemeinsam veranlagten Ehegatten (41,1 Prozent). Dabei ist die offensichtlich bipolare Verteilung des in Anspruch genommenen Pauschbetrags - ein hoher Anteil von Steuerpflichtigen mit Sonderausgaben, die den Pauschbetrag unterschreiten, und ein hoher Anteil von Steuerpflichtigen, deren geltend gemachter Abzug den Pauschbetrag deutlich übertrifft - unzweideutig auf die Abzugsfähigkeit der Kirchensteuerzahlung zurückzuführen: Ein Anteil von 89 Prozent der ledigen und 83 Prozent der gemeinsam veranlagten Steuerpflichtigen, die einer Religionsgemeinschaft angehören, erreichen 1989 schon aufgrund der Kirchensteuerzahlung die Pauschalierungsgrenze. Nach Berücksichtigung aller weiteren Abzugsmöglichkeiten nimmt letztlich kein einziges Kirchenmitglied des IAW-Steuerpanels in seiner Veranlagung dieses Jahres den Sonderausgabenpauschbetrag in Anspruch.

3.2.4 Zusammenfassung und Schlußfolgerungen

In den vorangegangenen Abschnitten wurde zum einen die *quantitative Bedeutung* untersucht, die den in individuellen Veranlagungsdaten beobachtbaren Möglichkeiten zur Minderung der Bemessungsgrundlage im einzelnen zukommt. Erkennbar wurde dabei einerseits das Gewicht, das der vertikale Verlustausgleich bei der Bestimmung des deklarierten Gesamtbetrags der Einkünfte aufweist: Einem erheblichen Teil der Steuerpflichtigen gelingt es, die Summe seiner Einkünfte durch aus einer unternehmerischen Tätigkeit im Nebenerwerb - d. h. meist zusätzlich zu einer abhängigen Beschäftigung - erzielte Verluste und durch die Deklarierung negativer Mieteinkünfte zu mindern. Insbesondere die Einkünfte aus Vermietung und Verpachtung sind auch in der Summe negativ und verringern den deklarierten Gesamtbetrag der Einkünfte (vor Berücksichtigung der negativen Mieteinkünfte) insgesamt um mehr als 5 Prozent. Die bei der Ermittlung des steuerlichen Einkommens vorgenommenen Abzüge wiederum betragen zusammengenommen rund 17 Prozent am aggregierten Gesamtbetrag der Einkünfte. Dabei ist bemerkenswert, daß sich dieser Betrag zum überwiegenden Teil auf den Abzug von Vorsorgeaufwendungen zurückführen läßt, auf dessen Höhe rentenversicherungspflichtige Lohnempfänger - der weitaus größte Teil der Veranlagten - nur geringen Einfluß nehmen können. Die als Sonderausgabe anerkannten Aufwendungen, deren Höhe sich innerhalb steuerrechtlich bestimmter Grenzen autonom bestimmen läßt, haben zwar einen im Einzelfall substantiellen

Umfang, fallen mit weniger als 5 Prozent am aggregierten Gesamtbetrag der Einkünfte im Vergleich aber deutlich geringer aus.

Die Auswertung von Mikrosteuerdaten ergänzt die empirische Evidenz zum Steuervermeidungsverhalten deutscher Haushalte, wie sie insbesondere von LANG ET AL. (1997) vorgelegt wurde. Der genannte Beitrag vergleicht die Höhe des in der Einkommens- und Verbrauchsstichprobe (EVS) des Jahres 1983 ausgewiesenen Bruttoeinkommens eines Haushalts mit dem letztlich versteuerten Einkommensbetrag, wie er sich aus der Angabe zur entrichteten Einkommensteuerzahlung ergibt. LANG ET AL. (1997, 337) zeigen, daß das Bruttoeinkommen, über das die Haushalte nach eigenen Angaben verfügen, nur zu knapp 70 Prozent zur Besteuerung herangezogen wird. Das Ergebnis einer Regression des individuellen Bruttoeinkommens auf das zu versteuernde Einkommen ergibt, daß ein zusätzlicher Bruttoverdienst in Höhe von 10.000 DM die einkommensteuerliche Bemessungsgrundlage eines Haushalts nur um rund 8.000 DM erhöht. Die Differenz interpretieren LANG ET AL. (1997, 328 und 342), weil die Schätzung nach ihren Angaben für die Höhe der Abzüge relevante sozio-ökonomische Kriterien sowie den Daten zu entnehmende Möglichkeiten zu legaler Steuergestaltung umfassend berücksichtige, vor allem als "semi-legale" Steuergestaltung sowie als bei der Veranlagung nicht angegebene, d. h. hinterzogene Einkommensteile.

Der Blickwinkel der Untersuchung von LANG ET AL. (1997) ist einerseits breiter als derjenige vorliegender Arbeit, weil das von den Haushalten in der EVS angegebene Bruttoeinkommen auch dem Fiskus gegenüber verschwiegene Einkommensbestandteile erfaßt.[101] Andererseits lassen sich in der EVS nur wenige der von einem Haushalt in Anspruch genommenen steuerlichen Abzüge erkennen. Insbesondere enthält dieser Datensatz keine Angaben zur Höhe der von Lohnempfängern zum Abzug gebrachten Werbungskosten, zur Höhe der steuerlichen Abschreibungen von Besitzern fremdgenutzter Immobilien,[102]

---

101 Dies betrifft vor allem das angegebene Vermögenseinkommen, das sich aus den zugeflossenen Zinsen, Dividenden und Ausschüttungen zusammensetzt. Generell erfolgt die Erfassung der Einkommen in der EVS sehr uneinheitlich. So werden die Angaben zum Einkommen aus einer abhängigen Beschäftigung direkt der Lohn- und Gehaltsabrechnung des Arbeitnehmers entnommen und vor Abzug der im Einzelnachweis geltend gemachten Werbungskosten ausgewiesen. Angaben zum Einkommen aus einer selbständigen oder gewerblichen Tätigkeit hingegen beruhen meist auf dem erlassenen Steuerbescheid und verstehen sich nach Abzug der geltend gemachten Betriebsausgaben, während landwirtschaftliche Einkommen residual als Differenz zwischen den Ausgaben eines Haushalts und den anderweitig erzielten Einnahmen berechnet werden (vgl. dazu STATISTISCHES BUNDESAMT, 1988a, 9*-13*).

102 Die EVS weist neben den Mieteinnahmen eines Haushalts lediglich die tatsächlich angefallenen Aufwendungen für die Unterhaltung von Grundstücken und Gebäuden aus (STATISTISCHES BUNDESAMT, 1988a, 10*). Diese unterscheiden sich grundlegend von den steuerlich geltend gemachten Werbungskosten, die vor allem aus Abschreibungen auf die Anschaffungs- bzw. Herstellungskosten bestehen (vgl. dazu Abschnitt 3.2.2). LANG ET AL. (1997, 335f.) versuchen diesem Problem dadurch Rechnung zu tragen, daß ihre Schätzung den Marktwert der fremdgenutzten Immobilie eines Haushalts als zusätzliche erklärende Variable in die Schätzgleichung einbezieht. Der Koeffizient dieser Variablen erweist sich in den Schätzungen zwar erwartungsgemäß als negativ. Unklar ist dennoch, ob der von der EVS erfaßte Wert des Immobilienbesitzes die auf legale Weise in Anspruch genommenen Abschreibungsvergünstigungen (auch im Rahmen von Bauherrenmodellen oder geschlossenen

zur Höhe der als Sonderausgaben geltend gemachten Aufwendungen sowie zu den meisten der in Anspruch genommenen speziellen Frei- und Abzugsbeträge. Das Fazit unserer Untersuchung individueller Veranlagungsdaten fällt vor diesem Hintergrund wesentlich zurückhaltender aus. Denn alleine durch die negativen Einkünfte aus Vermietung und Verpachtung (rund 5 Prozent) und die bei der Ermittlung des steuerrechtlichen Einkommens vorgenommenen Abzüge (17 Prozent) wird der aggregierte Gesamtbetrag der Einkünfte um fast 23 Prozent gemindert, sodaß die von LANG ET AL. (1997) beobachtete, rund 30prozentige Lücke zwischen Bruttoeinkommen und aggregierter Bemessungsgrundlage sich zu einem großen Teil durchaus als Folge legaler Strategien zur Minderung des entrichteten Steuerbetrags interpretieren läßt.[103]

Neben dem Umfang wurden in den vorangegangenen Abschnitten auch *Struktur und Verteilung* derjenigen Aktivitäten beschrieben, mit denen sich die individuelle Bemessungsgrundlage bei der Einkommensteuer mindern läßt. Die bereits zitierte Studie von LANG ET AL. (1997) kommt zu dem Ergebnis, daß die Differenz zwischen Bruttoeinkommen und letztlich versteuertem Einkommensbetrag mit dem (Brutto-)Einkommen der Steuerpflichtigen zunimmt und bei Vorliegen von Einkünften aus selbständiger Arbeit besonders stark ausgeprägt ist. Wie gesehen, lassen sich anhand einer Untersuchung des IAW-Steuerpanels ganz ähnliche Schlußfolgerungen ziehen. Betrachtet man den Zusammenhang zwischen der Höhe des Gesamtbetrags der Einkünfte und der überwiegend deklarierten Einkunftsart, läßt sich ein Übergewicht von Gewerbetreibenden und Selbständigen innerhalb der Steuerpflichtigen mit den höchsten Gesamteinkünften feststellen. Ließen die individuellen Veranlagungsdaten (mit den beschriebenen Schwierigkeiten) Indizien für Steuervermeidung und Steuergestaltung erkennen, fielen solche Aktivitäten - vor allem in Form der Erzielung negativer Einkünfte aus Vermietung und Verpachtung sowie der als Sonderausgaben abzugsfähigen Aufwendungen - bei Steuerpflichtigen mit dem höchsten Gesamtbetrag der Einkünfte auch am stärksten aus.

Umgekehrt ließ sich aber auch nachweisen, daß ein niedriger Gesamtbetrag der Einkünfte Resultat von - zusätzlich zu einem höheren positiven Einkommen - erzielten negativen Einkünften in einer der Gewinneinkunftsarten und vor allem aus Vermietung und Verpachtung sein kann. Erkennbar wurde ferner, daß eine Reihe von Sonderausgaben in Veranla-

Immobilienfonds) hinreichend genau abbilden kann.

103 Angaben zur Minderung der Bemessungsgrundlage in LANG ET AL. (1997) einerseits und vorliegender Arbeit andererseits lassen sich nicht ohne weiteres vergleichen. LANG ET AL. (1997) beziehen das zu versteuernde Einkommen auf das Haushaltseinkommen, das steuerlich hinterzogene Einnahmen ebenso einbezieht wie die im Einzelnachweis geltend gemachten Werbungskosten von Lohnempfängern, und das den in der Veranlagung ausgewiesenen Gesamtbetrag der Einkünfte deswegen überschreitet. Allerdings wurden im Rahmen vorliegender Arbeit quantitativ bedeutsame Abzüge vom steuerlichen Einkommen - insbesondere die geltend gemachten Kinderfreibeträge - und von der tariflichen Einkommensteuer - etwa Parteispenden - nicht berücksichtigt. Schließlich lassen sich die von LANG ET AL. (1997) vorgelegten Ergebnisse auch deshalb schwer interpretieren, weil die EVS das gesamte Einkommen eines Haushalts, unabhängig von der Zahl der verdienenden Haushaltsmitglieder, zusammenfaßt (vgl. STATISTISCHES BUNDESAMT, 1988a, 5*). Wird das Einkommen einzelner Mitglieder des Haushalts separat zur Steuer herangezogen, fällt die Steuerschuld des Haushalts insgesamt natürlich schon wegen der Progressivität des Steuertarifs geringer aus.

gungen mit niedrigem Gesamtbetrag der Einkünfte in auffallend hohem Umfang geltend gemacht wird, und dies in absoluten Beträgen ebenso wie relativ in Bezug auf die Höhe der deklarierten Einkünfte. Zwar nimmt demgegenüber auch ein überdurchschnittlicher Anteil der Steuerpflichtigen in der Klasse der geringsten Bruttoeinkünfte den Sonderausgabenpauschbetrag in Anspruch, was vor allem auf die wesentlich geringere Bedeutung der geltend gemachten Kirchensteuer in diesem Einkommenssegment zurückzuführen ist. Von vorneherein kann dennoch nicht davon ausgegangen werden, Anreize und Möglichkeiten, Strategien mit dem Ziel von Steuervermeidung und Steuergestaltung zu verfolgen, schlügen sich im Verhalten von Steuerpflichtigen mit niedrigen Einkünften auch in entsprechend geringem Ausmaß nieder. Dies gilt besonders im Vergleich zu Steuerpflichtigen im mittleren Einkommensbereich, die über einen Gesamtbetrag der Einkünfte zwischen 50.000 und 100.000 DM verfügen. Mit Ausnahme der geltend gemachten Kirchensteuerzahlung fällt der Sonderausgabenabzug bei mittleren Einkünften, unter denen Lohnempfänger erkennbar überrepräsentiert sind, vergleichsweise gering aus. Dies ist deswegen bemerkenswert, weil im Rahmen der Steuerreform 1990 - die im empirischen Teil vorliegender Arbeit untersucht wird - gerade im mittleren Einkommensbereich die Grenzsteuersätze und die damit verbundenen Anreize zu Steuervermeidung besonders spürbar verringert wurden.

Wie bereits in der Vorbemerkung zu diesem Abschnitt erläutert, haben die vorangegangenen Beobachtungen nicht mehr als einen illustrativen Charakter. Allein anhand einer Beschreibung individueller Veranlagungsdaten läßt sich die Frage nicht beantworten, ob und inwiefern die Höhe der im Einzelfall deklarierten (auch negativen) Einkünfte, der geltend gemachten Werbungskosten sowie der als Sonderausgaben vorgenommenen Abzüge tatsächlich auf eine von steuerlich beeinflußten relativen Preisen abhängige Wahlentscheidung des Steuerpflichtigen zurückzuführen ist. Um verläßlichen Aufschluß über die Motivation des bei der Veranlagung dokumentierten Verhaltens zu erlangen, müßte im Grunde genommen jede Steuererklärung auf Basis aller relevanten Unterlagen nachzuvollzogen werden, und natürlich gestattet die Struktur zugänglicher Mikrosteuerdatensätze ein solches Vorgehen nicht. Dies unterstreicht die Bedeutung der im folgenden beschriebenen empirischen Schätzung der Elastizität des zu versteuernden Einkommens in bezug auf die Residualrate. Wie bereits verschiedentlich erörtert, wird durch diesen Verhaltensparameter die Reaktion der Steuerpflichtigen auf Anreize zur Minderung der individuellen Bemessungsgrundlage in ihrer Gesamtheit erfaßt, sodaß es einer - zwangsläufig unvollständigen und empirisch nur schwer isoliert durchführbaren - Untersuchung der im einzelnen verfolgten Steuerminderungsstrategien gar nicht bedarf.

3.2.5 Anhang zu Abschnitt 3.2.3

Dieser Anhang erläutert die steuerrechtliche Grundlage der in Tabelle 4 des Texts aufgeführten Abzugstatbestände. Verweise auf das Einkommensteuergesetz beziehen sich jeweils auf dessen im Veranlagungsjahr 1989 gültige Fassung.

Die sechs zunächst genannten Abzüge sind Sonderausgaben gemäß § 10 EStG. *Unterhaltungsleistungen* sind Leistungen an den geschiedenen oder dauernd getrennt lebenden Ehegatten bis zu einem Maximalbetrag in Höhe von 18.000 DM; *Renten und dauernde Lasten* sind auf besonderen Verpflichtungsgründen beruhende private Transfers, die nicht mit Einkünften in wirtschaftlichem Zusammenhang stehen; *Kirchensteuer* ist die im betreffenden Veranlagungsjahr geleistete abzüglich der erstatteten Kirchensteuerzahlung; *Ausbildungskosten* sind Aufwendungen des Steuerpflichtigen für die eigene Berufsausbildung oder die eigene Ausbildung in einem nicht ausgeübten Beruf bis zu einem Maximalbetrag in Höhe von 900 DM bzw. von 1.200 DM bei auswärtiger Unterbringung. *Spenden* (§ 10b EStG) sind Ausgaben zur Förderung mildtätiger, kirchlicher, religiöser, wissenschaftlicher und staatspolitischer Zwecke bis zu einem Maximalbetrag in Höhe von 5 Prozent bzw. für wissenschaftliche und als besonders förderungswürdig erkannte kulturelle Zwecke in Höhe von 10 Prozent des Gesamtbetrags der Einkünfte pro Kalenderjahr.

Der *Sonderausgabenpauschbetrag* (§ 10c Abs. 1 EStG) in Höhe von 270 DM/540 DM wird zum Abzug gebracht, wenn in den bislang aufgeführten sieben Kategorien in der Summe nicht höhere Aufwendungen als Sonderausgaben geltend gemacht werden.

Vorsorgeaufwendungen (§ 10 Abs. 1 Nr. 2 und 3 sowie Abs. 2 EStG) sind Beiträge des Steuerpflichtigen zu Kranken-, Unfall- und Haftpflichtversicherungen, zur gesetzlichen Renten- und Arbeitslosenversicherung, zu bestimmten privaten Versicherungen auf den Erlebens- oder Todesfall sowie an Bausparkassen zur Erlangung von Baudarlehen. Der Vorsorgeabzug wird nach § 10 Abs. 3 EStG ermittelt: Er beträgt gemäß § 10 Abs. 3 Nr. 1 EStG maximal 2.340 DM (4.680 DM bei gemeinsam veranlagten Ehegatten) und gemäß § 10 Abs. 3 Nr. 2 EStG zusätzlich maximal 3.000 DM/6.000 DM der vom Steuerpflichtigen geleisteten Versicherungsbeiträge (ohne Berücksichtigung gezahlter Bausparkassenbeiträge). Der Vorsorgeabzug wird gemäß § 10 Abs. 3 Satz 2 EStG bei Arbeitnehmern, bei denen der Arbeitgeber Beiträge zur gesetzlichen Rentenversicherung zahlt oder eine Versorgung zusagt, um die vom Arbeitgeber geleisteten Beiträge und Zuschüsse gekürzt; bei Steuerpflichtigen, die der gesetzlichen Rentenversicherungspflicht nicht unterliegen, beträgt die Kürzung des Vorwegabzugs 9 Prozent der Einnahmen aus der Beschäftigung, wobei die Kürzung auf den maximalen Jahresbeitrag eines gesetzlich rentenversicherten Arbeitnehmers begrenzt ist. Vorsorgeaufwendungen, welche die bislang genannten Höchstbeträge übersteigen, sind gemäß § 10 Abs. 3 Nr. 3 EStG zusätzlich zur Hälfte bis zu einem Maximalbetrag in Höhe von 1.170 DM/2.340 DM abzugsfähig. Alternativ wird der *Vorsorge-Pauschbetrag* (§ 10c Abs. 2 EStG) in Höhe von 300 DM/600 DM oder, wenn der Steuerpflichtige einer abhängigen Beschäftigung nachgeht, die *Vorsorgepauschale* (§ 10c Abs. 3 EStG) zum

Abzug gebracht. Die Vorsorgepauschale beträgt 9 Prozent des Arbeitslohns, höchstens aber 2.340 DM/4.680 DM, zuzüglich 9 Prozent des Arbeitslohns, höchstens aber 1.170 DM/2.340 DM; unterschreitet die Summe dieser Abzüge den Vorsorge-Pauschbetrag, wird als Vorsorgeabzug die Vorsorge-Pauschale in Höhe 300 DM/600 DM zum Abzug gebracht.

Wohneigentumsförderung (§ 10e EStG i. V. m. § 7b EStG) sind als Sonderausgaben abzugsfähige Teile der Herstellungs- und Anschaffungskosten selbstgenutzten Wohneigentums in Höhe von 5 Prozent der Errichtungskosten zuzüglich der Hälfte der Kosten für die Anschaffung des Grund und Bodens, maximal aber 15.000 DM pro Jahr in den ersten sieben Jahren nach Fertigstellung.

Verlustabzug ist die Summe der geltend gemachten Verlustvorträge und -rückträge (§ 10d EStG).

Die Höhe des *Behindertenpauschbetrags* (§ 33b Abs. 1-3 EStG) bemißt sich nach dem Umfang, in dem die Erwerbsfähigkeit des Steuerpflichtigen gemindert ist (600 bis maximal 2.760 DM). Der *Hinterbliebenenpauschbetrag* (§ 33b Abs. 4 EStG) beläuft sich auf 720 DM. Der *Freibetrag für freie Berufe* (§ 18 Abs. 4 EStG) mindert die Einkünfte aus selbständiger Arbeit um 5 Prozent oder maximal 1.200 DM, wenn die Einkünfte aus der freien Berufstätigkeit die anderen Einkünfte überwiegen.

Angaben zu den geltend gemachten *außergewöhnlichen Belastungen* (§ 33 EStG) verstehen sich ohne die bei der Veranlagung ermittelte zumutbare Belastung (§ 33 Abs. 3 EStG). Angaben zu *außergewöhnlichen Belastungen in besonderen Fällen* entsprechen der Summe der gemäß § 33a EStG gewährten Frei- und Abzugsbeträge. Dazu zählen der Unterhaltsfreibetrag in Höhe von 2.484 DM/4.500 DM abhängig vom Alter der unterhaltenen Person; der Freibetrag zur Pflege des Eltern-Kind-Verhältnisses in Höhe von 600 DM, der von einem geschiedenen Ehegatten geltend gemacht werden kann, wenn die gemeinsamen Kinder nach der Scheidung beim anderen Elternteil untergebracht sind; der Freibetrag für in der Ausbildung befindliche Kinder in Höhe von 1.800 DM/4.200 DM abhängig vom Ort der Unterbringung des Kindes; Aufwendungen für die Beschäftigung einer Haushaltshilfe, wenn dem Haushalt des Steuerpflichtigen alte oder pflegebedürftige Personen angehören, in Höhe von maximal 1.200 DM; sowie spezielle Kinderbetreuungskosten Alleinstehender (§ 33c EStG).

4 Elastizität des zu versteuernden Einkommens: Literatur

4.1 Vorbemerkung

Die Frage, in welcher Form und in welcher Stärke sich die Erhebung einer Steuer im Verhalten der besteuerten Individuen niederschlägt, steht seit jeher im Mittelpunkt der empirisch orientierten finanzwissenschaftlichen Literatur. Dieser Abschnitt gibt einen selektiven Überblick über Vorgehen und Ergebnisse vorliegender Untersuchungen zu der Intensität, mit der Steuerpflichtige auf die Besteuerung persönlicher Einkommen durch Strategien zur Minderung der deklarierten Bemessungsgrundlage reagieren. Der erste Teil beschäftigt sich mit dem methodisch "traditionellen" und bis Mitte der 1990er Jahre dominierenden Strang der relevanten Literatur, der sich meist auf die Effekte einer *einzelnen* steuerlichen Verzerrung relativer Preise und einer einzelnen Form der Steuervermeidung - typischerweise (aber nicht nur) auf die Wirkung steuerbedingt gesunkener Nettolohnsätze auf das individuelle Arbeitsangebot - konzentriert.

Der zweite Teil beschreibt Vorgehen und vorliegende empirische Evidenz eines jüngeren Zweigs solcher Untersuchungen, der einen stärker umfassenden Blickwinkel auf steuerlich verzerrte Verhaltensweisen einnimmt und Strategien der Individuen mit dem Ziel der Steuervermeidung und Steuergestaltung *in ihrer Gesamtheit* zu erfassen versucht. Damit rückt die steuerliche Beeinflussung der Höhe des zu versteuernden Einkommens - und nicht lediglich der erzielten Lohneinkünfte - und die Schätzung der Elastizität des zu versteuernden Einkommens in bezug auf die Residualrate (Eins minus Grenzsteuersatz) eines Steuerpflichtigen ins Zentrum des empirischen Interesses. Kennzeichen der *New Tax Responsiveness*-Literatur (GOOLSBEE, 1999, 2) ist darüber hinaus der Versuch, die Änderung steuerlich relevanter Verhaltensweisen im "quasi-natürlichen Experiment" einer spürbaren Änderung der besteuerungsbewirkten Anreize, d. h. meist einer großen Tarifreform zu beobachten und daraus Rückschlüsse auf den Umfang wichtiger Verhaltensparameter zu ziehen. Sowohl in ihren theoretischen Teilen, die die Bedeutung der Elastizität des zu versteuernden Einkommens für die Beschreibung zentraler steuertheoretischer Zusammenhänge erkennen ließen (vgl. Abschnitt 2), als auch in ihren empirischen Teilen, die Ergebnisse erster Schätzungen zur Elastizität des zu versteuernden Einkommens deutscher Steuerpflichtiger im quasi-natürlichen Experiment der Steuerreform 1990 dokumentieren, läßt sich vorliegende Arbeit als Beitrag zur *New Tax Responsiveness*-Literatur verstehen.

Der folgende Überblick verzichtet einstweilen weitgehend auf die Diskussion einzelner Schätzverfahren und sonstiger ökonometrischer Details. Im Hinblick auf die in Abschnitt 4.2 vornehmlich besprochene Arbeitsangebotsliteratur würde ein solches Vorhaben den selbstgesteckten Rahmen fraglos bei weitem sprengen. Die Einzelheiten der wichtigsten der in Abschnitt 4.3 vorgestellten Untersuchungen - im besonderen sind dies FELDSTEIN

(1995a) und GRUBER/SAEZ (2002) - und vor allem die Unterschiede zum in vorliegender Arbeit gewählten Vorgehen werden in den späteren Teilen von Abschnitt 5 und in Abschnitt 6 ausführlich erläutert. Das Ziel der folgenden Ausführungen besteht vielmehr darin zu verdeutlichen, worin das hinsichtlich Erkenntnisinteresse und angewandter Methodik Neuartige der *New Tax Responsiveness*-Literatur besteht und worin die Möglichkeiten, aber auch die besonderen Probleme und Beschränkungen dieser Literatur begründet liegen.

4.2 "Traditionelle" Untersuchungen

Nimmt man die Effekte einer Einkommensteuer auf das Verhalten der besteuerten Individuen in den Blick, beschränkt sich die "traditionelle" finanzwissenschaftliche Perspektive ganz überwiegend auf diejenigen Wirkungen, die von einer einzelnen und isoliert betrachteten steuerlichen Verzerrung relativer Preise auf die Entscheidungen der Steuerpflichtigen ausgehen. In erster Linie betrifft dies die Frage, ob und in welchem Umfang das Individuum einer lohnabhängigen Beschäftigung nachgeht.[104] Das vom besteuerten Haushalt zu lösende Entscheidungsproblem besteht in dieser Sichtweise in der nutzenmaximalen Wahl von Freizeitkonsum und aus Lohneinkommen erworbenen Konsumgütern. Die Wirkung einer Einkommensteuer ist dann derjenigen einer partiellen Konsumsteuer äquivalent: Der Preis des Konsums steuerbegünstigter, weil unbesteuert bleibender Freizeit verringert sich im Vergleich zum Preis aller aus versteuertem Einkommen erworbener Güter. In der Folge wird der Haushalt seine Freizeitnachfrage erhöhen bzw. sein Arbeitsangebot gemessen an der Alternative einer aufkommensgleichen Pauschalbesteuerung einschränken; es kommt zu Substitutionsprozessen zugunsten eines steuerlich präferentiell behandelten Konsumguts (Freizeit) und zu einer partiellen Verringerung von einkommensteuerlicher Bemessungsgrundlage (um die in Abwesenheit der Steuer zusätzlich erzielten Lohneinkünfte) und geleisteter Steuerzahlung. In der von vorliegender Arbeit vorgeschlagenen Definition (vgl. die Abschnitte 2.1 und 2.2) beschäftigt sich die empirische Literatur zum Arbeitsangebot demnach mit dem Umfang, in dem eine bestimmte Steuervermeidungsoption von abhängig beschäftigten Steuerzahlern in der Realität wahrgenommen wird.

Die ökonometrischen Probleme, die sich im Rahmen der empirischen Schätzung einer individuellen Arbeitsangebotsfunktion stellen, sind vielfältig, und die Versuche zu ihrer Lösung sind es auch.[105] Insgesamt geht man jedoch wohl nicht zu weit, wenn man die vor-

[104] Die größte Beachtung findet daneben das Ausmaß, in dem die Sparentscheidung sowie die unter Unsicherheit getroffene Kapitalanlage- bzw. Portfolioentscheidung auf von der Einkommensteuer ausgehende Anreize reagieren; zu den Ergebnissen vgl. vor allem den Überblick bei BERNHEIM (2002). Die vorliegende Arbeit beschränkt sich auf die Diskussion des Steuervermeidungsverhaltens in einer statischen Perspektive und klammert die steuerliche Beeinflussung in intertemporaler Hinsicht vollzogener Wahlhandlungen aus.

[105] Schwierigkeiten ergeben sich insbesondere dadurch, daß der Brutto(stunden)lohnsatz von Steuerpflichtigen, die einer regulären Beschäftigung nachgehen, empirisch meist nur mit Mühe zu beobachten ist; und daß die tatsächliche Minderung des Bruttoentgelts als Folge der Besteuerung von komplizierten steuerrechtlichen Vorkehrungen abhängig ist und nicht selten in nicht-stetigen und

liegende Evidenz folgendermaßen zusammenfaßt (vgl. vor allem BLUNDELL/MACURDY, 1999, 1646-1651): Mit wenigen Ausnahmen stellen alle Studien einen sehr schwachen und häufig überdies statistisch insignifikanten Effekt der Steuererhebung auf das Arbeitsangebotsverhalten von ledigen Individuen und von denjenigen Individuen fest, die verheiratet sind und einen größeren Teil zum Haushaltseinkommen beitragen als der jeweilige Ehepartner. Bei der empirischen Untersuchung des Arbeitsangebots von Steuerpflichtigen unterschiedlicher Länder und Steuersysteme erweist sich diese Beobachtung als außerordentlich robust. So nimmt die Elastizität der angebotenen Arbeitsstunden in bezug auf den Nettolohnsatz bei verheirateten Männern in der Bundesrepublik den Schätzungen von KAISER ET AL. (1993, 175f.) zufolge lediglich einen Wert von $-0,004$ an.

Demgegenüber scheint das Arbeitsangebot verheirateter (überwiegend weiblicher) Zweitverdiener stärker auf steuerliche Anreize zu reagieren, wobei dies offenbar insbesondere die Entscheidung über die Aufnahme einer - unter Umständen nur in Teilzeit ausgeübten - Beschäftigung betrifft. So unbestritten diese Aussage in qualitativer Hinsicht erscheint, so uneinig erweist sich die vorliegende Literatur allerdings im Hinblick auf ihre quantitative Relevanz, und die vorgelegten Elastizitätswerte weisen im Bereich zwischen $0,1$ und $2,5$ eine beträchtliche Schwankung auf. Insgesamt deuten neuere Schätzungen aber eher auf eine Arbeitsangebotselastizität von erkennbar weniger als Eins oder noch geringer hin (vgl. etwa TRIEST, 1990b, 513).[106]

Meist männlichen Allein- und Erstverdienern kommt auf dem Arbeitsmarkt (noch immer) eine dominierende Rolle zu. Allein unter Berücksichtigung der von der Arbeitsangebotsliteratur vorgelegten Ergebnisse ließe sich deshalb folgern, daß sich das Ausmaß der durch Erhebung einer Steuer auf Lohneinkommen bewirkten Verzerrungen in engen Grenzen hielte, und in der Tat ermittelt etwa BROWNING (1987, 11-16) Effizienzverluste der US-amerikanischen Lohnsteuer, die selbst unter der Aufbietung aller Kräfte - unter der überaus starken Annahme einer repräsentativen Arbeitsangebotselastizität in Höhe von $0,3$ und eines repräsentativen Grenzsteuersatzes in Höhe von 40% - einen Anteil von 10 Prozent am erzielten Aufkommen nur schwerlich überschreiten. Auf Basis einer ganz

nicht-konvexen Budgetmengen resultiert (vgl. dazu ausführlich BLUNDELL/MACURDY, 1999, 1586-1596). Die Höhe des Nettolohnsatzes als wichtigster steuerlich beeinflußter Determinante bei der Wahl des individuellen Arbeitsangebots ist deshalb generell mit erheblicher Unsicherheit behaftet.

106 Die Häufung hoher in den 1980er Jahren geschätzter Elastizitätswerte beruhte im besonderen auf der Verwendung einer auf HAUSMAN (1981) zurückgehenden Methode. Die ökonometrischen Schwierigkeiten, die sich mit dieser Methode verbinden, können an dieser Stelle nicht ausführlich diskutiert werden. Darauf hinzuweisen ist dennoch, daß vor allem MACURDY (1992) und HECKMAN (1993) die von HAUSMAN (1981) vorgeschlagene Spezifikation mit der Begründung kritisieren, sie lege das Vorzeichen zentraler Verhaltensparameter implizit bereits im Vorhinein fest und ziehe deshalb eine zum Teil drastische Überzeichnung der ermittelten Schätzwerte nach sich. Für die Bundesrepublik ergeben die an HAUSMAN (1981) orientierten Schätzungen von WAGENHALS (1990, 476-480) und KAISER ET AL. (173-177) eine (kompensierte) Elastizität des Arbeitsangebots verheirateter Frauen, die einen Wert von $1,85$ bzw. von $1,22$ erreicht. Dieses Bild dürfte die tatsächliche Situation hierzulande deutlich überzeichnen. Jedenfalls beläuft sich der entsprechende Wert in einer jüngeren Arbeit von WAGENHALS (2000) auf nur noch $0,28$ und unterschreitet das noch von WAGENHALS (1990) vorgelegte Ergebnis damit um mehr als das sechsfache.

ähnlichen Argumentation bezweifeln BOSWORTH/BURTLESS (1992, 10-14), daß sich die im Rahmen des *Tax Reform Acts* 1986 durchgeführte Tarifsenkung in einem spürbaren Anstieg des Arbeitsangebots US-amerikanischer Beschäftigter niederschlug bzw. aufgrund eines gegenüber steuerlichen Anreizen weitgehend unelastischen Beschäftigungsverhaltens überhaupt niederschlagen konnte. Insgesamt steht dem Fiskus im Fazit eines Blicks auf die Arbeitsangebotsliteratur mit der Einkommensteuer eine allokativ nicht unattraktive Form der Einnahmenerzielung zur Verfügung; positive Wirkungen auf Bemessungsgrundlage und Aufkommen wiederum lassen sich aufgrund einer Steuersenkung ebensowenig erwarten wie adverse Effekte einer Steuererhöhung zu befürchten sind.

Andererseits läßt sich schwer bestreiten, daß existierende Einkommensteuersysteme in vielerlei Hinsicht in das Gefüge relativer Preise einer Ökonomie eingreifen und sich dem Steuerpflichtigen über die Frage der Aufnahme einer Beschäftigung und die Wahl der angebotenen Arbeitsstunden hinaus eine Vielzahl weiterer Möglichkeiten zur Steuervermeidung eröffnen (vgl. dazu auch die beispielhafte Aufzählung in Abschnitt 2.1). So sieht das Steuerrecht häufig eine Begünstigung der privaten Spendentätigkeit vor, und das steuerlich beeinflußte Spendenverhalten findet - wohl weil der Konsumgutcharakter der begünstigten Aufwendungen in diesem Fall besonders offensichtlich ist - große Beachtung in der ökonometrischen Literatur. Im Vergleich zu aus versteuertem Einkommen erworbenen Gütern sinkt der Preis von der Bemessungsgrundlage abzugsfähiger Spenden auf die Residualrate (Eins minus Grenzsteuersatz) eines Steuerpflichtigen, die in der empirischen Schätzung individueller Spendennachfragefunktionen somit den für die Höhe des Arbeitsangebots relevanten Nettolohnsatz ersetzt. Insgesamt lassen sämtliche vorliegenden Studien erkennen, daß der Umfang begünstigter Privatspenden elastisch auf Tarifänderungen reagiert und daß eine Elastizität der Spendennachfrage in bezug auf die Residualrate der Steuerpflichtigen in Höhe von rund $-1,2$ als realistisch angesehen werden kann (vgl. dazu den Überblick bei CLOTFELTER, 1985).[107] Für die Bundesrepublik legt PAQUÉ (1986, 158-218) eine vergleichbare Studie zu Umfang und Determinanten steuerlich geförderter Spenden vor. Eine Elastizität in Höhe von rund $-1,5$ ist das zentrale Ergebnis seiner Schätzungen, sodaß das Spendenverhalten deutscher Steuerpflichtiger offenbar kaum von der im US-amerikanischen Fall erkennbaren Evidenz abweicht.[108]

Die Nachfrage der Steuerpflichtigen nach steuerbegünstigten Spenden reagiert also offensichtlich weitaus elastischer auf von einer Einkommensteuer ausgehende preisliche Anreize

---

107 Ähnlich wie im Zusammenhang mit der empirischen Literatur zum Arbeitsangebot beschrieben, resultieren jüngere und ökonometrisch elaboriertere Studien auch hier tendenziell in einer Abnahme der geschätzten Verhaltensparameter. So eliminieren die von GREENE/MCCLELLAND (2001, 443-446) vorgestellten Schätzungen transitorische Anteile am von US-amerikanischen Steuerpflichtigen getätigten Spendenvolumen und weisen nach, daß eine Elastizität in Höhe von nur noch $-0,5$ bis $-0,7$ das von lediglich temporären Lebensumständen abstrahierende Verhalten auf realistischere Weise beschreibt.

108 Zu einer ganz ähnlichen Schlußfolgerung gelangte bereits die beschreibende Zusammenfassung des Umfangs und der Verteilung des im Rahmen von § 10b EStG vorgenommenen Spendenabzugs, der in den Veranlagungen des IAW-Steuerpanels im Jahr 1989 zu beobachten ist (vgl. Abschnitt 3.2.3 vorliegender Arbeit).

als sich dies für die Nachfrage nach steuerbegünstigter Freizeit (bzw. für das Arbeitsangebot) sagen ließe. Interessanterweise läßt sich diese Aussage auf die Ergebnisse nahezu aller übrigen empirischen Untersuchungen übertragen, die sich mit dem Effekt einer einzelnen steuerlichen Verzerrung und dem Umfang einer einzelnen Form der Steuervermeidung beschäftigen. Beispielhaft sei an dieser Stelle verwiesen auf WOODBURY (1983), dessen Arbeit auf einen signifikant positiven Zusammenhang zwischen dem Grenzsteuersatz von Lohnempfängern und der Inanspruchnahme steuerlich bevorzugter betrieblicher Nebenleistungen verweist; auf CLOTFELTER (1983), der die Elastizität auch privaten Nutzen stiftender Betriebsausgaben in bezug auf die Residualrate US-amerikanischer Gewerbetreibender auf Werte zwischen $-0,26$ (Einladung von Geschäftsfreunden) und $-0,76$ (Komfort von Dienstreisen) beziffert; und auf GRUBER/POTERBA (1994), deren Schätzungen zufolge ein einprozentiger Anstieg der Residualrate die Wahrscheinlichkeit, daß US-amerikanische Selbständige eine steuerlich begünstigte Krankenversicherung abschließen, um 1,8 Prozentpunkte sinken läßt. Für die Feststellung, daß die Erhebung einer Einkommensteuer sich in den Wahlhandlungen besteuerter Individuen niederschlägt, existieren demnach durchaus starke empirische Belege. Sowohl die Interpretation als auch die steuerpolitische Verwertbarkeit der von "traditionellen" Untersuchungen vorgelegten Ergebnisse sehen sich aber in mehrerlei Hinsicht Schwierigkeiten gegenüber.

Zum einen ließ bereits die Beschreibung individueller Veranlagungsdaten in Abschnitt 3.2 vorliegender Arbeit erkennen, daß den geltend gemachten Abzügen im einzelnen - aber auch in der Summe - eine in Relation zum Gesamtbetrag der deklarierten Einkünfte nur geringe Bedeutung zukommt. Dies gilt umso mehr, wenn man nur diejenigen Abzüge betrachtet, über deren Höhe das besteuerte Individuum wie vor allem bei Werbungskosten und Sonderausgaben in besonderem Maße selbständig bestimmen und deren Inanspruchnahme deshalb am deutlichsten als vollzogene Steuervermeidung interpretiert werden kann. So beträgt der von den im IAW-Steuerpanel erfaßten Steuerpflichtigen im Jahr 1989 geltend gemachte Spendenaufwand lediglich $0,35$ Prozent am aggregierten Gesamtbetrag der Einkünfte; Einkommen aus nichtselbständiger Arbeit wiederum stellen für rund drei Viertel der Haushalte die wichtigste Quelle ihrer Einkünfte dar. Möchte man die Effizienzeigenschaften des Einkommensteuersystems als ganzes beurteilen, erhält die offenbar weitaus schwächere Beeinflussung der von abhängig Beschäftigten erzielten Lohneinkünfte demzufolge durchaus ein besonderes Gewicht.

Zum anderen (und damit zusammenhängend) liegt den bislang beschriebenen Arbeiten zum Steuervermeidungsverhalten meist ein repräsentativer Querschnitt individueller Beschäftigungs- oder Veranlagungsdaten zugrunde. Die empirische Ermittlung des Umfangs und der Bestimmungsgründe von Strategien, die Steuerpflichtige zur Minderung der steuerlichen Bemessungsgrundlage verfolgen, muß sich deswegen auf die Untersuchung beobachtbarer Sachverhalte beschränken. Die Bedeutung einer solch eingeschränkten Sichtweise läßt sich bereits an der Vorgehensweise der empirischen Literatur zum individuellen Arbeitsangebot illustrieren, die sich auf die steuerliche Beeinflussung der - in den zur Verfügung stehenden Daten vergleichweise leicht nachzuvollziehenden - Entscheidung bezüglich Arbeitsmarktpartizipation und angebotenen Arbeitsstunden konzentriert. Denn selbst bei konstanter Arbeitszeit ist die Höhe der empfangenen Lohnzahlung auch von der Wahl des Arbeitsplatzes und der Intensität abhängig, mit der ein Beschäftigter seiner Arbeit nachgeht (vgl. dazu ausführlich Abschnitt 2.2). Außer Zweifel steht, daß solche Entscheidungen auch unter steuerlichen Aspekten getroffen werden. Das empirische Ausmaß der dadurch bewirkten Verzerrung ist jedoch unklar und läßt sich anhand "traditioneller" Untersuchungen zum Arbeitsangebot nicht nachvollziehen.

Über solche im allgemeinen unbeachtete Dimensionen des Arbeitsangebots hinaus unberücksichtigt bleiben ferner sämtliche Vermeidungsstrategien, die sich auf den für den Fiskus nicht beobachtbaren und deshalb aus unversteuertem Einkommen bestrittenen Konsum bestimmter Güter beziehen. Dies betrifft eine Vielzahl nicht-monetärer Entlohnungsbestandteile ebenso wie geltend gemachte Werbungskosten und Betriebsausgaben, die zwar beruflich veranlaßt sind, aber auch privat Nutzen stiften (vgl. Abschnitt 2.1.1). Schließlich ist die Höhe des letztlich zu versteuernden Einkommensbetrags Resultat einer Vielzahl weiterer Entscheidungen des besteuerten Individuums. Neben den Einnahmen aus einer abhängigen Beschäftigung unterliegen auch Einkünfte aus einer selbständigen oder gewerblichen Tätigkeit sowie laufende Erträge aus Kapital- und Immobilienvermögen der Besteuerung. Ohne Zweifel ist die Höhe der in diesen Einkunftsarten deklarierten (positiven oder negativen) Beträge von steuerlichen Anreizen abhängig. Die empirische Beobachtung dieses Mechanismus' wird aber durch den Umstand erschwert, daß ein exogener "Bruttostundenlohnsatz" bei den genannten Betätigungsformen kaum zu ermitteln ist.[109] Zum anderen läßt sich die Wirkung, die von steuerlichen Anreizen einerseits und von nicht steuerlich beeinflußten Faktoren andererseits auf die Höhe der deklarierten Gewinn- und Kapitaleinkünfte ausgeht, nur schwer - und jedenfalls erheblich schwerer als bei der Bestimmung des individuellen Arbeitsangebots - isoliert identifizieren. Wie soll anhand zugänglicher (Steuer-)Daten unterschieden werden, ob die Ursache eines geringen Umfangs der in einer bestimmten Veranlagung deklarierten gewerblichen Einkünfte auf eine hohe steuerliche Grenzbelastung oder auf eine schlechte Ertragslage des betreffenden Gewerbebetriebs zurückzuführen ist? Ist das Vorliegen negativer Einkünfte aus Vermietung und Verpachtung in einer bestimmten Veranlagung dadurch verursacht, daß der Steuerpflichtige eine Strategie zur Minderung der Bemessungsgrundlage durch Steuergestaltung (z. B. durch die Teilnahme an einem Bauherrenmodell) verfolgte, oder war die Renovierung einer unter Einnahmegesichtspunkten vermieteten Immobilie für die zeitlich begrenzte Entstehung hoher Werbungskosten verantwortlich?

---

109 SHOWALTER/THURSTON (1997) unterziehen die Sensitivität des Arbeitsangebots US-amerikanischer Ärzte in bezug auf die individuelle Residualrate einer empirischen Evaluation. Betrachtet werden dort ausschließlich die einkommensstärksten Vertreter dieser Berufsgruppe (mit einem Jahreseinkommen von mehr als 80.000 US-$), die über einen Bruttostundenlohnsatz in vergleichbarer Höhe verfügen dürften. Die Elastizität des Arbeitsangebots selbständig praktizierender Ärzte in bezug auf die individuelle Residualrate nimmt bei SHOWALTER/THURSTON (1997, 84) einen signifikanten Wert von $0,33$ an. Interessanterweise läßt sich bei in Krankenhäusern angestellten Ärzten dagegen - wie bei abhängig beschäftigten Lohnempfängern allgemein - erneut kein signifikanter Effekt der Besteuerung auf die geleistete Arbeitszeit feststellen.

Eine letzte Schwierigkeit der genannten Untersuchungen schließlich besteht darin, daß sich empirische Schätzungen der Elastizität eines einzelnen Steuervermeidungstatbestands einem Identifikationsproblem gegenübersehen. Der als exogen betrachtete Grenzsteuersatz (bzw. die entsprechende Residualrate) wird dem besteuerten Individuum nicht zufällig zugewiesen. Weist der zugrundeliegende Steuertarif mit der Höhe der Bemessungsgrundlage variierende Grenzsteuersätze auf, handelt es sich bei dem Preis der untersuchten Aktivität stattdessen um eine vom Verhalten des Steuerpflichtigen selbst abhängige und insofern endogene Größe: Unter sonst gleichen Bedingungen deklarieren Individuen, die über eine hohe Präferenz für den Konsum steuerbegünstigter Güter - beispielsweise Freizeit oder Spenden an karitative Einrichtungen - verfügen, eine geringere Bemessungsgrundlage und sehen sich einer höheren Residualrate, d. h. einem höheren Preis der stark nachgefragten Güter gegenüber.

Vor allem die vorliegenden empirischen Untersuchungen zur Nachfrage nach steuerbegünstigten Spenden konstruieren aus diesem Grund üblicherweise sogenannte *first-dollar marginal tax rates* auf das zu versteuernde Einkommen eines Steuerpflichtigen *vor* Abzug des jeweils geltend gemachten Spendenaufwands, und die entsprechende *first-dollar*-Residualrate dient dann als exogene Preisvariable der ökonometrischen Schätzung (vgl. etwa TRIEST, 1998, 764f.). Das Problem dieses Vorgehens wiederum besteht jedoch darin, daß es sämtliche weiteren Entscheidungen eines Individuums über die Höhe der deklarierten Bemessungsgrundlage als von der Inanspruchnahme des im einzelnen betrachteten Steuervermeidungstatbestands unabhängig ansieht und der Simultaneität und Interdependenz verschiedener Steuervermeidungs- und Steuergestaltungsstrategien nicht Rechnung tragen kann.[110] Ähnliche Schwierigkeiten treten auf, wenn - wie für die Behandlung steuerpolitischer Fragestellungen häufig erforderlich - das Ausmaß von Substitutions- und Einkommenseffekt der Steuererhebung auf das Verhalten der Steuerpflichtigen isoliert ermittelt werden soll. Schätzungen individueller Arbeitsangebotsfunktionen betrachten als exogenes Einkommen eines Haushalts häufig die Summe sämtlicher nicht aus einer abhängigen Beschäftigung erzielten Einkünfte; aus Sicht der Zweitverdienerin umfaßt das exogene Einkommen außerdem meist das Lohneinkommen des Ehemannes (vgl. dazu BLUNDELL/MACURDY, 1999, 1588f.). Unmittelbar einsichtig ist allerdings, daß bei einer umfassenden Analyse des Verhaltens eines Individuums unter Besteuerung die Höhe der deklarierten Gewinn- und Vermögenseinkommen nicht als von steuerlichen Überlegungen unbeeinflußte und somit als exogene Größe interpretiert werden kann.[111]

110 Eine bemerkenswerte Ausnahme ist TRIEST (1992), der den Zusammenhang zwischen dem Arbeitsangebot US-amerikanischer Lohnempfänger und der Höhe der steuerlich zum Abzug gebrachten Konsumgutaufwendungen - die dem Werbungskosten- und Sonderausgabenabzug des deutschen Steuerrechts stark ähneln - untersucht. Das zentrale Ergebnis dieser Studie besteht darin, daß steuerbegünstigte Konsumgüter eine stärker substitutive Beziehung zum Freizeitkonsum aufweisen als aus versteuertem Einkommen erworbene Güter. Die Interdependenz unterschiedlicher Steuervermeidungsstrategien bei der empirischen Schätzung zu vernachlässigen, erscheint deswegen in der Tat problematisch.

111 Das beschriebene Simultaneitätsproblem stellt sich auch dann, wenn die empirische Untersuchung mehrere Abzugstatbestände zusammenfassend in den Blick zu nehmen versucht. Dies konzedie-

Gegen Aussagekraft und steuerpolitische Verwertbarkeit der im Hinblick auf einzelne - gesondert betrachtete - Steuervermeidungstatbestände vorliegenden empirischen Evidenz lassen sich also eine Reihe von Einwänden vorbringen. Der folgende Abschnitt zeigt, auf welche Weise und mit welchen Ergebnissen ein jüngerer Zweig finanzwissenschaftlicher Arbeiten diese Schwierigkeiten zu überwinden versucht.

4.3 Die *New Tax Responsiveness*-Literatur

Der vorige Abschnitt beschrieb einige Schwierigkeiten, der sich "traditionelle" Schätzungen der Intensität, mit der Individuen auf die Erhebung einer Einkommensteuer durch die Inanspruchnahme eines bestimmten Steuervermeidungstatbestands reagieren, gegenübersehen. Seit etwa Mitte der 1990er Jahre verfolgen jüngere und bisweilen unter dem Titel *New Tax Responsiveness*-Literatur (GOOLSBEE, 1999, 2) zusammengefaßte Untersuchungen eine alternative empirische Strategie, mit der sie die genannten Schwierigkeiten vor allem in zweierlei Hinsicht zu überwinden versuchen.

Zum einen haben die zuvor beschriebenen Untersuchungen des Verhaltens besteuerter Haushalte ganz überwiegend die steuerlich bedingte Verzerrung der individuellen Freizeitnachfrage- bzw. Arbeitsangebotsentscheidung im Blick. Existierende Einkommensteuersysteme zeichnen sich aber gerade dadurch aus, daß sie den Steuerpflichtigen - über die verstärkte Freizeitnachfrage hinaus - eine Vielzahl an weiteren Möglichkeiten sowohl zu Steuervermeidung (in Form des Konsums unbesteuerter oder von der Bemessungsgrundlage abzugsfähiger Güter) als auch zu Steuergestaltung (in Form der Verfolgung steuerlich vorteilhafter Aktivitäten, die nicht an den Konsum eines bestimmten Gutes gebunden sind) eröffnen. Viele solcher Strategien mit dem Ziel der Steuervermeidung und Steuergestaltung sind allein auf Grundlage individueller Veranlagungsdaten nicht zu beobachten und entziehen sich deshalb für sich genommen einer empirischen Evaluation.

Ausgangspunkt der *New Tax Responsiveness*-Literatur ist demgegenüber die Überlegung, daß die Attraktivität sämtlicher steuerlich begünstigter Aktivitäten eine aus Sicht des einzelnen Steuerpflichtigen gemeinsame Ursache hat (vgl. dazu die theoretische Darstellung in Abschnitt 2 dieser Arbeit): Im Vergleich zum Preis aus versteuertem Einkommen erworbener Konsumgüter geht der relative Preis steuerbegünstigter Güter auf die individuelle Residualrate (Eins minus Grenzsteuersatz) zurück. Umgekehrt schlagen sich sämtliche Strategien, die ein Steuerpflichtiger mit dem Ziel der Steuervermeidung und Steuergestaltung verfolgt, in der Höhe seines zu versteuernden Einkommens nieder. Diese Größe, die individuellen Veranlagungsdaten unmittelbar zu entnehmen ist, bildet damit indirekt auch im einzelnen nicht beobachtbare Substitutionsprozesse ab - etwa die Folgen verminderter Leistungsanreize, denen sich Steuerpflichtige mit gewerblichen und selbständigen

ren zum Beispiel auch LONG/GWARTNEY (1987, 520), deren Schätzung die Summe der von US-amerikanischen Steuerpflichtigen zum Abzug gebrachten Werbungskosten und Sonderausgaben sowie der durch Steuergestaltung herbeigeführten Verluste auf den individuellen Grenzsteuersatz vor Berücksichtigung der jeweiligen Abzüge regressiert.

Einkünften gegenübersehen; die Nachfrage nach betrieblichen Nebenleistungen und nach privaten Konsumgütern, deren Erwerb als Werbungskosten oder Betriebsausgaben anerkannt werden kann; die Inanspruchnahme überhöhter Abschreibungen im Bereich der Mieteinkünfte; sowie die steigende Attraktivität aller übrigen denkbaren Steuersparmodelle. Um einen Eindruck von der Intensität zu erlangen, mit der Individuen auf die Erhebung einer Einkommensteuer durch Steuervermeidung und Steuergestaltung reagieren, genügt es demzufolge, die Beziehung zwischen der individuellen Residualrate einerseits und der Höhe des deklarierten zu versteuernden Einkommens andererseits, d. h. die Elastizität des zu versteuernden Einkommens in bezug auf die Residualrate empirisch zu ermitteln.

Nun mißlänge dieses Vorhaben, würde man der empirischen Schätzung einen zeitpunktbezogenen Querschnitt individueller Veranlagungsdaten zugrundelegen (vgl. etwa TRIEST, 1998, 764f.). Denn wie bereits in Abschnitt 4.2 diskutiert, handelt es sich bei der tatsächlich beobachteten Residualrate um eine (in diesem Zusammenhang sogar in besonderem Maße) endogene Größe. Die im Hinblick auf die Bestimmung des zu versteuernden Einkommens exogene Preisvariable wiederum resultierte aus demjenigen Grenzsteuersatz, dem die Ausstattung eines Steuerpflichtigen - bevor er also jegliche Entscheidung über die Höhe seiner Einkünfte und Abzüge getroffen hat - unterläge, und diese ist empirisch natürlich überhaupt nicht zu beobachten. Die zweite wesentliche Eigenheit der *New Tax Responsiveness*-Literatur besteht darin, aus diesem Grund die Reaktion der Steuerpflichtigen auf eine aus ihrer Sicht *exogene Variation* von Grenzsteuersatz bzw. Residualrate zu beobachten. Aus der Änderung steuerlich relevanter Verhaltensweisen im "quasinatürlichen Experiment" einer spürbaren Änderung der steuerrechtlichen Bestimmungen, d. h. meist einer großen Tarifreform, lassen sich dann Rückschlüsse auf den Umfang der Elastizität des zu versteuernden Einkommens oder auf andere Verhaltensparameter von Interesse ziehen.

4.3.1 US-amerikanische Untersuchungen

LINDSEY (1987, 186-194) war einer der ersten, der darauf hinwies, daß das von einkommensstarken US-amerikanischen Haushalten deklarierte zu versteuernde Einkommen in der Folge des REAGANschen *Economic Recovery Tax Acts* (*ERTA*) von 1981 auf sprunghafte Weise anstieg. *ERTA* führte den Spitzensteuersatz bei der US-amerikanischen Einkommensteuer von bislang 70% mit Beginn des Jahres 1982 auf 50% zurück, und die Bemessungsgrundlage von Steuerpflichtigen mit einem Einkommen von mehr als 200.000 US-$ nahm zwischen 1981 und 1984 real um mindestens 22 Prozent zu; die reichsten Steuerpflichtigen mit einem Einkommen von mehr als 500.000 US-$ wurden 1984 gar mit einem Betrag veranlagt, der um fast das Doppelte höher lag als vor Durchführung der Reform. Demgegenüber wies die Bemessungsgrundlage von Steuerpflichtigen mit niedrigerem Einkommen, deren tarifliche Grenzbelastung weit weniger stark zurückging, ein deutlich geringeres Wachstum auf. Indem er die Änderung des zu versteuernden Einkommens in einzelnen Einkommensklassen auf die jeweilige reformbedingte - und deswegen exogene

- Änderung der Residualrate regressiert, ermittelt LINDSEY (1987, 197-201) eine Elastizität des zu versteuernden Einkommens, die in den meisten Spezifikationen einen Wert zwischen 1,6 und 1,8 annimmt. Dieses Ergebnis übersteigt die typischerweise geschätzte Arbeitsangebotselastizität in einem eklatanten und finanzpolitische Konsequenzen geradezu herausfordernden Ausmaß. So demonstriert LINDSEY (1987, 201ff.), daß das Maximum der LAFFER-Kurve, eine Elastizität des zu versteuernden Einkommens in Höhe von 1,6 und einen proportionalen Steuertarif vorausgesetzt, bereits bei einem Steuersatz von rund 40% erreicht wird und damit das selbst nach *ERTA* vorherrschende Niveau offensichtlich bei weitem unterschreitet.

Gegen das von LINDSEY (1987) gewählte Vorgehen läßt sich eine Reihe von Einwänden vorbringen, denen sich ganz ähnlich auch die im folgenden vorgestellte Untersuchung FELDSTEINs (1995a) gegenübersieht und die deshalb an dieser Stelle nicht gesondert diskutiert zu werden brauchen. Der entscheidende - und von FELDSTEIN (1995a) vermiedene - Kritikpunkt bezieht sich aber auf die Struktur des für die Schätzung verwendeten Datenmaterials, das aus der Zusammenführung mehrerer zeitlich sukzessiver Querschnitte individueller Steuerveranlagungen entsteht. Im Resultat vergleicht LINDSEY (1987) das steuerlich relevante Verhalten von Haushaltsgruppen, die zu verschiedenen Zeitpunkten über ein vergleichbar hohes Einkommen verfügen und die sich nicht notwendig auch auf identische Weise zusammensetzen. Insbesondere ist das vor Durchführung der Reform deklarierte Einkommen derjenigen Haushalte, die nach Durchführung der Reform über ein hohes Einkommen verfügen, nicht bekannt. Aus der Beobachtung, daß diese Haushalte 1984 mit einem höheren zu versteuernden Einkommen veranlagt wurden als vergleichbare Haushalte in den Jahren zuvor, läßt sich dann tatsächlich *nicht* unmittelbar folgern, daß die Tarifsenkung reiche Steuerpflichtige dazu veranlaßt habe, den Umfang der deklarierten Bemessungsgrundlage nach 1982 auszuweiten.

Eine mittlerweile klassische Arbeit FELDSTEINs (1995a) überwindet dieses Problem durch die Verwendung eines Datensatzes, der die individuellen Steuerveranlagungen einer identischen Gruppe von Steuerpflichtigen über die gesamte Untersuchungsperiode hinweg im zeitlichen Längsschnitt zusammenführt. FELDSTEIN (1995a) interpretiert den US-amerikanischen *Tax Reform Act* (*TRA*) von 1986 als quasi-natürliches Experiment, das Steuerpflichtige an unterschiedlichen Positionen der Einkommensverteilung auf höchst unterschiedliche Weise betraf. So wurde der Spitzensteuersatz im Rahmen von *TRA* ein weiteres Mal deutlich verringert und betrug nach 1986 nur noch 28%; in der Folge nahm die Residualrate besonders einkommenstarker US-Haushalte um 44 Prozent zu, und steuerbegünstigte Aktivitäten verteuerten sich aus Sicht der betroffenen Steuerpflichtigen innerhalb eines Jahres um fast die Hälfte. Wie bereits 1981, fiel die Tarifsenkung bei niedrigeren Einkommen dagegen erneut weit geringer aus. FELDSTEIN (1995a, 564-566) vergleicht den Zuwachs, der sich beim zu versteuernden Einkommen von Steuerfällen mit unterschiedlich hohem Ausgangseinkommen zwischen 1985 und 1988 beobachten läßt, und bezieht die für jeweils zwei Einkommensgruppen ermittelte Differenz auf die entsprechende Differenz in der reformbedingten Änderung der Residualrate, d. h. auf die unterschiedliche "Behandlung" der beiden Gruppen im quasi-natürlichen Experiment der Tarifreform. Weil die Bemessungsgrundlage bei den reichsten und von der Reform in erster Linie profitierenden Steuerpflichtigen besonders stark anstieg, resultieren die *difference-in-differences*-Berechnungen FELDSTEINs (1995a) in einer durchschnittlichen Elastizität des zu versteuernden Einkommens in bezug auf die Residualrate, die mindestens Eins beträgt[112] und damit erneut einen überaus hohen Wert annimmt.[113]

Auch gegen die von FELDSTEIN (1995a) vorgelegte Untersuchung des individuellen Steuervermeidungsverhaltens läßt sich eine Vielzahl von Einwänden vorbringen, die einerseits die gewählte Schätzmethode der Berechnung einer *difference-in-differences* betreffen,[114] die andererseits aber auch grundsätzlicher Natur sind. Letztlich basieren die in seiner Untersuchung ermittelten hohen Schätzwerte im wesentlichen auf der Beobachtung, daß das zu versteuernde Einkommen von Steuerpflichtigen mit hohem Ausgangseinkommen, die im Vergleich zu Steuerpflichtigen in unteren Quantilen der Einkommenverteilung von der Steuersenkung des Jahres 1986 besonders begünstigt wurden, nach 1986 in auffallend starkem Maße anstieg. Führt man, wie dies FELDSTEIN (1995a) auf implizite Weise tut, jeden über einen allgemeinen Trend hinausgehenden Anstieg des zu versteuernden Einkommens reicher Steuerpflichtiger auf gesunkene Grenzsteuersätze zurück, mündet das Experiment *TRA* natürlich nahezu zwangsläufig in der Feststellung, daß verbesserte steu-

112 EISSA (1995) wählt ein ganz ähnliches Vorgehen und identifiziert die Arbeitsangebotselastizität weiblicher Zweitverdiener im unterschiedlichen Beschäftigungsverhalten von Ehefrauen, die reformbedingt von einer unterschiedlich starken Änderung ihres marginalen Nettolohns betroffen waren. Gewissermaßen in Ergänzung von FELDSTEIN (1995a) weisen EISSAS (1995, 22-25) Ergebnisse auf eine besonders ausgeprägte Elastizität der von Partnerinnen "reicher" Ehemänner angebotenen Arbeitsstunden in Höhe von rund 0,8 hin.

113 Auch eine als gesamtwirtschaftlich repräsentativ interpretierte Elastizität des zu versteuernden Einkommens in Höhe von Eins hätte weitreichende finanzpolitische Implikationen. So schätzt FELDSTEIN (1995a, 567ff.), daß die 1993 vorgenommene Anhebung des US-amerikanischen Steuertarifs und die damit verbundene Erhöhung des Spitzensteuersatzes auf fast 40% unter der Annahme einer solch elastischen Reaktion der Bemessungsgrundlage insgesamt nur zu einem geringen Anstieg und bei einer großen Zahl von Steuerpflichtigen sogar zu einem Rückgang des entrichteten Steuerbetrags führte. FELDSTEIN/FEENBERG (1996) zeigen, daß die von der gleichen Steuererhöhung hervorgerufenen Substitutionseffekte Effizienzverluste verursachten, die die Höhe des letztlich zusätzlich erzielten Aufkommens um das Doppelte übertrafen. Schließlich führen die verzerrenden Effekte der Einkommensteuer FELDSTEIN (1999, 674-678) zufolge bei einer (kompensierten) Elastizität des zu versteuernden Einkommens in Höhe von Eins zu Zusatzlasten, die sich im Jahr 1994 auf weit über 30 Prozent des insgesamt erzielten Aufkommens belaufen.

114 Schwierigkeiten ergeben sich insbesondere dadurch, daß die Zuweisung der Steuerpflichtigen zu Experiment- und Kontrollgruppe des Politikwechsels nach einer nicht eindeutig zu rechtfertigenden, aber die Ergebnisse stark beinflussenden Regel erfolgt. Auch ist der von FELDSTEIN (1995a) verwendete Datensatz mit rund 3.500 erfaßten Steuerfällen vergleichsweise klein, und der Gruppe der reichsten Steuerpflichtigen, auf deren Veranlagungsverhalten seine Schätzergebnisse in erster Linie beruhen, gehören lediglich 57 Beobachtungen an. Es besteht deshalb der begründete Verdacht, daß das Verhalten weniger Ausreißer seine Schätzergebnisse überzeichnet (zu diesbezüglichen Belegen vgl. SLEMROD, 1996, 177). Schließlich legt FELDSTEIN (1995a) keine Signifikanztests vor, die Aufschluß über Robustheit und statistische Qualität seiner Schätzungen geben könnten. Methodische Einwände gegen FELDSTEINs (1995a) Studie und wesentliche Erweiterungen seines Vorgehens werden im Rahmen der von vorliegender Arbeit mithilfe von *differences-in-differences* ermittelten Elastizität deutscher Steuerpflichtiger ausführlich diskutiert (vgl. Abschnitt 5).

erliche Anreize eine ausgeprägte Verhaltensreaktion besteuerter Haushalte bewirken. Eingewendet werden kann aber, daß tatsächlich über die gesamten 1980er Jahre hinweg eine stark zunehmende Spreizung bei der Verteilung US-amerikanischer Haushaltseinkommen zu verzeichnen war. Eine umfangreiche empirische Literatur erkennt in diesem Phänomen einen säkularen Trend, der bereits in den 1970er Jahren seinen Ausgang nahm und der sich im besonderen auf technologisch bedingte Nachfrageschocks auf dem Arbeitsmarkt zurückführen läßt (vgl. dazu etwa den Überblick bei LEVY/MURNANE, 1992).

Der US-amerikanischen *New Tax Responsiveness*-Literatur stellte sich damit die naheliegende - und von FELDSTEINs (1995a) Studie nicht beantwortete - Frage, in welcher Relation der relative Anstieg von Einkommen und steuerlicher Bemessungsgrundlage reicher Haushalte in den 1980er Jahren auf von den Steuerreformen unabhängige Faktoren oder in der Tat auf von sinkenden Steuersätzen ausgehende Anreize zurückzuführen war.[115] Unter Rückgriff auf zeitlich sukzessive Querschnitte aggregierter Veranlagungsdaten argumentieren sowohl FEENBERG/POTERBA (1993) als auch SLEMROD (1996), daß der relative Anteil des Einkommens von Haushalten an der Spitze der US-amerikanischen Einkommensverteilung in der zweiten Hälfte der 1980er Jahre auf eine Weise sprunghaft anstieg, die sich plausibel nur als Reaktion auf eine dramatisch gesunkene Steuerbelastung erklären lasse. Erst AUTEN/CARROLL (1999) aber knüpfen an die von FELDSTEIN (1995a) vorgeschlagene Interpretation des *Tax Reform Acts* als quasi-natürliches Experiment an und versuchen gleichfalls, die Reaktion der Steuerpflichtigen auf gesunkene Steuersätze in nach der Reform beobachteten Veränderungen des individuellen Veranlagungsverhaltens zu identifizieren. Die empirische Strategie besteht nun jedoch in der ökonometrischen Schätzung eines *fixed effects*-Modells, mit dem sich neben der Änderung der Residualrate auch der Einfluß von Qualifikation und ausgeübtem Beruf der Steuerpflichtigen auf im Untersuchungszeitraum beobachtete Einkommensänderungen erfassen läßt.[116] Im Resultat ermitteln AUTEN/CARROLL (1999, 686ff.) eine Elastizität des zu versteuernden Einkommens, die mit einem Wert von rund 0,6 zwar weiterhin auf einen substantiellen Effekt gesunkener Grenzsteuersätze auf die Höhe des deklarierten zu versteuernden Einkommens hinweist, aber um etwa die Hälfte niedriger ausfällt als bei FELDSTEIN (1995a).

[115] GOOLSBEE (1999) untersucht sechs "große" US-amerikanische Steuerreformen im Zeitraum von 1922 bis 1975 und zeigt anhand einer LINDSEY (1987) vergleichbaren Methode, daß sich in den meisten Fällen *keine* auffallende Änderung des Einkommens von der jeweiligen Reform besonders stark betroffener (meist reicher) Steuerzahler feststellen läßt. Andererseits kann diese Beobachtung aber auch auf eine im Vergleich unterschiedlicher historischer Zeitpunkte und unterschiedlicher Steuerpflichtiger differierende Elastizität des zu versteuernden Einkommens zurückzuführen sein (vgl. dazu auch Abschnitt 6.6 dieser Arbeit).

[116] Daneben vermeidet die von AUTEN/CARROLL (1999) vorgenommene Regressionsanalyse die in Fußnote 114 skizzierten methodischen Probleme, mit denen die *difference-in-differences*-Berechnungen FELDSTEINs (1995a) auf unumgängliche Weise verbunden sind. Besonderheiten und Vorteile der Verwendung von *fixed effects*-Modellen bei der Schätzung der Elastizität des zu versteuernden Einkommens werden in Abschnitt 6 vorliegender Arbeit erläutert, der die Ergebnisse einer vergleichbaren und auf den Fall der deutschen Steuerreform 1990 angewandten empirischen Strategie dokumentiert. Auf die Spezifika der von AUTEN/CARROLL (1999) vorgelegten Schätzungen wird dort - wie auch auf diejenigen aller im folgenden genannten Untersuchungen - ausführlich eingegangen.

Daß die US-amerikanischen Steuersenkungen der 1980er Jahre sich im Veranlagungsverhalten der begünstigten Steuerpflichtigen niederschlugen, läßt sich nach den von FELDSTEIN (1995a) und vor allem von AUTEN/CARROLL (1999) vorgelegten Ergebnissen offenkundig kaum mehr bestreiten. Neuere Untersuchungen der *New Tax Responsiveness*-Literatur konzentrieren sich seitdem auch eher auf die Frage nach der "Anatomie" solcher Verhaltensreaktionen (SLEMROD, 1996) und, damit zusammenhängend, auf die Schätzung individueller Verhaltensparameter, die stärker differenziert und deswegen besser geeignet sind, zur Beantwortung konkreter finanzpolitischer Fragestellungen beizutragen. Grob gesprochen, besteht das Ziel darin, den Begriff "der" Elastizität des zu versteuernden Einkommens besonders in dreierlei Hinsicht zu präzisieren.

Zum ersten ist die Höhe der Elastizität des zu versteuernden Einkommens für eine an Effizienz- und Verteilungszielen orientierte Finanzpolitik vor allem dann von Interesse, wenn sich in ihr dauerhafte Verhaltensanpassungen der besteuerten Haushalte widerspiegeln (vgl. zum folgenden vor allem SLEMROD, 1998, 785f.). Von meist frühzeitig bekanntwerdenden Steuersenkungsplänen gehen aber Anreize aus, die Deklarierung zeitlich disponibler Einkünfte aufzuschieben und steuerlich geltend gemachte Verluste und andere Abzüge in frühere Jahre vorzuziehen. Die Beobachtung von Veranlagungen, die sich dem Inkrafttreten einer Steuerreform unmittelbar anschließen, birgt dann offensichtlich die Gefahr, eine künstlich und nur vorübergehend aufgeblähte Bemessungsgrundlage mit der dauerhaften Reaktion auf geänderte steuerliche Anreize zu verwechseln.[117] Und in der Tat läßt die vorliegende Evidenz erkennen, daß sich Antizipationseffekte bevorstehender Steueränderungen vor allem im Veranlagungsverhalten einkommensstarker Steuerpflichtiger niederschlagen.

So zeigen SAMMARTINO/WEINER (1997), daß das zu versteuernde Einkommen reicher US-Haushalte, die sich 1993 einer politisch lange zuvor diskutierten Tarifanhebung gegenübersahen, im Jahr der Steuererhöhung selbst zwar - im Vergleich zu Haushalten mit geringerem Einkommen - deutlich abnahm, bereits im Jahr 1995 aber wieder sein relatives Niveau vor Durchführung der Reform erreichte. GOOLSBEE (2000b) weist nach, daß diese Beobachtung vor allem auf eine dramatische Zunahme der Ende des Jahres 1992, also unmittelbar vor Inkrafttreten der Steuererhöhung, vom Führungspersonal großer Unternehmen ausgeübter Aktienoptionen zurückzuführen war und daß die zeitlich befristete Reaktion des zu versteuernden Einkommens die Intensität dauerhafter Verhaltensanpassungen bei diesen Individuen um fast das Zehnfache übertraf. Dies unterstreicht die Bedeutung, die einer Unterscheidung von kurz- und langfristigen Effekten auf die Höhe der

---

117 Darauf hinzuweisen ist andererseits, daß sämtliche vorliegenden Schätzungen lediglich kurzfristige, d. h. in einem der ersten beiden Jahre nach Durchführung der Steueränderung wirksame Anpassungsprozesse an geänderte steuerliche Bedingungen erfassen. Durch Vernachlässigung erst in längerer Frist zu beobachtender Verhaltensänderungen - steuerlich motivierte Entscheidungen von Lohnempfängern, die die Wahl des Arbeitsplatzes oder die berufliche Fort- und Weiterbildung betreffen oder Effekte auf die "Leistungsbereitschaft" unternehmerisch tätiger Individuen, die sich erst mit Verzögerung in einer Änderung der erzielten Einkünfte niederschlagen - werden die ermittelten Schätzwerte in der Tendenz unterzeichnet.

deklarierten Bemessungsgrundlage bei der Bewertung und finanzpolitischen Interpretation von Schätzungen der Elastizität des zu versteuernden Einkommens zukommt. Vor allem auf Basis der Reaktion einkommensstarker Steuerpflichtiger ermittelte, hohe Elastizitätswerte lassen sich unter Umständen nur begrenzt als Ausdruck einer dauerhaften Verhaltensänderung interpretieren und auf längerfristig orientierte Politikempfehlungen übertragen.

Eine zweite Präzisierung der vorgelegten Schätzwerte betrifft die Frage, ob sich das steuerlich relevante Verhalten von Haushalten an ganz unterschiedlichen Positionen der Einkommensverteilung tatsächlich - wie von FELDSTEIN (1995a) und AUTEN/CARROLL (1999) angenommen - ohne weiteres vergleichen läßt. Intuitiv würde man davon ausgehen, daß reiche Steuerpflichtige sich nicht nur mit stärkeren Anreizen konfrontiert sehen, Strategien zur Minderung der deklarierten Bemessungsgrundlage zu verfolgen, sondern daß sich mit zunehmendem Einkommen auch die Möglichkeiten zur Ausübung steuersparender Aktivitäten verbessern. Schon die Untersuchungen GOOLSBEEs (2000a; 2000b) illustrieren die Möglichkeiten, die sich Steuerpflichtigen in Führungspositionen bei der Minderung oder steuerlich vorteilhaften Zusammensetzung ihres Gehalts etwa durch den Bezug von Aktienoptionen als Barlohnsubstitut eröffnen. Darüber hinaus sind aber auch Selbständige und Gewerbetreibende, die auf die Höhe der deklarierten Einkünfte in Form des vorgenommenen Betriebsausgabenabzugs in besonderem Maße Einfluß nehmen können, unter Steuerpflichtigen mit hohem Einkommen in der Bundesrepublik erkennbar überrepräsentiert (vgl. Abschnitt 3.2.2), und die Inanspruchnahme von Steuerberatungsleistungen nimmt, betrachtet man die Verteilung der als Sonderausgaben geltend gemachten Kosten, mit steigendem Einkommen hierzulande ebenfalls deutlich zu (vgl. Abschnitt 3.2.3).

Die Ergebnisse NAVRATILs (1995, Kapitel II, 82-86), der die Elastizität des zu versteuernden Einkommens wieder vor dem Hintergrund der US-amerikanischen Steuerreform 1986 untersucht, bestätigen diese intuitive Vermutung. Er führt Schätzungen für unterschiedliche Einkommensgruppen getrennt durch und demonstriert, daß die Sensitivität, mit der die Bemessungsgrundlage der reichsten drei Prozent der Haushalte auf steuerliche Anreize reagiert, die entsprechende Elastizität aller übrigen Steuerpflichtigen um mehr als das doppelte übertrifft. Auf Grundlage eines Verhaltensparameters, der vornehmlich die Reaktion besonders einkommensstarker Steuerpflichtiger auf Änderungen des Steuertarifs reflektiert, lassen sich dann natürlich nicht ohne weiteres Aussagen über die globalen Effizienzeigenschaften des zugrundeliegenden Einkommensteuersystems treffen.

Drittens schließlich lassen sich die bislang vorgestellten Schätzwerte für die Elastizität des zu versteuernden Einkommens mit den Ergebnissen empirischer Schätzungen des individuellen Arbeitsangebots offensichtlich nicht ohne weiteres vergleichen. Denn in der Realität haben Steuerreformen im allgemeinen nicht nur eine Änderung von Grenzsteuersatz und Residualrate der betroffenen Steuerpflichtigen, sondern auch eine Änderung des zu entrichtenden Steuerbetrags zur Folge. Die in Abschnitt 2.2.2 dieser Arbeit formulierte SLUTSKY-Gleichung für zu das zu versteuernde Einkommen macht aber deutlich, daß die Reaktion der steuerlichen Bemessungsgrundlage in diesem Fall - in zunächst ungewissem Umfang - auch den Einkommenseffekt geänderter Durchschnittsteuersätze widerspiegelt.[118] Erst GRUBER/SAEZ (2002) und SAEZ (2003) legen ihrer Untersuchung des Steuervermeidungsverhaltens eine Schätzgleichung zugrunde, die auf der SLUTSKY-Zerlegung für das zu versteuernde Einkommen beruht und mit der Substitutions- und Einkommenseffekte der analysierten Steuerreform auf die Höhe der deklarierten Bemessungsgrundlage separat erfaßt werden können.

Die von GRUBER/SAEZ (2002) vorgelegten Schätzungen basieren auf einem Panel individueller Veranlagungsdaten, das die gesamten 1980er Jahre umfaßt. Die Breite des Untersuchungszeitraums gewährleistet, daß eine Bemessungsgrundlage in bestimmter Höhe zu verschiedenen Zeitpunkten mit einer Änderung der Residualrate in ganz unterschiedlichem Ausmaß verknüpft war; die Effekte, die von einer zunehmenden Dispersion der Haushaltseinkommen und von Änderungen des Steuertarifs auf die Höhe der deklarierten Bemessungsgrundlage ausgingen, lassen sich vor diesem Hintergrund separat identifizieren. Darüber hinaus fand zwischen 1979 und 1990 eine solche Vielzahl an Steuerreformen statt, die Entlastungen bei Grenz- und Durchschnittsteuersatz zu unterschiedlichen Zeitpunkten in ganz unterschiedlicher Weise kombinierten, daß Substitutions- und Einkommenseffekte auf das zu versteuernde Einkommen unabhängig voneinander bestimmt werden können. Insgesamt liegt die Elastizität des zu versteuernden Einkommens in der von GRUBER/SAEZ (2002, 15-25) präferierten Spezifikation bei einem Wert von rund 0,4; Steuerpflichtige mit einem zu versteuernden Einkommen von mehr als 100.000 US-$ verfügen über eine Elastizität in Höhe von 0,5-0,6. Bemerkenswert ist, daß Einkommenseffekten innerhalb des steuerlich relevanten Verhaltens sämtlicher Einkommensgruppen eine offenbar nur geringfügige Rolle zukommt,[119] und daß unkompensierte und kompensierte Elastizität des zu versteuernden Einkommens einander in der Folge annähernd entsprechen.

---

[118] FELDSTEIN (1995a, 557f.) argumentiert, daß der seiner Arbeit zugrundeliegende *Tax Reform Act* von 1986 unter der politischen Maßgabe individueller Aufkommensneutralität konzipiert wurde: Die Inzidenz der Kombination aus Tarifsenkung und Maßnahmen zur Verbreiterung der steuerrechtlichen Bemessungsgrundlage sollte - unter der Voraussetzung gegebenen Verhaltens - näherungsweise in einer konstanten Steuerbelastung jedes einzelnen Steuerpflichtigen resultieren. In diesem Fall ließen sich die Ergebnisse FELDSTEINS (1995a) tatsächlich als kompensierte Elastizitäten interpretieren (vgl. Abschnitt 2.2.2). Gegenläufige empirische Evidenz, nämlich eine mit dem Einkommen zunehmende Steuerentlastung infolge der Steuerreform 1986, findet sich bei KASTEN ET AL. (1994).

[119] Die Reaktion der Bemessungsgrundlage auf die Änderung von Steuerbetrag bzw. Durchschnittsteuersatz eines Steuerpflichtigen ist theoretisch nicht eindeutig. Ist das zusammengefaßte Bündel der steuerbegünstigten Konsumgüter nicht-inferior - wie es die Ergebnisse der empirischen Literatur zum Arbeitsangebot hinsichtlich des Freizeitkonsums nahelegen (vgl. etwa BLUNDELL/MACURDY, 1999, 1646-1651) -, ließe sich bei steigendem exogenen Einkommen eine Abnahme des zu versteuernden Einkommens erwarten, die dem Substitutionseffekt steigender Residualraten gerade entgegenläuft (vgl. dazu die in Abschnitt 2.2.2 ermittelte SLUTSKY-Gleichung). Für eine ganze Reihe weiterer steuerbegünstigter Güter, so vor allem für die Freizeitnachfrage nicht lohnabhängig beschäftigter Individuen, sowie für die gesamte Kategorie steuergestaltender Aktivitäten liegen unserer Kenntnis nach bislang keine empirischen Schätzungen des Umfangs steuerinduzierter Einkommenseffekte vor.

SAEZ (2003) verfolgt eine von der bislang diskutierten Literatur abweichende empirische Strategie. Ausgangspunkt seiner Untersuchung ist die Feststellung, daß das nominale zu versteuernde Einkommen US-amerikanischer Steuerpflichtiger zwischen 1979 und 1980 aufgrund außergewöhnlich hoher Inflationsraten um mehr als 11 Prozent anstieg. SAEZ (2003, 1248-1256) mißt die Sensitivität der deklarierten Bemessungsgrundlage in bezug auf steigende Grenzsteuersätze anhand von Verhaltensänderungen, die Folge eines allein inflationsbedingten, d. h. von steuerpolitischen Entscheidungen unabhängigen Aufstiegs in die folgende Stufe des Steuertarifs (*bracket creep*) sind. Dem Verhalten derjenigen Haushalte, die bei konstantem Realeinkommen im Vergleich der Veranlagungsjahre 1979 und 1980 Opfer des *bracket creep*-"Experiments" wurden, wird dann das Verhalten einer Kontrollgruppe gegenübergestellt, die trotz des exogenen Anstiegs ihrer Nominaleinkünfte in der bisherigen Steuersatzstufe verblieb. Die resultierende kompensierte Elastizität des zu versteuernden Einkommens beträgt in dieser Studie erneut zwischen 0,3 und 0,4.[120]

Die von GRUBER/SAEZ (2002) vorgelegten Schätzungen vermeiden zum einen die Identifikationsprobleme, denen sich die frühere *New Tax Responsiveness*-Literatur häufig gegenübersah. SAEZ (2003) demonstriert, daß sich eine signifikante Reaktion des steuerlich relevanten Verhaltens auch dann feststellen läßt, wenn die Grenzbelastung des erzielten Einkommens allein infolge gestiegener Nominaleinkommen - und nicht infolge politisch herbeigeführter "großer" Steuerreformen - variiert. Eine Elastizität des zu versteuernden Einkommens in Höhe von rund 0,4 erweist sich als robustes Ergebnis beider Arbeiten und dürfte zum jetzigen Zeitpunkt als Referenzpunkt für empirische Untersuchungen des Steuervermeidungsverhaltens US-amerikanischer Haushalte gelten.

4.3.2 Empirie der Steuervermeidung im internationalen Vergleich

Neben den im vorigen Abschnitt beschriebenen US-amerikanischen Studien liegen Untersuchungen zu Ausmaß und Intensität des individuellen Steuervermeidungsverhaltens bislang für weitere drei Länder - für Norwegen, Kanada und Schweden - und deren jeweilige Einkommensteuersysteme vor.

AARBU/THORESEN (2001, 325-331) ermitteln die Elastizität des zu versteuernden Einkommens vor dem Hintergrund der norwegischen Steuerreform von 1992, die - gleichzeitig mit dem Übergang zu einem dualen Tarifsystem - die Spitzenbelastung von Lohneinkommen um 9 Prozentpunkte und die Spitzenbelastung von Einkommen aus selbständiger Ar-

[120] Der von SAEZ (2003) ermittelte Verhaltensparameter läßt sich deshalb als kompensierte Elastizität der Bemessungsgrundlage interpretieren, weil sich sowohl Experiment- als auch Kontrollgruppe einem (approximativ) identischen Anstieg des entrichteten Steuerbetrags als Folge "kalter Progression" gegenübersahen. Beobachtet man Unterschiede im Verhalten der beiden Gruppen, sind diese dann ausschließlich Folge des Substitutionseffekts steigender Grenzsteuersätze. Zu beachten ist natürlich, daß die von SAEZ (2003) gewählte empirische Strategie einen entsprechenden Verhaltensparameter für Steuerpflichtige, deren Nominaleinkommen schon vor Inflationierung dem Spitzensteuersatz unterlag, nicht zu ermitteln und einen Vergleich mit der Reaktion einkommensstarker Steuerpflichtiger demzufolge nicht vorzunehmen erlaubt.

beit um 11 Prozentpunkte zurückführte. In der Mehrzahl der alternativ verwendeten Spezifikationen resultieren die Schätzungen in einer nur geringfügig positiven und zudem statistisch überwiegend insignifikanten Reaktion der Bemessungsgrundlage norwegischer Steuerpflichtiger auf Änderungen der individuellen Residualrate.[121] SILLAMAA/VEALL (2001, 345-352) untersuchen das Verhalten kanadischer Steuerpflichtiger im quasi-natürlichen Experiment einer 1988 durchgeführten Steuerreform, die mit einem Rückgang des Spitzensteuersatzes von bislang 34% auf 29% verbunden war. Die repräsentative Elastizität des zu versteuernden Einkommens beträgt in dieser Arbeit lediglich rund 0,2; demgegenüber läßt sich bei der Bemessungsgrundlage von Selbständigen und von Steuerpflichtigen in der Nähe des Rentenzugangsalters eine weitaus stärkere Sensitivität gegenüber steuerlichen Anreizen feststellen. SELEN (2002, 22-26) schließlich beobachtet Änderungen im Veranlagungsverhalten männlicher Steuerpflichtiger als Folge der schwedischen Steuerreform von 1990/1991, die den maximalen Einkommensteuersatz von 42% auf 20% zurückführte und damit mehr als halbierte. Die geschätzte Elastizität des zu versteuernden Einkommens schwankt in dieser Untersuchung, abhängig vom gewählten Schätzverfahren, meist um Werte von Null und nimmt maximal einen Wert zwischen 0,3 und 0,4 an.

Ein Vergleich dieser Ergebnisse mit der für US-amerikanische Steuerpflichtige vorliegenden Evidenz ist natürlich nicht einfach vorzunehmen. Im Kern von modellhafter Konstruktion und empirischer Messung spiegelt die Elastizität des zu versteuernden Einkommens ausschließlich die Präferenzen eines Steuerpflichtigen für steuerbegünstigte Konsumgüter (und alle weiteren steuersparenden Aktivitäten) auf der Grundlage eines gegebenen Steuerrechts wider. Nationale Unterschiede in der Höhe der Elastizität des zu versteuernden Einkommens können damit auch auf sozial oder kulturell begründete Differenzen im Veranlagungsverhalten der Individuen zurückzuführen sein. Andererseits ist die Intensität, mit der Individuen auf eine reformbedingte Änderung steuerlicher Anreize reagieren (können), wesentlich auch von der Ausgestaltung des Steuerrechts abhängig und insofern selbst durch Entscheidungen der steuerpolitischen Akteure beeinflußbar.[122] Eine Untersuchung der spezifischen Gründe, die für eine besonders stark oder für eine besonders schwach ausgeprägte Sensitivität der Steuerpflichtigen eines bestimmten Landes gegenüber steuerlichen Anreizen sprechen könnten, ginge weit über das Ziel dieses Abschnitts hinaus. Tendenziell läßt der vorangegangene Überblick aber erkennen, daß sich der in US-amerikanischen Untersuchungen ermittelte Verhaltensparameter im Hinblick

---

121 Diese Schätzungen orientieren sich, wie auch die im folgenden vorgestellten Untersuchungen, an einer Variante des in diesem Kontext erstmals von NAVRATIL (1995) und AUTEN/CARROLL (1999) verwendeten *fixed effects*-Modells (vgl. Abschnitt 4.3). AARBU/THORESEN (1997, 20-27) zeigen, daß sich die durch *diff-in-diff*-Berechnungen ermittelten und außerordentlich hohen Elastizitäten FELDSTEINS (1995a) bei Anwendung dieser Methode im norwegischen Fall ebenfalls nicht replizieren lassen.

122 Eine ausführliche Diskussion dieses Arguments findet sich in SLEMROD/KOPCZUK (2002) und KOPCZUK (2003). Abschnitt 2.4 demonstrierte, unter welchen Bedingungen der Steuergesetzgeber die Höhe der Elastizität des zu versteuernden Einkommens durch die absichtsvoll herbeigeführte steuerliche Bevorzugung einzelner Konsumgüter, d. h. durch die bewußte Schaffung steuerlicher "Schlupflöcher" - positiv oder negativ - beeinflussen kann.

auf andere Länder und Steuersysteme quantitativ nicht ohne weiteres reproduzieren läßt. Geht man vereinfachend von einer vergleichbaren Struktur der nationalen Steuersysteme aus, scheinen US-amerikanische Individuen folglich zumindest im Durchschnitt entweder in besonderem Maße zur Steuervermeidung zu neigen - oder der Attraktivität von Strategien zur Minderung der deklarierten Bemessungsgrundlage im internationalen Vergleich besonders gewahr zu sein.

4.4 Zusammenfassung und Ausblick

Der vorangegangene Abschnitt vermittelte einen weitgehend kursorischen Überblick über das Vorgehen und die Ergebnisse vorliegender Untersuchungen, deren Ziel in der empirischen Quantifizierung des Ausmaßes und der Intensität von Steuervermeidungsstrategien bei der persönlichen Einkommensteuer besteht. Hinsichtlich der Effekte einzelner steuerlicher Verzerrungen konzentriert sich diese Literatur vornehmlich auf die Schätzung individueller Arbeitsangebotsfunktionen, die zumindest beim größten Teil der Beschäftigten auf eine empirisch nur geringe Sensitivität der angebotenen Arbeitsstunden gegenüber steuerlichen Anreizen hinweisen. Für sich genommen stünde dem Fiskus mit der Besteuerung des (Lohn-)Einkommens demzufolge eine attraktive, weil weitgehend verzerrungsfreie und von adversen Wirkungen auf die Steuerbasis losgelöste Form der Finanzierung staatlicher Aufgaben zur Verfügung.

Tatsächlich eröffnen sich den Steuerpflichtigen - über die verstärkte Freizeitnachfrage hinaus - aber eine Vielzahl an weiteren Möglichkeiten sowohl zu Steuervermeidung als auch zu Steuergestaltung, deren Inanspruchnahme der individuellen Veranlagung häufig im einzelnen nicht zu entnehmen und die deshalb empirisch nur schwer zu beobachten sind. Jüngere und unter dem Stichwort *New Tax Responsiveness*-Literatur zusammengefaßte Untersuchungen begegnen diesem Problem dadurch, daß sie die Änderung steuerlich relevanter Verhaltensweisen im quasi-natürlichen Experiment spürbarer steuerpolitischer Reformen in ihrer Gesamtheit in den Blick zu nehmen versuchen. Die derart beobachtete Elastizität des (gesamten) zu versteuernden Einkommens in bezug auf die Residualrate US-amerikanischer Steuerpflichtiger nimmt insbesondere bei LINDSEY (1987) und FELDSTEIN (1995a) ein Ausmaß an, das die typischerweise geschätzte Arbeitsangebotselastizität in eklatanter und finanzpolitische Konsequenzen geradezu herausfordernder Weise übersteigt.

Nun gibt es gute Gründe für die Annahme, daß beim Versuch, eine möglichst umfassende Perspektive auf steuerbedingt verzerrte Entscheidungen zu erlangen, zunächst gewissermaßen des Guten zuviel getan wurde. Nachfolgende und methodisch in wichtiger Hinsicht verfeinerte Untersuchungen jedenfalls stellen eine geringere Sensitivität der Bemessungsgrundlage in bezug auf Änderungen der individuellen Residualrate fest. Die vor allem von GRUBER/SAEZ (2003) vorgelegten Schätzungen einer statistisch signifikanten Elastizität des zu versteuernden Einkommens in Höhe von 0,4 (alle Steuerpflichtigen) bzw.

0,6 (Steuerpflichtige mit hohem Einkommen) halten jedoch die grundsätzliche Aussage aufrecht, daß sich die Analyse des Verhaltens von Haushalten unter Besteuerung nicht auf die Arbeitsangebotsreaktion abhängig Beschäftigter beschränken darf. Steuerpolitische Entscheidungen, die Intensität und allokative Folgen von Vermeidungsstrategien bei der Einkommensteuer in ihrer Gesamtheit ignorieren, werden zu unter Wohlfahrtsgesichtspunkten unbefriedigenden Ergebnissen führen.

Die empirischen Teile vorliegender Arbeit führen eine Untersuchung des Steuervermeidungsverhaltens und der Elastizität des zu versteuernden Einkommens deutscher Steuerpflichtiger durch, der - im Sinne der *New Tax Responsiveness*-Literatur - die Beobachtung eines Panels individueller Steuerveranlagungen im quasi-natürlichen Experiment der Steuerreform 1990 zugrundeliegt. Vergleichbare Schätzungen liegen für die Bundesrepublik bislang nicht vor, und schon für sich genommen ist die Frage von Interesse, ob sich die bislang erkennbare US-amerikanische Evidenz einer spürbaren Reaktion des zu versteuernden Einkommens - anders als in norwegischen, kanadischen und schwedischen Untersuchungen (vgl. Abschnitt 4.3) - auf ähnliche Weise auch im deutschen Fall beobachten läßt.

Darüber hinaus integriert unsere empirische Arbeit sowohl die von FELDSTEIN (1995a) verwendete *difference-in-differences*-Methode (in den folgenden Teilen von Abschnitt 5) als auch den von späteren Untersuchungen präferierten *fixed effects*-Ansatz (in Abschnitt 6). Die Entscheidung, bei der empirischen Analyse auf zwei methodisch unterschiedliche Schätzansätze zuzugreifen, hat mehrere Gründe. Zum einen resultieren FELDSTEINs (1995a) Berechnungen in außerordentlich hohen Elastizitätswerten, deren Implikationen der Autor selbst in auch öffentlich geführten steuerpolitischen Auseinandersetzungen bis heute mit Nachdruck betont und deren Überprüfung anhand eines alternativen Steuersystems (und dessen Reform) schon deshalb als angebracht erscheint.[123] In dieser Form stand eine solche Überprüfung bislang aus. Zum anderen wurde bereits in Abschnitt 4.3 auf verschiedene methodische Schwierigkeiten hingewiesen, denen sich die Berechnung einer *difference-in-differences* bei der Messung steuerinduzierter Verhaltensänderungen gegenübersieht, und in der Gegenüberstellung zur alternativ durchgeführten Regressionsanalyse werden diese Probleme - und deren Lösung im Rahmen des *fixed effects*-Modells - auf besonders anschauliche Weise nachvollziehbar.

Hinzuweisen ist schließlich auf mehrere wichtige Vorzüge, die eine Untersuchung des steuerlich relevanten Verhaltens in der Folge der deutschen Steuerreform 1990 gegenüber der bislang vorliegenden *New Tax Responsiveness*-Literatur genießt. Sämtlichen dieser

[123] Auf die von FELDSTEIN (1995a), FELDSTEIN/FEENBERG (1996) und FELDSTEIN (1999) vorgenommenen Berechnungen zum Ausmaß der durch die US-amerikanische Einkommensteuer bewirkten Effizienzverluste wurde bereits an anderer Stelle verwiesen; unter der Voraussetzung einer Elastizität des zu versteuernden Einkommens in Höhe von Eins fallen diese natürlich dramatisch aus. FELDSTEIN (1997) zeigt, daß sich die selbstgestellte rhetorische Frage "How big should government be?" auf Grundlage der zuvor zitierten Ergebnisse auf naheliegende Weise beantworten läßt. Mit der gleichen Begründung rechtfertigt der Autor in einem Artikel des *Wall Street Journals* vom 16.02.2001 seine Forderung, den Spitzensteuersatz bei der Einkommensteuer auf 28% zu senken.

Arbeiten dient nämlich die Reform eines Stufentarifs als quasi-natürliches Politikexperiment, die die Grenzbelastung einkommensstarker Haushalte im Vergleich zur Grenzbelastung von Steuerpflichtigen mit geringerem Einkommen besonders deutlich verringerte. Im Unterschied dazu bestand eines der wichtigsten Ziele der Steuerreform 1990 darin, die als besonders gravierend eingeschätzten Leistungshemmnisse des sogenannten "Mittelstandsbauchs" - eines überproportionalen Anstiegs der Grenzsteuersätze im mittleren Einkommensbereich - abzubauen (vgl. dazu ausführlich Abschnitt 5.1.2). Beim Übergang zum seit 1990 geltenden linear-progressiven Tarif sahen sich Steuerpflichtige mit *mittleren* Einkommen deshalb einem besonders ausgeprägten Rückgang ihrer tariflichen Grenzbelastung und besonders ausgeprägten Anreizen gegenüber, auf die Wahrnehmung bisher attraktiv erschienener Steuervermeidungsoptionen zu verzichten. In der Konsequenz nimmt unsere Untersuchung vornehmlich das steuerlich relevante Verhalten von Haushalten in den Blick, die zum "Mittelstand" zu zählen sind und deren Verhalten für die Gesamtzahl der Steuerpflichtigen eher als repräsentativ anzusehen sein dürfte.

Zum anderen bestimmte sich der Grenzsteuersatz bei der deutschen Einkommensteuer sowohl vor als auch nach 1990 (und bis heute) aus der Anwendung eines Formeltarifs. Der größte Teil der deutschen Steuerpflichtigen befand sich nach 1990 in den linear-progressiven Segmenten des Reformtarifs und sah sich damit einer mit dem zu versteuernden Einkommen stetig ansteigenden Grenzbelastung gegenüber. Jegliche positive Reaktion der Bemessungsgrundlage auf reformbedingte Anreize geht in diesen Tarifbereichen mit einem gleichzeitigen Anstieg des Grenzsteuersatzes bzw. einem neuerlichen Rückgang der Residualrate einher. Innerhalb eines Stufentarifs treten solche Effekte natürlich in erheblich geringerem Ausmaß auf. Von Interesse ist deshalb die (im internationalen Kontext bislang nicht aufgeworfene) Frage, ob von stetig ansteigenden Grenzsteuersätzen womöglich selbst eine dämpfende Wirkung auf den Umfang steuerinduzierter Verhaltensanpassungen ausgeht, und auf welche Weise sich strukturelle Unterschiede bei den zugrundeliegenden Tarifverläufen in der Höhe der Elastizität des zu versteuernden Einkommens der Steuerpflichtigen niederschlagen.

5 Elastizität des zu versteuernden Einkommens: *Diff-in-Diff*-Berechnung

5.1 Die Steuerreform 1990

5.1.1 Vorbemerkung

Im Mittelpunkt der empirischen Teile vorliegender Arbeit steht die Frage nach der Sensitivität, mit der deutsche Steuerpflichtige auf die Besteuerung ihres Einkommens durch Steuervermeidung reagieren, d. h. die empirische Schätzung der Elastizität des zu versteuernden Einkommens in der Bundesrepublik. In Anlehnung an die verwandte und in Abschnitt 4.3 beschriebene Literatur interpretiert unsere in den folgenden Abschnitten vorgestellte Untersuchung die Steuerreform 1990 als quasi-natürliches Politikexperiment, in dessen Verlauf Grenzsteuersatz und Residualrate der Steuerpflichtigen einer aus ihrer Sicht exogenen Änderung in substantiellem Umfang unterlagen. Die empirische Strategie macht sich den Längsschnittcharakter der im IAW-Steuerpanel enthaltenen Veranlagungsdaten zunutze und identifiziert die Intensität des individuellen Steuervermeidungsverhaltens in der Änderung des zu versteuernden Einkommens, das von der reformbedingten Änderung ihrer Residualrate in unterschiedlichem Ausmaß betroffene Steuerpflichtige im Veranlagungsjahr 1990 - im Vergleich zur Situation vor Durchführung der Reform - deklarierten. Dieser Abschnitt stellt zunächst die wichtigsten Bestandteile der Steuerreform 1990 vor und beschreibt, welchen Änderungen der steuerlichen Rahmenbedingungen sich die Steuerpflichtigen - unter der Annahme, sie hätten das vor Durchführung der Reform gezeigte Verhalten beibehalten - im Veranlagungsjahr 1990 gegenübersahen.

5.1.2 Das Steuerreformgesetz 1990

Am 25. Juli 1988 wurde vom Deutschen Bundestag das *Steuerreformgesetz 1990* verabschiedet, das in seinen Hauptbestandteilen mit Beginn des Veranlagungsjahres 1990 wirksame Änderungen am Einkommensteuergesetz vornahm. Im Kern kombinierte die Steuerreform 1990 eine weitreichende Reform des Einkommensteuertarifs - den Übergang zum linear-progessiven Tarif T1990, der mit einer Absenkung des Grenzsteuersatzes für nahezu alle Steuerpflichtigen verbunden war - mit dem Ziel, die Bemessungsgrundlage der Einkommensteuer durch den Abbau von steuerlichen Vergünstigungen und Sonderregelungen zu verbreitern. In seiner Grundstruktur folgt das Steuerreformgesetz 1990 damit dem Muster des US-amerikanischen *Tax Reform Acts* von 1986 und einer Reihe weiterer Steuerreformen, die in den späten 1980er und frühen 1990er Jahren in den meisten OECD-Staaten durchgeführt wurden (für einen Überblick vgl. etwa CNOSSEN/MESSERE, 1990). Allgemein erhoffte man sich, mit dem Prinzip eines *tax cut cum base broadening* das Steuersystem "leistungsfreundlicher, gerechter und transparenter" zu gestalten (vgl. BMF, 1989, 91).

Umfang der steuerlichen Entlastungen

Tatsächlich bestand die Steuerreform 1990 in der Kombination aus einer breiten Tarifsenkung und aus flankierenden Steuerrechtsänderungen, die in recht unsystematischer Weise die Bemessungsgrundlage der Einkommensteuer sowohl teilweise verbreiterten als auch teilweise verengten. Im Resultat bezifferte die Bundesregierung die Summe der Entlastungen bei Lohn- und Einkommensteuer gegenüber dem Veranlagungsjahr 1989 auf rund 33 Mrd. DM, von denen rund 29 Mrd. DM auf die Tarifsenkung entfielen (vgl. BMF, 1989, 204f.). Die entlastenden Maßnahmen summierten sich damit auf einen Anteil von immerhin etwa 15 Prozent am 1989 erzielten Aufkommen aus Lohnsteuer und veranlagter Einkommensteuer (vgl. BMF, 1993, 215). Diesem Betrag standen belastende Maßnahmen bei Lohn- und Einkommensteuer sowie bei anderen Steuerarten in Höhe von rund 18 Mrd. DM gegenüber (BMF, 1989, 204f.). Die für das Rechnungsjahr 1990 prognostizierte Netto-Gesamtentlastung aller Reformmaßnahmen belief sich folglich immer noch auf rund 15 Mrd. DM, was 6,9 Prozent am Aufkommen aus Lohn- und Einkommensteuer oder 2,8 Prozent am gesamten bundesdeutschen Steueraufkommen des Jahres 1989 entsprach (BMF, 1993, 215).[124]

Im folgenden vergleichen wir den Reformtarif T1990 mit dem in den Veranlagungsjahren 1988 und 1989 geltenden Steuertarif T1988 und beschreiben die parallel dazu vollzogenen Änderungen an der steuerrechtlichen Definition der Bemessungsgrundlage. Dabei wird - was die Auswahl der vorgestellten Einzelmaßnahmen betrifft - im Sinne unserer Untersuchung selektiv vorgegangen. Ein ausführlicher Überblick über den Inhalt das Steuerreformgesetzes 1990 und eine kritische Bewertung ausgewählter Reformmaßnahmen findet sich zum Beispiel bei ANDEL (1987). Im Mittelpunkt der folgenden Darstellung stehen diejenigen Effekte, die von den Maßnahmen des Steuerreformgesetzes 1990 auf das Steuervermeidungsverhalten der besteuerten Haushalte ausgingen, bevor diese eine Anpassung ihres Verhaltens an die veränderten steuerlichen Bedingungen vornahmen: Die Tarifsenkung hatte für den allergrößten Teil der Steuerpflichtigen einen Rückgang des individuellen Grenzsteuersatzes sowie einen damit korrespondierenden Anstieg der individuellen Residualrate (Eins minus Grenzsteuersatz) und des relativen Preises steuerbegünstigter Konsumgüter zur Folge. Änderungen an der steuerrechtlichen Bemessungsgrundlage konnten

[124] Bei den Regierungsangaben handelt es sich um die Ergebnisse einer statischen Projektion, die reforminduzierte Verhaltensänderungen der Wirtschaftssubjekte unberücksichtigt läßt. Tatsächlich ging das Aufkommen aus Lohnsteuer und veranlagter Einkommensteuer 1990 im Vergleich zum Vorjahr nur um rund 4,5 Mrd. DM oder 2,1 Prozent, also um weniger als ein Drittel des ursprünglich prognostizierten Werts zurück (BMF, 1993, 215f.). Dieser Rückgang war außerdem fast ausschließlich auf die Minderung des Lohnsteueraufkommens zurückzuführen, während die Einnahmen aus der veranlagten Einkommensteuer sich gegenüber 1989 um lediglich 280 Mio. DM oder 0,75 Prozent verringerten. Natürlich ist allein aufgrund dieser Beobachtung unklar, in welcher Relation sich das - im Vergleich zur Projektion - zusätzlich erzielte Aufkommen auf Ungenauigkeiten der ursprünglichen Prognose, auf einen von der Steuerreform unabhängigen Anstieg der gesamtwirtschaftlichen Bemessungsgrundlage und auf Verhaltensanpassungen der Steuerpflichtigen an die 1990 vollzogenen Steueränderungen zurückführen läßt. Schätzungen der empirischen Größenordnung der Elastizität des zu versteuernden Einkommens, die vorliegende Arbeit erstmals für die Bundesrepublik durchführt, sind zur Beantwortung dieser finanzpolitisch zentralen Frage von entscheidender Bedeutung.

diesen Effekt, abhängig von ihrer Wirkung auf das gegebene individuelle zu versteuernde Einkommen, entweder verstärken oder abschwächen. Von Interesse ist schließlich, ob und in welchem Umfang vom Steuerrecht bislang gewährte Möglichkeiten zur Steuervermeidung 1990 eingeschränkt oder ausgeweitet wurden.

Tarifreform

Durch einen Vergleich der Tarife T1988 und T1990 in Abbildung 4 werden die Effekte der Tarifreform auf die Grenzsteuersätze bei unterschiedlichen zu versteuernden Einkommen erkennbar. Der bisherige Tarif wies - wie alle Steuertarife seit 1958 - für mittlere Einkommen einen konkaven Verlauf der Grenzsteuersatzfunktion auf. Dieser sogenannte "Mittelstandsbauch" hatte für Steuerpflichtige, deren zu versteuerndes Einkommen zwischen rund 18.000 und 60.000 DM bei Ledigen bzw. zwischen rund 36.000 und 120.000 DM bei Verheirateten lag, einen besonders steilen Anstieg der Grenzbelastung zur Folge. Das politische Ziel der Steuerreform 1990 bestand vor allem darin, die als besonders gravierend eingeschätzten Leistungshemmnisse des Mittelstandsbauchs zu mildern. Der Übergang zur "sanft und gleichmäßig ansteigenden" linearen Progression des "Zukunftstarifs" T1990 wurde von der Bundesregierung dementsprechend als "Kernstück der Steuerreform" bezeichnet (BMF, 1989, 92).[125]

Betrachtet man nur die Wirkungen auf den individuellen Grenzsteuersatz, profitierten von der Einebnung des Mittelstandsbauchs insbesondere Steuerpflichtige mit einem zu versteuernden Einkommen von etwa 45.000 bis 75.000 DM (Ledige) bzw. von etwa 90.000 bis 150.000 DM (Verheiratete), deren Grenzbelastung nach Anwendung des T1990 um durchweg rund 9 bis 11 Prozentpunkte niedriger lag. Diese Gruppe bildet auch den größten Teil derjenigen Steuerpflichtigen, die sich infolge der Tarifreform einem besonders starken Anstieg ihrer Residualrate gegenübersahen. Die relative Zunahme des Preises steuerbegünstigter Güter betrug im Bereich zu versteuernder Einkommen von etwa 45.000 bis 90.000 DM (Ledige) bzw. von etwa 90.000 bis 180.000 DM (Verheiratete) mindestens 16 Prozent und erreichte bei zu versteuernden Einkommen von rund 70.000 DM/140.000 DM mit 19,5 Prozent ihr Maximum.[126]

---

[125] Nicht ganz plausibel ist natürlich, wie sich vor dem Hintergrund dieser Argumentation der durch die Steuerreform bewirkte *stärkere* Anstieg der Grenzsteuersätze im Bereich zu versteuernder Einkommen zwischen ca. 60.000 DM/120.000 DM und dem Beginn der neuen Ausgangsproportionalzone bei 110.000 DM/220.000 DM rechtfertigen läßt; vgl. dazu auch WIEGARD (1987, 246).

[126] Neben der Änderung des Grenzsteuersatzes ist aus Sicht eines Steuerpflichtigen natürlich auch die reformbedingte Steuerentlastung bzw. die Änderung des Durchschnittsteuersatzes von Bedeutung. Bezogen auf ihre bisherige Steuerzahlung realisierten Steuerpflichtige im mittleren Bereich des Tarifs auch den stärksten Rückgang ihrer Steuerbelastung. So ging der Durchschnittsteuersatz bei zu versteuernden Einkommen zwischen 60.000/120.000 DM und 140.000/280.000 DM um über 5 Punkte zurück. Zu einer umfassenden Analyse der reformbedingten Änderungen des Durchschnittsteuersatzes in einzelnen Tarifsegmenten vgl. HINTERBERGER/MÜLLER (1988, 362-367). WIEGARD (1987) vergleicht die unterschiedlichen Residualeinkommenselastizitäten, die sich auf Basis von T1988 und T1990 als Funktion des zu versteuernden Einkommens ergeben. Er zeigt, daß die Residualeinkommenselastizität im Bereich zu versteuernder Einkommen von rund 20.000-100.000 DM (Ledige) bzw. rund 40.000-200.000 DM (Verheiratete) infolge der Tarifreform zunahm und folgert, mit der

Abbildung 4: Vergleich der Tarife T1988 und T1990

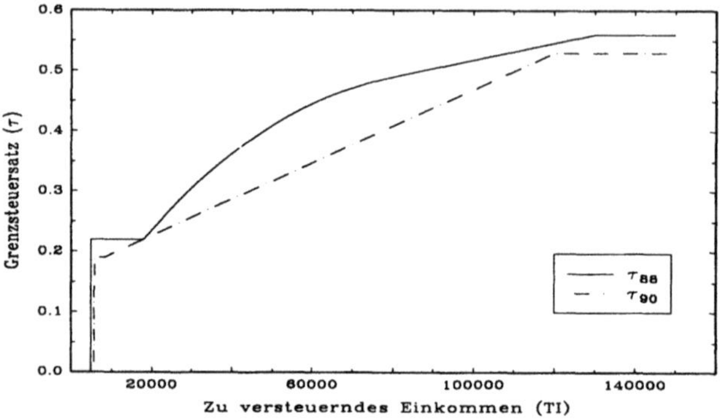

Erläuterung: Die Variablen *TI* und τ bezeichnen zu versteuerndes Einkommen und Grenzsteuersatz auf Basis von § 32a EStG 1988 bzw. 1990.

In allen übrigen Tarifsegmenten wurde die Grenzbelastung in wesentlich geringerem Umfang zurückgeführt. Abbildung 4 zeigt zum einen, daß der Spitzensteuersatz im Veranlagungsjahr 1990 von ursprünglich 56% auf 53%, also um lediglich drei Prozentpunkte, gesenkt wurde. Der korrespondierende relative Anstieg der Residualrate betrug bei zu versteuernden Einkommen von mindestens 130.032 DM/260.064 DM weniger als 7 Prozent und fiel damit ebenfalls wesentlich geringer aus als bei mittleren Einkommen. Einem noch geringeren Rückgang ihres Grenzsteuersatzes und einem noch geringeren Anstieg ihrer Residualrate schließlich sahen sich Steuerpflichtige gegenüber, deren zu versteuerndes Einkommen vor Durchführung der Reform zwischen etwa 110.000 DM/220.000 DM und dem Beginn der bisherigen oberen Proportionalzone bei 120.000 DM/240.000 DM lag.

Auch am unteren Rand des Tarifs wurden die Grenzsteuersätze weniger stark vermindert. Der Eingangsteuersatz verringerte sich von 22% auf 19%, d. h. absolut betrachtet im gleichen Umfang wie der Spitzensteuersatz, was als "sozialpolitische Absicherung" der Tarifreform interpretiert wurde (ANDEL, 1987, 172). Da gleichzeitig der Umfang der unteren Proportionalzone deutlich vermindert wurde und der linear-progressive Tarifbereich früher begann, fiel der Rückgang des Grenzsteuersatzes bei zu versteuernden Einkommen zwischen 8.153 DM/16.306 DM und 25.000 DM/50.000 DM noch geringer aus. Insgesamt stieg die Residualrate von Steuerpflichtigen, deren zu versteuerndes Einkommen von der unteren Proportionalzone des T1988 erfaßt wurde, relativ um maximal 4 Prozent an.

Einführung des Reformtarifs seien "beträchtliche Umverteilungswirkungen 'von unten nach oben'" verbunden (WIEGARD, 1987, 246). Dies ist - weil sich die Residualeinkommenselastizität als Quotient aus marginaler Residualrate und "durchschnittlicher Residualrate" (Eins minus Durchschnittssteuersatz) bestimmt - darauf zurückzuführen, daß der Grenzsteuersatz im angegebenen Einkommensintervall stärker abnahm als der Durchschnittssteuersatz.

Bei der Analyse getrennt betrachten lassen sich schließlich diejenigen Effekte, die von der Tarifreform auf zwei weitere Gruppen von Steuerpflichtigen mit vergleichsweise geringem Einkommen ausgingen. Zum einen läßt sich bei einem zu versteuernden Einkommen von 18.035 DM/36.070 DM - also am Berührpunkt von altem und neuem Tarif, der mit dem Ende der bisherigen unteren Proportionalzone zusammenfiel - die einzige Gruppe von Steuerpflichtigen identifizieren, deren Grenzsteuersatz nach Anwendung des T1990 im Vergleich zum Vorjahr unverändert blieb. Zum anderen fielen zu versteuernde Einkommen, die vor Durchführung der Reform zwischen 4.752 und 5.616 DM (Ledige) bzw. zwischen 9.504 und 11.232 DM (Verheiratete) betragen hatten, ab dem Veranlagungsjahr 1990 in den erweiterten Grundfreibetrag. Bis zur Tarifreform steuerlich belastete Einkünfte in dieser Höhe blieben infolge des späteren Tarifeinstiegs im Veranlagungsjahr 1990 steuerfrei, und der Grenzsteuersatz der betroffenen Steuerpflichtigen ging von ursprünglich 22% auf Null zurück.

Reform des Körperschaftsteuertarifs

Von Interesse ist, daß das Steuerreformgesetz 1990 auch eine Änderung des Körperschaftsteuertarifs vornahm und den Steuersatz auf einbehaltene Gewinne in Höhe von bislang 56% auf 50% zurückführte. Ausgeschüttete Gewinne blieben wie bislang mit 36% belastet und in voller Höhe auf die Einkommensteuerschuld des Empfängers anrechenbar. Anders als vor Durchführung der Reform lag der Thesaurierungssteuersatz im Jahre 1990 aber um drei Prozentpunkte unter dem Spitzensteuersatz bei der persönlichen Einkommensteuer. Diese Differenz wurde von der Bundesregierung als Kompensation der geringeren durchschnittlichen Steuerbelastung von Personenunternehmen bewertet, die infolge des progressiven Einkommensteuertarifs gegenüber Kapitalgesellschaften bevorteilt seien (vgl. BMF, 1989, 98f.).

Nun werden Entscheidungen der Anteilseigner hinsichtlich der Rechtsform eines Unternehmens - Personengesellschaft oder Kapitalgesellschaft -, hinsichtlich der Finanzierung eines Unternehmens - Eigenkapital oder Fremdkapital - und hinsichtlich der Gewinnverwendung - Thesaurierung oder Ausschüttung - in der Tat unter anderem vom Verhältnis der marginalen Belastung durch Körperschaftsteuer einerseits und durch persönliche Einkommensteuer andererseits beeinflußt. Auf die Details dieses komplexen Zusammenspiels kann an dieser Stelle nicht eingegangen werden (vgl. dazu GORDON/MACKIE-MASON, 1994; und GORDON/SLEMROD, 2000). Aber die 1990 vollzogene Spreizung zwischen Körperschaftsteuersatz und Spitzensteuersatz bei der Einkommensteuer rief deutliche Befürchtungen hervor, die unternehmerische Rechtsformwahl würde nun zugunsten der Kapitalgesellschaft verzerrt und die Ersparnisbildung innerhalb von Kapitalgesellschaften begünstigt (vgl. etwa ANDEL, 1987, 173). Träfen diese Überlegungen zu, ließ die Situation nach 1990 tatsächlich eine Einschränkung der einkommensteuerlichen und eine Ausweitung der körperschaftsteuerlichen Bemessungsgrundlage erwarten. Allerdings zeigen FUEST/WEICHENRIEDER (2002, 625f. und 631f.), daß - wenn man die gesamte Belastung unternehmerischer Gewinne in den Blick nimmt und insbesondere auch gewerbesteuerliche Aspekte berücksichtigt - die bestehende Steuersatzspreizung zu*un*gunsten der Gewinne von Kapitalgesellschaften infolge der Reform zwar um rund zwei Prozentpunkte gemindert wurde. Die in der Bundesrepublik bereits vor 1990 zu verzeichnende höhere (Gesamt-)Belastung einbehaltener Gewinne im Vergleich zur Spitzenbelastung persönlicher Einkommen wurde aber beibehalten. Vor diesem Hintergrund ist nicht davon auszugehen, daß die Steuerpflichtigen nach 1990 in bedeutsamem Umfang eine Umschichtung von bisher als persönliche Einkommen deklarierten Erträgen zugunsten der körperschaftsteuerlichen Bemessungsgrundlage vornahmen.[127]

Änderungen an der steuerrechtlichen Bemessungsgrundlage

Die bisherigen Ausführungen beschränkten sich auf diejenigen Effekte auf Grenzsteuersatz bzw. Residualrate eines Steuerpflichtigen, die sich auf die Tarifreform 1990 zurückführen lassen. Ein Tarifvergleich beurteilt Änderungen in der steuerlichen Belastung von Steuerpflichtigen abhängig von einem gegebenen zu versteuernden Einkommen. Bereits erwähnt wurde allerdings, daß das Steuerreformgesetz 1990 die Tarifsenkung durch Korrekturen an der einkommensteuerlichen Bemessungsgrundlage flankierte, deren Inzidenz an sozioökonomischen und anderen steuerlich relevanten Charakteristika der Steuerpflichtigen anknüpfte. In der Konsequenz konnten diese Änderungen an der steuerrechtlichen Definition der Bemessungsgrundlage Steuerpflichtige mit identischem zu versteuernden Einkommen in ganz unterschiedlichem Ausmaß betreffen.

Im Mittelpunkt der Maßnahmen, die in einer Verengung der steuerlichen Bemessungsgrundlage resultierten, standen Entlastungen für Familien (BMF, 1989, 95-98 und 204f.). Darunter fielen insbesondere (für den VZ 1990 prognostizierte Aufkommensänderung in Mio. DM in Klammern)

- die Erhöhung des Kinderfreibetrags (§ 32 Abs. 6 EStG)[128] von 2.824 auf 3.024 DM je Kind (-1.800)
- die Erhöhung des Haushaltsfreibetrags für Alleinerziehende (§ 32 Abs. 7 EStG) von 4.752 auf 5.616 DM (-126)

[127] Auch die Bundesregierung veranschlagte für 1990 einen Rückgang (und keine Zunahme) des Aufkommens bei der Körperschaftsteuer in Höhe von 2,3 Mrd. DM (BMF, 1989, 204f.). Grundsätzlich anders stellte sich die Situation nach dem US-amerikanischen *Tax Reform Act* 1986 dar, der den auf persönliche Einkommen anzuwendenden Tarif wesentlich stärker absenkte als die Körperschaftsteuersätze und in dessen Folge der maximale Steuersatz auf persönliche Einkommen (28%) den Körperschaftsteuersatz auf einbehaltene Gewinne (34%) erstmalig unterschritt. GORDON/SLEMROD (2000) fassen die vorliegenden empirischen Untersuchungen dieses Phänomens zusammen und kommen zu der Schlußfolgerung, daß ein beträchtlicher Teil des in den Folgejahren verzeichneten Anstiegs der einkommensteuerlichen Bemessungsgrundlage auf eine allein steuerlich motivierte Klassifizierung bislang der Körperschaftsteuer unterliegender Gewinne als persönliche Einkommen zurückzuführen ist.

[128] Verweise auf Paragraphen des Einkommensteuergesetzes beziehen sich, so nicht anders gekennzeichnet, in diesem Abschnitt jeweils auf die im VZ 1990 gültige Fassung.

- die Schaffung eines Pauschbetrags für die häusliche Pflege (§ 33b Abs. 6 EStG) in Höhe von 1.800 DM (-120) sowie die Anhebung des Höchstbetrags für die abzugsfähigen Kosten einer Haushaltshilfe, wenn Angehörige des Haushalts eines Steuerpflichtigen alt oder pflegebedürftig sind (§ 33a Abs. 3 EStG), von 1.200 auf 1.800 DM (-50) und

- die Aufstockung des Baukindergelds (§ 34f EStG) von 600 auf 750 DM je Kind (-405).

Die übrigen entlastenden Maßnahmen verfolgten unterschiedliche Ziele vor allem arbeitsmarkt-, wohnungsmarkt- und verteilungspolitischer Natur. Sie bestanden in (BMF, 1989, 204-215)

- der Erhöhung des maximal in Anspruch zu nehmenden Altersentlastungsbetrags (§ 24a EStG) von 3.000 auf 3.720 DM (-120)

- der Verbesserung des Vorwegabzugs für Vorsorgeaufwendungen selbständiger Steuerpflichtiger (§ 10 Abs. 3 Nr. 2 EStG) um 2.000 DM/4.000 DM (-600)[129]

- der Einführung eines auf 12.000 DM begrenzten Sonderausgabenabzugs zur Förderung von rentenversicherungspflichtigen Arbeitsplätzen in Privathaushalten, denen Kinder oder hilflose Personen angehören (§ 10 Abs. 1 Nr. 8 EStG)[130] (-380) und

- der Möglichkeit erhöhter (und degressiver) Absetzungen für Baumaßnahmen in Gebäuden zur Schaffung neuer Mietwohnungen auf Basis eines neugeschaffenen § 7c EStG, wodurch in den ersten fünf Jahren nach Fertigstellung 20 Prozent der Umbaukosten, maximal aber 60.000 DM, geltend gemacht werden konnten; sowie eine Verbesserung der Abschreibungsregeln für die Errichtung von Wohnungen mit Sozialbindung auf Basis eines neu geschaffenen § 7k EStG[131] (-105).

Zur Gegenfinanzierung der Tarifsenkung einerseits und der übrigen genannten Entlastungen andererseits zählt das Steuerreformgesetz 1990 insgesamt 62 Einzelmaßnahmen auf, mit denen die Bemessungsgrundlage der Einkommensteuer verbreitert werden sollte (vgl. BMF, 1989, 206-210). Dabei wurde der Steuerzugriff insbesondere auf Einkommen aus

---

129 Der Bundesregierung ging es nach eigenen Angaben darum, die Diskrepanz zwischen der bisherigen Höhe des Vorwegabzugs (3.000 DM/6.000 DM) und dem unbegrenzt steuerfreien Arbeitgeberanteil an den Sozialversicherungsbeiträgen abhängig Beschäftigter abzubauen (vgl. BMF, 1989, 98f.).

130 Diese auch als *Dienstmädchenprivileg* bekannt gewordene Maßnahme war Bestandteil des erst am 30. Juni 1989 verabschiedeten "Gesetzes zur Änderung des Steuerreformgesetzes 1990 sowie zur Förderung des Mietwohnungsbaus und von Arbeitsplätzen in Privathaushalten" (vgl. dazu BMF, 1990, 93 und 186f.).

131 Diese Maßnahmen waren Bestandteil des "Gesetzes zur steuerlichen Förderung des Wohnungsbaus und zur Ergänzung des Steuerreformgesetzes 1990", das am 22. Dezember 1989 verabschiedet wurde (vgl. BMF, 1991, 106 und 230f.)

einer nichtselbständigen Tätigkeit verschärft, indem bislang nicht oder präferentiell besteuerte Bestandteile der Entlohnung steuerlich stärker erfaßt wurden. Darüber hinaus wurden im VZ 1990 die Möglichkeiten zum Sonderausgabenabzug in einigen Fällen eingeschränkt und eine Reihe spezieller Freibeträge gekürzt oder abgeschafft. Das Belastungsvolumen dieser Maßnahmen bei Lohn- und Einkommensteuer wurde auf etwa 7 Mrd. DM beziffert. Im folgenden werden nur diejenigen Änderungen am Einkommensteuerrecht aufgeführt, für welche die Bundesregierung Steuerzuwächse von jeweils mehr als 100 Mio. DM erwartete. Dabei handelt es sich im einzelnen um

- die Beschränkung der steuerfreien Werbungskostenersatzleistungen des Arbeitgebers gemäß § 3 Nr. 16 EStG (460)
- die Begrenzung der Steuerfreiheit von Lohnzuschlägen für Sonntags-, Feiertags- und Nachtarbeit gemäß § 3b EStG durch Einführung von Steuerfreiheitsgrenzen (240)
- die Begrenzung der Steuerfreiheit von Belegschaftsrabatten (§ 8 Abs. 3 EStG) auf 2.400 DM im Jahr (150)
- die Zusammenfassung von Weihnachts- und Arbeitnehmerfreibetrag in Höhe von zusammen 1.080 DM sowie der Werbungskostenpauschale in Höhe von 564 DM für Einnahmen aus nichtselbständiger Arbeit in einem Arbeitnehmerpauschbetrag (§ 9 EStG) in Höhe von 2.000 DM; gleichzeitig Anhebung des Kilometer-Pauschbetrag für Fahrten zwischen Wohnung und Arbeitsstätte von 0,36 DM auf 0,50 DM (insgesamt 1.000)
- die Beschränkung des Sonderausgabenabzugs von Bausparkassenbeiträgen (§ 10 Abs. 1 Nr. 3 EStG) auf 50 Prozent der Beitragsleistung (250)
- die Absenkung des Sonderausgabenpauschbetrags (§ 10c Abs. 1 EStG) von 270/540 DM auf 108/216 DM (315)
- den Wegfall des Freibetrags für freie Berufe (§ 18 Abs. 4 EStG 1988) in Höhe von bislang 1.200 DM (130)
- den Wegfall des Altersfreibetrags (§ 32 Abs. 8 EStG 1988) in Höhe von bislang 720 DM für Steuerpflichtige, die das 64.Lebensjahr vollendet haben (390)
- den Wegfall des sog. Besucherfreibetrags (§ 33a Abs. 1a EStG 1988) in Höhe von 600 DM, wenn das gemeinsame Kind beim geschiedenen Ehepartner untergebracht ist (160) und
- die Einbeziehung weiterer Lohnersatzleistungen (insbesondere Mutterschafts-, Kranken- und Übergangsgeld) in den Progressionsvorbehalt gemäß § 32b EStG (500).

Eingeschränkt oder abgeschafft wurden schließlich auch verschiedene bislang im Rahmen der Erhebung von Körperschaftsteuer, Gewerbesteuer, Vermögensteuer und Umsatzsteuer gewährte Vergünstigungen (vgl. BMF, 1989, 210-214). Die Summe der veranschlagten Mehreinnahmen belief sich bei diesen Steuern auf über 8,6 Mrd. DM. Darunter entfielen allein 1,6 Mrd. DM auf die Aufhebung des Investitionszulagengesetzes, 600 Mio. DM auf Einschränkungen der Berlinförderung und 900 Mio. DM auf die Verzinsung von Steuernachforderungen und -erstattungen. Weitere zusätzliche Einnahmen in Höhe von 930 Mrd. DM wurden aus dem Auslaufen befristeter Vergünstigungen erst für den VZ 1991 prognostiziert, aber in die Berechnung der Gegenfinanzierung von bereits für das Jahr 1990 prognostizierten Steuerausfällen einbezogen.

Schlußfolgerungen

Die Steuerreform 1990 kombinierte eine weitreichende Tarifsenkung mit einem umfangreichen Katalog an Steuerrechtsänderungen, mit denen die steuerliche Bemessungsgrundlage zum Teil unter Finanzierungsgesichtspunkten ausgeweitet und zum Teil - aus einer Reihe unterschiedlicher Gründe - eingeschränkt wurde. Aufgrund des Umfangs der insgesamt prognostizierten Nettoentlastung, aber auch aufgrund der im Einzelfall erheblichen Änderungen von Grenzsteuersatz und Bestimmung des zu versteuernden Einkommens dürfte davon auszugehen sein, daß die Steuerpflichtigen infolge der Reform eine Anpassung ihres steuerlich relevanten Verhaltens vornahmen. Effekte auf Entscheidungen der Steuerpflichtigen über die Höhe der deklarierten Einkünfte und der in Anspruch genommenen Abzüge - d. h. Entscheidungen über das individuelle Steuervermeidungsverhalten - gingen von der Steuerreform 1990 insbesondere in zweierlei Hinsicht aus.

Zum einen hatte die Tarifsenkung für nahezu alle Steuerpflichtigen einen Rückgang des Grenzsteuersatzes und gleichzeitig einen Anstieg der Residualrate (Eins minus Grenzsteuersatz) zur Folge. Aus Sicht der allermeisten Steuerpflichtigen bewirkte der Übergang zum T1990 demzufolge eine Zunahme des relativen Preises steuerbegünstigter Konsumgüter und eine Verringerung der Anreize, allein steuerbedingt auf die Erzielung zusätzlichen Einkommens zu verzichten und als Werbungskosten oder Sonderausgaben zum Abzug zu bringende private Aufwendungen zu tätigen. Aus dem Tarifvergleich wurde deutlich, daß die mit dem Übergang zum T1990 vollzogene Eliminierung des Mittelstandsbauchs - absolut, aber auch relativ betrachtet - einen besonders starken Rückgang der Grenzsteuersätze auf mittlere Einkommen zur Folge hatte. Demgegenüber fiel die Entlastung beim Grenzsteuersatz auf geringe Einkommen (bis etwa 45.000 DM/90.000 DM) und im Bereich hoher Einkommen (ab etwa 100.000 DM/200.000 DM) wesentlich geringer aus.

Daß die Steuerreform 1990 eine besonders starke Reduktion der Grenzsteuersätze auf mittlere Einkommen bewirkte, ist für die Interpretation der Ergebnisse unserer empirischen Untersuchung von erheblicher Bedeutung. In ihrer Zielrichtung unterscheidet sich die bundesdeutsche Steuerreform nämlich grundlegend von den meisten Reformprojekten, die zeitgleich - in den späten 1980er und frühen 1990er Jahren - in nahezu allen übrigen OECD-Ländern durchgeführt wurden und deren Ziel vor allem in einer Absenkung der

Grenzbelastung hoher und sehr hoher Einkommen bestand; im Ergebnis ging der Spitzensteuersatz auf persönliche Einkommen im OECD-Durchschnitt von 54% Mitte der 1980er auf 44% Mitte der 1990er Jahre zurück (vgl. CNOSSEN/MESSERE, 1990, 56f.). So wurde im Rahmen des US-amerikanischen *Tax Reform Acts* von 1986, dessen Ausgestaltung als Vorbild für die meisten Steuerreformen in anderen Ländern diente, die marginale Tarifbelastung persönlicher Einkommen von maximal 50% auf maximal 28%, also relativ um 44 Prozent zurückgeführt (vgl. etwa SUNLEY/STOTSKY, 1998). Diese Absenkung des Spitzensteuersatzes um 22 Prozentpunkte hatte einen relativen Anstieg der Residualrate einkommensstarker US-amerikanischer Haushalte um immerhin 44 Prozent zur Folge, und steuerbegünstigte Konsumgüter verteuerten sich aus Sicht der betroffenen Steuerpflichtigen um fast die Hälfte. Wenn empirische Untersuchungen - etwa FELDSTEIN (1995a), NAVRATIL (1995) und AUTEN/CARROLL (1999) - die Reaktion US-amerikanischer Steuerpflichtiger auf den *Tax Reform Act* beobachten, leiten sie Aussagen über das Verhalten von Haushalten unter Besteuerung demzufolge vor allem auf Basis des Verhaltens von Spitzenverdienern ab.[132]

Im Gegensatz dazu beobachtet unsere spätere Untersuchung im quasi-natürlichen Experiment der Steuerreform 1990 die Steuervermeidungsaktivitäten vornehmlich derjenigen Haushalte, die zum "Mittelstand" zu zählen sind und deren Verhalten für die Gesamtzahl der Steuerpflichtigen eher als repräsentativ anzusehen sein dürfte: Die deskriptive Betrachtung in Abschnitt 3.1.4 dieser Arbeit erwies, daß die Steuerpflichtigen unseres Datensatzes durchschnittlich mit einem Gesamtbetrag der Einkünfte in Höhe von rund 60.000 DM veranlagt wurden. Die von der Steuerreform 1990 ausgehenden (preislichen) Anreize wirkten sich gerade im Bereich dieses Einkommens am stärksten aus.

Die Änderung von Grenzsteuersatz bzw. Residualrate eines Steuerpflichtigen im Veranlagungsjahr 1990 läßt sich aber nicht allein auf die Wirkung der Tarifsenkung zurückführen. Denn der Übergang zum T1990 wurde flankiert durch eine Fülle an Steuerrechtsänderungen, die - wenn man sein Verhalten vor Durchführung der Reform als gegeben betrachtet - für Höhe des zu versteuernden Einkommens und Position eines Steuerpflichtigen im Steuertarif (vor Durchführung der Tarifsenkung) von Bedeutung sein konnten. Im Resultat konnten Steuerpflichtige mit identischem zu versteuernden Einkommen im Veranlagungsjahr 1989 von den Maßnahmen zur Neuregelung der Bemessungsgrundlage, die an bestimmten Charakteristika oder vor 1990 getroffenen Entscheidungen eines Steuerpflichtigen anknüpften, in ganz unterschiedlicher Weise betroffen sein.

---

132 Der empirischen Untersuchung des Steuervermeidungsverhaltens von AARBU/THORESEN (2001) liegt die norwegische Steuerreform von 1992 zugrunde, die - gleichzeitig mit dem Übergang zu einem dualen Tarifsystem - die Spitzenbelastung von Lohneinkommen um 9 Prozentpunkte und die Spitzenbelastung von Einkommen aus selbständiger Arbeit um 11 Prozentpunkte zurückführte. SILLAMAA/VEALL (2001) untersuchen die Reaktion der Steuerpflichtigen auf die kanadische Steuerreform von 1988, die insbesondere in einer Absenkung des Spitzensteuersatzes um 5 Prozentpunkte bestand. SELEN (2002) schließlich beobachtet Verhaltensänderungen als Folge der schwedischen Steuerreform von 1990/1991, die den maximalen Steuersatz der auf bundesstaatlicher Ebene erhobenen Einkommensteuer von 42% auf 20% verringerte. In allen genannten Fällen fiel die Absenkung des Spitzensteuersatzes höher aus als im Bereich mittlerer und geringer Einkommen.

Möchte man die von der Steuerreform 1990 ausgehenden (preislichen) Anreize auf das individuelle Steuervermeidungsverhalten ermitteln, kommt es deswegen auf die kombinierte Wirkung von Tarifreform *und* Neubestimmung der steuerrechtlichen Bemessungsgrundlage an. Dies läßt sich am Beispiel der Einführung eines Arbeitnehmerpauschbetrags in Höhe von 2.000 DM verdeutlichen, der die bisherigen Freibeträge für Einnahmen aus nichtselbständiger Arbeit in Höhe von insgesamt 1.080 DM ersetzte und mit der bisherigen Werbungskostenpauschale in Höhe von 564 DM zusammenfaßte. Auf den ersten Blick mag verwundern, daß sich die Bundesregierung von der Zusammenführung - und effektiven Erhöhung - der Frei- und Pauschbeträge einen Anstieg des Steueraufkommens versprach. Zurückzuführen ist diese Überlegung darauf, daß mit der Höhe des Pauschbetrags gleichzeitig die Grenze neu bestimmt wurde, bis zu der ein Einzelnachweis der angefallenen Werbungskosten für Einnahmen aus nichtselbständiger Arbeit entfiel.[133] In der Tat konnten die Ent- und Belastungseffekte dieser Maßnahme, abhängig von der Höhe der vor Durchführung der Reform deklarierten Werbungskosten, beträchlich differieren. Zu unterscheiden sind nämlich

1. Steuerpflichtige, die 1989 auf den Einzelnachweis ihrer Werbungskosten verzichteten und stattdessen die Pauschale in Anspruch nahmen. In diesem Fall wurden bisher Abzüge in Höhe von zusammengenommen 1.644 DM vorgenommen, die sich im VZ 1990 auf 2.000 DM erhöhten. Die Bemessungsgrundlage der betroffenen Steuerpflichtigen verringerte sich um 356 DM.

2. Steuerpflichtige, deren bislang im Einzelnachweis geltend gemachte Werbungskosten zwischen 564 bis 920 DM betrugen. Bei unverändertem Verhalten wurde 1990 ein Abzug von insgesamt 2.000 DM vorgenommen, was einer Verringerung der Bemessungsgrundlage in Höhe desjenigen Betrags entspricht, um den die angefallenen Werbungskosten die bisherige Pauschale überstiegen (maximal 356 DM).

3. Steuerpflichtige, die bislang Werbungskosten von 920 bis 2.000 DM geltend machten. Da für diese Steuerpflichtigen im VZ 1990 die Möglichkeit des Einzelnachweises entfiel, entsprach die Neuregelung einem Anstieg ihrer Bemessungsgrundlage in Höhe der Differenz zwischen Arbeitnehmerpauschbetrag und angefallenen Werbungskosten (maximal 1.080 DM).

4. Steuerpflichtige, deren im Einzelnachweis geltend gemachte Werbungskosten 1989 einen Betrag von 2.000 DM überstiegen. Wurde 1990 derselbe Betrag deklariert, entzog das Steuerreformgesetz diesen Steuerpflichtigen die Möglichkeit, den Arbeitnehmerpauschbetrag in Anspruch zu nehmen. Die bisher gewährten Freibeträge entfielen zur Gänze, und die Bemessungsgrundlage erhöhte sich um 1.080 DM.

[133] Daß der Arbeitnehmerpauschbetrag mit einkunftsspezifischen Freibeträgen einerseits und Pauschalierung der angefallenen Werbungskosten andererseits zwei unterschiedliche Sachverhalte zusammenführte - was die im folgenden beschriebenen Verteilungswirkungen nach sich zog -, wurde bereits zum damaligen Zeitpunkt vom Wissenschaftlichen Beirat beim Bundesministerium der Finanzen kritisiert (vgl. BEIRAT BMF, 1988, 593ff.)

Die Bemessungsgrundlage von Steuerpflichtigen mit Einkünften aus nichtselbständiger Arbeit, die 1989 ein identisches zu versteuerndes Einkommen, aber Werbungskosten in unterschiedlicher Höhe deklariert hatten, konnte sich nach Einführung des Arbeitnehmerpauschbetrags demzufolge erheblich unterscheiden. Tatsächlich spielten die angesprochenen Verteilungswirkungen für die im IAW-Steuerpanel erfaßten Lohnempfänger des Veranlagungsjahrs 1989 eine bedeutsame Rolle. So überschritten die geltend gemachten Werbungskosten bei 52 Prozent der ledigen Steuerpflichtigen und verheirateten Erstverdiener einen Betrag von 920 DM. Über die Hälfte der Beschäftigten sah sich infolge der Einführung des Arbeitnehmerpauschbetrags (für sich genommen) also einer steigenden Steuerbelastung gegenüber, wenn die Höhe ihrer vor Durchführung der Reform angefallenen Werbungskosten 1990 unverändert blieb. Da sich der im Durchschnitt geltend gemachte Betrag auf 2.784 DM belief, stieg die Bemessungsgrundlage des repräsentativen Steuerpflichtigen in dieser Gruppe demnach um 1.080 DM an. Dagegen kamen fast drei Viertel der abhängig beschäftigten Zweitverdiener in den Genuß einer Steuerentlastung. Die von Zweitverdienern geltend gemachten Werbungskosten fielen nämlich mit durchschnittlich 981 DM wesentlicher geringer aus und überstiegen nur in einem Viertel der Fälle einen Betrag von 920 DM.

Vergleichbare - und durch Kumulation verschiedener Steuerrechtsänderungen des Jahres 1990 auf die Spitze getriebene - Rechenbeispiele ließen sich natürlich in beliebiger Anzahl konstruieren. Erkennbar wird aber schon aus dem vorgestellten Fall des neu eingeführten Arbeitnehmerpauschbetrags, daß die Ermittlung reformbedingter Änderungen in Grenzsteuersatz und Residualrate vieler Steuerpflichtigen über die bloße Tarifanalyse hinauszugehen hat und "im Einzelfall zu einem komplexen Rechenexempel" (PETERSEN, 1988, 105) werden kann. Auf Grundlage des IAW-Steuerpanels sind wir in der Lage, die Effekte des größten Teils der durchgeführten Steuerrechtsänderungen auf die Bemessungsgrundlage der erfaßten Steuerfälle zu berücksichtigen.

Neben den von der Reform ausgehenden (preislichen) Anreizen ist zum anderen die Frage von Interesse, inwiefern die bislang existierenden Möglichkeiten zu Steuervermeidung und -gestaltung durch das Steuerreformgesetz 1990 beeinflußt wurden. Nun fällt es natürlich nicht schwer festzustellen, daß die Reform ihrem selbstgesteckten steuerpolitischen Ziel - steuerliche Vergünstigungen und das diagnostizierte "Übermaß an Sonderregelungen" abzubauen (BMF, 1989, 99) - ganz überwiegend nicht gerecht wurde. Dazu genügt der Hinweis, daß bereits wenige Jahre später von der "Einkommensteuer-Kommission zur Steuerfreistellung des Existenzminimums ab 1996 und zur Reform der Einkommensteuer" (BAREIS-Kommission) Pläne zu einer Reform vorgelegt wurden, die sich die Beseitigung von "die Bemessungsgrundlage aushöhlenden Steuerprivilegien" erneut - und in vielen Fällen erneut vergeblich - auf die Fahnen schrieb (vgl. BAREIS-KOMMISSION, 1995, 5).

Für die Interpretation der Ergebnisse unserer späteren empirischen Untersuchung ist es dennoch hilfreich, die Änderungen an der Bemessungsgrundlage im Veranlagungsjahr 1990 unter dem Blickwinkel eines steuervermeidenden Haushalts etwas genauer zu betrachten.

Auffallend ist nämlich, daß die Reform durchaus eine Beschneidung des steuerlichen Gestaltungsspielraums - und des Umfangs möglicher Steuerminderungsstrategien überhaupt - vornahm. Diese konzentrierte sich aber (fast) ausschließlich auf die Bestimmung der steuerpflichtigen Lohneinkünfte, die 1990 vergleichsweise stark ausgeweitet wurden. Durch die verstärkte Einbeziehung von Ersatzleistungen des Arbeitgebers für entstandene Werbungskosten sowie von Lohnzuschlägen und Belegschaftsrabatten in die Bemessungsgrundlage wurde die Strategie erschwert, Barlöhne durch unbesteuerte betriebliche Nebenleistungen zu substitutieren. Und durch die drastische Heraufsetzung der Werbungskostenpauschale von 564 auf 2.000 DM entfielen für den größeren Teil der abhängig Beschäftigten Möglichkeit und Anreiz, (auch) privat veranlaßte Werbungskosten steuermindernd geltend zu machen. Der Umfang, in dem diese Option bislang wahrgenommen wurde, läßt sich den individuellen Veranlagungen der Vorjahre - und damit auch dem IAW-Steuerpanel - natürlich nicht entnehmen. Lohnempfänger und Einkünfte aus nichtselbständiger Arbeit nehmen unter Steuerpflichtigen und deklarierten Einkünften insgesamt aber eine vorherrschende Stellung ein (vgl. Abschnitt 3). Wenn die genannten Maßnahmen überhaupt eine Wirkung entfalteten, dürfte sich dies folglich in einem merklichen Anstieg der 1990 deklarierten Bemessungsgrundlage niedergeschlagen haben. Allerdings blieben, im Gegensatz zu den Einkünften aus nichtselbständiger Arbeit, die Möglichkeiten zur Steuervermeidung in den übrigen Einkunftsarten weitgehend unangetastet. Der für die Inanspruchnahme von Steuersparmodellen offensichtlich besonders attraktive Werbungskostenabzug im Bereich der Einkünfte aus Vermietung und Verpachtung wurde nicht eingeschränkt und durch die neu geschaffenen §§ 7e und 7k EStG sogar weiter verbessert.[134]

Im Bereich der Abzüge bestand ein weiterer Schwerpunkt der Reform in der Korrektur von Freibeträgen, deren Inanspruchnahme an bestimmten, nicht unmittelbar zu beeinflussenden Charakteristika eines Steuerpflichtigen anknüpft. Dazu gehören vor allem die Erhöhung von Kinder- und Haushaltsfreibetrag, die Anhebung des maximal gewährten Altersentlastungsbetrags sowie die Eliminierung des Altersfreibetrags und des Freibetrags für freie Berufe. Durch diese Maßnahmen wurden einige offenbar als ungerechtfertigt oder obsolet geworden betrachtete, punktuelle Vergünstigungen tatsächlich abgebaut. Das Steuervermeidungsverhalten der Steuerpflichtigen dürfte in all diesen Fällen - über die Effekte auf die individuellen Grenzsteuersätze hinaus - jedoch kaum beeinflußt worden sein.

Die von den Steuerpflichtigen direkt zu beeinflussenden Abzüge wurden hingegen in nur geringem Ausmaß eingeschränkt und in einigen Fällen - vor allem in Form der Einführung eines neuen Abzugstatbestands bei Beschäftigung einer Haushaltshilfe (§ 10 Abs. 1 Nr. 8 EStG) - sogar ausgeweitet. Die als Sonderausgabe anerkannten Vorsorgeaufwendungen und die Beträge zur Eigenheimförderung, die in Abschnitt 3.2.3 als quantitativ besonders bedeutsame Sonderausgabe identifiziert wurden, blieben ebenso wie die in Abzug zu bringenden Spenden und Steuerberatungskosten unangetastet. Schließlich wurde der Sonderausgabenpauschbetrag 1990 um mehr als die Hälfte gesenkt, was die Bundesregie-

134 Das im Text erwähnte Votum der BAREIS-Kommission befand im übrigen, beide Paragraphen seien aus dem Einkommensteuergesetz zu streichen (vgl. BAREIS-KOMMISSION, 1995, 32).

rung mit dem Ziel einer Einschränkung von "Mitnahmeeffekten" begründete (vgl. BMF, 1989, 102). Tatsächlich wurde durch diese Maßnahme aber der Kreis derjenigen Steuerpflichtigen ausgeweitet, für die ein Einzelnachweis der entsprechenden Aufwendungen vorteilhaft war und aus deren Sicht ein preislicher Anreiz, entsprechende Aufwendungen vorzunehmen, im Veranlagungsjahr 1990 überhaupt erst entstand.

5.1.3 Weitere Steueränderungen der Jahre 1988 bis 1991

Neben der Steuerreform 1990 umspannt der Zeitraum, für den das IAW-Steuerpanel individuelle Veranlagungsdaten enthält, zwei weitere wichtige Einschnitte in der Gestaltung des deutschen Einkommensteuerrechts. Zum einen wurde im Veranlagungsjahr 1989 eine als "kleine Kapitalertragsteuer" bezeichnete Quellensteuer auf Kapitalerträge aus inländischen Schuldtiteln eingeführt und bereits ein halbes Jahr später wieder abgeschafft. Zum anderen begann im Veranlagungsjahr 1991 eine erste Welle massiver steuerlicher Anreize, mit denen die private Investitionstätigkeit in Ostdeutschland gefördert werden sollte.

"Kleine Kapitalertragsteuer" (1989)

Neben den im vorigen Abschnitt beschriebenen Reformmaßnahmen enthielt das Steuerreformgesetz 1990 auch die als "kleine Kapitalertragsteuer" bekanntgewordene Neuregelung zur "Verbesserung der steuerlichen Erfassung von Kapitalerträgen", die bereits im Veranlagungsjahr 1989 zur Anwendung kommen sollte (vgl. BMF, 1989, 104f.). Die "kleine Kapitalertragsteuer" sah eine Ergänzung der schon bisher erhobenen Kapitalertragsteuer in Höhe von 25% auf Dividenden und sonstige Bezüge aus Beteiligungen an Kapitalgesellschaften durch einen zehnprozentigen Steuerabzug auf Zinserträge vor (§§ 43ff. i. V. m. § 20 EStG). Sparbücher mit gesetzlicher Kündigungsfrist blieben von der Neuregelung ausgenommen, falls keine Vereinbarung über im Zeitablauf steigende Zinssätze oder über Bonuszahlungen vorgesehen war.

Der im Quellenabzug abgeführte Steuerbetrag blieb wie bisher voll auf Einkommen- oder Körperschaftsteuerschuld anrechenbar. Insofern änderte sich für den bislang steuerehrlichen Bezieher von Zinseinkünften überhaupt nichts. Zum einen war aber vorgesehen, auch einen Teil der bislang steuerfreien Erträge nach § 20 Abs. 1 Satz 6 EStG begünstigter Lebensversicherungen einer zehnprozentigen Definitivbelastung zu unterwerfen. Zum anderen mußten bislang steuer*un*ehrliche Steuerpflichtige befürchten, daß die Finanzbehörden die Anrechnung der "kleinen Kapitalertragsteuer" für den VZ 1989 zum Anlaß nehmen würden, die Plausibilität der in den Vorjahren deklarierten Einkünfte aus Kapitalvermögen zu prüfen. Das zeitgleich erlassene "Zinssteuer-Amnestiegesetz" sah deshalb vor, die ordnungsgemäße Deklaration von Zinseinkünften für die Veranlagungsjahre ab 1986 - auch im Nachhinein - als strafbefreiende Erklärung zu bewerten und die Steuerpflichtigen von Nachforschungen und Steuernachforderungen für frühere Jahre sowie von möglichen Straf- und Bußgeldverfahren zu befreien (vgl. BMF, 1989, 105).

Insgesamt erhoffte sich die Bundesregierung aus der Neuordnung der Besteuerung von Kapitalerträgen ein zusätzliches Aufkommen in Höhe von 3 Mrd. DM im Jahr 1989 und von 4,1 Mrd. DM im Jahr 1990 (vgl. BMF, 1989, 208f.). Allerdings nahmen bereits vor Verabschiedung der "kleinen Kapitalertragsteuer" die Kapitalexporte aus der Bundesrepublik sprunghaft zu. Die Geldvermögensbildung deutscher Unternehmen und Privathaushalte erfolgte im Jahr 1988 - also noch bevor die Neuregelung überhaupt wirksam wurde - knapp zur Hälfte im Ausland. Im Saldo wurden 1988 rund 85 Mrd. DM langfristig gebundenen Kapitals exportiert, was einem Anstieg von 62 Mrd. DM gegenüber dem Vorjahr entsprach (vgl. NÖHRBASS/RAAB, 1990, 179f.). Die Bundesregierung nahm diese Entwicklung zum Anlaß, die Steuer im "Gesetz zur Änderung des Steuerreformgesetzes 1990" mit Wirksamkeit zum 30. Juni 1989 wieder abzuschaffen (vgl. BMF, 1990, 91). Die oben beschriebene Besteuerung der Erträge von Lebensversicherungen wurde aufgehoben und die im ersten Halbjahr 1989 bereits geleisteten Zahlungen an die Versicherungsunternehmen zurückgezahlt und den Versicherungsnehmern gutgeschrieben. Gleichzeitig wurden, beginnend mit dem laufenden Veranlagungsjahr 1989, die Sparerfreibeträge auf 600 DM/1.200 DM verdoppelt.

Selbst die nur kursorisch beschriebene empirische Evidenz macht offenkundig, daß die Steuerpflichtigen auf Einführung und Abschaffung der "kleinen Kapitalertragsteuer" im Veranlagungsjahr 1989 mit einer Anpassung ihrer (deklarierten) Einkünfte aus Kapitalvermögen reagierten. Zusammen mit den verdoppelten Sparerfreibeträgen dürfte dieser Effekt die Reaktion der Steuerpflichtigen auf von der Steuerreform 1990 ausgehende Anreize in dieser Einkunftsart spürbar überlagert haben. Abschnitt 5.5.3 beschreibt unser Vorgehen, die Verhaltensänderungen der Steuerpflichtigen infolge der Steuerreform 1990 - auf die es in unserer Untersuchung ankommt - unabhängig von den parallelen Effekten des mißglückten Experiments der "kleinen Kapitalsteuer" zu erfassen.

Steuervergünstigungen zur "Herstellung der Einheit Deutschlands"

Der Fall der Berliner Mauer im November 1989 und der Beitritt der DDR zum Bundesgebiet sind in all ihren Auswirkungen (auch) als ökonomischer Schock zu interpretieren, dessen Folgen sich in vielerlei Hinsicht im steuerlich relevanten Verhalten von westdeutschen Haushalten niedergeschlagen haben dürften. Zu einem großen Teil waren entsprechende Verhaltensänderungen auch politisch gewollt - denkt man etwa an die Implementierung von Anreizen im Einkommensteuerrecht, die Haushalte und Unternehmen der alten Bundesrepublik animieren sollten, im Osten zu investieren und so zur auch materiellen "Herstellung der Einheit Deutschlands" beizutragen. Nun fällt die Wiedervereinigung 1990 zeitlich gerade zusammen mit dem Inkrafttreten der im Steuerreformgesetz 1990 niedergelegten, weitreichenden Maßnahmen zur Neuordnung des Einkommensteuerrechts im alten Bundesgebiet. Es ist deshalb eine naheligende Frage, ob und in welchem Ausmaß sich unser Vorhaben, die Reaktion westdeutscher Steuerpflichtigen auf das quasi-natürliche Experiment der Steuerreform 1990 in individuellen Veranlagungsdaten nachzuvollziehen, durch die Folgen des zeitgleichen "Experiments" der Wiedervereinigung erschwert.

Mit Wirkung zum 1. Juli 1990 wurde in einem Staatsvertrag zwischen der Bundesrepublik Deutschland und der Deutschen Demokratischen Republik die Bildung einer Währungs-, Wirtschafts- und Sozialunion beschlossen und der Beitritt des Gebiets der DDR zur Bundesrepublik mit Inkrafttreten des Einigungsvertrags am 3. Oktober 1990 vollzogen. Im Einigungsvertrag wurde unter anderem festgelegt, daß das Einkommensteuerrecht der Bundesrepublik - wie, mit wenigen Ausnahmen, das bundesdeutsche Steuerrecht überhaupt - im Beitrittsgebiet grundsätzlich erst ab dem 1. Januar 1991 Gültigkeit bekam. Im Hinblick auf wirtschaftliche Aktivitäten westdeutscher Haushalte und Unternehmen in Ostdeutschland wurden für den Zeitraum bis Anfang 1991 übergangsweise Sonderregelungen geschaffen, die im "Gesetz zum Abbau von Hemmnissen bei Investitionen in der Deutschen Demokratischen Republik einschließlich Berlin (Ost)" vom 26. Juni 1990 festgelegt wurden (vgl. BMF, 1991, 103f.). Geregelt wurde durch dieses Gesetz insbesondere, daß Verluste westdeutscher Steuerpflichtiger aus Betriebsstätten in der ehemaligen DDR steuerlich so zu behandeln seien, als ob in diesem Zeitraum ein Doppelbesteuerungsabkommen zwischen den beiden Staaten bestanden hätte. Auf die gleiche Weise waren im Beitrittsgebiet entstandene negative Einkünfte aus Vermietung und Verpachtung sowie Verluste aus land- und forstwirtschaftlicher oder selbständiger Arbeit steuerlich zu behandeln. Die durch diese und eine Reihe vergleichbarer Maßnahmen verursachten Ausfälle bei der bundesdeutschen Einkommensteuer wurden im Rechnungsjahr 1990 allerdings auf lediglich 127 Mio. DM veranschlagt (BMF, 1991, 228f.).

Die Situation änderte sich steuerpolitisch grundlegend durch Verabschiedung des "Steueränderungsgesetzes 1991" am 24. Juni 1991, mit dem zur "Erleichterung und Beschleunigung des wirtschaftlichen Anpassungsprozesses im Beitrittsgebiet" weitreichende Maßnahmen zur Förderung der Investitionstätigkeit in den neuen Ländern beschlossen wurden (vgl. BMF, 1992, 103-109). Das in diesem Reformwerk enthaltene "Fördergebietsgesetz" sah eine 50prozentige Sonderabschreibung für nach dem 1. Januar 1991 im Beitrittsgebiet durchgeführte betriebliche Investitionen vor. Durch das ebenfalls neu geschaffene "Investitionszulagengesetz" konnte für nach dem 1. Juli 1991 getätigte Ausrüstungsinvestitionen zusätzlich eine Zulage in Höhe von 8 Prozent in Anspruch genommen werden. Die dadurch - im Bereich der Einkommensteuer - entstandenen Steuerausfälle beliefen sich laut Subventionsbericht der Bundesregierung bereits 1991 auf über 2,5 Mrd. DM (vgl. BT-DRUCKSACHE 12/5580, 1993, 26f.).[135]

Darüber hinaus sah das Steueränderungsgesetz 1991 eine Reihe von Neuerungen im Einkommensteuerrecht vor, deren Ziel zum einen in einer Förderung des Wohnungsbaus - vor allem in den neuen Ländern - bestand. Dazu wurde die Höchstgrenze für nach § 10e EStG gewährte Abzüge zur Eigenheimförderung auf jährlich 16.500 DM erhöht und

---

[135] Für Investitionsvorhaben, die im Zeitraum vom 1. Juli 1990 bis 30. Juni 1991 zum Abschluß gebracht wurden, wurde bereits eine Zulage in Höhe von 12 Prozent gewährt. Die fiskalischen Auswirkungen dieser ersten Förderphase werden aus den von der Bundesregierung vorgelegten Aufstellungen nicht deutlich. Im Subventionsbericht der Bundesregierung wird allerdings bemerkt, daß "sich die unmittelbar nach der Wiedervereinigung beschlossenen Maßnahmen im steuerlichen Bereich erst mit zeitlicher Verzögerung voll ausgewirkt" hätten (vgl. BT-DRUCKSACHE 12/5580, 1993, 21f.).

Steuerpflichtigen aus der alten Bundesrepublik die Möglichkeit gegeben, die Förderung für ein weiteres, in Ostdeutschland belegenes Objekt in Anspruch zu nehmen. Von der Schaffung eines Freibetrags in Höhe von 600 DM/1.200 DM für nach Grund- bzw. Splittingtabelle besteuerte Steuerpflichtige, die ihren Wohnsitz oder beruflichen Schwerpunkt in Ostdeutschland hatten (§ 32 Abs. 8 EStG), sollten für westdeutsche Haushalte Anreize zu einem temporären beruflichen Engagement im Beitrittsgebiet gesetzt werden.[136] Hinzu tritt die am 1. Juli 1991 in Kraft getretene Einführung des Solidaritätszuschlags in Höhe von jeweils 3,75% auf die Steuerschuld der Veranlagungsjahre 1991 und 1992, wenn eine Einkommensteuerveranlagung oder ein Lohnsteuerjahresausgleich durchgeführt wurden (vgl. BMF, 1992, 109f.). Die zunächst zum 30. Juni 1992 befristete Erhebung der Ergänzungsabgabe hatte zur Folge, daß der Grenzsteuersatz aller Lohn- und Einkommensteuerpflichtigen mit positiver Steuerschuld in den Jahren 1991 und 1992 um (relativ) 3,75 Prozent anstieg. Das Aufkommen aus dem Solidaritätszuschlag belief sich auf rund 10,5 Mrd. DM im VZ 1991 und rund 12 Mrd. DM im VZ 1992; in diesem Betrag sind die Einnahmen aus dem entsprechenden Zuschlag auf Körperschaftsteuer- und Kapitalertragsteuerzahlungen im Zeitraum vom 1. Juli 1991 bis 30. Juni 1992 enthalten (BMF, 1993, 209).

Auffallend ist, daß die im Zuge der Wiedervereinigung verfolgte Steuerpolitik eines "*tax* increase *cum base* narrowing" der Zielsetzung der Steuerreform 1990 gerade entgegenlief. Im Aggregat nahm die Erhebung des Solidaritätszuschlags den Steuerpflichtigen ein Drittel der 1990 gewährten Entlastungen, und ungefähr die Hälfte des Volumens 1990 zurückgenommener Steuervergünstigungen wurde den Steuerpflichtigen durch zugunsten des Aufbaus Ost geschaffene Sonderregelungen von neuem gewährt. Es gibt deshalb gute Gründe davon auszugehen, daß die Effekte der Steuerreform 1990 auf das Verhalten der Steuerpflichtigen im Veranlagungsjahr 1991 nur schwer separat zu identifizieren sein dürften. Abschnitt 5.3 zeigt, welche Implikationen von dieser Feststellung auf unser empirisches Vorgehen und insbesondere auf die Wahl des Beobachtungszeitraums bei der Schätzung der Elastizität des zu versteuernden Einkommens im natürlichen Experiment der Steuerreform 1990 ausgehen.

5.2 Empirische Strategie

Unsere empirische Strategie interpretiert die Steuerreform 1990 als quasi-natürliches Experiment. Wir beobachten, in welcher Intensität sich die reformbedingte Änderung individueller Grenzsteuersätze bzw. Residualraten in von den Steuerpflichtigen verfolgten Strategien mit dem Ziel der Steuervermeidung, Steuergestaltung und Steuerhinterziehung

136 Die entsprechenden Mindereinnahmen bei der Einkommensteuer wurden mit 100 Mio. DM veranschlagt. Die Inanspruchnahme dieser Sonderregelung läßt sich den Angaben des IAW-Steuerpanels - im Unterschied zu den neu gewährten Sonderabschreibungen - direkt entnehmen. Im Veranlagungsjahr 1991 machten 85 der rund 40.000 erfaßten baden-württembergischen Steuerpflichtigen den Freibetrag gemäß § 32 Abs. 8 EStG geltend, was einem Anteil von 0,2 Prozent aller Veranlagungen dieses Jahres entspricht.

- zusammengefaßt in der Änderung des individuellen zu versteuernden Einkommens - niederschlug. Unsere Schätzungen orientieren sich in diesem Abschnitt an einer Variante der *difference-in-differences* (*diff-in-diff*)-Methode, die in diesem Kontext erstmals von FELDSTEIN (1995a) angewandt wurde (vgl. dazu Abschnitt 4; zu einer überblicksartigen Darstellung und kritischen Bewertung der *diff-in-diff* und ihrer Verwendung in der angewandten wirtschaftswissenschaftlichen Forschung vgl. MEYER, 1995). Die grundlegende Idee der *diff-in-diff*-Schätzung besteht darin, die im IAW-Steuerpanel enthaltenen Steuerpflichtigen entsprechend der reformbedingten Änderung ihrer individuellen Residualrate zu gruppieren und das Verhalten von Steuerpflichtigen, deren Residualrate infolge der Steuerreform vergleichsweise stark zunahm, mit dem Verhalten einer Kontrollgruppe zu vergleichen, deren Residualrate in geringerem Ausmaß anstieg. Sind Experiment- und Kontrollgruppe des Experiments *ähnlich* in einem noch genauer zu spezifizierenden Sinn, läßt sich in einem unterschiedlichen Verhalten beider Gruppen nach Durchführung der Reform die Reaktion des individuellen zu versteuernden Einkommens auf eine Änderung der Residualrate identifizieren.

Konkret nehmen wir an, die Höhe des zu versteuernden Einkommens $TI_{i,s}$ des Steuerpflichtigen i im Veranlagungszeitraum s lasse sich korrekt und vollständig durch die Beziehung

$$TI_{i,s} = \alpha_i(1 - \tau_{i,s}) + \beta_i + \gamma_s X_{i,s} + \delta_s \tag{73}$$

erklären. Dabei bezeichnen $\tau_{i,s}$ den Grenzsteuersatz und $(1 - \tau_{i,s})$ die korrespondierende Residualrate von Individuum i im Veranlagungsjahr s. Die Variable β_i erfaßt individuelle und zumindest kurzfristig konstante Determinanten des zu versteuernden Einkommens, zu denen vor allem Präferenzen für Freizeit und andere steuerbegünstigte Konsumgüter, aber auch physische Charakteristika, Wohnort oder Ausbildungsstand des Steuerpflichtigen gehören. Die Variable $X_{i,s}$ bezeichnet einen Vektor individueller Charakteristika, die im Zeitablauf variieren (etwa Alter oder Kinderzahl) und deren Einfluß auf das zu versteuernde Einkommen sich infolge unterschiedlicher steuerrechtlicher Regelungen (etwa der Höhe von Alters- oder Kinderfreibetrag) im Zeitablauf ändern kann. In der Variablen δ_s schlagen sich vom betrachteten Veranlagungsjahr s abhängige Effekte auf das zu versteuernde Einkommen nieder, die für alle Individuen identisch sind. Dazu gehören insbesondere tarifvertragliche Lohnabschlüsse und konjunkturelle Einflußgrößen wie etwa die allgemeine Lage auf dem Arbeitsmarkt, aber auch allen Steuerpflichtigen gemeinsame Trends der Nachfrage nach bestimmten steuerlich begünstigten Konsumgütern (etwa Spenden an politische Parteien, für die in Wahljahren üblicherweise eine besonders ausgeprägte Präferenz besteht). Der Verhaltensparameter α_i schließlich beschreibt, in welcher Intensität sich die Ausgestaltung des Steuertarifs - die Höhe der individuellen Residualrate - in der Höhe des individuellen zu versteuernden Einkommens niederschlägt. Auf die empirische Quantifizierung dieses Parameters kommt es uns bei der Schätzung der

Elastizität des zu versteuernden Einkommens deutscher Steuerpflichtiger an.[137]

Nun sehen sich empirische Schätzungen der Beziehung (73) mit einem Identifikationsproblem konfrontiert, denn der Grenzsteuersatz auf das zu versteuernde Einkommen wird dem besteuerten Individuum nicht zufällig zugewiesen. Weist der Steuertarif mit der Bemessungsgrundlage $TI_{i,s}$ variierende Grenzsteuersätze $\tau_{i,s}$ auf, handelt es sich bei der individuellen Residualrate stattdessen um eine vom Verhalten des Steuerpflichtigen selbst abhängige und insofern endogene Größe. Steuerpflichtige, die über eine hohe Präferenz für den Konsum steuerbegünstigter Güter verfügen, realisieren *ceteris paribus* ein geringeres zu versteuerndes Einkommen und sehen sich einer höheren Residualrate - d. h. einem höheren Preis der stark nachgefragten Güter - gegenüber. Aus einem ähnlichen Grund ist die Residualrate auch mit weiteren im Vektor $X_{i,s}$ zusammengefaßten erklärenden Variablen korreliert (vgl. TRIEST, 1998, 762f.). So mindert die Anzahl der Kinder eines Steuerpflichtigen, die bereits für sich genommen für die Höhe des erzielten Bruttoeinkommens von Bedeutung sein dürfte, auch durch in Anspruch genommene Kinderfreibeträge zu versteuerndes Einkommen und Grenzsteuersatz eines Steuerpflichtigen. In der Folge würde jegliche empirische Untersuchung des in Gleichung (73) dargestellten Zusammenhangs, die auf der Verwendung in einem bestimmten Veranlagungsjahr beobachteter tatsächlicher Residualraten beruhte, zu verzerrten Ergebnissen führen.[138]

Jede Steuerreform hat jedoch eine - aus Sicht des betroffenen Steuerpflichtigen - *exogene* Variation von Grenzsteuersatz bzw. Residualrate zur Folge, wenn man sein Verhalten vor Durchführung der Steuerreform als gegeben betrachtet. Diesen Sachverhalt macht sich unsere empirische Strategie zunutze: Wir beobachten die Reaktion des individuellen zu versteuernden Einkommens auf die Reform des Steuertarifs 1990, die eine Änderung von Grenzsteuersatz und Residualrate nahezu aller Steuerpflichtigen zur Folge hatte (vgl. Ab-

137 Die Struktur von Gleichung (73) ähnelt derjenigen vergleichbarer Modelle, mit denen Haushaltsentscheidungen unter Besteuerung üblicherweise abgebildet werden. Ersetzt man etwa die Variable $TI_{i,s}$ durch die Arbeitszeit eines Individuums in Periode s und $(1 - \tau_{i,s})$ durch eine nettolohnbezogene Größe, erhält man die einfachste, statisch-deterministische Spezifikation einer individuellen Arbeitsangebotsfunktion (vgl. etwa BLUNDELL/MACURDY, 1999, 1598). Auch andere ökonometrische Modelle steuerlich beeinflußter privater Aktivitäten, etwa der Nachfrage nach Spenden an gemeinnützige Einrichtungen, greifen häufig auf Beziehungen dieses Typs zurück (vgl. etwa CLOTFELTER, 1990).

138 Im besonderen die empirische Literatur zur Nachfrage nach steuerbegünstigten Spenden begab sich deshalb auf die Suche nach Variablen, mit deren Hilfe sich der im Prinzip endogene Steuersatz instrumentieren läßt. Geeignete Instrumentvariablen sind in diesem Kontext zwar mit der tatsächlichen Höhe von Grenzsteuersatz bzw. Residualrate eines Steuerpflichtigen statistisch korreliert, aber aus Sicht dieses Steuerpflichtigen als exogen, d. h. als verhaltensunabhängig zu interpretieren. Zu denken ist dabei an wohnortspezifische Steuersätze, die abhängig von der Höhe auf bundesstaatlicher Ebene erhobener Einkommensteuersätze variieren; oder an sogenannte *first-dollar marginal tax rates* auf das zu versteuernde Einkommen *vor* Abzug des individuell geltend gemachten Spendenaufwands (vgl. etwa TRIEST, 1998, 764f.). Beide Strategien kommen im Kontext unserer Untersuchung allerdings nicht in Frage. Denn der deutsche Einkommensteuertarif setzt zu versteuerndes Einkommen und Grenzsteuersatz eines Steuerpflichtigen unabhängig von seinem Wohnort in eine eindeutige Beziehung; und der "*first-DMark*-Grenzsteuersatz" auf das zu versteuernde Einkommen entspräche gerade dem Steuersatz auf die Austattung eines Steuerpflichtigen (vor der Entscheidung über die Höhe jeglicher seiner Einkünfte und Abzüge), die empirisch natürlich nicht zu beobachten ist.

schnitt 5.1.2). Ein solches Vorgehen setzt die Verwendung eines Panels individueller Veranlagungsdaten voraus, das den Zeitpunkt des zu untersuchenden steuerpolitischen Eingriffs im zeitlichen Längsschnitt gerade umspannt. Mit dem IAW-Einkommensteuerpanel verfügen wir über einen Datensatz, in dem sich das Verhalten einer identischen Gruppe von mehr als 40.000 deutschen Steuerpflichtigen über die Veranlagungszeiträume 1988 bis 1991 hinweg durchgängig und detailliert nachverfolgen läßt (vgl. ausführlich Abschnitt 3.1).

Die Vorgehensweise der *diff-in-diff*-Schätzung besteht darin, zunächst die Änderung des zu versteuernden Einkommens eines Steuerpflichtigen zwischen den Veranlagungszeiträumen s und $s+1$, ausgehend von Gleichung (73), als

$$\Delta TI_i = \alpha_i \Delta(1-\tau_i) + X_{i,s}\Delta\gamma + \gamma_t \Delta X_i + \Delta\delta \tag{74}$$

zu formulieren. Da die Variable β_i in der Zeit konstant ist, entfällt der entsprechende Ausdruck in Gleichung (74).[139] Die Beobachtungszeitpunkte werden so gewählt, daß sich der Steuertarif in Periode $s+1$ vom Steuertarif in Periode s aufgrund der Steuerreform 1990 unterscheidet. Im Hinblick auf den Beobachtungszeitraum unserer Untersuchung sehen wir die Veranlagungsjahre $s = 1988$ und $s+1 = 1990$ als für das Verhalten der Steuerpflichtigen vor bzw. nach Durchführung der Reform charakteristisch an (vgl. Abschnitt 5.3).

Wir beschränken unsere Analyse auf die Beobachtung derjenigen Steuerpflichtigen, deren steuerrelevante sozio-ökonomische Charakteristika zwischen den Zeitpunkten s und $s+1$ keiner gravierenden Änderung unterlagen (vgl. Abschnitt 5.4). In Gleichung (74) gilt unter dieser Voraussetzung $\Delta X_i = 0$. Wir konstruieren ferner eine im Zeitablauf konsistente Definition der Bemessungsgrundlage, d. h. wir unterstellen bei der Berechnung der individuellen zu versteuernden Einkommen der Veranlagungsjahre 1988 und 1990 - kontrafaktisch - die Existenz eines in dieser Hinsicht identischen Steuerrechts (vgl. Abschnitt 5.6.2). Im Zeitablauf konstante sozio-ökonomische Charakteristika schlagen sich dann für sich genommen nicht in einer Änderung der Bemessungsgrundlage nieder, und in Gleichung (74) gilt $\Delta\gamma = 0$.

Unter den genannten Annahmen ($\Delta X_i = \Delta\gamma = 0$) läßt sich Gleichung (74) einfacher schreiben als

$$\Delta \tilde{TI}_i = \alpha_i \Delta(1-\tilde{\tau}_i) + \Delta\delta, \tag{75}$$

139 Ein Vorteil von Gleichung (74) als Spezifikation unserer Schätzung besteht gerade darin, daß individuelle - im allgemeinen schwer zu beobachtende, aber zwischen den Zeitpunkten s und $s+1$ konstante - Determinanten des zu versteuernden Einkommens als erklärende Variablen einer *Änderung* des zu versteuernden Einkommens vernachlässigt werden können (vgl. dazu auch die spätere Beschreibung des *fixed effects*-Modells in Abschnitt 6.2 dieser Arbeit).

wobei die Variable $\Delta\tilde{TI}_i$ nun die Änderung des zu versteuernden Einkommens unter der Voraussetzung kennzeichnet, die steuerrechtliche Definition der Bemessungsgrundlage bliebe in den Veranlagungsjahren 1988 und 1990 konstant.

Nun sähe sich eine empirische Schätzung von Beziehung (75) auf Grundlage der zwischen 1988 und 1990 tatsächlich beobachteten Änderung der Residualrate ganz ähnlichen Endogenitätsproblemen ausgesetzt, wie bereits im Zusammenhang mit Gleichung (73) erläutert. Denn erneut determiniert die endogene Änderung des zu versteuernden Einkommens infolge der Steuerreform, $\Delta\tilde{TI}_i$, auch die tatsächlich beobachtete Änderung der Residualrate, $\Delta(1-\tau_i)$. Als Instrument für die tatsächlich beobachtete Änderung der individuellen Residualrate konstruieren wir deshalb mithilfe des Simulationsmodells SIMST für jeden Steuerpflichtigen diejenige Änderung der Residualrate, der er sich bei gegebenem Verhalten des Veranlagungsjahres 1988, aber bei Anwendung des neuen Tarifs im Veranlagungsjahr 1990 gegenübergesehen hätte. Die jeweilige hypothetische Änderung der individuellen Residualrate haben wir in Gleichung (75) mit $\Delta(1-\tilde{\tau}_i)$ bezeichnet. An diese aus seiner Sicht exogene Änderung der Residualrate paßt der Steuerpflichtige steuerlich relevantes Verhalten und zu versteuerndes Einkommen im Veranlagungsjahr 1990 an.

Die Mikrosimulation liefert für jeden Steuerpflichtigen unseres Datensatzes die hypothetische Änderung der individuellen Residualrate infolge der Steuerreform 1990. Wir bilden zwei Gruppen von Steuerpflichtigen im quasi-natürlichen Experiment der Steuerreform: Die Experimentgruppe besteht aus Steuerpflichtigen, deren relative Änderung in der Residualrate einen noch zu bestimmenden Schwellenwert übersteigt. Der Kontrollgruppe werden diejenigen Steuerpflichtigen zugewiesen, bei denen die relative Änderung unter dem entsprechenden Schwellenwert liegt. Steuerpflichtige der Experimentgruppe erhalten den Index E und Steuerpflichtige der Kontrollgruppe den Index K. Im folgenden bezeichnen $\Delta\tilde{TI}_i$ und $\Delta(1-\tilde{\tau}_i)$ mit $i = E, K$ den jeweiligen ungewichteten Durchschnitt in der Änderung von zu versteuerndem Einkommen und Residualrate aller Steuerpflichtigen in Experiment- bzw. Kontrollgruppe, wobei definitionsgemäß

$$\Delta(1-\tilde{\tau}_E) - \Delta(1-\tilde{\tau}_K) > 0$$

gilt. Subtrahiert man Gleichung (75) für die Kontrollgruppe ($i = K$) von Gleichung (75) für die Experimentgruppe ($i = E$), erhält man

$$\Delta\tilde{TI}_E - \Delta\tilde{TI}_K = \alpha_E\Delta(1-\tilde{\tau}_E) - \alpha_K\Delta(1-\tilde{\tau}_K). \tag{76}$$

Ermöglicht wird die empirische Arbeit mit Gleichung (76) durch zwei zentrale Annahmen. Damit Gleichung (76) überhaupt korrekt ist, muß der Term $\Delta\delta$ für alle ausgewählten Steuerpflichtigen gleich sein. Wir unterstellen damit *erstens*, daß die Veränderung des zu versteuernden Einkommens von Experiment- und Kontrollgruppe zwischen 1988 und 1990 einem identischen exogenen Trend unterlag. Von einer Änderung der konjunkturellen Situation, der Nachfragebedingungen auf Faktor- und Gütermärkten sowie der individuellen Präferenzstruktur waren Experiment- und Kontrollgruppe im Beobachtungszeitraum demnach in gleichem Ausmaß betroffen. Wir nehmen *zweitens* an, daß Experiment- und Kontrollgruppe auf eine identische Änderung ihrer Residualrate in identischer Weise reagieren ($\alpha_E = \alpha_K := \alpha$). Steuerpflichtige in Experiment- und Kontrollgruppe verfügen folglich sowohl über eine vergleichbare Neigung als auch über vergleichbare Möglichkeiten, ihr zu versteuerndes Einkommen an veränderte steuerliche Bedingungen anzupassen.

Die beiden genannten Annahmen stellen restriktive Anforderungen an die Homogenität der in Experiment- und Kontrollgruppe zusammengefaßten Steuerpflichtigen: In Analogie zu einem "echten" naturwissenschaftlichen Experiment ist zu fordern, daß die beobachteten Individuen "ähnlich" sind bezüglich aller Charakteristika, die für die Änderung des zu versteuernden Einkommens im Beobachtungszeitraum von Bedeutung sind, und sich wesentlich allein durch die Art der "Behandlung" im Rahmen des Politikexperiments - d. h. in der Höhe der reforminduzierten Änderung ihrer Residualrate - unterscheiden. Wie wir diese Anforderungen an die Datenbasis bei der Auswahl von Experiment- und Kontrollgruppe(n) des quasi-natürlichen Politikexperiments berücksichtigen, wird in den folgenden Abschnitten ausführlich beschrieben.

Unter der Voraussetzung, daß beide Annahmen erfüllt sind, läßt sich die *difference-in-differences* aus Gleichung (76) schreiben als

$$\Delta\tilde{TI}_E - \Delta\tilde{TI}_K = \alpha\Delta(1-\tilde{\tau}_E) - \alpha\Delta(1-\tilde{\tau}_K), \quad (77)$$

oder

$$\alpha = \frac{\Delta\tilde{TI}_E - \Delta\tilde{TI}_K}{\Delta(1-\tilde{\tau}_E) - \Delta(1-\tilde{\tau}_K)}. \quad (78)$$

Mithilfe von Beziehung (78) läßt sich die Logik der *difference-in-differences*-Methode zur Schätzung des Verhaltensparameters α auf einfache Weise verdeutlichen: Wir beobachten die Reaktion unterschiedlicher Steuerzahlergruppen auf die von der Steuerreform 1990 ausgehenden Anreize, die Höhe der deklarierten Bemessungsgrundlage neu zu bestimmen. Die Differenz in der Änderung des zu versteuernden Einkommens von Experiment- und Kontrollgruppe führen wir auf die Differenz in der Änderung der jeweiligen Residualrate zurück. Tatsächlich *bedingen* die zuvor getroffenen Annahmen, daß ein unterschiedliches Muster in der Entwicklung des zu versteuernden Einkommens allein durch eine unterschiedliche Art der "Behandlung" im quasi-natürlichen Politikexperiment erklärt werden kann. Denn wir unterstellen zum einen, daß die für die Höhe des zu versteuernden Einkommens relevanten, individuellen Merkmale der ausgewählten Steuerpflichtigen im Zeitablauf konstant bleiben; und wir unterstellen zum anderen, daß die Änderung aller übrigen und unabhängig von der Steuerreform wirksamen Determinanten des zu versteuernden Einkommens die ausgewählten Steuerpflichtigen in identischer Weise betraf.

Der Parameter α in Gleichung (78) setzt die Änderung der Bemessungsgrundlage im Veranlagungsjahr 1990 in Beziehung zur Änderung der Residularate, die Folge der 1990 in Kraft getretenen Tarifänderung ist. Im folgenden definieren wir die Terme $\Delta\tilde{TI}_i$ und $\Delta(1-\tilde{\tau}_i)$ für $i = E, K$ jeweils als relative Änderungen und kennzeichnen die relative Änderung dieser Variablen zur besseren Unterscheidbarkeit von einer absoluten Änderung durchgängig mit dem Parameter $\Delta_{\%}$. Ersetzt man die Variablen $\Delta\tilde{TI}_i$ und $\Delta(1-\tilde{\tau}_i)$ in Gleichung (78) durch die Variablen $\Delta_{\%}\tilde{TI}_i$ bzw. $\Delta_{\%}(1-\tilde{\tau}_i)$, läßt sich der Verhaltensparameter α als Elastizität des zu versteuernden Einkommens in bezug auf die Residualrate $\zeta := \Delta_{\%}\tilde{TI}_i/\Delta_{\%}(1-\tilde{\tau}_i)$ interpretieren. Dabei ist zu beachten, daß die Schätzung in einem für alle in Experiment- und Kontrollgruppe zusammengefaßten Steuerpflichtigen repräsentativen Wert des Verhaltensparameters ζ resultiert.

Die folgenden Abschnitte beschreiben, wie sich die in Gleichung (78) enthaltenen Variablen auf Grundlage der Veranlagungsdaten des IAW-Steuerpanels konstruieren lassen. Abbildung 5 faßt das im Anschluß ausführlich erläuterte methodische Vorgehen überblicksartig zusammen:

Mit den Angaben des konsolidierten IAW-Steuerpanels verfügen wir für rund 40.000 Steuerpflichtige über die (in der Abbildung oval umrandeten) Veranlagungsdaten der Jahre $s = 1988$ und $s+1 = 1990$, die wir für das Verhalten der Steuerpflichtigen vor bzw. nach Durchführung der Steuerreform 1990 als charakteristisch ansehen; die Wahl des Beobachtungszeitraums unserer Untersuchung wird in Abschnitt 5.3 diskutiert. Abschnitt 5.4 beschreibt die Konstruktion eines Subpanels, das diejenigen Steuerfälle von der Beobachtung ausschließt, deren sozio-ökonomische Charakteristika zwischen 1988 und 1990 bedeutsamen und von der Steuerreform selbst unabhängigen Änderungen unterliegen. Abschnitt 5.5 erläutert, wie wir das in den Veranlagungsdaten 1988 dokumentierte steuerliche Verhalten exogen auf das Jahr 1990 fortschreiben. Das aus der in der Abbildung als 1990f gekennzeichneten fortgeschriebenen Veranlagung resultierende zu versteuernde Einkommen interpretieren wir als diejenige (kontrafaktische) Bemessungsgrundlage, die der betrachtete Steuerpflichtige 1990 bei gegebenem Verhalten des Basisjahres 1988, aber unter der Voraussetzung deklariert hätte, daß die Steuerreform 1990 nicht durchgeführt worden wäre.

Wendet man einerseits das alte Steuerrecht (des Jahres 1988) und andererseits das neue Steuerrecht (des Jahres 1990) auf die fortgeschriebenen Einkünfte und Abzüge an und ermittelt die jeweiligen individuellen Grenzsteuersätze τ_f^{88} und τ_f^{90}, erhält man die relative Änderung der individuellen Residualrate, die bei gegebenem Verhalten des Basisjahres 1988

Abbildung 5: Überblick über das methodische Vorgehen

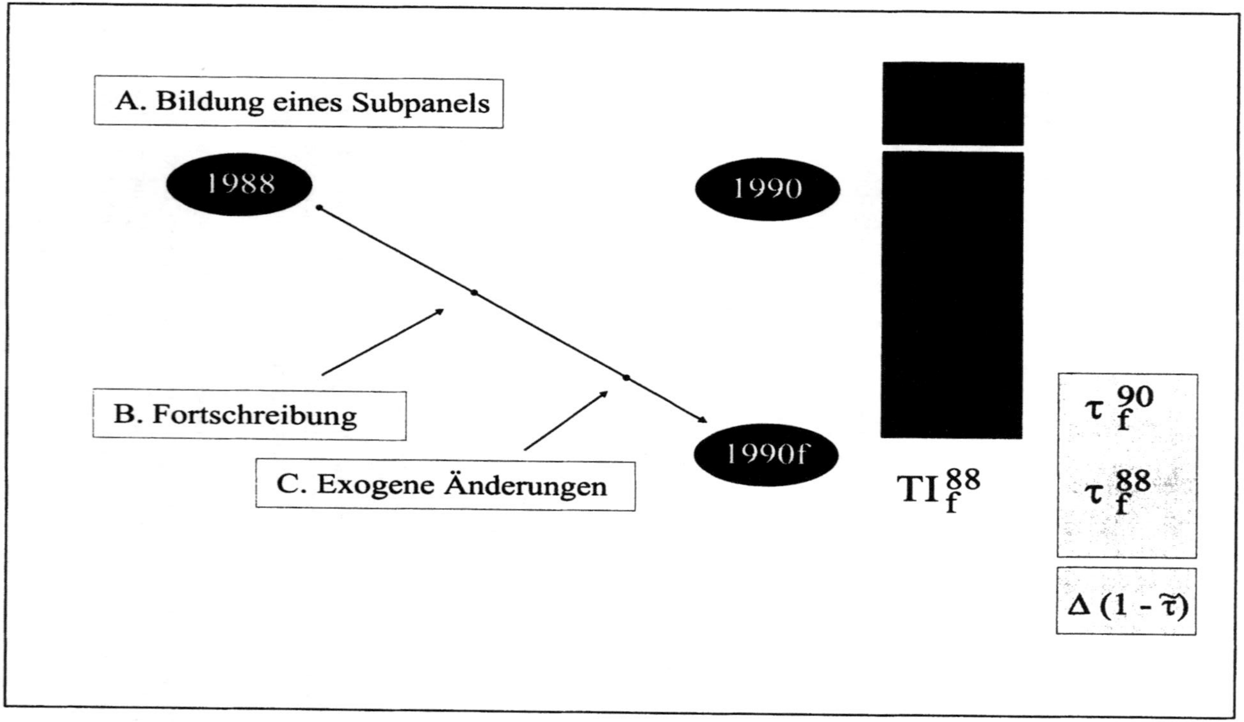

$$\Delta_{\%}(1-\tilde{\tau}) = \frac{(1-\tau_f^{90}) - (1-\tau_f^{88})}{(1-\tau_f^{88})}$$

beträgt. Die Größe $\Delta_{\%}(1-\tilde{\tau})$ dient als exogene Variable der auf Basis von Gleichung (78) durchgeführten *diff-in-diff*-Schätzungen (Abschnitt 5.6.1). Die prozentuale Änderung der im Veranlagungsjahr 1990 tatsächlich deklarierten Bemessungsgrundlage TI^{90} im Vergleich zum fortgeschriebenen zu versteuernden Einkommen - das an die 1990 reformierte steuerrechtliche Definition der Bemessungsgrundlage angepaßt wurde - bezeichnen wir als

$$\Delta_{\%}\tilde{TI} = \frac{TI^{90} - TI_f^{90}}{TI_f^{90}}.$$

Die Größe $\Delta_{\%}\tilde{TI}$ dient als endogene Variable der auf Basis von Gleichung (78) durchgeführten *diff-in-diff*-Schätzungen (Abschnitt 5.6.2).

5.3 Wahl des Beobachtungszeitraums

Eine Auswahl der Veranlagungszeiträume, die für die steuerliche Situation eines Zensiten vor bzw. nach der Steuerreform 1990 als charakteristisch anzusehen sind, ist nicht einfach zu treffen. Naheliegenderweise würde man sich wünschen, daß die gewählten Beobachtungszeitpunkte möglichst weit auseinanderliegen, um zeitliche Steuerarbitrage - das Vorziehen oder Verzögern von Aktivitäten in Antizipation einer Steueränderung - ausschließen und auch langfristige Anpassungsprozesse an veränderte steuerliche Bedingungen erfassen zu können. Dieser Wahl sind einerseits durch den Zeitraum der zur Verfügung stehenden Daten Grenzen gesetzt: Die Angaben des IAW-Steuerpanels beschränken sich auf individuelle Veranlagungsdaten des Zeitraums 1988 bis 1991. Andererseits birgt jede Verlängerung des Analysezeitraums die Gefahr, daß sich exogene - d. h. zwar im Untersuchungszeitraum wirksame, aber von der Steuerreform selbst unabhängige - Faktoren im beobachteten Einkommen niederschlagen, und daß die Identifizierung dieser Faktoren im Zeitablauf zunehmend schwieriger wird.

Gerade aus letztgenanntem Grund lassen sich die Veranlagungen des Jahres 1991, über die wir mit dem IAW-Steuerpanel verfügen, nicht als für die Situation nach der Steuerreform 1990 typisch charakterisieren. In Abschnitt 5.1.3 wurde beschrieben, daß die im Rahmen des 1991 verabschiedeten Fördergebietsgesetzes gewährten Vergünstigungen einen Rückgang des Aufkommens aus der Einkommensteuer von über 4 Mrd. DM zur Folge hatten. Die offensichtlich massiven Anreizwirkungen zugunsten zusätzlicher Investitionen im östlichen Teil Deutschlands dürften demnach - ebenso wie die Erhebung des Solidaritätszuschlags in den Veranlagungsjahren 1991 und 1992 - die Effekte der Steuerreform im Veranlagungsjahr 1991 spürbar überlagert (und in wesentlichen Teilen auch konterkariert) haben. Bei der Beobachtung des steuerlichen Verhaltens in Reaktion auf die Steuerreform 1990 beschränken wir uns deshalb auf das Verhalten der Steuerpflichtigen im Veranlagungsjahr 1990. Daraus folgt unmittelbar, daß unsere Schätzungen nur die kurzfristig wirksamen Anpassungsprozesse an das 1990 reformierte Steuerrecht erfassen.

Nun machte Abschnitt 5.2 dieser Arbeit deutlich, daß die *diff-in-diff*-Methode eine Verhaltensänderung der Steuerpflichtigen im Beobachtungszeitraum entweder als Folge eines allen Steuerpflichtigen gemeinsamen Trends des zu versteuernden Einkommens oder als individuelle Reaktion auf relative Preiseffekte infolge der Steuerreform 1990 interpretiert. Gegen unsere Entscheidung, reformbedingte Verhaltensänderungen in der individuellen Veranlagung 1990 zu identifizieren, lassen sich vor diesem Hintergrund zwei potentielle Einwände vorbringen:

Erstens wurde nach der Maueröffnung und der damit verbunden Erschließung neuer Absatzmärkte durch westdeutsche Unternehmen eine Sonderkonjunktur in Gang gesetzt. Das nominale Bruttosozialprodukt nahm 1990 im Vergleich zum Vorjahr um 8,03 Prozent zu, während 1989 mit 6,51 Prozent ein erkennbar geringeres Wachstum zu verzeichnen war (STATISTISCHES BUNDESAMT, 1991b, 38). Konjunkturelle Faktoren, die sich in einer uniformen Änderung von Einkünften oder Abzügen aller Steuerpflichtigen niederschlagen, werden von der *diff-in-diff*-Methode zwar erfaßt. Verzerrt würden unsere Schätzungen aber unter der Voraussetzung, daß einzelne Steuerpflichtige in unterschiedlichem Ausmaß *und* in systematischem Zusammenhang mit den Entlastungswirkungen der Steuerreform 1990 auch vom konjunkturellen Aufschwung profitierten. Zumindest bei Vorliegen von gewerblichen Einkünften und von Einkünften aus Vermietung und Verpachtung können wir dies - vor allem im Vergleich zu Steuerpflichtigen, die allein Einkünfte aus nichtselbständiger Arbeit deklarieren - nicht ausschließen.[140] Aus diesem Grund führen wir *diff-in-diff*-Schätzungen auch für Subgruppen des IAW-Steuerpanels durch, die ausschließlich aus Steuerpflichtigen bestehen, die vor Durchführung der Steuerreform über gewerbliche Einkünfte oder über Einnahmen aus Immobilienvermögen verfügen.

Nicht auszuschließen ist *zweitens*, daß für die Veranlagung 1990 relevante Entscheidungen der Steuerpflichtigen in der (historisch korrekten) Erwartung getroffen wurden, daß bereits im Folgejahr mit einer vereinigungsbedingten Steuererhöhung zu rechnen sei. In diesem Fall lag es nahe, den Zeitpunkt der Erzielung oder Deklarierung disponibler Einkünfte in den Veranlagungszeitraum 1990 vorzuziehen bzw. voraussehbare Abzüge und Steuerminderungsbeträge in das Jahr 1991 zu verschieben. Erneut verzerrt ein diesbezügliches Ver-

140 Zu erinnern ist allerdings daran, daß der Vertrag über die Wirtschafts- und Währungsunion erst Mitte 1990 ratifiziert und die formale Einheit am 3. Oktober 1990 hergestellt wurde. Der Gesetzgeber sah zwar bereits 1990 eine steuerliche Berücksichtigung von Verlusten aus Gewerbebetrieb und aus Vermietung und Verpachtung vor, die westdeutsche Steuerpflichtige bei einem entsprechenden Engagement im Beitrittsgebiet realisierten. Die daraus resultierenden Mindereinnahmen beim Einkommensteueraufkommen in Westdeutschland waren allerdings stark begrenzt (vgl. Abschnitt 5.1.3). Zu einem deutlichen Anstieg der Investitionen westdeutscher Unternehmen, zur Beteiligung westdeutscher Privathaushalte an Wohnungsbauprojekten etc. kam es offensichtlich erst ab dem Jahr 1991.

halten unsere Schätzungen insofern nicht, als es sich dabei um ein allen Steuerpflichtigen gemeinsames Phänomen handelte. Sollten hingegen lediglich einzelne Steuerpflichtige im Veranlagungsjahr 1990 ein artifiziell hohes zu versteuerndes Einkommen deklariert haben, wären unsere Schätzergebnisse verzerrt. Richtung und Ausmaß der Verzerrung sind nicht eindeutig: Fällt die Gruppe von Steuerpflichtigen mit artifiziell hohem Einkommen im Jahr 1990 mit der Experimentgruppe der *diff-in-diff*-Schätzungen zusammen, würden die geschätzten Elastizitäten überzeichnet. Neigen hingegen überwiegend Steuerpflichtige der Kontrollgruppe unseres Experiments zu zeitlicher Steuerarbitrage, fielen die geschätzten Elastizitäten artifiziell niedrig aus.

Ebenfalls aus Gründen möglicher zeitlicher Steuerarbitrage entscheiden wir uns für das Jahr 1988 - und nicht für das Jahr 1989 - als Veranlagungszeitraum, den wir als charakteristisch für das steuerliche Verhalten der Steuerpflichtigen vor Durchführung der Reform ansehen. Die Reformpläne der Bundesregierung wurden zwar bis zuletzt modifiziert, in ihrer grundsätzlichen Ausrichtung und insbesondere ihrer Entlastungswirkung aber frühzeitig diskutiert und spätestens mit Verabschiedung des Steuerreformgesetzes im Juli 1988 von der Öffentlichkeit zur Kenntnis genommen. Es ist deshalb davon auszugehen, daß die Steuerpflichtigen Möglichkeiten wahrnehmen konnten, die Deklarierung von Einkünften in den Veranlagungszeitraum 1990 zu verschieben bzw. Abzüge in frühere Jahre vorzuziehen. Ist die Verteilung der Steuerpflichtigen mit einem artifiziell hohen zu versteuernden Einkommen 1990 mit der Höhe der exogenen Variablen unserer Schätzungen - der Änderung der individuellen Residualrate im Veranlagungsjahr 1990 bei gegebenem Verhalten des Jahres 1988 - positiv korreliert, werden die geschätzten Elastizitäten in positiver Richtung verzerrt. Mit der Wahl des frühestmöglichen Veranlagungszeitraums, den das IAW-Steuerpanel zur Verfügung stellt, versuchen wir, die verzerrenden Wirkungen dieser Art zeitlicher Steuerarbitrage zumindest einzugrenzen. Um die Veranlagung 1988 mit der Veranlagung 1990 vergleichbar zu machen, schreiben wir im Veranlagungsjahr 1988 deklarierte Einkünfte und geltend gemachte Abzüge mithilfe exogener Änderungsraten auf das Jahr 1990 fort (vgl. Abschnitt 5.5).

Zusammengefaßt, identifiziert unsere empirische Analyse Effekte der Steuerreform 1990, indem wir der individuellen Veranlagung des Jahres 1988 die individuelle Veranlagung 1990 gegenüberstellen. Im Sinne der in Abschnitt 5.2 beschriebenen *diff-in-diff*-Spezifikation bestimmen wir $s = 1988$ (Situation vor Durchführung der Reform) und $s + 1 = 1990$ (Situation nach Durchführung der Reform). Das IAW-Steuerpanel enthält für die Jahre 1988 und 1990 die Veranlagungsdaten einer identischen Gruppe von rund 40.000 Steuerpflichtigen, die in diesem Zeitraum ununterbrochen zur veranlagten Einkommensteuer herangezogen wurden.

5.4 Bildung eines Subpanels

5.4.1 Einführung einer Altersgrenze von 64 Jahren

Unsere Schätzungen müssen ausschließen, daß sich in der zwischen 1988 und 1990 beobachteten Änderung des individuellen zu versteuernden Einkommens exogene, d. h. von der Steuerreform 1990 unabhängige Faktoren niederschlagen. Wir eliminieren deshalb Steuerpflichtige aus dem IAW-Steuerpanel, deren steuerlich relevante sozio-ökonomische Charakteristika im Zeitraum 1988 bis 1990 gravierenden Änderungen unterlagen. Im Sinne der Spezifikation unseres *diff-in-diff*-Modells in Abschnitt 5.2 gilt unter dieser Voraussetzung $\Delta X_i = 0$.

Wünschenswert wäre es, in dieser Hinsicht diejenigen Steuerpflichtigen aus dem Panel zu entfernen, die entweder im VZ 1989 oder im VZ 1990 in den Ruhestand gingen. Natürlich ist nicht auszuschließen (und sogar wahrscheinlich), daß die individuelle Entscheidung über den Zeitpunkt der Verrentung auch in Abhängigkeit steuerlicher Regelungen getroffen wird. Aber die Änderung der Lebensumstände von Neu-Rentnern oder Neu-Pensionären und insbesondere die Änderung der individuellen Einkommensverhältnisse dürften so bedeutsam sein, daß die entsprechende Änderung in Höhe und Zusammensetzung des zu versteuernden Einkommens sich nicht - oder jedenfalls nicht allein - auf Effekte der Steuerreform 1990 zurückführen läßt.

Es läge nahe, aus diesem Grund ausschließlich diejenigen Steuerpflichtigen von der Beobachtung auszuschließen, die 1989 oder 1990 erstmals eine gesetzliche Rente oder andere Versorgungsbezüge zu versteuern hatten. Nun lassen sich Pensionszugänge mithilfe der erstmaligen Inanspruchnahme des Versorgungsfreibetrags identifizieren, der allen Versorgungsempfängern des öffentlichen Diensts in gleicher Höhe zusteht. Der Bezug einer gesetzlichen Rente dagegen läßt sich dem IAW-Steuerpanel ohne restriktive zusätzliche Annahmen nicht entnehmen.[141] Als Alternative dienen könnte stattdessen die erstmalige Inanspruchnahme des Altersfreibetrags oder des Altersentlastungsbetrags, die Steuerpflichtigen nach Vollendung des 64. Lebensjahres gewährt werden. Aber auch diese Vorgehensweise wäre unbefriedigend: Offen bliebe, warum sich die steuerlichen Umstände für einen Steuerpflichtigen allein durch das Überschreiten dieser Altersgrenze - mit Ausnahme der nun zur Verfügung stehenden Freibeträge - ändern sollten. Mit Sicherheit ließe sich dies nur für den Rentenzugang sagen, der aber (im Prinzip) altersunabhängig ist.

Wir entscheiden uns deshalb für die Beobachtung einer Unterstichprobe, die generell alle Steuerpflichtigen nach Vollendung des 64. Lebensjahres ausschließt und eliminieren diejenigen Steuerpflichtigen aus dem Panel, die (spätestens) im Jahr 1990 die Altersgrenze von

[141] Der steuerlich unter die Sonstigen Einkünfte fallende Bezug einer Leibrente ist zu diesem Zweck nicht hinreichend, da unter dem Begriff der Leibrente steuerrechtlich auch bestimmte auf Rentenbasis ausgezahlte private Versicherungsleistungen erfaßt werden (§ 22 EStG). Auch differenzieren die Daten nicht zwischen gesetzlichen Alters-, Invaliden- sowie Hinterbliebenenrenten (vgl. Abschnitt 3.1.2).

64 Jahren überschritten. Als Identifikationsmerkmal dient uns in den Jahren 1988 und 1989 die Inanspruchnahme des Altersfreibetrags. Im Hinblick auf das Veranlagungsjahr 1990 ist uns dieses Vorgehen nicht mehr möglich, da die Veranlagungen nach Abschaffung des Altersfreibetrags keine entsprechenden Angaben enthalten. Wir eliminieren deshalb ferner diejenigen Steuerpflichtigen aus dem Panel, die in ihrer Veranlagung 1990 den Altersentlastungsbetrag in Anspruch nahmen.[142]

Dieses Vorgehen mag auf den ersten Blick als zu weitgehend erscheinen. Zu seiner Rechtfertigung lassen sich jedoch weitere Gründe anführen. Der Steuerpflichtigen nach Vollendung des 64. Lebensjahres gewährte Altersentlastungsbetrag stellt 40 Prozent der positiven Summe der Einkünfte, ausgenommen Versorgungsbezüge im Sinne von § 19 Abs. 2 EStG, bis zu einem Maximalbetrag von 3.000 DM (in den VZ 1988 und 1989) bzw. 3.720 DM (im VZ 1990) steuerfrei. Durch diese Regelung erhält das deutsche Einkommensteuersystem partiell den Charakter einer Schedulensteuer: Unter Umständen unterliegen Einkommensbestandteile älterer Steuerpflichtiger unterschiedlichen Steuersätzen abhängig davon, welcher Einkunftsart sie zuzuordnen sind. So bleiben 40 Prozent der zusätzlichen Einkünfte etwa aus Vermietung und Verpachtung oder aus Kapitalvermögen - ein nicht voll ausgeschöpfter Altersentlastungsbetrag vorausgesetzt - unbesteuert, während auf zusätzliche Versorgungsbezüge (ggf. in Höhe ihres Ertragsanteils) der aktuelle Grenzsteuersatz des Steuerpflichtigen anzuwenden ist.[143]

Im Veranlagungsjahr 1989 kamen 6.486 Steuerpflichtige des Panels im Alter von mindestens 64 Jahren in den Genuß des Altersfreibetrags, wobei in 965 Veranlagungen beide nach der Splittingtabelle besteuerten Ehegatten den Altersfreibetrag in Anspruch nahmen. Insgesamt 1.726 dieser Individuen verzichteten gänzlich auf die Inanspruchnahme des Altersentlastungsbetrags, was einem Anteil von 26,6 Prozent an allen älteren Steuerpflichtigen entspricht. Von den verbleibenden 4.760 älteren Steuerpflichtigen schöpfte ein Anteil von 53 Prozent den Altersentlastungsbetrag nicht in voller Höhe aus.[144] Für zusammengenommen rund zwei Drittel aller älteren Steuerpflichtigen ist folglich der Grenzsteu-

---

142 Rentenzugänge der Jahre 1989 und 1990, die die Altersgrenze von 64 Jahren unterschritten, verbleiben im Panel, weil der Datensatz diese Steuerpflichtigen nicht zu identifizieren erlaubt. Effekte der Steuerreform 1990 auf das von Steuerpflichtigen unter 64 Jahren gewählte Rentenzugangsalter kann unsere Schätzung folglich nicht erfassen, allerdings ebensowenig wie die Schätzung FELDSTEINs (1995a) und alle seitdem vorgelegten empirischen Untersuchungen zur Elastizität des zu versteuernden Einkommens. Darüber hinaus enthält das gebildete Subpanel Steuerpflichtige, die 1990 das 64. Lebensjahr vollendeten, den Altersentlastungsbetrag aber infolge fehlender relevanter Einkünfte nicht in Anspruch nahmen. Der Anteil der Steuerpflichtigen, die im vorangegangenen Veranlagungsjahr 1989 - bei Inanspruchnahme des Altersfreibetrags - keinen Altersentlastungsbetrag geltend machten, beläuft sich in unserem Datensatz auf 26,6 Prozent.

143 Gleiches gilt - analog, aber spiegelbildlich -, wenn Aufwendungen für (auch) privat Nutzen stiftende Konsumgüter als Werbungskosten in unterschiedlichen Einkunftsarten deklariert werden. Der relative Preis dieser Güter variiert bei älteren Steuerpflichtigen abhängig davon, ob eine marginale Änderung der Einnahmen, für die Werbungskosten geltend gemacht werden, noch unter den Altersentlastungsbetrag fällt oder nicht.

144 Der geltend gemachte Betrag belief sich 1989 auf durchschnittlich 2.024 DM, wobei im Falle zusammenveranlagter Ehegatten von dem bzw. der Zweitverdiener/in mit 1.729 DM ein im Durchschnitt deutlich geringerer Betrag zum Abzug gebracht wurde.

ersatz vor Durchführung der Steuerreform nicht eindeutig zu bestimmen, da zusätzliche durch § 24a EStG definierte Einkünfte nur zu 40 Prozent der Besteuerung unterlagen.

Nun ist zwar richtig, daß das verbleibende Drittel aller älteren Individuen 1989 den maximalen Altersentlastungsbetrag in Höhe von 3.000 DM in Anspruch nahm, und die zusätzlichen Einkünfte dieser Gruppe demjenigen Grenzsteuersatz unterlagen, der sich aus Anwendung des Tarifs auf das individuelle zu versteuernde Einkommen ergab. Im Grundsatz spräche nichts dagegen, diese Steuerpflichtigen im verwendeten Datensatz zu belassen. Eine weitere Komplikation allerdings ergibt sich daraus, daß der maximal zu gewährende Altersentlastungsbetrag 1990 auf 3.720 DM angehoben wurde (vgl. dazu Abschnitt 5.1.2). Der Grenzsteuersatz von 557 Steuerpflichtigen, deren relevante Einkünfte ursprünglich zwischen (3.000/0, 4 =)7.500 DM und (3.720/0, 4 =) 9.300 DM lagen, ging deshalb - unabhängig von der Tarifreform - relativ um 40 Prozent zurück. Die reformbedingte Anpassung des Verhaltens dieser Gruppe dürfte sich folglich nicht mit der Reaktion aller übrigen - alleine von der Tarifreform betroffenen - Steuerpflichtigen vergleichen lassen, sodaß ein Anteil von weiteren 9 Prozent der älteren Steuerpflichtigen aus dem Panel zu entfernen wäre.

Zusammengefaßt, läßt sich der Grenzsteuersatz auf die Einkünfte von rund zwei Dritteln aller älteren Steuerpflichtigen infolge der Existenz des Altersentlastungsbetrags nicht eindeutig bestimmen. Überdies realisierte ein Anteil von weiteren zehn Prozent der älteren Steuerpflichtigen infolge der Erhöhung des maximalen Altersentlastungsbetrags - und unabhängig von der Tarifreform - eine sehr große Änderung des Steuersatzes, dem ein beträchtlicher Teil ihrer Einkünfte unterlag. Wir sind der Auffassung, daß sich unser Vorgehen, ältere Steuerpflichtige im Rahmen unserer Schätzungen gänzlich unberücksichtigt zu lassen, vor diesem Hintergrund rechtfertigen läßt. Die Unterstichprobe, die als Grundlage unserer empirischen Untersuchung dient, enthält damit keine Steuerpflichtigen, die sich in den Veranlagungsjahren 1988, 1989 oder 1990 als 64jährig oder älter identifizieren lassen; insgesamt eliminieren wir auf diese Weise 5.953 Steuerfälle aus dem Panel. Unsere Schätzergebnisse sind robust gegenüber einer alternativen Vorgehensweise, die diejenigen rund 25 Prozent aller mindestens 64jährigen Steuerpflichtigen im Panel beläßt, die 1988 für den Altersentlastungsbetrag qualifizierte Einkünfte in Höhe von mehr als 9.300 DM deklarierten.

Zuletzt ist darauf hinzuweisen, daß unsere Schätzungen auf Grundlage des auf beschriebene Weise reduzierten Panels mit den Ergebnissen der vorliegenden Literatur unmittelbar vergleichbar sind. Ausgehend von FELDSTEIN (1995a), der seine Untersuchung auf Steuerpflichtige vor Vollendung des 60. Lebensjahrs beschränkt, ziehen ausnahmslos alle verwandten Schätzungen der Elastizität des zu versteuernden Einkommens - aus unterschiedlichen Gründen - eine vergleichbare Altersgrenze in die verwendeten Datensätze ein.

5.4.2 Eliminierung weiterer Steuerfälle aus dem Panel

Dieser Abschnitt führt verschiedene weitere Kategorien von Steuerpflichtigen auf, die wir aus dem Panel eliminieren und im Rahmen der im folgenden durchgeführten Schätzung ebenfalls unberücksichtigt lassen. Wir unterstellen, daß die Änderung der sozio-ökonomischen Charakteristika dieser Steuerpflichtigen selbst nicht als Reaktion auf eine reformbedingte Änderung steuerlicher Anreize zu interpretieren ist. Von der Zusammensetzung der verwendeten Unterstichprobe gehen dann selbst keine Verzerrungen im Sinne eines *selection bias* aus. In Klammern geben wir an, wieviele Steuerpflichtige wir auf diese Weise aus dem Panel ausschließen.

Wir entfernen im einzelnen

- Steuerpflichtige, die im VZ 1989 oder im VZ 1990 erstmals einen Behindertenpauschbetrag (§ 33b EStG) in Anspruch nahmen (914)
- Steuerpflichtige, die zwischen 1988 und 1990 mindestens einmal die Veranlagungsform nach Grund- oder Splittingtabelle wechselten (1.906)
- Steuerpflichtige, die im VZ 1988, im VZ 1989 oder im VZ 1990 Einkünfte deklarierten, die dem Progressionsvorbehalt (§ 32b EStG) unterlagen (4.680)
- Steuerpflichtige, die entweder im VZ 1989 oder im VZ 1990 erstmals mindestens einen halben Kinderfreibetrag (§ 32 Abs. 6 EStG) geltend machten (950) und
- Steuerpflichtige, die entweder im VZ 1989 oder im VZ 1990 erstmals einen Versorgungsfreibetrag (§ 19 Abs. 2 EStG) in Anspruch nahmen (999).

Die durch erstmalige Inanspruchnahme des Behindertenpauschbetrags dokumentierte Minderung der Erwerbsfähigkeit deutet ebenso wie der Wechsel der Veranlagungsform nach Grund- oder Splittingtabelle - der in den meisten Fällen auf Scheidung, Eheschließung oder Tod des Ehepartners zurückzuführen sein dürfte - auf gravierende Änderungen in den Lebensumständen eines Steuerpflichtigen hin. Die Beobachtung einer Verhaltensänderung dieser Steuerpflichtigen läßt sich dann nicht allein auf Anreizeffekte der Steuerreform 1990 zurückführen. Ähnliches gilt für Steuerpflichtige, die im Beobachtungszeitraum dem Progressionsvorbehalt unterliegende Einkünfte deklarieren. Unter diese Einkünfte faßt das Steuerrecht in erster Linie Lohnersatzleistungen wie Mutterschafts-, Kranken-, Übergangs- und Arbeitslosengeld. Die durch die Deklarierung dieser Einkünfte in einem bestimmten Veranlagungszeitraum dokumentierten, besonderen (und meist nur temporären) Lebensumstände verzerren einen Vergleich mit dem zu versteuernden Einkommen eines anderen Veranlagungszeitraums.[145]

[145] Die Veranlagungen von 659 Steuerpflichtigen wiesen in jedem der drei Veranlagungszeiträume Einkünfte aus, die dem Progressionsvorbehalt unterlagen. Dies entspricht einem Anteil von 14

Weiter ist zu bedenken, daß es Steuerpflichtige gab, die im Beobachtungszeitraum eine unterschiedliche Zahl an Kinderfreibeträgen geltend machten. Wir eliminieren ausschließlich diejenigen Steuerpflichtigen aus dem Panel, die im VZ 1989 oder im VZ 1990 erstmals mindestens einen (halben) Kinderfreibetrag in Anspruch nahmen. Wir tragen mit diesem Vorgehen der Tatsache Rechnung, daß die Geburt des ersten Kindes besonders starke Auswirkungen auf das Erwerbsverhalten insbesondere der Mütter haben dürfte. Wir eliminieren ferner diejenigen Steuerpflichtigen, die im VZ 1989 oder im VZ 1990 erstmals einen Versorgungsfreibetrag in Anspruch nahmen und deshalb als Pensionszugänge identifiziert werden können.[146]

Zuletzt eliminieren wir diejenigen Steuerfälle, deren tatsächlich ausgewiesenes zu versteuerndes Einkommen entweder im VZ 1988 oder im VZ 1990 in den jeweils gewährten Grundfreibetrag fällt. Diese Beobachtung trifft auf insgesamt 2.515 Fälle zu. Wie sich zeigt, sind dafür im Einzelfall häufig aus anderen Veranlagungszeiträumen übertragene Verluste (Verlustvorträge und Verlustrückträge, § 10d EStG) in substantiellem Umfang verantwortlich. Die Höhe des zu versteuernden Einkommens dieser Steuerpflichtigen wurde folglich partiell durch in einem anderen Veranlagungszeitraum getroffene Entscheidungen determiniert. Unsere Schätzungen führen die Entscheidungen der Steuerpflichtigen aber allein auf steuerliche Anreizeffekte des laufenden Veranlagungszeitraums zurück; die Erfassung interperiodischer Effekte erlaubt unser Vorgehen nicht.[147]

Von ursprünglich 39.939 Steuerpflichtigen entfernen wir auf beschriebene Weise insgesamt 15.882 Fälle aus dem konsolidierten IAW-Steuerpanel.[148] Dies entspricht einem Anteil von 39,8 Prozent des ursprünglichen Datensatzes. Die resultierende Teilstichprobe, die als Datengrundlage unserer Schätzungen dient, enthält die individuellen Veranlagungsdaten einer identischen Gruppe von 24.057 Steuerpflichtigen für die Veranlagungsjahre 1988 und 1990.

Prozent derjenigen Steuerfälle, die im Beobachtungszeitraum mindestens einmal entsprechende Einkünfte deklarierten. Unsere Ergebnisse sind robust gegenüber der alternativen Bildung einer Unterstichprobe, die lediglich Steuerpflichtige mit temporärem Bezug von Einkünften, die dem Progressionsvorbehalt unterliegen, von der Beobachtung ausschließt.

146 Auf diese Weise entfernen wir auch Pensionszugänge vor Vollendung des 64. Lebensjahres aus dem Panel. Zur Begründung einer Altersgrenze von 64 Jahren sowie zur Erfassung der (auch) steuerlich determinierten, individuellen Entscheidung über den Übergang in den Ruhestand vgl. Abschnitt 5.4.

147 Wir schließen auf diese Weise auch diejenigen Steuerpflichtigen aus der Stichprobe aus, deren ursprüngliches zu versteuerndes Einkommen - das den 1988 gewährten Grundfreibetrag überschreitet - erst vom 1990 erweiterten Grundfreibetrag erfaßt wird. Das Verhalten des Jahres 1988 vorausgesetzt, ging der Grenzsteuersatz dieser Steuerpflichtigen auf Null zurück. Natürlich ist davon auszugehen, daß sich der entsprechende Anstieg der Residualrate (auf einen Wert von Eins) in einer Verhaltensänderung der betroffenen Steuerpflichtigen niederschlug. Ausmaß und Richtung der entsprechenden Anreize dürften sich aber nicht mit denjenigen Anreizen vergleichen lassen, denen sich Steuerpflichtige in anderen Segmenten des Tarifs gegenübersahen.

148 Auf eine erhebliche Anzahl von Fällen trafen mehrere Selektionskriterien zu. So fiel die Geburt des ersten Kindes häufig mit Eheschließung und Übergang ins Splittingverfahren zusammen. Gleiches gilt für Überschreiten der Altersgrenze und Pensionszugang. Die Gesamtzahl der eliminierten Steuerfälle (15.582) unterschreitet deshalb die Summe der jeweils genannten Fallzahlen (17.887).

5.5 Fortschreibung der Veranlagungsdaten

5.5.1 Vorbemerkung

Unsere empirische Untersuchung interpretiert die Steuerreform 1990 und die reformbedingte Änderung individueller Grenzsteuersätze bzw. Residualraten als quasi-natürliches Experiment, auf das die Steuerpflichtigen mit einer Anpassung ihres zu versteuernden Einkommens reagierten. Im Unterschied zu einem "echten" naturwissenschaftlichen Experiment wurde die Steuerreform natürlich nicht unter Laborbedingungen durchgeführt, und die Reaktion auf die reformbedingte Änderung steuerlicher Anreizstrukturen wurde überlagert vom Einfluß zeitgleich mit, aber unabhängig von der Reform wirksamer Bestimmungsgründe des erzielten bzw. des deklarierten Einkommens. Aus diesem Grund haben wir zunächst sämtliche Steuerfälle aus dem Panel eliminiert, deren sozio-ökonomische Charakteristika im Beobachtungszeitraum gravierenden und als im Sinne unserer Untersuchung exogen zu interpretierenden Änderungen unterlagen (vgl. Abschnitt 5.4).

Gleichwohl wäre ein simpler Vergleich der Veranlagungen in den Veranlagungsjahren 1988 und 1990 - auch für die verbliebenen Steuerfälle - für unsere Zwecke nicht ohne weiteres angemessen. Dafür lassen sich vor allem zwei Gründe anführen: Zum einen entzieht sich ein Teil der angegebenen Einkünfte und Abzüge dem unmittelbaren Einfluß eines Steuerpflichtigen. So unterliegen die deklarierten Einkünfte im Zeitablauf einem Trend, der auf die aus Sicht des einzelnen Steuerpflichtigen exogene (Preis-)Entwicklung auf Faktor- und Gütermärkten zurückzuführen ist, und die Höhe eines in Anspruch genommenen Abzugstatbestands läßt sich nicht in jedem Fall als steuerlich motivierte Entscheidung eines Steuerpflichtigen im entsprechenden Veranlagungszeitraum interpretieren. Als exogen hat unsere Untersuchung zum anderen jede Änderung der Höhe deklarierter Einkünfte zu interpretieren, die zwar auf der Wahlhandlung eines Steuerpflichtigen beruht, aber als von der Steuerreform 1990 unabhängig anzusehen ist. So reflektiert die Höhe der deklarierten Kapitaleinkünfte im Veranlagungsjahr 1990 - im Vergleich zum Veranlagungsjahr 1988 - zu einem Teil Effekte, die auf Einführung und Abschaffung der "kleinen Kapitalertragsteuer" 1989 (und nicht auf die Steuerreform 1990) zurückzuführen sein dürften.

Der folgende Abschnitt beschreibt, auf welche Weise wir die von den Steuerpflichtigen des IAW-Steuerpanels im Basisjahr 1988 deklarierten Einkünfte und Abzüge auf das Jahr 1990 fortschreiben. Wir ermitteln diejenigen (kontrafaktischen) Einkünfte und Abzüge, mit denen die Steuerpflichtigen im Veranlagungsjahr 1990 - bei gegebenem Verhalten des Jahres 1988 und unter Berücksichtigung derjenigen Faktoren, die von der Reaktion des Steuerpflichtigen auf die Steuerreform unabhängig sind - veranlagt worden wären. Die resultierenden Einkünfte und Abzüge bezeichnen wir im folgenden als auf das Veranlagungsjahr 1990 *fortgeschriebene* Einkünfte und Abzüge. Die Differenz zwischen dem fortgeschriebenen zu versteuernden Einkommen und dem tatsächlichen zu versteuernden Einkommen im Veranlagungsjahr 1990 interpretieren wir als Reaktion auf von der Steuerreform 1990 ausgehende Anreize.

5.5.2 Fortschreibung von Einkünften und Abzügen

Fortschreibung der Einkünfte des Veranlagungsjahres 1988

Jeder Vergleich individueller Steuererklärungen zweier verschiedener Veranlagungsjahre hat zu berücksichtigen, daß das Bruttoeinkommen der Steuerpflichtigen in diesem Zeitraum einer exogenen Änderung unterlag, die auf eine unterschiedliche Angebots- und Nachfragesituation auf Faktor- und Gütermärkten zurückzuführen ist. Wir schreiben deshalb die im Veranlagungsjahr 1988 deklarierten Einkünfte auf Basis exogener Änderungsraten auf das Jahr 1990 fort. Aus mehreren Gründen stellt dabei die Fortschreibung der deklarierten Kapitaleinkünfte eine Besonderheit dar, auf die in Abschnitt 5.5.3 eingegangen wird. Die Ausführungen in diesem Abschnitt beschränken sich auf die Fortschreibung der übrigen sechs in § 2 Abs. 1 EStG definierten Einkunftsarten aus Land- und Forstwirtschaft, Gewerbebetrieb, selbständiger Arbeit, nichtselbständiger Arbeit, Vermietung und Verpachtung sowie der Sonstigen Einkünfte. Die Fortschreibung bedient sich des Mikrosimulationsmodells SIMST, welches das geltende Einkommensteuerrecht sowohl der Veranlagungsjahre 1988 und 1990 exakt abbildet.[149]

Mit der Fortschreibung der Bruttoeinkünfte versuchen wir, eine kontrafaktische Situation abzubilden: Wir ermitteln die hypothetische Höhe der Einkünfte, welche die Steuerfälle des Panels im Veranlagungsjahr 1990 bei gegenüber dem Jahr 1988 unverändertem Verhalten deklariert hätten. Es ist klar, daß bei diesem Vorhaben auf exogene, d. h. vom tatsächlich beobachteten Verhalten der Steuerpflichtigen unabhängige Änderungsraten zurückzugreifen ist. Strenggenommen wäre sogar ausschließlich gerade diejenige Änderung zu berücksichtigen, die sich im Beobachtungszeitraum *ohne* Durchführung der Steuerreform 1990 hätte beobachten lassen. Da wir über entsprechende Daten (natürlich) nicht verfügen, führen wir zwei alternative Varianten der Fortschreibung durch:

Variante 1 hält die Einkünfte der Steuerpflichtigen im Zeitraum 1988-1990 auf einem konstanten realen Niveau. Zu diesem Zweck schreiben wir die im Jahr 1988 deklarierten Einkünfte mit der zwischen 1988 und 1990 tatsächlich beobachteten Steigerung des Preisindex für die Lebenshaltung fort, die in den Jahren 1989 und 1990 zusammengefaßt 5,68% betrug (STATISTISCHES BUNDESAMT, 1991b, 38). Liegen Einkünfte aus nichtselbständiger Arbeit vor, wenden wir die entsprechende Steigerungsrate auf die deklarierten Roheinnahmen - vor Abzug von Weihnachts- und Arbeitnehmerfreibetrag sowie der geltend gemachten Werbungskosten - an.[150]

---

149 Struktur des Mikrosimulationsmodells SIMST und Durchführung einer fiktiven Veranlagung der Steuerpflichtigen werden in Abschnitt 3.1.3 beschrieben. Bei einer Neuveranlagung auf Basis fortgeschriebener Bruttoeinkünfte sind vor allem für einzelne Einkunftsarten spezifische Freibeträge von Bedeutung, deren Höhe bei einem Anstieg der Einkünfte im Einzelfall ggf. unter Beachtung der steuerrechtlichen Maximalbeträge neu zu ermitteln ist.

150 Wir orientieren uns bei diesem Vorgehen an GRUBER/SAEZ (2002) und SAEZ (2003), die allerdings die individuellen zu versteuernden Einkommen des Basisjahrs - und nicht die deklarierten Einkünfte - mit der Preissteigerungsrate fortschreiben. Eine solche Form der Fortschreibung ist im Fall des deutschen Einkommensteuersystems nicht völlig plausibel, da im Zeitablauf konstante reale Brutto-

Während Variante 1 auf eine für alle Einkunftsarten uniforme Wachstumsrate zurückgreift, erlaubt *Variante 2* eine differentielle Entwicklung der einzelnen Einkunftsarten und eine exogene Änderung der Faktoreinkommensverteilung im Untersuchungszeitraum. Diese Variante orientiert sich an der Entwicklung der Einkünfte, die sich in den Veranlagungen der im IAW-Steuerpanel erfaßten Steuerpflichtigen in den beiden der Steuerreform 1990 unmittelbar vorangehenden Jahren beobachten läßt. Wir berechnen zunächst für jede Einkunftsart die von 1988 auf 1989 im Panel tatsächlich beobachtete, aggregierte Änderungsrate. Wir unterstellen, daß sich eine entsprechende Änderung - ohne Durchführung der Steuerreform 1990 - genauso im Veranlagungsjahr 1990 hätte beobachten lassen und wenden eine identische Rate auch auf den Zeitraum 1989-1990 an. Hinsichtlich der Einkünfte aus nichtselbständiger Arbeit gehen wir auf analoge Weise bei den deklarierten Roheinnahmen vor Abzug von Freibeträgen und Werbungskosten vor. Die von 1988 auf 1989 im Panel beobachteten, aggregierten Änderungsraten lassen sich Tabelle 6 entnehmen. Bei der Fortschreibung der im Veranlagungsjahr 1988 deklarierten Einkünfte bzw. Einnahmen auf das Jahr 1990 - also bezogen auf einen Zeitraum von zwei Jahren - kommen die entsprechenden Werte quadriert zur Anwendung.

Tabelle 6: Änderungsrate der Einkünfte im Untersuchungszeitraum

Einkunftsart	IAW-Steuerpanel (1988-1989)	Steuerstatistik (1983-1989)
Land- und Forstwirtschaft	12,70	4,54
Gewerbebetrieb	7,66	4,89
selbständige Arbeit	5,82	1,37
nichtselbständige Arbeit (Einnahmen)		
Hauptverdiener/in	4,10	k.a.
Nebenverdiener/in	3,35	k.a.
Vermietung und Verpachtung	0,29	-4,71

Quelle: STATISTISCHES BUNDESAMT (1987, 266f.; 1991a, 232f.; 1995, 154f.); eigene Berechnungen auf Basis der verwendeten Unterstichprobe des IAW-Steuerpanels (27.153 Steuerpflichtige). *Erläuterungen*: Angaben in Prozent. Die auf Grundlage der Steuerstatistik berechneten Werte sind durchschnittliche jährliche Wachstumsraten der von baden-württembergischen Steuerpflichtigen im Rahmen der veranlagten Einkommensteuer deklarierten Einkünfte. Die Summen der innerhalb einer Einkunftsart insgesamt deklarierten positiven und negativen Einkünfte wurden saldiert. Die angegebenen Werte sind pro-Kopf-Größen, d. h. die saldierte Summe der Einkünfte wurde auf die Anzahl der Steuerpflichtigen bezogen, die im entsprechenden Veranlagungsjahr Einkünfte in der betrachteten Einkunftsart deklarierten.

einkünfte aufgrund der Existenz einkunftsspezifischer Freibeträge nicht notwendig auch in einem zu versteuernden Einkommen auf konstantem realen Niveau resultieren. FELDSTEIN (1995a) schreibt die gesamten im Basisjahr deklarierten Einkünfte ebenfalls mit einer uniformen Rate fort, bedient sich aber des im Beobachtungszeitraum verzeichneten Wachstums des nominalen pro-Kopf-Einkommens. Dieses Vorgehen unterstellt, daß der gesamte in der makroökonomischen Statistik ausgewiesene Einkommensanstieg unabhängig von Verhaltensanpassungen der Wirtschaftssubjekte an die untersuchte Steuerreform erfolgte. Hinsichtlich des für den Beobachtungszeitraum ausgewiesenen Preisniveauanstiegs erscheint eine solche Exogenitätsannahme als weniger restriktiv.

Den Änderungsraten, die wir im IAW-Steuerpanel verzeichnen, stellen wir in Tabelle 6 die in den 1980er Jahren insgesamt beobachtete Entwicklung der von baden-württembergischen Steuerpflichtigen deklarierten Einkünfte gegenüber, die sich der bundeslandbezogenen Einkommensteuerstatistik des STATISTISCHEN BUNDESAMTS (1987; 1991a; 1995) entnehmen läßt.[151] Dabei wurde der in einem bestimmten Veranlagungsjahr im Aggregat deklarierte Betrag jeweils auf die Anzahl der Steuerpflichtigen bezogen, deren Veranlagung im entsprechenden Jahr Einkünfte in der betrachteten Einkunftsart auswies.

Man erkennt, daß die von 1988 auf 1989 in unserem Datensatz beobachtete Änderung der Einkünfte zum Teil beträchtlich vom längerjährigen Trend abweicht. So nahmen die Verluste aus Vermietung und Verpachtung im IAW-Steuerpanel 1989 im Vergleich zum Vorjahr zu, während im Zeitraum 1983-1989 insgesamt eine Abnahme zu verzeichnen ist.[152] Die Wachstumsrate aller übrigen Bruttoeinkünfte fällt in unserem Datensatz hingegen höher aus als im längerfristigen Durchschnitt. Zu berücksichtigen ist dabei natürlich, daß sich die konjunkturelle Lage im Jahr 1989 vom Durchschnitt des vorangegangenen Siebenjahreszeitraums unterschied: Die Erwerbs- und Vermögenseinkommen der privaten Haushalte stiegen laut VGR des Jahres 1989 im Vergleich zum Vorjahr um 5,21 Prozent, während sich die entsprechende Zunahme im Zeitraum 1983-1989 jahresdurchschnittlich auf lediglich 4,86 Prozent belief (STATISTISCHES BUNDESAMT, 1988b, 557 und 1991c, 646).

Das Ziel einer Fortschreibung der im Veranlagungsjahr 1988 deklarierten Einkünfte besteht darin, auf Basis des in der Veranlagung 1988 tatsächlich beobachteten Verhaltens die Höhe der 1990 deklarierten Bruttoeinkünfte unter der Voraussetzung nachzubilden, daß die Steuerreform 1990 nicht durchgeführt worden wäre. Beide zuvor vorgestellten Fortschreibungsvarianten greifen auf - im Hinblick auf die 1990 durchgeführten Steueränderungen - exogene Änderungsraten zurück, deren Verwendung jeweils mit besonderen Vorzügen und Nachteilen verbunden ist.

---

151 Die aggregierte Steuerstatistik wird im dreijährigen Turnus veröffentlicht und ist im hier betrachteten Zeitraum nur für die Veranlagungsjahre 1983, 1986 und 1989 verfügbar. Die Höhe der Roheinnahmen aus nichtselbständiger Arbeit wird von der Steuerstatistik nicht separat ausgewiesen und deshalb in Tabelle 6 nicht aufgeführt. Ebenfalls nicht ausgewiesen wird die Änderungsrate der im Rahmen der Sonstigen Einkünfte deklarierten Beträge. Im Veranlagungsjahr 1989 entfällt der mit rund 91 Prozent größte Anteil der Sonstigen Einkünfte im Steuerpanel auf die Ertragsanteile empfangener Rentenzahlungen. Da sich unsere Untersuchung auf Steuerfälle im Alter von unter 64 Jahren beschränkt, wird der Umfang der deklarierten Sonstigen Einkünfte im verwendeten Datensatz stark reduziert. Auf die verbliebenen besteuerten Ertragsanteile empfangener Leibrenten ($3,1\%$), andere wiederkehrende Bezüge ($0,7\%$) und steuerrechtlich als Sonstige Einkünfte erfaßten Spekulationsgewinne ($-44,6\%$) wenden wir - wie im Rahmen der übrigen Einkunftsarten - ebenfalls die von 1988 auf 1989 tatsächlich beobachtete, jährliche Wachstumsrate auf den gesamten Zeitraum 1988 bis 1990 an.

152 Die von den Steuerpflichtigen insgesamt ausgewiesene Summe der Einkünfte aus Vermietung und Verpachtung war in den Jahren 1988 und 1989 negativ (vgl. hierzu auch die Deskription der Veranlagungsdaten in Abschnitt 3.2.2). Die in der Tabelle ausgewiesene positive Änderungsrate der Einkünfte aus Vermietung und Verpachtung zeigt an, daß die von den Steuerpflichtigen des Panels insgesamt geltend gemachten Negativbeträge zwischen 1988 und 1989 anstiegen. Demgegenüber nahmen die in der Steuerstatistik ausgewiesenen und in der Summe ebenfalls negativen Einkünfte aus Vermietung und Verpachtung im Zeitraum 1983-1989 um jahresdurchschnittlich 4,71% ab.

Variante 1 unterstellt, die im Veranlagungsjahr 1988 deklarierten Bruttoeinkünfte blieben - bei annahmegemäß unverändertem Verhalten - 1990 auf einem konstanten realen Niveau. Bei dieser Variante handelt es sich um das von der verwandten Literatur bevorzugt angewandte Fortschreibungsverfahren (vgl. vor allem GRUBER/SAEZ, 2002). Die Idee der Konstruktion einer real konstanten Bemessungsgrundlage besteht insbesondere darin, neben den Wirkungen der untersuchten Steuerreform auch Anreizeffekte der sogenannten "kalten Progression" auf das Verhalten der Steuerpflichtigen zu erfassen: Die Existenz eines in nominalen Größen fixierten Steuertarifs hat bei einem allein inflationsbedingten Anstieg des Nominaleinkommens zur Folge, daß der zu entrichtende Steuerbetrag trotz konstantem Realeinkommen ansteigt. Liegt das zu versteuernde Einkommen ursprünglich in einer direkt-progressiven Zone des Tarifs, nimmt außerdem auch der individuelle Grenzsteuersatz zu. Durch eine hohe Preissteigerungsrate gekennzeichnete Veranlagungsjahre führen deswegen schon für sich genommen zu einer exogenen Variation der Grenzsteuersätze, selbst (oder gerade) wenn eine Anpassung des Tarifs unterbleibt.[153] Gegen die Verwendung dieser Fortschreibungsvariante spricht, daß die Annahme einer uniformer Wachstumsrate mögliche differentielle Trends in der Entwicklung einzelner Einkunftsarten nicht berücksichtigen kann (vgl. dazu vor allem SLEMROD, 1998, 781; und SAEZ, 2003, 1246ff.).

Tatsächlich zeichnen die in Tabelle 6 ausgewiesenen Wachstumsraten der deklarierten Einkünfte nämlich ein differenziertes Bild. Sieht man von den Einkünften aus Land- und Forstwirtschaft ab, die im Zeitablauf generell einer starken Schwankung unterliegen und die 1989 offensichtlich besonders hoch ausfielen, weisen insbesondere die gewerblichen und die selbständigen Einkünfte - sowohl in den Veranlagungen des IAW-Steuerpanels als auch in den 1980er Jahren insgesamt ein erheblich höheres Wachstum auf als die Einnahmen aus nichtselbständiger Arbeit. Umgekehrt nahmen die in unserem Datensatz deklarierten Einkünfte aus Vermietung und Verpachtung 1989 im Vergleich zum Vorjahr sogar ab (bzw. die in dieser Einkunftsart im Aggregat deklarierten Negativbeträge nahmen zu). Unterstellt man, daß sich eine vergleichbare Entwicklung - ohne Durchführung der Steuerreform 1990 - auch im Veranlagungsjahr 1990 hätte beobachten lassen, werden durch Verwendung einer uniformen Fortschreibungsrate folglich gerade die Einkünfte aus nichtselbständiger Arbeit und aus Vermietung und Verpachtung in relativer Hinsicht überschätzt.

Andererseits ist nicht auszuschließen, daß sich in der Höhe der im Veranlagungsjahr 1989 deklarierten Einkünfte - zu einem ungewissen Teil - Antizipationseffekte der Steuerreform 1990 widerspiegeln: Von der bevorstehenden Tarifsenkung gingen Anreize aus, zeitlich disponible Einkünfte in den Veranlagungszeitraum 1990 zu verlagern und steuermindernde Abzüge auf das Jahr 1989 vorzuziehen. Diese Form der zeitlichen Steuerarbitrage schlüge sich in einem artifiziell geringen Anstieg (oder in einem artifiziellen Rückgang) der im

153 Vgl. dazu vor allem SAEZ (2003), der die Elastizität des zu versteuernden Einkommens in der Reaktion US-amerikanischer Steuerpflichtiger auf einen allein inflationsbedingten Anstieg der Grenzsteuersätze, d. h. auf Effekte "kalter Progression" identifiziert.

Veranlagungsjahr 1989 deklarierten Einkünfte nieder. Daß wir im Vergleich zur durchschnittlichen Entwicklung in der gesamten Dekade in unserem Datensatz zwischen 1988 und 1989 ein *hohes* Wachstum der gewerblichen und der selbständigen Einkünfte beobachten, läßt sich allerdings als Indiz dafür interpretieren, daß diese Steuerpflichtigen sich eröffnende Möglichkeiten zu zeitlicher Steuerarbitrage nicht in Anspruch nahmen. Dagegen kann der auffallend starke Anstieg der negativen Mieteinkünfte darauf zurückzuführen sein, daß Besitzer fremdgenutzter Immobilien zeitlich disponible Abzüge auf das Jahr 1989 vorzogen. Von der Art der erzielten Einkünfte abhängige Strategien zur zeitlichen Steuerarbitrage würden sich, weil die *diff-in-diff*-Schätzung lediglich einen allen Steuerpflichtigen gemeinsamen und durch die Fortschreibung selbst nicht erfaßten Trend in der Entwicklung des zu versteuernden Einkommens identifiziert und aus der Reaktion auf die Änderung steuerlicher Anreizstrukturen eliminiert, in einer Verzerrung der geschätzten Verhaltensparameter niederschlagen. Auch aus diesem Grund führen wir *diff-in-diff*-Schätzungen ausschließlich für die Gruppe derjenigen Steuerpflichtigen durch, die bei ihrer Veranlagung 1988 Einnahmen aus Vermietung und Verpachtung angeben.

Voraussetzung für die Bestimmung der reformbedingten Änderung individueller Residualraten ist es, zu versteuerndes Einkommen und Position eines Steuerpflichtigen im Steuertarif vor der Reform möglichst präzise nachzubilden. Letztlich ist dies nur durch eine für einzelne Einkunftsarten differenzierte Fortschreibung zu gewährleisten. Wir bevorzugen deshalb für unsere Schätzungen die zweite Fortschreibungsvariante, die sich an beobachtbaren Entscheidungen der im IAW-Steuerpanel erfaßten Steuerpflichtigen im Zeitraum unmittelbar vor Durchführung der Steuerreform orientiert und exogene Änderungen im steuerlich relevanten Verhalten zeitnah abbildet. Um die Sensitivität unserer Ergebnisse in Bezug auf die Art der vorgenommenen Fortschreibung zu überprüfen, führen wir alternative Experimente auch auf Grundlage von Variante 1 fortgeschriebener Datensätze durch, sodaß sich die ermittelten Elastizitäten mit den von der verwandten Literatur vorgelegten Schätzwerten unmittelbar vergleichen lassen.

Fortschreibung der Abzüge des Veranlagungsjahres 1988

Wir unterstellen generell, daß die 1988 geltend gemachten Abzüge - auch bei unverändertem Verhalten der Steuerpflichtigen - einem exogenen Wachstum in Höhe des allgemeinen Preisanstiegs unterlagen. Wir schreiben deshalb die im Einzelnachweis geltend gemachten Werbungskosten für positive Einkünfte aus nichtselbständiger Arbeit und für Sonstige Einkünfte mit der Änderung des Preisindex für die Lebenshaltung fort, die sich im Zeitraum von 1988 bis 1990 auf 5,68% belief (vgl. Statistisches Bundesamt, 1991b, 38). Zu beachten ist, daß die Angaben des IAW-Steuerpanels keinen Aufschluß über die tatsächliche Höhe der Werbungskosten derjenigen Steuerpflichtigen erlauben, die die im Basisjahr geltende Werbungskostenpauschale für Einkünfte aus nichtselbständiger Arbeit in Höhe von 564 DM in Anspruch nahmen. Eine Fortschreibung der Abzüge dieser Steuerpflichtigen ist nicht möglich, und wir setzen die 1988 geltend gemachten Werbungskosten (in Höhe der Pauschale) auch für das Veranlagungsjahr 1990 an.[154]

Neben den Werbungskosten schreiben wir auch die im VZ 1988 als Sonderausgaben geltend gemachten Steuerberatungskosten (§ 10 Abs. 1 Satz 6) sowie die geltend gemachten Aus- und Weiterbildungskosten (§ 10 Abs. 1 Satz 7) mit der Preissteigerungsrate fort. Unterstellt wird auf diese Weise, daß sich der allgemeine Preisanstieg selbst bei unverändertem Verhalten der Steuerpflichtigen in einer Zunahme dieser Abzugsbeträge widergespiegelt hätte.[155]

5.5.3 Fortschreibung der Kapitaleinkünfte

Im Grunde läge es nahe, auch die im Veranlagungsjahr 1988 deklarierten Einnahmen aus Kapitalvermögen entweder mit der Preissteigerungsrate (Variante 1) oder unter Verwendung der im IAW-Steuerpanel von 1988 auf 1989 tatsächlich beobachteten Rate (Variante 2) auf das Jahr 1990 fortzuschreiben. Die Interpretation der deklarierten Kapitaleinkünfte sieht sich allerdings in allen drei relevanten Veranlagungsjahren - in den VZ 1988, 1989 und 1990 - jeweils spezifischen Besonderheiten gegenüber, die auf das mißglückte Experiment der "kleinen Kapitalertragsteuer", auf eine Erhöhung des Sparerfreibetrags und auf einen dramatischen Anstieg der Kapitalmarktzinsen im Jahr 1990 zurückzuführen sind.

"Kleine Kapitalertragsteuer"

Der Bundesfinanzminister gab am 11. Oktober 1987 Pläne der Bundesregierung bekannt, zum 1. Januar 1989 eine zehnprozentige Quellensteuer auf alle Erträge aus Verbindlichkeiten inländischer Kapitalnehmer einzuführen. Im Juli 1988 wurde die "kleine Kapitalertragsteuer" als Bestandteil des Steuerreformgesetzes 1990 vom Deutschen Bundestag verabschiedet, aber - wohl aufgrund schon im Verlauf des Jahres 1988 sprunghaft zunehmender Kapitalexporte - bereits zum 1. Juli 1989 wieder abgeschafft (vgl. dazu ausführlich Abschnitt 5.1.3). Unsere Schwierigkeit besteht darin, daß sich die Reaktion der Steuerpflichtigen auf das Quellensteuer-Experiment in der Höhe der im Veranlagungsjahr 1989 - und möglicherweise auch der im Jahr 1990 - deklarierten Kapitaleinkünfte niederschlägt. Die entsprechende Änderung der deklarierten Einkünfte läßt sich aber weder auf Anreiz-

[154] Vernachlässigt wird durch dieses Vorgehen, daß in Einzelfällen - wenn die im Basisjahr geltend gemachten Werbungskosten einen Betrag von 533 DM überschritten - die tatsächlich vorliegenden Werbungskosten infolge des allgemeinen Preisanstiegs ein Niveau erreichten, das die bisher in Anspruch genommene Pauschale überschreitet. Aus Sicht dieser Steuerpflichtigen wäre bei gegebenem Verhalten im Veranlagungsjahr 1990 natürlich eine Deklarierung im Einzelnachweis vorteilhaft.

[155] Feldstein (1995a) verzichtet auf eine Fortschreibung der im Basiszeitraum geltend gemachten Abzüge. Seine Schätzergebnisse unterzeichnen deswegen tendenziell die tatsächliche Reaktion des zu versteuernden Einkommens. Gruber/Saez (2002) schreiben das zu versteuernde Einkommen mit der Preissteigerungsrate fort, unterstellen also implizit ein exogenes Wachstum auch der geltend gemachten Abzüge. Dieses Vorgehen vernachlässigt, daß mit der Preissteigerung zunehmende Abzüge - wenn das Steuerrecht für einzelne Abzugstatbestände alternative Pauschalbeträge festlegt - sich im allgemeinen nicht auch in einem zu versteuernden Einkommen auf konstantem realem Niveau niederschlagen.

effekte der Steuerreform 1990 zurückführen; in diesem Sinne zählt die Einführung der "kleinen Kapitalertragsteuer" zu den als exogen zu betrachtenden Faktoren, die für die Entwicklung der individuellen zu versteuernden Einkommen im Untersuchungszeitraum unabhängig von der Steuerreform 1990 von Bedeutung sind. Noch kann die 1989 im Vergleich zum Vorjahr beobachtete Änderung der deklarierten Kapitaleinkünfte ohne weiteres als für den gesamten Untersuchungszeitraum typisch interpretiert und - wie in der zweiten Fortschreibungsvariante - auf den als exogen betrachteten Trend im Jahr 1990 übertragen werden.

Unter theoretischen Gesichtspunkten ist *a priori* nicht eindeutig, ob infolge der Einführung des Quellenabzugs ein Anstieg oder eine Abnahme der deklarierten Einnahmen aus Kapitalvermögen zu erwarten ist. Dabei ist zunächst die Frage von Bedeutung, ob die Quellensteuer vom Zeitpunkt der Bekanntmachung entsprechender Pläne bis zu ihrer Abschaffung Mitte 1989 überhaupt eine Reaktion der Steuerpflichtigen zur Folge hatte (wofür es in Form massiver Kapitalabflüsse allerdings Belege gibt), und ob und in welchem Umfang eine solche Reaktion nach dem 30. Juni 1989 zurückgenommen wurde. Im folgenden gehen wir von einer zeitlich persistenten Verhaltensanpassung der Steuerpflichtigen an die ursprünglich beschlossene Neuregelung der Besteuerung von Kapitalerträgen aus.

Festzuhalten ist in diesem Fall, daß sich aus Sicht eines im Jahr 1988 steuerehrlichen Kapitalbesitzers durch Einführung der Quellensteuer überhaupt nichts änderte, weil der im Quellenabzug abgeführte Betrag auch weiterhin auf die (unter Einschluß der Zinseinkünfte ermittelte) Einkommensteuerschuld anrechenbar blieb. Dies gilt zumindest für ausreichend informierte Steuerzahler. Denkbar ist aber auch, daß einzelne Steuerpflichtige den Quellenabzug inkorrekt als Definitivbelastung interpretierten und eine Deklarierung bisher versteuerter Einnahmen im Veranlagungsjahr 1989 in der Folge gerade unterblieb.

Im Falle bislang steuer*un*ehrlicher Kapitalbesitzer sind ebenfalls verschiedene Verhaltensreaktionen vorstellbar: Fortgesetzte Hinterziehung von Erträgen aus einer Inlandsanlage, d. h. der Verzicht auf die Anrechnung der 1989 entrichteten Quellensteuer, ließe die Höhe der im Rahmen der Veranlagung bislang erfaßten Einnahmen natürlich unberührt. Gleiches würde gelten, wenn das unversteuerte und bisher im Inland angelegte Kapitalvermögen nun - um dem Quellenabzug zu entgehen - ins Ausland transferiert wurde. Im Gegensatz dazu ließe sich auf eine Zunahme der deklarierten Beträge schließen, wenn bislang nicht deklarierte Einnahmen im Jahr 1989 steuerlich angegeben wurden, um eine Erstattung des zehnprozentigen Zinsabschlags zu erhalten. Ein solches Verhalten war aus Sicht derjenigen Steuerpflichtigen vorteilhaft, deren zu versteuerndes Einkommen 1989 - bedingt etwa durch Verluste in anderen Einkunftsarten oder infolge einer interperiodischen Verlustverrechnung - unter den Grundfreibetrag fiel.[156] Ebenso war ein Anstieg

[156] Der Quellensteuersatz lag mit 10% unter dem Eingangsteuersatz des Einkommensteuertarifs (22%). Voraussetzung für die Deklaration der Zinseinkünfte war in diesem Fall also eine Steuerschuld auf das gesamte (Zinseinkünfte einschließende) Einkommen in Höhe von Null. Zu berücksichtigen ist natürlich, daß ein solches Verhalten ggf. die Nachdeklarierung bisher hinterzogener Beträge erforderlich machte, um die Finanzbehörden von der Überprüfung von Veranlagungen früherer Jahre

der deklarierten Kapitaleinnahmen bei der Veranlagung derjenigen Steuerpflichtigen zu erwarten, die über eine bislang steuerlich nicht berücksichtigte Kapitalanlage im Inland verfügten und nach Einführung des Quellenabzugs mit einer zunehmenden Kontrollintensität von seiten der Finanzbehörden zu rechnen hatten (und die von einer alternativen und kaum zu kontrollierenden Kapitalanlage im Ausland trotzdem absahen).

Verdoppelung des Sparerfreibetrags

Wohl um die adversen Wirkungen des neu eingeführten Quellenabzugs abzumildern, wurde der Sparerfreibetrag im Veranlagungszeitraum 1989 auf nun 600 DM/1.200 DM für ledige bzw. verheiratete Steuerpflichtige verdoppelt. Diese Neuregelung wurde nicht zurückgenommen, sondern hatte 1989 und in den folgenden Veranlagungsjahren weiter Bestand. Für sich genommen betraf die Erhöhung des Sparerfreibetrags die Steuerpflichtigen, abhängig von der Höhe der im Vorjahr deklarierten Einnahmen aus Kapitalvermögen, auf unterschiedliche Weise:

- Steuerpflichtige, deren Einnahmen aus Kapitalvermögen - nach Abzug der geltend gemachten Werbungskosten - den ursprünglichen Sparerfreibetrag in Höhe von 300 DM/600 DM unterschritten, blieben von der Erhöhung des Freibetrags gänzlich unbetroffen.
- Lagen die ursprünglichen Einnahmen zwischen 300 DM/600 DM und 600 DM/1.200 DM, wurde der Grenzsteuersatz auf deklarierte Kapitaleinnahmen auf Null zurückgeführt, und der Steuerbetrag nahm gerade um den bisher auf Kapitaleinkünfte entfallenden Teil der Steuerzahlung ab. Infolge des erhöhten Freibetrags verminderten sich außerdem die Bemessungsgrundlage und (in vielen Fällen) der Grenzsteuersatz auf alle übrigen erzielten Einkünfte.[157]
- Eine dritte Gruppe schließlich bilden Steuerpflichtige, deren bisher deklarierte Kapitaleinnahmen die neuen Sparerfreibeträge überschritten und die in den Genuß einer Steuerentlastung und ggf. - wenn das zu versteuernde Einkommen nicht von den Proportionalzonen des T1988 erfaßt wurde - auf alle übrigen Einkünfte kamen.

Aufschluß über das relative Gewicht der genannten Gruppen können die im IAW-Steuerpanel enthaltenen Veranlagungen des Jahres 1988 geben. Dabei zeigt sich, daß im Falle lediger Steuerpflichtiger die dritte Gruppe (vergleichsweise) vermögender Steuerfälle mit 49 Prozent den größten Anteil an allen Steuerpflichtigen mit Einnahmen aus Kapitalvermögen hatte. Der Anteil der ersten beiden Gruppen belief sich bei ledigen Steuer-

abzuhalten. Das Gesetz zur Einführung der Quellensteuer sah diese Form einer rückwirkend strafbewehrenden Erklärung ausdrücklich vor (vgl. Abschnitt 5.1.3).

157 Voraussetzung dafür ist, daß das zu versteuernde Einkommen zwischen 18.000 und 130.000 DM bzw. zwischen 36.000 und 260.000 DM betrug und sich die Steuerpflichtigen somit im direkt-progressiven Segment des T1989 befanden. Im Bereich der unteren und der oberen Proportionalzone des T1989 blieb der Grenzsteuersatz dagegen konstant.

pflichtigen demgegenüber nur auf 37 Prozent bzw. 14 Prozent. Infolge der höheren Freibeträge fiel das Gewicht der dritten Gruppe bei verheirateten Steuerpflichtigen mit 31 Prozent dagegen deutlich geringer aus. Die Veranlagungen von 53 Prozent aller verheirateten Steuerpflichtigen wiesen so niedrige Kapitaleinnahmen auf, daß der verdoppelte Freibetrag wirkungslos blieb, während die Höhe der Kapitaleinnahmen von 16 Prozent gerade zwischen alten und neuen Sparerfreibetrag fiel.

Dieser illustrative Überblick macht deutlich, daß die Verdoppelung des Sparerfreibetrags für einen wesentlichen Teil der Zensiten bei gegebenem Verhalten eine Änderung der Steuerzahlung und (meist) auch des Grenzsteuersatzes zur Folge hatte. Im für das Veranlagungsjahr 1989 relevanten steuerlichen Verhalten dieser Steuerpflichtigen dürften sich deshalb Substitutions- und Einkommenseffekte der verdoppelten Sparerfreibeträge - in unterschiedlichem Ausmaß - niederschlagen. Unserer Kenntnis nach existieren keine empirischen Untersuchungen, die Aufschluß über Richtung und Intensität einer Verhaltensanpassung der Steuerpflichtigen an Einführung der Quellensteuer einerseits[158] und Verdoppelung des Sparerfreibetrags andererseits[159] geben könnten. Die Beobachtung eines 1989 rapide zunehmenden Exports langfristig gebundenen Kapitals (vgl. Abschnitt 5.1.3) ist für unsere Zwecke nicht hinreichend: Offen bleibt nämlich, in welchem Umfang die *bislang ordnungsgemäß versteuerten* Erträge im Inland gehaltener Anlagen nun ins Ausland transferiert wurden; die Interpretation geänderter Zahlungsbilanzsalden alleine reicht für die Beantwortung dieser Fragestellung nicht aus.

Einen - wenn auch ebenfalls nur illustrativen - Eindruck können jedoch auch in diesem Zusammenhang die Veranlagungsdaten der im IAW-Steuerpanel erfaßten Steuerpflichtigen vermitteln: Der Anteil der Steuerfälle, die überhaupt Einnahmen aus Kapitalvermögen deklarierten, nahm zwischen den Veranlagungsjahren 1988 und 1990 von 72 Prozent auf 69 Prozent und damit nur geringfügig ab. Zumindest im Hinblick auf die Anzahl der mit Kapitaleinnahmen veranlagten Steuerpflichtigen kann demnach nicht von einem starken Einfluß der Quellensteuer ausgegangen werden. Von Interesse ist aber auch die Betrachtung derjenigen Steuerpflichtigen, deren Veranlagung 1989 - im Unterschied zum Vorjahr - keine Zinseinkünfte mehr ausweist. Tatsächlich deklarieren diese Steuerpflichtigen, deren Anteil sich bei Ledigen und verheirateten Erstverdienern auf 11 Prozent und bei Zweit-

---

158 NÖHRBASS/RAAB (1990) zeigen theoretisch, daß sich die Quellensteuer durch eine Portfolioumschichtung zugunsten von Wertpapieren ausländischer Emittenten auf einfache Weise umgehen ließ. Im Mittelpunkt des empirischen Interesses des genannten Beitrags stehen aber die Wirkungen, die von dem Kapitalabfluß auf die Renditedifferenz vollständig substitutiver Anlagen auf Inlands- und Euromarkt ausgingen.

159 Ökonometrische Schätzungen individueller Sparfunktionen weisen auf eine eher geringe Sensitivität des individuellen Ersparnisangebots auf Veränderungen des Nettozinssatzes hin (vgl. dazu vor allem HALL, 1988; BERNHEIM, 2002, 1208-1211, bietet einen Überblick über die vorliegenden Ergebnisse unterschiedlicher Schätzverfahren). Diesen Schätzungen liegen allerdings im allgemeinen keine Mikrosteuerdaten zugrunde, weil der simultane Einfluß individueller Hinterziehungsentscheidungen auf die Höhe der deklarierten Kapitaleinnahmen ausgeblendet werden soll. Empirische Studien zu steuerlich beeinflußtem Sparverhalten und Hinterziehungsneigung deutscher Haushalte liegen nach unserer Kenntnis nicht vor.

verdienern auf immerhin 19 Prozent beläuft, vergleichsweise geringe Kapitaleinkünfte; diese betragen 1988 durchschnittlich lediglich 970 DM, während der repräsentative Steuerpflichtige, liegen 1988 entsprechende Einnahmen vor, mit 2.373 DM veranlagt wird. Zudem weisen rund 30 Prozent der Steuerpflichtigen, die 1989 (im Gegensatz zu 1988) keine Kapitaleinnahmen deklarierten, in ihrer Veranlagung 1990 von neuem positive Einnahmen aus Kapitalvermögen aus. Mit der gebotenen Zurückhaltung interpretiert, scheint diese Beobachtung dafür zu sprechen, daß gerade Kleinsparer im Jahr der Einführung der "kleinen Kapitalertragsteuer" dazu neigten, bisher deklarierte Kapitaleinkünfte in ihrer Steuererklärung zu verschweigen.[160]

Aufschlußreich ist schließlich, welche Entwicklung die im Beobachtungszeitraum deklarierten Kapitaleinkünfte im Aggregat aufzeigen. Beobachten läßt sich nämlich, daß die angegebenen Kapitaleinnahmen von 1988 auf 1989 um 7,7 Prozent - um 6,2 Prozent bei ledigen Steuerpflichtigen sowie verheirateten Erstverdienern bzw. um 15,6 Prozent bei verheirateten Zweitverdienern - zunahm. Der Anstieg der deklarierten Einnahmen schlägt sich jedoch nicht in einem entsprechenden Wachstum auch der letztlich besteuerten Kapital*einkünfte* nieder, da sowohl die geltend gemachten Werbungskosten (+14 Prozent) als auch die in Anspruch genommenen Sparerfreibeträge deutlich zunahmen. Im Resultat blieben die 1989 deklarierten Kapitaleinkünfte mit einem Wachstum von lediglich 0,2 Prozent gegenüber dem Vorjahr nahezu konstant. Aus dieser Beobachtung ließe sich die bemerkenswerte Schlußfolgerung ziehen, daß die Steuerpflichtigen die Höhe der (deklarierten) Einnahmen und der in Anspruch genommenen Abzüge im Jahr 1989 gerade so bestimmten, daß zusammen mit dem verdoppelten Freibetrag die steuerliche Belastung ihrer Vermögenserträge unverändert blieb.

Den Mikrosteuerdaten läßt sich also durchaus eine Reaktion der Steuerpflichtigen auf die Einführung der Quellensteuer 1989 entnehmen - wenn auch möglicherweise eine Reaktion, die der Intention der damaligen Bundesregierung widersprach. Andererseits gibt es gute Gründe, die zuvor beschriebenen Beobachtungen mit Zurückhaltung zu interpretieren: Mit dem IAW-Steuerpanel verfügen wir zum einen nur über Angaben zu den *deklarierten* Einnahmen aus Kapitalvermögen; Aufschluß über die Höhe der hinterzogenen Beträge erlauben Mikrosteuerdaten natürlich schon definitionsgemäß nicht. Zu berücksichtigen ist ferner, daß das IAW-Steuerpanel keine Veranlagungen aus dem Zeitraum vor 1988 umfaßt. Nicht zu beantworten ist mit diesem Datensatz deshalb die Frage nach der allgemeinen Entwicklung der Kapitaleinkünfte in den 1980er Jahren, und ob die 1989 beobachtete Änderung im Vergleich zum Trend der Vorjahre als ungewöhnlich zu interpretieren ist. Gleiches gilt für die Frage, ob die Höhe der deklarierten Kapitaleinkünfte schon 1988, also im Jahr der Veröffentlichung von Quellensteuerplänen, eine auffallende Änderung

160 Auch diejenigen Steuerpflichtigen, deren Veranlagungen 1989 - aber nicht 1988 - Kapitaleinkünfte ausweisen, deklarieren mit durchschnittlich 1.435 DM einen Betrag, der den entsprechenden Wert des für das Panel repräsentativen Individuums (2.389 DM) deutlich unterschreitet. Daß die Quellensteuer einen bedeutsamen Beitrag zur Steuerehrlichkeit vermögensstarker Steuerpflichtiger zu leisten imstande war, läßt sich mit dieser Beobachtung nicht belegen.

erkennen läßt; und in welchem Ausmaß die Steuerpflichtigen auf Einführung der Quellensteuer und Amnestieangebot der Bundesregierung mit einer Nachdeklarierung bislang unversteuerter Einkünfte früherer Veranlagungsjahre reagierten.

Anstieg der Kapitalmarktzinsen

Hinsichtlich der Interpretation der im Veranlagungsjahr 1990 deklarierten Kapitaleinkünfte schließlich ist zu beachten, daß sich die Durchführung der Steuerreform 1990 vor dem Hintergrund eines dramatischen Anstiegs der Kapitalmarktzinsen vollzog: Der Diskontsatz der Deutschen Bundesbank wurde von 2,5% zu Beginn des Jahres 1988 in kontinuierlichen Schritten auf 6% Ende des Jahres 1990 angehoben (vgl. DEUTSCHE BUNDESBANK, 1991, 49*). In der Folge erhöhten sich die Habenzinsen etwa auf Festgelder mit dreimonatiger Laufzeit von 4,28% im Durchschnitt des Jahres 1988 auf 7,07% (1989) bzw. 8,65% (1990); vgl. DEUTSCHE BUNDESBANK (1990, 51*; 1991, 51*). Die im IAW-Steuerpanel insgesamt deklarierten Einnahmen aus Kapitalvermögen nahmen 1990 im Vergleich zum Vorjahr um mehr als 30 Prozent zu, wobei das Wachstum der Kapitaleinkünfte - weil die Summe der geltend gemachten Werbungskosten nur unterdurchschnittlich anstieg - mit rund 40 Prozent sogar noch höher ausfiel. Die Vermutung liegt nahe, daß sich in diesem Wachstum insbesondere die deutlich verbesserten Renditen festverzinslicher Wertpapiere widerspiegeln. Aber auch die von der Steuerreform 1990 ausgehenden Anreizeffekte dürften sich in der Höhe der erzielten bzw. deklarierten Kapitaleinkünfte niedergeschlagen haben, und überdies war 1990 der erste (vollständige) Veranlagungszeitraum nach Abschaffung der "kleinen Kapitalertragsteuer" im Jahr 1989. Auch in dieser Hinsicht besteht die Schwierigkeit darin, daß daß wir die zuvor angesprochenen Effekte nicht unabhängig voneinander erfassen und in ihrer relativen Bedeutung quantifizieren können. Denn über Veranlagungsdaten eines Zeitraums, in dem vergleichbare exogene Schocks nicht auftraten, verfügen wir mit dem IAW-Steuerpanel nicht.

Fortschreibung der Kapitaleinkünfte

Wir erkennen nicht, wie sich unter diesen Umständen eine exogene, von den Wirkungen der Steuerreform 1990 unabängige Änderungsrate der deklarierten Kapitaleinnahmen im Untersuchungszeitraum konstruieren lassen sollte und schreiben deshalb nicht die 1988 ausgewiesenen Einnahmen fort, sondern übernehmen für jeden Steuerfall die *im Veranlagungsjahr 1990* tatsächlich deklarierten Einkünfte aus Kapitalvermögen. Dieses Vorgehen berücksichtigt die 1990 tatsächlich angegebenen Kapitaleinnahmen ebenso wie die geltend gemachten Werbungskosten und die seit 1989 verdoppelten Freibeträge. Es unterstellt implizit, daß die Entscheidung eines Steuerpflichtigen über die Höhe der deklarierten Einkünfte aus Kapitalvermögen im Jahr 1990 - im Vergleich zum Jahr 1988 - unabhängig von den Wirkungen der Steuerreform 1990 erfolgte. Wenn wir im Verlauf dieser Arbeit Ergebnisse unserer Schätzung der Elastizität des zu versteuernden Einkommens vorstellen, blendet dieser Verhaltensparameter folglich jegliche Reaktion der deklarierten Kapitaleinkünfte aus.[161]

5.5.4 Berücksichtigung weiterer exogener Änderungen

Gemäß § 10d EStG 1988 waren Verluste, die bei der Ermittlung des Gesamtbetrags der Einkünfte nicht ausgeglichen wurden, bis zur Höhe eines Maximalbetrags zunächst vom Gesamtbetrag der Einkünfte des zweiten vor ihrer Entstehung liegenden Jahres und ggf. verbleibende Verlustbeträge vom Gesamtbetrag der Einkünfte des unmittelbar vorangehenden Jahres abzuziehen (Verlustrücktrag). Nach Ausschöpfung des Verlustrücktrags verbleibende Verluste wurden in den folgenden Jahren berücksichtigt (Verlustvortrag). Bis einschließlich 1988 war der Verlustvortrag auf die folgenden fünf Veranlagungsjahre beschränkt. Diese Beschränkung wurde mit Beginn des Jahres 1989 aufgehoben (vgl. SCHMIDT, 1990, 836-839).

Die Existenz von Verlustrückträgen und Verlustvorträgen durchbricht die periodenbezogene Veranlagung, die ansonsten als Leitbild des deutschen Einkommensteuerrechts dient (vgl. § 2 Abs. 7 EStG): Ein in einem bestimmten Jahr berücksichtigter Verlustrücktrag impliziert, daß die aktuelle steuerliche Situation des Steuerpflichtigen auch zu anderen Zeitpunkten getroffene Entscheidungen widerspiegelt. Das stellt die Interpretation eines fortgeschriebenen zu versteuernden Einkommens, das auf der individuellen Veranlagung des Jahres 1988 (einschließlich der dort enthaltenen Verlustvor- und -rückträge) beruht, schon für sich genommen vor Schwierigkeiten. Darüber hinaus läßt sich zwar keineswegs ausschließen, daß sich die von der Steuerreform 1990 ausgehenden Anreizeffekte in einer Reduzierung der in den Jahren 1991 und 1992 entstandenen Verluste und folglich - durch eine Abnahme der geltend gemachten Verlustrückträge - auch in einem Anstieg des zu versteuernden Einkommens im Jahr 1990 niederschlugen. Bei der Schätzung der Elastizität des zu versteuernden Einkommens kommt es uns aber nur auf die kurzfristig, d. h. bereits im Veranlagungsjahr 1990 wirksamen Effekte an. Bei der Fortschreibung der Veranlagungen übernehmen wir deshalb in allen Fällen die in der Veranlagung 1990 tatsächlich geltend gemachten Verlustrückträge und Verlustvorträge. Wir unterstellen implizit, daß sich die von der Steuerreform ausgehenden Anreize nicht in einer Änderung der aus anderen - späteren oder früheren - Veranlagungsjahre anzurechnenden Verluste niederschlugen.[162]

161 Mit einer ganz ähnlichen Begründung ermitteln FELDSTEIN (1995a), NAVRATIL (1995) und AUTEN/CARROLL (1999) eine Elastizität des zu versteuernden Einkommens, die eine Reaktion zu versteuernder Vermögenszuwächse (*capital gains*) auf Änderungen der Residualrate ausschließt. Denn die mit der untersuchten US-amerikanischen Steuerreform 1986 beschlossenen Steuersenkungen wurden - im Sinne einer Verbreiterung der Bemessungsgrundlage - durch eine höhere Belastung realisierter Kapitalgewinne flankiert, was die separate Identifizierung von positiven und (partiell) negativen Anreizeffekten der Reform auf die Höhe dieser Einkünfte auf ganz ähnliche Weise erschwert.

162 Die Summe des von den Steuerpflichtigen des Panels insgesamt geltend gemachten interperiodischen Verlustausgleichs nahm von 1988 auf 1990 um 62,55 Prozent ab. Nicht auszuschließen ist, daß sich in diesem Rückgang auch eine Verbesserung der Leistungsanreize durch die Steuerreform 1990 - in Form geringerer steuerlich geltend gemachter Verluste in den Folgejahren und entsprechend gerin-

Bei der Fortschreibung individueller Veranlagungen des Jahres 1988 auf das Jahr 1990 übernehmen wir schließlich in drei weiteren Fällen die in der Veranlagung 1990 tatsächlich ausgewiesenen Angaben. Dies betrifft die Höhe der steuerlich geltend gemachten außergewöhnlichen Belastungen und der außergewöhnlichen Belastungen in besonderen Fällen (§§ 33 und 33a EStG), die Höhe der außerordentlichen Einkünfte (§ 34 EStG) sowie die Anzahl der Kinderfreibeträge (§ 32 EStG). Als außergewöhnliche Belastung anerkannte Abzugsbeträge werden, ggf. nach Berücksichtigung einer steuerrechtlich bestimmten zumutbaren Belastung, vom Gesamtbetrag der Einkünfte abgezogen. Außerordentliche Einkünfte, zu denen insbesondere Veräußerungsgewinne und Abfindungszahlungen zählen, unterlagen im Zeitraum unserer Untersuchung dem halben Durchschnittsteuersatz, der sich aus Anwendung des Tarifs auf die gesamte Bemessungsgrundlage (unter Einbeziehung der außerordentlichen Einkünfte) ergibt. Es ist zwar nicht auszuschließen, daß sich die Anreize, durch die Deklarierung von außergewöhnlichen Belastungen bzw. außerordentlichen Einkünften eine Minderung der Steuerschuld herbeizuführen, infolge der Tarifsenkung 1990 verringerten. Das Einkommensteuergesetz setzt in diesen Fällen aber ausdrücklich die "Zwangsläufigkeit" der entstandenen Belastung - der sich der Steuerpflichtige aus rechtlichen oder sittlichen Gründen nicht entziehen kann - bzw. die "Besonderheit" der zugewachsenen Einkünfte voraus (vgl. dazu auch Abschnitt 2.1.1). Wir interpretieren deshalb jegliche Änderung der entsprechenden Einträge als exogen und übernehmen bei der Konstruktion fortgeschriebener Veranlagungsdaten auch hier die 1990 tatsächlich ausgewiesenen Werte.[163]

Gleiches gilt zuletzt für die Anzahl der geltend gemachten Kinderfreibeträge, die wir ebenfalls aus dem Veranlagungsjahr 1990 übernehmen. Die individuelle Fertilitätsentscheidung dürfte zwar nicht völlig unabhängig von steuerlichen Anreizen getroffen werden, und zu erinnern ist daran, daß auch der Kinderfreibetrag im Veranlagungsjahr 1990 um 200 DM erhöht wurde. Die von der Reaktion auf die Steuerreform 1990 unabhängigen Motive, ein Kind zu zeugen, sehen wir aus Sicht der Steuerpflichtigen im Zeitraum unserer

---

gerer Verlustrückträge in das Jahr 1990 - widerspiegelt. Für unser Vorgehen spricht, daß sich in früheren Jahren entstandene und in den VZ 1990 vorgetragene Verluste ebenfalls nicht in unseren Schätzergebnissen niederschlagen. Zu berücksichtigen sind ferner einige Einschränkungen des Verlustrücktrags in Form restriktiver gestalteter Durchführungsverordnungen, die 1990 wirksam wurden (vgl. SCHMIDT, 1990, 836ff.). Indem wir generell die tatsächlichen Werte des Veranlagungsjahres 1990 übernehmen, blenden unsere Schätzungen auch jegliche durch diese Maßnahmen bewirkten Verhaltensänderungen aus.

163 Zu berücksichtigen ist außerdem, daß der Steuergesetzgeber mit Beginn des Jahres 1990 - und unabhängig vom Steuerreformgesetz 1990 - eine Neuregelung der Besteuerung außerordentlicher Einkünfte vornahm. Die mit der Deklarierung außerordentlicher Einkünfte verbundene Steuerermäßigung sollte ursprünglich im Rahmen des Steuerreformgesetzes mit dem Ziel einer Verbreiterung der Bemessungsgrundlage abgeschafft werden. Bereits Mitte 1989 wurde jedoch das "Gesetz zur Änderung des Steuerreformgesetzes 1990" verabschiedet, das die alte Steuerermäßigung gemäß § 34 EStG wiederherstellte (vgl. BMF, 1990, 92). Allerdings wurde die Summe der mit dem halben Durchschnittsteuersatz belegten Einkünfte nun auf 2 Mio. DM begrenzt. Auf einen weiteren Teilbetrag in Höhe von 3 Mio. DM war ein Steuersatz von zwei Dritteln des Durchschnittsteuersatzes anzuwenden, während darüber hinausgehende Beträge, wie ursprünglich geplant, der vollen Besteuerung unterlagen.

Untersuchung jedoch ebenfalls als dominierend an.

5.5.5 Zusammenfassung

Der vorangegangene Abschnitt beschreibt unser Vorgehen, die individuellen Veranlagungsdaten des Veranlagungsjahres 1988 exogen auf das Jahr 1990 fortzuschreiben. Die aus der Fortschreibung resultierende Veranlagung kennzeichnet die (kontrafaktische) steuerliche Situation eines Steuerpflichtigen im Jahr 1990, wenn wir das im Veranlagungsjahr 1988 tatsächlich beobachtete Verhalten unterstellen und sämtliche Änderungen seiner Einkünfte und Abzüge berücksichtigen, die zwischen 1988 und 1990 im Sinne unserer Untersuchung exogen erfolgten. Wir erhalten einen synthetischen Datensatz, der für jeden Steuerpflichtigen des IAW-Steuerpanels diejenigen Einkünfte und Abzüge ausweist, die seine Veranlagung im Jahr 1990 unter der Voraussetzung ausgewiesen hätte, daß die Steuerreform 1990 nicht durchgeführt worden wäre.

5.6 Konstruktion der Schätzvariablen

5.6.1 Exogene Änderung der Residualrate

Als exogene Variable unserer Schätzungen dient diejenige Änderung der Residualrate, der sich die Steuerpflichtigen infolge der Steuerreform 1990 - aber vor Anpassung ihres Verhaltens - gegenübersahen. Die reformbedingte Änderung des Grenzsteuersatzes ermitteln wir auf Grundlage der fortgeschrieben Veranlagung 1990, die für jeden Steuerpflichtigen des IAW-Steuerpanels die Höhe von Einkünften und Abzügen vor Durchführung der Steuerreform ausweist (vgl. Abschnitt 5.5). Auf die fortgeschriebene Veranlagung 1990 wenden wir zunächst alten Tarif und altes Steuerrecht des Veranlagungsjahres 1988 an. Wir erhalten denjenigen Grenzsteuersatz, dem sich der Steuerpflichtige *vor* Durchführung der Steuerreform gegenübersah bzw. dem er sich ohne Durchführung der Steuerreform im Jahr 1990 gegenübergesehen hätte. Im nächsten Schritt wenden wir neuen Tarif und neues Steuerrecht des Veranlagungsjahres 1990 auf die fortgeschriebene Veranlagung an. Wir erhalten denjenigen Grenzsteuersatz, dem sich der Steuerpflichtige *nach* Durchführung der Steuerreform, aber *vor* Anpassung seines Verhaltens gegenübersah.[164]

[164] In beiden Fällen handelt es sich um simulierte Veranlagungen auf Grundlage hypothetischer (fortgeschriebener) Einkünfte und Abzüge. Wir bedienen uns dabei des Mikrosimulationsmodells SIMST, das Tarif und Steuerrecht der Veranlagungsjahre 1988 und 1990 exakt abbildet (vgl. Abschnitt 3.1.3). Den aktuellen Grenzsteuersatz eines Steuerpflichtigen ermitteln wir als Anteil der steuerlichen Belastung zusätzlichen zu versteuernden Einkommens, das die nächsthöhere 54-DM-Schwelle (§ 32a Abs. 2 EStG) überspringt. Einschränkend ist anzumerken, daß *der* Grenzsteuersatz eines Steuerpflichtigen als Folge steuerrechtlicher Sonderregelungen in einer Vielzahl von Fällen strenggenommen nicht existiert (vgl. auch SLEMROD, 1998, 782). Dazu zählen insbesondere nach der Einkunftsart differenzierte Freibeträge, die aus Sicht eines Steuerpflichtigen von der Klassifizierung des zusätzlich erzielten Einkommens abhängige, variierende Grenzsteuersätze zur Folge haben können. Im Bereich der steuerlich berücksichtigten Abzüge gilt vergleichbares infolge der Existenz des Werbungskosten-

Auf diese Weise ermitteln wir für jeden Steuerpflichtigen zwei Residualraten, durch die sich die steuerlichen Anreizstrukturen einerseits vor und andererseits nach Durchführung der Steuerreform kennzeichnen lassen. Die Differenz der jeweiligen Residualraten dient zur Identifizierung einer reforminduzierten Verhaltensanpassung der Steuerpflichtigen und als erklärende Variable $\Delta_{\%}(1-\tilde{\tau}_i)$ der in Abschnitt 5.2 vorgestellten *diff-in-diff*-Gleichung (78).[165] Wie im Zusammenhang mit Gleichung (78) erläutert, interpretieren wir diese Variable als Instrument für die 1990 tatsächlich beobachtete - auch die endogene Verhaltensanpassung an neue steuerliche Bedingungen reflektierende - Änderung der individuellen Residualrate. Der Term $\Delta_{\%}(1-\tilde{\tau}_i)$ ist aus Sicht des Steuerpflichtigen i exogen, weil neuer Tarif und neues Steuerrecht auf gegebene (fortgeschriebene) Einkünfte und Abzüge des Veranlagungsjahres 1988 angewandt wurden. Auf Grundlage einer Änderung relativer Preise in Höhe von $\Delta_{\%}(1-\tilde{\tau}_i)$ nahm der Steuerpflichtige i im Veranlagungsjahr 1990 eine Anpassung von steuerlich relevantem Verhalten und deklariertem zu versteuerndem Einkommen vor.[166]

Abbildung 6 stellt die Ergebnisse unserer Berechnungen für 26.572 Steuerpflichtige der verwendeten Unterstichprobe dar. Die Abbildung setzt für jeden Steuerfall die relative Änderung der Residualrate in Beziehung zur Höhe des fortgeschriebenen zu versteuernden Einkommens. Erkennbar wird, daß die Kombination aus Tarifsenkung und Reform der

---

und des Sonderausgabenpauschbetrags sowie von Höchstbeträgen bei beschränkt abzugsfähigen Sonderausgaben. Streng genommen variiert der Preis einzelner steuerbegünstigter Güter aus Sicht eines Steuerpflichtigen abhängig davon, ob die jeweiligen Höchst- bzw. Pauschbeträge ursprünglich ausgeschöpft wurden oder nicht.

165 Zu erinnern ist daran, daß die empirische Untersuchung der Elastizität des zu versteuernden Einkommens auf der Schätzung einer Beziehung zwischen relativen Änderungen beruht und die Variable $\Delta_{\%}(1-\tilde{\tau})$ die reformbedingte relative Änderung der Residualrate eines Steuerpflichtigen kennzeichnet.

166 Als erklärende Variable der *diff-in-diff*-Schätzung FELDSTEINs (1995a) dient die Differenz zwischen der Residualrate vor Durchführung der Reform und der *tatsächlichen* Residualrate, der sich der Steuerpflichtige nach Durchführung der Reform gegenübersah. Die tatsächliche Residualrate nach Durchführung der Reform läßt sich jedoch insofern nicht als exogen interpretieren, als sich in ihr bereits die Reaktion auf die reformbedingte Änderung steuerlicher Anreizstrukturen niederschlägt. Handelt es sich bei dem zugrundeliegenden Steuertarif um einen Stufentarif nach US-amerikanischem Muster, dürfte das Endogenitätsproblem weniger bedeutsam sein als im Fall des deutschen Steuertarifs, der den Grenzsteuersatz (in einem breiten Einkommensintervall) als monoton steigende Funktion des zu versteuernden Einkommens bestimmt. Unser Vorgehen ist vergleichbar mit der Konstruktion synthetischer Residualraten als exogene Variablen der Schätzung von AUTEN/CARROLL (1999, 684), AARBU/THORESEN (2001, 327) und GRUBER/SAEZ (2002, 11). Im Unterschied zu unserem Vorgehen kennzeichnet in den letztgenannten Untersuchungen allerdings der tatsächliche Grenzsteuersatz im Basisjahr - und nicht der synthetische Grenzsteuersatz aus der Anwendung des alten Steuertarifs auf das fortgeschriebene zu versteuernde Einkommen - die Anreizstrukturen vor Durchführung der Reform. Auf diese Weise wird auch die Reaktion der Steuerpflichtigen auf einen Anstieg des Grenzsteuersatzes erfaßt, der allein Folge eines inflationsbedingten Anstiegs der Bemessungsgrundlage im Untersuchungszeitraum ist ("kalte Progression"). Ein solches Vorgehen ist angemessen, wenn die Fortschreibung das Realeinkommen der Steuerpflichtigen konstant hält. Wir bevorzugen hingegen eine Fortschreibung, die die im Vorjahr beobachtete Änderung der in der jeweiligen Einkunftsart deklarierten, aggregierten Beträge auf den gesamten Untersuchungszeitraum überträgt (vgl. Abschnitt 5.5.2). Diese Werte enthalten bereits jegliche Anpassungen der Steuerpflichtigen an einen exogenen Anstieg ihrer Einkünfte und an einen dadurch u. U. verursachten Anstieg des Grenzsteuersatzes.

Abbildung 6: Änderung der Residualrate infolge der Steuerreform 1990

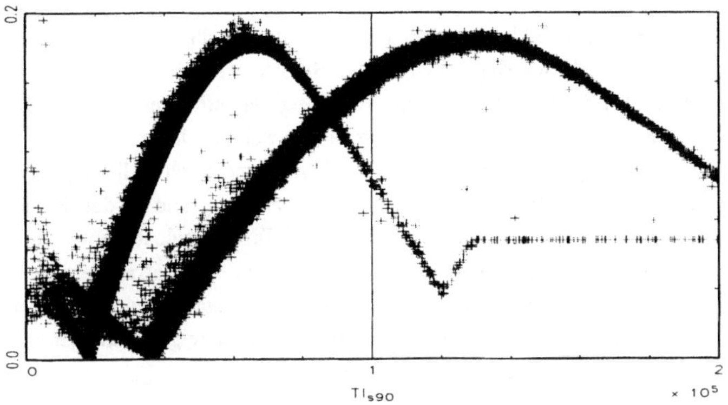

Quelle: Eigene Berechnungen auf Basis der verwendeten Unterstichprobe des IAW-Steuerpanels (26.572 Steuerpflichtige). *Erläuterungen*: Die Variable $\Delta(1-\tau)$ bezeichnet die relative exogene Änderung der Residualrate infolge der Steuerreform 1990 (in Prozent); die Variable TI_{s90} bezeichnet das auf 1990 fortgeschriebene zu versteuernde Einkommen 1988 (in DM).

Bemessungsgrundlage für ausnahmslos *alle* im verwendeten Datensatz enthaltenen Steuerpflichtigen einen Rückgang des individuellen Grenzsteuersatzes, d. h. einen Anstieg der Residualrate ($\Delta_{\%}(1-\tilde{\tau}_i) > 0$) und des relativen Preises steuerbegünstigter Konsumgüter zur Folge hatte. Für sich genommen ging der Anreiz, steuerbegünstigte Güter zu konsumieren, infolge der Steuerreform 1990 demnach für alle Steuerpflichtigen des verwendeten Datensatzes zurück.[167]

Auf den ersten Blick erkennbar sind die unterschiedlichen Kurvenverläufe für nach der Grund- und nach der Splittingtabelle veranlagte Steuerpflichtige. Verheiratete Steuerpflichtige entrichten den doppelten Steuerbetrag, der aus der Anwendung des Tarifs auf die Hälfte des Gesamteinkommens beider Ehegatten resultiert. Ein Wert $\Delta_{\%}(1-\tilde{\tau}_i)$, welcher der Situation eines nach der Grundtabelle veranlagten (und hinsichtlich seiner steuerlichen Charakteristika ansonsten exakt identischen) Individuums entspricht, wird deshalb erst beim doppelten zu versteuernden Einkommen erreicht. Der breite und erkennbar ausgefranste Charakter der Kurven für Grund- und Splittingtabelle ist Folge der reformbedingten Änderung steuerrechtlicher Frei- und Abzugsbeträge, die von Steuerpflichtigen

167 Der theoretisch denkbare Fall, daß die Absenkung des tariflichen Steuersatzes von der Minderung oder Streichung bisher (möglicherweise kumuliert) in Anspruch genommener Frei- und Abzugsbeträge überkompensiert wurde, läßt sich in unseren Daten nicht beobachten. Dies dürfte vor allem auf die Einführung des Arbeitnehmerpauschbetrags zurückzuführen sein, von der Steuerpflichtige mit geringen Einnahmen aus nichtselbständiger Arbeit und ursprünglich geringen Werbungskosten besonders profitierten (vgl. Abschnitt 5.1.2). Zu erinnern ist ferner daran, daß wir alle Steuerpflichtigen aus dem Panel eliminieren, deren zu versteuerndes Einkommen sowohl 1988 als auch (fortgeschriebenen) 1990 unter dem jeweils geltenden Grundfreibetrag lag (vgl. Abschnitt 5.4). Der Grenzsteuersatz dieser Steuerpflichtigen blieb natürlich trotz der Tarifsenkung konstant.

mit identischem fortgeschriebenem zu versteuernden Einkommen in unterschiedlichem Ausmaß wahrgenommen wurden.[168]

In erster Linie aber macht Abbildung 6 deutlich, weshalb sich die Steuerreform 1990 besonders gut als quasi-natürliches Experiment einer Reform steuerbedingter Anreizstrukturen interpretieren läßt. Zum einen weist die Änderung der individuellen Residualrate - die exogene Variable unserer Schätzungen - über einen weiten Einkommensbereich eine beträchtliche Variation auf: Die Kurven für nach Grund- und nach Splittingtabelle veranlagte Steuerpflichtige besitzen jeweils ein globales Maximum, und in der Konsequenz waren Steuerpflichtige in verschiedenen Segmenten des Tarifs - selbst dann, wenn man nach Grund- und Splittingtabelle besteuerte Individuen getrennt betrachtet - von einer vergleichbaren Änderung ihrer Residualrate betroffen. Die Identifizierung einer von der Höhe des ursprünglichen zu versteuernden Einkommens unabhängigen Reaktion des steuerlich relevanten Verhaltens wird dadurch erheblich erleichtert.

Man erkennt zum anderen, daß Steuerpflichtige mit einem zu versteuernden Jahreseinkommen von 45.000-90.000 DM (Grundtabelle) bzw. 90.000-180.000 DM (Splittingtabelle) einen besonders starken Anstieg ihrer Residualrate realisierten. Im Experiment der Steuerreform 1990 beobachten wir demzufolge vornehmlich das Verhalten von Steuerpflichtigen in der Mitte des Tarifs, während Steuerpflichtige mit geringem und mit hohem Einkommen tendenziell der Kontrollgruppe zugewiesen werden. Der Vorteil der untersuchten Reform besteht in dieser Hinsicht darin, daß wir uns auf die Beobachtung von Individuen konzentrieren, deren Verhalten für die Gesamtheit der Steuerpflichtigen eher als repräsentativ zu interpretieren sein dürfte. Aus den ermittelten Elastizitäten lassen sich dann leichter Aussagen über die globalen Wirkungen der Einkommensbesteuerung ableiten, als wenn - wie in einem großen Teil der verwandten Literatur (vgl. Abschnitt 4.3)- die Reaktion weniger und überdies besonders einkommensstarker Steuerpflichtiger die Intensität der insgesamt beobachteten Verhaltensänderung bestimmt.

5.6.2 Endogene Änderung des zu versteuernden Einkommens

Als endogene Variable unserer Schätzungen dient die Änderung des zu versteuernden Einkommens im Veranlagungsjahr 1990. Wir vergleichen das fortgeschriebene zu versteuernde Einkommen der Steuerpflichtigen, das die steuerlich relevanten Entscheidungen eines Individuums vor Durchführung der Steuerreform 1990 reflektiert, mit dem von demselben Individuum tatsächlich deklarierten und in den Veranlagungen des IAW-Steuerpanels ausgewiesenen zu versteuernden Einkommen des Jahres 1990.

Neben der Absenkung des Tarifs sah das Steuerreformgesetz 1990 allerdings eine Vielzahl weiterer Maßnahmen vor, welche die steuerrechtliche Bemessungsgrundlage sowohl

[168] Vgl. dazu die in Abschnitt 5.1.2 dieser Arbeit beschriebenen Beispiele. Darauf hinzuweisen ist ein weiteres Mal, daß Abbildung 6 in dieser Hinsicht über einen bloßen Vergleich der Tarife T1988 und T1990 für gegebene zu versteuernde Einkommen hinausgeht.

zum Teil verbreiterten als auch zum Teil verengten (vgl. Abschnitt 5.1.2). Auch bei unverändertem Verhalten eines Steuerpflichtigen konnte sich deshalb das im Veranlagungsjahr 1990 deklarierte zu versteuernde Einkommen gegenüber dem in Abschnitt 5.5.2 ermittelten fortgeschriebenen Wert unterscheiden. Dies läßt sich beispielhaft am Fall eines selbständigen Steuerpflichtigen verdeutlichen, der mit der Streichung des Freibetrags für freie Berufe - neben der Tarifsenkung - annahmegemäß nur von einer einzigen weiteren Maßnahme des Steuerreformgesetzes betroffen war. Unterstellt man ferner, daß dieser Steuerpflichtige weder auf die tarifbedingte Änderung von Grenzsteuersatz und Residualrate noch auf den mit dem Wegfall des Freibetrags verbundenen, exogenen Einkommensentzug reagierte, sollte sich sein Verhalten in einer "korrekten" individuellen Elastizität des zu versteuernden Einkommens in Höhe von Null niederschlagen. Die Differenz zwischen fortgeschriebenem und tatsächlichem zu versteuernden Einkommen 1990 würde dagegen in einem Einkommens*anstieg* in Höhe des bisherigen Freibetrags und unsere Schätzungen in einem inkorrekten, weil positiven Wert der Elastizität des zu versteuernden Einkommens resultieren.

Wir korrigieren deshalb das fortgeschriebene zu versteuernde Einkommen um aus Sicht des Steuerpflichtigen exogene Änderungen an der steuerrechtlichen Bemessungsgrundlage, und im eben angeführten Beispiel würde das zu versteuernde Einkommen des selbständigen Steuerpflichtigen um 1.200 DM gemindert. Das fortgeschriebene zu versteuernde Einkommen auf Basis einer im Zeitablauf konsistenten steuerrechtlichen Bemessungsgrundlage bezeichnen wir im folgenden als *angepaßtes* zu versteuerndes Einkommen. Analog zur Ermittlung der Residualraten in Abschnitt 5.6.1 führen wir mithilfe des Mikrosimulatiosmodells SIMST eine fiktive Veranlagung der Steuerpflichtigen durch, welche die fortgeschriebenen Einkünfte und Abzüge um die aus Sicht des einzelnen Steuerpflichtigen exogenen Änderungen an der steuerrechtlichen Bemessungsgrundlage korrigiert.[169]

Im Hinblick auf Änderungen der Höhe in Anspruch genommener Pausch- und Freibeträge bedarf dieses Vorgehen keiner weiteren Erläuterung. So bestand die wichtigste Änderung bei der Besteuerung von Lohneinkünften in der Zusammenlegung von Weihnachts- und Arbeitnehmerfreibetrag (zusammen 1.080 DM) sowie der ursprünglich gewährten Werbungskostenpauschale (564 DM) in einem Arbeitnehmerpauschbetrag in Höhe von 2.000 DM. Damit entfiel gleichzeitig die Möglichkeit, Werbungskosten in Höhe von weniger als 2.000 DM im Einzelnachweis geltend zu machen, und Werbungskosten, die bislang einen Betrag von 2.000 DM unterschritten, gingen im neugeschaffenen Arbeitnehmerpauschbe-

169 Hervorzuheben ist ein weiteres Mal, daß unsere Schätzungen auf diese Weise lediglich die Anpassung individueller zu versteuernder Einkommen an im Jahr 1990 geänderte Steuersätze bzw. Residualraten berücksichtigen. Demgegenüber wird die Reaktion der Steuerpflichtigen auf die im Jahr 1990 in Kraft getretenen Maßnahmen zur Verbreiterung der Bemessungsgrundlage - über deren Wirkung auf zu versteuerndes Einkommen und Position eines Individuums im Steuertarif bei gegebenem Verhalten hinaus - im einzelnen nicht erfaßt. Anders gesprochen, hält die Konstruktion angepaßter zu versteuernder Einkommen den Umfang der existierenden Möglichkeiten zu Steuervermeidung und Steuergestaltung (populär gesprochen: die Anzahl der vom Einkommensteuerrecht angebotenen "Schlupflöcher") im Untersuchungszeitraum gedanklich konstant.

trag auf. Nur in denjenigen Fällen, in denen im Einzelnachweis deklarierte (fortgeschriebene) Werbungskosten in Höhe von mehr als 2.000 DM vorlagen, werden bei der Ermittlung des angepaßten zu versteuernden Einkommens die ursprünglich geltend gemachten Beträge unverändert übernommen.

Die Anpassung des zu versteuernden Einkommens an die Anhebung bzw. Absenkung von Höchstbeträgen einiger Abzugstatbestände sieht sich jedoch besonderen Schwierigkeiten gegenüber. Im Veranlagungsjahr 1990 wurde einerseits der Sonderausgabenabzug für Vorsorgeaufwendungen selbständiger Steuerpflichtiger verbessert; andererseits wurde der Sonderausgabenabzug von Bausparbeiträgen auf 50 Prozent der Beitragsleistung beschränkt.

Anhebung von Höchstbeträgen

Die Schwierigkeit besteht darin, daß das IAW-Steuerpanel die tatsächliche Höhe der 1988 geltend gemachten Abzüge nicht ausweist, wenn der zu diesem Zeitpunkt geltende Höchstbetrag überschritten wurde. Nach Anhebung des Höchstbetrags läßt sich deshalb nicht nachvollziehen, in welchem Ausmaß ein 1990 unter Umständen beobachteter Anstieg der Abzüge auf die Anpassung des Höchstbetrags (bei unverändertem Verhalten) oder auf eine revidierte Wahlentscheidung des Steuerpflichtigen zurückzuführen ist. Unter Praktikabilitätsgesichtspunkten liegt es nahe, für diese Steuerfälle entweder den im Jahr 1988 oder den im Jahr 1990 tatsächlich ausgewiesenen Betrag zu übernehmen.

Übernehmen wir den im Jahr 1988 tatsächlich ausgewiesenen Betrag, wird der gesamte Anstieg der geltend gemachten Abzüge im Jahr 1990 auf von der Tarifreform ausgehende Anreize - und nicht auf den Anstieg der Höchstbeträge - zurückgeführt. Die Tarifreform hatte aber für sich genommen eine abnehmende Attraktivität von Steuervermeidungsstrategien zur Folge, was sich tendenziell in einem Rückgang der geltend gemachten Abzüge niederschlagen sollte. Die tatsächliche Reaktion der Steuerpflichtigen wird in dieser Variante folglich in der Tendenz unterzeichnet. Übernehmen wir dagegen den im Jahr 1990 ausgewiesenen Betrag, unterstellen wir implizit, die 1990 geltend gemachten Abzüge hätten in dieser Höhe bereits 1988 vorgelegen, aber die damaligen Höchstbeträge überschritten. Die gesamte Änderung der 1990 geltend gemachten Abzüge wird als Folge einer aus Sicht des Steuerpflichtigen exogenen Steuerrechtsänderung interpretiert, und jeglicher Effekt, der von sinkenden Grenzsteuersätzen auf die Höhe der geltend gemachten Abzüge ausging, würde negiert.

Absenkung von Höchstbeträgen

Ein vergleichbares Problem ergibt sich im Falle herabgesetzter Höchstbeträge. Liegen die 1988 geltend gemachten Abzüge über dem Höchstbetrag des Veranlagungsjahres 1990, läßt sich nicht entscheiden, ob der tatsächlich beobachtete Rückgang als Folge einer Verschärfung des Steuerrechts oder als Verhaltensänderung des Steuerpflichtigen zu interpretieren ist. Übernehmen wir den im Jahr 1988 ausgewiesenen Betrag, führen wir den

Rückgang der geltend gemachten Abzüge in vollem Umfang auf eine Verhaltensänderung - und nicht auf die Senkung der Höchstbeträge - zurück. Dies überzeichnet tendenziell die Ergebnisse unserer Schätzungen. Die Übernahme des 1990 tatsächlich ausgewiesenen Betrags blendet hingegen erneut jegliche Anreizeffekte aus, die von sinkenden Grenzsteuersätzen auf die geltend gemachten Abzüge ausgingen.

Beide Lösungen können nicht völlig überzeugen.[170] Wir entscheiden uns für ein konsistentes Vorgehen und übernehmen bei der Ermittlung des angepaßten zu versteuernden Einkommens der betroffenen Steuerpflichtigen generell jeweils die im Veranlagungsjahr 1990 geltend gemachten Abzüge.[171] Der Konstruktion angepaßter zu versteuernden Einkommen liegt in diesen Fällen folglich generell das im Veranlagungsjahr 1990 geltende Steuerrecht zugrunde (zu einem ganz ähnlich begründeten Vorgehen vgl. vor allem AUTEN/CARROLL, 1999, 684).

Nicht berücksichtigte Steuerrechtsänderungen

Einige der in Abschnitt 5.1.2 dieser Arbeit aufgeführten Steuerrechtsänderungen können wir bei der Ermittlung des angepaßten zu versteuernden Einkommens 1990 nicht berücksichtigen. So ist den Angaben des IAW-Steuerpanels nicht zu entnehmen, in welcher Höhe die Steuerpflichtigen den neu geschaffenen Abzugstatbestand für die rentenversicherungspflichtige Beschäftigung einer Haushaltshilfe (§ 10 Abs. 1 Satz 8 EStG 1990) in Anspruch nahmen. Ohnehin erlauben die Daten keinen Aufschluß darüber, in welchem Ausmaß Aufwendungen für bereits bestehende Beschäftigungsverhältnisse nun als Sonderausgabe berücksichtigt wurden und - bei gegebenem Verhalten - lediglich Mitnahmeeffekte erzeugten. Bei der Ermittlung der angepaßten zu versteuernden Einkommen müssen wir diesen Abzugstatbestand deshalb vernachlässigen.[172]

---

170 Vgl. dazu das ähnliche Fazit von SLEMROD (1998, 783f.): "Researchers have attempted to use either a consistent pre- or postdefinition [of taxable income]. ... [T]his cannot, though, be done in a completely satisfactory manner".

171 Dieses Vorgehen läßt sich noch aus einem weiteren Grund rechtfertigen: Schlägt sich eine zukünftige Änderung der Maximalbeträge in der Höhe der bereits heute in Anspruch genommenen Abzüge nieder, sind schon die 1988 geltend gemachten Abzüge vom neuen Steuerrecht des Veranlagungsjahrs 1990 beeinflußt. Für US-amerikanische Steuerpflichtige belegt eine Untersuchung von MILLIGAN (2003), daß die angekündigte Einschränkung des Maximalbetrags steuerlich abzugsfähiger Kapitalanlagen in einem Anstieg der aktuell berücksichtigten Beträge resultiert. Diese Beobachtung läßt sich auf die Reaktion derjenigen Steuerpflichtigen zurückführen, die den Maximalbetrag ursprünglich nicht ausgeschöpft hatten und durch Ankündigung der Reform einer stärkeren *use-it-or-lose-it*-Beschränkung unterlagen. Übernähmen wir - etwa auf die Beschränkung der als Sonderausgabe abzugsfähigen Bausparkassenbeiträge bezogen - die 1988 geltend gemachten Abzüge, würde die tatsächliche Reaktion der Steuerpflichtigen, das von MILLIGAN (2003) beobachtete Verhalten vorausgesetzt, folglich weiter überzeichnet.

172 Empirische Studien zum US-amerikanischen *Tax Reform Act* sehen sich im Grundsatz ganz ähnlichen Datenproblemen gegenüber; vgl. dazu etwa die von NAVRATIL (1995, Kapitel II, 63f.) beschriebenen Schwierigkeiten, die Wirkung einiger der bedeutsamsten der 1986 in Kraft getretenen Änderungen an der steuerrechtlichen Bemessungsgrundlage allein auf Basis der aus Jahren vor Durchführung der Reform vorliegenden Veranlagungsdaten abzubilden.

Unberücksichtigt bleiben ferner die 1990 vorgenommene Erhöhung der Kilometerpauschale bei berufsbedingten Fahrten mit dem eigenen PKW von 36 Pfg. auf 50 Pfg. je Kilometer sowie die Begrenzung der Steuerfreiheit von Lohnzuschlägen und Belegschaftsrabatten. Bei gegebenem Verhalten schlugen sich diese Maßnahmen in einem Anstieg der Einnahmen aus nichtselbständiger Arbeit bzw. der in dieser Einkunftsart geltend gemachten Werbungskosten nieder, deren Zusammensetzung das IAW-Steuerpanel aber nicht differenziert ausweist. Gleiches gilt für die Effekte, die von der Einbeziehung zusätzlicher Lohnersatzleistungen wie etwa Mutterschafts- und Krankengeld in den Progressionsvorbehalt ausgingen, weil sich deren (zu diesem Zeitpunkt steuerlich nicht relevante) Höhe im Jahr 1988 dem Datensatz nicht entnehmen läßt. Für die Konstruktion des angepaßten zu versteuernde Einkommens ist in diesen Fällen folglich implizit - und anders als bei allen zuvor beschriebenen Änderungen an der steuerlichen Bemessungsgrundlage - das *vor* Durchführung der Reform gültige Steuerrecht maßgebend.

5.6.3 Zusammenfassung

Für jeden Steuerpflichtigen des IAW-Steuerpanels ermitteln wir eine Kombination aus zwei Variablen: Die Variable $\Delta_{\%}(1-\tilde{\tau}_i)$ gibt die relative Änderung der Residualrate an, der sich der Steuerpflichtige i bei gegebenem Verhalten des Veranlagungsjahres 1988 und exogener Fortschreibung seiner Einkünfte und Abzüge im quasi-natürlichen Experiment der Steuerreform 1990 gegenübersah. Diese Größe dient als Instrument für die tatsächliche (und partiell endogene) Änderung der individuellen Residualrate im Veranlagungsjahr 1990 und als exogene Variable der empirischen Schätzung. In der relativen Änderung des individuellen zu versteuernden Einkommens, $\Delta_{\%}\tilde{TI}_i$, der endogenen Variablen unserer Schätzung, schlägt sich die Anpassung des Steuerpflichtigen i an die reformbedingte Änderung relativer Preise nieder. Die Variable $\Delta_{\%}\tilde{TI}_i$ blendet die Änderung all derjenigen Determinanten des zu versteuernden Einkommens aus, die - wie insbesondere die Reform der steuerrechtlichen Bemessungsgrundlage - eine aus Sicht der Steuerpflichtigen als exogen zu interpretierende Änderung des zu versteuernden Einkommens im Untersuchungszeitraum zur Folge hatten.

5.7 Ergebnisse

5.7.1 Deskriptive Statistik

Die Tabellen 7 und 8 vermitteln einen Überblick über die deskriptive Statistik der unseren *diff-in-diff*-Schätzungen zugrundeliegenden sowie einiger weiterer Variablen zusammen, die das Verhalten der beobachteten Steuerpflichtigen im Untersuchungszeitraum 1988-1990 charakterisieren. Die jeweiligen Spalten geben Durchschnittswerte und Standardabweichungen der einzelnen Variablen im entsprechenden Veranlagungsjahr an. Die Spalten 1988 und 1990 weisen diejenigen Werte aus, die sich in den Veranlagungen der Jahre 1988 und 1990 tatsächlich beobachten lassen. Die Spalten 1990f und 1990a kennzeichnen die Situation nach der exogenen Fortschreibung von Einkünften und Abzügen der Steuerpflichtigen und bei Anwendung des alten Steuerrechts (1990f für *f*ortgeschrieben) bzw. bei Anwendung des neuen Steuerrechts (1990a für *a*ngepaßt), das den Reformtarif T1990 ebenso berücksichtigt wie reformbedingte Änderungen an der steuerrechtlichen Bemessungsgrundlage; die Konstruktion von fortgeschriebenem und von angepaßtem zu versteuernden Einkommen wurde in den Abschnitten 5.5.2 und 5.6.2 dieser Arbeit beschrieben.

Der durchschnittliche Grenzsteuersatz der Steuerpflichtigen unseres Datensatzes beträgt 1988, bei einem repräsentativen zu versteuernden Einkommen in Höhe von 57.000 DM, rund 31%. Das repräsentative zu versteuernde Einkommen wird mit einem Durchschnittsteuersatz von 26,6% belegt; bezogen auf den repräsentativen Gesamtbetrag der Einkünfte ergibt sich ein Durchschnittsteuersatz in Höhe von 21,5%. Die Fortschreibung von Einkünften und Abzügen auf das Veranlagungsjahr 1990 hat einen Anstieg des aggregierten zu versteuernden Einkommens um rund 16 Prozent und - zum Teil Resultat gestiegener Realeinkommen, zum Teil Merkmal "kalter Progression" - einen Anstieg des durchschnittlichen Grenzsteuersatzes um zwei Prozentpunkte zur Folge. Setzt man das Verhalten der Steuerpflichtigen im Veranlagungsjahr 1988 als gegeben voraus, verringerte sich der durchschnittliche Grenzsteuersatz infolge der Tarifsenkung 1990 auf 27,5%, d. h. um rund 5,5 Punkte. Dabei ist bemerkenswert, daß die aggregierte Bemessungsgrundlage - im Gegensatz zur Intention des Steuergesetzgebers, dessen Ziel in einer Verbreiterung der Steuerbasis bestand - nach Anwendung des neuen Steuerrechts um 2 Prozent niedriger ausfällt.[173]

[173] Zu berücksichtigen ist allerdings, daß die Tabelle 7 zugrundeliegenden Veranlagungsdaten die Ausweitung der steuerlich erfaßten Einkünfte in einer Reihe von Fällen - bei der Einbeziehung weiterer Lohnersatzleistungen in den Progressionsvorbehalt, der Begrenzung der Steuerfreiheit von Lohnzuschlägen und bei der Einschränkung bislang steuerbegünstigter Lohnnebenleistungen des Arbeitgebers - nicht erfassen (vgl. dazu Abschnitt 5.6.2). Die verwendete Unterstichprobe des IAW-Steuerpanels enthält zudem keine Steuerpflichtigen, die im Jahr 1988 in den Genuß des seit 1990 abgeschafften Altersfreibetrags kamen. Zu beachten ist, daß auch die ausgewiesenen durchschnittlichen (Grenz- und Durchschnitt-)Steuersätze in der Tendenz höher ausfallen dürften, als die entsprechenden für die Gesamtheit der deutschen Steuerpflichtigen Ende der 1980er Jahre repräsentativen Werte. Der den Angaben von Tabelle 7 zugrundeliegende Datensatz wurde im Hinblick auf Anforderungen der hier untersuchten Fragestellung konstruiert und schließt neben älteren Steuerpflichtigen (mit in der Regel geringeren Einkünften) beispielsweise auch all diejenigen Veranlagungen aus, deren zu

Tabelle 7: Deskriptive Statistik der Schätzvariablen

	1988		1990f		1990a		1990	
	AV	SE	AV	SE	AV	SE	AV	SE
Grenzsteuersatz	0,3093	0,0834	0,3294	0,0881	0,2752	0,0677	0,2783	0,0864
zu versteuerndes Einkommen	57.260	97.060	66.434	119.780	65.106	119.686	67.533	168.879
Steuerbetrag	15.218	51.630	18.740	64.276	15.845	60.031	17.106	86.513
Einkünfte (DM)								
Land- und Forstwirtschaft	786	9.444	999	11.994	999	11.994	837	8.562
Gewerbebetrieb	9.927	76.621	11.507	88.812	11.507	88.812	12.081	122.361
selbständige Arbeit	4.464	35.043	5.000	39.241	5.000	39.241	5.214	43.778
Vermietung und Verpachtung	−2.632	13.707	−2.647	13.787	−2.647	13.787	−2.605	16.203
Sonstige Einkünfte	319	2.275	320	2.087	320	2.087	416	2.361
nichtselbständige Arbeit	56.304	40.610	62.046	44.237	61.270	44.105	63.026	51.516
Roheinnahmen A	50.340	38.235	54.553	41.435	54.553	41.435	56.032	48.707
Roheinnahmen B	9.346	16.264	9.983	17.327	9.983	17.327	10.425	18.146
Gesamtbetrag der Einkünfte	70.853	102.448	79.956	124.265	79.042	124.202	81.525	172.872
Werbungskosten (DM)								
nichtselbständige Arbeit A	1.669	2.751	1.755	2.911	1.510	3.074	1.499	3.274
nichtselbständige Arbeit B	331	761	343	802	132	612	155	926

Quelle: Eigene Berechnungen auf Basis der verwendeten Unterstichprobe des IAW-Steuerpanels (24.057 Steuerpflichtige). *Erläuterungen*: Die Spalten 1988 bzw. 1990 enthalten die in den Veranlagungen dieser Jahre tatsächlich ausgewiesenen Werte. Die Spalte *1990f* enthält die auf das Veranlagungsjahr 1990 fortgeschriebenen Werte nach Anwendung des alten Steuerrechts (1988), die Spalte *1990a* enthält die auf das Veranlagungsjahr 1990 fortgeschriebenen Werte nach Anwendung des neuen Steuerrechts (1990). Die in den beiden letztgenannten Spalten ausgewiesenen Variablen werden im Text als $\tilde{\tau}$, $\tilde{TI}$ usw. bezeichnet. *AV* und *SE* geben Durchschnitt und Standardabweichung der jeweiligen Werte an. *A* und *B* kennzeichnen die vom jeweiligen Haupt- und Nebenverdiener deklarierten Beträge im Falle gemeinsam veranlagter Ehegatten.

In den von der letzten Spalte ausgewiesenen Werten schließlich schlägt sich, neben anderen allen Steuerpflichtigen gemeinsamen Einflußgrößen, die Reaktion der Steuerpflichtigen auf von der Steuerreform 1990 ausgehende Anreizeffekte nieder. Das aggregierte zu versteuernde Einkommen steigt im Vergleich zur Situation nach Fortschreibung und Anwendung des neuen Steuerrechts (Situation 1990a) um 3,7 Prozent an. Man erkennt, daß das 1990 tatsächlich erzielte Steueraufkommen um etwa 8 Prozent denjenigen Wert übertrifft, der sich in diesem Jahr alleine infolge der fortgeschriebenen Veranlagungen des Jahres 1988 erwarten ließ. Man erkennt aber auch, daß das Aufkommen im Veranlagungsjahr 1990 selbst unter Berücksichtigung aller Verhaltensanpassungen der Steuerpflichtigen hinter demjenigen Betrag zurückbleibt, der sich ohne Durchführung der Steuerreform hätte erzielen lassen (Situation 1990f), und daß man sich im Hinblick auf die Einkommensteuer in der Bundesrepublik Ende der 1980er Jahre offensichtlich auf dem aufsteigenden Ast der LAFFER-Kurve befand.

Die Entwicklung der Einkünfte reflektiert, vergleicht man die Spalten 1988 und 1990f, die exogene Fortschreibung der in den Veranlagungen 1988 deklarierten Beträge.[174] Die nach Anwendung des reformierten Steuerrechts 1990 erzielten Einkünfte (Situation 1990a) weichen nur im Fall der deklarierten Lohneinkünfte von den aus der Fortschreibung resultierenden Werten ab; im etwa einprozentigen Rückgang der aggregierten Lohneinkünfte spiegelt sich die Einführung des Arbeitnehmerpauschbetrags wider, der auch Grund für die Abnahme der in Tabelle 7 ausgewiesenen, im Einzelnachweis geltend gemachten Werbungskosten aus nichtselbständiger Arbeit ist.

Tabelle 7 zeigt, daß der in den Veranlagungen 1990 deklarierte Gesamtbetrag der Einkünfte im Vergleich zu den fortgeschriebenen Veranlagungen des Jahres 1988 um über 3 Prozent zunimmt. Mit Ausnahme der Einkünfte aus Land- und Forstwirtschaft weisen die in sämtlichen Einkunftsarten deklarierten Beträge einen Anstieg auf, der im Rahmen der Sonstigen Einkünfte mit über 30 Prozent - allerdings ausgehend von einer nur geringen Basis, die überwiegend aus deklarierten Spekulationsgewinnen besteht - am stärksten ausfällt. Die deklarierten Einkünfte aus Gewerbebetrieb und aus selbständiger Arbeit neh-

versteuerndes Einkommen den Grundfreibetrag des Jahres 1988 unterschreitet (vgl. dazu Abschnitt 5.4).

174 Die ausgewiesenen Durchschnittswerte unterscheiden sich von denjenigen Beträgen, mit denen an früherer Stelle die Einkommensposition der Bezieher unterschiedlicher Einkunftsarten beschrieben wurde (vgl. die Tabellen 1 und 2 in den Abschnitten 3.1.4 und 3.2 dieser Arbeit). Die in Tabelle 7 angegebenen Durchschnittswerte beziehen sich auf die Anzahl der im Datensatz enthaltenen Steuerpflichtigen insgesamt und fallen deswegen einerseits erheblich niedriger aus. Andererseits schließt die Tabelle 7 zugrundeligende Unterstichprobe des IAW-Steuerpanels diejenigen Steuerpflichtigen aus, deren zu versteuerndes Einkommen den Grundfreibetrag des Jahres 1988 unterschreitet (vgl. Abschnitt 5.4). Die Summe der im Durchschnitt deklarierten Beträge steigt dadurch in der Tendenz an, und der repräsentative Gesamtbetrag der Einkünfte überschreitet den entsprechenden Wert im konsolidierten IAW-Steuerpanel - vor Bildung des in unserer empirischen Untersuchung verwendeten Subpanels - um rund 16 Prozent. Die zum Teil erhebliche Standardabweichung der Durchschnittswerte läßt sich darauf zurückführen, daß beispielsweise die Mehrzahl der Steuerpflichtigen nicht über gewerblichen Einkünfte verfügt, während von den Gewerbetreibenden selbst meist überdurchschnittlich hohe Beträge deklariert werden.

men um 5,0 bzw. 4,3 Prozent zu; bei den Lohneinkünften ist ein Wachstum von 2,9 Prozent zu verzeichnen, das im besonderen auf die um 4,4 Prozent gestiegenen Einnahmen verheirateter Zweitverdiener zurückzuführen ist. Der über 16prozentige Rückgang der land- und forstwirtschaftlichen Einkünfte gibt dabei einen wichtigen Hinweis auf die korrekte Interpretation eines Vergleichs der in den letzten beiden Spalten von Tabelle 7 ausgewiesenen Werte. Aus der Veränderung der 1990 deklarierten Einkünfte läßt sich nämlich *nicht* unmittelbar folgern, Land- und Forstwirte reagierten auf eine Tarifsenkung mit einer Verringerung der erzielten Einkünfte (oder die Leistungsbereitschaft von Selbständigen und Gewerbetreibenden nähme infolge abnehmender Grenzsteuersätze unzweideutig zu). Denn in den Veranlagungen des Jahres 1990 spiegeln sich, neben der Reaktion auf die Steuerreform 1990, auch von der Steueränderung unabhängige Einkommenstrends wider. So sah sich der Agrarsektor 1990 einem Rückgang des Bruttoproduktionswerts um über 5 Prozent im Vergleich zum Vorjahr gegenüber, und die in der Landwirtschaft entstandenen Bruttoeinkommen aus Unternehmertätigkeit und Vermögen gingen um 14,5 Prozent zurück (STATISTISCHES BUNDESAMT, 1991d, 28). Ein solch dramatischer Einbruch läßt sich nur schwer auf die Effekte einer Steuerreform allein zurückführen, und die Bestimmung von Umfang und relativer Bedeutung von Anpassungsprozessen macht die ökonometrische Schätzung eines Verhaltensparameters erforderlich, die allgemeinen Trend und von geänderten Steuersätzen ausgehende Anreize separat identifiziert.[175]

Tabelle 8 faßt die deskriptive Statistik der unserer empirischen Schätzung der Elastizität des zu versteuernden Einkommens zugrundeliegenden Variablen, $\Delta_{\%}(1-\tilde{\tau})$ und $\Delta_{\%}\tilde{TI}$, zusammen. Die durchschnittliche Residualrate aller Steuerpflichtigen unseres Datensatzes nimmt infolge der Steuerreform 1990 - im Vergleich der Veranlagung 1990f mit der Veranlagung 1990a (vgl. Tabelle 7) - in relativer Betrachtung um über 8 Prozent zu. Die ebenfalls ausgewiesene Standardabweichung beträgt $0,055$. Die erklärende Variable unserer Schätzungen weist im quasi-natürlichen Experiment der Steuerreform 1990 demzufolge eine hinreichende Variation auf, um die Identifizierung der von der Reform ausgehenden Anreizeffekte zu gewährleisten. Das unter Zugrundelegung einer konsistenten steuerrechtlichen Definition der Bemessungsgrundlage ermittelte zu versteuernde Einkommen erhöht sich 1990 im Vergleich zur Veranlagung 1990a (vgl. Tabelle 7) um 8 Prozent. Im Gegensatz zur Änderung der Residualrate unterliegt die Änderung der individuellen Bemessungsgrundlage keiner institutionellen Beschränkung, und Standardabweichung und Streuung

175 Neben der Höhe der deklarierten Einkünfte gilt entsprechendes auch für allgemeine (exogene) Trends, die sich in den Präferenzen der Steuerpflichtigen für steuerbegünstigte Konsumgüter niederschlagen. Zu denken ist hier an die Neigung, Spenden an politische Parteien zu leisten, die im Jahr einer Bundestagswahl offenbar besonders ausgeprägt ist. Die Zahl derjenigen Veranlagungen des IAW-Steuerpanels, die im Wahljahr 1990 eine Spende im Sinne von § 10b EStG ausweisen, nahm gegenüber dem Vorjahr um über 25 Prozent und der als Sonderausgabe geltend gemachte Spendenaufwand insgesamt um über 20 Prozent zu. PAQUÉ (1986, 120f.) zeigt überdies, daß sich im längerfristigen Trend bei der veranlagten Einkommensteuer eine deutliche Zunahme der Spendenquote feststellen läßt. Auch in diesem Fall kommt es bei der Untersuchung des zu versteuernden Einkommens im natürlichen Experiment der Steuerreform 1990 darauf an, einen möglicherweise generellen Zuwachs geltend gemachter Spenden - der sich in einer generellen Abnahme des zu versteuernden Einkommens niederschlüge - vom Effekt gesunkener Steuersätze zu separieren.

Tabelle 8: Änderung von Residualrate und zu versteuerndem Einkommen

	N	$\Delta_{\%}(1-\tilde{\tau})$		$\Delta_{\%}\tilde{TI}$	
		AV	SE	AV	SE
alle Steuerpflichtigen	24.057	0,0868	0,0552	0,0800	0,6026
ZVE < 30.000	4.364	0,0313	0,0154	0,3137	1,0965
ZVE 30.000 – 110.000	17.548	0,0946	0,0517	0,0310	0,3952
ZVE > 110.000	2.145	0,1364	0,0512	0,0052	0,4614
ZVE > 200.000	603	0,0693	0,0119	−0,0152	0,5599

Quelle: Eigene Berechnungen auf Grundlage der verwendeten Unterstichprobe des IAW-Steuerpanels. *Erläuterungen*: N bezeichnet die Anzahl der beobachteten Steuerpflichtigen. Die Variablen $\Delta_{\%}(1-\tilde{\tau})$ und $\Delta_{\%}\tilde{TI}$ kennzeichnen die reformbedingte relative Änderung von Residualrate und zu versteuerndem Einkommen. *AV* und *SE* geben Durchschnitt und Standardabweichung der jeweiligen Werte an. ZVE ist das auf das Veranlagungsjahr 1990 fortgeschriebene zu versteuernde Einkommen nach Anwendung des alten Steuerrechts (1988).

der Variablen um ihren Mittelwert fallen entsprechend höher aus.

Der untere Teil von Tabelle 8 weist die Steuerpflichtigen einzelnen Einkommensklassen zu, wobei das fortgeschriebene zu versteuernde Einkommen nach Anwendung des alten Steuerrechts als Klassifizierungsmerkmal dient. Wie bereits bei der Beschreibung der Steuerreform 1990 in Abschnitt 5.1.2 deutlich wurde, nimmt die Änderung der Residualrate zunächst mit der individuellen Bemessungsgrundlage zu und erreicht bei zu versteuernden Einkommen von 50.000 bis 70.000 DM (Grundtabelle) bzw. 100.000 bis 140.000 DM (Splittingtabelle) ihr Maximum. Die durchschnittliche Änderung der Residualrate fällt bei Einkommen von mindestens 110.000 DM am höchsten aus, weil in dieser Einkommensklasse gemeinsam veranlagte Steuerpflichtige mit einer Bemessungsgrundlage zwischen 110.000 und 140.000 DM besonders stark vertreten sind. Die Streuung der exogenen Variable ist bei den geringsten und bei den höchsten Einkommen - letztere unterliegen ganz überwiegend sowohl vor als auch nach Durchführung der Reform dem Spitzensteuersatz - niedriger als bei mittleren Einkommen. Dennoch weist die exogene Variable der Schätzung auch innerhalb unterschiedlicher Einkommensgruppen offensichtlich eine substantielle Variation auf. Eine solche Beobachtung ist im Hinblick auf die im folgenden vorgestellten Ergebnisse der *diff-in-diff*-Berechnungen von besonderer Bedeutung, weil die Bildung von Experiment- und Kontrollgruppe(n) bei dieser Schätzmethode gerade eine möglichst deutliche Differenzierung der Steuerpflichtigen anhand des Kriteriums $\Delta_{\%}(1-\tilde{\tau}_i)$ erforderlich macht.

Ein zumindest auf den ersten Blick gegensätzliches Bild vermittelt die 1990 beobachtete Änderung des zu versteuernden Einkommens, denn Steuerpflichtige in der unteren Einkommensklasse weiten ihre Bemessungsgrundlage mit durchschnittlich über 30 Prozent erkennbar am stärksten aus. Der entsprechende Anstieg beträgt bei mittleren

Einkommen, die sich 1990 einer besonders ausgeprägten Änderung relativer Preise gegenübersahen, nur noch rund ein halbes Prozent, während die Bemessungsgrundlage der einkommensstärksten Steuerpflichtigen nach Durchführung der Reform sogar leicht zurückgeht. Nun läßt sich aus dieser Beobachtung natürlich nicht unmittelbar schließen, eine Senkung der steuerlichen Belastung sei im Falle deutscher Steuerpflichtiger offenbar mit einem Rückgang der Bemessungsgrundlage korreliert. Aufschluß kann in dieser Hinsicht, weil die Summe der Abweichungen vom Mittelwert der Einkommensänderung in allen Einkommensklassen erneut erheblich ist, allein die ökonometrische Schätzung geben. Schon für sich genommen liefert das von Tabelle 8 gezeichnete Bild aber einen wesentlichen Schlüssel zur Interpretation der im folgenden vorgestellten Ergebnisse unserer *diff-in-diff*-Berechnung der Elastizität des zu versteuernden Einkommens deutscher Steuerzahler.

5.7.2 Schätzergebnisse

Abschnitt 5.2 erläuterte unser Vorgehen, die Elastizität des zu versteuernden Einkommens mithilfe der Berechnung einer *difference-in-differences* zu ermitteln. Für jeden Steuerpflichtigen unseres Datensatzes verfügen wir über eine Kombination aus zwei Variablen, deren Konstruktion in den Abschnitten 5.6.1 und 5.6.2 beschrieben wurde: Die Variable $\Delta_{\%}(1-\tilde{\tau}_i)$ bestimmt die relative Änderung der individuellen Residualrate des Steuerpflichtigen i im natürlichen Experiment der Steuerreform 1990. Die Variable $\Delta_{\%}\tilde{TI}_i$ bestimmt die Änderung des zu versteuernden Einkommens dieses Steuerpflichtigen im Veranlagungsjahr 1990, die - neben anderen und von der Steuerreform 1990 unabhängigen Faktoren - die Verhaltensanpassung auf von der Reform vermittelte Anreize reflektiert. Gemäß Gleichung (78), die wir hier replizieren,

$$\zeta = \frac{\Delta_{\%}\tilde{TI}_E - \Delta_{\%}\tilde{TI}_K}{\Delta_{\%}(1-\tilde{\tau}_E) - \Delta_{\%}(1-\tilde{\tau}_K)}, \tag{79}$$

ermitteln wir einen Wert für den Verhaltensparameter ζ durch einen Vergleich der Änderung des zu versteuernden Einkommens einer Experimentgruppe (E) mit der Änderung des zu versteuernden Einkommens einer Kontrollgruppe (K) des Experiments, wobei $\Delta_{\%}(1-\tilde{\tau}_E) - \Delta_{\%}(1-\tilde{\tau}_K) > 0$ gilt. Die Differenz in der Änderung des zu versteuernden Einkommens der Gruppen E und K führen wir gerade auf denjenigen Teil der Änderung in der Residualrate von Gruppe E zurück, der über die Änderung in der Residualrate von Gruppe K hinausgeht. Alle Variablen der rechten Seite von Gleichung (79) sind als prozentuale Änderungen definiert, sodaß sich der Parameter ζ als Elastizität des zu versteuernden Einkommens in bezug auf die Residualrate interpretieren läßt.

Wir klassifizieren die Steuerfälle nach der Höhe der Änderung ihrer Residualrate im Veranlagungsjahr 1990, die Folge der Steueränderung bei gegebenem Verhalten des Veranlagungsjahr 1988 ist. Der Experimentgruppe werden diejenigen Steuerpflichtigen zugewiesen, deren Residualrate vergleichsweise stark anstieg; der Kontrollgruppe gehören diejenigen Steuerpflichtigen an, deren Residualrate in geringerem Ausmaß zunahm. Im Hinblick auf die Robustheit unserer Ergebnisse bilden wir im allgemeinen drei Gruppen von Steuerfällen, die sich in der Höhe der reformbedingten Änderung ihrer Residualrate unterscheiden: Für Steuerpflichtige der Gruppe g (für *groß*) liegt der relative Anstieg der Residualrate über 17%, während der entsprechende Wert für die Steuerpflichtigen in den Gruppen m (*mittel*) bzw. k (*klein*) zwischen 10% und 17% bzw. unter 10% beträgt. Die Wahl sowohl der Anzahl der gebildeten Gruppen als auch der jeweiligen Gruppengrenzen ist - wie in jeder Schätzung auf Basis der *diff-in-diff*-Methode - arbiträr und wird in Abschnitt 5.8.5 kritisch diskutiert. Innerhalb jedes Experiments führen wir auf Basis von Gleichung (79) drei Differenzenbildungen ($g - m$, $g - k$ und $m - k$) durch, wobei jeweils die Steuerpflichtigen mit der niedrigeren Änderung der Residualrate als Kontrollgruppe fungieren. Wir erhalten drei Werte für den Parameter ζ, deren (ungewichteten) Durchschnitt wir als repräsentativen Wert $\bar{\zeta}$ der Elastizität des zu versteuernden Einkommens aller - im jeweiligen Experiment beobachteten - Steuerpflichtigen interpretieren.

Tabelle 9 faßt zunächst die Ergebnisse einer *diff-in-diff*-Schätzung zusammen, die sämtliche im verwendeten Datensatz enthaltenen Steuerpflichtigen betrachtet. Den Gruppen g, m und k gehören in diesem Fall 2.248, 7.764 bzw. 14.045 Steuerfälle an. Die Spalten $\Delta_{\%}(1-\tilde{\tau})$ und $\Delta_{\%}\tilde{TI}$ geben für die jeweilige Gruppe die prozentuale Änderung von Residualrate und zu versteuerndem Einkommen des Jahres 1990 im ungewichteten Durchschnitt an. Die Spalte *diff-in-diff* schließlich enthält die Ergebnisse der auf Basis von Gleichung (79) durchgeführten Differenzenbildung, deren (wiederum ungewichteter) Durchschnitt in der mit $\bar{\zeta}$ gekennzeichneten letzten Spalte ausgewiesen wird.[176]

Beobachtet man das Verhalten sämtlicher Steuerpflichtiger unseres Datensatzes zusammengenommen, nimmt die Elastizität des zu versteuernden Einkommens einen negativen Wert in Höhe von $-0,379$ an. Daß der repräsentative Steuerpflichtige über eine negative Elastizität verfügt, mag auf den ersten Blick überraschen; denn eine Tarifsenkung ($d\tau < 0$) bzw. eine Anhebung der Residualrate ($d(1-\tau) > 0$), hätte in diesem Fall einen Rückgang der steuerlichen Bemessungsgrundlage zur Folge, und das aggregierte Aufkommen nähme noch stärker ab, als alleine infolge der Tarifsenkung - und bei gegebenem Verhalten der Steuerpflichtigen - zu erwarten stünde. Wie die Resultate der Differenzenbildung im einzelnen verdeutlichen, ist das Ergebnis einer negativen Elastizität aber insbesondere auf den mit rund sechs Prozent vergleichsweise starken Anstieg des zu versteuernden Einkommens derjenigen Steuerfälle zurückzuführen, die sich der geringsten Änderung ihrer Residualrate gegenübersehen und die wir deshalb der Kontrollgruppe der

---

176 Die Ermittlung der *diff-in-diff*-Elastizitäten läßt sich auf Basis von Gleichung (79) und den in den beiden vorigen Spalten ausgewiesenen Variablenwerten nachvollziehen. Geringe Differenzen zu den tatsächlich angegebenen Elastizitätswerten sind darauf zurückzuführen, daß die Spalten $\Delta_{\%}(1-\tilde{\tau})$ und $\Delta_{\%}\tilde{TI}$ jeweils gerundete Werte enthalten, während unsere *diff-in-diff*-Ergebnisse auf den exakten Werten beruhen.

Tabelle 9: *Diff-in-diff*-Schätzung I: Alle Steuerpflichtigen

ZVE (DM)	Gruppen	Klassifizierung nach $\Delta_{\%}(1-\tilde{\tau})$	N	$\Delta_{\%}(1-\tilde{\tau})$	$\Delta_{\%}\tilde{TI}$	diff-in-diff		$\bar{\zeta}$
alle Steuerpflichtigen	g	$>0,17$	2.248	0,179	0,011	$g-m$	0,210	
	m	$0,10-0,17$	7.764	0,135	0,002	$g-k$	−0,479	−0,379
	k	$<0,10$	14.045	0,058	0,069	$m-k$	−0,867	$[-0,64;0,09]$
< 30.000	g	$>0,03$	2.150	0,046	0,276	$g-k$	1,006	1,006
	k	$<0,03$	2.214	0,020	0,249			$[0,75;3,04]$
> 30.000	g	$>0,17$	2.248	0,179	0,011	$g-m$	0,210	
	m	$0,10-0,17$	7.764	0,135	0,002	$g-k$	−0,290	−0,222
	k	$<0,10$	9.681	0,062	0,045	$m-k$	−0,585	$[-0,58;0,11]$
30.000–110.000	g	$>0,17$	1.175	0,178	−0,015	$g-m$	−0,390	
	m	$0,10-0,17$	7.385	0,135	0,002	$g-k$	−0,584	−0,555
	k	$<0,10$	8.988	0,057	0,055	$m-k$	−0,691	$[-0,96;-0,02]$
> 110.000	g	$>0,17$	1.073	0,180	0,026	$g-m$	0,595	
	m	$0,10-0,17$	379	0,140	0,002	$g-k$	−0,038	0,057
	k	$<0,10$	693	0,068	0,030	$m-k$	−0,387	$[-0,11;0,57]$

24.057 Steuerpflichtige im verwendeten Subpanel. *ZVE* ist das auf das Veranlagungsjahr 1990 fortgeschriebene zu versteuernde Einkommen nach Anwendung des alten Steuerrechts (1988). 80-Prozent-Konfidenzintervall mithilfe von *bootstraps* ($n = 1000$) in eckiger Klammer unter dem Wert $\bar{\zeta}$.

Schätzung zuweisen. Weil die *diff-in-diff*-Methode die Änderung des zu versteuernden Einkommens der Kontrollgruppe überwiegend auf einen allen Individuen gemeinsamen und vom durchgeführten Politikexperiment unabhängigen Trend zurückführt (vgl. Abschnitt 5.2), werden die Schätzwerte - in denen sich dann ausschließlich die Intensität der Reaktion auf veränderte steuerliche Anreize widerspiegelt - durch eine solche Konstellation natürlich gedämpft. Demgegenüber verzeichnet die Bemessungsgrundlage von Gruppe g, deren Residualrate einen besonders starken Anstieg aufweist, ein im Vergleich zur Bemessungsgrundlage von Gruppe m hohes Wachstum. Die Berechnung einer *diff-in-diff*, die nur die insgesamt 8.012 in den Gruppen g und m enthaltenen Steuerpflichtigen einbezöge, würde in einer positiven Elastizität des zu versteuernden Einkommens in Höhe von $0,21$ resultieren.

Signifikanz der Schätzwerte

Gleichung (79) zu Beginn dieses Abschnitts enthält keinen Fehlerterm. Das Signifikanzniveau der auf Basis der *diff-in-diff*-Methode ermittelten Schätzwerte läßt sich deshalb nicht in der üblichen Form - als Standardabweichung des geschätzten Koeffizienten der unabhängigen Variablen $\Delta_{\%}(1-\tilde{\tau})$ - angeben.[177] Um zumindest eine Vorstellung vom Erklärungsgehalt der geschätzten Elastizität zu erhalten, führen wir Signifikanztests mithilfe von *bootstraps* durch.[178] Jede *diff-in-diff*-Berechnung wird n-mal auf Basis einer neuen Zufallsstichprobe durchgeführt, die wir durch N-fache Ziehung (mit Zurücklegen) aus dem jeweils verwendeten Datensatz erhalten. Dabei entspricht N der Anzahl der in der ursprünglichen Stichprobe enthaltenen Steuerfälle. Jede der resultierenden n Stichproben enthält damit auf zufällige Weise einen ungewissen Anteil der ursprünglichen N Beobachtungen mehrere Male, und einen ungewissen Anteil der ursprünglichen N Beobachtungen überhaupt nicht mehr.

Wir wählen $n = 1.000$.[179] Aus jeder der $j = 1, ..., n$ Schätzungen für ein *diff-in-diff*-Experiment erhalten wir einen Wert für die Elastizität des zu versteuernden Einkommens $\bar{\zeta}^*(j)$, der sich wieder als Durchschnitt von drei Differenzenbildungen für die Gruppen g, m und k - die nun aber natürlich anders als auf Basis des ursprünglichen Datensatzes besetzt sind - ergibt. Wir unterstellen, daß die Verteilung der resultierenden 1.000 zufälligen

177 Wohl aus diesem Grund verzichten die Arbeiten von FELDSTEIN (1995a) und AARBU/THORESEN (1999) gänzlich auf Informationen zur statistischen Signifikanz ihrer *diff-in-diff*-Berechnungen der Elastizität des zu versteuernden Einkommens.

178 Technisch gesprochen, approximiert die *bootstrap*-Methode die Verteilung eines Fehlerterms oder anderer stochastischer Komponenten der Schätzung, ohne daß auf die übliche Annahme einer Normalverteilung zurückgegriffen wird. Stattdessen bedient man sich der Verteilungsfunktion, die sich in dem zugrundeliegenden Datensatz tatsächlich beobachten läßt. Die Inferenz beruht demzufolge auf den empirischen Eigenschaften des verwendeten Datensatzes selbst, der sich auf diese Weise gewissermaßen "am eigenen Schopf" oder "an den eigenen Stiefelschlaufen (*bootstraps*)" aus dem Sumpf zieht; vgl. DAVIDSON/MACKINNON (1993, 763-768).

179 Je höher die Anzahl der gezogenen *bootstrap*-Stichproben (n) und je höher die Anzahl der Beobachtungen in der ursprünglichen Grundgesamtheit (N), desto geringer ist die Wahrscheinlichkeit, daß Inferenz mittels der *bootstrap*-Methode zu verzerrten Ergebnissen führt (vgl. DAVIDSON/MACKINNON, 1993, 765).

Schätzwerte $\bar{\zeta}^*(j)$ $(j = 1, ..., n)$ approximativ symmetrisch ist. Nach Ermittlung der jeweils zehn Prozent höchsten und der zehn Prozent niedrigsten Werte können wir für jedes Experiment dasjenige Quantil angeben, in dem sich der Schätzwert $\bar{\zeta}^*(j)$ mit einer 80-prozentigen Wahrscheinlichkeit befindet. In der tabellarischen Zusammenstellung unserer Ergebnisse finden sich die beiden das 80-Prozent-Konfidenzintervall begrenzenden Werte in eckigen Klammern unter dem Schätzwert $\bar{\zeta}$, der sich auf Grundlage des verwendeten Datensatzes in seiner ursprünglichen Form ergibt.

Das mithilfe von *bootstraps* geschätzte Konfidenzintervall für das Experiment mit sämtlichen 24.057 Steuerpflichtigen des Datensatzes beträgt $[-0,64; 0,09]$. Betrachtet man die Breite des 80-Prozent-Konfidenzintervalls, fällt das Ergebnis dieser Schätzung fällt damit zum einen alles andere als robust aus.[180] Weil das Konfidenzintervall in diesem Fall den Wert Null einschließt, kann zum anderen die Null-Hypothese, die "wahre" Elastizität der Bemessungsgrundlage sei nicht von Null verschieden, mit 80prozentiger Wahrscheinlichkeit nicht verworfen werden.

Berechnung von Elastizitäten in unterschiedlichen Einkommensklassen

In Abschnitt 5.2 wurden die einer *diff-in-diff*-Schätzung auf Basis von Gleichung (79) implizit zugrundeliegenden Voraussetzungen erläutert: Das zu versteuernde Einkommen von Experiment- und Kontrollgruppe unterliegt im Untersuchungszeitraum annahmegemäß einem identischen exogenen Trend; und die Reaktion von Experiment- und Kontrollgruppe auf eine Änderung steuerlicher Anreize läßt sich durch eine identische Elastizität des zu versteuernden Einkommens der in beiden Gruppen enthaltenen Steuerpflichtigen beschreiben. Die vorliegende US-amerikanische Evidenz - vor allem bei ALM/WALLACE (2000) und GOOLSBEE (2000a; 2000b) - spricht aber dafür, daß sowohl die Möglichkeiten als auch die Bereitschaft, Strategien zur Minderung von Bemessungsgrundlage und Steuerbelastung zu verfolgen, mit dem Einkommen eines Steuerpflichtigen zunimmt. Unter der Annahme eines uniformen Verhaltens durchgeführte Schätzungen resultieren dann in Schätzwerten, die dem gewichteten Durchschnitt der Elastizität aller (im jeweiligen *diff-in-diff*-Experiment beobachteten) Individuen entsprechen, wobei die tatsächliche Elastizität derjenigen Steuerpflichtigen, deren Residualrate 1990 besonders stark anstieg, eine entsprechend höhere Gewichtung erhält.

Um die Möglichkeit von der Höhe des deklarierten zu versteuernden Einkommens abhängiger Elastizitätswerte auf korrekte Weise zu erfassen, führen wir einzelne *diff-in-diff*-Experimente für unterschiedliche Einkommensklassen getrennt durch. Die Ergebnisse dieser Berechnungen lassen sich dem unteren Teil von Tabelle 9 entnehmen. Als Klassifizierungsmerkmal dient das auf das Veranlagungsjahr 1990 fortgeschriebene zu versteuernde

[180] Wir beschränken uns in der Dokumentation der Ergebnisse auf die Grenzen des 80-Prozent-Quantils. Dies ist schon für sich genommen ein niedrigschwelliger Wert. Die Grenzen höherprozentiger Quantile liegen natürlich noch erheblich weiter auseinander und betragen für das 90-Prozent-Konfidenzintervall beispielsweise $[-0,99; 0,18]$, wenn die *diff-in-diff* alle in der verwendeten Stichprobe enthaltenen Steuerfälle berücksichtigt.

Einkommen nach Anwendung des alten Steuerrechts. Zu beachten ist, daß die Höhe dieses Einkommens Folge von Entscheidungen eines Steuerpflichtigen *vor* Durchführung der Steuerreform ist und sich deswegen im Sinne vorliegender Untersuchung als exogen - das heißt als unabhängig von einer Anpassung der Individuen an das 1990 reformierte Steuerrecht - interpretieren läßt.[181] Für Steuerpflichtige, deren zu versteuerndes Einkommen einen Betrag von 30.000 DM unterschreitet, läßt sich eine deutlich höhere und positive Elastizität von ungefähr $\bar{\zeta} = 1$ ermitteln. Tabelle 8 zeigte, daß sowohl die durchschnittliche Änderung der Residualrate als auch die Streuung um diesen Mittelwert im Bereich niedriger Einkommen vergleichsweise gering ausfällt. Der entsprechenden *diff-in-diff*-Berechnung wird deshalb das Verhalten von lediglich zwei Gruppen zugrundegelegt, wobei die Experimentgruppe einen Anstieg ihrer Residualrate von mehr als drei Prozent realisierte. Das zu versteuernde Einkommen der in Gruppe g enthaltenen Steuerfälle nimmt 1990 um über 27 Prozent zu. Dieses Wachstum liegt um rund 2,5 Punkte über dem entsprechenden Wert der Kontrollgruppe, was sich in einer positiven und überaus hohen Elastizität des zu versteuernden Einkommens niederschlägt.

Von Interesse ist die Frage, auf welche Faktoren - neben einem (geringen) Anstieg der Residualrate - das beobachtete hohe Wachstum der Bemessungsgrundlage von Steuerpflichtigen mit niedrigem zu versteuernden Ausgangseinkommen zurückzuführen ist. Die Bedeutung, die transitorischen Komponenten im beobachteten individuellen Einkommen der Ausgangssituation zukommt, wird im folgenden Abschnitt diskutiert. Darüber hinaus aber lassen sich unter Steuerpflichtigen mit ursprünglich geringem zu versteuernden Einkommen einzelne Teilpopulationen identifizieren, deren Bemessungsgrundlage im Veranlagungsjahr 1990 einen besonders starken Anstieg aufwies.

So werden in 658 gemeinsamen Veranlagungen mit einem zu versteuernden Einkommen unter 30.000 DM von beiden Ehepartnern Einkünfte aus nichtselbständiger Arbeit deklariert, was einem Anteil von 15 Prozent an allen Veranlagungen innerhalb dieser Einkommensklasse entspricht. Die steuerliche Bemessungsgrundlage dieser Doppelverdienerhaushalte verzeichnet im Veranlagungsjahr 1990 aber ein besonders starkes Wachstum und nimmt um 60 Prozent (Gruppe g) bzw. um 32 Prozent (Gruppe k) zu. Ähnliches gilt für diejenigen 188 Veranlagungen, in denen der Zweitverdiener erst im Jahr 1990 - im Gegensatz zum Jahr 1988 - einer abhängigen Beschäftigung nachgeht und deren Bemessungsgrundlage um 98 Prozent (Gruppe g) bzw. um 71 Prozent (Gruppe m) ansteigt.

[181] Prinzipiell stünde uns auch der (fortgeschriebene) Gesamtbetrag der Einkünfte als Selektionskriterium zur Verfügung. Die Wahl der "korrekten" Einkommensgröße ist in diesem Zusammenhang alles andere als trivial: Die alternative Orientierung an einer Bruttoeinkommensgröße sähe das steuerlich relevante Verhalten von Individuen mit ähnlichen *Verdienst*möglichkeiten als vergleichbar an, würde aber sowohl möglicherweise differierende Präferenzen für steuerbegünstigte Konsumgüter als auch eine unterschiedliche Haushaltszusammensetzung vernachlässigen, die sich etwa in der Höhe der in Anspruch genommen Kinderfreibeträge niederschlägt. Das zu versteuernde Einkommen als Klassifizierungsmerkmal hingegen interpretiert implizit das Verhalten derjenigen Steuerpflichtigen als vergleichbar, deren Veranlagung hohe Bruttoeinkünfte mit hohen Abzügen einerseits bzw. niedrige Einkünfte mit geringeren Abzügen andererseits kombiniert. Beide Konzepte können nicht vollständig befriedigen.

Schließlich werden in 1.086 Veranlagungen, d. h. bei rund einem Viertel aller Steuerpflichtigen mit einem zu versteuernden Einkommen unter 30.000 DM, negative Einkünfte in mindestens einer Einkunftsart ausgewiesen. Die Beschreibung der Veranlagungsdaten in Abschnitt 3.2.2 dieser Arbeit ließ erkennen, daß eine geringe Bemessungsgrundlage in diesen Fällen häufig das Resultat von Steuergestaltungsstrategien (etwa in Form der Inanspruchnahme erhöhter Abschreibungen für ein fremdgenutztes Mietobjekt) ist. Tatsächlich weist auch das zu versteuernde Einkommen dieser Steuerpflichtigen 1990 ein deutlich überproportionales Wachstum in Höhe von 49 Prozent (Gruppe g) bzw. 37 Prozent (Gruppe k) auf. Beschränkt man sich auf die Beobachtung der verbleibenden insgesamt 3.155 Steuerpflichtigen mit niedrigem Einkommen - blendet man folglich die Reaktion derjenigen Individuen aus, deren Verhalten offensichtlich besonders sensitiv auf veränderte steuerliche Bedingungen reagiert - nimmt die Bemessungsgrundlage in diesem Einkommensbereich nur noch um 19 Prozent (Gruppe g) bzw. 17,5 Prozent (Gruppe k) zu. Die *diff-in-diff*-Methode resultiert dann in einer Elastizität in Höhe von lediglich $\bar{\zeta} = 0,63$, deren Signifikanzniveau mit einem 80-Prozent-Konfidenzintervall von $[0,50; 1,24]$ nun überdies wesentlich günstiger ausfällt.

Die Elastizität der übrigen Steuerpflichtigen, deren Veranlagung ein zu versteuerndes Einkommen von mehr als 30.000 DM ausweist, beträgt $z\bar{e}ta = 0,22$ und hat damit erneut ein negatives Vorzeichen (vgl. Tabelle 9). Im Absolutbetrag bleibt dieser Wert aber hinter dem Ergebnis für alle Steuerpflichtigen zurück, und auch die statistische Signifikanz des Schätzwerts erhöht sich, weil das 80-Prozent-Konfidenzintervall weniger breit ausfällt. Beschränkt man sich schließlich auf die Beobachtung von Steuerpflichtigen mit einem zu versteuernden Einkommen über 110.000 DM, resultiert die *diff-in-diff*-Berechnung in einer schwach positiven Elastizität des zu versteuernden Einkommens in Höhe von $\bar{\zeta} = 0,06$. Die untere Grenze des Konfidenzintervalls bewegt sich in diesem Fall erkennbar nach oben und beträgt nur noch $-0,11$. Die Hypothese, das Veranlagungsverhalten selbst der einkommensstärksten Steuerfälle bliebe von einer Änderung ihrer Residualrate gänzlich unbeeinflußt, läßt sich auf Grundlage dieser Ergebnisse zwar mit einer Wahrscheinlichkeit von 80 Prozent erneut nicht widerlegen. Dennoch bieten die Ergebnisse in Tabelle 9 erste Evidenz für die Annahme, daß die empirisch beobachtbare Elastizität des zu versteuernden Einkommens in der Bundesrepublik nicht unabhängig vom individuellen Einkommen ist und in der Tendenz mit dem Einkommen der Steuerpflichtigen zunimmt.[182]

[182] FELDSTEIN (1995a) und AARBU/THORESEN (2001) schließen in ihrer empirischen Untersuchung nach der Höhe des Einkommens differenzierte Elastizitäten von vornherein aus. Diesen *diff-in-diff*-Schätzungen der Elastizität des zu versteuernden Einkommens, die vor dem Hintergrund der Reform eines Stufentarifs durchgeführt wurden, ist ein unserer Studie vergleichbares Vorgehen nicht möglich. Über breite Einkommensintervalle hinweg sehen sich Steuerpflichtige dann nämlich einer identischen Änderung ihrer Residualrate gegenüber, was die Bildung von Experiment- und Kontrollgruppe in der entsprechenden Einkommensklasse entweder erschwert oder sogar ganz ausschließt. Tabelle 8 macht demgegenüber deutlich, daß unsere Daten für Steuerpflichtige mit einem zu versteuernden Einkommen zwischen 30.000 und 110.000 DM sowie über 110.000 DM immer noch ausreichend Heterogenität in der Änderung individueller Residualraten aufweisen, um für diese Einkommensklassen jeweils ein separates Experiment durchführen zu können.

Robustheit der Ergebnisse

Die vorgenommene *Wahl der Gruppengrenzen* und die Zuordnung der Steuerpflichtigen zu Experiment- und Kontrollgruppe des natürlichen Experiments ist ein arbiträres, aber unausweichliches Element der angewandten *diff-in-diff*-Methode. Unser Datensatz enthält keine Steuerfälle, deren Residualrate von der Steuerreform unbeeinflußt blieb ($d(1-\tilde{\tau}_i) = 0$), weshalb die Bildung einer quasi-natürlichen Kontrollgruppe ausgeschlossen ist. Über die Bedingung $\Delta_{\%}(1 - \tilde{\tau}_E) - \Delta_{\%}(1 - \tilde{\tau}_K) > 0$ hinaus existiert dann kein Kriterium, das die Zuordnung eines Steuerpflichtigen zu Experiment- und Kontrollgruppe auf eindeutige Weise rechtfertigen würde. Unser Vorgehen besteht darin, die Gruppengrenzen in sämtlichen durchgeführten Experimenten bei einer Änderung der Residualrate in Höhe von über 17% (Gruppe g), zwischen 10% und 17% (Gruppe m) und unter 10% (Gruppe k) zu lokalisieren. Auf diese Weise gewährleisten wir, wie Tabelle 9 ebenso wie alle folgenden tabellarischen Übersichten über die berechneten *diff-in-diffs* zeigt, daß sich die durchschnittliche Änderung der Residualrate in den Gruppen m und k approximativ gerade in der Mitte der jeweils gesetzten Gruppengrenzen befindet. Dennoch ist dieses Vorgehen - wie jede denkbare Alternative - natürlich angreifbar.[183]

Zum einen sind unsere Ergebnisse aber robust gegenüber einer geringen Änderung der gewählten Gruppengrenzen. Klassifizieren wir die Steuerpflichtigen anhand der Änderung individueller Residualraten in Höhe von über 15% (Gruppe g), zwischen 8% und 15% (Gruppe m) und unter 8% (Gruppe k), resultiert ein Wert von $\bar{\zeta} = -0,28$ bei Steuerpflichtigen mit einem zu versteuernden Einkommen von über 30.000 DM und ein Wert von $\bar{\zeta} = 0,02$ bei Steuerpflichtigen mit einem zu versteuernden Einkommen von über 110.000 DM. Um die Abhängigkeit unserer Schätzergebnisse von der zugrundeliegenden Wahl der Gruppengrenzen zu prüfen, haben wir die Gruppengrenzen zum anderen alternativ unter der Maßgabe bestimmt, daß Experiment- und Kontrollgruppe jeweils eine exakt identische Besetzungsstärke aufweisen. Die Schätzwerte weichen auch bei diesem Vorgehen qualitativ nicht wesentlich von den in Tabelle 9 dokumentierten und auf Basis exogen vorgegebener Gruppengrenzen ermittelten Ergebnissen ab. So beläuft sich die auf diese Weise ermittelte Elastizität beispielsweise auf $\bar{\zeta} = -0,40$ im Bereich von zu versteuernden Einkommen über 30.000 DM. Das Konfidenzintervall wird durch die Werte $[-0,71; 0,07]$ begrenzt und das Signifikanzniveau der Schätzungen bei endogener Bestim-

183 Den *diff-in-diff*-Berechnungen FELDSTEINs (1995a) liegt der US-amerikanische *Tax Reform Act* von 1986 zugrunde, und die Auswahl von Experiment- und Kontrollgruppe orientiert sich an der Zugehörigkeit zu einer der vor Durchführung der Reform geltenden Stufen des US-amerikanischen Steuertarifs. Diese Klassifikation ist plausibel - wenn auch ebenfalls willkürlich -, führt aber zu einer in hohem Maße uneinheitlichen Besetzungsstärke. So gehören FELDSTEINs (1995a) Experimentgruppe g, deren Residualrate durch den *Tax Reform Act* 1986 am stärksten anstieg, lediglich 57 Steuerpflichtige an. Die Schätzergebnisse reagieren deshalb äußerst sensitiv auf das Verhalten weniger Ausreißer: SLEMROD (1996, 177) weist nach, daß die Veranlagungen von vier der 57 in FELDSTEINs (1995a) Datensatz enthaltenen Spitzenverdiener für knapp drei Viertel des in Gruppe g insgesamt beobachteten Einkommensanstiegs verantwortlich sind. Auf das starke Wachstum der Bemessungsgrundlage dieser Gruppe sind die hohen Schätzwerte der Studie FELDSTEINs (1995a) aber in erster Linie zurückzuführen.

mung der Gruppengrenzen ebenfalls nicht erkennbar verbessert. Wir halten deshalb an der exogenen Wahl der Gruppengrenzen in der zunächst beschriebenen Form fest. Indem wir das Kriterium für die Bildung von Experiment- und Kontrollgruppe vereinheitlichen, sind die Resultate der bisherigen und aller im folgenden vorgestellten Experimente überdies unmittelbar miteinander vergleichbar.

In Abschnitt 5.5.2 wurde ferner eine Alternative zur exogenen *Fortschreibung* der Veranlagungsdaten diskutiert, die eine uniforme Änderung der im Veranlagungsjahr 1988 erzielten Einkünfte in Höhe der 1988 tatsächlich beobachteten Preissteigerungsrate unterstellt; dabei handelt es sich um das in der verwandten Literatur bevorzugte Vorgehen (vgl. die Ausführungen zu Variante 1 der Fortschreibung in Abschnitt 5.5.2). Die Ergebnisse der *diff-in-diff*-Berechnungen weichen bei Anwendung dieser Fortschreibungsvariante nicht wesentlich von den bisher - und allen im folgenden - dokumentierten Ergebnissen ab, die eine Fortschreibung mit von der Art der erzielten Einkünfte spezifischer Rate vorsehen. Zu beobachten ist, daß der für die Gesamtheit der Steuerpflichtigen repräsentative Gesamtbetrag der Einkünfte (in der Situation 1990f) unter der Voraussetzung im Zeitablauf konstanter Realeinkünfte geringer ausfällt. In Experimenten für Steuerpflichtige mit einem zu versteuernden Einkommen über 30.000 DM sind dann insbesondere die Gruppen g und m geringer und die Gruppe k stärker besetzt als nach der alternativen Anwendung einkunftsspezifischer Fortschreibungsraten, und weil in der Folge auch die durchschnittliche Bemessungsgrundlage für Gruppe k ein stärkeres Wachstum aufweist, fallen die Elastizitäten geringer aus als in Tabelle 9 dargestellt.

Betrachtet man etwa lediglich Steuerpflichtige, deren fortgeschriebenes zu versteuerndes Einkommen einen Betrag von 30.000 DM übersteigt, resultieren die *diff-in-diff*-Berechnungen in einer geschätzten Elastizität in Höhe von $\bar{\zeta} = -0,32$; in der ursprünglichen und von Tabelle 9 ausgewiesenen Variante belief sich die geschätzte Elastizität dagegen auf $\bar{\zeta} = -0,22$. Eine vergleichbar geringe betragsmäßige Zunahme der (negativen) Elastizitätswerte läßt sich in allen übrigen durchgeführten *diff-in-diff*-Berechnungen feststellen. Weil schließlich auch die mithilfe von *bootstraps* ermittelten Konfidenzintervalle in der Tendenz breiter ausfallen, beschränken wir uns im folgenden auf die Präsentation derjenigen Ergebnisse, die auf Basis nach der Einkunftsart differenzierter Fortschreibungsraten erzielt werden.

Separate Untersuchung einzelner Teilpopulationen

Im Hinblick auf die wünschenswerte Homogenität der von Experiment- und Kontrollgruppe erfaßten Steuerpflichtigen, selektieren wir die Veranlagten im folgenden anhand beobachtbarer Kriterien und führen *diff-in-diff*-Experimente für einzelne Teilpopulationen separat durch.[184]

[184] Uns ist keine vergleichbare Studie bekannt, die etwa nach Familienstand und Veranlagungsform der Steuerpflichtigen oder nach der Art der in der Veranlagung deklarierten Einkünfte differenzierte *diff-in-diff*-Berechnungen der Elastizität des zu versteuernden Einkommens durchführt. FELDSTEIN (1995a) beschränkt sich auf die Beobachtung gemeinsam veranlagter Ehegatten, während der

Tabelle 10: *Diff-in-diff*-Schätzung II: Grundtabelle und Splittingtabelle

ZVE (DM)	Gruppen	Klassifizierung nach $\Delta_{\%}(1-\tau)$	N	$\Delta_{\%}(1-\tau)$	$\Delta_{\%}TI$	diff-in-diff		ζ
nach der Grundtabelle besteuerte Steuerpflichtige								
	g	$> 0,17$	1.068	0,179	−0,010	$g-m$	0,038	
> 30.000	m	$0,10-0,17$	3.348	0,137	−0,011	$g-k$	−0,234	−0,216
	k	$< 0,10$	1.186	0,085	0,012	$m-k$	−0,452	$[-0,79; 0,09]$
nach der Splittingtabelle besteuerte Steuerpflichtige								
	g	$> 0,17$	1.180	0,179	0,020	$g-m$	0,308	
> 40.000	m	$0,10-0,17$	4.416	0,135	0,007	$g-k$	−0,157	−0,100
	k	$< 0,10$	6.486	0,065	0,038	$m-k$	−0,452	$[-0,39; 0,28]$

5.602 nach der Grundtabelle besteuerte und 12.082 nach der Splittingtabelle besteuerte Steuerpflichtige im verwendeten Subpanel. 80-Prozent-Konfidenzintervall mithilfe von *bootstraps* ($n = 1000$) in eckiger Klammer unter dem Wert $\bar{\zeta}$.

Tabelle 10 präsentiert die Ergebnisse, wenn nach Grund- und nach Splittingtabelle veranlagte Steuerpflichtige getrennt voneinander betrachtet werden. Das Experiment berücksichtigt jeweils nur Steuerpflichtige mit einem zu versteuernden Einkommen von über 30.000 DM (Grundtabelle) bzw. über 40.000 DM (Splittingtabelle); bei geringeren Einkommen fällt das im Jahr 1990 beobachtete Einkommenswachstum wieder weit höher aus, weshalb die ermittelten Elastizitäten unter Einbeziehung dieser Steuerfälle auch hier hohe Werte im negativen Bereich annehmen würden. Selbst unter Ausschluß geringer Einkommen ist die berechnete Elastizität sowohl im Fall lediger Steuerpflichtiger als auch im Fall gemeinsam veranlagter Ehegatten negativ, nimmt absolut betrachtet aber jeweils einen geringeren Betrag an als im ursprünglichen *diff-in-diff*-Experiment, das alle Steuerpflichtigen unabhängig von ihrem Familienstand gemeinsam erfaßte. Das bereits bei der separaten Untersuchung einzelner Einkommensklassen beobachtete Muster - daß die geschätzten Elastizitäten (unter Ausschluß geringer Einkommen) zunehmen, wenn man die Steuerpflichtigen im Hinblick auf ein steuerlich relevantes Kriterium in stärker homogenen Subpopulationen zusammenfaßt - wird mit den in Tabelle 10 vorgelegten Ergebnissen folglich bestätigt.

Im besonderen gilt dies, wenn man eine Selektion der Steuerfälle anhand unterschiedlicher in der individuellen Veranlagung des Jahres 1988 deklarierter Einkunftsarten vornimmt, um spezifischen und mit der Quelle der erzielten Einkünfte variierenden Möglichkeiten zu Steuervermeidung und Steuergestaltung Rechnung zu tragen. Die in Tabelle 11 ausgewiesenen Ergebnisse zeigen, daß die Bemessungsgrundlage von Gewerbetreibenden mit steigender Residualrate nur noch leicht abnimmt ($\bar{\zeta} = -0,05$). Im Falle von Steuerpflichtigen, die im Veranlagungsjahr 1988 Einkünfte aus selbständiger Arbeit bzw. aus Kapitalvermögen deklarieren, resultieren die durchgeführten *diff-in-diffs* in einer positiven Elastizität des zu versteuernden Einkommens. Für Selbständige fällt die geschätzte Elastizität mit einem Wert von $\bar{\zeta} = 0,2$ besonders hoch aus, und das in Tabelle 11 ausgewiesene Konfidenzintervall läßt mit zumindest 80prozentiger Wahrscheinlichkeit eine Zunahme des zu versteuernden Einkommens infolge abnehmender Grenzsteuersätze erwarten.[185] In der Tendenz bekräftigen diese Ergebnisse die Aussage, daß Bezieher von Gewinneinkünften auf die Höhe ihrer Bemessungsgrundlage einen stärkeren Einfluß nehmen (können) als Steuerpflichtige, die ausschließlich über Lohneinkünfte verfügen.[186]

von AARBU/THORESEN (2001) verwendete Datensatz ausschließlich unverheiratete Steuerpflichtige enthält. Die zugrundeliegenden Datensätze sind in beiden Fällen weniger umfangreich als die im Rahmen vorliegender Arbeit selbst für die jeweils untersuchte Teilpopulation verwendete Unterstichprobe des IAW-Steuerpanels.

185 Zu erinnern ist daran, daß unsere Ermittlung fortgeschriebener zu versteuernder Einkommen die Höhe der im Veranlagungsjahr 1990 deklarierten Einkünfte aus Kapitalvermögen als exogen interpretiert (vgl. dazu Abschnitt 5.5.3). Die Möglichkeit, daß die Steuerpflichtigen auf von der Steuerreform ausgehende Anreize mit einer Anpassung der deklarierten Kapitaleinkünfte reagieren, schließt vorliegende Untersuchung deshalb von vorneherein aus, und die in Tabelle 11 ausgewiesene Elastizität des zu versteuernden Einkommens von Kapitalbesitzern reflektiert ausschließlich die Reaktion aller übrigen Einkünfte sowie der geltend gemachten Abzüge dieser Steuerpflichtigen.

186 Die Ergebnisse von alleine für Lohnempfänger durchgeführten *diff-in-diff*-Berechnungen unterscheiden sich nur unwesentlich von den für die Gesamtheit der Steuerpflichtigen ermittelten Werten und

Tabelle 11: *Diff-in-diff*Schätzung III: Unterschiedliche Einkunftsarten

ZVE (DM)	Gruppen	Klassifizierung nach $\Delta_{\%}(1-\tau)$	N	$\Delta_{\%}(1-\tau)$	$\Delta_{\%}TI$	diff-in-diff		ζ
Steuerpflichtige mit Einkünften aus Gewerbebetrieb								
	g	$> 0,17$	432	0,179	0,016	$g-m$	1,119	
> 30.000	m	$0,10-0,17$	1.004	0,136	−0,032	$g-k$	−0,232	−0,053
	k	$< 0,10$	1.978	0,064	0,043	$m-k$	−1,046	[−0,26; 0,38]
Steuerpflichtige mit Einkünften aus selbständiger Arbeit								
	g	$> 0,17$	272	0,179	0,055	$g-m$	−0,050	
> 30.000	m	$0,10-0,17$	650	0,140	0,057	$g-k$	0,247	0,201
	k	$< 0,10$	720	0,065	0,027	$m-k$	0,406	[0,04; 0,59]
Steuerpflichtige mit Einkünften aus Kapitalvermögen								
	g	$> 0,17$	1.153	0,179	0,027	$g-m$	0,620	
> 30.000	m	$0,10-0,17$	2.994	0,137	0,001	$g-k$	−0,081	0,018
	k	$< 0,10$	3.044	0,065	0,036	$m-k$	−0,486	[−0,24; 0,55]
überwiegend Gewinneinkünfte oder Einkünfte aus Vermietung und Verpachtung								
	g	$> 0,17$	317	0,179	0,011	$g-m$	0,815	
> 30.000	m	$0,10-0,17$	638	0,138	−0,022	$g-k$	0,210	0,296
	k	$< 0,10$	1.026	0,066	−0,012	$m-k$	−0,136	[0,04; 0,96]

3.414 Steuerpflichtige mit Einkünften aus Gewerbebetrieb, 1.642 Steuerpflichtige mit Einkünften aus selbständiger Arbeit und 7.191 Steuerpflichtige mit Einkünften aus Kapitalvermögen im verwendeten Subpanel. "Überwiegend" aus Gewinneinkünften oder Einkünften aus Vermietung und Verpachtung besteht eine Veranlagung dann, wenn der Anteil der entsprechenden Einkünfte mindestens 70 Prozent am deklarierten Gesamtbetrag der Einkünfte beträgt (1.981 Steuerpflichtige). 80-Prozent-Konfidenzintervall mithilfe von ***bootstraps*** ($n = 1000$) in eckiger Klammer unter dem Wert $\bar{\zeta}$.

Ein ähnliches Resultat - eine positive Elastizität des zu versteuernden Einkommens in Höhe von $\bar{\zeta} = 0,3$ und ein im positiven Bereich begrenztes Konfidenzintervall - ergeben unsere *diff-in-diffs* für diejenigen Steuerpflichtigen, deren Gesamtbetrag der Einkünfte 1988 überwiegend aus Gewinneinkünften oder aus Einkünften aus Vermietung und Verpachtung besteht. Im Unterschied zu den vorangegangenen Experimenten schließt die in diesem Fall verwendete Stichprobe diejenigen Steuerfälle aus, denen Verluste aus einer gewissermaßen nur im Nebenerwerb ausgeübten gewerblichen oder selbständigen Tätigkeit entstehen. Die Deskription der verwendeten Veranlagungsdaten in Abschnitt 3.2.2 vorliegender Arbeit ließ erkennen, daß es sich bei den verbleibenden Selbständigen und Gewerbetreibenden meist um Steuerpflichtige mit überdurchschnittlichem Einkommen handelt.

Die in Tabelle 12 dokumentierten *diff-in-diff*-Berechnungen schließlich erfassen nicht nur unterschiedliche Möglichkeiten, sondern auch eine unterschiedliche im Veranlagungsjahr 1988 demonstrierte Neigung der Steuerpflichtigen, steuergestaltenden Aktivitäten bei der individuellen Veranlagung nachzugehen. Das erste Experiment betrachtet lediglich diejenigen Steuerpflichtigen, die in ihrer Veranlagung 1988 negative Einkünfte aus Vermietung und Verpachtung deklarieren. Die Deskription der Veranlagungsdaten in Abschnitt 3.2.2 vorliegender Arbeit demonstrierte, daß bei einer Mehrzahl der Besitzer fremdgenutzter Immobilien die Summe der geltend gemachten Werbungskosten infolge günstiger Abschreibungsregeln die Höhe der erzielten Mieteinnahmen übertrifft; und daß der Gesamtbetrag der Einkünfte in Veranlagungen mit entsprechenden Negativeinkünften - vor Durchführung des vertikalen Verlustausgleichs - den für die Gesamtheit der Steuerpflichtigen repräsentativen Betrag bei weitem übersteigt. Zumindest *a priori* ließen sich diese Beobachtungen als Indiz dafür interpretieren, daß sich in negativen Einkünften aus Vermietung und Verpachtung (auch) Steuergestaltungsstrategien niederschlagen.

Infolge einer reformbedingt steigenden Residualrate nimmt der marginale Ertrag solcher Strategien ab, und tatsächlich weist die Bemessungsgrundlage von Steuerpflichtigen, die vor Durchführung der Reform über negative Mieteinkünfte verfügen, im Veranlagungsjahr 1990 ein von der individuellen Änderung der Residualrate abhängiges Wachstum auf, das sich in einem Schätzwert von $\bar{\zeta} = 0,2$ niederschlägt. Dieses Ergebnis erweist sich als robust, wenn man sämtliche Steuerfälle in das Experiment einbezieht, die im Veranlagungsjahr 1988 über negative Einkünfte oder Verluste in mindestens einer Einkunftsart verfügen. Ein Vergleich der in Tabelle 12 ausgewiesenen Besetzungszahlen von Experiment- und Kontrollgruppe(n) zeigt, daß nur ein geringer Teil dieser Steuerpflichtigen nicht über negative Mieteinkünfte verfügt. In der Folge beeinflußt die Ausweitung des Experiments um lediglich 464 weitere Steuerfälle unseren Schätzwert kaum, führt aber - wohl weil die Homogenität der erfaßten Steuerpflichtigen nun weniger ausgeprägt ist - zu einem geringfügig schlechteren Signifikanzniveau der resultierenden Schätzergebnisse.[187]

werden deshalb in Tabelle 11 nicht aufgeführt. Veranlagungen mit Einkünften aus nichtselbständiger Arbeit kommt - ebenso wie den Lohneinkünften als Anteil am aggregierten Gesamtbetrag der Einkünfte - im verwendeten Datensatz die weitaus größte Bedeutung zu (vgl. dazu ausführlich die Beschreibung der Veranlagungsdaten in Abschnitt 3.2 dieser Arbeit).

187 Zu beachten ist, daß das ermittelte Konfidenzintervall im Fall der letzten beiden Experimente den

Tabelle 12: *Diff-in-diff*-Schätzung IV: Negative Einkünfte

ZVE (DM)	Gruppen	Klassifizierung nach $\Delta_{\%}(1-\tau)$	N	$\Delta_{\%}(1-\tau)$	$\Delta_{\%}TI$	diff-in-diff		ζ
negative Einkünfte aus Vermietung und Verpachtung								
	g	$> 0,17$	654	0,179	0,063	$g-m$	0,641	
> 30.000	m	$0,10-0,17$	1.719	0,137	0,036	$g-k$	0,124	0,198
	k	$< 0,10$	2.581	0,063	0,049	$m-k$	−0,172	[0,07; 0,71]
negative Einkünfte in mindestens einer Einkunftsart								
	g	$> 0,17$	690	0,179	0,067	$g-m$	0,776	
> 30.000	m	$0,10-0,17$	1.873	0,137	0,033	$g-k$	0,106	0,201
	k	$< 0,10$	2.855	0,062	0,054	$m-k$	−0,279	[0,00; 0,79]

4.954 Steuerpflichtige mit negativen Einkünften aus Vermietung und Verpachtung und 5.418 Steuerpflichtige mit negativen Einkünften in mindestens einer Einkunftsart im verwendeten Subpanel. 80-Prozent-Konfidenzintervall nach bootstrap-Methode ($n = 1000$) in eckiger Klammer unter dem Wert $\bar{\zeta}$.

5.8 Diskussion der Ergebnisse

5.8.1 Vorbemerkung

Die in Abschnitt 5.7.2 vorgestellten Ergebnisse unserer Schätzung der Elastizität des zu versteuernden Einkommens mithilfe der *difference-in-differences*-Methode lassen sich wie folgt zusammenfassen: In der Beobachtung des Verhaltens aller Steuerpflichtigen fallen die geschätzten Elastizitätswerte negativ aus. Das Ergebnis einer negativen Elastizität bleibt - wenn auch in einem niedrigeren Absolutbetrag - erhalten, wenn für nach der Grund- und nach der Splittingtabelle veranlagte Steuerpflichtige, die über ein Mindesteinkommen in Höhe von 30.000 DM bzw. 40.000 DM verfügen, jeweils ein separates Experiment durchgeführt wird. Insgesamt läßt sich feststellen, daß die ermittelten Werte (und auch deren Robustheit) zunehmen, wenn man die Steuerpflichtigen nach der Höhe des vor Durchführung der Reform erzielten zu versteuernden Einkommens oder nach in der Veranlagung deklarierten Einkunftsarten klassifiziert und das Verhalten homogener Subgruppen im quasi-natürlichen Experiment getrennt untersucht. Eine geringfügig positive Elastizität weist in diesem Fall die Bemessungsgrundlage von Steuerpflichtigen mit einem besonders hohen Einkommen von mehr als 110.000 DM sowie von denjenigen Steuerpflichtigen auf, die vor Durchführung der Reform mit Gewinneinkünften veranlagt wurden. Generell gilt, daß das Signifikanzniveau der geschätzten Elastizitätswerte unbefriedigend ausfällt: Das ermittelte 80-Prozent-Konfidenzintervall schließt in einer Mehrzahl der Experimente die Null ein, sodaß mit hinreichender Wahrscheinlichkeit nicht ausgeschlossen werden kann, der geschätzte Verhaltensparameter sei statistisch nicht von Null verschieden.

Eine negative Elastizität des zu versteuernden Einkommens würde - so die Ergebnisse unserer *diff-in-diff*-Schätzungen der "wahren" Elastizität deutscher Steuerpflichtiger entsprechen - implizieren, daß die vom repräsentativen Haushalt deklarierte Bemessungsgrundlage mit steigender Residualrate (d. h. mit fallendem Grenzsteuersatz) *ab*nimmt. Von einer Tarifsenkung gingen in diesem Fall nicht nur keinerlei Selbstfinanzierungseffekte aus, sondern das Aufkommen der Einkommensteuer fiele noch stärker, als sich aufgrund verminderter Steuersätze und bei gegebenem Verhalten der Steuerpflichtigen prognostizieren ließe. Dabei läßt sich die empirische Beobachtung einer negativen Elastizität des zu versteuernden Einkommens in bezug auf die Residualrate theoretisch durchaus rechtfertigen: Die in Abschnitt 2.2.2 vorgestellte SLUTSKY-Gleichung für das zu versteuernde Einkommen macht deutlich, daß steigende Residualraten einen Substitutionseffekt zuungunsten der Nachfrage nach steuerbegünstigten Konsumgütern *und* einen Einkommenseffekt zur Folge haben, der die Nachfrage nach steuerbegünstigten Gütern erhöhen und

auf Basis des ursprünglichen Datensatzes berechneten Elastizitätswert nicht symmetrisch umschließt. Diese Beobachtung läßt sich als Hinweis darauf interpretieren, daß die entsprechenden Steuerfälle, abhängig von der reformbedingten Änderung ihrer Residualrate, eine unterschiedliche Varianz in der Änderung des zu versteuernden Einkommens aufweisen und daß sich folglich Heteroskedastizität der abhängigen Variablen in den *diff-in-diff*-Ergebnissen niederschlägt (vgl. dazu etwa JOHNSTON, 1991, 169f.).

für sich genommen zu einer Abnahme der Bemessungsgrundlage führen kann. Die Beobachtung eines Rückgangs des zu versteuernden Einkommens als Folge von der Steuerreform 1990 ausgehender Anreize ließe sich dadurch erklären, daß der Einkommenseffekt einer geringeren Steuerbelastung den von höheren individuellen Residualraten ausgehenden Substitutionseffekt im Aggregat übertraf.

Im folgenden diskutieren wir mehrere Einwände, die eine solche Interpretation unserer Schätzergebnisse möglicherweise in Frage stellen. Zeigen wird sich, daß im gegebenen Fall triftige Gründe dafür sprechen, die Ergebnisse einer *diff-in-diff*-Schätzung der Elastizität des zu versteuernden Einkommmens nicht zu weitgehend zu interpretieren. Diese Argumentation ist geeignet, die Haltbarkeit bislang vorliegender und auf Grundlage der *diff-in-diff*-Methode erzielter Ergebnisse - und insbesondere der von FELDSTEIN (1995a) vorgelegten, überaus hohen Schätzwerte (vgl. Abschnitt 4.3) - zumindest in Zweifel zu ziehen.

5.8.2 *Reversion-to-the-Mean*-Effekte

Das zu versteuernde Einkommen eines Steuerpflichtigen setzt sich in jedem Veranlagungszeitraum aus einer permanenten und einer transitorischen Komponente zusammen. Das Vorgehen unserer *diff-in-diff*-Berechnungen besteht darin, daß wir die Veranlagung eines Steuerpflichtigen zu zwei Zeitpunkten - im Veranlagungsjahr 1988 (vor der Reform) und im Veranlagungsjahr 1990 (nach der Reform) - miteinander vergleichen und in jeglicher Veränderung entweder einen allen Steuerpflichtigen gemeinsamen Trend oder eine Reaktion auf von der Steuerreform 1990 ausgehende Anreize identifizieren. Diesem Vorgehen liegt die implizite Annahme zugrunde, daß sich das zu beiden Zeitpunkten beobachtete zu versteuernde Einkommen als in langfristiger Perspektive charakteristisch (oder als "permanent") interpretieren läßt.

Nun deklarieren Steuerpflichtige mit einem transitorisch niedrigen Einkommen im Veranlagungsjahr 1988 allerdings ein tendenziell höheres Einkommen im Jahr 1990. Dieser Anstieg auf ein eher als "permanent" zu interpretierendes Niveau ist nicht Folge einer Anpassung an geänderte steuerliche Anreize, und der Wert $\Delta_{\%}\tilde{TI}_i$ fällt für den betrachteten Steuerpflichtigen i auch unabhängig von der Änderung seiner Residualrate positiv aus. Die Verteilung der Variablen $\Delta_{\%}\tilde{TI}_i$ machte deutlich, daß wir Steuerpflichtige mit ursprünglich niedrigem zu versteuernden Einkommen unzweideutig einer Kontrollgruppe des Experiments zuweisen (vgl. Tabelle 8 in Abschnitt 5.7.1). Nun führt die *diff-in-diff*-Methode aber jede innerhalb der Kontrollgruppe beobachtete Änderung der Bemessungsgrundlage vornehmlich auf einen exogenen Trend zurück, von dem die Experimentgruppe in gleicher Weise betroffen war. Ist der transitorische Anteil am zu versteuernden Einkommen der Kontrollgruppe hoch, werden die Schätzergebnisse der *diff-in-diffs* infolge solcher *mean reversion*-Effekte dann zwangsläufig nach unten verzerrt (vgl. dazu vor allem MOF-

FITT/WILHELM, 2000, 199; und TRIEST, 1998, 770f.).[188]

Tatsächlich gibt es Anhaltspunkte für die Annahme, daß die Häufung negativer *diff-in-diff*-Schätzwerte in wesentlichem Ausmaß auf *mean reversion*-Effekte zurückgeführt werden kann. Denn zum einen resultieren negative Schätzwerte immer und gerade dann, wenn das Experiment Steuerpflichtige mit vor Durchführung der Reform geringem zu versteuernden Einkommen einschließt, und die Werte steigen an, wenn sich das Experiment auf die Beobachtung von Steuerpflichtigen mit höherem Einkommen beschränkt.[189] Ein ganz ähnliches Muster kennzeichnet im übrigen die Ergebnisse vergleichbarer *diff-in-diff*-Berechnungen der Elastizität des zu versteuernden Einkommens - vor allem von AARBU/THORESEN (1999, 10f.) -, die auf Basis einer verwandten Spezifikation und unter Einschluß von Steuerpflichtigen mit niedrigem Ausgangseinkommen ebenfalls in überwiegend negativen Werten resultieren.

Zum anderen läßt die Konstruktion der Steuerreform 1990 - im Gegensatz zu vergleichbaren Reformen anderer OECD-Länder, welche die Entlastung vornehmlich von Steuerpflichtigen mit hohen Einkommen zum Ziel hatten - einen Test zu, mit dessen Hilfe sich die *mean reversion*-Hypothese im Grundsatz überprüfen läßt. Graphik 6 in Abschnitt 5.6.1 ließ nämlich erkennen, daß sich infolge der Steuerreform 1990 Steuerfälle mit beträchtlicher Einkommensdifferenz einem vergleichbar niedrigen Anstieg ihrer Residualrate gegenübersahen. Um die *mean reversion*-Hypothese zu überprüfen, führen wir zwei alternative *diff-in-diff*-Schätzungen durch: Das erste Experiment berücksichtigt gemeinsam veranlagte Steuerpflichtige mit einem zu versteuernden Einkommen zwischen 40.000 und 160.000 DM, während das zweite Experiment ausschließlich gemeinsam veranlagte Steuerpflichtige mit einem zu versteuernden Einkommen zwischen 100.000 und 250.000 DM erfaßt. Der Ausgangspunkt unserer Überlegungen besteht darin, daß das erste Experiment Steuerfälle mit transitorisch niedrigem Einkommen eher der Kontrollgruppe des Experiments zuweist; im zweiten Experiment gehören dagegen eher Steuerfälle mit transitorisch

188 Unter *mean reversion* oder Mittelwertumkehr versteht die ökonometrische Literatur das Phänomen, daß sich sowohl niedrige als auch hohe Beobachtungswerte zu einem gegebenen Zeitpunkt im Zeitablauf tendenziell auf einen Mittelwert zubewegen. Im Vergleich zweier Beobachtungszeitpunkte weisen dann niedrige Ausgangswerte im Durchschnitt eine höhere Zunahme und hohe Ausgangswerte eine im Durchschnitt geringere Zunahme (oder eine Abnahme) im Vergleich zu mittleren Ausgangswerten auf. Ein vergleichbares Muster läßt sich in allen Längsschnitt-Mikrosteuerdatensätzen nachweisen, die empirischen Untersuchungen der Elastizität des zu versteuernden Einkommens zugrundeliegen (vgl. vor allem NAVRATIL, 1995, Kapitel I, 17-20 und 25f.; GRUBER/SAEZ, 2002, 6; und SAEZ, 2003, 1239-1245).

189 Zwar schätzt BIEWEN (2002) auf Basis eines Kovarianz-Struktur-Modells und mithilfe von Haushaltsdaten des Sozio-ökonomischen Panels, daß transitorischen Komponenten für die Bestimmung des Einkommens deutscher Haushalte der 1980er und 1990er Jahre eine nur geringe Bedeutung zukommt. Insbesondere scheint Einkommensarmut seinen Ergebnissen zufolge in der Bundesrepublik ein Phänomen zu sein, das in stärkerem Ausmaß auf permanente Einflußgrößen (etwa geringe Qualifikation, Arbeitslosigkeit, hohe Anzahl an Kindern u. a.) zurückzuführen ist. Zu berücksichtigen ist allerdings, daß sich die von BIEWEN (2002) konstruierte Einkommensvariable am "äquivalenten verfügbaren Haushaltseinkommen" orientiert, das auch unbesteuerte staatliche Transferleistungen einbezieht und dessen Verteilung sich von der Verteilung der Einkommen in unserem Datensatz beträchtlich unterscheiden dürfte.

hohem Einkommen der Kontrollgruppe an. *Mean reversion*-Tendenzen im verwendeten Datensatz würden die Schätzergebnisse im ersten Experiment in negativer Richtung und im zweiten Experiment in positiver Richtung verzerren.

Tabelle 13 dokumentiert die Ergebnisse der jeweiligen *diff-in-diff* und zeigt, daß das erste Experiment tatsächlich in einem negativen Elastizitätswert ($\bar{\zeta} = -0,168$) und das zweite Experiment in einem positiven Elastizitätswert ($\bar{\zeta} = 0,127$) resultiert. Zu beachten ist, daß die Experimentgruppe g in beiden Fällen exakt identisch besetzt ist, weil gemeinsam veranlagte Steuerpflichtige, deren Residualrate reformbedingt um mehr als 17% ansteigt, gerade über ein zu versteuerndes Einkommen zwischen 100.000 und 160.000 DM verfügen (vgl. dazu Abbildung 6 in Abschnitt 5.6.1). Die Bemessungsgrundlage der in den beiden Kontrollgruppen m und k erfaßten Steuerpflichtigen weist im zweiten Experiment aber ein wesentlich höheres Wachstum auf. Diese Beobachtung läßt sich als starkes Indiz dafür interpretieren, daß sich *mean reversion* tatsächlich im zeitlichen Längsschnitt der verwendeten Veranlagungsdaten niederschlägt.

Vor diesem Hintergrund ist die Frage naheliegend, ob sich *mean reversion*-Effekte im zugrundeliegenden Datensatz durch eine Modifikation der verwendeten Schätzvariablen identifizieren und auf diese Weise aus den geschätzten Werten eliminieren lassen. So berechnet beispielsweise NAVRATIL (1995, Kapitel I, 18ff.), der die Reaktion der Bemessungsgrundlage US-amerikanischer Steuerpflichtiger auf eine 1982 durchgeführte Tarifsenkung untersucht, die Änderung individueller Residualraten auf Grundlage des durchschnittlichen zu versteuernden Einkommens in drei aufeinanderfolgenden Veranlagungsjahren vor Durchführung der Reform (1979-1981). Auch die reformbedingte Änderung des zu versteuernden Einkommens beruht auf dem Vergleich mit einem über mehrere Jahre hinweg beobachteten Durchschnittswert. Durch die Konstruktion eines mehrjährigen Durchschnitts werden "permanente" Anteile im zu versteuernden Einkommen stärker gewichtet und die verzerrende Wirkung transitorischer Komponenten reduziert.[190]

Das Vorgehen von NAVRATIL (1995) ließe sich im Rahmen unserer Untersuchung nachvollziehen, indem wir unseren Schätzungen den Durchschnitt der individuellen zu versteuernden Einkommen in den Veranlagungsjahren 1988 und 1989 - und nicht lediglich die Veranlagung des Jahres 1988 - als Basisgröße zugrundelegen. Zur Ermittlung der reformbedingten Änderung individueller Residualraten würden Tarif und Steuerrecht der Jahre 1988 und 1990 auf die sich ergebende durchschnittliche Bemessungsgrundlage angewandt; die reformbedingte Änderung der Bemessungsgrundlage wiederum ergäbe sich aus einem Vergleich der "permanenten" Bemessungsgrundlage mit dem 1990 tatsächlich

190 Eine im Grundsatz ähnliche Vorgehensweise wählt GOOLSBEE (2000b). Diese Arbeit untersucht die Reaktion US-amerikanischer Steuerpflichtiger auf eine 1993 durchgeführte Steuererhöhung und wendet alten und neuen Tarif auf das durchschnittliche zu versteuernde Einkommen des Zeitraums 1991-1995 - als Approximation für die "permanente" Komponenten des individuellen zu versteuernden Einkommens - an. GOOLSBEEs (2000b) Vorgehen schließt mit den Veranlagungsjahren 1993 bis 1995 allerdings auch Beobachtungszeitpunkte nach Durchführung der untersuchten Steuerreform ein und spiegelt deshalb zu einem nicht bekannten Teil die (endogene) Reaktion auf die Tarifanhebung wider.

Tabelle 13: *Diff-in-diff*-Schätzung V: *Reversion-to-the-Mean*

ZVE (DM)	Gruppen	Klassifizierung nach $\Delta_{\%}(1-\tau)$	N	$\Delta_{\%}(1-\tau)$	$\Delta_{\%}TI$	diff-in-diff		ζ
40.000– 160.000	g	$> 0,17$	1.180	0,179	0,020	$g-m$	0,323	
	m	$0,10-0,17$	4.095	0,135	0,006	$g-k$	−0,240	−0,168
	k	$< 0,10$	5.967	0,063	0,048	$m-k$	−0,588	$[-0,41; 0,08]$
100.000– 250.000	g	$> 0,17$	1.180	0,179	0,020	$g-m$	0,766	
	m	$0,10-0,17$	855	0,150	−0,002	$g-k$	−0,050	0,127
	k	$< 0,10$	151	0,068	0,026	$m-k$	−0,335	$[-0,13; 0,82]$

11.242 nach der Splittingtabelle besteuerte Steuerpflichtige mit einem zu versteuernden Einkommen zwischen 40.000 und 160.000 DM; und 2.186 nach der Splittingtabelle Steuerpflichtige mit einem zu versteuernden Einkommen zwischen 100.000 und 250.000 DM im verwendeten Subpanel. *ZVE* ist das auf das Veranlagungsjahr 1990 fortgeschriebene zu versteuernde Einkommen nach Anwendung des alten Steuerrechts (1988). 80-Prozent-Konfidenzintervall nach bootstrap-Methode ($n = 1000$) in eckiger Klammer unter dem Wert $\bar{\zeta}$.

deklarierten Niveau. Zu bedenken ist aber, daß sich auf diese Weise Antizipationseffekte der Steuerreform besonders stark in den Variablen der Schätzung, die in diesem Fall auch das Veranlagungsverhalten unmittelbar vor Durchführung der Reform einbezögen, niederschlügen. Gerade aus diesem Grund haben wir uns für das Jahr 1988 - und gegen das Jahr 1989 - als Basiszeitpunkt für die Beobachtung individueller Veranlagungen entschieden (vgl. Abschnitt 5.3). Überdies dürfte die Wirkung, die von der Einbeziehung lediglich eines weiteren im IAW-Steuerpanel zur Verfügung stehenden Veranlagungsjahres in die Durchschnittsbildung ausginge, eher gering ausfallen. Im Rahmen der vorgestellten *diff-in-diff*-Berechnungen sehen wir deshalb von einem entsprechenden Vorgehen ab. Abschnitt 6.2 zeigt, auf welche Weise sich *mean reversion*-Effekte im verwendeten Datensatz durch eine Änderung des gewählten Schätzverfahrens identifizieren und aus den ermittelten Schätzwerten eliminieren lassen.

5.8.3 Exogene Trends in der Einkommensverteilung

Eine zentrale Annahme des *diff-in-diff*-Schätzansatzes besteht darin, daß das zu versteuernde Einkommen von Experiment- und Kontrollgruppe im Untersuchungszeitraum einem identischen und von der Steuerreform unabhängigen Trend unterliegt. Der vorige Abschnitt diskutierte, inwiefern diese Homogenitätsannahme durch im verwendeten Datensatz enthaltene *mean reversion*-Effekte verletzt wird. Transitorisch niedrige, aber auch transitorisch hohe Einkommen wiesen dann eine im Sinne der Untersuchung exogene und gegenläufige Entwicklung zur Mitte hin auf, und unsere Ergebnisse würden in negativer Richtung verzerrt.

Bemerkenswerterweise verknüpft sich eine in der Literatur häufig geäußerte Kritik an der *diff-in-diff*-Schätzung FELDSTEINs (1995a) jedoch gerade mit einem gegensätzlichen Argument: Die von FELDSTEIN (1995a) ermittelten und überaus hohen Elastizitäten werden auf einen von der untersuchten Steuerreform 1986 unabhängigen Trend zurückgeführt, der Steuerpflichtige mit hohem Einkommen im Vergleich zu allen übrigen Steuerpflichtigen im Untersuchungszeitraum besonders begünstigte (vgl. vor allem SLEMROD, 1996; 1998). In der Tat war in den 1980er Jahren eine stark zunehmende Spreizung der Verteilung US-amerikanischer Haushaltseinkommen zu verzeichnen (vgl. zum Beispiel LEVY/MURNANE, 1992). Im Rahmen des *Tax Reform Acts* von 1986 wurden die Steuersätze auf hohe Einkommen am stärksten gesenkt, und reiche Steuerpflichtige gehören in den *diff-in-diffs* bei FELDSTEIN (1995a) unzweideutig der Experimentgruppe der Schätzung an. Wenn beide exogenen Variablen - die Höhe der Trendvariable einerseits und der relative Anstieg der Residualrate andererseits - positiv korreliert sind, werden die von FELDSTEIN (1995a) ermittelten Elastizitäten deswegen tendenziell *über*zeichnet.[191] Im Falle vorliegender Ar-

[191] Dabei stellt sich die naheliegende Frage, in welcher Relation die Beobachtung einer zunehmenden Ungleichverteilung der Einkommen im Untersuchungszeitraum tatsächlich auf von der Steuerreform unabhängige Faktoren oder im Gegenteil auf die von sinkenden Steuersätzen ausgehenden Anreizeffekte selbst zurückzuführen ist. Eine umfangreiche empirische Literatur erkennt in der zunehmen-

beit stellt sich dieses Problem gerade umgekehrt dar: Da *diff-in-diff*-Berechnungen auf Grundlage der Steuerreform 1990 einkommensstarke Steuerpflichtige eher der Kontrollgruppe zuweisen (vgl. Tabelle 8), schlüge sich eine zunehmende Einkommensspreizung in Elastizitätswerten nieder, die tendenziell zu gering ausfallen.

Nun ist die für diese Schätzmethode zu unterstellende *exclusion restriction* (vgl. MOFFITT/ WILHELM, 2000, 196) eines uniformen Trends im zu versteuernden Einkommen von Experiment- und Kontrollgruppe im allgemeinen nicht verifizierbar; denn die zur Verfügung stehenden Daten erlauben keinen Aufschluß über die (hypothetische) Änderung der individuellen Bemessungsgrundlage, wenn die der Schätzung zugrundeliegende Steuerreform nicht durchgeführt worden wäre. Für den deutschen Fall zeigt aber zum einen BECKER (2000), daß sich in den alten Bundesländern im Zeitraum von 1988 bis 1993 ohnehin eine nur moderate zunehmende Ungleichheit in der Einkommensverteilung beobachten läßt. Zum anderen haben wir - im Gegensatz zur vorliegenden US-amerikanischen Literatur - bei der exogenen Fortschreibung der Veranlagungen auf das Jahr 1990 ein differentielles Wachstum unterschiedlicher Einkunftsarten berücksichtigt und in der Folge etwa gewerbliche und selbständige Einkünfte mit einer höheren Rate fortgeschrieben als Lohneinkünfte (vgl. Abschnitt 5.5.2). Mit der Art der erzielten Einkünfte korrelierte Verteilungstrends werden im Fall unserer Schätzungen folglich bereits durch die Fortschreibung erfaßt und aus der beobachteten Reaktion der zu versteuernden Einkommen eliminiert.[192] Drittens schließlich sahen sich, wie im Zusammenhang mit Abbildung 6 in Abschnitt 5.6.1 erläutert, Individuen an ganz unterschiedlichen Positionen der Einkommensverteilung infolge der Steuerreform 1990 einer vergleichbaren Änderung ihrer Residualrate gegenüber. Unsere *diff-in-diff*-Berechnungen weisen folglich Steuerpflichtige mit einem Einkommen

---

den Ungleichverteilung US-amerikanischer Haushaltseinkommen einen säkularen Trend, der bereits in den 1970er Jahren seinen Ausgang nahm. Als Begründung für dieses Phänomen werden insbesondere Nachfrageschocks auf dem Arbeitsmarkt infolge des technologischen Fortschritts und der Öffnung der Grenzen für Importe aus Ländern mit geringeren Arbeitskosten, aber auch ein abnehmender gewerkschaftlicher Einfluß bei Lohnverhandlungen angeführt (vgl. dazu den Überblick bei LEVY/MURNANE, 1992). Dagegen argumentieren FEENBERG/POTERBA (1993) und SLEMROD (1996), daß der Anteil des Einkommens von Haushalten an der Spitze der Einkommensverteilung in der zweiten Hälfte der 1980er Jahre auf eine Weise sprunghaft anstieg, die sich plausibel nur als Reaktion auf die gesunkene Steuerbelastung erklären lasse. AUTEN/CARROLL (1999) berücksichtigen in ihrer Schätzung der Elastizität des zu versteuernden Einkommens den von den erfaßten Steuerpflichtigen ausgeübten Beruf als *dummy*-Variable, um differierende und von Qualifikation sowie Ausbildungsstand der Steuerpflichtigen abhängige Einkommenstrends zu erfassen (vgl. zu diesem Vorgehen auch Abschnitt 6.2 vorliegender Arbeit). Dabei läßt sich ein signifikanter Einfluß der genannten Variablen auf die Entwicklung des zu versteuernden Einkommens in den späten 1980er Jahren feststellen, und die resultierenden Schätzwerte für die Elastizität des zu versteuernden Einkommens fallen bei AUTEN/CARROLL (1999) um rund die Hälfte geringer aus als noch bei FELDSTEIN (1995a).

192 Zu beachten ist allerdings der Hinweis von BECKER (2000), daß ein großer Teil der in den späten 1980er und frühen 1990er Jahren beobachteten - insgesamt nur moderaten - Zunahme der Verteilungsungleichheit auf das Auseinanderdriften der Bruttoeinkommen aus nichtselbständiger Arbeit zurückzuführen war. Den Effekt einer ungleichen Entwicklung der *innerhalb* einer Einkunftsart erzielten Einkommen kann auch die in vorliegender Arbeit gewählte Form der Fortschreibung nicht adäquat erfassen.

in stark differierender Höhe einer gemeinsamen Gruppe des Experiments zu, wodurch die verzerrenden Effekte möglicher und vom ursprünglichen Einkommen abhängiger Verteilungstrends ebenfalls abgemildert werden dürften.

Eine ähnliche, wenn auch vermutlich ebenfalls eher eingeschränkte Bedeutung dürfte Lebenszykluseffekten bei der Interpretation unserer Ergebnisse zukommen. Absolut betrachtet, fällt die (negative) Elastizität in Experimenten, die nur nach der Grundtabelle veranlagte Steuerpflichtige berücksichtigten, besonders hoch aus. Eine mögliche Erklärung dieser Beobachtung besteht darin, daß junge Steuerzahler - die besonders unter Alleinstehenden mit geringem Einkommen überproportional vertreten sein dürften - zwischen den Veranlagungsjahren 1988 und 1990 einen allein altersbedingten Einkommenszuwachs verzeichneten (vgl. dazu etwa Fitzenberger et al., 2001).[193] Diese Hypothese läßt sich unter Verwendung des IAW-Steuerpanels nicht überprüfen, da dieser Datensatz keine Angaben zum Alter der erfaßten Steuerpflichtigen enthält. Zu berücksichtigen ist allerdings, daß unsere Untersuchung sich auf einen lediglich zweijährigen Beobachtungszeitraum beschränkt, weshalb sich Lebenszykluseffekte in den Ergebnissen nur in einem geringen Ausmaß niederschlagen dürften.

Eine letzte mögliche Verzerrung unserer Ergebnisse ließe sich auf die Existenz von Antizipationseffekten im Hinblick auf eine zukünftige Steueränderung zurückführen. Von der frühzeitigen Veröffentlichung des Steuerreformgesetzes 1990 gingen Anreize aus, zeitlich disponible Einkünfte in die Veranlagung des Jahres 1990 zu verlagern und Abzüge in frühere Veranlagungsjahre vorzuziehen. Der 1990 beobachtete Anstieg des zu versteuernden Einkommens fiele unter diesen Umständen artifiziell hoch aus.[194] Auch die Existenz von Antizipationseffekten würde unsere Ergebnisse unterzeichnen, weil wir Steuerpflichtige mit artifiziell niedrigem Einkommen im Veranlagungsjahr 1988 eher der Kontrollgruppe des Experiments zuweisen. Denn der im Veranlagungsjahr 1990 beobachtete und ebenso artifizielle Anstieg der Bemessungsgrundlage dieser Steuerfälle würde bei Berechnung der *diff-in-diffs* als allen Steuerpflichtigen gemeinsamer Trend interpretiert und aus der Reaktion der Experimentgruppe auf die Änderung ihrer Residualrate herausgerechnet. Gerade das gegensätzliche Phänomen träte auf, wenn Möglichkeiten zur zeitlichen Steuerarbitrage überwiegend von Steuerpflichtigen mit - selbst nach Durchführung ent-

---

193 Eine vergleichbare Argumentation findet sich bei Taber (2000, 237f.). Typischerweise weist das Einkommensprofil eines Individuums in den ersten Berufsjahren einen Anstieg auf und nimmt ab, wenn sich das Individuum dem Rentenalter nähert. Letztgenannter Effekt dürfte unsere Ergebnisse allerdings in geringerem Ausmaß verzerren, da der verwendete Datensatz Steuerpflichtige, die das 64. Lebensjahr vollendet haben, von vorneherein unberücksichtigt läßt (vgl. dazu Abschnitt 5.4). Empirische Evidenz für einen altersbedingten und von steuerlichen Anreizen unabhängigen Anstieg des zu versteuernden Einkommens von unter 28jährigen norwegischen Steuerpflichtigen findet sich bei Aarbu/Thoresen (2001).

194 Sammartino/Weiner (1997) und Goolsbee (2000a; 2000b) weisen nach, daß das Veranlagungsverhalten von US-amerikanischen Steuerpflichtigen mit hohem Einkommen - die von der Steuersenkung 1986 und von der Steuererhöhung 1993 besonders stark betroffen waren - in den einer Tarifänderung vorangehenden Jahren in erheblichem Ausmaß durch temporäre Antizipationseffekte geprägt war.

sprechender Strategien - hohem zu versteuerndem Einkommen wahrgenommen würden. Tatsächlich zeigen SAMMARTINO/WEINER (1997) und GOOLSBEE (2000a; 2000b), daß es vor allem einkommensstarke US-Steuerpflichtige sind, deren Veranlagungsverhalten von der Antizipation bevorstehender Steueränderungen beeinflußt wird. Auf die Ergebnisse im deutschen Fall übertragen, kommen Antizipationseffekte als Erklärung für die Häufung negativer Schätzwerte demzufolge nur sehr eingeschränkt in Betracht.

5.8.4 Interpretation des geschätzten Verhaltensparameters

Der Parameter ζ in Gleichung (79) setzt die relative Änderung des zu versteuernden Einkommens eines Steuerpflichtigen ins Verhältnis zur relativen Änderung seiner Residualrate und wird in der Berechnung der *diff-in-diffs* deswegen als Elastizität des zu versteuernden Einkommens in bezug auf die Residualrate interpretiert. Offensichtlich läßt sich dieser Verhaltensparameter mit den Ergebnissen empirischer Untersuchungen des individuellen Arbeitsangebots nicht ohne weiteres vergleichen. Denn die Elastizität des zu versteuernden Einkommens unterscheidet sich von der Arbeitsangebotselastizität schon dadurch, daß die Höhe der einkommensteuerlichen Bemessungsgrundlage - über die Zahl der geleisteten Arbeitsstunden hinaus - Folge einer ganzen Reihe weiterer Entscheidungen ist, die ein Steuerpflichtiger auf der Grundlage steuerlich beeinflußter relativer Preise trifft. Ausgehend von FELDSTEIN (1995a, 553ff.; und 1999, 679) betont die *New Tax Responsiveness*-Literatur deshalb den umfassenderen empirischen Blickwinkel ihrer Schätzungen, der sämtliche vom Steuersatz abhängigen Entscheidungen eines Steuerpflichtigen - die steuerlich relevanten Entscheidungen von Selbständigen und Gewerbetreibenden, die Ausweisung negativer Einkünfte aus Vermietung und Verpachtung sowie die Höhe der geltend gemachten Werbungskosten und Sonderausgaben - einbeziehe. Von Ergebnissen der empirischen Literatur zum Arbeitsangebot abweichende Schätzwerte der Elastizität des zu versteuernden Einkommens werden auf das größere Spektrum der erfaßten steuerlich induzierten Verhaltensreaktionen zurückgeführt.[195]

Tatsächlich aber haben sämtliche Steuerreformen, die empirischen Untersuchungen zur Elastizität des zu versteuernden Einkommmens als quasi-natürliches Experiment zugrundeliegen, nicht nur eine Änderung von Grenzsteuersatz und Residualrate der betroffenen Steuerpflichtigen, sondern auch eine Änderung des enrichteten Steuerbetrags zur Folge. Die in Abschnitt 2.2.2 formulierte SLUTSKY-Gleichung für zu das zu versteuernde Einkommen,

$$\frac{\partial TI_i}{\partial(1-\tau_i)} = \frac{\partial TI_i^c}{\partial(1-\tau_i)} + \frac{\mathrm{d}t_i}{\mathrm{d}\tau_i} TI_i \frac{\partial TI_i}{\partial m_i},$$

[195] Ein typisches Beispiel für eine solche Argumentation ist FELDSTEINs (1999, 679) Aussage, "[b]ecause the response of taxable income involves much broader behavior than the traditional elasticity of labor supply, the taxable-income elasticity is larger than the traditional labor-supply elasticity".

macht deutlich, daß die beobachtete Reaktion der individuellen Bemessungsgrundlage in diesem Fall - wegen $dt_i \neq 0$ - auch Einkommenseffekte enthält. Schwierigkeiten für die empirische Untersuchung entstehen in diesem Fall durch den Sachverhalt, daß im Falle der Absenkung eines progressiven Steuertarifs zwischen der Änderung von Grenz- und Durchschnittsteuersatz im allgemeinen keine eindeutige Beziehung existiert. Im Hinblick auf die Steuerreform 1990 machte Abbildung 6 in Abschnitt 5.6.1 deutlich, daß sich nach der Splittingtabelle veranlagte Steuerpflichtige mit einem zu versteuernden Einkommen von 80.000 DM und mit einem zu versteuernden Einkommen von 190.000 DM einem vergleichbaren Anstieg ihrer Residualrate in Höhe von rund 12% gegenübersahen. Bei gegebenem Verhalten des Veranlagungsjahres 1988 betrug die relative Minderung des Durchschnittsteuersatzes bei einem Einkommen von 190.000 DM aber rund 11 Prozent, während sie sich bei einem Einkommen von 80.000 DM auf 18,5 Prozent belief. Die Reaktion der genannten Steuerpflichtigen läßt sich deshalb - da der Einkommenseffekt beim niedrigeren Einkommen höher ausfällt - nicht ohne weiteres vergleichen.

Gerade eine entgegengesetzte Annahme liegt jedoch der Berechnung einer *difference-in-differences* zugrunde, da Gleichung (79) die Änderung der Residualrate zur Änderung des zu versteuernden Einkommens in eine eindeutige Beziehung setzt und einen für alle Steuerpflichtigen identischen Effekt von Änderungen der Residualrate auf die individuelle Bemessungsgrundlage unterstellt. Gleichung (79) ist nicht flexibel genug, eine Reaktion der Steuerpflichtigen auf die gleichzeitige Änderung mehrerer Politikvariablen - von Residualrate *und* Durchschnittsteuersatz - in einem einzigen Experiment separat zu identifizieren (vgl. dazu in einem anderen Kontext das Argument von BLUNDELL/MACURDY, 1999, 1613f.).

Schätzungen der Elastizität des zu versteuernden Einkommens auf Basis der *diff-in-diff*-Methode resultieren also in einem Verhaltensparameter, der zwischen dem Einfluß von Grenz- bzw. Durchschnittsteuersatz auf die individuelle Bemessungsgrundlage nicht differenzieren kann.[196] Vor allem aus diesem Grund modifiziert Abschnitt 6 dieser Arbeit den bislang gewählten Schätzansatz und legt der Schätzung die SLUTSKY-Gleichung des zu versteuernden Einkommens zugrunde, mit der sich Substitutions- und Einkommenseffekt einer Steueränderung auf das zu versteuernde Einkommen separat erfassen lassen.

196 FELDSTEIN (1995a, 557f.) argumentiert, daß der seiner Arbeit zugrundeliegende *Tax Reform Act* 1986 unter der politischen Maßgabe individueller Aufkommensneutralität konzipiert wurde: Die Inzidenz der Kombination aus Tarifsenkung und Maßnahmen zur Verbreiterung der Bemessungsgrundlage sollte - unter der Voraussetzung gegebenen Verhaltens - näherungsweise in einer konstanten Steuerbelastung jedes Steuerpflichtigen resultieren. Wie die Diskussion der SLUTSKY-Gleichung für das zu versteuernde Einkommen in Abschnitt 2.2.2 vorliegender Arbeit erwies, ließen sich die Ergebnisse FELDSTEINs (1995a) in diesem Fall - wegen $dt_i = 0$ - tatsächlich als kompensierte Elastizitäten interpretieren. Gegenläufige empirische Evidenz, nämlich eine mit dem Einkommen zunehmende Steuerentlastung infolge der Steuerreform 1986, findet sich allerdings bei KASTEN ET AL. (1994). Individuelle Entlastungsdifferenzen *innerhalb* einzelner Einkommensklassen ergeben sich ferner dadurch, daß die im Zuge des *Tax Reform Acts* abgeschafften Steuervergünstigungen vor 1986 von Steuerpflichtigen mit vergleichbar hohem Einkommen in unterschiedlichem Ausmaß wahrgenommen wurden (vgl. dazu vor allem NAVRATIL, 1995, Kapitel II, 53f.).

5.8.5 Weitere methodische Einwände

Auf verschiedene methodische Schwierigkeiten, die sich mit dem Schätzverfahren einer *difference-in-differences* im allgemeinen verbinden, wurde bereits im Zusammenhang mit der Präsentation unserer Ergebnisse in Abschnitt 5.7.2 eingegangen. Schwierigkeiten ergeben sich insbesondere dadurch, daß die Zuweisung der Steuerpflichtigen zu Experiment- und Kontrollgruppe(n) des quasi-natürlichen Experiments nach einer letztlich nicht eindeutig zu rechtfertigenden Regel zu erfolgen hat. Darüber hinaus ist zu bedenken, daß der Umfang des zur Verfügung stehenden Datensatzes zwar eine separate Untersuchung einzelner Teilpopulationen erlaubt. Der Schätzung spezifischer Verhaltensparameter kommt in dieser Hinsicht die Rolle zu, welche die Einführung einer *dummy*-Variablen in der Spezifikation einer vergleichbaren OLS-Schätzung einnimmt, denn ein solches Vorgehen trüge unterschiedlichen exogenen Trends der abhängigen Variablen und einem unterschiedlichen Schätzkoeffizienten für sozio-ökonomisch differenzierte Teile der Stichprobe auf analoge Weise Rechnung. Selbst auf Grundlage der unserer Arbeit zur Verfügung stehenden Veranlagungen des IAW-Steuerpanels ist es jedoch nicht möglich, die Interaktion *verschiedener* Determinanten des individuellen zu versteuernden Einkommen - etwa die Intensität des Steuervermeidungsverhaltens von Doppelverdienerhaushalten, die über gewerbliche Einkünfte verfügen - zu erfassen. Denn wegen der geringen Besetzungsstärke weiter differenzierter Teilpopulationen ließen sich *diff-in-diff*-Experimente dann auf sinnvoll zu interpretierende Weise nicht mehr durchführen.

Die Ergebnisse der durchgeführten Signifikanztests schließlich sind nicht nur qualitativ unbefriedigend, was ebenfalls schon für sich genommen für die Einbeziehung weiterer erklärender Variablen in die Spezifikation der vorzunehmenden Schätzung spricht. Über die mithilfe von *bootstraps* ermittelten Konfidenzquantile hinaus lassen sich im Rahmen von *diff-in-diffs* auch keine weiteren statistischen Tests durchführen, die Aufschluß über den Erklärungsgehalt unterschiedlicher unabhängiger Variablen geben könnten.

5.9 Zusammenfassung

In einer mittlerweile klassischen Arbeit interpretiert FELDSTEIN (1995a) den US-amerikanischen *Tax Reform Act* 1986 als quasi-natürliches Experiment. Er beobachtet die Anpassung der Steuerpflichtigen an die reformbedingte Senkung der Steuersätze in einem Mikrosteuerdaten-Panel, das die Veranlagungsdaten von rund 4.000 Steuerfällen im Zeitraum von 1985 bis 1988 umfaßt. Durch Einführung eines nur noch zweistufigen Tarifs und einer Reduzierung des Spitzensteuersatzes auf 28% wurden nach 1986 die Grenzsteuersätze insbesondere auf hohe Einkommen über 90.000 US-$ drastisch gesenkt. Gleichzeitig stieg das zu versteuernde Einkommen dieser Steuerpflichtigen im Vergleich zur Bemessungsgrundlage aller übrigen Steuerpflichtigen, deren Entlastung beim Grenzsteuersatz wesentlich geringer ausfiel, überproportional an. Auf eine *difference-in-differences*-Schätzung übertragen, schlägt sich diese Beobachtung - abhängig von der gewählten Spezifikation der Schätzung - in einer Elastizität des zu versteuernden Einkommens in Höhe von 1,04 bis 3,05 nieder. FELDSTEIN (1995a, 567) hält eine Elastizität in Höhe von $\zeta = 1$ als für die Gesamtheit der Steuerpflichtigen repräsentatives Ergebnis seiner Schätzungen für plausibel. Eine Intensität des Steuervermeidungsverhaltens in diesem Ausmaß überträfe die Ergebnisse traditioneller Schätzungen individueller Arbeitsangebotsfunktionen bei weitem und hätte weitreichende Konsequenzen für die praktische Finanzpolitik.

In der vorliegenden Arbeit wenden wir das Verfahren FELDSTEINs (1995a) auf die Beobachtung des Verhaltens deutscher Steuerpflichtiger im quasi-natürlichen Experiment der Steuerreform 1990 an. Unsere *diff-in-diff*-Schätzungen resultieren vornehmlich - betrachten wir die Steuerpflichtigen insgesamt oder lediglich Steuerpflichtige, deren zu versteuerndes Einkommen einen Betrag von 30.000 DM übersteigt - in negativen Elastizitäten und kommen damit im Vergleich zur Studie FELDSTEINs (1995a) quantitativ zu gerade entgegengesetzten Ergebnissen. Wie lassen sich die von FELDSTEIN (1995a) vorgelegten Elastizitätswerte im Lichte unserer Schätzergebnisse bewerten?

Festzuhalten ist zunächst, daß sich vorliegende Arbeit zwar an der von FELDSTEIN (1995a) angewandten Methode orientiert, sich von dessen Studie aber in mehrerlei Hinsicht unterscheidet. Der womöglich wichtigste Vorzug vorliegender Untersuchung liegt in der Konstruktion der Steuerreform 1990 selbst begründet, die den Grenzsteuersatz bei mittleren Einkommen am stärksten verringerte. Denn zwei zentrale Kritikpunkte an der Arbeit FELDSTEINs (1995a) lassen sich darauf zurückführen, daß deren Ergebnisse auf der Beobachtung vornehmlich des Verhaltens einkommensstarker Steuerpflichtiger beruhen: Geht man davon aus, daß sowohl Anreize als auch Möglichkeiten zu Steuervermeidung und Steuergestaltung mit der Höhe des Einkommens zunehmen, lassen sich die ermittelten Elastizitätswerte dann zum einen nicht ohne weiteres auf das Verhalten des repräsentativen Steuerpflichtigen übertragen. Zum anderen waren die 1980er Jahre durch eine stark zunehmende Spreizung der US-amerikanischen Einkommensverteilung gekennzeichnet, und ein durch die Verbesserung steuerlicher Anreize bedingter Einkommensanstieg läßt sich vor diesem Hintergrund nur schwer von säkularen Trends unterscheiden. Beiden Einwänden setzt sich vorliegende Arbeit in deutlich geringerem Ausmaß aus: Unsere Schätzungen konzentrieren sich auf das steuerlich relevante Verhalten von Steuerfällen in der Mitte des Tarifs und sind deshalb für das Verhalten der Gesamtheit aller Steuerpflichtigen eher repräsentativ; und Verteilungstrends dürfte in der Bundesrepublik Ende der 1980er Jahre eine nur untergeordnete Bedeutung zukommen.[197]

197 Ein dritter Kritikpunkt gründet auf den Sachverhalt, daß der Spitzensteuersatz bei der US-amerikanischen Einkommensteuer im Untersuchungszeitraum FELDSTEINs (1995a) erstmals unter den maximalen Steuersatz auf Unternehmensgewinne fiel. Daraus ergaben sich Anreize, bisher körperschaftsteuerpflichtige Gewinne nun als persönliche Einkommen zu deklarieren, was die geschätzten Elastizitäten - weil der Erhöhung der einkommensteuerlichen Bemessungsgrundlage eine entsprechende Verringerung der deklarierten Unternehmensgewinne gegenübersteht - überzeichnet (vgl. dazu vor allem SLEMROD, 1998, 778). Auch in dieser Hinsicht sieht sich vorliegende Arbeit vergleichbaren Schwierigkeiten nicht gegenüber, weil einbehaltene Gewinne in der Bundesrepublik sowohl vor als auch nach 1990 einer ungünstigeren steuerlichen Behandlung unterlagen als persönliche Einkommen (vgl. Abschnitt 5.1.2).

Andererseits wurde in der Diskussion unserer Ergebnisse deutlich, daß für die Beobachtung negativer Elastizitätswerte insbesondere *mean reversion*-Effekte bei der Beobachtung individueller zu versteuernder Einkommen im zeitlichen Längsschnitt verantwortlich sein dürften. Weil niedrige zu versteuernde Einkommen der Ausgangssituation ein im Zeitablauf höheres und von steuerlichen Gegebenheiten unabhängiges Wachstum aufweisen und weil wir Steuerpflichtige mit geringem Einkommen eher der Kontrollgruppe des *diff-in-diff*-Experiments zuweisen, werden die berechneten Elastizitäten in negativer Richtung verzerrt. Eine mögliche Schlußfolgerung aus dieser Beobachtung bestünde darin, daß sich vergleichbare Probleme im von FELDSTEIN (1995a) verwendeten Datensatz in geringerem Ausmaß niederschlügen.[198] Wahrscheinlicher ist gleichwohl, daß die negative Verzerrung infolge von *mean reversion* in seiner Schätzung von einer positiven Verzerrung als Folge einer ebenfalls exogenen Spreizung der Einkommensverteilung schlicht überkompensiert wurde. Schätzungen, in denen allgemeine Verteilungstrends die Experimentgruppe der *diff-in-diff*-Schätzung nicht begünstigen, werden hingegen - wie im Fall vorliegender Arbeit - von einer negativen Verzerrung infolge von *mean reversion* dominiert.

Das grundsätzliche Problem der *diff-in-diff*-Methode jedoch besteht darin, daß zwischen der Anpassung der Steuerpflichtigen an die reformbedingte Änderung individueller Anreizstrukturen und exogenen Trends in der Verteilung des zu versteuernden Einkommens im allgemeinen nur schwer differenziert werden kann. Der naheliegende Einwand, FELDSTEINS (1995a) positive Schätzwerte unterschieden sich von den negativen Schätzwerten vorliegender Arbeit schon aufgrund der Tatsache, daß die Bemessungsgrundlage einkommensstarker Steuerfälle eine stärkere Sensibilität gegenüber steuerlichen Anreizen aufweise als die Bemessungsgrundlage bei mittleren Einkommen, läßt sich innerhalb des gewählten methodischen Rahmens deshalb weder bestätigen noch entkräften. Gleichwohl ist darauf hinzuweisen, daß die von FELDSTEIN (1995a) ermittelten und überaus hohen Elastizitätswerte auf der Beobachtung des Verhaltens einer nur sehr geringen Anzahl von Spitzenverdienern beruhen: Der Experimentgruppe, die Gruppe g in der Darstellung vorliegender Arbeit vergleichbar ist, gehören in FELDSTEINS (1995a) *diff-in-diff*-Berechnungen lediglich 57 sehr reiche Steuerpflichtige an, und allein vier dieser Steuerfälle sind für drei Viertel des in dieser Gruppe insgesamt verzeichneten Einkommensanstiegs verantwortlich (vgl. SLEMROD, 1996, 177; ähnlich auch AUTEN/CARROLL, 1999, 688). FELDSTEINS (1995a) Arbeit enthält keinerlei Hinweise auf die statistische Signifikanz der vorgelegten Ergebnisse. Selbst auf Basis eines Datensatzes, der über 40.000 Veranlagungen umfaßt und das US-amerikanische Panel damit um rund das Zehnfache übersteigt, fallen die *diff-in-diff*-Elastizitäten unserer Schätzungen aber alles andere als robust aus. Die im Hinblick auf die Ergebnisse FELDSTEIN (1995a) zu vermutenden Signifkanzprobleme dürften sich vor diesem Hintergrund sogar eher noch verschärfen.

198 Zu beachten ist, daß FELDSTEIN (1995a, 561f.) Steuerpflichtige, deren zu versteuerndes Einkommen vor Durchführung der Reform einem Grenzsteuersatz von unter 22% unterlag, von der Untersuchung ausschließt und deswegen lediglich Steuerpflichtige betrachtet, deren Einkommen einen Betrag von rund 20.000 US-$ übersteigt. Bei niedrigeren Einkommen zu beobachtende *mean reversion*-Effekte werden bei ihm folglich schon mittels der Konstruktion des verwendeten Datensatzes eliminiert.

Im Fazit macht vorliegende Arbeit deutlich, daß die Berechnung von *diff-in-diffs* offensichtlich nicht in jedem Fall eine adäquate Methode darstellt, um Aufschluß über die empirische Größenordnung der Elastizität des zu versteuernden Einkommens im quasinatürlichen Experiment einer Steuerreform zu erlangen. Die US-amerikanischen Ergebnisse FELDSTEINs (1995a) bedürfen vor dem Hintergrund der geschilderten methodischen Schwierigkeiten mit Sicherheit zumindest der Interpretation. In *qualitativer* Hinsicht läßt die vorliegende Untersuchung dagegen einige aufschlußreiche Beobachtungen zu: Anders als bei FELDSTEIN (1995a) erlaubt der Umfang der zur Verfügung stehenden Daten, hinsichtlich bei der Veranlagung erkennbarer Charakteristika homogene Unterstichproben zu bilden und dennoch eine ausreichende Besetzung von Experiment- und Kontrollgruppe der jeweiligen *diff-in-diffs* sicherzustellen. Erkennen läßt sich auf diese Weise, daß die Intensität einer Reaktion der Bemessungsgrundlage auf steuerliche Anreize mit der Höhe des Einkommens der Steuerpflichtigen zunimmt, und daß eine solche Reaktion bei Steuerpflichtigen, die über Einkünfte aus selbständiger Arbeit oder aus Vermietung und Verpachtung verfügen, besonders ausgeprägt ist.

Die beschriebenen Schwierigkeiten bei der quantitativen Interpretation der resultierenden Verhaltensparameter bleiben aber auch bei solchen Experimenten bestehen. Ob und in welchem Ausmaß das beobachtete Verhalten der Steuerpflichtigen von zeitlich parallelen Trends des zu versteuernden Einkommens überlagert wurde und in welcher Relation sich in der Anpassung individueller Bemessungsgrundlagen Substitutionseffekte - einer Änderung der Residualrate - und Einkommenseffekte - einer Änderung von Steuerbetrag bzw. Durchschnittsteuersatz - niederschlagen, läßt sich im Rahmen der *diff-in-diff*-Methode nicht zufriedenstellend beantworten. Im folgenden wenden wir uns mit dem *fixed effects*-Modell deswegen einem alternativen Schätzansatz zu, der es erlaubt, exogene und von den Effekten der Steuerreform selbst unabhängige Determinanten von Änderungen des zu versteuernden Einkommens im Veranlagungsjahr 1990 separat zu erfassen und Substitutions- und Einkommenseffekte der Reform unabhängig voneinander zu identifizieren.

6 Elastizität des zu versteuernden Einkommens: *Fixed Effects*-Modell

6.1 Vorbemerkung

In Abschnitt 5 dieser Arbeit haben wir die Ergebnisse einer Schätzung der Elastizität des zu versteuernden Einkommens deutscher Steuerpflichtiger vorgestellt, die auf der Verwendung einer an FELDSTEIN (1995a) orientierten Variante der *difference-in-differences*-Methode beruht. Das Ergebnis bestand darin, daß die durch *diff-in-diff*-Berechnungen ermittelten Elastizitäten allgemein sehr gering ausfallen und ganz überwiegend - abgesehen von Experimenten, die ausschließlich Steuerpflichtige mit Einkünften aus selbständiger Arbeit oder Steuerpflichtige mit negativen Einkünften aus Vermietung und Verpachtung einbeziehen - negative Werte annehmen.

Die empirische Beobachtung einer negativen Elastizität des zu versteuernden Einkommens in bezug auf die Residualrate ist zwar theoretisch durchaus denkbar, aber (einstweilen) dennoch unbefriedigend: Die resultierenden Schätzwerte sind im allgemeinen statistisch nicht signifikant von Null verschieden, und auch die hilfsweise ermittelten Konfidenzintervalle fallen meist sehr breit aus, was schon für sich genommen - über die Berücksichtigung von der Steuerreform 1990 ausgehender Anreizeffekte hinaus - für die Einbeziehung weiterer erklärender Variablen in die Spezifikation der Schätzung spricht. Auch wurden in der Diskussion der Ergebnisse Gründe für die Vermutung deutlich, daß unsere Schätzungen einer auf *mean reversion*-Effekte bei der zeitlichen Entwicklung der zu versteuernden Einkommen zurückzuführenden und stark negativen Verzerrung unterliegen. Zum dritten konnte die Frage, in welcher Relation sich der Substitutionseffekt einer Änderung des Grenzsteuersatzes und der Einkommenseffekt einer Änderung des Durchschnittsteuersatzes in der beobachteten Reaktion der Bemessungsgrundlage niederschlagen, im Rahmen von *diff-in-diff*-Berechnungen nicht befriedigend geklärt werden. Kritisch zu bewerten sind schließlich einige methodische Schwierigkeiten, die mit der Durchführung von *diff-in-diffs* im allgemeinen verbunden und die innerhalb dieser Methode unumgänglich sind.

Die folgenden Abschnitte beschreiben eine alternative empirische Strategie, die auf der Schätzung eines *fixed effects*-Modells zur Erklärung von Änderungen des individuellen zu versteuernden Einkommens im Zeitablauf beruht. Schätzung des *fixed effects*-Modells und *diff-in-diff*-Berechnung der Elastizität des zu versteuernden Einkommens sind einander im Kern sehr ähnlich: Auch das *fixed effects*-Modell interpretiert die Steuerreform 1990 als quasi-natürliches Experiment, das die Steuerpflichtigen, abhängig von Höhe und Zusammensetzung ihres zu versteuernden Einkommens, in unterschiedlicher Intensität betraf. Insbesondere greifen wir auch im folgenden auf die in den Abschnitten 5.6.1 und 5.6.2 konstruierten Werte für die unabhängige Variable (die reformbedingte Änderung der Residualrate ohne Berücksichtigung von Verhaltensanpassungen) und für die abhängige Variable (die Änderung des zu versteuernden Einkommens im Veranlagungsjahr 1990) zurück. Über die Änderung der Residualrate hinaus erlaubt die OLS-Schätzung eines *fixed effects*-Modells jedoch die Berücksichtigung weiterer Variablen, mit deren Hilfe sich von steuerlichen Anreizen unabhängige Komponenten in der Änderung des individuellen Einkommens erklären, *mean reversion*-Effekte im verwendeten Datensatz identifizieren und Substitutions- und Einkommenseffekte innerhalb der reforminduzierten Anpassung des individuellen Verhaltens isoliert erfassen lassen.

Mittlerweile liegen eine ganze Reihe empirischer Schätzungen der Elastizität des zu versteuernden Einkommens auf Grundlage von *fixed effects*-Modellen vor, welche die von FELDSTEIN (1995a) ursprünglich vorgestellten *diff-in-diff*-Berechnungen ergänzen und deren Ergebnisse differenzieren sowie zum Teil korrigieren. Auf die Besonderheiten dieser Literatur wird in der Diskussion von Schätzgleichung und -ergebnissen unserer Arbeit in den folgenden Abschnitten ausführlich eingegangen.[199] Generell läßt sich sagen, daß die für US-amerikanische Steuerpflichtige geschätzten Verhaltensparameter bei alternativer Verwendung eines *fixed effects*-Modells geringer ausfallen als bei der Verwendung von FELDSTEINs (1995a) *diff-in-diff*-Methode, aber immer noch höher, als es empirisch üblicherweise ermittelte Arbeitsangebotselastizitäten nahelegen. In der Tat lassen sich statistisch hochsignifikante *mean reversion*-Effekte des zu versteuernden Einkommens im Zeitablauf feststellen, und die Robustheit und statistische Qualität der Schätzergebnisse verbessert sich, zieht man steuerlich relevante Charakteristika als zusätzliche Variablen zur Erklärung von im Untersuchungszeitraum beobachteten Einkommensschwankungen heran.

6.2 Empirische Strategie

6.2.1 Spezifikation

Vergleichbar der Spezifikation des *diff-in-diff*-Modells in Abschnitt 5.2 gehen wir im folgenden davon aus, daß sich das zu versteuernde Einkommen $TI_{i,s}$ eines Steuerpflichtigen i im Veranlagungszeitraum s durch die lineare Beziehung

$$TI_{i,s} = \alpha_i(1 - \tau_{i,s}) + \beta_i + \gamma_s X_{i,s} + \delta_s + \epsilon_{i,s} \tag{80}$$

erklären läßt. Dabei bezeichnen erneut die Variable $(1 - \tau_{i,s})$ die individuelle Residualrate im Veranlagungsjahr s, die Variable β_i eine individuelle und im Zeitablauf konstante Determinante des zu versteuernden Einkommens und die Variable δ_s eine allen Steuerpflichtigen gemeinsame und im Zeitablauf variierende Determinante des zu versteuernden Einkommens. Der Vektor $X_{i,s}$ faßt beobachtbare sozio-ökonomische Charakteristika des

[199] Abschnitt 4 enthält außerdem einen komparativen Überblick über methodisches Vorgehen und Ergebnisse der *New Tax Responsiveness*-Literatur, die auf FELDSTEINs (1995a) Studie beruht und sich mit dieser kritisch auseinandersetzt.

betrachteten Steuerpflichtigen zusammen, die im Zeitablauf variabel sind und deren Einfluß auf die Höhe des zu versteuernden Einkommens sich - etwa infolge von der Art der erzielten Einkünfte abhängiger, exogener Trends - im Untersuchungszeitraum ändern kann. Anders als Gleichung (73) in Abschnitt 5.2 wird die Höhe des zu versteuernden Einkommens $TI_{i,s}$ nun aber als Realisierung eines Zufallsprozesses aufgefaßt, und Gleichung (80) enthält eine stochastische Komponente in Form des Störterms $\epsilon_{i,s}$.[200]

Subtrahiert man Gleichung (80) für das Veranlagungsjahr s von Gleichung (80) für das Veranlagungsjahr $s+1$, ist die Änderung des zu versteuernden Einkommens zwischen den Veranlagungsjahren s und $s+1$ durch den Ausdruck

$$\mathrm{d}\tilde{TI}_i = \alpha_i \mathrm{d}(1-\tilde{\tau}_i) + X'_{i,s}\mathrm{d}\gamma + \mathrm{d}\delta + \mathrm{d}\epsilon_i \tag{81}$$

bestimmt. Durch die Subtraktion werden die individuellen und zeitinvarianten Determinanten des zu versteuernden Einkommens - die im allgemeinen empirisch schwer zu beobachtenden *fixed effects* - aus Gleichung (81) eliminiert.[201] Wie in den vorangegangenen Abschnitten bestimmen wir $s = 1988$ und $s+1 = 1990$ als für das Verhalten eines Steuerpflichtigen vor bzw. nach Durchführung der Steuerreform 1990 repräsentative Veranlagungsjahre. Die Variable $\mathrm{d}(1-\tilde{\tau}_i)$ bezeichnet dann erneut die Änderung der individuellen Residualrate zwischen den Veranlagungszeiträumen 1988 und 1990, aber bei gegebenem Verhalten des Jahres 1988 (vgl. Abschnitt 5.6.1). Diese Variable dient als Instrument für die zwischen 1988 und 1990 tatsächlich beobachtete Änderung der Residualrate, die auch die endogene Anpassung an veränderte steuerliche Bedingungen reflektiert. Mit der Variablen $\ddot{TI}_i$ wird das zu versteuernde Einkommen auf Basis eines im Beobachtungszeitraum konsistenten Steuerrechts gekennzeichnet, das sich an den nach Durchführung der Steuerreform geltenden Regelungen orientiert (vgl. Abschnitt 5.6.2). Da sich die Untersuchung auch im folgenden auf die Beobachtung derjenigen Steuerpflichtigen beschränkt, deren sozio-ökonomische Charakteristika im Zeitablauf keiner gravierenden Änderung unterlagen (vgl. Abschnitt 5.4), wurde in Gleichung (81) bereits $\gamma \mathrm{d}X_i = 0$ berücksichtigt.

Der Koeffizient $\mathrm{d}\gamma$ erfaßt die Bedeutung individueller Merkmale eines Steuerpflichtigen im Zeitpunkt s ($X'_{i,s}$) für die Höhe seines zu versteuernden Einkommens unter der Voraussetzung, daß die Beziehung zwischen dem betrachteten Charakteristikum und der Höhe des individuellen zu versteuernden Einkommens zwischen 1988 und 1990 einer Änderung unterlag. Hierzu zählen etwa von der Art der ursprünglich deklarierten Einkünfte abhängige konjunkturelle Trends. Die explizite Berücksichtigung eines solchen Parameters ist ein

200 Die individuellen Fehlerterme $\epsilon_{i,s}$ sind annahmegemäß unabhängig voneinander sowie von den übrigen erklärenden Variablen verteilt und folgen sämtlich der Normalverteilung mit einem Erwartungswert von Null und einer allen $\epsilon_{i,s}$ gemeinsamen Varianz von σ_s^2.

201 Voraussetzung für ein solches Vorgehen ist natürlich, daß der individuelle Effekt β_i die Variable $TI_{i,s}$ auf lineare Weise determiniert. Eine empirische Überprüfung dieser Annahme ist wegen mangelnder Beobachtbarkeit von β_i allerdings so gut wie ausgeschlossen.

wichtiger Vorteil, den Modellspezifikation (81) gegenüber der einfachen *diff-in-diff*-Berechnung genießt. Denn mit der Variablen $d\gamma$ läßt sich der Einfluß quantifizieren, der von in der Veranlagung zum Zeitpunkt s beobachtbaren Merkmalen eines Steuerpflichtigen unabhängig von der Steuerreform 1990 auf die zeitliche Entwicklung der Bemessungsgrundlage ausging. Anstatt wie im *diff-in-diff*-Verfahren lediglich anhand eines bestimmten Kriteriums differenzierte Subpopulationen zu beobachten, können wir auf diese Weise die Bedeutung etwa des Familienstands oder der Art der deklarierten Einkünfte und der vorgenommenen Abzüge für die Höhe des individuellen zu versteuernden Einkommens simultan erfassen.

Im folgenden setzen wir der besseren Lesbarkeit halber $d\gamma := \gamma$, $d\delta := \delta$ und $d\epsilon_i := \epsilon_i$. Wir unterstellen ferner $\alpha_i := \alpha$ $(\forall i)$, d. h. wir gehen auch weiterhin von einer vergleichbaren Sensitivität des zu versteuernden Einkommens aller im quasi-natürlichen Experiment beobachteten Steuerpflichtigen gegenüber einer Änderung steuerlicher Anreize aus. Anders als im Falle der *diff-in-diff*-Berechnungen ist eine solche Annahme im hiesigen Kontext allerdings weniger restriktiv: Zu unterstellen sind vergleichbare Möglichkeiten und eine vergleichbare Neigung, die Höhe der individuellen Steuerzahlung durch Steuervermeidung und Steuergestaltung zu mindern, *nachdem* die Schätzung den Einfluß aller übrigen Determinanten des zu versteuernden Einkommens $(X'_{i,s})$ isoliert hat, die neben von der Steuerreform ausgehenden Anreizen für eine Veränderung der individuellen Bemessungsgrundlage im Zeitraum der Untersuchung verantwortlich waren.

Gleichung (81) läßt sich unter dieser Vorausssetzung zu

$$d\tilde{TI}_i = \alpha d(1 - \tilde{\tau}_i) + \gamma X'_{i,s} + \delta + \epsilon_i \tag{82}$$

vereinfachen.[202] Gleichung (82) dient als Grundlage unserer *fixed effects*-Schätzungen und ist im folgenden natürlich noch in wesentlicher Hinsicht zu erweitern. Bereits in der hier vorgestellten Form unterscheidet sich die Spezifikation der *fixed effects*-Regression von einfachen *diff-in-diff*-Berechnungen aber in dreifacher Hinsicht: Gleichung (82) berücksichtigt zum einen explizit den Einfluß, der von beobachtbaren Merkmalen eines Individuums $X'_{i,s}$ auf die Änderung der Bemessungsgrundlage ausgeht; ein allen Steuerpflichtigen gemeinsamer Trend hinsichtlich der Höhe des deklarierten zu versteuernden Einkommens wird transparent gemacht und in Form der Schätzkonstanten δ separat ausgewiesen; und drittens schließlich erlaubt Gleichung (82) die Quantifizierung eines residualen stochastischen Terms, der durch die unabhängigen Variablen der Schätzung alleine nicht erklärte Deter-

[202] In der ökonometrischen Literatur häufig anzutreffende *fixed effects*-Modelle identifizieren die Verhaltensanpassung an die Änderung einer (Politik-)Variablen in Reformprojekten, von denen überhaupt nur ein Teil der Stichprobe (die Experimentgruppe) in einem uniformen Ausmaß betroffen war. Der Term $d(1-\tilde{\tau}_i)$ in Gleichung (82) würde in diesem Fall durch eine *dummy*-Variable ersetzt, der bei Zugehörigkeit des Individuums zur Experimentgruppe ein Wert von Eins und andernfalls ein Wert von Null zugewiesen wird (Beispiele für ein solches Vorgehen finden sich etwa in BLUNDELL/MACURDY, 1999, 1608 und 1615ff.).

minanten einer Änderung des zu versteuernden Einkommens im Zeitablauf erfaßt.[203]

6.2.2 *Reversion-to-the-Mean*-Effekte

Das zu versteuernde Einkommen eines Steuerpflichtigen setzt sich sowohl im Veranlagungsjahr 1988 (vor Durchführung der Reform) als auch im Veranlagungsjahr 1990 (nach Durchführung der Reform) aus einer permanenten und einer transitorischen Komponente zusammen. Transitorischer und permanenter Anteil am individuellen zu versteuernden Einkommen eines bestimmten Veranlagungsjahres lassen sich nur schwer separieren, wenn der zugrundeliegende Datensatz - wie im Fall des IAW-Steuerpanels - nur wenige Veranlagungszeiträume umfaßt. Gleichung (82) unterstellt aber implizit, daß sich das zu beiden Zeitpunkten beobachtete Verhalten als langfristig charakteristisch beschreiben läßt, denn transitorische Komponenten des zu versteuernden Einkommens im Basisjahr s schlügen sich im individuellen Fehlerterm $\epsilon_{i,s}$ und die Korrektur transitorischer Komponenten im Zeitpunkt $s+1$ in der Veränderung des Fehlerterms $d\epsilon_i$ nieder. Nun werden transitorische Komponenten des 1988 deklarierten zu versteuernden Einkommens über den Steuertarif aber auch in der Höhe der Residualrate im Veranlagungsjahr 1988, $(1-\tau_{i,s})$, und von deren reformbedingter Änderung, $d(1-\tilde{\tau}_i)$, reflektiert. Die unabhängige Variable unserer Schätzung wäre in diesem Fall mit dem Fehlerterm korreliert und eine OLS-Schätzung von Gleichung (82) verzerrt (vgl. MOFFITT/WILHELM, 2000, 197ff.).

Wir folgen aus diesem Grund einem Vorschlag von MOFFITT/WILHELM (2000, 199) und berücksichtigen eine in der individuellen Veranlagung vor Durchführung der Steuerreform tatsächlich beobachtete Einkommensgröße als zusätzliche Kontrollvariable in Gleichung (82). Der Effekt eines solchen Vorgehens besteht darin, daß der transitorische Anteil am Einkommen der Basisperiode, der sich andernfalls im Fehlerterm niederschlüge, separat erfaßt werden kann. Sollte *mean reversion* in den Veranlagungsdaten des IAW-Steuerpanels festzustellen sein, nimmt der Koeffizient der Einkommensvariablen einen negativen Wert an, denn in diesem Fall wären niedrige Einkommen im Veranlagungsjahr 1988 mit (in der Tendenz) höheren Einkommen im Veranlagungsjahr 1990 und höhere Einkommen 1988 mit (in der Tendenz) niedrigeren Einkommen 1990 korreliert.

Die beschriebene Strategie entspricht dem Vorgehen sämtlicher verwandter Untersuchungen, die als Einkommensgröße ausnahmslos das logarithmierte zu versteuernde Einkommen im Basiszeitraum (im hiesigen Kontext also des Jahres 1988) bestimmen.[204] Die Einführung des logarithmierten zu versteuernden Einkommens als zusätzliche erklärende Variable wirft Identifikationsprobleme unter der Voraussetzung auf, daß die unabhängige

---

203 Über die genannten Spezifika des *fixed effects*-Modells hinaus sind beide Schätzverfahren im Kern identisch. Kann ferner $d(1-\tilde{\tau}_K) = 0$ unterstellt werden - bestünde die Kontrollgruppe des *diff-in-diff*-Experiments demzufolge ausschließlich aus Individuen, deren Residualrate trotz der Tarifsenkung unverändert blieb -, resultierten Berechnung der *diff-in-diff* und OLS-Schätzung von Gleichung (82) im exakt gleichen Wert des Koeffizienten α (vgl. BLUNDELL/MACURDY, 1999, 1609f.).

204 Vgl. dazu die Untersuchungen von AUTEN/CARROLL (1999, 685), AARBU/THORESEN (2001, 327) SILLAMAA/VEALL (2001, 346), GRUBER/SAEZ (2002, 11f.) und SAEZ (2003, 1250).

Variable der Schätzung, $d(1-\tilde{\tau}_i)$, mit der Höhe des ursprünglichen zu versteuernden Einkommens korreliert ist. Nun existiert ein solcher Zusammenhang natürlich allgemein, da sowohl alter als auch neuer Steuertarif auf derselben einkommensteuerlichen Bemessungsgrundlage beruhen. Von einem Identifikationsproblem in besonderem Ausmaß ist die Schätzung aber dann betroffen, wenn die untersuchte Tarifreform die Höhe der ursprünglichen Bemessungsgrundlage mit der Änderung bei Grenzsteuersatz bzw. Residualrate in eine eindeutige Beziehung setzt. Eine solche mit der Höhe des ursprünglichen zu versteuernden Einkommens monoton zunehmende Entlastung beim Grenzsteuersatz ist typisches Merkmal derjenigen Steuerreformprojekte, die der vorliegenden empirischen Literatur zur Elastizität des zu versteuernden Einkommens - insbesondere im US-amerikanischen Fall - als quasi-natürliches Politikexperiment zugrundeliegen.[205]

Einem solchen Identifikationsproblem sieht sich unsere Untersuchung in wesentlich geringerem Ausmaß gegenüber. Zwar besteht auch im Fall der Steuerreform 1990 ein tarifbedingt-technischer Zusammenhang zwischen der Höhe der ursprünglich deklarierten Bemessungsgrundlage und der reformbedingten Zunahme individueller Residualraten. Zu beobachten ist aber, daß die Residualrate von Steuerpflichtigen in einem breiten Einkommensintervall - zwischen 45.000 und 120.000 DM - besonders stark anstieg und sich Steuerpflichtige, die vor Durchführung der Reform über ein unterdurchschnittlich bzw. über ein überdurchschnittlich hohes zu versteuerndes Einkommen verfügt hatten, einer vergleichbaren Änderung ihrer Residualrate gegenübersahen (vgl. Abbildung 6 in Abschnitt 5.6.1). Dies erleichtert die separate Identifizierung von *mean reversion*-Effekten im Kontext des *fixed effects*-Modells erheblich.[206]

Bei der Konstruktion der verwendeten Einkommensvariablen greifen wir auf die fortgeschriebenen Werte des Veranlagungsjahres 1988 zurück. Die in vorliegender Untersuchung bevorzugte Fortschreibungsvariante unterstellt nämlich eine von der Art der erzielten Einkünfte abhängige, exogene Änderung der Einkünfte zwischen 1988 und 1990, die auf einem Vergleich der in den Veranlagungen 1988 und 1989 tatsächlich deklarierten Beträge beruht (vgl. Abschnitt 5.5.2). Sollte sich in der Höhe der in einer bestimmten Einkunftsart deklarierten Beträge in der Veranlagung 1988 - im Vergleich zur Veranlagung 1989 - transitorische Komponenten niederschlagen, werden virulente *mean reversion*-Effekte deshalb

205 Ähnlichen Problemen sieht sich die Schätzung AARBU/THORESENs (2001) gegenüber, die die norwegische Steuerreform 1992 als quasi-natürliches Experiment interpretiert und das logarithmierte zu versteuernde Einkommen im Jahr 1991 als erklärende Variable des nach Durchführung der Reform beobachteten Einkommenswachstums einbezieht. Die Zunahme der Residualrate weist im Zuge der norwegischen Reform ebenfalls ein mit höherer Bemessungsgrundlage monoton ansteigendes Muster auf (vgl. dazu den tabellarischen Überblick über die reformbedingten Entlastungswirkungen bei AARBU/THORESEN, 2001, 324).

206 Ähnlich argumentieren GRUBER/SAEZ (2002, 11f.) und SAEZ (2003, 1250f.), deren Schätzung jeweils eine solche Vielzahl von Veranlagungsjahren und Steuersatzänderungen (des gesamten Zeitraums der 1980er Jahre) zugrundeliegt, daß eine Bemessungsgrundlage in identischer Höhe zu verschiedenen Zeitpunkten mit einer Änderung der Residualrate in ganz unterschiedlichem Ausmaß verknüpft war. Auch auf diese Weise lassen sich die Effekte der Höhe des zu versteuernden Einkommens einerseits und der Änderung der Residualrate andererseits als Determinanten einer Einkommensänderung separat identifizieren.

zumindest zum Teil bereits durch das gewählte Fortschreibungsverfahren unterdrückt.[207]

Die Schätzung weist der Kontrollvariablen zur Erfassung von *mean reversion*, dem logarithmierten (fortgeschriebenen) zu versteuernden Einkommen des Veranlagungsjahres 1988 ($\ln \tilde{TI}_{i,s}$), den Koeffizienten ρ zu, und die verwendete Schätzgleichung lautet

$$\mathrm{d}\tilde{TI}_i = \alpha\,\mathrm{d}(1-\tilde{\tau}_i) + \gamma X'_{i,s} + \rho \ln \tilde{TI}_{i,s} + \delta + \epsilon_i. \tag{83}$$

6.2.3 Substitutions- und Einkommenseffekte

Ein besonders unbefriedigendes Ergebnis einfacher *diff-in-diff*-Berechnungen besteht darin, daß die für den Parameter α ermittelten Werte theoretisch nicht eindeutig als Sensitivität des deklarierten zu versteuernden Einkommens gegenüber einer unkompensierten Änderung der Residualrate zu interpretieren sind. Denn eine im Veranlagungsjahr 1990 beobachtete Änderung der individuellen Bemessungsgrundlage reflektiert sowohl Substitutionseffekte (einer reformbedingten Veränderung der Residualrate) als auch Einkommenseffekte (einer reformbedingten Veränderung des Durchschnittsteuersatzes). Die Ausgestaltung der Steuerreform 1990 begründet aber keinen eindeutigen Zusammenhang zwischen der Änderung der Residualrate eines Individuums einerseits und des Durchschnittsteuersatzes andererseits, und die Kombination aus Substitutions- und Einkommenseffekt, die sich gemeinsam in der Reaktion des zu versteuernden Einkommens niederschlägt, fällt mit Blick auf den einzelnen Steuerpflichtigen unterschiedlich aus. Unabhängig von dieser eher technischen Überlegung ist die Finanzpolitik im hiesigen Kontext zudem auf die Kenntnis der empirischen Größenordnung *zweier* Verhaltensparameter angewiesen: Während es bei der Quantifizierung der von der Einkommensbesteuerung ausgehenden Wohlfahrtsverluste allein auf die Intensität der steuerlich induzierten Substitutionsprozesse, d. h. auf die kompensierte Elastizität des zu versteuernden Einkommens ankommt, sind für die Prognose der Aufkommenswirkungen einer geplanten Tarifreform auch die durch die Reform ausgelösten Einkommenseffekte von Bedeutung (vgl. dazu ausführlich Abschnitt 2 vorliegender Arbeit).

---

[207] Das Jahr 1988 markiert den Beginn einer konjunkturellen Belebung, die im Vereinigungsboom des Jahres 1990 mündete. Während das nominale Bruttosozialprodukt 1987 gegenüber dem Vorjahr um 3,46% zunahm, war in den Folgejahren ein mit 5,24% (1988), 6,51% (1989) und 8,03% (1990) wesentlich höherer Anstieg zu verzeichnen (vgl. STATISTISCHES BUNDESAMT, 1991b, 38). Anzunehmen ist deshalb, daß die Veranlagungen des Jahres 1988 - aus Sicht des Jahres 1990 - tatsächlich transitorisch niedrige Anteile aufweisen, die eine auf der tatsächlichen Änderung 1989 basierende Fortschreibung zumindest partiell korrigiert. Zu berücksichtigen ist auch, daß die Fortschreibung aus Sicht des Steuerpflichtigen exogene Komponenten von Einkünften und Abzügen aus der Veranlagung 1990 übernimmt und auf diese Weise aus der abhängigen Variablen der Schätzung eliminiert (vgl. Abschnitt 5.5.4). Hierzu zählt vor allem die Höhe der geltend gemachten außerordentlichen Einkünfte und der außerordentlichen Belastungen, die schon in der Formulierung des Steuerrechts selbst als transitorisch interpretiert werden.

Die Spezifikation der Schätzung sollte dementsprechend so flexibel gestaltet sein, daß sich von der Steuerreform ausgehende Substitutions- und Einkommenseffekte in der Anpassung der Steuerpflichtigen an geänderte steuerliche Bedingungen separat erfassen lassen. Dabei greifen wir auf die in Abschnitt 2.2.2 entwickelte SLUTSKY-Gleichung für das zu versteuernde Einkommen vor dem Hintergrund eines progressiven Steuersystems,

$$\frac{\partial TI}{\partial(1-\tau)} = \frac{\partial TI^c}{\partial(1-\tau)} + \frac{\mathrm{d}t}{\mathrm{d}\tau} TI \frac{\partial TI}{\partial y}, \tag{84}$$

zurück. In Gleichung (84) bezeichnen der Term $\partial TI^c/\partial(1-\tau)$ den kompensierten Effekt einer marginalen Änderung der Residualrate auf das zu versteuernde Einkommen und der Term $\partial TI/\partial y$ den Einkommenseffekt, der von einer marginalen Änderung des exogenen Einkommens y auf die deklarierte Bemessungsgrundlage ausgeht. Die Höhe von zu versteuerndem Einkommen und Residualrate im Veranlagungsjahr s ist von Entscheidungen des Steuerpflichtigen i abhängig; auf eine Indexierung mit den Variablen i und s wurde hier nur zugunsten einer einfacheren Notation verzichtet.

SLUTSKY-Gleichung (84) läßt sich, weil es uns auf die relative Veränderung des zu versteuernden Einkommens im Zeitablauf ankommt, auch als

$$\frac{\mathrm{d}TI}{TI} = \zeta^c \frac{\mathrm{d}(1-\tau)}{1-\tau} - \mathrm{d}t \frac{\partial TI}{\partial y} \tag{85}$$

schreiben, wobei die Variable $\zeta^c = \partial TI^c/\partial(1-\tau)\,(1-\tau)/TI$ nun die kompensierte Elastizität des zu versteuernden Einkommens in bezug auf die Residualrate kennzeichnet. Gleichung (85) gibt an, in welcher Relation die prozentuale Änderung des zu versteuernden Einkommens auf die prozentuale Änderung der Residualrate, $\mathrm{d}(1-\tau)/(1-\tau)$, einerseits und auf die absolute Änderung des Durchschnittsteuersatzes, $\mathrm{d}t$, andererseits zurückzuführen ist.

Von besonderem Interesse ist die Frage, auf welche Weise der Einkommenseffekt, ausgehend von Gleichung (85), im Rahmen der empirischen Schätzung zu modellieren ist. GRUBER/SAEZ (2002, 9f.) legen ihrer Schätzung eine Gleichung (85) verwandte Spezifikation zugrunde, formulieren den Einkommenseffekt insgesamt aber als

$$\begin{aligned} -\mathrm{d}t \frac{\partial TI}{\partial y} &= -\frac{\mathrm{d}T}{TI}\frac{\partial TI}{\partial y} = -(1-\tau)\frac{\partial TI}{\partial y}\frac{\mathrm{d}T}{TI(1-\tau)} \\ &\cong -(1-\tau)\frac{\partial TI}{\partial y}\frac{\mathrm{d}T}{TI-T} = (1-\tau)\frac{\partial TI}{\partial y}\frac{\mathrm{d}(TI-T)}{TI-T}. \end{aligned} \tag{86}$$

Der Ausdruck $\mathrm{d}T = TI\mathrm{d}t$ kennzeichnet die Änderung des Steuerbetrags unter der Voraussetzung einer gegebenen Bemessungsgrundlage in Höhe von TI, wodurch sich die erste Umformung in Gleichungssystem (86) rechtfertigen und bei der letzten Umformung

$dTI = 0$ berücksichtigen läßt.[208] Gleichung (86) beruht außerdem auf der Approximation $TI(1-\tau) \cong TI - T$, und die aus Anwendung des aktuellen Grenzsteuersatzes auf die gesamte Bemessungsgrundlage resultierende Steuerzahlung wird durch den tatsächlich entrichteten Steuerbetrag beschrieben. Diese Approximation ist sehr grob; stattdessen gilt natürlich $TI(1-\tau) = TI - T - y^v$, denn inframarginale Einkommensbestandteile unterliegen bei progressiver Besteuerung einer geringeren Belastung als die marginale Ausweitung der Bemessungsgrundlage (vgl. dazu Abschnitt 2.2.2). Im Vergleich mit dem tatsächlich entrichteten Steuerbetrag kommt der Steuerpflichtige in den Genuß eines virtuellen Einkommenstransfers in Höhe von y^v, und der "korrekte" Term $TI(1-\tau)$ wird in der Darstellung von Gleichung (86) überschätzt.

GRUBER/SAEZ (2002) verwenden den Regressor $d(TI-T)/(TI-T)$ zur Schätzung des Verhaltensparameters $(1-\tau)\partial TI/\partial y$. Neben der beschriebenen Approximation, deren Wirkung auf die Schätzergebnisse ungewiß ist, sieht sich eine Spezifikation auf Basis von Gleichung (86) aber weiteren Schwierigkeiten gegenüber. Offensichtlich ist der Koeffizient der Schätzung $(1-\tau)\partial TI/\partial y$, der den Einkommenseffekt eines variablen Durchschnittsteuersatzes auf das zu versteuernde Einkommen erfaßt, nämlich selbst von der individuellen Residualrate abhängig, und der resultierende Schätzwert läßt sich deshalb nicht ohne weiteres auf die Gesamtheit der Steuerpflichtigen übertragen. Dieses Problem dürfte weniger ins Gewicht fallen, wenn der Untersuchung - wie der Arbeit von GRUBER/SAEZ (2002) - ein Stufentarif nach US-amerikanischem Muster zugrundeliegt, denn in diesem Fall sehen sich Steuerpflichtige mit beträchtlicher Einkommensdifferenz einer identischen Residualrate gegenüber. Der deutsche Steuertarif dagegen hat in einem breiten Einkommensintervall eine mit der Bemessungsgrundlage stetige Zunahme des Grenzsteuersatzes zur Folge, was die Interpretation eines uniformen Schätzwerts für den Koeffizienten $(1-\tau)\partial TI/\partial y$ einer auf der Approximation (86) beruhenden Spezifikation erschwert.

Wir entscheiden uns deshalb für eine alternative Spezifikation, die die Schätzung des Einkommenseffekts mithilfe eines für alle untersuchten Steuerpflichtigen identischen Verhaltensparameters ermöglicht. Ausgehend von der theoretisch korrekten SLUTSKY-Gleichung (85) gilt für den Einkommenseffekt nämlich auch

$$-dt\frac{\partial TI}{\partial y} = -\frac{TI\,dt}{y}\frac{\partial TI}{\partial y}\frac{y}{TI} = -\frac{TI\,dt}{\tau TI - T}\eta = -\frac{dt}{\tau - t}\eta, \tag{87}$$

wenn das exogene Einkommen eines Steuerpflichtigen (y) ausschließlich aus dem "virtuellen" Einkommen $y^v = \tau TI - T$ besteht. Der Term $\eta = (\partial TI/\partial y^v)(y^v/TI)$ entspricht dann der Elastizität des zu versteuernden Einkommens in bezug auf das virtuelle Einkommen eines Steuerpflichtigen. Daß dieser Parameter als repräsentativ für das steuerlich relevante Verhalten aller beobachteten Individuen interpretiert werden kann, ist eine wesentlich

[208] Zu beachten ist, daß die Steuersatzänderungen $d\tau$ und dt hier erneut *ex-ante*, d. h. vor Berücksichtigung jeglicher Verhaltensreaktion definiert sind (vgl. Abschnitt 2.2.2).

schwächere Annahme, als sie bei alternativer Verwendung des auf GRUBER/SAEZ (2002) zurückgehenden Terms aus Gleichung (86) zu treffen wäre. Unter Berücksichtigung von Gleichung (87) beruhen unsere Schätzungen demzufolge auf der modifizierten SLUTSKY-Gleichung

$$\frac{\mathrm{d}TI}{TI} = \zeta^c \frac{\mathrm{d}(1-\tau)}{1-\tau} - \eta \frac{\mathrm{d}t}{\tau - t}. \tag{88}$$

Voraussetzung für eine konsistente Schätzung von Gleichung (88) ist, daß der Term $\mathrm{d}t/(\tau - t)$ in den Veranlagungen des IAW-Steuerpanels eine hinreichende Heterogenität aufweist, um den Einkommenseffekt der Steueränderung isoliert von simultan wirksamen Preiseffekten zu erfassen. Tatsächlich läßt sich bei der Verteilung der Variablen $\mathrm{d}t/(\tau - t)$ infolge der Steuerreform 1990 eine erhebliche Streuung beobachten. Legt man wieder das in der Veranlagung 1988 ausgewiesene und auf das Jahr 1990 fortgeschriebene zu versteuernde Einkommen zugrunde und wendet auf diese Größe das Steuerrecht vor bzw. nach Durchführung der Steuerreform 1990 an, läßt sich die reformbedingte Änderung von Steuerbetrag und Durchschnittsteuersatz bei gegebenem Verhalten bestimmen. Für den repräsentativen Steuerpflichtigen unseres Datensatzes beträgt dieser Wert $\mathrm{d}\tilde{t} = -0,04$, d. h. die Belastung des durchschnittlichen zu versteuernden Einkommens verringerte sich reformbedingt um 4 Prozentpunkte. Die Differenz zwischen ursprünglichem Grenz- und ursprünglichem Durchschnittsteuersatz ergibt sich aus Anwendung von Steuerrecht und Tarif des Jahres 1988 auf die fortgeschriebene Bemessungsgrundlage. Für den repräsentativen Steuerpflichtigen nimmt dieser Term einen Wert von $(\tau - t) = 0,11$ an. Der für die Schätzung verwendete Quotient beträgt damit durchschnittlich $\mathrm{d}\tilde{t}/(\tau - t) = -0,37$ und weist bei einer Standardabweichung in Höhe von 0,35 über alle beobachteten Individuen hinweg eine erhebliche Variation auf.

Schließlich erfordert eine konsistente Schätzung von Gleichung (88), daß beide der oben angeführten SLUTSKY-Gleichung entnommenen erklärenden Variablen voneinander unabhängig sind. *A priori* kann davon nicht ohne weiteres ausgegangen werden, weil die Änderung der Residualrate ebenso wie die Änderung des Durchschnittsteuersatzes vom individuellen zu versteuernden Einkommen vor Durchführung der Reform - und demzufolge von einer identischen Größe - abhängig sind. Abbildung 7 verdeutlicht die Verteilung der Variablen $\mathrm{d}\tilde{t}/(\tau - t)$ über alle im verwendeten Datensatz enthaltenen Steuerpflichtigen. Einerseits verweist auch diese Darstellung auf die erhebliche Varianz, die die Variable $\mathrm{d}\tilde{t}/(\tau - t)$ im verwendeten Datensatz aufweist sowie auf die Tatsache, daß ein bestimmter Wert der erklärenden Variablen nicht eindeutig auf ein ursprüngliches zu versteuerndes Einkommens in einer bestimmten Höhe verweist.

Betrachtet man andererseits nur nach der Grundtabelle besteuerte Steuerpflichtige - ein vergleichbarer Wert wird bei gemeinsam veranlagten Steuerpflichtigen wieder gerade beim doppelten zu versteuernden Einkommen erreicht -, fällt die Variable $\mathrm{d}\tilde{t}/(\tau - t)$ bei einem sehr geringen zu versteuernden Einkommen und bei einem Einkommen in Höhe

Abbildung 7: Verteilung der Variablen $d\tilde{t}/(\tau - t)$ im Datensatz

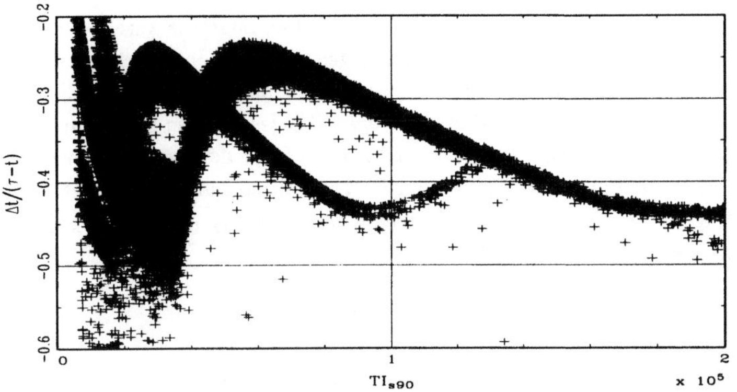

Quelle: Eigene Berechnung auf Basis der verwendeten Unterstichprobe des IAW-Steuerpanels (23.710 Steuerpflichtige). *Erläuterungen*: $dt/(\tau - t)$ ist der Quotient aus der absoluten (exogenen) Änderung des Durchschnittsteuersatzes infolge der Reform und der Differenz aus Grenz- und Durchschnittsatz bei Anwendung von Steuerrecht und Tarif des Jahres 1988 auf das fortgeschriebene zu versteuernde Einkommen; TI_{s90} ist das auf 1990 fortgeschriebene zu versteuernde Einkommen nach Anwendung des 1988 geltenden Steuerrechts (in DM).

von 80.000-110.000 DM im Basisjahr absolut betrachtet am größten aus. Dem stärksten Anstieg der Residualrate sehen sich 1990 dagegen Steuerpflichtige mit einem deutlich geringeren zu versteuernden Einkommen gegenüber, während die Residualrate im zuvor genannten Einkommensbereich eine nur vergleichsweise geringe Zunahme aufweist (vgl. Abbildung 6 in Abschnitt 5.6.1 dieser Arbeit).[209] Deutlich wird vor diesem Hintergrund, daß die Konstruktion der Steuerreform 1990 von der Änderung der Residualrate ausgehende Substitutionseffekte einerseits und mit der Änderung des Durchschnittsteuersatzes verbundene Einkommenseffekte andererseits in der reformbedingten Anpassung des individuellen Verhaltens separat zu identifizieren erlaubt.[210]

209 Eine graphische Gegenüberstellung der relativen Entlastung bei Grenz- und Durchschnittsteuersatz für einzelne Bruttolohngruppen findet sich auch bei PETERSEN (1988, 93). Anders als PETERSEN (1998) berücksichtigt die Darstellung vorliegender Arbeit allerdings auch die Wirkungen, die von der 1990 vollzogenen Reform der steuerrechtlichen Bemessungsgrundlage auf die Höhe der individuellen Steuersätze ausgeht. Auch Abbildung 7 geht in dieser Hinsicht erneut über einen bloßen Tarifvergleich hinaus.

210 GRUBER/SAEZ (2002) verwenden bei ihrer Schätzung von Substitutionseffekt und Einkommenseffekt einer Steueränderung auf das zu versteuernde Einkommen ein Panel individueller Veranlagungen US-amerikanischer Steuerpflichtiger, das den gesamten Zeitraum 1979-1990 umspannt. In dieses Jahrzehnt fallen eine Reihe von Steuerreformen, die Entlastungen bei Grenz- und Durchschnittsteuersatz zu unterschiedlichen Zeitpunkten in ganz unterschiedlicher Weise kombinierten. Auch die dieser Schätzung zugrundeliegenden Daten weisen deshalb eine unabhängige Verteilung und ein hinreichendes Maß an Variation bezüglich der verwendeten erklärenden Variablen auf.

6.2.4 Verwendung einer logarithmierten Spezifikation

In Übereinstimmung mit der Gesamtheit der verwandten Literatur verwendet unsere Schätzung eine logarithmierte Spezifikation derjenigen Variablen in Gleichung (88), die - wie die unabhängige Variable $d(1-\tau)/(1-\tau)$ und die abhängige Variable dTI/TI - als prozentuale Änderungen definiert sind. Die Verwendung einer ln-ln-Spezifikation liegt deswegen nahe, weil die "große" Steuerreform 1990 aus Sicht der meisten Steuerpflichtigen eine diskrete Änderung von Grenz- und Durchschnittssteuersatz in substantiellem Umfang zur Folge hatte.[211] Unter Berücksichtigung der Gleichungen (83) und (88) lautet die resultierende Schätzgleichung somit

$$\ln(\frac{TI_1}{\tilde{TI}_0}) = \zeta^c \ln(\frac{1-\tilde{\tau}_1}{1-\tau_0}) + \eta \frac{-d\tilde{t}}{(\tau - t)} + \gamma X'_{i,0} + \rho \ln(\tilde{TI}_0) + \delta + \epsilon. \tag{89}$$

Die in Gleichung (89) mit dem Subskript 1 versehenen Variablen bezeichnen die Situation unter Berücksichtigung des Steuerrechts in seiner 1990 reformierten Fassung, während die mit dem Subskript 0 gekennzeichneten Variablen sich aus der Anwendung des vor Durchführung der Reform geltenden Steuerrechts ergeben. TI_1 ist das im Veranlagungsjahr 1990 tatsächlich beobachtete zu versteuernde Einkommen und $\tilde{TI}_0$ wie in Abschnitt 5.6.2 das zu versteuernde Einkommen des Veranlagungsjahres 1988, aber nach exogener Fortschreibung auf das Jahr 1990 und auf Basis der 1990 gültigen Definition der steuerrechtlichen Bemessungsgrundlage. Die Schätzkoeffizienten ζ^c und η kennzeichnen dann die kompensierte Elastizität des zu versteuernden Einkommens in bezug auf die Residualrate bzw. die Elastizität des zu versteuernden Einkommens in bezug auf das exogene (virtuelle) Einkommen der Steuerpflichtigen. Kenntnis von der empirischen Größenordnung dieser Verhaltensparameter zu erlangen, ist das zentrale Vorhaben der im folgenden durchgeführten empirischen Schätzung.

Zu erinnern ist an das Identifikationsproblem, das eine Verwendung der 1990 im Vergleich zu einer früheren Veranlagung tatsächlich beobachteten Änderung von Residualrate und Durchschnittssteuersatz zur Folge hätte, weil sich die reformbedingte Anpassung des zu versteuernden Einkommens erneut selbst in den erklärenden Variablen der Schätzung niederschlüge. Auch nähme etwa im Falle eines positiven Einkommensschocks ($\epsilon > 0$) die 1990 tatsächlich beobachtete Residualrate schon aufgrund des linear-progressiven Tarifverlaufs ab, und der Durchschnittssteuersatz stiege an; die Substitutions- und Einkommenseffekt der untersuchten Steueränderung erfassenden Variablen wären auf mechanische Weise mit

211 Vgl. dazu auch die ähnliche Argumentation bei GRUBER/SAEZ (2002, 10). Darauf hinzuweisen ist, daß von der Logarithmierung selbst eine dämpfende Wirkung insbesondere auf hohe Werte der abhängigen Variablen - der Änderung des zu versteuernden Einkommens im Veranlagungsjahr 1990 - ausgeht. Auf *mean reversion*-Effekte im verwendeten Datensatz zurückzuführende Verzerrungen werden auf diese Weise folglich bereits durch die Form der zugrundeliegenden Schätzgleichung reduziert.

dem Fehlerterm der Schätzung korreliert und eine OLS-Schätzung der Verhaltensparameter ζ^c und η in Gleichung (89) verzerrt. Als Instrument für die tatsächliche Änderung von Residualrate und Durchschnittsteuersatz dient deshalb erneut die hypothetische - und deswegen exogene sowie mit dem Fehlerterm nicht korrelierte - Änderung der steuerlichen Parameter auf Basis des gegebenen Verhaltens vor Durchführung der Reform, $\ln[(1-\tilde{\tau}_1)/(1-\tau_0)]$ bzw. $d\tilde{t}$ (vgl. dazu ausführlich Abschnitt 5.6.1).

6.2.5 Berücksichtigung sozio-ökonomischer Charakteristika der Steuerpflichtigen

Gemäß Schätzgleichung (89) unterliegt das zu versteuernde Einkommen der Steuerpflichtigen im Beobachtungszeitraum einem uniformen Trend in Höhe der Schätzkonstanten δ. Diese *exclusion restriction* ist eine kritische und im allgemeinen nicht verifizierbare Annahme des *fixed effects*-Modells, denn die zur Verfügung stehenden Daten erlauben keinen Aufschluß über die hypothetische Änderung der Bemessungsgrundlage, wäre die dem quasi-natürlichen Experiment zugrundeliegende Steuerreform nicht durchgeführt worden (vgl. MOFFITT/WILHELM, 2000, 196). Im Grundsatz nicht beobachtbarer Heterogenität der Steuerpflichtigen läßt sich aber durch die hilfsweise Einbeziehung weiterer erklärender und im Vektor $X'_{i,s}$ (mit $s = 0$) zusammengefaßter Kontrollvariablen in die verwendete Schätzgleichung Rechnung tragen.

Welche Variablen der Vektor $X'_{i,0}$ im einzelnen enthält, hängt natürlich von der Struktur des verwendeten Datensatzes ab. Vorliegende Arbeit verwendet im allgemeinen sechs *dummy*-Variablen, mit denen sich zum einen exogene Differenzen bei der Entwicklung der Einkommen im Untersuchungszeitraum und zum anderen unterschiedliche Möglichkeiten der Steuerpflichtigen berücksichtigen lassen, auf die Höhe der Bemessungsgrundlage durch Steuervermeidung und Steuergestaltung Einfluß zu nehmen:

- Die Variable GRUNDT dient dazu, nach der Grundtabelle besteuerte von gemeinsam veranlagten Steuerpflichtigen zu unterscheiden. Dieses Vorgehen berücksichtigt, daß gemeinsam veranlagte Ehepartner - insbesondere hinsichtlich der Entscheidung des Zweitverdieners, ebenfalls einer Beschäftigung nachzugehen - über ein größeres Spektrum an Möglichkeiten verfügen, die Höhe des deklarierten Einkommens zu beeinflussen und an veränderte steuerliche Bedingungen anzupassen.

- Die Variable GEWINN kennzeichnet Steuerpflichtige, in deren auf das Veranlagungsjahr 1990 fortgeschriebener Veranlagung die aus einer gewerblichen oder selbständigen Tätigkeit sowie aus Vermietung und Verpachtung erzielten Einkünfte insgesamt mehr als 70 Prozent an der deklarierten Summe der Einkünfte ausmachen. Die Hypothese besteht darin, daß die im Rahmen dieser Einkunftsarten geltend gemachten Betriebsausgaben und Werbungskosten besonders ausgeprägte Möglichkeiten zu Steuervermeidung und Steuergestaltung eröffnen.

- Der Variablen NEGGEW wird bei der Schätzung ein Wert von Eins zugewiesen, wenn die Veranlagung des Jahres 1988 negative Einkünfte entweder aus Gewerbebetrieb oder aus selbständiger Arbeit ausweist. Zum einen legen die Ergebnisse der *diff-in-diffs* die Vermutung nahe, daß ein Teil dieser Steuerpflichtigen Strategien zur Steuervermeidung in Form eines überhöhten Betriebsausgabenabzugs verfolgt oder Möglichkeiten zur Steuergestaltung etwa in Form der Beteiligung an einer Verlustzuweisungsgesellschaft o. ä. wahrnimmt. Zum anderen erfaßt die Variable NEGGEW die Bedeutung lediglich temporär entstandener Verluste von Gewerbetreibenden und Selbständigen im Basisjahr, die sich ansonsten im *mean reversion*-Term der Schätzgleichung niederschlagen würden.

- Die Variable NEGVUV kennzeichnet Steuerpflichtige, die im Veranlagungsjahr 1988 negative Einkünfte aus Vermietung und Verpachtung deklarieren. Werbungskostenabzug und steuerrechtlich gewährte Abschreibungsvergünstigungen legen Strategien zur Steuergestaltung im Rahmen dieser Einkunftsart besonders nahe (vgl. dazu Abschnitt 3.2.2).

- Die Variable LFWSCH kennzeichnet Steuerpflichtige, die 1988 Einkünfte aus Land- und Forstwirtschaft deklarieren und trägt dem Sachverhalt Rechnung, daß der Agrarsektor 1990 im Vergleich zu den Vorjahren einen Produktionseinbruch in erheblichem Ausmaß zu verzeichnen hatte (vgl. dazu Abschnitt 5.7.1).

- Mit der Variablen SONDPB schließlich werden diejenigen Steuerpflichtigen identifiziert, die im Veranlagungsjahr 1988 den Sonderausgabenpauschbetrag in Anspruch nehmen und auf diese Weise eine vergleichsweise geringe Neigung dokumentieren, ihre Steuerzahlung durch den Erwerb steuerbegünstigter Konsumgüter zu verringern.

Ferner enthält jede der durchgeführten Schätzungen die Kontrollvariable KINDFB. Der Wert dieser Variablen entspricht der Anzahl der von den Steuerpflichtigen im Veranlagungsjahr 1988 geltend gemachten halben Kinderfreibeträge.

Über die genannten Variablen hinaus sind der Konstruktion weiterer *dummies* mit den durch das IAW-Steuerpanel zur Verfügung stehenden Angaben enge Grenzen gesetzt. Insbesondere enthält der Datensatz keine Angaben zum Alter eines Steuerpflichtigen, sodaß sich Lebenszykluseffekte auf das zu versteuernde Einkommen im Rahmen unserer Schätzung nicht unmittelbar kontrollieren lassen.[212] Sollte die Gruppe lediger Steuerpflichtiger im Durchschnitt ein geringeres Alter aufweisen als die Gruppe gemeinsam veranlagter

[212] Zu beachten ist, daß Altersfreibetrag und Altersentlastungsbetrag Steuerpflichtigen erst bei Überschreiten einer Altersgrenze von 64 Jahren gewährt werden. Die entsprechenden Fälle ließen sich zwar in den zur Verfügung stehenden Daten identifizieren, wurden aber gerade auf Grundlage dieses Kriteriums - aus einer Reihe von Gründen - aus der verwendeten Unterstichprobe eliminiert (vgl. Abschnitt 5.4). AUTEN/CARROLL (1999), AARBU/THORESEN (2001) und SILLAMMA/VEALL (2001) berücksichtigen das Alter der beobachteten Steuerpflichtigen im Basisjahr als zusätzliche erklärende Variable ihrer Schätzungen.

Ehegatten, werden Lebenszykluseffekte aber zumindest zum Teil durch Berücksichtigung des Grundtabellen-*dummies* GRUNDT in den Schätzungen erfaßt.

6.3 Schätzergebnisse

6.3.1 Alle Steuerpflichtigen

Tabelle 14 faßt die Ergebnisse einer OLS-Regression von Schätzgleichung (89) für alle im Datensatz enthaltenen Steuerpflichtigen zusammen. Wir eliminieren zunächst weitere 347 Steuerfälle aus der Stichprobe, deren Veranlagung im Jahr 1990 eine Bemessungsgrundlage in Höhe von Null oder ein negatives zu versteuerndes Einkommen ausweist ($TI_1 \leq 0$) und für die eine Berechnung der logarithmierten Einkommensänderung auf der linken Seite von Gleichung (89) nicht möglich ist. Steuerpflichtige, die nicht über ein positives angepaßtes zu versteuerndes Einkommen verfügen ($\tilde{TI}_0 \leq 0$), wurden bereits im Rahmen der *diff-in-diff*-Berechnungen in Abschnitt 5.4 aus der verwendeten Stichprobe ausgeschlossen.[213]

Tabelle 14 hat drei mit den Ziffern I, II und III gekennzeichnete Spalten. Die einzelnen Spalten weisen das Ergebnis alternativer Schätzungen von Gleichung (89) aus, die sich jeweils im Umfang der berücksichtigten Kontrollvariablen unterscheiden. Spalte I dokumentiert die Ergebnisse einer Schätzung, die gänzlich auf die Einführung zusätzlicher Kontrollvariablen verzichtet und lediglich die exogene Änderung der Residualrate, $\ln[(1-\tilde{\tau}_1)/(1-\tau_0)]$, auf die Änderung des zu versteuernden Einkommens, $\ln(TI_1/\tilde{TI}_0)$, regressiert. Eine solche Spezifikation kommt Berechnungen der Elastizität des zu versteuernden Einkommens in bezug auf die Residualrate auf Basis der *diff-in-diff*-Methode sehr nahe und resultiert erwartungsgemäß in einem negativen Elastizitätswert in Höhe von $\zeta = -0,80$. Zu beachten ist, daß der auf diese Weise ermittelte Verhaltensparameter ζ zwischen Substitutions- und Einkommenseffekten der Tarifreform erneut nicht unterscheiden kann und die Reaktion der Bemessungsgrundlage lediglich in ihrer Gesamtheit erfaßt.

Die zweite Spalte zeigt, daß der in Spalte I ausgewiesene Wert äußerst sensitiv auf die Berücksichtigung einer Kontrollvariablen zur Erfassung von *mean reversion* reagiert: Bezieht die Schätzung das logarithmierte zu versteuernde Einkommen des Basisjahres ein, resultiert die geschätzte Elastizität zwar erneut in einem negativen Wert, nimmt im Absolutbetrag aber erkennbar ab und beläuft sich auf nur noch $\zeta = -0,28$. Der Koeffizient der Variablen $\ln \tilde{TI}_0$ ist mit einem Wert von $\rho = -0,06$ und einer Standardabweichung von le-

[213] Zu beachten ist, daß die *fixed effects*-Schätzung unter der Maßgabe $TI_1 > 0$ auch diejenigen Steuerpflichtigen von der Beobachtung ausschließt, die vor Durchführung der Reform über ein positives zu versteuerndes Einkommen verfügen, die individuelle Bemessungsgrundlage in der Veranlagung 1990 aber auf Null oder auf einen negativen Wert reduzieren. Die technisch bedingte Verkürzung des Datensatzes schlägt sich deswegen tendenziell in einer Erhöhung der geschätzten Verhaltensparameter nieder. Führt man die in Abschnitt 5 präsentierten *diff-in-diff*-Berechnungen auf Grundlage eines auf analoge Weise verkürzten Datensatzes durch, erweisen sich die dort ermittelten Ergebnisse allerdings als außerordentlich robust.

Tabelle 14: *Fixed effects*-Schätzung I: Alle Steuerpflichtigen

Alle Steuerpflichtigen
(N = 23.710)

	I	II	III
ζ (I, II) bzw. ζ^c (III)	−0,800	−0,280	0,019
	(0,061)	(0,073)	(0,091)
ρ		−0,064	−0,118
		(0,006)	(0,007)
η			0,020
			(0,009)
GRUNDT			−0,047
			(0,009)
GEWINN			−0,092
			(0,010)
NEGGEW			0,101
			(0,016)
NEGVUV			0,065
			(0,007)
LFWSCH			−0,266
			(0,017)
SONDPB			−0,044
			(0,007)
KINDFB			0,024
			(0,004)

Schätzwerte aus OLS-Regression; Standardabweichung in Klammern.

diglich 0,006 signifikant negativ. Die bereits in Abschnitt 5.8.2 diskutierte Hypothese, daß die ermittelten Schätzwerte ohne separate Berücksichtigung von *mean reversion*-Effekten einer stark negativen Verzerrung unterliegen, läßt sich im Rahmen des *fixed effects*-Modells folglich eindeutig bestätigen.[214]

Die dritte Spalte von Tabelle 14 schließlich präsentiert die Ergebnisse einer OLS-Regression auf Basis der kompletten Spezifikation (89). Substitutions- (ζ^c) und Einkommenseffekte (η) der Reform auf das zu versteuernde Einkommen werden bei einem solchen Vorgehen isoliert erfaßt, und die Ergebnisse reflektieren neben *mean reversion*-Effekten auch den Einfluß sozio-ökonomischer Charakteristika, die eine spezifische Änderung des individuellen Einkommens im Untersuchungszeitraum zur Folge haben. Die Elastizität des zu versteuernden Einkommens läßt sich in dieser Spezifikation - wegen der expliziten Modellierung des Einkommenseffekts - theoretisch unzweideutig als *kompensierte* Elastizität interpretieren und nimmt einen theoretisch korrekten, positiven Wert an. Allerdings beläuft sich der Schätzwert lediglich auf $\zeta^c = 0,019$, und die Varianz dieses Werts fällt mit einer Standardabweichung von 0,09 so hoch aus, daß die ermittelte Elastizität statistisch nur mit einer geringen Wahrscheinlichkeit von Null verschieden ist.

Die Elastizität der Bemessungsgrundlage in bezug auf das exogene Einkommen resultiert hingegen in einem signifikant positiven Wert in Höhe von $\eta = 0,02$. Dies bedeutet, daß sich ein Anstieg des exogenen - hier: des progressionsbedingt virtuellen - Einkommens eines Steuerpflichtigen in einem Anstieg des deklarierten zu versteuernden Einkommens niederschlägt. Steuerbegünstigte Konsumgüter in ihrer Gesamtheit scheinen demzufolge aus Sicht des repräsentativen Steuerpflichtigen inferiore Güter darzustellen. Wie sich das Vorzeichen des Einkommenseffekts in den Schätzergebnissen im Vergleich mit den Ergebnissen verwandter Untersuchungen interpretieren läßt, wird in Abschnitt 6.4.4 diskutiert.[215]

Die Koeffizienten der in die Schätzung aufgenommenen *dummy*-Variablen schließlich sind ausnahmslos hochsignifikant und in den meisten Fällen plausibel zu interpretieren. So weist die Bemessungsgrundlage nach der Grundtabelle besteuerter Individuen im Untersuchungszeitraum eine nur unterproportionale Zunahme auf. Zwar ließe sich im Gegensatz dazu auch ein besonders starkes Wachstum des Einkommens junger - und wohl überdurchschnittlich häufig lediger - Steuerpflichtiger erwarten. Dem steht aber ein im

---

214 Auch in den Untersuchungen von AARBU/THORESEN (2001, 328) und GRUBER/SAEZ (2002, 16) läßt sich eine signifikante Zunahme der ermittelten Elastizität des zu versteuernden Einkommens erkennen, wenn die Schätzung die Höhe der Bemessungsgrundlage im Basisjahr als zusätzliche erklärende Variable einbezieht. Führen die genannten Studien eine zu Spalte II analoge Schätzung durch, verharren die Elastizitätswerte ebenfalls im negativen Bereich.

215 Einschränkend ist schon an dieser Stelle darauf hinzuweisen, daß die Steuerreform neben einer geänderten Nachfrage nach steuerbegünstigten Konsumgütern auch eine Anpassung der Steuergestaltungs- und der Steuerhinterziehungsentscheidungen der Steuerpflichtigen zur Folge gehabt haben dürfte. Das Vorzeichen des Effekts, der von der Erhöhung eines Freibetrags beispielsweise auf die Generierung negativer Einkünfte durch Teilnahme an einem Abschreibungsmodell ausgeht, ist aber schon theoretisch nicht eindeutig (vgl. dazu Abschnitt 6.4.4).

Vergleich zu gemeinsam veranlagten Ehepaaren weniger breites Spektrum an Möglichkeiten gegenüber, auf die Höhe des deklarierten Einkommens Einfluß zu nehmen, und in der Gesamtbetrachtung fallen Lebenszykluseffekte im Dreijahreszeitraum unserer Untersuchung offensichtlich weniger ins Gewicht.[216]

Der negative Koeffizient der Variablen GEWINN, mit der die Schätzung Selbständige und Gewerbetreibende kennzeichnet, mag auf den ersten Blick überraschen. Zu vermuten ist, daß diese Beobachtung zum Teil unsere Wahl einer einkunftsspezifischen Form der Fortschreibung widerspiegelt, die Gewinneinkünfte des Basisjahres im Vergleich zu Lohneinkünften bei der Konstruktion der hypothetischen Einkünfte im Veranlagungsjahr 1990 besonders deutlich erhöhte (vgl. Abschnitt 5.5.2).[217] Dagegen weist das zu versteuernde Einkommen von Steuerpflichtigen, die vor Durchführung der Reform über negative Einkünfte in einer Gewinneinkunftsart (NEGGEW) oder aus Vermietung und Verpachtung (NEGVUV) verfügen, im Untersuchungszeitraum eine deutlich überproportionale Zunahme auf. Dieses Ergebnis stimmt mit dem bereits im Rahmen der *diff-in-diff*-Berechnungen erkennbaren Muster überein, daß sich die Existenz negativer Einkünfte in vielen Fällen als Folge von Strategien zu Steuervermeidung und Steuergestaltung interpretieren läßt, deren Attraktivität bei geringerem Steuersatz abnimmt.

Der Koeffizient der Variablen LFWSCH fällt mit einem Wert von $-0,27$ stark negativ aus und spiegelt den dramatischen und ganz offensichtlich von veränderten steuerlichen Bedingungen unabhängigen Produktionseinbruch wider, den der Agrarsektor im Jahr 1990 erlitt. Steuerpflichtige, die im Veranlagungsjahr 1988 auf die Deklarierung der geltend gemachten Sonderausgaben im Einzelnachweis verzichten, weiten ihr zu versteuerndes Einkommen 1990 nur unterdurchschnittlich aus.[218] Der signifikant positive (wenn auch gerin-

---

216 AARBU/THORESEN (2001, 328) beobachten einen signifikant höheren Einkommenszuwachs von ledigen Steuerpflichtigen im Alter von weniger als 28 Jahren. Hinzuweisen ist allerdings darauf, daß der Beobachtungszeitraum vorliegender Untersuchung lediglich drei Jahre (1988 bis 1990) umfaßt und Lebenszykluseffekten schon aus diesem Grund nur eine eingeschränkte Bedeutung zukommen dürfte. AUTEN/CARROLL (1999), AARBU/THORESEN (2001), SILLAMMA/VEALL (2001), GRUBER/SAEZ (2002) und SAEZ (2003) kennzeichnen die untersuchten Steuerpflichtigen ebenfalls nach dem Familienstand. Die Schätzergebnisse sind nicht eindeutig, lassen aber bei GRUBER/SAEZ (2002, 25) und SAEZ (2003, 1252ff.) erkennen, daß verheiratete Steuerpflichtige zumindest bei Vorliegen eines überdurchschnittlichen Einkommens ihr Verhalten stärker an Änderungen der individuellen Residualrate anpassen als ihre ledigen Pendants.

217 Die Schätzungen von AUTEN/CARROLL (1999) und SILLAMMA/VEALL (2001) verfolgen eine vergleichbare empirische Strategie und kennzeichnen Steuerpflichtige mit Einkünften aus selbständiger Arbeit im Basisjahr als Instrumentvariable, um besonderen Steuervermeidungsoptionen von Selbständigen Rechnung zu tragen. Der Koeffizient der entsprechenden Variablen hat in diesen Schätzungen durchweg ein signifikant positives Vorzeichen. Zu berücksichtigen ist aber, daß die genannten Studien zum einen das zu versteuernde Einkommen des Basisjahres mit einer für alle Steuerpflichtigen einheitlichen Rate in Höhe des Preisanstiegs fortschreiben. Zum anderen wird - anders als in vorliegender Untersuchung - das spezifische Verhalten von Steuerpflichtigen mit *negativen* Gewinneinkünften in der Ausgangssituation nicht separat erfaßt.

218 Die Schätzungen von ALM/WALLACE (2000, 180-184) und GRUBER/SAEZ (2002, 24f.) gehen gerade umgekehrt vor und ermitteln eine besonders starke Verhaltensanpassung auf seiten derjenigen US-amerikanischen Steuerpflichtigen, die Werbungskosten sowie Sonderausgaben des Basisjahres im Einzelnachweis geltend machen und auf eine Pauschalierung der angefallenen Abzüge somit gerade

ge) Koeffizient der Variable KINDFB schließlich weist darauf hin, daß Steuerpflichtige mit Kindern zwischen 1988 und 1990 ein leicht überdurchschnittliches Einkommenswachstum verzeichneten.[219]

6.3.2 Die Elastizität des zu versteuernden Einkommens in unterschiedlichen Einkommensklassen

Für die Gesamtheit der Steuerpflichtigen resultiert die Schätzung des *fixed effects*-Modells in einer kompensierten Elastizität des zu versteuernden Einkommens in Höhe von $\zeta^c = 0,02$. Dieser Schätzwert fällt auffallend niedrig und zudem unter dem Gesichtspunkt der statistischen Signifikanz unbefriedigend aus. Zu erinnern ist allerdings daran, daß das *fixed effects*-Modell eine zentrale Annahme der in Abschnitt 5 durchgeführten *diff-in-diff*-Berechnungen übernimmt und ein identisches Verhalten aller bei der Schätzung gemeinsam betrachteten Steuerpflichtigen gegenüber veränderten steuerlichen Bedingungen unterstellt. Bereits die Ergebnisse der *diff-in-diffs* in Abschnitt 5.7.2 legen aber die Vermutung nahe, daß die Elastizität des zu versteuernden Einkommens mit der Höhe des individuellen Einkommens variiert und daß eine nach der Höhe des Einkommens differenzierte Betrachtung das Signifikanzniveau der ermittelten Schätzwerte erhöht.

Im folgenden dokumentieren wir Ergebnisse von Schätzungen der Elastizität des zu versteuernden Einkommens, wenn eine OLS-Regression von Gleichung (89) für die Angehörigen einzelner Einkommensklassen getrennt durchgeführt wird. Als Kriterium für die Zuordnung zu einer Einkommensklasse dient die Höhe des 1988 deklarierten und auf das Veranlagungsjahr 1990 fortgeschriebenen zu versteuernden Einkommens bei Anwendung des alten Steuerrechts. Aus noch zu erläuternden Gründen geht von der Wahl der entsprechenden Einkommensgröße selbst - und insbesondere im Falle niedriger (zu versteuernder) Einkommen - ein Effekt auf die Höhe der gruppenspezifischen Verhaltensparameter aus. Abschnitt 6.4.3 diskutiert die Bedeutung des gewählten Selektionskriteriums und stellt die Ergebnisse bei alternativer Verwendung einer stärker am Bruttoeinkommen orientierten Einkommensgröße vor. Zu erinnern ist erneut an den für den Erfolg der empirischen Strategie entscheidenden Sachverhalt, daß die Konstruktion der Steuerreform 1990 keinen eindeutigen Zusammenhang zwischen dem Umfang der Entlastung bei Grenz- und Durch-

---

verzichten.

219 Auch dieses Ergebnis dürfte zum Teil durch Lebenszykluseffekte erklärbar sein, wenn die Inanspruchnahme des Kinderfreibetrags auf ein mittleres Alter des Steuerpflichtigen hindeutet, in dem das individuelle Einkommen im allgemeinen besonders stark ansteigt. Zudem weist WAGENHALS (2000, 201-204) nach, daß die Arbeitsangebotselastizität verheirateter Frauen in der Bundesrepublik höher ausfällt, wenn dem Haushalt Kinder im Alter von unter 16 Jahren angehören. Die Schätzungen von AUTEN/CARROLL (1999), AARBU/THORESEN (2001) und SILLAMMA/VEALL (2001) berücksichtigen ebenfalls die Anzahl der Kinder eines Steuerpflichtigen in der verwendeten Schätzgleichung, wobei der jeweilige Koeffizient kein eindeutiges Vorzeichen aufweist. AUTEN/CARROLL (1999, 687) stellen einen signifikant negativen Einfluß von in der Ausbildung befindlichen Kindern und AARBU/THORESEN (2001, 328) einen signifikant negativen Einfluß von Kindern unter siebzehn Jahren auf die Zunahme des individuellen zu versteuernden Einkommens fest.

schnittsteuersatz auf der einen und der Höhe des zu versteuernden Einkommens auf der anderen Seite konstituiert. Die erklärenden Variablen in Schätzgleichung (89) weisen in der Folge auch innerhalb der untersuchten Einkommensklassen eine ausreichende Variation auf, um Substitutions- und Einkommenseffekte auf die Bemessungsgrundlage separat zu identifizieren (vgl. dazu ausführlich Abschnitt 6.2). Zudem gewährleistet der Umfang des verwendeten Datensatzes, daß die gebildeten Einkommensklassen in jedem Fall eine ausreichende Besetzungsstärke aufweisen. So umfaßt die kleinste der untersuchten Klassen - die Gruppe derjenigen Steuerpflichtigen, deren fortgeschriebenes zu versteuerndes Einkommen einen Betrag von 80.000 DM übersteigt - immer noch über 4.800 Veranlagungen.

Tabelle 15 präsentiert die geschätzten Verhaltensparameter für Steuerpflichtige, deren fortgeschriebenes zu versteuerndes Einkommen einen Betrag von 50.000 DM unterschreitet (Panel B), zwischen 50.000 und 80.000 DM beträgt (Panel C) bzw. einen Betrag von 80.000 DM übersteigt (Panel D). Die Ergebnisse beruhen auf der vollständigen Spezifikation von Gleichung (89) und schließen sämtliche in Abschnitt 6.2 vorgestellten *dummy*-Variablen ein. Wenn im Text nicht anders beschrieben, sind die entsprechenden Koeffizienten erneut hochsignifikant und unterscheiden sich hinsichtlich des Vorzeichens nicht von denjenigen Ergebnissen, die sich Spalte III in Tabelle 14 entnehmen lassen. Tabelle 15 verzichtet aus diesem Grund auf die detaillierte Dokumentation der jeweiligen Resultate.

Betrachtet man lediglich Steuerpflichtige, die vor Durchführung der Reform über ein zu versteuerndes Einkommen von weniger als 50.000 DM verfügen, fällt im Vergleich zu den Ergebnissen für alle Steuerpflichtigen (Tabelle 14) zunächst die Zunahme aller drei zentralen Schätzkoeffizienten ins Auge. So steigt der Koeffizient des ursprünglich deklarierten zu versteuernden Einkommens mit einem erneut hochsignifikanten Wert von $\rho = -0,24$ betragsmäßig sprunghaft an. Dies ist ein Beleg für die naheliegende Annahme, daß sich *mean reversion*-Effekte im verwendeten Datensatz - d. h. ein starkes und von der Steuerreform selbst unabhängiges Wachstum von zu versteuernden Einkommen, die sich 1988 auf einem lediglich temporär niedrigen Niveau befanden - vor allem bei ursprünglich geringen Einkommen niederschlagen.

Die kompensierte Elastizität des zu versteuernden Einkommens steigt ebenfalls an und übertrifft mit einem Wert in Höhe von $\zeta^c = 0,3$ den für die Gesamtheit der Steuerpflichtigen ermittelten Wert bei weitem. Allerdings nimmt auch die Standardabweichung des geschätzten Koeffizienten in beträchtlichem Ausmaß zu, sodaß sich auf Grundlage des Schätzwerts erneut lediglich Tendenzaussagen treffen lassen. Die geschätzte Elastizität der Bemessungsgrundlage in bezug auf das exogene Einkommen der Steuerpflichtigen schließlich verdoppelt sich auf einen (statistisch signifikanten) Wert in Höhe von rund $\eta = 0,05$. Steuerpflichtige mit vergleichsweise geringem Einkommen weiten ihre Bemessungsgrundlage aus, wenn sie - unter der Voraussetzung eines konstanten Grenzsteuersatzes, d. h. etwa infolge einer isolierten Anhebung des Grundfreibetrags - in den Genuß einer Steuerentlastung kommen. Die bereits zuvor gezogene Schlußfolgerung, daß die Nachfrage nach steuerbegünstigten Konsumgütern bzw. steuermindernde Aktivitäten überhaupt bei zu-

Tabelle 15: *Fixed effects*-Schätzung II: Einkommensklassen

Panel B: Steuerpflichtige mit ZVE < 50.000 DM ($N = 11.759$)	
ζ^c	$0,300$
	(0,219)
ρ	$-0,240$
	(0,016)
η	$0,048$
	(0,016)

Panel C: Steuerpflichtige mit ZVE zwischen 50.000 und 80.000 DM ($N = 7.077$)	
ζ^c	$0,005$
	(0,143)
ρ	$-0,032$
	(0,033)
η	$-0,043$
	(0,066)

Panel D: Steuerpflichtige mit ZVE > 80.000 DM ($N = 4.874$)	
ζ^c	$0,635$
	(0,222)
ρ	$-0,008$
	(0,015)
η	$0,002$
	(0,008)

Schätzwerte aus OLS-Regression; Standardabweichung in Klammern. ZVE ist das auf 1990 fortgeschriebene zu versteuernde Einkommen des Jahres 1988 auf Basis einer zwischen 1988 und 1990 konsistenten steuerrechtlichen Definition der Bemessungsgrundlage. Alle Regressionen schließen die in Tabelle 14 ausgewiesenen *dummy*-Variablen sowie die Kontrollvariable KINDFB ein.

nehmendem exogenen Einkommen und geringerem Steuerbetrag zurückgehen, trifft im Falle von Steuerpflichtigen mit geringem zu versteuerndem Einkommen offenbar in besonderem Maße zu.

Ganz anders stellt sich demgegenüber die Situation bei Steuerpflichtigen im mittleren Einkommensbereich dar (Panel C). Die Intensität des Substitutionseffekts nimmt bei zu versteuernden Einkommen zwischen 50.000 und 80.000 DM stark ab, und unsere Schätzungen resultieren in einer kompensierten Elastizität des zu versteuernden Einkommens in Höhe von nur noch $\zeta^c = 0,005$. Die Elastizität der Bemessungsgrundlage in bezug auf das exogene Einkommen weist in dieser Einkommensklasse erstmals ein negatives Vorzeichen auf, fällt aber mit einem Wert von $\eta = -0,043$ ebenfalls nur gering aus. Das zentrale Ergebnis unserer Schätzungen für mittlere Einkommen vermittelt allerdings die jeweilige Standardabweichung, die den ermittelten Schätzwert betragsmäßig nämlich in allen Fällen und zum Teil deutlich überschreitet. In Verbindung mit den insgesamt nur geringen Schätzwerten legt eine solche Beobachtung die Schlußfolgerung nahe, daß Steuerpflichtige im mittleren Einkommensbereich nicht - oder jedenfalls mithilfe der gewählten Schätzmethode nicht eindeutig identifizierbar - auf von veränderten Grenz- und Durchschnittsteuersätzen ausgehende steuerliche Anreize reagieren.[220]

Schätzungen auf Grundlage des Panels D schließlich erfassen die - hinsichtlich des vor Durchführung der Reform deklarierten zu versteuernden Einkommens - reichsten rund 5.000 Steuerpflichtigen des IAW-Steuerpanels, deren Bemessungsgrundlage sich bereits im Rahmen einfacher *diff-in-diff*-Berechnungen eine besonders ausgeprägte Sensibilität gegenüber veränderten steuerlichen Anreizen attestieren ließ. Tatsächlich steigt die kompensierte Elastizität des zu versteuernden Einkommens von Steuerpflichtigen mit einem zu versteuernden Einkommen über 80.000 DM im Vergleich zu den Beziehern geringerer Einkommen auch in der multivariaten Regression stark an und beträgt nun $\zeta^c = 0,635$. Dieser Wert ist mit einer Standardabweichung in Höhe von lediglich 0,22 statistisch hochsignifikant. Die Höhe der von einkommensstarken deutschen Steuerpflichtigen deklarierten Bemessungsgrundlage reagiert sensitiv auf eine Änderung der steuerlichen Anreize; so zieht etwa ein (relativer) Anstieg der Residualrate um zehn Prozent in diesem Einkommensbereich einen Anstieg des zu versteuernden Einkommens um sechs Prozent nach sich.

---

[220] Der Koeffizient der Variablen SONDPB, die ein differentielles Einkommenswachstum von Veranlagungen bei Inspruchnahme des Sonderausgabenpauschbetrags erfaßt, ist im mittleren Einkommensbereich nicht signifikant. Ein Anteil von lediglich 19 Prozent der Steuerpflichtigen nimmt bei diesen Einkommen eine Pauschalierung des Sonderausgabenabzugs vor. Unsere Ergebnisse sind robust gegenüber einer alternativen Schätzung, die auf Berücksichtigung der Variablen SONDPB verzichtet. Der Koeffizient der Variablen GRUNDT beträgt 0,040 (mit einer Standardabweichung von 0,009) und weist damit im Unterschied zu den in Tabelle 14 dokumentierten Ergebnissen ein signifikant positives Vorzeichen auf. Anzunehmen ist, daß zugunsten lediger Steuerpflichtiger wirksame Lebenszykluseffekte die zusätzlichen (und tatsächlich wahrgenommenen) Möglichkeiten, über die gemeinsam veranlagte Ehegatten hinsichtlich der Gestaltung ihrer Bemessungsgrundlage verfügen, in diesem Einkommensintervall überkompensieren.

Dagegen resultiert die Schätzung des Einkommenseffekts, der von der Änderung von Steuerbetrag und Durchschnittssteuersatz auf die Bemessungsgrundlage der reichsten Steuerpflichtigen ausgeht, den Ergebnissen in Tabelle 15 zufolge in einem nur schwach positiven und überdies insignifikanten Wert. Einkommenseffekten kommt im steuerlich relevanten Verhalten reicher Haushalte demnach nahezu keine Bedeutung zu.

Der Koeffizient des logarithmierten zu versteuernden Einkommens im Basisjahr (ρ) ist bei einer Schätzung auf Grundlage von Panel D nicht signifikant, und *mean reversion*-Effekte fallen bei der Beobachtung hoher zu versteuernder Einkommen im Zeitablauf offenbar kaum ins Gewicht. Auch der Erklärungsgehalt der Variablen SONDPB, LFWSCH und KINDFB erweist sich in der Schätzung von Gleichung (89) als äußerst gering. Diese Beobachtung läßt sich einerseits auf den geringen Anteil "reicher" Steuerpflichtiger zurückführen, die in ihrer Veranlagung 1988 den Sonderausgabenpauschbetrag geltend machen (15,9 Prozent) bzw. über Einkünfte aus Land- und Forstwirtschaft verfügen (1,1 Prozent). Vernachlässigt man die Variablen SONDPB, LFWSCH und KINDFB bei der Regression, nimmt die kompensierte Elastizität des zu versteuernden Einkommens mit einem Wert von $\zeta^c = 0,61$ (Standardabweichung: $0,21$) nur geringfügig ab, und eine kompensierte Elastizität des zu versteuernden in Höhe von mindestens $\zeta^c = 0,61$ stellt für reiche Steuerpflichtige in der Bundesrepublik ein robustes Ergebnis unserer Schätzungen dar.

6.4 Interpretation der Ergebnisse

6.4.1 Vorbemerkung

Der vorige Abschnitt präsentierte die Ergebnisse unserer empirischen Untersuchung zur Elastizität des zu versteuernden Einkommens deutscher Steuerpflichtiger, die auf der Schätzung eines *fixed effects*-Modells zur Erklärung von Verhaltensänderungen im natürlichen Experiment der Steuerreform 1990 beruht. Diese Ergebnisse lassen sich wie folgt zusammenfassen:

Führen wir eine Regression der vollständigen Spezifikation von Gleichung (89) für sämtliche im verwendeten Datensatz enthaltenen Steuerpflichtigen gemeinsam durch, nimmt die geschätzte Elastizität des zu versteuernden Einkommens einen nur sehr geringen Wert in Höhe von $\zeta^c = 0,02$ an. Die verwendete Schätzgleichung basiert auf der SLUTSKY-Gleichung für das zu versteuernde Einkommen. Die Schätzung ist in der Lage, Substitutions- und Einkommenseffekt einer Steueränderung auf die Bemessungsgrundlage isoliert zu erfassen, und der ermittelte Verhaltensparameter läßt sich als kompensierte Elastizität des zu versteuernden Einkommens interpretieren. Vor diesem Hintergrund weist der Schätzwert für den Parameter ζ^c zwar das theoretisch korrekte, weil positive Vorzeichen auf. Die Schätzung ergibt allerdings auch eine hohe statistische Varianz dieses Werts, sodaß von einer signifikanten Reaktion der Bemessungsgrundlage auf von der Steuerreform 1990 ausgehende Anreize - allein auf Grundlage dieses Resultats - nicht ausgegangen werden könnte. Dagegen lassen sich durch die Reform induzierte Einkommenseffekte in signifikantem, wenn auch wiederum nur in geringem Ausmaß feststellen: Eine Erhöhung des exogenen Einkommens aller Steuerpflichtigen um zehn Prozent zöge einen Anstieg des aggregierten zu versteuernden Einkommens in Höhe von 0,2 Prozent nach sich, und die verringerte Nachfrage nach nicht-inferioren steuerbegünstigten Konsumgütern wird durch eine Abnahme anderer und mit dem exogenen Einkommen abnehmender Aktivitäten zur Minderung der Bemessungsgrundlage offensichtlich überkompensiert.[221]

Die Beobachtung einer geringen Reaktion des aggregierten zu versteuernden Einkommens auf von der Besteuerung ausgehende Anreize stimmt überein mit den Ergebnissen einer Reihe von Untersuchungen, die sich mit dem Ausmaß der von der Steuerreform 1990 zu erwartenden Arbeitsangebotseffekte beschäftigen (vgl. vor allem WAGENHALS, 1990; MERZ, 1991; und KAISER ET AL., 1993). Allgemein besteht das Vorgehen dieser Studien darin, auf Basis von Schätzungen empirischer Arbeitsangebotsfunktionen das Ausmaß von reformbedingten Substitutionseffekten (eines veränderten marginalen Nettolohns) und Einkommenseffekten (eines veränderten Steuerbetrags) auf das Arbeitsangebot ausgewählter Steuerpflichtiger im Veranlagungsjahr 1990 zu simulieren. Empirisch läßt sich meist eine nur geringe Elastizität des Arbeitsangebots männlicher Erstverdiener in bezug auf veränderte Lohnsätze - und damit auch auf von der Einkommensbesteuerung ausgehende Anreize - feststellen. In der Folge ermittelt etwa MERZ (1991, 297f.) eine nur geringfügige Abnahme der von männlichen Steuerpflichtigen im Haupterwerb geleisteten Arbeitsstunden, die nach Durchführung der Reform um 0,43 Prozent unter dem Niveau des Vorjahres lag.[222] Für die Gruppe verheirateter Frauen wurden der Reform dagegen positive Beschäftigungswirkungen, wenn auch in ebenfalls nur geringem Umfang, attestiert. So beträgt der im Jahr 1990 zu verzeichnende Anstieg der angebotenen Arbeitsstunden weiblicher Zweitverdiener bei MERZ (1991, 297f.) im Vergleich zum Vorjahr rund 0,5 Prozent.

Die beispielhaft genannte Studie überträgt für den (jeweiligen) repräsentativen Steuerpflichtigen geschätzte Verhaltensparameter auf die Gesamtheit der Beschäftigten und leitet aus einer Änderung der steuerlichen Situation ausgewählter Individuen Aussagen über die aggregierten Effekte der Steueränderung 1990 ab. Die Simulation beruht zum Teil zwar auch auf einer nach dem verfügbaren Haushaltseinkommen geschichteten Stichprobe und zeigt, daß die Zunahme der von Zweitverdienern geleisteten Arbeitsstunden in Haushal-

---

221 Folgern läßt sich außerdem, daß die häufige Beobachtung negativer unkompensierter Elastizitäten in den *diff-in-diff*-Berechnungen aus Abschnitt 5.7.2 offensichtlich nicht darauf zurückzuführen ist, daß Substitutions- und Einkommenseffekte auf das zu versteuernde Einkommen ein gegenläufiges Vorzeichen aufweisen und der (negative) Einkommens- den (positiven) Substitutionseffekt in der Gesamtbetrachtung überwiegt. Stattdessen tragen beide Effekte nach den Ergebnissen des vorigen Abschnitts das gleiche (positive) Vorzeichen.

222 Die verwandte Untersuchung von KAISER ET AL. (1993, 176f.) argumentiert, eine Reaktion des Arbeitsangebots sei für männliche Arbeitnehmer in der Bundesrepublik statistisch nicht nachweisbar, und verzichtet gänzlich darauf, für diese Gruppe eine Analyse der Beschäftigungswirkungen durchzuführen.

ten mit mittlerem und hohem Einkommen besonders deutlich ausfällt (vgl. MERZ, 1991, 301). Zu beachten ist aber, daß dieses Ergebnis nicht Folge einer höheren Sensitivität der Bemessungsgrundlage (hier: der Lohneinkünfte) einkommensstarker Individuen gegenüber steuerlichen Anreizen ist. Stattdessen gehören der Klasse "höherer Einkommen" bei MERZ (1991) diejenigen Steuerpflichtigen an, die über ein Netto-Einkommen in Höhe von mindestens 36.000 DM verfügen und die sich 1990 einer besonders starken Reduktion der Residualrate bzw. des empfangenen Nettolohns gegenübersehen; die prognostizierte Änderung des Arbeitsangebots fällt dann auch (und gerade) unter der Annahme uniformer Verhaltensparameter in dieser Gruppe besonders deutlich aus.

Auch die Ergebnisse vorliegender Arbeit sprechen, wird eine Schätzung der Elastizität des zu versteuernden Einkommens auf Basis eines für die Gesamtzahl der Steuerpflichtigen repräsentativen Datensatzes durchgeführt, für eine äußerst geringe Sensibilität der Bemessungsgrundlage des für die Gesamtpopulation repräsentativen Steuerpflichtigen. Im Unterschied zur Arbeitsangebotsliteratur lassen unsere Schätzungen aber auch die Existenz eines nach der Höhe des individuellen Einkommens differenzierten Verhaltens der Individuen unter Besteuerung zu. Die Ergebnisse ändern sich unter diesen Umständen dramatisch. Erkennbar wird, daß Steuerpflichtige mit unterdurchschnittlichem und Steuerpflichtige mit überdurchschnittlichem zu versteuernden Einkommen tatsächlich über eine höhere Elastizität des zu versteuernden Einkommens verfügen (deren Schätzwert allerdings im Falle von Steuerfällen mit einem zu versteuernden Einkommen unter 50.000 DM nicht signifikant ist). Insbesondere reagieren Steuerpflichtige mit einem zu versteuernden Einkommen von über 80.000 DM auf eine Senkung der Grenzsteuersätze mit einer deutlichen Ausweitung der individuellen Bemessungsgrundlage, was sich in einer kompensierten Elastizität des zu versteuernden Einkommens in bezug auf die Residualrate in Höhe von mindestens $\zeta^c = 0,6$ niederschlägt. Ein signifikanter und wiederum positiver Einkommenseffekt läßt sich demgegenüber lediglich bei Steuerpflichtigen mit einem zu versteuernden Einkommen unter 50.000 DM feststellen. Dieses Ergebnis weist darauf hin, daß auch die Kombination aus Substitutions- und Einkommenseffekt einer Absenkung des Steuertarifs (im relevanten Bereich) tendenziell zu einem Anstieg der von Beziehern geringer Einkommen deklarierten Bemessungsgrundlage führt.

Auffallend ist schließlich, daß im Bereich mittlerer Einkommen überhaupt kein signifikanter Effekt der Steueränderung auf die Höhe der deklarierten Bemessungsgrundlage festzustellen ist. Diese Beobachtung ist deswegen bemerkenswert, weil die Steuerreform 1990 eine besonders starke Absenkung der tariflichen Grenzbelastung mittlerer Einkommen vornahm und mit der Hoffnung auf eine Verbesserung der Leistungsanreize für den "Mittelstand" verband (vgl. dazu ausführlich Abschnitt 5.1.2). Betrachtet man die Reaktion von Steuerpflichtigen abhängig von der Höhe des vor Durchführung der Reform deklarierten zu versteuernden Einkommens, weisen die Ergebnisse vorliegender Untersuchung demgegenüber auf einen mit dem Einkommen J-förmigen Verlauf der Reagibilität der Bemessungsgrundlage - eine Elastizität, die zunächst mit der Höhe des Einkommens abnimmt, um bei überdurchschnittlichen Einkommen stark anzusteigen - hin und legen die

Schlußfolgerung nahe, daß die Steuerreform 1990 ihr selbstgestecktes Ziel in wesentlicher Hinsicht verfehlte.

Schließlich erlaubt eine nach der Höhe des deklarierten Einkommens differenzierte Betrachtung der Steuerpflichtigen, die im Veranlagungsjahr 1990 beobachtete und äußerst geringe Reaktion der Bemessungsgrundlage insgesamt zu erklären. Denn in der Gesamtbetrachtung gehören Bezieher mittlerer Einkommen - schon im Rahmen der *diff-in-diff*-Berechnungen, aber genauso auch bei Schätzung eines *fixed effects*-Modells - der "Experimentgruppe" der untersuchten Politikänderung an. Die Ermittlung einer für die Steuerpflichtigen insgesamt repräsentativen Elastizität wird dann vom Verhalten dieser Gruppe dominiert und die offenbar stärkere Reagibilität der Bemessungsgrundlage an den Rändern der Einkommensverteilung in der Konsequenz überlagert. Die folgenden Abschnitte stellen deswegen die Interpretation abhängig von der Höhe des individuellen Einkommens differenzierter Verhaltensparameter in den Vordergrund.

6.4.2 Vergleich mit den Ergebnissen verwandter Studien

Ein Vergleich der von vorliegender Arbeit ermittelten Schätzwerte für die Elastizität des zu versteuernden Einkommens mit den Ergebnissen verwandter Untersuchungen ist nicht immer einfach vorzunehmen. Die untersuchten Steuersysteme unterscheiden sich einerseits im Hinblick auf den Umfang, in dem das Steuerrecht den Individuen Möglichkeiten zu Steuervermeidung und Steuergestaltung eröffnet und mit dem sich die Höhe der Elastizität des zu versteuernden Einkommens zumindest partiell durch politische Entscheidungen beeinflussen läßt (vgl. dazu ausführlich die Abschnitte 2.4 und 2.6 vorliegender Arbeit). Wesentliche Unterschiede bestehen aber auch in der Konstruktion der Steuerreform, die der Identifizierung des individuellen Steuervermeidungsverhaltens als quasi-natürliches Experiment zugrundeliegt. Vor allem hinsichtlich der Frage, in welchem Ausmaß die Reform die Residualrate unterschiedlicher Einkommensgruppen veränderte und ob sich die Effekte geänderter Grenz- und Durchschnittsteuersätze in unterschiedlichen Einkommensgruppen separat identifizieren lassen, sind die Spezifika der untersuchten Tarifreform sowohl für die jeweils angewandte empirische Strategie als auch für die Interpretation der letztlich erzielten Ergebnisse von zentraler Bedeutung.

In der Gesamtbetrachtung aller Steuerpflichtigen resultieren unsere Schätzungen in einer Elastizität des zu versteuernden Einkommens, die so gering ausfällt, daß von einer statistisch eindeutig nachweisbaren Reaktion der Bemessungsgrundlage auf die 1990 durchgeführte Steuersenkung nicht gesprochen werden kann. Allein auf Grundlage dieses Ergebnisses ließe sich deshalb die Schlußfolgerung ziehen, daß deutsche Haushalte auf die Besteuerung ihres Einkommens in wesentlich geringerem Ausmaß reagieren (oder reagieren können) als sich dies in empirischen Untersuchungen vor allem für das US-amerikanische Steuersystem nachweisen läßt. Dies gilt nicht nur im Vergleich zu den außerordentlich hohen Elastizitäten der Untersuchung FELDSTEINs (1995a), die auf einfachen *diff-in-diff*-Berechnungen beruhen und deren Validität sich in mehrerlei Hinsicht Zweifeln ausgesetzt sieht (vgl. dazu ausführlich Abschnitt 5.8). Auch die Schätzungen AUTEN/CARROLLS (1999), die eine dem hier verwendeten *fixed effects*-Ansatz ähnliche empirische Strategie verfolgen, resultieren in einer Elastizität des zu versteuernden Einkommens US-amerikanischer Haushalte, die mit einem Wert von 0, 6 zwar deutlich geringer ausfällt als die Ergebnisse FELDSTEINS (1995a), die Reaktion deutscher Steuerpflichtiger aber noch immer bei weitem übertrifft.

Hinsichtlich der für Steuerpflichtige in anderen Ländern (und für andere Steuersysteme) vorliegenden empirischen Untersuchungen fallen die Unterschiede hingegen bereits weniger deutlich aus. Auf Basis einer multivariaten Regression, die wie in vorliegender Arbeit die Intensität des steuerlich relevanten Verhaltens in der Reaktion auf eine hypothetische Steuersatzänderung bei konstanter Bemessungsgrundlage identifiziert, ermitteln AARBU/THORESEN (2001, 328f.) sogar eine geringfügig negative und überdies ebenfalls insignifikante Elastizität des zu versteuernden Einkommens norwegischer Steuerpflichtiger. SILLAMAA/VEALL (2001, 348) wiederum legen Schätzungen des Verhaltens kanadischer Steuerpflichtiger vor, die mit einer Elastizität von rund $\zeta = 0,14$ die in vorliegender Arbeit vorgestellten Ergebnisse nur geringfügig überschreiten.[223]

Die methodisch größte Nähe zu dem in dieser Arbeit gewählten Verfahren weist die US-amerikanische Untersuchung von GRUBER/SAEZ (2002) auf, die zwischen Substitutions- und Einkommenseffekt der untersuchten Steueränderung(en) auf das zu versteuernde Einkommen - wenn auch auf etwas andere Weise (vgl. dazu Abschnitt 6.2) - differenziert und deren zentraler Schätzwert sich deswegen ebenfalls als kompensierte Elastizität des zu versteuernden Einkommens interpretieren läßt. GRUBER/SAEZ (2002, 16ff.) führen eine Reihe alternativer Regressionsanalysen durch, deren nach Ansicht der Autoren ökonometrisch befriedigendste Variante in einer Elastizität in Höhe von $\zeta^c = 0,4$ resultiert. Nun weist die von GRUBER/SAEZ (2002) beziehungsweise in vorliegender Arbeit gewählte methodische Vorgehensweise verschiedentlich geringe Differenzen auf, die für den deutlichen Unterschied in den ermittelten Schätzwerten jedoch nicht verantwortlich sein dürften: So schließt die von GRUBER/SAEZ (2002) verwendete Stichprobe zum einen, anders als vorliegende Arbeit, Steuerpflichtige von der Beobachtung aus, die im Basisjahr über ein besonders geringes Einkommen von weniger als 10.000 US-$ verfügen. Durch ein solches Vorgehen werden durch *mean reversion* ausgelöste Verzerrungen natürlich (weiter) reduziert. Unsere Ergebnisse sind allerdings robust gegenüber einem äquivalenten Vorgehen, das ausschließlich Steuerpflichtige berücksichtigt, deren fortgeschriebenes zu versteuerndes Einkommen die Höhe von 10.000 DM oder alternativ die Höhe von 20.000 DM übersteigt.

[223] Ebenso wie vorliegende Arbeit berücksichtigen alle genannten Studien das ursprünglich deklarierte (logarithmierte) zu versteuernde Einkommen als Kontrollvariable, um *mean reversion*-Effekte beim deklarierten Einkommen zu erfassen. Zu beachten ist, daß jede der Untersuchungen darüber hinaus eine Subgruppe von Steuerpflichtigen aus dem verwendeten Datensatz eliminiert, deren zu versteuerndes Einkommen im Basisjahr unter einen im Einzelfall spezifizierten Schwellenwert fällt, und auf diese Weise durch *mean reversion* bedingte Verzerrungen natürlich weiter reduziert. Der gewählte Schwellenwert nimmt zum Teil beträchtliche Ausmaße an.

Zum anderen legen GRUBER/SAEZ (2002, 15f.) den in ihrer zentralen Regression verwendeten Variablen mit dem individuellen Einkommen gewichtete Werte zugrunde. Zum Vergleich präsentiert Tabelle 16 unsere Ergebnisse einer Schätzung, die die Änderung der Residualrate $\ln[(1-\tilde{\tau}_1)/(1-\tau_0)]$ sowie die Änderung des zu versteuernden Einkommens $\ln(TI_1/\tilde{TI}_0)$ in Gleichung (89) auf analoge Weise mit dem fortgeschriebenen zu versteuernden Einkommen des jeweiligen Steuerpflichtigen gewichtet.

Tabelle 16: *Fixed effects*-Schätzung III: Gewichtete Werte

Panel A: Alle Steuerpflichtigen ($N = 23.710$)	
ζ^c	0,282
	(0,087)
ρ	0,287
	(0,045)
η	0,027
	(0,009)

Schätzwerte aus OLS-Regression unter Verwendung gewichteter Werte (s. Text); Standardabweichung in Klammern. Die Regression schließt die in Tabelle 14 ausgewiesenen *dummy*-Variablen sowie die Kontrollvariable KINDFB ein.

Tatsächlich schlägt sich ein solches Vorgehen in einer kompensierten Elastizität des zu versteuernden Einkommens nieder, die nun $\zeta^c = 0,28$ beträgt und die dem von GRUBER/SAEZ (2002) vorgelegten Schätzwert offensichtlich sehr viel näher kommt. Man erkennt aber auch, daß der Koeffizient des zu versteuernden Einkommens der Basisperiode nun ein *positives* Vorzeichen annimmt, sodaß reformunabhängig zwischen der Höhe des individuellen Einkommens vor Durchführung der Steuerreform und der Änderung der Bemessungsgrundlage im Jahr 1990 ein (stark) positiver Zusammenhang bestünde. Die Vermutung liegt nahe, daß die Gewichtung *mean reversion*-Tendenzen im verwendeten Datensatz - die sich, wie aus Tabelle 15 ersichtlich wurde, besonders bei geringen Einkommen niederschlagen - deutlich überkompensiert und in der Folge den Effekt des Regressors $\ln \tilde{TI}_0$ auf die Schätzergebnisse gerade in sein Gegenteil verkehrt.[224] Aus unserer Sicht stellen die in Tabelle 14 ausgewiesenen Ergebnisse einer ungewichteten Schätzung das Verhalten deutscher Steuerpflichtiger deshalb auf ökonometrisch überzeugendere Weise dar.[225]

[224] Zudem nimmt bei einer OLS-Schätzung von Gleichung (89) das ausgewiesene Maß für den Erklärungsgehalt der exogenen Variablen (R^2) im Falle der Verwendung gewichteter Änderungen einen auffallend hohen Wert von $R^2 \simeq 0,6$ an. Bei Verwendung ungewichteter Änderungen erhalten wir demgegenüber ein R^2, das maximal einen Wert von 0,1-0,2 erreicht.

[225] In einer alternativen Spezifikation berücksichtigt die Schätzung von GRUBER/SAEZ (2002, 15f.) weitere erklärende Variablen, mit denen sich eine nicht-lineare Spreizung der US-amerikanischen Verteilung im Untersuchungszeitraum kontrollieren läßt. Eine zunehmende Ungleichverteilung der Einkommen, d. h. ein stärkerer exogener Anstieg des Einkommens von Steuerpflichtigen mit hohem

Wie zuvor erläutert, halten wir bei der Analyse des Verhaltens deutscher Steuerpflichtiger die Hypothese nach dem individuellen Einkommen differenzierter Elastizitäten für angemessen, und ein solches Vorgehen macht die Verwendung gewichteter Werte in der Schätzung - weil die Annahme dann gerade darin besteht, daß das Verhalten der Steuerpflichtigen im jeweiligen Einkommensintervall homogen bezüglich aller relevanten Parameter ist - ohnehin obsolet (vgl. auch GRUBER/SAEZ, 2002, 15). Hinsichtlich der ermittelten einkommensspezifischen Verhaltensparameter läßt sich in diesem Fall eine bemerkenswerte Ähnlichkeit der ermittelten Schätzwerte feststellen: Ebenso wie vorliegende Arbeit beobachten GRUBER/SAEZ (2002, 24) einen mit dem Einkommen J-förmigen Verlauf der Elastizität der Bemessungsgrundlage. Bei den niedrigsten zu versteuernden Einkommen nimmt die kompensierte Elastizität in ihrer Schätzung einen Wert von $\zeta^c = 0,18$ an, der im mittleren Einkommensbereich auf $\zeta^c = 0,10$ zurückgeht, um bei Einkommen über 100.000 US-$ wieder auf $\zeta^c = 0,57$ anzusteigen.[226] Berücksichtigt man, daß die höchste Einkommensklasse vorliegender Arbeit bereits bei einem geringeren zu versteuernden Einkommen beginnt, scheint sich die Elastizität des zu versteuernden Einkommens deutscher Steuerpflichtiger mit hohem Einkommen vom Verhalten US-amerikanischer Individuen in einer vergleichbaren Einkommensposition demzufolge nicht auffällig zu unterscheiden.[227] Ein Argument, mit dem sich eine im internationalen Vergleich geringe Elastizität des zu versteuernden Einkommens deutscher Steuerpflichtiger im mittleren Einkommensbereich erklären läßt, wird im nächsten Abschnitt vorgestellt.

Einkommen, wirkt *mean reversion*-Effekten, d. h. einem stärkeren exogenen Einkommenswachstum in Veranlagungen mit geringem Einkommen, gerade entgegen. Wird die Untersuchung des quasinatürlichen Experiments vor dem Hintergrund einer - wie in der Bundesrepublik Ende der 1980er Jahre (vgl. dazu Abschnitt 5.8.3) - weitgehend stabilen Einkommensverteilung durchgeführt, geht von der Verwendung gewichteter Werte dagegen offenbar selbst eine verzerrende Wirkung auf die Schätzergebnisse aus.

226 Im Unterschied zu den Ergebnissen vorliegender Arbeit sind die Schätzwerte nach dem Einkommen differenzierter Elastizitäten bei GRUBER/SAEZ (2002, 24f.) allerdings in keinem Fall - und damit insbesondere auch nicht für besonders einkommensstarke Steuerpflichtige - signifikant.

227 Bestätigt wird dieser Eindruck durch die Untersuchung von SAEZ (2003, 1253f.), der auf Basis einer vergleichbaren Methodik eine statistisch signifikante Elastizität in Höhe von ebenfalls rund 0,65 lediglich für verheiratete Steuerpflichtige mit vergleichsweise hohem Einkommen nachweisen kann. Ein Vergleich mit den für Steuerpflichtige anderer Länder und Steuersysteme vorliegenden Ergebnisse ist demgegenüber weit weniger einfach vorzunehmen. SILLAMAA/VEALL (2001, 351) ermitteln ebenfalls, daß die Elastizität des zu versteuernden Einkommens kanadischer Steuerzahler mit dem individuellen Einkommen ansteigt und sich bei Einkommen von über 100.000 Cnd$ auf einen enorm hohen Wert von $\zeta = 1,6$ beläuft. Einkommen in dieser Höhe unterlagen aber sowohl vor als auch nach Durchführung der untersuchten kanadischen Tarifreform dem (von 34% auf 29% reduzierten) Spitzensteuersatz, sodaß die wichtigste exogene Variable ihrer Schätzung in diesem Einkommensbereich überhaupt keine Variation aufweist (vgl. zum Beleg selbst SILLAMAA/VEALL, 2001, 343). Die für die Klasse hoher Einkommen vorgelegten Schätzergebnisse lassen sich deswegen nur schwer interpretieren.

6.4.3 Interpretation nach dem Einkommen differenzierter Elastizitäten

Die Intensität, mit der deutsche Steuerpflichtige auf Steueränderungen durch eine Anpassung der deklarierten Bemessungsgrundlage reagieren, nimmt nach den vorgelegten Ergebnissen mit dem individuellen Einkommen zu. Diese Beobachtung befindet sich im Einklang mit der intuitiven Vorstellung, daß "reiche" Steuerzahler über besonders ausgeprägte Anreize verfügen, Strategien mit dem Ziel der Steuervermeidung und Steuergestaltung zu verfolgen. Zudem sind Selbständige und Gewerbetreibende sowie Steuerpflichtige mit Einkünften aus Vermietung und Verpachtung - denen eine größere Zahl an Optionen offensteht, die deklarierten Einkünfte etwa in Form eines überhöhten Betriebsausgaben- oder Werbungskostenabzugs zu mindern - innerhalb der Gruppe hoher Einkommen deutlich überrepräsentiert (vgl. Abschnitt 3.2.2). Von sinkenden Steuersätzen bzw. steigenden Residualraten ausgehende Anreize schlagen sich dann offenbar in einem besonders starken Anstieg der Bemessungsgrundlage dieser Steuerpflichtigen nieder.

Hohe Einkommen

Die vorgelegten Schätzungen der Elastizität des zu versteuernden Einkommens erfassen die Intensität des steuerlich relevanten Verhaltens der Individuen in seiner Gesamtheit. Der geschätzte Verhaltensparameter spiegelt dementsprechend das gesamte Spektrum an Möglichkeiten eines Steuerpflichtigen wider, abhängig von der Höhe der individuellen Residualrate auf die Höhe der Bemessungsgrundlage durch Steuervermeidung und Steuergestaltung Einfluß zu nehmen. Die Abschnitte 2.2 und 2.3 vorliegender Arbeit demonstrierten, daß es zur Beantwortung wichtiger finanzpolitischer Fragestellungen - hinsichtlich der Effizienzeigenschaften des Einkommensteuersystems ebenso wie hinsichtlich der Aufkommenswirkungen einer geplanten Tarifreform - lediglich auf die Reaktion des zu versteuernden Einkommens insgesamt ankommt und daß es einer Kenntnis der Intensität potentieller Verhaltensanpassungen im einzelnen deswegen häufig gar nicht bedarf. Dennoch ist die Frage von Interesse, in welcher Relation sich gerade die in unseren Schätzungen beobachtete Reaktion der Bemessungsgrundlage einkommensstarker Steuerpflichtiger auf eine Erhöhung der erzielten bzw. deklarierten Einkünfte einerseits und auf eine Verringerung der von der Summe der Einkünfte vorgenommen Abzüge andererseits zurückführen läßt.

Die letzte Spalte von Tabelle 17 dokumentiert die Ergebnisse einer alternativen Schätzung, wenn Gleichung (89) die 1990 beobachtete Änderung der deklarierten Summe der Einkünfte (S) - und nicht die Änderung des zu versteuernden Einkommens (TI) - als endogene Variable enthält. Im Hinblick auf die erklärenden Variablen wird die bisherige Spezifikation beibehalten. Auf diese Weise läßt sich der Effekt, der von einem reformbedingten Anstieg der Residualrate (und von allen übrigen Kontrollvariablen) auf das individuelle Bruttoeinkommen ausgeht, unabhängig von einer Anpassung der bei Ermittlung des zu versteuernden Einkommens vorgenommenen Abzüge isoliert erfassen.[228]

[228] Das hier vorgestellte Vorgehen beruht auf der impliziten Annahme, im Bereich der Einkünfte einerseits und der Abzüge andererseits zu beobachtende Steuervermeidungsstrategien würden unabhängig

Tabelle 17: *Fixed effects*-Schätzung IV: Einkommensänderung

Steuerpflichtige mit ZVE > 80.000 DM ($N = 4.874$)		
endogene Einkommensänderung	*TI*	*S*
ζ^c	0,635	0,514
	(0,222)	(0,170)
ρ	−0,008	−0,017
	(0,015)	(0,012)
η	0,002	0,002
	(0,008)	(0,006)

Schätzwerte aus OLS-Regression; Standardabweichung in Klammern. ZVE ist das auf 1990 fortgeschriebene zu versteuernde Einkommen des Jahres 1988 auf Basis einer zwischen 1988 und 1990 konsistenten steuerrechtlichen Definition der Bemessungsgrundlage. Die Spalten *TI* bzw. *S* kennzeichnen die Ergebnisse von Schätzungen mit unterschiedlicher endogener Variable (Änderung des zu versteuernden Einkommens bzw. Änderung der deklarierten Summe der Einkünfte im Veranlagungsjahr 1990). Alle Regressionen schließen die in Tabelle 14 ausgewiesenen *dummy*-Variablen sowie die Kontrollvariable KINDFB ein.

Im Vergleich zu dem ebenfalls ausgewiesenen Ergebnis der ursprünglichen Schätzung, das aus Tabelle 15 übernommen wurde, nimmt die kompensierte Elastizität des deklarierten *Brutto*einkommens um rund 0,12 Punkte ab und beläuft sich nun auf $\zeta^c = 0,514$. Der beobachtete Rückgang des Schätzwerts läßt sich dabei auf zwei mögliche Gründe zurückführen (vgl. dazu auch Gruber/Saez, 2002, 17f.): Zum einen beruht die Konstruktion der endogenen Variablen beider Schätzungen jeweils auf einer relativen Einkommensänderung, deren Basis im Falle des zu versteuernden Einkommens aber natürlich erheblich geringer ausfällt. Eine identische Erhöhung des nach Durchführung der Reform deklarierten Bruttoeinkommens schlägt sich deswegen schon mechanisch in einer höheren prozentualen Änderung des zu versteuernden Einkommens und in einem höheren Schätzwert der Variante *TI* nieder. Zum anderen bestimmt sich die Höhe des zu versteuernden Einkommens neben der Anpassung der erzielten Bruttoeinkünfte durch eine Reihe weiterer Entscheidungen - vor allem im Rahmen des vorgenommenen Sonderausgabenabzugs -, wodurch die ermittelten Schätzwerte in der Tendenz ebenfalls ansteigen.

voneinander vollzogen. Diese Annahme wird in der verwandten Literatur, die häufig zu Tabelle 17 äquivalente Vergleichsschätzungen durchführt, nicht problematisiert und dürfte sich empirisch zudem nur schwer überprüfen lassen. Darauf hinzuweisen ist, daß die ursprüngliche Schätzung einer Elastizität des zu versteuernden Einkommens eine vergleichbare Annahme nicht zu treffen hat, weil sich in der Höhe der Bemessungsgrundlage sämtliche steuerlich relevanten Entscheidungen eines Individuums und damit indirekt auch die Intensität reformbedingter Substitutionsprozesse *innerhalb* des Bündels der steuerbegünstigten Güter niederschlagen.

Aggregiert beläuft sich das zu versteuernde Einkommen der betrachteten Steuerpflichtigen auf rund 90 Prozent der in dieser Einkommensklasse insgesamt ausgewiesenen Summe der Einkünfte, während die Elastizität der deklarierten Bruttoeinkünfte den in Tabelle 17 ausgewiesenen Ergebnissen gemäß um rund 20 Prozent abnimmt. Aus dieser Beobachtung läßt sich die Schlußfolgerung ziehen, daß die Erhöhung der Bemessungsgrundlage einkommensstarker Haushalte zu einem ganz überwiegenden Teil auf eine Anpassung der 1990 deklarierten Einkünfte - d. h. auf eine Ausweitung des Arbeitsangebots abhängig Beschäftigter, auf eine höhere Leistungsbereitschaft der Bezieher von Gewinneinkünften, auf eine Abnahme der (auch) privat veranlaßten Aufwendungen im Rahmen des Werbungskosten- und Betriebsausgabenabzugs sowie auf eine Verringerung der negativen Einkünfte aus Vermietung und Verpachtung - zurückgeführt werden kann. Demgegenüber scheint die Einschränkung des Sonderausgabenabzugs als Folge einer geringeren Nachfrage nach steuerbegünstigten Konsumgütern weit weniger stark ins Gewicht zu fallen.[229]

Geringe Einkommen

Auffallend ist, daß unsere Schätzungen in einer vergleichsweise hohen (wenn auch nicht signifikanten und deshalb nur in der Tendenz aussagekräftigen) Elastizität des zu versteuernden Einkommen von Steuerpflichtigen mit ursprünglich geringer Bemessungsgrundlage resultieren, welche den für mittlere Einkommen ermittelten Schätzwert deutlich übertrifft. Allerdings wies bereits die deskriptive Analyse der Veranlagungsdaten in Abschnitt 3.2.3 vorliegender Arbeit darauf hin, daß tatsächlich eine Reihe von Abzügen - insbesondere die als Sonderausgabe geltend gemachten Steuerberatungskosten und Spenden (einschließlich der entrichteten Kirchensteuer) - bei den entsprechenden Steuerpflichtigen einen größeren Anteil an der deklarierten Bemessungsgrundlage ausmachen als bei Steuerpflichtigen im mittleren Einkommensbereich. Parallel zur Beobachtung eines mit dem individuellen Einkommen U-förmigen Verlaufs der für einzelne Abzugstatbestände berechneten Quoten

[229] Wenn das zu versteuernde Einkommen insgesamt 90 Prozent an der aggregierten Summe der Einkünfte ausmacht und die relative Änderung des Bruttoeinkommens 80 Prozent der relativen Änderung des zu versteuernden Einkommens beträgt, gilt $(\mathrm{d}S + \mathrm{d}A)0,8/0,9 = \mathrm{d}S$, wobei $\mathrm{d}S$ die Änderung des Bruttoeinkommens und $\mathrm{d}A$ die Änderung der vom Bruttoeinkommen vorgenommenen Abzüge bezeichnen. Aufgelöst ergibt sich $\mathrm{d}A = 0,125\,\mathrm{d}S$, und die geltend gemachten Abzüge A reagieren in erkennbar geringerem Ausmaß auf die Steuersenkung als das deklarierte Bruttoeinkommen. Hinsichtlich des Verhaltens US-amerikanischer Steuerpflichtiger findet sich eine ähnliche Beobachtung bei NAVRATIL (1995, Kapitel I, 26-29 und 92f.), der nachweist, daß die nach Durchführung der Steuersenkungen 1982-84 deklarierten Lohn- und gewerblichen Einkünfte erheblich stärker anstiegen als der Umfang der im Einzelnachweis geltend gemachten Werbungskosten und Sonderausgaben; innerhalb des nach Durchführung der Steuersenkung 1986 beobachteten Anstiegs der Bemessungsgrundlage reicher Steuerpflichtiger wiederum war lediglich ein Anteil von zehn Prozent auf einen Rückgang der geltend gemachten Abzüge zurückzuführen. Demgegenüber stellen GRUBER/SAEZ (2002, 16ff.) im Vergleich zu vorliegender Arbeit eine erheblich größere Differenz der Schätzwerte fest, wenn sie die Veränderung einer Bruttoeinkommensgröße einerseits bzw. des zu versteuernden Einkommens andererseits infolge der Steuersenkungen 1986/87 als endogene Variable ihrer Schätzungen berücksichtigen und ziehen aus dieser Beobachtung die Schlußfolgerung, daß die von US-amerikanischen Steuerpflichtigen geltend gemachten Abzüge besonders sensibel auf steuerliche Anreize reagieren.

deuten unsere Schätzungen bei geringen Einkommen auch auf eine höhere Sensibilität der Bemessungsgrundlage gegenüber veränderten steuerlichen Anreizen hin.[230]

Zu beachten ist ferner, daß der beschriebenen Ermittlung nach dem Einkommen differenzierter Verhaltensparameter das (fortgeschriebene) zu versteuernde Einkommen des Basisjahres als Selektionskriterium zugrundeliegt. Auf diese Weise befinden sich unter den 11.759 Steuerpflichtigen mit dem geringsten Einkommen (Panel B in Tabelle 15) auch diejenigen Individuen, deren Veranlagung hohe Bruttoeinkünfte mit hohen Abzügen kombiniert und denen deshalb *a priori* eine besonders ausgeprägte Neigung zu Steuervermeidungsstrategien unterstellt werden kann. Um diese Hypothese zu überprüfen, faßt Tabelle 18 die Ergebnisse einer OLS-Regression von Gleichung (89) zusammen, wenn sich die Schätzung auf diejenigen Steuerpflichtigen beschränkt, deren fortgeschriebene Summe der Einkünfte (S) vor Durchführung der Steuerreform einen Betrag von 50.000 DM unterschreitet.

Tabelle 18: *Fixed effects*-Schätzung V: Einkommensgrenzen

Steuerpflichtige mit Einkommen unter 50.000 DM		
verwendete Einkommensgröße	*TI*	*S*
N	11.759	7.478
ζ^c	$0,300$	$0,209$
	(0,219)	(0,265)
ρ	$-0,240$	$-0,259$
	(0,016)	(0,022)
η	$0,048$	$0,012$
	(0,016)	(0,081)

Schätzwerte aus OLS-Regression; Standardabweichung in Klammern. Die Spalten *TI* bzw. *S* kennzeichnen die Ergebnisse von Schätzungen für unterschiedliche Unterstichproben (Höhe des fortgeschriebenen zu versteuernden Einkommens bzw. Höhe der fortgeschriebenen Summe der Einkünfte geringer als 50.000 DM). Alle Regressionen schließen die in Tabelle 14 ausgewiesenen *dummy*-Variablen sowie die Kontrollvariable KINDFB ein.

Man erkennt zunächst, daß der Umfang der Stichprobe unter diesen Umständen - im Vergleich zu der ursprünglichen Schätzung, die das zu versteuernde Einkommen als Selektionskriterium verwendet, und deren Ergebnisse Tabelle 18 in der Spalte *TI* repliziert - um rund 36 Prozent zurückgeht. In 35,8 (0,5) Prozent der Veranlagungen, die ein zu versteuerndes Einkommen von weniger als 50.000 DM ausweisen, beträgt die deklarierte

230 Vgl. dazu auch die von SAEZ (2003, 1254) vorgestellten Ergebnisse, die ebenfalls eine im Vergleich zu mittleren Einkommen stärkere Sensibilität der Bemessungsgrundlage von US-amerikanischen Steuerpflichtigen mit geringem Einkommen erkennen lassen.

Summe der Einkünfte zwischen 50.000 und 80.000 DM (über 80.000 DM). Die Summe der Einkünfte beläuft sich in diesen Veranlagungen auf durchschnittlich 58.500 DM (92.500 DM), sodaß von substantiellen Unterschieden in Einkommensposition und steuerlich relevantem Verhalten dieser Haushalte im Vergleich zu den verbliebenen 7.478 Steuerpflichtigen mit geringen Bruttoeinkünften ausgegangen werden kann.

Tabelle 18 zeigt, daß die Elastizität des zu versteuernden Einkommens der Steuerpflichtigen mit geringen Bruttoeinkünften deutlich zurückgeht und jetzt nur noch $\zeta^c = 0,21$ beträgt. Bei einer Standardabweichung in Höhe von $0,265$ ist dieser Wert in quantitativer Hinsicht zwar erneut nur mit Zurückhaltung zu interpretieren. Qualitativ verdeutlichen die Ergebnisse dennoch, daß die Schätzung für einzelne Einkommensklassen differenzierter Elastizitäten zum einen sensitiv auf die Wahl der als Selektionskriterium verwendeten Einkommensgröße reagiert. Zum anderen scheinen die im Falle niedriger (zu versteuernder) Einkommen resultierenden und vergleichsweise hohen Elastizitäten zumindest partiell darauf zurückzuführen zu sein, daß sich in ihnen auch das Verhalten derjenigen Steuerpflichtigen widerspiegelt, die ihre Einkünfte durch hohe steuerliche Abzüge vermindern und deren Bemessungsgrundlage in der Tendenz stärker auf steuerliche Anreize reagiert.

Mittlere Einkommen

Zur Erklärung für die bemerkenswert niedrigen und überdies statistisch nicht signifikanten Elastizitätswerte bei zu versteuernden Einkommen zwischen 50.000 und 80.000 DM schließlich ist zunächst auf Ergebnisse unserer deskriptiven Untersuchung individueller Veranlagungsdaten in Abschnitt 3.2.2 hinzuweisen. Lohnempfänger sind im Bereich mittlerer Einkommen deutlich überrepräsentiert, und in der Folge fällt auch der Anteil der Lohneinkünfte am aggregierten Gesamtbetrag der Einkünfte im Vergleich zur Situation bei unter- bzw. überdurchschnittlichen Einkommen höher aus. Der empirischen Schätzungen des individuellen Arbeitsangebots zugrundeliegende, "repräsentative" Steuerpflichtige dürfte gerade über ein Einkommen im Intervall zwischen 50.000 und 80.000 DM verfügen. Im Hinblick auf die kurzfristige Reaktion der angebotenen Arbeitsstunden stimmen die Ergebnisse unserer Schätzung demzufolge mit dem zentralen Resultat der Arbeitsangebotsliteratur, die ebenfalls nur von einer geringen Elastizität des "repräsentativen" Steuerpflichtigen (d. h. eines Allein- oder eines männlichen Erstverdieners) ausgeht, überein (vgl. Abschnitt 4.2).

Nun bezieht vorliegende Arbeit zwar nicht nur die Entscheidung über die Zahl der angebotenen Arbeitsstunden, sondern sämtliche Vermeidungsoptionen der Individuen bei der steuerlichen Veranlagung ein. Zu beachten ist aber zum einen, daß sich auch auf die Höhe der im Rahmen von Einkünften aus nichtselbständiger Arbeit geltend gemachten Werbungskosten weniger leicht Einfluß nehmen läßt als auf die Höhe des innerhalb der Gewinneinkunftsarten vorgenommenen Betriebsausgabenabzugs (vgl. etwa ALM/WALLACE, 2000, 184). Zum anderen sind die im Rahmen dieser Einkunftsart bestehenden Möglichkeiten, auf eine Verbesserung der steuerlichen Anreize durch eine Erhöhung der erzielten (bzw. der deklarierten) Einnahmen zu reagieren, kurzfristig tatsächlich auf die Ausweitung der geleisteten Arbeitsstunden beschränkt. Die übrigen steuerlich motivierten Entscheidungen, etwa die Wahl des Arbeitsplatzes oder Ausmaß und Ausrichtung der beruflichen Fort- und Weiterbildung, lassen sich dagegen vornehmlich in längerfristiger Perspektive realisieren. Von vorliegender Untersuchung werden aber lediglich kurzfristige - bereits im ersten Veranlagungsjahr nach Durchführung der Steuerreform 1990 zu beobachtende - Verhaltensreaktionen der Steuerpflichtigen berücksichtigt und langfristig wirksame Anpassungen an veränderte steuerliche Anreize nicht erfaßt (vgl. zu einer ähnlichen Argumentation auch FELDSTEIN/FEENBERG, 1996, 109).

Zu bedenken ist jedoch vor allem, daß sich Steuerpflichtige, die ursprünglich mit einem zu versteuernden Einkommen zwischen 50.000 und 80.000 DM veranlagt wurden, nach Durchführung der Tarifreform ausnahmslos in der linear-progressiven Zone des T1990 befanden und sich dementsprechend einer mit zunehmender Bemessungsgrundlage steigenden Grenzbelastung gegenübersahen. Als steuerpolitischen Impuls, auf den die Steuerpflichtigen mit einer Anpassung des deklarierten zu versteuernden Einkommens reagieren, interpretiert vorliegende Arbeit allein diejenige Differenz individueller Residualraten, die sich aus der Anwendung des T1988 und des T1990 auf die ursprüngliche Bemessungsgrundlage ergibt. Wie bereits verschiedentlich erörtert, sahen sich Steuerpflichtige im mittleren Einkommensbereich reformbedingt einem besonders starken Anstieg ihrer Residualrate und damit einem - in der Definition unserer Schätzungen - besonders starken preislichen Anreiz gegenüber, den Umfang bisher verfolgter Strategien zu Steuervermeidung und Steuergestaltung einzuschränken. Nicht berücksichtigt wird bei diesem Vorgehen, daß es für die Intensität der individuellen Verhaltensanpassung an eine *diskrete* Änderung der Residualrate durchaus von Belang sein kann, ob die vorgenommene Ausweitung der Bemessungsgrundlage selbst einen neuerlichen Anstieg des Grenzsteuersatzes nach sich zieht. Gerade dies ist im linear-progressiven Segment des Einkommensteuertarifs aber der Fall: Eine positive Reaktion der Bemessungsgrundlage auf die 1990 gestiegene Residualrate geht in diesem Tarifsegment mit einem gleichzeitigen Anstieg des Grenzsteuersatzes und mit einem gleichzeitigen Rückgang der Residualrate einher. Dieser Rückgang der Residualrate läuft den von der Steuerreform ursprünglich ausgehenden Anreizen gerade entgegen und übt auf die Intensität der beobachteten Verhaltensanpassung für sich genommen eine dämpfende Wirkung aus.[231]

Dieser Effekt wird in unserer Schätzung vernachlässigt. Denn die zugrundeliegende Schätzgleichung approximiert - ebenso wie die SLUTSKY-Gleichung für das zu versteuernde

231 Ein theoretischer Nachweis und experimentelle Evidenz für diese - bereits intuitiv einsichtige - Überlegung finden sich bei SILLAMAA (1999). Sie zeigt, daß ein exogener Anstieg des Bruttolohnsatzes unter sehr allgemeinen Bedingungen zu einem höheren Niveau des individuellen Arbeitsangebots führt, wenn das Lohneinkommen in der Ausgangssituation einer indirekt-progressiven Besteuerung mit konstantem Grenzsteuersatz - im Vergleich zu einem linear-progresssiven Tarif mit steigendem Grenzsteuersatz - unterliegt. Dieses Ergebnis läßt sich ohne weiteres auf die Effekte einer Tarifsenkung übertragen, weil sowohl Bruttolohnerhöhung als auch Steuersatzverringerung, ausgehend vom ursprünglichen Gleichgewicht, in einer (lokal) äquivalenten Verlagerung der individuellen Budgetgerade resultieren.

Einkommen, auf der sie basiert - das vor dem Hintergrund des existierenden linear-progressiven Tarifs resultierende Gleichgewicht durch ein (lokal) äquivalentes Gleichgewicht, das sich bei Erhebung einer indirekt-progressiven Steuer ergäbe. Die zur Approximation verwendete indirekt-progressive Steuer kombiniert einen konstanten Grenzsteuersatz, der dem aktuellen Grenzsteuersatz des Steuerpflichtigen entspricht, mit einem virtuellen Steuerabzugsbetrag (vgl. Abschnitt 2.2.2) und trägt dem im Falle einer diskreten Steuersatzänderung relevanten und tatsächlich ansteigenden Verlauf der Grenzsteuersatzkurve dadurch gerade nicht Rechnung.

Mit der Höhe des zu versteuernden Einkommens differierende Elastizitätswerte ließen sich auf diese Weise rechtfertigen, ohne daß dafür das Argument unterschiedlicher Präferenzen für steuerbegünstigte Konsumgüter oder differierender Möglichkeiten bzw. Neigungen zu steuergestaltendem Verhalten der Steuerpflichtigen erforderlich wäre. Denn gerade im mittleren Einkommensbereich unserer Schätzungen befinden sich diejenigen Steuerpflichtigen, deren ursprüngliche Bemessungsgrundlage in den linear-progressiven Bereich des Reformtarifs fällt.[232] Im Unterschied dazu enthält die im Rahmen unserer Schätzungen gebildete Gruppe der einkommensstärksten Steuerpflichtigen einen Anteil von 10,8 Prozent (13,0 Prozent) an Steuerfällen, deren fortgeschriebene Veranlagung ein zu versteuerndes Einkommen in Höhe von mindestens 130.032 DM (120.042 DM) ausweist und deren Einkommen damit dem Spitzensteuersatz des T1988 (T1990) in Höhe von 56% (53%) unterlag. Die der SLUTSKY-Gleichung zugrundeliegende Annahme einer "virtuell" indirekt-progressiven Besteuerung ist für diese Steuerpflichtigen zulässig, und höhere Schätzwerte ließen sich dadurch erklären, daß die von steigenden Grenzsteuersätzen ausgehende Dämpfung der Verhaltensreaktion in der Endzone des Tarifs entfällt.

Auf Grundlage voriger Argumentation läßt sich schließlich auch zumindest ein Teil der Differenz erklären, die zwischen den in dieser Arbeit ermittelten Schätzwerten und denjenigen Elastizitäten bestehen, die von verwandten Schätzungen für Steuerpflichtige *und Steuersysteme* anderer Länder vorgelegt wurden. Sämtlichen dieser Untersuchungen liegt nämlich die Reform eines Stufentarifs - der US-amerikanischen (FELDSTEIN, 1995a; AUTEN/CARROLL, 1999; GRUBER/SAEZ, 2002 u. a.), der norwegischen (AARBU/THORESEN, 2001) und der kanadischen Einkommensteuer (SILLAMAA/ VEALL, 2001) - als quasinatürliches Experiment zugrunde, in dem der Effekt steigender Grenzsteuersätze, der in obiger Argumentation die Intensität der individuellen Verhaltensreaktion hemmt, in erheblich geringerem Ausmaß auftritt.

---

232 Im linear-progressiven Segement des Reformtarifs befinden sich auch diejenigen Steuerpflichtigen, die im Rahmen unserer Schätzungen der Gruppe der geringsten Einkommen angehören. Zu beachten ist allerdings, daß der T1988 zu versteuernde Einkommen zwischen 4.753 bis 18.035 DM mit einem konstanten Grenzsteuersatz in Höhe von 22% belegte. Das Ende dieser Tarifzone markiert den Berührpunkt zwischen altem und neuem Tarif, sodaß der beim Übergang zum linear-progressiven Verlauf des T1990 realisierte Anstieg der individuellen Residualrate in diesem Tarifabschnitt wesentlich geringer ausfällt. Zu einer graphischen Gegenüberstellung der jeweiligen Tarifverläufe vgl. Abschnitt 5.1.2 vorliegender Arbeit.

Im besonderen läßt sich dies für die Untersuchung von SAEZ (2003) demonstrieren, der die Elastizität der Bemessungsgrundlage US-amerikanischer Steuerpflichtiger in bezug auf steigende Grenzsteuersätze in der Reaktion auf einen allein inflationsbedingten Aufstieg in die folgende Stufe des Steuertarifs (*bracket creep*) identifiziert. SAEZ (2003) stellt das Verhalten derjenigen Steuerpflichtigen, die bei konstantem Realeinkommen im Vergleich der Veranlagungsjahre 1979 und 1980 Opfer von *bracket creep* wurden, dem Verhalten derjenigen Steuerpflichtigen gegenüber, die trotz des exogenen Anstiegs ihrer Nominaleinkünfte in der bisherigen Steuersatzstufe verblieben. Weil der Steuertarif selbst - Anzahl und Breite der jeweiligen Stufen sowie die damit verbundenen Grenzsteuersätze - innerhalb der Untersuchungsperiode konstant blieb, resultiert die Schätzung in einer Elastizität des zu versteuernden Einkommens vor dem Hintergrund eines gewissermaßen idealtypisch indirekt-progressiven Tarifs.[233] Im Gegensatz zu vorliegender Arbeit ermittelt SAEZ (2003, 1253) eine besonders ausgeprägte Reaktion mittlerer Einkommen auf Effekte "kalter Progression" und eine kompensierte Elastizität des zu versteuernden Einkommens, die im mittleren Einkommensbereich rund $\zeta^c = 0,4$ beträgt.[234] Dieser Wert übertrifft die in vorliegender Arbeit ermittelten Elastizitätswerte bei einem vergleichbaren Einkommen bei weitem.

Aus oben erläuterten Gründen reicht alleine der Verweis auf unterschiedliche Präferenzen (oder Möglichkeiten) der Steuerpflichtigen, auf eine Steueränderung mit einer Anpassung des zu versteuernden Einkommens zu reagieren, zur Erklärung dieser Differenz nicht aus. Stattdessen dürfte sich ein - wenn auch mithilfe des gewählten Schätzverfahrens nicht eindeutig quantifizierbarer - Teil der differierenden Schätzwerte auf die unterschiedlichen Tarifverläufe bei der deutschen bzw. bei der US-amerikanischen Einkommensteuer zurückführen lassen.

6.4.4 Einkommenseffekte

Ein Anstieg des "virtuell"-exogenen Einkommens zieht im Ergebnis unserer Schätzungen einen geringen Anstieg der Bemessungsgrundlage des repräsentativen Steuerpflichtigen

[233] Voraussetzung ist natürlich, daß der inflationsbedingte Anstieg der Bemessungsgrundlage hinreichend groß bzw. die Reaktion auf gestiegene Grenzsteuersätze hinreichend klein ausfiel, sodaß die betroffenen Steuerpflichtigen auch nach der Anpassung ihres Verhaltens in der neuen (höheren) Steuersatzstufe verblieben. Die genannte Untersuchung selbst gibt keine Hinweise auf die Klärung dieses wesentlichen Sachverhalts, zeigt aber, daß das nominale zu versteuernde Einkommen US-amerikanischer Steuerpflichtiger zwischen 1979 und 1980 allein inflationsbedingt um mehr als 11 Prozent anstieg (vgl. SAEZ, 2003, 1238). Plausiblerweise ist deshalb davon auszugehen, daß die Intensität der Verhaltensanpassung bei einem großen Teil der Steuerpflichtigen nicht ausreichte, den Anstieg des Steuersatzes infolge von *bracket creep* rückgängig zu machen.

[234] Steuerpflichtige im mittleren Einkommensbereich verfügen bei SAEZ (2003) über ein zu versteuerndes Einkommen in Höhe von 12.000 bis 28.000 US-$ (Ledige) bzw. 16.000 bis 36.000 US-$ (Verheiratete). Zu beachten ist natürlich, daß die von SAEZ (2003) gewählte empirische Strategie einen entsprechenden Verhaltensparameter für Steuerpflichtige, deren Nominaleinkommen schon vor Inflationierung dem geltenden Spitzensteuersatz unterliegt, nicht zu ermitteln und einen Vergleich mit der Reaktion einkommensstarker Haushalte demzufolge nicht vorzunehmen erlaubt.

nach sich, wobei diese Beobachtung vor allem auf die Reaktion von Steuerfällen mit niedrigem zu versteuernden Einkommen zurückzuführen ist. Neben vorliegender Arbeit ist lediglich die Untersuchung von GRUBER/SAEZ (2002) in der Lage, Substitutions- und Einkommenseffekt einer Steueränderung auf das zu versteuernde Einkommen separat zu erfassen.[235] Anders als in vorliegender Arbeit fällt der geschätzte Koeffizient des Einkommenseffekts, $(1-\tau)\partial TI/\partial y$, dort schwach negativ aus, ist im allgemeinen statistisch aber nicht signifikant. Insgesamt gelangen GRUBER/SAEZ (2002, 19f.) zu der Auffassung, Einkommenseffekte seien bei der Reaktion der einkommensteuerlichen Bemessungsgrundlage US-amerikanischer Steuerpflichtiger zu vernachlässigen und kompensierte und unkompensierte Elastizität des zu versteuernden Einkommens nähmen in der Tendenz identische Werte an.

Das Vorzeichen des Einkommenseffekts auf das zu versteuernde Einkommen ist theoretisch nicht eindeutig. Empirische Schätzungen von Arbeitsangebotsfunktionen deuten auf eine negative, aber zumindest im Fall verheirateter Erstverdiener nur geringe Reaktion der geleisteten Arbeitsstunden auf einen Anstieg des exogenen - d. h. in diesem Kontext: der Summe aus virtuellem und nicht in Form einer nichtselbständigen Tätigkeit erzielten - Einkommens hin (vgl. etwa die Übersicht bei BLUNDELL/MACURDY, 1999, 1646ff.). Dagegen scheint das Arbeitsangebotverhalten verheirateter Frauen insbesondere hinsichtlich der Aufnahme eines Beschäftigungsverhältnisses stärker auf steuerliche Anreize zu reagieren. Ist die Freizeitnachfrage der Ehefrau nicht-inferior (vgl. BLUNDELL/MACURDY, 1999, 1649ff.; zu einer in dieser Hinsicht skeptischen Einschätzung vgl. vor allem TRIEST, 1990b, 513), führt ein Zuwachs des exogenen Einkommens - das aus Sicht der Nebenverdienerin modellhaft häufig vor allem aus dem (Netto-)Lohneinkommen des Ehemannes besteht - zu einer geringeren Partizipationswahrscheinlichkeit (vgl. dazu zuerst HAUSMAN, 1981, 36). Nun hatte die Steuerreform 1990 bei gegebenem Verhalten des Erstverdieners einen Rückgang des Durchschnittsteuersatzes und einen Anstieg des aus Sicht des Zweitverdieners exogenen Haushaltseinkommens zur Folge. In der Folge war nicht nur (wegen des Substitutionseffekts einer höheren Residualrate) mit einem Anstieg der angebotenen Arbeitsstunden, sondern (wegen des Einkommenseffekts eines abnehmen-

[235] Die von AARBU/THORESEN (2001, 326) vorgelegten Schätzungen enthalten die reformbedingte (instrumentierte) Änderung der "durchschnittlichen Residualrate" $d(1-\bar{t})$ als Kontrollvariable, um Einkommenseffekte einer Änderung des Durchschnittsteuersatzes auf das zu versteuernde Einkommen zu erfassen. Der Koeffizient dieser Variablen ist in nahezu allen Spezifikationen der durchgeführten Schätzungen signifikant positiv (vgl. AARBU/THORESEN, 2001, 328), und das zu versteuernde Einkommen norwegischer Steuerpflichtiger nähme ebenso wie in vorliegender Arbeit bei sinkendem Durchschnittsteuersatz zu. Die Bedeutung, die von der Höhe der "durchschnittlichen Residualrate" auf die steuerlich relevanten Entscheidungen eines Individuums ausgeht, ist allerdings mikrotheoretisch unklar, und auf SLUTSKY-Gleichung (84) wird im Beitrag von AARBU/THORESEN (2001) nicht Bezug genommen. Zu beachten ist auch, daß die Entlastung sowohl beim Grenz- als auch beim Durchschnittsteuersatz infolge der norwegischen Steuerreform 1992 eine mit der individuellen Bemessungsgrundlage monotone Zunahme aufweist. Die Reaktion der Steuerpflichtigen auf die Änderung von marginaler Residualrate einerseits und "durchschnittlicher Residualrate" andererseits läßt sich deshalb nur schwer separat identifizieren (vgl. dazu die Diskussion in Abschnitt 6.2 vorliegender Arbeit).

den Durchschnittsteuersatzes) für sich genommen auch mit einem Rückgang der Arbeitsmarktpartizipation verheirateter Frauen zu rechnen.

Die Gültigkeit dieser Hypothese im Rahmen der Steuerreform 1990 kann an dieser Stelle nicht mithilfe geeigneter ökonometrischer Methoden überprüft werden. In rein deskriptiver Betrachtung läßt sich in den im IAW-Steuerpanel enthaltenen Veranlagungen gemeinsam besteuerter Ehegatten 1990 jedoch eine *Zunahme* der Lohnerwerbsquote von Nebenverdienern feststellen.[236] Im Jahr 1988 weist ein Anteil von 51,6 Prozent der Veranlagungen von Ehepaaren die Existenz positiver Lohneinkünfte des jeweiligen Zweitverdieners aus. Dieser Anteil steigt im Jahr 1990 zwar nur geringfügig auf 52,0 Prozent an. Auffallend ist allerdings, daß diese Beobachtung ausschließlich auf eine Partizipation bislang nicht beschäftigter Ehegatten in denjenigen Veranlagungen zurückzuführen ist, in denen ein vergleichsweise geringes zu versteuerndes Einkommen deklariert wird: Der Anteil der nichtselbständig beschäftigten Nebenverdiener erhöht sich bei Ehepaaren, die ursprünglich über ein zu versteuerndes Einkommen von weniger als 50.000 DM verfügen, von 16,9 Prozent auf 18,2 Prozent. Bei mittleren Einkommen zwischen 50.000 und 80.000 DM sowie bei hohen Einkommen über 80.000 DM ist dagegen ein Rückgang der entsprechenden Quote von 46,1 Prozent auf 45,4 Prozent bzw. von 59,5 Prozent auf 58,4 Prozent zu verzeichnen. Diese Beobachtung ist ein Indiz dafür, daß vor allem Nebenverdiener in Haushalten mit geringem Einkommen die Steuerentlastung zum Anlaß nahmen, ihre Erwerbsbeteiligung zu erhöhen. Sinkende Durchschnittsteuersätze schlügen sich dann - anders, als es das empirisch überwiegend beobachtete negative Vorzeichen des Einkommenseffekts nahelegt - in einer zunehmenden Bemessungsgrundlage von Steuerfällen mit geringem Einkommen und in der Tendenz gerade bei diesen Einkommen in einer positiven Elastizität des zu versteuernden Einkommens in bezug auf das exogene Haushaltseinkommen nieder.[237]

---

236 Das Geschlecht von Haupt- und Nebenverdiener(in) ist den Angaben des IAW-Steuerpanels nicht zu entnehmen. In den meisten Veranlagungen dürfte es sich bei dem jeweiligen Hauptverdiener aber um den Ehemann handeln (vgl. dazu etwa WAGENHALS, 1990, 476f.), und wir übertragen das zuvor beschriebene Arbeitsangebotsverhalten verheirateter Frauen im folgenden generell auf das in der Veranlagung als Nebenverdiener(in) gekennzeichnete Individuum.

237 Auf Basis einer ähnlichen Argumentation ermitteln HAUSMAN/POTERBA (1987, 108) einen Zuwachs des Arbeitsangebots verheirateter Frauen infolge der US-amerikanischen Steuerreform 1986, die vor allem auf einen Anstieg der Arbeitsmarktpartizipation - und nicht auf eine Ausdehnung der Arbeitsstunden bereits zuvor erwerbstätiger Arbeitnehmerinnen - zurückzuführen sei. BOSWORTH/BURTLESS (1992, 10ff.) zeigen, daß für diese Beobachtung überwiegend die Reaktion von Ehefrauen in Geringverdienerhaushalten verantwortlich gewesen sein dürfte. Die Aussage, die Steuerreform 1990 habe die Arbeitsmarktbeteiligung verheirateter und einem Geringverdienerhaushalt angehörender Frauen besonders stark erhöht, widerspricht den Ergebnissen von WAGENHALS (1990) und MERZ (1991) vorgelegter Simulationsstudien. Sowohl WAGENHALS (1990, 483ff.) als auch MERZ (1991, 301) gelangen zu der Auffassung, daß die positiven Auswirkungen der Reform auf geleistete Arbeitsstunden und Erwerbsbeteiligung bei Frauen in Familien mit mittlerem und hohem Haushaltseinkommen besonders ausgeprägt seien. Die genannten Untersuchungen simulieren die Effekte reformbedingter Änderungen bei Grenz- und Durchschnittsteuersatz allerdings auf Basis für alle Steuerpflichtigen identischer Verhaltensparameter. Die Höhe der jeweils als repräsentativ angesehenen kompensierten Elastizität des Arbeitsangebots in bezug auf den Nettolohnsatz übersteigt die betragsmäßige Höhe der (negativen) Elastizität des Arbeitsangebots in bezug auf das aus Sicht der Ehefrau exogene Haushaltseinkommen. In der Folge fallen die prognostizierten Arbeitsangebotsef-

Über die Arbeitsangebotsreaktion hinausgehende Untersuchungen zur Einkommenselastizität der Nachfrage nach steuerbegünstigten Konsumgütern liegen nur sehr eingeschränkt vor. FELDSTEIN (1995b, 18-21) disaggregiert das Bündel steuerbegünstigter Konsumgüter und unterscheidet Freizeit $f = \bar{f} - l$ (mit $\bar{f}$ als exogener Zeitausstattung und l als Arbeitszeit eines Steuerpflichtigen), die Summe aus Werbungskosten und Sonderausgaben (d) sowie betriebliche Nebenleistungen (b). Bezeichnet man die Gesamtentlohnung des betrachteten Steuerpflichtigen als wl, läßt sich der Effekt eines Anstiegs des exogenen Einkommens y auf das zu versteuernde Einkommen $TI = wl - d - b$ in die Bestandteile

$$\frac{\partial TI}{\partial y} = w\frac{\partial l}{\partial y} - \frac{\partial d}{\partial y} - \frac{\partial b}{\partial y} \tag{90}$$

zerlegen (vgl. dazu auch Ermittlung und Interpretation der SLUTSKY-Gleichung für das zu versteuernde Einkommen in Abschnitt 2.2.2 vorliegender Arbeit). Hinsichtlich des Terms $w\partial l/\partial y$ bedient sich FELDSTEIN (1995b) ökonometrischer Schätzungen individueller Arbeitsangebotsfunktionen und sieht einen Wert von $-0,1$ als für den repräsentativen Steuerpflichtigen plausibel an. Auf Grundlage eines Datensatzes, der die Veranlagungen eines repräsentativen Querschnitts US-amerikanischer Steuerpflichtiger für das Jahr 1991 enthält, regressiert FELDSTEIN (1995b) die Summe der jeweils im Einzelnachweis geltend gemachten Werbungskosten und Sonderausgaben auf die Höhe der erzielten Bruttoeinkünfte und ermittelt auf diese Weise einen Wert von $\partial d/\partial y = -0,15$. Ein marginaler Anstieg des exogenen Einkommens zieht in dieser Untersuchung folglich einen leichten Rückgang der geltend gemachten Abzüge nach sich. Dem Term $\partial b/\partial y$, der empirisch nur schwer isoliert zu beobachtenden Veränderung der Nachfrage nach betrieblichen Nebenleistungen, weist FELDSTEIN (1995b) *ad hoc* einen Wert in selber Höhe zu. Der resultierende Einkommenseffekt auf das zu versteuernde Einkommen beträgt zusammmengenommen $\partial TI/\partial y = -0,4$ und ist damit - ebenso wie (in der Tendenz) bei GRUBER/SAEZ (2002), aber anders als in vorliegender Arbeit - negativ.

Das Vorgehen FELDSTEINS (1995b) ist zwar illustrativ, aber aus mehreren Gründen unbefriedigend und läßt sich deswegen nur schwer auf die Interpretation des in vorliegender Arbeit geschätzten Parameters η übertragen. Die Einwände sind zum einen technischer Natur, denn eine Schätzung des Einkommenseffekts auf die Nachfrage nach steuerlich abzugsfähigen Konsumgütern kann die Höhe des selbst durch die Wahl der individuellen Freizeitnachfrage bestimmten Bruttoeinkommens nicht als exogen interpretieren. Im Resultat sieht sich FELDSTEINS (1995b) Vorgehen gerade dem in Abschnitt 5.2 dieser Arbeit beschriebenen Endogenitätsproblem gegenüber, demzufolge die Summe der geltend gemachten Werbungskosten, Betriebsausgaben und Sonderausgaben selbst die Höhe von

fekte im Bereich mittlerer und höherer Haushaltseinkommen - weil der Grenzsteuersatz 1990 dort stärker abnahm - natürlich besonders deutlich aus. Das Ausmaß der reformbedingten Effekte auf die Partizipationsentscheidung, die sich überwiegend durch die Änderung des Durchschnittsteuersatzes bestimmt, weist keine der genannten Studien separat aus.

Grenzsteuersatz und Residualrate eines Steuerpflichtigen - und deswegen auch die Höhe des als exogene Variable der Schätzung dienenden Bruttoeinkommens - determiniert.[238]

Einzuwenden ist aber vor allem, daß Gleichung (90) eine Reihe von (unter Umständen bedeutsamen) Verhaltensreaktionen der Steuerpflichtigen gar nicht erfaßt. So beschränkt sich der Effekt, der von einer Änderung des exogenen Einkommens auf die Höhe der deklarierten Bruttoeinkünfte ausgeht, gerade nicht auf die Reaktion des Arbeitsangebots abhängig Beschäftigter, sondern schließt auch die Wirkungen auf Freizeitnachfrage bzw. "Leistungsbereitschaft" der Bezieher von Gewinneinkünften ein. Ein wesentlicher Vorzug, den die Beobachtung des deklarierten zu versteuernden Einkommens - und nicht lediglich der lohnabhängig angebotenen Arbeitsstunden - aufweist, besteht aber gerade darin, daß Effekte der Besteuerung auf die Höhe der in sämtlichen Einkunftsarten deklarierten Beträge zusammengenommen erfaßt werden, und in der Konsequenz lassen sich auch die entsprechenden Einkommenseffekte nicht ignorieren. In dieser Hinsicht liegen bislang aber keine empirischen Untersuchungen vor.

Ähnliches gilt für Aktivitäten der Steuerpflichtigen, die, ohne an den Konsum steuerbegünstigter Güter gebunden zu sein, in einer Verringerung der Bemessungsgrundlage resultieren und die in Abschnitt 2.1.2 als Steuergestaltung bezeichnet wurden. So reflektiert der Verhaltensparameter η auch Effekte, die von einem verringerten Durchschnittsteuersatz auf die Bereitschaft eines Steuerpflichtigen ausgehen, die Höhe der besteuerten Einkünfte etwa durch Inanspruchnahme erhöhter Abschreibungen einer fremdgenutzten Immobilie oder durch Teilnahme an einem Bauherrenmodell zu mindern. Auch zum empirischen Ausmaß dieser Effekte ist bislang wenig bekannt. LONG/GWARTNEY (1987) ermitteln, daß die Summe der in US-amerikanischen Veranlagungen 1979 steuerlich geltend gemachten Verluste - aus einer unternehmerischen Tätigkeit sowie aus der Vermietung einer Immobilie - mit dem individuellen Bruttoeinkommen (vor Berücksichtigung der angefallenen Verluste) zunimmt. Der Anstieg fällt bei den reichsten Steuerfällen mit einem zu versteuernden Einkommen von mindestens 160.000 US-$ am höchsten aus und beträgt dort 0,31 US-$, wenn das positive Einkommen um einen US-$ zunimmt. Im unteren Einkommensbereich bis zu einem zu versteuernden Einkommen von 40.000 US-$ beläuft sich der entsprechende Anstieg allerdings auf lediglich 0,01 bis 0,05 US-$. Zu beachten ist,

---

238 LONG/GWARTNEY (1987) wählen ein der Methode FELDSTEINS (1995b) vergleichbares Vorgehen und zeigen, daß eine Zunahme des Bruttoeinkommens um einen US-$ in US-amerikanischen Veranlagungen des Jahres 1979 die Summe aus im Einzelnachweis deklarierten Werbungskosten und Sonderausgaben um maximal 0,16 US-$ (bei den reichsten Steuerpflichtigen mit einem zu versteuernden Einkommen von mindestens 160.000 US-$) erhöht. Im Bereich niedrigerer Einkommen fällt der Einkommenseffekt dagegen erheblich schwächer aus und beläuft sich auf lediglich $\partial d/\partial y = 0,04$ bei zu versteuernden Einkommen in Höhe von 40.000-120.000 US-$. Der von FELDSTEIN (1995b) für den repräsentativen Steuerpflichtigen ermittelte Parameter scheint sich in dieser Hinsicht eher am oberen Rand des erwartbaren Spektrums zu befinden. Zu beachten ist allerdings, daß Schätzungen der Nachfrage nach steuerbegünstigten Spenden häufig in einer wesentlich höheren Einkommenselastizität des geltend gemachten Spendenaufwands resultieren. So nimmt die von CLOTFELTER (1990) und GREENE/MCCLELLAND (2001) für den repräsentativen US-amerikanischen Steuerpflichtigen ermittelte Elastizität in dieser Sonderausgabenkategorie einen Wert von 0,5 bis 0,8 an.

daß der von LONG/GWARTNEY (1987, 520) verwendete Verlustbegriff auch sogenannte "passive Verluste" umfaßt, die sich mit negativen Einkünften durch Teilnahme an einem Bauherrenmodell oder durch eine Kapitalanlage in einem geschlossenen Immobilienfonds - d. h. durch eine Minderung der Bemessungsgrundlage in Form von Steuergestaltung - im deutschen Fall unmittelbar vergleichen lassen.

Erneut lassen sich die Schätzwerte LONG/GWARTNEYs (1987) aber nicht ohne weiteres auf die Interpretation der Ergebnisse unserer Schätzung übertragen. Denn wie schon bei der Studie FELDSTEINs (1995b) dürften sich die Effekte, die von einem Anstieg des Bruttoeinkommens einerseits und des exogenen Einkommens andererseits ausgehen, nicht vergleichen lassen. Es ist deswegen nicht ausgeschlossen, daß das in unserer Untersuchung beobachtete positive Vorzeichen des Einkommenseffekts im Bereich geringer Einkommen tatsächlich auf eine abnehmende Attraktivität von Steuergestaltungsstrategien - u. U. gerade derjenigen Steuerpflichtigen, deren Veranlagung positive Einkünfte mit in anderen Einkunftsarten erzielten Verlusten in hohem Umfang kombiniert - zurückzuführen ist.

Zusammengefaßt, widerspricht das Vorzeichen des in den Schätzungen vorliegender Arbeit resultierenden Einkommenseffekts der Evidenz, die sich insbesondere empirischen Untersuchungen des Arbeitsangebots entnehmen läßt. Die Überlegungen dieses Abschnitts demonstrieren aber, daß der geschätzte Parameter η eine solche Vielzahl von - empirisch im einzelnen bislang wenig erforschter - steuerlich relevanter Wahlhandlungen von Individuen umfaßt, daß sich über das Vorzeichen der Elastizität des zu versteuernden Einkommens in bezug auf das exogene Einkommen eines Haushalts *a priori* keine eindeutige Aussage treffen läßt (vgl. ähnlich auch GRUBER/SAEZ, 2002, 18).

6.4.5 Repräsentativität der Schätzwerte

Ein wesentliches Ergebnis vorliegender Arbeit bestand darin, daß die Höhe der von einkommensstarken Steuerpflichtigen deklarierten Bemessungsgrundlage sensitiv auf eine Änderung von der Besteuerung ausgehender Anreize reagiert. Der zentrale Parameter der Untersuchung, die kompensierte Elastizität des zu versteuernden Einkommens, nimmt bei Steuerpflichtigen mit einem Einkommen von mehr als 80.000 DM einen Wert von mindestens $0,6$ an. Ein solcher Wert übertrifft die Größenordnung empirisch üblicherweise beobachteter Arbeitsangebotselastizitäten bei weitem. Der folgende Abschnitt diskutiert, ob und in welchem Ausmaß die in vorliegender Arbeit gewählte empirische Strategie - die Beobachtung individueller Veranlagungen im quasi-natürlichen Experiment der Steuerreform 1990 - selbst für die Höhe der ermittelten Schätzwerte von Bedeutung sein kann; und inwiefern sich unsere Ergebnisse als für die Gesamtheit der Steuerpflichtigen in der Bundesrepublik repräsentativ interpretieren lassen. Ursachen für eine mögliche Überschätzung oder Unterschätzung der resultierenden Elastizitätswerte können vor allem auf die Struktur der zugrundeliegenden Stichprobe, auf die Wahl des Untersuchungszeitraums sowie auf die Konstruktion der verwendeten Schätzvariablen zurückzuführen sein.

Struktur der verwendeten Daten

Unsere empirische Arbeit basiert mit dem IAW-Steuerpanel auf individuellen Veranlagungsdaten baden-württembergischer Steuerpflichtiger, die in den Jahren 1988 bis 1990 ununterbrochen zur veranlagten Einkommensteuer herangezogen wurden. Im Basisjahr 1988 umfaßt die Stichprobe einen Anteil von rund 2,8 Prozent aller in Baden-Württemberg ansässigen steuerpflichtigen Individuen, sodaß von einer Repräsentativität des Datensatzes für dieses Bundesland ausgegangen werden kann. Abschnitt 3.1.4 zeigt, daß darüber hinaus auch die Struktur der für das Veranlagungsjahr 1989 erhobenen, bundesweiten Steuerstatistik durch die enthaltenen Veranlagungsdaten präzise nachgebildet wird. Besonderheiten im steuerlich relevanten Verhalten baden-württembergischer Haushalte dürften sich in den geschätzten Elastizitäten deshalb kaum in nennenswertem Umfang niederschlagen.

Zu beachten ist allerdings, daß Steuerpflichtige, die im Zeitraum unserer Untersuchung einen Lohnsteuerjahresausgleich vornahmen, im verwendeten Datensatz nicht enthalten sind.[239] Die empirische Arbeit mit dem IAW-Steuerpanel schließt deshalb die Beobachtung derjenigen Steuerpflichtigen aus, die im wesentlichen nur über Lohneinkünfte in vergleichsweise geringem Umfang verfügen. Unsere Ergebnisse deuten darauf hin, daß gerade die Bemessungsgrundlage von Steuerfällen mit diesen Charakteristika vergleichsweise unelastisch auf steuerliche Anreize reagiert. Die Vernachlässigung von Lohnsteuerfällen dürfte die in dieser Arbeit ermittelten Elastizitäten - wenn auch ausschließlich im Bereich niedriger Einkommen - deswegen tendenziell überzeichnen. Der Anteil der Zensiten, die der Lohn- (und nicht der veranlagten Einkommen-)Steuer unterlagen, betrug im Veranlagungsjahr 1989 bundesweit rund 32 Prozent. Beim erzielten Aufkommen belief sich der Anteil der nicht veranlagten Lohnsteuer hingegen lediglich auf 7,4 Prozent (vgl. STATISTISCHES BUNDESAMT, 1995, 24ff.), sodaß die resultierenden Verzerrungen für das Gesamtbild der Einkommensbesteuerung in der Bundesrepublik entsprechend gering ausfielen.

Das für die empirische Schätzung verwendete Subpanel schließt darüber hinaus eine Reihe von Steuerpflichtigen aus, deren Charakteristika im Untersuchungszeitraum einer für die Höhe der deklarierten Bemessungsgrundlage bedeutsamen Änderung unterlagen. Die entsprechenden Selektionskriterien - etwa der Wechsel zwischen der Besteuerung nach Grund- bzw. Splittingtabelle - lassen sich jedoch weitgehend als exogen, d. h. von den Effekten der Steuerreform unabhängig interpretieren (vgl. Abschnitt 5.4). Von der Zusammensetzung der resultierenden Unterstichprobe gingen in diesem Fall selbst keine Verzerrungen auf unsere Schätzergebnisse aus.[240]

239 Der veranlagten Einkommensteuer unterliegen zum einen diejenigen Steuerpflichtigen, die nicht über Einkünfte aus nichtselbständiger Arbeit verfügen. Bei abhängig Beschäftigten erfolgte eine Veranlagung im Jahr 1988 insbesondere dann, wenn das steuerrechtlich ermittelte Einkommen einen Betrag von 24.000 DM/48.000 DM oder wenn die Summe der in anderen Einkunftsarten erzielten Einkünfte insgesamt einen Betrag von 800 DM überstieg (§ 46 EStG 1988).

240 Aus technischen Gründen - weil die Verwendung einer logarithmierten Spezifikation ansonsten nicht möglich wäre - schließen unsere *fixed effects*-Schätzungen ferner diejenigen Steuerpflichtigen aus, die im Veranlagungsjahr 1990 eine negative Bemessungsgrundlage deklarieren. Der Umfang einer

Zu beachten ist allerdings, daß wir auch diejenigen Steuerpflichtigen aus dem Datensatz eliminieren, die spätestens im Veranlagungsjahr 1990 den Altersfreibetrag oder den Altersentlastungsbetrag in Anspruch nahmen. Veranlagungen von Steuerfällen im Alter von mindestens 64 Jahren sind deshalb im verwendeten Subpanel nur sehr eingeschränkt enthalten (vgl. dazu ausführlich Abschnitt 5.4). Die Effekte, die von der Ziehung einer solchen Altersgrenze auf unsere Schätzergebnisse ausgehen, sind nicht eindeutig. So lassen sich strukturelle Besonderheiten in der Anpassung älterer Individuen an steuerliche Anreize - etwa hinsichtlich der deklarierten Mieteinkünfte oder des als Sonderausgabe geltend gemachten Spendenaufwands - *a priori* nicht ohne weiteres begründen. Einerseits bilden Ertragsanteile gesetzlicher Rentenleistungen und Pensionszahlungen an Ruhestandsbeamte jedoch einen bedeutsamen Anteil am von älteren Steuerpflichtigen deklarierten Einkommen, und auf die Höhe dieser Einkünfte läßt sich kurzfristig - sieht man von den geltend gemachten Werbungskosten ab - nur schwer Einfluß nehmen. Der in der Veranlagung mindestens 64jähriger Steuerpflichtiger des IAW-Steuerpanels ausgewiesene Gesamtbetrag der Einkünfte beläuft sich 1989 auf durchschnittlich rund 38.350 DM, während das zu versteuernde Einkommen im Durchschnitt rund 28.360 DM beträgt. Der Ausschluß älterer Steuerpflichtiger dürfte die ermittelten Elastizitätswerte deshalb vor allem im Bereich niedriger Einkommen tendenziell überzeichnen.[241] Andererseits werden Effekte, die von der Einkommensteuer auf den von älteren Individuen gewählten Zeitpunkt eines Übergangs in den Ruhestand ausgehen, von unserer Schätzung zu einem erheblichen Teil - wenn der Rentenzugang mit dem Überschreiten der Altersgrenze zusammenfällt - nicht erfaßt. In dieser Hinsicht fallen die ermittelten Verhaltensparameter als Folge der vorgenommenen Altersbeschränkung deshalb tendenziell zu gering aus.

Wahl des Beobachtungszeitraums

Unsere empirische Strategie identifiziert die Reaktion auf von der Steuerreform 1990 ausgehende Anreize in einem Vergleich der individuellen Veranlagungen, die eine identische Gruppe von Steuerpflichtigen vor bzw. nach Durchführung der Steueränderung vornahm. Dabei sehen wir das Veranlagungsjahr 1988 als für das Verhalten eines Steuerfalls vor und das Veranlagungsjahr 1990 als für das Verhalten eines Steuerfalls nach Durchführung der Steuerreform charakteristisch an. Die vorgelegten Schätzungen zur Elastizität des zu

---

(möglichen) negativen Verhaltensreaktionen wird durch dieses Vorgehen natürlich limitiert und der ermittelte Schätzwert für sich genommen gedämpft. Zumindest hinsichtlich der für Steuerfälle mit hohem Einkommen vorgelegten Ergebnisse fallen die entsprechenden Verzerrungen aber kaum ins Gewicht, denn ein Anteil von weniger als einem Prozent der Steuerpflichtigen, die 1988 über ein zu versteuerndes Einkommen von mehr als 80.000 DM verfügen, weist in seiner Veranlagung 1990 eine negative Bemessungsgrundlage aus.

241 Zu beachten ist zudem, daß ein Anteil von rund zwei Dritteln derjenigen Steuerpflichtigen, die 1989 den Altersfreibetrag in Anspruch nehmen, den bei Überschreiten einer Altersgrenze von 64 Jahren ebenfalls gewährten Altersentlastungsbetrag nicht in voller Höhe ausschöpft (vgl. dazu ausführlich Abschnitt 5.4). Marginal-zusätzliche Einkünfte, die über die empfangenen Versorgungsbezüge hinausgehen, unterlagen deshalb bei der überwiegenden Zahl älterer Individuen nur zu 60 Prozent der Besteuerung, was auf die auf seiten der betroffenen Steuerfälle beobachtete Verhaltensanpassung ebenfalls eine dämpfende Wirkung haben dürfte.

versteuernden Einkommens reflektieren demnach lediglich kurzfristig - bereits im ersten Veranlagungsjahr nach Durchführung der Steuerreform 1990 - wirksame Verhaltensreaktionen der Steuerpflichtigen. Dagegen werden erst längerfristig wirksame Anpassungen an veränderte steuerliche Anreize nicht erfaßt und die ermittelten Schätzwerte in unbekannter Höhe, aber vermutlich substantiell unterzeichnet (vgl. dazu auch FELDSTEIN, 1995a, 570). Dies gilt für steuerlich motivierte Entscheidungen von Lohnempfängern, die etwa die Wahl des Arbeitsplatzes und die berufliche Fort- und Weiterbildung sowie den Zeitpunkt des Rentenzugangs betreffen; für Effekte auf "Leistungs-" und Investitionsbereitschaft von Selbständigen, Gewerbetreibenden und Besitzern fremdgenutzter Immobilien, insoweit sich diese erst mit Verzögerung in einer Veränderung der erzielten Einkünfte niederschlagen; sowie für verzerrende Wirkungen der Einkommensbesteuerung auf die intertemporale Kapitalallokation, die sich im Rahmen einer im Grundsatz statischen, d. h. periodenbezogenen Untersuchung unmittelbar nicht erfassen lassen.

Die Höhe der Elastizität des zu versteuernden Einkommens ist für eine an Effizienz- und Verteilungszielen orientierte Finanzpolitik vor allem dann von Interesse, wenn sich in ihr *dauerhafte* Verhaltensanpassungen der besteuerten Haushalte widerspiegeln. Die Beobachtung von Veranlagungen, die sich dem Inkrafttreten der Steuerreform 1990 unmittelbar anschließen, birgt demgegenüber in zweierlei Hinsicht die Gefahr, den Einfluß lediglich temporär wirksamer Faktoren überzubewerten und das Ausmaß einer dauerhaften Reaktion auf geänderte steuerliche Anreize zu überschätzen.

So gingen von der frühzeitig, nämlich bereits Mitte 1988 erfolgten Verabschiedung der Tarifsenkung Anreize aus, zeitlich disponible Einkünfte in das Veranlagungsjahr 1990 zu verschieben und die Deklarierung geltend gemachter Abzüge in frühere Veranlagungszeiträume vorzuziehen. Ein solches Verhalten schlüge sich in einer künstlich und nur vorübergehend aufgeblähten Bemessungsgrundlage der betroffenen Steuerpflichtigen im Veranlagungsjahr 1990 nieder. Gleiches gilt, wenn steuerlich relevante Entscheidungen 1990 in der (historisch korrekten) Erwartung getroffen wurden, daß bereits in naher Zukunft wieder mit einer vereinigungsbedingten Erhöhung der Einkommensteuer zu rechnen sei.

Die für die US-amerikanische Einkommensteuer vorliegende Evidenz legt nahe, daß sich Antizipationseffekte bevorstehender Steueränderungen vor allem in der Höhe der von einkommensstarken Steuerpflichtigen deklarierten Bemessungsgrundlage widerspiegeln: SAMMARTINO/WEINER (1997) zeigen, daß das zu versteuernde Einkommen reicher Haushalte, die sich 1993 einer frühzeitig angekündigten Tariferhöhung gegenübersahen, im Jahr der Steuererhöhung selbst zwar - im Vergleich zu Haushalten mit geringerem Einkommen - erkennbar abnahm, bereits 1995 aber wieder sein relatives Niveau vor Durchführung der Steuerreform erreichte. GOOLSBEE (2000b) weist nach, daß diese Beobachtung vor allem auf eine drastische Zunahme der Ende des Jahres 1992, also unmittelbar vor Inkrafttreten der Steuererhöhung, vom Führungspersonal großer Unternehmen ausgeübter Aktienoptionen zurückzuführen war. Im Resultat übertrifft die zeitlich befristete Reaktion des zu versteuernden Einkommens die Intensität dauerhafter Verhaltensanpassungen den Ergebnissen GOOLSBEEs (2000a; 2000b) zufolge um immerhin fast das Zehnfache. Sämtliche Steuerreformen, die US-amerikanischen Untersuchungen zur Elastizität des zu versteuernden Einkommens als quasi-natürliches Experiment zugrundeliegen, hatten entweder eine besonders ausgeprägte Entlastung (in den späten 1980er Jahren) oder Belastung (in den frühen 1990er Jahren) einkommensstarker Steuerpflichtiger zur Folge. Die beschriebene Evidenz legt nahe, daß sich die von einer Reihe dieser Studien vorgelegten - und vergleichsweise hohen - Elastizitätswerte nur begrenzt als Ausdruck einer dauerhaften Verhaltensänderung der Steuerpflichtigen interpretieren und auf längerfristig orientierte Politikempfehlungen übertragen lassen (vgl. auch SLEMROD, 1998, 785f.).

Vergleichbaren und auf Antizipationseffekte zurückzuführenden Interpretationsproblemen sehen sich die in vorliegender Arbeit ermittelten Schätzwerte allerdings in erheblich geringerem Ausmaß gegenüber. Darauf hinzuweisen ist auf den bereits verschiedentlich hervorgehobenen Sachverhalt, daß die Steuerreform 1990 eine vergleichsweise *geringe* Änderung von Grenzsteuersatz und Residualrate der Steuerpflichtigen mit dem höchsten Einkommen nach sich zog. In der Folge ist das Ergebnis einer hohen Elastizität des zu versteuernden Einkommens bei einem Einkommen von mehr als 80.000 DM gerade nicht auf das Verhalten der reichsten Steuerpflichtigen unseres Datensatzes zurückzuführen, denn der Spitzensteuersatz wurde 1990 um lediglich drei Prozentpunkte zurückgeführt. Der Experimentgruppe der Schätzung gehören dagegen diejenigen Steuerpflichtigen an, die vor Durchführung der Reform über ein zu versteuerndes Einkommen zwischen 80.000 und 110.000 DM verfügten. Es ist wenig plausibel anzunehmen, daß die Antizipation einer bevorstehenden Steueränderung das Verhalten von Steuerpflichtigen mit einem zu versteuernden Einkommen zwischen 80.000 DM und 110.000 DM - im Vergleich zu Steuerpflichtigen mit einem zu versteuernden Einkommen von mehr als 110.000 DM - in besonders starkem Ausmaß bestimmte. Effekte, die die von den Steuerzahlern innerhalb eines betrachteten Einkommensintervalls deklarierten Einkünfte und Abzüge auf identische Weise beeinflußten, schlagen sich aber nicht in den geschätzten Verhaltensparametern, sondern im konstanten Term der Schätzung nieder. Es ist deshalb davon auszugehen, daß sich in den zuvor ermittelten Elastizitäten des zu versteuernden Einkommens - gerade bei den Steuerpflichtigen mit dem höchsten Einkommen - ganz überwiegend dauerhafte Verhaltensanpassungen der betrachteten Individuen widerspiegeln.

Konstruktion der verwendeten Schätzvariablen

Als endogene Variable unserer Schätzungen dient die Differenz zwischen dem im Veranlagungsjahr 1990 tatsächlich deklarierten zu versteuernden Einkommen und demjenigen zu versteuernden Einkommen, das der Steuerpflichtige 1990 bei gegebenem Verhalten des Jahres 1988, aber ohne Durchführung der Steuerreform deklariert hätte. Bei der Konstruktion des angepaßten (kontrafaktischen) zu versteuernden Einkommens im Veranlagungsjahr 1990 haben wir diejenigen Änderungen an der individuellen Bemessungsgrundlage berücksichtigt, die auf von der Steuerreform unabhängige Einflußfaktoren zurückzuführen sind. Dazu gehört zum Beispiel die Anzahl der Kinder eines Steuerpflichtigen, die sich über den Umfang der geltend gemachten Kinderfreibeträge in der Höhe des zu versteuernden Einkommens niederschlägt (vgl. Abschnitt 5.5.4). In der Folge blendet der geschätzte Verhaltensparameter ζ^c sämtliche Effekte aus, die von einer Änderung des individuellen Grenzsteuersatzes (in kurzer Frist) auf die Fertilitätsentscheidung eines Steuerpflichtigen ausgehen. Gleiches gilt für andere, ebenfalls als exogen interpretierte und aus der individuellen Veranlagung des Jahres 1990 übernommene steuerliche Tatbestände wie den Umfang der als außergewöhnliche Belastung geltend gemachten Abzugsbeträge. Das Ausmaß, in dem die ermittelte Elastizität des zu versteuernden Einkommens durch die Vernachlässigung solcher u. U. auch unter steuerlichen Gesichtspunkten getroffenen Entscheidungen der Steuerpflichtigen unterschätzt wird, dürfte sich dabei aber in engen Grenzen halten.

Eine Besonderheit stellt allerdings die Änderung der im Untersuchungszeitraum deklarierten Einkünfte aus Kapitalvermögen dar. Daran zu erinnern ist, daß wir bei der Ermittlung angepaßter zu versteuernder Einkommen in dieser Einkunftsart - im Unterschied zu den in allen übrigen Einkunftsarten deklarierten Beträgen - nicht die im Basisjahr 1988 deklarierten Einnahmen exogen auf das Jahr 1990 fortschreiben. Von der Steuerreform unabhängige Effekte auf die Höhe der 1990 deklarierten Kapitalerträge, die von Einführung und Abschaffung der "kleinen Kapitalsteuer" und Verdoppelung der Sparerfreibeträge (1989) sowie von einem dramatischen Anstieg der Kapitalmarktzinsen (1990) ausgingen, lassen sich auf Basis des gewählten Schätzverfahrens nämlich nicht isoliert erfassen. Bei der Konstruktion des angepaßten zu versteuernden Einkommens übernehmen wir deshalb für jeden Steuerfall die in der Veranlagung 1990 tatsächlich ausgewiesenen Einkünfte aus Kapitalvermögen (vgl. dazu ausführlich Abschnitt 5.5.2). Dieses Vorgehen unterstellt implizit, daß die Entscheidung eines Steuerpflichtigen über die Höhe der deklarierten Einkünfte aus Kapitalvermögen im Jahr 1990 - im Vergleich zum Jahr 1988 - unabhängig von den Wirkungen der Steuerreform 1990 erfolgte, und im Resultat schließt die ermittelte Elastizität des zu versteuernden Einkommens jegliche Reaktion der deklarierten Kapitaleinkünfte auf von einer Tarifsenkung ausgehende Anreize aus.[242]

---

242 Zu beachten ist, daß eine Mehrzahl der US-amerikanischen Untersuchungen - vor allem Feldstein (1995a), Navratil (1995) und Auten/Carroll (1999), nicht aber Gruber/Saez (2002) und Saez (2003) - Schätzungen einer Elastizität des zu versteuernden Einkommens vorlegt, die jegliche Reaktion der steuerpflichtigen realisierten Vermögenszuwächse (*capital gains*) auf Änderungen der Residualrate ausschließt. Die Begründung für dieses Vorgehen erfolgt analog zu vorliegender Arbeit: Die 1986 vollzogene Steuersenkung wurde partiell durch eine Verbreiterung der Bemessungsgrundlage um bislang präferentiell besteuerte Teile der *capital gains* finanziert, was die separate Identifizierung von positiven und negativen Anreizeffekten der Reform auf die Höhe dieser Einkünfte erschwert. Unterstellt man, daß US-amerikanische Steuerpflichtige die Höhe deklarierter *capital gains* und deutsche Steuerpflichtige die Höhe deklarierter Kapitalerträge in vergleichbarer Intensität an steuerliche Anreize anpassen, lassen sich unsere Schätzergebnisse mit den Werten genannter Untersuchungen unmittelbar vergleichen.

Durch die vorgenommene Beschränkung des Spektrums möglicher Verhaltensanpassungen wird die Höhe der ermittelten kompensierten Elastizitäten unzweideutig unterzeichnet. Das Ausmaß der Verzerrung unserer Schätzwerte läßt sich auf Basis vorliegender empirischer Erkenntnisse zwar nur schwer quantifizieren, dürfte aber durchaus substantiell ausfallen. Zu bedenken ist, daß unser Vorgehen nicht nur die (kompensierte) Reaktion des Ersparnisangebots auf eine Erhöhung des Nettozinssatzes ausblendet, die theoretisch eindeutig und empirisch nachweisbar ein positives Vorzeichen hat (vgl. etwa die Diskussion von Schätzungen US-amerikanischer Sparfunktionen bei BERNHEIM, 2002, 1208-1211). Unberücksichtigt bleiben auch sämtliche Effekte der Tarifsenkung auf die Entscheidung eines Individuums, steuerpflichtige Kapitalerträge bei der Veranlagung anzugeben. Die Wirkungen, die von der Erhebung einer Einkommensteuer auf die Höhe einerseits der erzielten und andererseits der deklarierten Kapitaleinkünfte ausgehen, sind in empirischen Untersuchungen - wegen eines Mangels an entsprechenden Daten - zwar nur schwer separat zu identifizieren. Die Mehrzahl der vorliegenden Studien stellt aber zumindest eine positive Beziehung zwischen dem individuellen Grenzsteuersatz und der Höhe des insgesamt hinterzogenen Steuerbetrags fest (vgl. die Übersicht bei ANDREONI ET AL., 1998, 838ff.).

Auch wenn empirische Untersuchungen zum Spar- und Hinterziehungsverhalten deutscher Steuerpflichtiger unserer Kenntnis nach bislang nicht vorliegen, ist demnach von einem Anstieg der im Veranlagungsjahr 1990 deklarierten Kapitaleinkünfte und einem entsprechenden Anstieg der Bemessungsgrundlage von Kapitalbesitzern auszugehen. Unsere Schätzungen kompensierter Elastizitäten vernachlässigen solche positiven Effekte auf das individuelle zu versteuernde Einkommen. Insbesondere die für die Gruppe einkommensstarker Steuerpflichtiger vorgelegten (und ohnedies signifikant positiven) Schätzwerte dürften in dieser Hinsicht eher den unteren Rand der insgesamt erwartbaren Intensität reformbedingter Verhaltensanpassungen kennzeichnen.

6.5 Effizienzeffekte der deutschen Einkommensteuer

6.5.1 Vorbemerkung

Der theoretische Teil vorliegender Arbeit demonstrierte, daß sich die Intensität, mit der Individuen auf die Besteuerung ihres Einkommens durch Steuervermeidung, Steuergestaltung und Steuerhinterziehung reagieren, in der Elastizität des zu versteuernden Einkommens in bezug auf die Residualrate zusammenfassen läßt. In Kenntnis dieses Verhaltensparameters - und, wie ebenfalls deutlich wurde, *nur* in dessen Kenntnis - lassen sich dann Schlußfolgerungen hinsichtlich der Effizienzeigenschaften eines Einkommensteuersystems und hinsichtlich der Aufkommenseffekte geplanter Tarifreformen ziehen. Die empirisch fundierte Beantwortung solcher Fragestellungen ist für die praktische Finanzpolitik von zentraler Bedeutung.

In den vorigen Abschnitten haben wir die Anpassung der Steuerpflichtigen an die im Rahmen der Steuerreform 1990 vollzogene Tarifsenkung untersucht. Das zentrale Ergebnis unserer empirischen Schätzungen besteht darin, daß die Bemessungsgrundlage von Steuerpflichtigen mit vergleichsweise hohem Einkommen sensitiv auf eine Änderung steuerlicher Anreize reagiert und die Elastizität des zu versteuernden Einkommens bei Einkommen von mehr als 80.000 DM einen Wert von mindestens 0,6 annimmt. Im folgenden wenden wir dieses Schätzergebnis auf die theoretisch ermittelten Beziehungen zur Quantifizierung der absoluten und der marginalen Zusatzlasten der Einkommensbesteuerung in der Bundesrepublik an. Man erhält dadurch eine Vorstellung von dem Umfang, in dem sich die Reaktion auf das steuerbedingt verzerrte Preisgefüge in Nutzenverlusten auf seiten der besteuerten Haushalte niederschlägt; und von der Relevanz, die einer Elastizität der steuerlichen Bemessungsgrundlage in oben geschätzter Größenordnung für unter normativen Gesichtspunkten getroffene finanzpolitische Entscheidungen zukommt. Wie sich zeigen wird, sind die durch die Besteuerung von hohen Einkommen in der Bundesrepublik bewirkten Wohlfahrtsverluste beträchtlich. Anreize zu steuervermeidendem Verhalten auf seiten der besteuerten Haushalte ins Kalkül zu ziehen, läßt sich für eine an den Folgen ihres Handelns interessierte Steuerpolitik nach den im folgenden vorgestellten Ergebnissen nicht mehr vermeiden.

6.5.2 Zusatzlast der deutschen Einkommensteuer

Die Erhebung einer Steuer, die den Zensiten Möglichkeiten zu Ausweichhandlungen zugunsten nicht oder geringer besteuerter Aktivitäten eröffnet, ruft unausweichlich zusätzliche, das heißt über den steuerbedingten Ressourcenentzug selbst hinausgehende Wohlfahrtseinbußen hervor. Die durch die Besteuerung des erzielten Einkommens bewirkte Zusatzlast (oder *excess burden*, *EB*) läßt sich, wie in Abschnitt 2.3.2 gezeigt, durch die Beziehung

$$EB = \frac{1}{2} TI \frac{\tau^2}{1-\tau} \zeta^c \tag{91}$$

darstellen. Gleichung (91) macht erkennbar, daß die Höhe der Zusatzlast, die durch Erhebung einer Einkommensteuer entsteht, mit der Höhe von Grenzsteuersatz (τ) und Bemessungsgrundlage (*TI*) eines Steuerpflichtigen sowie mit der kompensierten Elastizität des zu versteuernden Einkommens (ζ^c) zunimmt. Der Verhaltensparameter ζ^c gibt an, in welcher Intensität die vom betrachteten Individuum deklarierte Bemessungsgrundlage, in der sich sämtliche Entscheidungen über den optimalen Umfang an Steuervermeidung, -gestaltung und -hinterziehung niederschlagen, auf eine kompensierte Änderung der Residualrate ($1-\tau$) reagiert.

Unsere Schätzungen resultieren in einer kompensierten Elastizität des zu versteuernden Einkommens, die bei Steuerpflichtigen mit einem zu versteuernden Einkommen von mehr als 80.000 DM einen Wert von mindestens $\zeta^c = 0,6$ annimmt. Bei Steuerpflichtigen mit niedrigerem Einkommen und insbesondere im Bereich zu versteuernder Einkommen bis 50.000 DM läßt sich zwar ebenfalls eine positive Beziehung zwischen individueller Residualrate einerseits und deklarierter Bemessungsgrundlage andererseits feststellen. Allerdings ist diese Beziehung statistisch nicht signifikant (vgl. dazu die Präsentation und Diskussion der Schätzergebnisse in den Abschnitten 6.3 und 6.4), und wir führen empirische Berechnungen zu den Effizienzeffekten der Besteuerung deshalb im folgenden nur für die Gruppe der einkommensstärksten Steuerpflichtigen durch.

Im Jahr 1990, d. h. im der Steuerreform 1990 unmittelbar nachfolgenden Veranlagungszeitraum, deklarieren $n = 5.233$ der im IAW-Steuerpanel enthaltenen Steuerpflichtigen ein zu versteuerndes Einkommen, das einen Betrag von 80.000 DM überschreitet.[243] Das repräsentative zu versteuernde Einkommen beträgt in dieser Gruppe besonders einkommensstarker Steuerpflichtiger $TI_r = 158.272$ DM. Der durchschnittliche Grenzsteuersatz[244] in Höhe von $\tau_r = 0,37$ entspricht einer durchschnittlichen Residualrate in Höhe von $(1 - \tau_r) = 0,63$. Berücksichtigt man schließlich, daß die kompensierte Elastizität des zu versteuernden Einkommens in diesem Einkommensbereich $\zeta^c = 0,6$ beträgt, beläuft sich die Zusatzlast des repräsentativen Vertreters derjenigen Steuerpflichtigen, die 1990 über ein zu versteuerndes Einkommen von mindestens 80.000 DM verfügen, gemäß Gleichung (91) auf

$$EB_r = \frac{1}{2} TI_r \frac{\tau_r^2}{1-\tau_r} \zeta^c = \frac{1}{2} 158.272 \frac{0,37^2}{0,63} 0,6 = 10.318 \text{ (DM)}.$$

Durch die Betrachtung eines repräsentativen Individuums wird der Umfang der insgesamt entstandenen Zusatzlasten unterzeichnet, denn die Grenzsteuersätze fallen innerhalb des untersuchten Einkommensintervalls unterschiedlich hoch aus. Weil die einem Steuerpflichtigen entstehende Zusatzlast Gleichung (91) zufolge (approximativ) mit dem Quadrat des Grenzsteuersatzes zunimmt, steigt der im Durchschnitt zu verzeichnende *individuelle* Wohlfahrtsverlust im Vergleich zum für den durchschnittlichen Steuerpflichtigen ermittel-

243 Unseren Schätzungen nach dem zu versteuernden Einkommen differenzierter Elastizitäten lag die 1988 deklarierte und auf das Jahr 1990 fortgeschriebene Bemessungsgrundlage als Selektionskriterium zugrunde (vgl. Abschnitt 6.3.2). Die für den Bereich hoher Einkommen geschätzte Elastizität beruhte auf einer Unterstichprobe, die 4.874 Steuerpflichtige mit einem fortgeschriebenen zu versteuernden Einkommen von mehr als 80.000 DM enthält. 807 dieser Steuerpflichtigen, die im Durchschnitt über ein fortgeschriebenes zu versteuerndes Einkommen von 99.754 DM verfügen, weisen 1990 eine Bemessungsgrundlage von weniger als 80.000 DM aus. Dagegen weiten 1.166 Steuerpflichtige, die vor 1990 über ein zu versteuerndes Einkommen von weniger als 80.000 DM verfügen, die 1990 deklarierte Bemessungsgrundlage über einen Betrag von 80.000 DM hinaus aus. Im Durchschnitt verfügen diese Steuerfälle vor bzw. nach Durchführung der Reform über ein zu versteuerndes Einkommen in Höhe von 54.834 DM bzw. 101.536 DM.

244 Wir entscheiden uns sowohl hinsichtlich "des" repräsentativen zu versteuernden Einkommens als auch hinsichtlich "des" repräsentativen Grenzsteuersatzes für die Durchschnittswerte der jeweiligen Variablen und wenden nicht den Steuertarif des Jahres 1990 auf das repräsentative zu versteuernde Einkommen an.

ten Wert (ebenfalls approximativ) mit der Varianz der Grenzsteuersätze an (vgl. FELDSTEIN, 1995b, 29f.)[245]. Die Summe der den $k = 1, ..., 5.233$ betrachteten Steuerpflichtigen entstehenden Zusatzlasten beläuft sich zusammengenommen auf

$$\sum\nolimits_k EB_k = \sum\nolimits_k \frac{1}{2} TI_k \frac{\tau_k^2}{1-\tau_k} \zeta^c.$$

Unterstellt man, daß die kompensierte Elastizität in diesem Einkommensbereich einen uniformen Wert von $\zeta^c = 0,6$ aufweist, erhält man auf Basis der Veranlagungen des Jahres 1990 einen Wert von $\sum_k EB_k = 104.992.621$ DM. Dieses Ergebnis korrespondiert mit einer durchschnittlichen Zusatzlast in Höhe von $EB_d := \sum_k EB_k/n = 20.064$ DM pro Kopf, was fast dem doppelten des für den repräsentativen Steuerpflichtigen ermittelten Werts entspricht.

Im Durchschnitt entrichten die untersuchten Steuerpflichtigen 1990 einen Steuerbetrag in Höhe von 51.556 DM. Die durchschnittliche, d. h. die auf das erzielte Steueraufkommen bezogene Zusatzlast beläuft sich im Bereich hoher Einkommen dementsprechend auf 20.064/51.556 = 0,39. Der Anteil der Zusatzlasten an der von Steuerpflichtigen mit einem zu versteuernden Einkommen von mindestens 80.000 DM entrichteten Einkommensteuer beträgt 39 Prozent. Jede DM, die von diesen Steuerpflichtigen im Jahr 1990 an Einkommensteuer gezahlt wurde, war mit einer (monetär bewerteten) Nutzeneinbuße in Höhe von einer DM und 39 Pfennigen verbunden.[246]

6.5.3 Effizienzeffekte der Steuerreform 1990

Natürlich möchte man wissen, wie und in welchem Ausmaß sich die mit der "großen" Steuerreform 1990 verbundene Tarifsenkung auf die Wohlfahrt der Steuerpflichtigen auswirkte - und immerhin bestand eines der wichtigsten politischen Ziele des Reformprojekts darin, das Steuersystem "leistungsfreundlicher" oder, im Sinne vorliegender Arbeit, für Steuerminderungsstrategien weniger attraktiv zu machen (vgl. etwa BMF, 1989, 91). In Abschnitt 2.3.3 wurde gezeigt, daß sich die absolute Veränderung der Zusatzlast eines Individuums infolge einer Steueränderung allgemein als

---

245 Die Verteilung der Grenzsteuersätze weist 1990 in den Veranlagungen von Steuerpflichtigen mit einem zu versteuernden Einkommen von mindestens 80.000 DM, bei einem durchschnittlichen Wert von $\tau_r = 0,37$, eine Standardabweichung in Höhe von 0,0883 und eine Varianz in Höhe von 0,0078 auf.

246 Vergleichbare Schätzwerte liegen für die Bundesrepublik unserer Kenntnis nach bislang nicht vor. So zitiert etwa das Lehrbuch von HOMBURG (1997, 164), wenn es Verfahren zur empirischen Messung steuerbedingter Zusatzlasten diskutiert, mit BALLARD ET AL. (1985) ausschließlich die Ergebnisse einer US-amerikanischen Untersuchung (die Vermeidungsstrategien besteuerter Haushalte im umfassenden Sinn vorliegender Arbeit nicht einbezieht).

$$\mathrm{d}EB = \frac{1}{2}\,TI_1\,\frac{\tau_2^2 - \tau_1^2}{1-\tau_1}\,\zeta^c \tag{92}$$

darstellen läßt. Dabei kennzeichnen die in Gleichung (92) mit dem Subskript 1 versehenen Variablen Grenzsteuersatz und zu versteuerndes Einkommen des betrachteten Steuerpflichtigen vor Durchführung und die mit dem Subskript 2 versehene Variable den Grenzsteuersatz des betrachteten Steuerpflichtigen nach Durchführung der Reform.

Im folgenden betrachten wir die Situation derjenigen $n = 4.874$ Steuerpflichtigen, die vor Durchführung der Steuerreform 1990 - auf Basis im Veranlagungsjahr 1988 ausgewiesener und auf das Jahr 1990 fortgeschriebener Einkünfte und Abzüge - über ein zu versteuerndes Einkommen von mindestens 80.000 DM verfügen. Wir berechnen zunächst für jeden Steuerpflichtigen die reformbedingte und auf Basis von Gleichung (92) ermittelte Änderung der Zusatzlast. Bildet man die Summe über alle Steuerpflichtigen, ging die Zusatzlast der Einkommensteuer in diesem Einkommensbereich infolge der Steuerreform 1990 um $\sum_k \mathrm{d}EB_k = 22.817.407$ DM zurück, was pro Kopf einem Wert von $\mathrm{d}EB_d = \sum_k \mathrm{d}EB_k/n = 4.681$ DM entspricht. Im Durchschnitt schlug sich folglich allein der Rückgang der allokativ verzerrenden Effekte der Einkommensteuer in einem (monetär bewerteten) Nutzenanstieg der betrachteten Haushalte in Höhe von rund 4.700 DM je Steuerpflichtigem nieder.[247]

Neben vorliegender Arbeit existieren insbesondere zwei weitere empirische Untersuchungen, die eine Abschätzung der von der Steuerreform 1990 ausgehenden Wohlfahrtseffekte vornehmen. Sowohl WAGENHALS (1990) als auch KAISER ET AL. (1993) berechnen denjenigen Nutzenanstieg, den gemeinsam veranlagte Ehegatten dadurch realisierten, daß die Verzerrung der Arbeitsangebotsentscheidung der jeweiligen Ehefrau durch den reformbedingten Anstieg von Residualrate bzw. Nettolohnsatz abnahm. WAGENHALS (1990, 487f.)

[247] Zu beachten ist, daß der Wert $\mathrm{d}EB_d = 4.681$ DM sich von der - in der politischen Diskussion meist im Vordergrund stehenden - Entlastung beim Steuerbetrag fundamentale unterscheidet. In dieser Hinsicht besteht das Vorgehen darin, denjenigen Anstieg des verfügbaren Einkommens zu ermitteln, in dessen Genuß der wie auch immer geartete "repräsentative" Steuerpflichtige einer Einkommensklasse infolge der Steuerreform und bei Konstanz des vor Durchführung der Reform gezeigten Verhaltens kam. Für die hier untersuchten Steuerpflichtigen ergab sich 1990 ein *statischer* (d. h. vor Berücksichtigung jeglicher Verhaltensreaktion zu verzeichnender) Rückgang des Steuerbetrags in Höhe von durchschnittlich 7.767 DM. Demgegenüber gibt der Wert $\mathrm{d}EB_d = 4.681$ DM an, in welchem Umfang sich die Konsummöglichkeiten eines Steuerpflichtigen allein dadurch erhöhten, daß reformbedingt gestiegene Residualraten den Anreiz minderten, steuerbegünstigte Güter verstärkt nachzufragen. Es wäre allerdings ebenfalls ein Mißverständnis, würde man statische Steuerentlastung einerseits und Abnahme der Zusatzlast andererseits addieren und die Summe (12.448 DM) als gesamten aus der Tarifsenkung erzielten Wohlfahrtsgewinn interpretieren. Berücksichtigt man, daß Einkommenseffekte unseren Schätzungen zufolge im Verhalten "reicher" Steuerpflichtigen kaum eine Rolle spielen (vgl. Abschnitt 6.3.2), entsprechen sich kompensierte und unkompensierte Elastizität des zu versteuernden Einkommens annähernd, und der entrichtete Steuerbetrag der Individuen nimmt - weil die Bemessungsgrundlage entsprechend ansteigt - um durchschnittlich nur noch 2.662 DM ab. Der gesamte Wohlfahrtsgewinn "reicher" Steuerpflichtiger infolge der Steuerreform 1990 beläuft sich damit im Durchschnitt auf 2.662 DM (realisierte Steuerentlastung) + 4.681 DM (Abbau allokativer Verzerrungen) = 7.343 DM.

ermittelt einen Rückgang der Zusatzlast, der sich bei gemeinsam veranlagten Steuerpflichtigen - unabhängig von der Höhe des erzielten Einkommens - auf durchschnittlich 835 DM beläuft. Die Nutzengewinne nehmen allerdings mit dem (Brutto-)Einkommen eines Haushalts zu und erreichen in den oberen drei Einkommensdezilen einen maximalen Wert von 1.170 DM. Bei KAISER ET AL. (1993, 179f.) wiederum schlägt sich ein Rückgang der steuerbedingten Verzerrungen in einem Nutzengewinn in Höhe von 1.454 DM je gemeinsam veranlagtem Ehepaar nieder.

Der Umfang der in vorliegender Arbeit ermittelten Wohlfahrtsgewinne der Steuerreform 1990 übersteigt die Ergebnisse der genannten Studien um das drei- bis vierfache. Die qualitative Erweiterung des eingenommenen Blickwinkels - der in unserem Fall sämtliche, d. h. auch die über die Arbeitsangebotsentscheidung der Ehefrau hinausgehenden Substitutionseffekte ins Kalkül einbezieht - wirkt sich demnach bei der empirischen Wohlfahrtsanalyse auch auf quantitativ bedeutsame Weise aus. Eine vergleichende Bewertung der differierenden Ergebnisse hat zudem zu beachten, daß die von WAGENHALS (1990) und KAISER ET AL. (1993) vorgelegten Schätzwerte in zweierlei Hinsicht als unangemessen hoch erscheinen.

Zum einen berücksichtigt die empirische Literatur zum Arbeitsangebot lediglich diejenigen Effekte, die von der Besteuerung auf die Beschäftigung verheirateter Frauen ausgehen. In der Konsequenz unterlägen Arbeitsangebot und steuerlich relevante Entscheidungen lediger Steuerpflichtiger (naturgemäß) überhaupt keiner Verzerrung, und unverheiratete Individuen würden durch die Einkommensteuererhebung ebenso wenig geschädigt wie sie von einer Steuersenkung profitierten. Führte man, wie in vorliegender Arbeit, eine Untersuchung der reformbedingten Wohlfahrtswirkungen für die Gesamtheit der Steuerpflichtigen durch, würden sich die ermittelten Nutzengewinne bei WAGENHALS (1990) und KAISER ET AL. (1993) durch Berücksichtigung von Steuersystem im allgemeinen und Steuerreform 1990 im besonderen gänzlich unbetroffener, weil lediger Steuerfälle deutlich verringern.

Vor allem aber basieren die von WAGENHALS (1990) und KAISER ET AL. (1993) durchgeführten Simulationsberechnungen auf Arbeitsangebotselastizitäten, die mithilfe einer von HAUSMAN (1981) erstmals verwendeten Methode geschätzt wurden (vgl. auch Abschnitt 4.2). Die ökonometrischen Schwierigkeiten, die sich mit der Anwendung dieser Methode verbinden, können an dieser Stelle nicht in angemessener Ausführlichkeit diskutiert werden. Darauf hinzuweisen ist dennoch, daß vor allem MACURDY (1992) und HECKMAN (1993) die von HAUSMAN (1981) vorgeschlagene Spezifikation mit der Begründung kritisieren, sie lege das Vorzeichen zentraler Verhaltensparameter implizit bereits im Vorhinein fest und ziehe deshalb eine zum Teil drastische Überzeichnung der ermittelten Schätzwerte nach sich. Die an HAUSMAN (1981) orientierten Schätzungen von WAGENHALS (1990, 476-480) und KAISER ET AL. (173-177) resultieren in einer kompensierten Elastizität des Arbeitsangebots verheirateter Frauen, die einen Wert von 1,85 bzw. von 1,22 annimmt und damit die in vorliegender Arbeit (für eine unverheiratete Steuerpflichtige einschließende Population) ermittelten Elastizitätswerte selbst im Bereich hoher Einkommen bei weitem übersteigt.

Es ist klar, daß auf Basis einer solch elastischen Reaktion der Bemessungsgrundlage (hier: der von Zweitverdienerinnen deklarierten Lohneinkünfte) auch die empirisch ermittelte Zusatzlast einen hohen Wert annimmt. Aus genannten Gründen dürften die zugrundeliegenden Arbeitsangebotselastizitäten die tatsächliche Reagibilität der Bemessungsgrundlage - sowohl der Steuerpflichtigen allgemein, als im besonderen auch der gemeinsam veranlagten Ehepaare - in diesem Zusammenhang aber drastisch überzeichnen,[248] und die in vorliegender Arbeit geschätzte Elastizität des zu versteuernden Einkommens bildet das steuerlich relevante Verhalten deutscher Steuerzahler nicht nur umfassender, sondern unserer Ansicht nach auch auf realitätsnähere Weise ab. Effizienzgewinne der Steuerreform 1990, die sich bei den Steuerpflichtigen mit hohem Einkommen insgesamt auf durchschnittlich mehr als 4.600 DM belaufen, sind vor diesem Hintergrund ein ausgesprochen hoher Wert.

6.5.4 Effizienzeffekte des Solidaritätszuschlags

Die Effizienzwirkungen einer Änderung des deutschen Einkommensteuertarifs ließen sich auf Basis von Gleichung (92) und den Veranlagungsdaten des IAW-Steuerpanels für beliebige - nach 1990 tatsächlich durchgeführte, in der politischen Diskussion vorgeschlagene oder gänzlich fiktive - Reformprojekte berechnen. Bei der Ermittlung der reformbedingten Änderung steuerinduzierter Zusatzlasten kommt es nur auf die Wirkungen des neuen Tarifs auf die individuellen Grenzsteuersätze an. Die im IAW-Steuerpanel enthaltenen Steuerpflichtigen würden auf Grundlage des im einzelnen untersuchten Reformtarifs neu veranlagt und der nach Durchführung der Reform jeweils resultierende Grenzsteuersatz (τ_2) zur Ermittlung des Terms d*EB* herangezogen.[249]

Bei der politischen Evaluierung eines Steuererhöhungsprojekts von besonderem Interesse ist jedoch die marginale Zusatzlast des untersuchten Reformvorhabens. Die marginale Zusatzlast bezieht die Summe der aus der Anhebung des Steuertarifs neu entstandenen Zusatzlast (d*EB*) auf den infolge der Steuererhöhung - und *nach* Anpassung des Verhaltens der Steuerpflichtigen - zusätzlich entrichteten Steuerbetrag. Diese Größe vermittelt eine Vorstellung von den Wohlfahrtsverlusten, die die besteuerten Haushalten je Ein-

248 In einer jüngeren Arbeit schätzt Wagenhals (2000), daß sich die kompensierte Lohnelastizität verheirateter Frauen in der alten Bundesrepublik auf lediglich 0,28 beläuft; dieser Schätzwert unterschreitet die noch von Wagenhals (1990) vorgelegte Elastizität um mehr als das sechsfache.

249 Die im Jahr 1990 deklarierten Einkünfte und Abzüge wären unter Umständen - zusammen mit allen weiteren veranlagungsrelevanten Merkmalen der Steuerpflichtigen - mithilfe exogener Änderungsraten auf das betrachtete Veranlagungsjahr fortzuschreiben. Die Repräsentativität des resultierenden Datensatzes hängt von Genauigkeit und Detailschärfe des gewählten Fortschreibungsverfahrens ab und dürfte mit zunehmendem Zeitraum immer schwieriger zu erreichen sein (vgl. dazu Abschnitt 5.5.2 vorliegender Arbeit sowie, in einem ganz ähnlichen Kontext, Bach/Schulz, 2003). Wir sehen deshalb an dieser Stelle von der Durchführung entsprechender Beispielrechnungen ab.

heit zusätzlich erzielten Aufkommens realisieren, wodurch sich die Sinnhaftigkeit des mit dem neu entstandenen budgetären Gestaltungsspielraum finanzierten öffentlichen Projekts besser, weil ökonomisch vollständiger überprüfen läßt. Abschnitt 2.3.3 zeigte, daß sich die marginale Zusatzlast (*MEB*) einer Erhöhung der Einkommensteuer durch den Ausdruck

$$\begin{aligned} MEB &= \mathrm{d}EB/\mathrm{d}T \\ &= \frac{1}{2}\frac{TI_1\,\zeta^c\,(\tau_1+\tau_2)/(1-\tau_1)\mathrm{d}\tau}{TI_1(\mathrm{d}t-\tau_1/(1-\tau_1)\,\zeta\,\mathrm{d}\tau)} \end{aligned} \tag{93}$$

bestimmt. Gleichung (93) verdeutlicht, daß sich die reformbedingte Änderung des entrichteten Steuerbetrags ($\mathrm{d}T$) aus dem zusätzlichen Aufkommen bei gegebener Bemessungsgrundlage ($TI_1\mathrm{d}t$) und derjenigen Änderung des Aufkommens zusammensetzt, die Folge einer Verhaltensanpassung der Steuerpflichtigen an gestiegene Steuersätze ist. Der Parameter ζ kennzeichnet dementsprechend die *un*kompensierte Elastizität des zu versteuernden Einkommens, in der sich sowohl Substitutionseffekte (einer veränderten Residualrate) als auch Einkommenseffekte (einer veränderten Residualrate und eines veränderten virtuellen Einkommens) der Erhöhung eines progressiven Steuertarifs widerspiegeln.

Man erkennt, daß die marginalen Effizienzverluste infolge einer Steuererhöhung auch von der Änderung der durchschnittlichen Steuerbelastung ($\mathrm{d}t$) und damit vom Umfang der zusätzlichen Belastung inframarginaler Einkommensteile abhängig sind. Allgemeine Aussagen über die marginalen Effizienzwirkungen des deutschen Einkommensteuersystems lassen sich deshalb - weil es immer auf die exakte Spezifizierung des jeweiligen Reformtarifs ankommt - nicht treffen. Im folgenden betrachten wir die marginale Zusatzlast, die den Steuerpflichtigen in der Bundesrepublik aus der Einführung des Solidaritätszuschlags erwuchs. Diese mit Wirkung ab dem 1. Juli 1991 erhobene und zunächst bis zum 30. Juni 1992 befristete Ergänzungsabgabe bestand in einem Zuschlag in Höhe von jeweils 3,75% auf die Steuerschuld der Veranlagungsjahre 1991 und 1992, wenn eine Einkommensteuerveranlagung oder ein Lohnsteuerjahresausgleich durchgeführt wurde (vgl. dazu ausführlich Abschnitt 5.1.3). In der Folge stiegen sowohl Grenz- als auch Durchschnittsteuersatz aller Steuerpflichtigen mit positiver Steuerschuld im Veranlagungsjahr 1991 um (relativ) 3,75 Prozent an.

Betrachtet man wieder ausschließlich diejenigen $n = 5.233$ Steuerpflichtigen, deren Veranlagung im IAW-Steuerpanel 1990 ein zu versteuerndes Einkommen in Höhe von mindestens 80.000 DM ausweist, nahmen die Zusatzlasten durch Einführung des Solidaritätszuschlags um insgesamt $\sum_k \mathrm{d}EB_k = 6.834.961$ DM zu. Im Durchschnitt belief sich die neu entstandene Zusatzlast folglich auf $\sum_k \mathrm{d}EB_k/n = 1.306$ DM, und über ein Viertel des Nutzengewinns, in dessen Genuß einkommensstarke Steuerpflichtige infolge der Steuersenkung 1990 gekommen waren, wurde ihnen durch Erhebung des Solidaritätszuschlags bereits im Folgejahr wieder entzogen.

Unter der Annahme einer unelastischen Bemessungsgrundlage - könnte man die Verhaltensanpassungen der Steuerpflichtigen an gestiegene Grenz- und Durchschnittsteuersätze also vernachlässigen - hätte der Solidaritätszuschlag im betrachteten Einkommensintervall ein zusätzliches Aufkommen in Höhe von 10.117.216 DM oder 1.933 DM pro Kopf erbracht. Berücksichtigt man, daß Einkommenseffekte unseren Schätzungen zufolge im Verhalten "reicher" Steuerpflichtigen kaum eine Rolle spielen (vgl. Abschnitt 6.3.2), entsprechen sich kompensierte und unkompensierte Elastizität des zu versteuernden Einkommens ($\zeta = \zeta^c$), und der entrichtete Steuerbetrag nahm - weil die Bemessungsgrundlage entsprechend zurückging - tatsächlich nur um durchschnittlich 651 DM zu. Insgesamt beläuft sich die marginale Zusatzlast des Solidaritätszuschlags bei Steuerpflichtigen mit einem zu versteuernden Einkommen von mehr als 80.000 DM damit auf

$$MEB = 1.306\,\mathrm{DM}/651\,\mathrm{DM} \simeq 2.$$

Jede DM, die der Fiskus durch Erhebung des Solidaritätszuschlags im Jahr 1991 zusätzlich erzielte, rief bei einkommensstarken Steuerpflichtigen demzufolge einen (monetär bewerteten) Nutzenverlust in Höhe von insgesamt 3 DM hervor! Aus Sicht der betroffenen Steuerpflichtigen handelte es sich bei der 1991 eingeführten Ergänzungsabgabe um eine ausgesprochen verlustträchtige Form der Finanzierung vereinigungsbedingter Sonderlasten.

Bereits aus den bislang vorgestellten Berechnungen wurde erkennbar, daß die Einführung des Solidaritätszuschlags auf die Steuerschuld "reicher" Steuerpflichtiger weit weniger Aufkommen erbrachte, als allein auf Grundlage einer statischen - mit der Steuererhöhung verbundene Anreize zu verstärkter Steuervermeidung vernachlässigenden - Betrachtungsweise zu erwarten war. Bezieht man den tatsächlich zu verzeichnenden Aufkommenszuwachs ($\mathrm{d}T$) auf das unter der Annahme unveränderten Verhaltens zusätzlich erzielte Aufkommen ($\mathrm{d}T|_{\bar{TI}}$), erhält man aus Sicht eines Steuerpflichtigen die Beziehung

$$\begin{aligned}\frac{\mathrm{d}T}{\mathrm{d}T|_{\bar{TI}}} &= \frac{TI_1(\mathrm{d}t - \tau_1/(1-\tau_1)\,\zeta\,\mathrm{d}\tau)}{TI_1\,\mathrm{d}t} \\ &= 1 - \frac{\tau_1}{1-\tau_1}\zeta\frac{\mathrm{d}\tau}{\mathrm{d}t}.\end{aligned} \tag{94}$$

Gleichung (94) macht deutlich, daß es bei der Relation zwischen tatsächlich und lediglich potentiell - d. h. bei kontrafaktisch konstanter Bemessungsgrundlage - erzieltem Aufkommenszuwachs vor allem auf die unkompensierte Reaktion des zu versteuernden Einkommens und auf die unkompensierte Elastizität der Bemessungsgrundlage ankommt. Das Ausmaß des Terms $\mathrm{d}T/\mathrm{d}T|_{\bar{TI}}$ wird außerdem durch das Verhältnis zwischen absoluter Änderung von Grenz- und Durchschnittsteuersatz als Folge der Tariferhöhung bestimmt.

Im Falle des 1991 eingeführten Solidaritätszuschlags läßt sich auf Grundlage des IAW-Steuerpanels für Steuerpflichtige mit einem zu versteuernden Einkommen von mindestens 80.000 DM ein Wert von $\mathrm{d}T/\mathrm{d}T|_{\bar{T}I} = 0,34$ ermitteln, d. h. rund zwei Drittel des erhofften Aufkommensanstiegs gingen dem Fiskus aufgrund von Ausweichhandlungen der besteuerten Haushalte verloren. Anders gesprochen: Könnte man Effekte auf die deklarierte Bemessungsgrundlage vernachlässigen, wäre das von einkommensstarken Haushalten erzielte Aufkommen nach Einführung des Solidaritätszuschlags um 3,75 Prozent angestiegen; tatsächlich nahm das Aufkommen aber um lediglich rund 1,28 Prozent zu.[250]

Im Vergleich zu den positiven Wohlfahrtseffekten, die durch die Tarifsenkung im Rahmen der "großen" Steuerreform 1990 bewirkt wurden, nehmen sich die Effizienzverluste infolge des im Folgejahr erhobenen Solidaritätszuschlags dramatisch aus. Für die Beobachtung außerordentlich hoher marginaler Zusatzlasten des Solidaritätszuschlags gibt es zwei unterschiedliche, aber zusammenhängende Gründe. Zum einen handelt es sich bei einer Ergänzungsabgabe in Form des Solidaritätszuschlags um das politische Projekt einer vergleichsweise "progressiven" Steuererhöhung in dem Sinne, daß es die Residualeinkommenselastizität über den gesamten Tarifverlauf hinweg verringerte (vgl. dazu die Effekte der zweiten der in Abschnitt 2.2.2 theoretisch diskutierten, stilisierten Reformvarianten). Verzerrungsbedingte Substitutionseffekte fallen in der Reaktion der Steuerpflichtigen dann - relativ zu den effizienzneutralen Einkommenseffekten - besonders stark ins Gewicht, und der Umfang neu entstandener Zusatzlasten nimmt für sich genommen zu.

Zum anderen legen die Ergebnisse unserer empirischen Untersuchung nahe, daß Einkommenseffekte im Verhalten "reicher" Steuerpflichtiger in der Bundesrepublik eine zu vernachlässigende Rolle spielen und daß sich kompensierte und unkompensierte Elastizität des zu versteuernden Einkommens in der Folge annähernd entsprechen. Ist die Nachfrage nach dem zusammengefaßten Bündel steuerbegünstigter Konsumgüter nicht-inferior, führt der Einkommenseffekt einer Steuererhöhung für sich genommen aber zu einem Anstieg von Bemessungsgrundlage und entrichtetem Steuerbetrag und mildert so die adversen Wirkungen des Substitutionseffekts auf das Steueraufkommen.[251] Lassen sich Ein-

250 Die Erhebung des Solidaritätszuschlags war ursprünglich auf den 30. Juni 1992 befristet, wurde 1995 aber erneut (und zeitlich unbefristet) mit einem Satz in Höhe von 7,5% eingeführt; seit 1998 beträgt der Solidaritätszuschlag 5,5%. Weil eine Ergänzungsabgabe in Form des Solidaritätszuschlags sowohl Grenz- als auch Durchschnittsteuersatz eines Steuerpflichtigen um relativ denselben Prozentsatz erhöht, gilt $\mathrm{d}\tau/\mathrm{d}t = \tau_1/t_1$, und Gleichung (94) selbst ist unabhängig von der Höhe des erhobenen Zuschlagssatzes. Das Verhältnis zwischen tatsächlich und lediglich potentiell erzieltem Aufkommenszuwachs blieb demnach auch in den Jahren nach 1992 (und bis heute) - unter der Annahme einer unveränderten Elastizität der Bemessungsgrundlage - bei einem Wert von rund einem Drittel konstant.

251 Die Bedeutung (möglicherweise) gegenläufiger Wirkungen von Substitutions- und Einkommenseffekt der Besteuerung auf das erzielte Steueraufkommen wurden im Zusammenhang mit der Untersuchung der *marginal cost of public funds* bei Steuervermeidung in Abschnitt 2.5 vorliegender Arbeit theoretisch diskutiert. Positive Einkommenselastizitäten der Freizeitnachfrage sind eine häufige Annahme der theoretischen Arbeitsangebotsliteratur und ein häufiges Ergebnis der empirischen Schätzung individueller Arbeitsangebotsfunktionen. Zu beachten ist, daß die Ergebnisse unserer empirischen Schätzung zur Reagibilität des zu versteuernden Einkommens insgesamt - wenn auch vor allem bei

kommenseffekte auf das zu versteuernde Einkommen im Verhalten der Steuerpflichtigen empirisch vernachlässigen - wovon in der Bundesrepublik bei hohen Einkommen nach den Ergebnissen unserer Untersuchung auszugehen ist -, entfällt der genannte positive Effekt auf das Steueraufkommen, und in der Folge fallen auch die marginalen Zusatzlasten einer Steuererhöhung entsprechend höher aus.

6.5.5 Schlußfolgerungen

In den vorangegangenen Abschnitten wurden die Effizienzeffekte des deutschen Einkommensteuersystems aus Sicht von "reichen" Steuerpflichtigen, die über ein zu versteuerndes Einkommen von mindestens 80.000 DM verfügen, empirisch quantifiziert. Dabei wurde auf das zentrale Ergebnis unserer Untersuchung zurückgegriffen, die eine Elastizität der Bemessungsgrundlage in bezug auf eine - sowohl kompensierte als auch unkompensierte - Änderung der Residualrate einkommensstarker Steuerpflichtiger in Höhe von mindestens 0,6 ergab.

Die durch die Besteuerung hoher Einkommen in der Bundesrepublik verursachten Wohlfahrtsverluste sind beträchtlich und belaufen sich bei den betrachteten Steuerpflichtigen auf durchschnittlich rund 40 Prozent des im Jahr 1990 entrichteten Steuerbetrags. Die Steuerreform 1990, die unserer Schätzung der Elastizität des zu versteuernden Einkommens als quasi-natürliches Experiment zugrundelag, führte die Grenzbelastung hoher Einkommen - anders als vor allem im mittleren Tarifsegment - vergleichsweise wenig zurück, und in der Folge nahmen die durch die Besteuerung hoher Einkommen bewirkten Wohlfahrtsverluste um lediglich etwas mehr als 20 Prozent ab. Dieser Nutzenzuwachs wurde den Steuerpflichtigen durch Einführung des Solidaritätszuschlags zu über einem Viertel bereits im Folgejahr wieder entzogen. Überhaupt weisen unsere Berechnungen darauf hin, daß es sich bei der 1991 eingeführten Ergänzungsabgabe um eine unter Effizienzgesichtspunkten - zumindest aus der Sicht "reicher" Steuerpflichtiger - überaus unvorteilhafte Form der Finanzierung vereinigungsbedingter Sonderlasten handelte. Durch die Erhöhung der Grenzsteuersätze nahm die Attraktivität von Strategien zur Minderung der Bemessungsgrundlage deutlich zu. Im Resultat gingen dem Fiskus etwa zwei Drittel des unter der Annahme gegebenen Verhaltens erzielten Aufkommens verloren, und die durch sinkende Residualraten bewirkten Verzerrungen schlugen sich in zusätzlichen Nutzenverlusten nieder, die sich auf rund das doppelte des letztlich entrichteten Steuerbetrags belaufen.

Verschiedene Gesichtspunkte sprechen dafür, daß die in den vorigen Abschnitten vorgestellten Beispielrechnungen eher die Untergrenze der durch die Besteuerung hoher Einkommen in der Bundesrepublik bewirkten Effizienzverluste kennzeichnen. Daß die den Berechnungen zugrundeliegende Elastizität eine Reihe möglicher (und möglicherweise ge-

geringem Einkommensniveau - eher auf eine negative Beziehung zwischen Höhe des exogenen Einkommens und deklarierter Bemessungsgrundlage hinweisen. Einkommenseffekte eines gestiegenen Durchschnittsteuerersatzes zögen in diesem Fall, genau wie der Subsitutionseffekt, einen Rückgang des zu versteuernden Einkommens und des zusätzlich entrichteten Steuerbetrags nach sich.

wichtiger) Verhaltensanpassungen der Steuerpflichtigen ausblendet, wurde bereits in Abschnitt 6.4.5 diskutiert. Darüber hinaus erfassen die verwendeten Steuersätze lediglich die durch die Einkommensbesteuerung selbst bewirkte Grenzbelastung. Der tatsächliche Grenzsteuersatz der Steuerpflichtigen dürfte dagegen, weil vor allem Arbeitseinkommen sowohl durch die Mehrwertsteuer als auch durch die Erhebung von Beiträgen zur gesetzlichen Rentenversicherung zusätzlich belastet werden, in vielen Fällen weit höher ausfallen.[252] Schließlich hat das ökonomische Modell, das den verwendeten theoretischen Beziehungen zugrundeliegt, nicht nur statischen, sondern auch partial-ökonomischen Charakter. In der Tendenz würde die Berücksichtigung steuerbedingter Änderungen von (Brutto-)Faktor- und Güterpreisen die ermittelten Wohlfahrtsverluste weiter erhöhen.[253]

Entgegenzuhalten ist, daß sich unsere Berechnungen auf Verhalten und Nutzenposition von Steuerpflichtigen mit vergleichsweise hohem Einkommen beschränken. Weil die Bemessungsgrundlage von Haushalten mit geringerem Einkommen weniger sensitiv auf steuerliche Anreize reagiert, wird das Gesamtbild von der deutschen Einkommensteuer ausgehender Effizienzverluste durch unser selektives Vorgehen überzeichnet. Der Umfang der entsprechenden Überzeichnung läßt sich mit den Mitteln vorliegender Arbeit, die eine von Null verschiedene, aber statistisch insignifikante Elastizität von Steuerpflichtigen mit geringerem zu versteuernden Einkommen ergab, nicht quantifizieren. Allerdings machen die in dieser Arbeit als "reich" bezeichneten Steuerpflichtigen im Veranlagungsjahr 1989 (im Veranlagungsjahr 1992) einen mit 7,5 Prozent (12 Prozent) zwar nur vergleichsweise geringen Anteil an der Gesamtzahl der Steuerpflichtigen in der alten Bundesrepublik aus. Der Anteil des zu versteuernden Einkommens "reicher" Steuerpflichtiger beträgt im gleichen Jahr aber immerhin 33 Prozent (41 Prozent) an der aggregierten Bemessungsgrundlage, und "reiche" Steuerpflichtige tragen einen mit 48 Prozent (56 Prozent) noch größeren Teil zum gesamten Aufkommen aus Lohn- und Einkommensteuer bei.[254] Nimmt man die Bedeutung einkommensstarker Steuerpflichtiger für die aggregierte Bemessungsgrundlage und die aggregierten Steuereinnahmen in den Blick, ist die hier vorgenommene selektive Betrachtung demzufolge durchaus von Gewicht.

Welche finanzpolitischen Schlußfolgerungen lassen sich aus den vorgestellten Berechnungen zu den Effizienzeigenschaften des deutschen Einkommensteuersystems ziehen? Die

252 Zur Inzidenz der Mehrwertsteuer, die im wesentlichen eine Steuer auf Arbeitseinkommen ist, vgl. etwa HOMBURG (1997, 141-148). THUM/VON WEIZSÄCKER (2000) quantifizieren den impliziten Steueranteil an den geleisteten Beiträgen zur gesetzlichen Rentenversicherung, der Folge der diesem System inhärenten intergenerativen Umverteilung ist.

253 Vgl. dazu vor allem die Ergebnisse der Analyse eines dynamischen allgemeinen Gleichgewichts, die von BALLARD ET AL. (1985) für die USA durchgeführt wurde. Eine Berechnung und Diskussion des Umfangs von der Steuerreform 1990 ausgehender Effizienzeffekte auf Basis eines angewandten allgemeinen Gleichgewichtsmodells findet sich bei CONRAD (1991).

254 Vgl. STATISTISCHES BUNDESAMT (1995, 24f. und 54-57) sowie STATISTISCHES BUNDESAMT (1998, 18f. und 138-141). Die Steuerstatistik weist den Umfang bei der Veranlagung erhobener Tatbestände sowie die jeweiligen Besetzungszahlen nach der Höhe des deklarierten zu versteuernden Einkommens geschichtet aus. Die hier angegebenen Werte beziehen sich auf diejenigen Steuerpflichtigen, die im entsprechenden Veranlagungsjahr über eine Bemessungsgrundlage in Höhe von mindestens 75.006 DM (Grundtabelle) bzw. mindestens 80.028 DM (Splittingtabelle) verfügen.

erste und womöglich wichtigste Erkenntnis besteht darin, daß mit der Erhebung einer Einkommensteuer in der Bundesrepublik *überhaupt* allokative Störungen in nennenswertem Umfang verbunden sind. Dieses Resultat widerspricht der traditionellen Sichtweise, die ausschließlich die steuerliche Verzerrung individueller Arbeitsangebotsentscheidungen und eine bei einem Großteil der Beschäftigten in unerheblichem Ausmaß beeinflußte Wahl der geleisteten Arbeitsstunden einbezieht. Die Erhebung einer Einkommensteuer hat nicht nur Effekte auf die Freizeitnachfrage- bzw. Arbeitsangebotsentscheidungen von Lohnempfängern. Dehnt man den Blickwinkel auf sämtliche Steuervermeidungsmöglichkeiten der Individuen aus, läßt sich zumindest bei Steuerpflichtigen, die über ein vergleichsweise hohes Einkommen verfügen - und unter denen die Bezieher von Gewinneinkünften und die Besitzer einer fremdgenutzten Immobilie überproportional vertreten sind - durchaus eine spürbare Reaktion der deklarierten Bemessungsgrundlage auf steuerliche Anreize feststellen. Steuerpolitische Entscheidungen, die Intensität und allokative Folgen von Vermeidungsstrategien bei der Einkommensteuer ignorieren, werden zu unter Wohlfahrtsgesichtspunkten unbefriedigenden Ergebnissen führen.

Natürlich stellt sich die Frage, welche konkreten steuerpolitischen Handlungsanleitungen sich unserer Untersuchung darüber hinaus entnehmen lassen. Vorliegende Arbeit konzentriert sich darauf, auf Basis der empirisch beobachteten Elastizität des zu versteuernden Einkommens deutscher Haushalte eine Abschätzung der Effizienzwirkungen der Einkommensbesteuerung in der Bundesrepublik vorzunehmen. Effizienzgesichtspunkte stellen einen wesentlichen (und trotzdem häufig vernachlässigten) Maßstab dar, an dem sich eine an den Folgen ihres Handelns interessierte Steuerpolitik orientieren sollte. Bedenkt man, daß Steuerpflichtigen mit einem Einkommen von mindestens 80.000 DM durch die Einkommensteuer eine prinzipiell vermeidbare Nutzeneinbuße in Höhe von 40 Prozent am erzielten Aufkommen entsteht; bedenkt man ferner, daß sich der Nutzenverlust aufgrund des Solidaritätszuschlags seit 1991 insgesamt auf das Dreifache des von diesen Steuerpflichtigen entrichteten Steuerbetrags beläuft; und richtet man sein Augenmerk besonders auf die allokativen Folgen der Einkommensbesteuerung - dann sprechen im Fazit vorliegender Arbeit gute Gründe dafür, die durch die Kombination aus Einkommensteuertarif und Solidaritätszuschlag entstehende Grenzbelastung hoher Einkommen in der Bundesrepublik zurückzuführen.

Mit einer ähnlichen Begründung läßt sich auch der hierzulande in jüngerer Zeit zu beobachtende Wandel in der Steuerpolitik allokativ rechtfertigen: Der Spitzensteuersatz bei der Einkommensteuer wird im Veranlagungsjahr 2005 nurmehr 42% betragen und damit sein zu Beginn der 1990er Jahre zu verzeichnendes Niveau um immerhin elf Prozentpunkte unterschreiten. Die mit einem solchen Schritt einhergehende Verringerung der Residualrate der einkommensstärksten deutschen Steuerpflichtigen um mehr als 23 Prozent - und die entsprechend geringere Attraktivität von Strategien zur Minderung der Bemessungsgrundlage - dürfte zu einem spürbaren Rückgang des Umfangs an Steuervermeidung und für sich genommen zu beträchtlichen Effizienzgewinnen geführt haben.

Umgekehrt sehen jüngere Vorschläge zur Reform der Gesetzlichen Krankenversicherung vor, Geringverdienern beim Übergang zu einer Erhebung von Pauschalbeiträgen Zuschüsse aus Steuermitteln zu gewähren (vgl. RÜRUP-Kommission, 2003, 162; und HERZOG-Kommission, 2003, 23), wobei offenbar besonders an die Erhebung eines Zuschlags zur Einkommensteuer analog zum existierenden Solidaritätszuschlag gedacht wird. Abhängig von der Ausgestaltung eines solchen Zuschußsystems wäre dafür eine Verdoppelung oder gar eine Verdreifachung des derzeit geltenden Zuschlagssatzes in Höhe von 5,5% erforderlich[255] - jedenfalls dann, wenn man auf unrealistische Weise davon ausgeht, das Verhalten der Individuen bliebe trotz einer solch massiven Erhöhung ihrer Grenzbelastung konstant. Tatsächlich dürften die von fallenden Residualraten ausgehenden Anreize unseren Ergebnissen zufolge aber zu einem spürbaren Rückgang der einkommensteuerlichen Bemessungsgrundlage und zu einem wesentlich höheren als dem ursprünglich anvisierten Zuschlagsatz führen. Im Fazit gibt vorliegende Arbeit zu bedenken, daß den erhofften Effizienzgewinnen einer Reform des Gesundheitswesens durch einen solchen Schritt Effizienzverluste in einer Höhe gegenüberstünden, die - ohne in den Beschlüssen der genannten Gremien auch nur erwähnt zu werden - die Realisierung einer Wohlfahrtsverbesserung im Steuer- und Sozialsystem insgesamt zumindest als fraglich erscheinen lassen.

Die Steuerpolitik muß sich (ebenso wie die Sozialpolitik) der quantitativ überaus bedeutsamen Effizienzproblematik ihres Handelns also bewußt sein. Andererseits läßt sich schwer bestreiten, daß steuerpolitische Entscheidungen in der Realität selten losgelöst von ihren Verteilungswirkungen diskutiert und getroffen werden. Unabhängig von Verteilungserwägungen als zweifelsfrei sinnwidrig bezeichnen ließe sich das deutsche Einkommensteuersystem ausschließlich dann, wenn ein Steueraufkommen in gleicher Höhe auch bei niedrigeren Steuersätzen erzielt werden könnte. Selbst hinsichtlich der allokativ offensichtlich besonders unvorteilhaften Erhebung des Solidaritätszuschlags ergab die empirische Evaluierung aber keine Hinweise darauf, daß sich die Bundesrepublik bei der Einkommensteuer auf dem absteigenden Ast der LAFFER-Kurve befände.

Weil dies so ist, *kann* die steuerrechtlich verankerte Begünstigung bestimmter Güter oder Aktivitäten der Steuerpflichtigen aus allokativen[256] oder verteilungspolitischen Gründen[257]

---

[255] Der Umfang des neu entstehenden Transferbedarfs wird von der RÜRUP-Kommission (2003, 172), abhängig vom gewählten Zuschußtarif, auf 4,4 Mrd. bis 10,2 Mrd. Euro veranschlagt; der Vorschlag der HERZOG-Kommission (2003, 23) geht von einem Betrag in Höhe von 23,7 Mrd. Euro aus. Was die konkrete Finanzierungsform angeht, halten sich die von der jeweiligen Kommission gefaßten Entschlüsse selbst weitgehend bedeckt. Sowohl von der RÜRUP-Kommission (2003) dokumentierte Berechnungen als auch die CDU-Bundesvorsitzende (in einem Interview mit der *Financial Times Deutschland* vom 22.10.2003) gehen in dieser Hinsicht aber offenbar von einer Anhebung des Solidaritätszuschlags aus. Das aus dem Solidaritätszuschlag in der bisherigen Form erzielte Aufkommen belief sich in den Jahren 2001 und 2002 auf jeweils rund 10-11 Mrd. DM (vgl. BMF, 2003, 272f.).

[256] Abschnitt 2.4 dieser Arbeit wies darauf hin, daß sich absichtsvolle steuerliche Eingriffe zur Korrektur positiver Externalitäten (etwa durch die Begünstigung karitativer Spenden) oder zur Korrektur bei Erhebung einer Einkommensteuer unweigerlich entstehender Verzerrungen (etwa durch die sehr weitgehende Anerkennung von Werbungskosten und Betriebsausgaben) unter bestimmten Bedingungen effizienztheoretisch begründen lassen.

[257] Ein Tarif mit hohen - d. h. zu einem hohen Niveau an Steuervermeidung und hohen Nutzenverlusten

gerechtfertigt sein. Zu bedenken ist allerdings, daß sich hohe durch Erhebung einer progressiven Einkommensteuer hervorgerufene Wohlfahrtsverluste an der einen Stelle nur durch mindestens genauso hohe Wohlfahrtsgewinne (oder anders geartete Vorteile) an anderer Stelle rechtfertigen lassen. Vorliegende Arbeit erbringt den Nachweis, daß die Einkommensteuer durch hohe Grenzbelastungen überdurchschnittlicher Einkommen hierzulande Effizienzverluste in beträchtlichem und bislang unbekannt gebliebenem Umfang bewirkt. In gewissem Sinne wird der Konflikt zwischen Effizienz- und Verteilungszielen der Besteuerung durch die vorgelegten Ergebnisse folglich vertieft: Die Beobachtung einer hohen Elastizität des zu versteuernden Einkommens stärkt die Argumentation der Befürworter von Vorschlägen, eine weitere und möglicherweise durch den Abbau von Ausnahmetatbeständen finanzierte Absenkung von Steuertarif oder Solidaritätszuschlag vorzunehmen. In jedem Fall erhöhen sich deutlich die Anforderungen an die Argumentation derjenigen, die sich mit der deutschen Einkommensteuer in ihrer jetzigen Gestalt die Realisierung von Effizienz- und vor allem von Verteilungsvorteilen erhoffen.

6.6 Zusammenfassung

Die vorangegangen Abschnitte beschrieben empirische Strategie und Ergebnisse einer Schätzung der Elastizität des zu versteuernden Einkommens deutscher Steuerpflichtiger, die auf einem *fixed effect*-Modell vor dem Hintergrund des quasi-natürlichen Experiments der Steuerreform 1990 beruht. Die Anpassung des Verhaltens an eine Variation der steuerlichen Parameter identifiziert die Schätzung in der Veränderung der Bemessungsgrundlage, die eine repräsentative Gruppe baden-württembergischer Steuerzahler im Veranlagungsjahr 1990 im Vergleich zum jeweils vor Durchführung der Reform beobachteten Niveau deklarierte. Eine sowohl hinsichtlich der interessierenden Verhaltensparameter als auch hinsichtlich des verwendeten Schätzverfahrens vergleichbare Untersuchung lag für die Bundesrepublik bislang nicht vor. Der Charakter der untersuchten Tarifreform - der Übergang zum linear-progressiven Tarif, der über den gesamten Tarifverlauf eine starke Variation der Änderung individueller Grenz- und Durchschnittsteuersätze zur Folge hatte - ermöglicht überdies, Substitutions- und Einkommenseffekte auf die deklarierte Bemessungsgrundlage von Steuerpflichtigen mit unterschiedlich hohem Einkommen separat zu erfassen. Innerhalb der verwandten Literatur entwickeln lediglich die Studien von Gruber/Saez (2002) und Saez (2003) eine empirische Strategie, die ein vergleichbar umfangreiches Spektrum steuerpolitisch relevanter Fragestellungen zu behandeln erlaubt.

---

einkommensstarker Steuerpflichtiger führenden - Grenzsteuersätzen kann Folge einer absichtsvollen Strategie sein, das von staatlicher Seite benötigte Einnahmevolumen auf als verteilungsgerecht empfundene Weise zu finanzieren. Zweifellos würde eine lokale Senkung der Grenzsteuersätze im Bereich hoher Einkommen die betroffenen Individuen besserstellen. Die dadurch entstehenden Einnahmeausfälle ließen sich jedoch nur durch eine höhere Besteuerung anderer Steuerpflichtiger (mit geringerem Einkommen) wettmachen, deren Wohlfahrt sich entsprechend verschlechterte. Eine hohe Elastizität des zu versteuernden Einkommens "reicher" Steuerpflichtiger einerseits und die verteilungsbezogene Sinnhaftigkeit der deutschen Einkommensteuer andererseits schließen sich also nicht von vorneherein aus.

Unsere Schätzungen resultieren in einer kompensierten Elastizität des zu versteuernden Einkommens, die bei Steuerpflichtigen mit einem zu versteuernden Einkommen von mehr als 80.000 DM einen Wert von mindestens 0,6 annimmt. Dieser Wert übersteigt die von empirischen Schätzungen individueller Arbeitsangebotsfunktionen vorgelegten Ergebnisse bei weitem. Eine Elastizität des zu versteuernden Einkommens in dieser Größenordnung entspricht dagegen der Intensität des Steuervermeidungsverhaltens, das in jüngeren Untersuchungen US-amerikanischer Steuerveranlagungen beobachtet wurde. Bei Steuerpflichtigen mit niedrigerem Einkommen läßt sich eine zwar geringere, aber ebenfalls positive Beziehung zwischen der Höhe von Residualrate einerseits und deklarierter Bemessungsgrundlage andererseits feststellen. Im Unterschied zu Untersuchungen, die das Verhalten von Steuerpflichtigen vor dem Hintergrund eines Stufentarifs zum Gegenstand haben, ist diese Beziehung im deutschen Fall allerdings statistisch nicht signifikant. Eine naheliegende Erklärung gründet auf den Verlauf des deutschen Einkommensteuertarifs: Gerade bei mittleren Einkommen zieht der linear-progressive Tarif eine mit zunehmender Bemessungsgrundlage steigende Grenzbelastung nach sich und übt damit auf jegliche Anreize, das zu versteuernde Einkommen infolge verminderter Steuersätze zu erhöhen, eine dämpfende Wirkung aus.[258]

Im Gegensatz zu den Substitutionseffekten fallen Einkommenseffekte der Besteuerung auf das zu versteuernde Einkommen den Ergebnissen unserer Untersuchung zufolge weniger ins Gewicht. Vor allem im Bereich niedriger Einkommen läßt sich aber von einem positiven Zusammenhang zwischen der Höhe des exogenen (hier: des progressionsbedingt-"virtuellen") Einkommens und dem Umfang der deklarierten Bemessungsgrundlage ausgehen. Diese Beobachtung widerspricht den Ergebnissen der empirischen Literatur zum Arbeitsangebot, die in der Mehrzahl vor allem bei weiblichen Zweitverdienern auf eine negative Elastizität der Beschäftigung in bezug auf das exogene Haushaltseinkommen hinweist. Zu bedenken ist aber, daß vorliegende Untersuchung darüber hinaus eine Viel-

[258] In einer Mitte der 1990er Jahre ausgetragenen Kontroverse sprach sich der Wissenschaftliche Beirat beim Bundesministerium für Wirtschaft für den Übergang zu einem Stufentarif bei der deutschen Einkommensteuer aus, dessen besonderer Vorzug in seiner "Durchsichtigkeit für den Bürger" bestünde (vgl. BEIRAT BMWI, 1996, 9). Demgegenüber votierte der Wissenschaftliche Beirat beim Bundesministerium der Finanzen für die Beibehaltung des linear-progressiven Tarifverlaufs, der zwar "keine wissenschaftlich deduzierbare Konsequenz aus anerkannten Kriterien der Einkommensbesteuerung" darstelle, andererseits aber auch keine "triftige[n] Gründe gegen seine Beibehaltung" erkennen lasse (vgl. BEIRAT BMF, 1996, 24). Indem sie die Rolle der Elastizität des zu versteuernden Einkommens - die im Falle stetig ansteigender Grenzsteuersätze geringer ausfallen dürfte - betont, fügt vorliegende Arbeit dieser Auseinandersetzung ein bislang unerwähnt gebliebenes Argument hinzu. Damit ist die Entscheidung für den linear-progressiven Tarif (im Sinne der Überlegung, daß ein geringeres Ausmaß steuerinduzierter Verhaltensänderungen mit geringeren Zusatzlasten verbunden und der stetige Tarifverlauf deshalb zu befürworten sei) natürlich noch nicht gefallen; denn diese Arbeit ermittelt die Reaktion der Steuerpflichtigen auf eine *marginale* Variation der individuellen Residualrate und läßt deswegen keine Aussage über die globalen Effizienzeigenschaften unterschiedlicher, aber zu einem identischen Aufkommen führender Steuertarife zu. Hervorzuheben ist dennoch, daß die Absenkung linear-progressiver Tarifbereiche, so sie einmal eingeführt wurden, eine geringere Abnahme bisher attraktiv erschienener Ausweichhandlungen der Steuerpflichtigen provoziert und das Ausmaß möglicherweise erhoffter Effizienzgewinne und Selbstfinanzierungseffekte einer Steuersenkung dadurch weniger stark ausfällt.

zahl weiterer Möglichkeiten eines Steuerpflichtigen erfaßt, die Bemessungsgrundlage durch Strategien der Steuervermeidung, -gestaltung und -hinterziehung zu vermindern. Über deren Umfang und Bestimmungsgründe ist im deutschen Fall empirisch bislang nur wenig bekannt; insgesamt sprechen unsere Ergebnisse jedenfalls in der Tendenz dafür, daß das deklarierte zu versteuernde Einkommen hierzulande zunimmt, wenn der Fiskus den Individuen - bei unverändertem Grenzsteuersatz - eine Entlastung beim Steuerbetrag gewährt.

Die Ergebnisse unserer empirischen Untersuchung des Steuervermeidungsverhaltens deutscher Haushalte haben weitreichende finanzpolitische Konsequenzen. Mit der Erhebung der Einkommensteuer sind in der Bundesrepublik allokative Störungen in beträchtlichem Umfang verbunden. Deutlich wird dies, wenn man die verzerrenden Effekte des Solidaritätszuschlags im Lichte einer Elastizität des zu versteuernden Einkommens in Höhe von mindestens 0,6 betrachtet. Die Attraktivität von Strategien, die vor allem einkommensstarke Steuerpflichtige mit dem Ziel einer Minderung ihrer Bemessungsgrundlage verfolgen, steigt infolge der Erhöhung ihres Grenzsteuersatzes deutlich an. Im Resultat läßt sich von diesen Steuerpflichtigen weit weniger (nämlich nur ein Drittel) an Aufkommen als unter der Voraussetzung gegebenen Verhaltens erzielen, und die verzerrungsbedingten Nutzenverluste nehmen spürbar (nämlich um das doppelte des neu entrichteten Steuerbetrags) zu. Vor diesem Hintergrund steht außer Zweifel, daß es sich bei dem 1991 eingeführten Solidaritätszuschlag um eine unter Effizienzgesichtspunkten überaus unvorteilhafte Form der Finanzierung vereinigungsbedingter Sonderlasten handelte und noch bis heute handelt.

Allgemein gilt, daß Formen der Besteuerung, der sich Zensiten durch Verfolgung von Vermeidungs- und Gestaltungsstrategien auf sensible Weise entziehen, Schwierigkeiten bei der Erreichung eines bestimmten Aufkommensziels mit hohen Wohlfahrtsverlusten auf der Haushaltsebene kombinieren und deshalb allokativ besonders bedenklich sind. In diesem Sinne sprechen auf Basis unserer Ergebnisse gute Gründe dafür, die in den vergangenen Jahren zu beobachtende Verringerung der Grenzbelastung hoher Einkommen in der Bundesrepublik zu befürworten. Bezieht man neben allokativen Gesichtspunkten weitere Aspekte in die Überlegung ein, *können* hohen Effizienzverlusten der Besteuerung auf der einen Seite hohe Gewinne auf der anderen Seite, und insbesondere im Hinblick auf die Erreichung verteilungspolitischer Ziele, gegenüberstehen. Tatsächlich *müssen* solch hohe Gewinne existieren, damit die deutsche Einkommensteuer in ihrer jetzigen Gestalt als sinnhaft gerechtfertigt werden kann. Die Notwendigkeit, das erwünschte Ausmaß an Verteilungsgerechtigkeit zu benennen, zu quantifizieren und danach dem politischen Entscheidungsprozeß zu unterwerfen, wird durch die Ergebnisse vorliegender Untersuchung deswegen nachdrücklich unterstrichen.

Zuletzt ist die naheliegende Frage von Interesse, in welcher Weise sich unsere auf Basis von über ein Jahrzehnt zurückliegenden Daten und steuerpolitischen Ereignissen gewonnenen Erkenntnisse - über die bereits angeführten, grundsätzlichen Erwägungen hinaus - auf die heutige Situation der Einkommensbesteuerung in der Bundesrepublik übertragen lassen.

Nicht ohne weiteres einsichtig ist zunächst, weshalb sich die *Neigung* der Steuerpflichtigen, auf die Höhe der deklarierten Bemessungsgrundlage durch verstärkte Nachfrage nach steuerbegünstigten Konsumgütern oder durch die Verfolgung steuerlich vorteilhafter Aktivitäten Einfluß zu nehmen, im Verlauf weniger Jahre entscheidend geändert haben sollte. Zu beachten ist aber, daß der Umfang, in dem die Steuerpflichtigen Strategien zur Minderung der individuellen Bemessungsgrundlage verfolgen, wesentlich auch von den steuerrechtlich eröffneten *Möglichkeiten* zu einem solchen Verhalten abhängig ist. Gleiches gilt natürlich für die Intensität, mit der die Steuerpflichtigen durch die Anpassung ihres Verhaltens an eine Veränderung steuerlicher Anreize reagieren bzw. überhaupt zu reagieren in der Lage sind. SLEMROD (1998) und vor allem SLEMROD/KOPCZUK (2002) diskutieren ausführlich dieses Argument, das bereits in Abschnitt 2.4 vorliegender Arbeit anklang. Dort wurde gezeigt, daß sich die steuerpolitisch bewußt herbeigeführte Begünstigung bestimmter Konsumgüter - und das heißt: die bewußte Einflußnahme auf die Höhe der Elastizität des zu versteuernden Einkommens - in einer *second best*-Situation unter Umständen normativ rechtfertigen läßt.[259] Die Konsequenz dieser Überlegungen besteht darin, daß die Höhe der Elastizität des zu versteuernden Einkommens von der Ausgestaltung des Steuerrechts abhängig und insofern selbst eine (zumindest partiell) durch Entscheidungen der steuerpolitischen Akteure beeinflußbare Größe ist.

Mit der Schätzung der Elastizität des zu versteuernden Einkommens besteht das Ziel vorliegender Arbeit gerade darin, Intensität und Wirkung von Entscheidungen eines Steuerpflichtigen über die Höhe der deklarierten Bemessungsgrundlage in ihrer Gesamtheit zu erfassen. Die relative Bedeutung der Inanspruchnahme eines bestimmten Abzugstatbestands wird durch das empirische Vorgehen nicht erfaßt und braucht zur Analyse zentraler steuertheoretischer Zusammenhänge auch nicht erfaßt zu werden. Aber natürlich unterlag das deutsche Einkommensteuerrecht seit Beginn der 1990er Jahre einer Reihe bedeutsamer Änderungen, zu denen vor allem die mit den Mindestbesteuerungsregeln des Steuerentlastungsgesetzes 1999/2000/2002 verbundene Einschränkung des vertikalen Verlustausgleichs zu zählen ist (vgl. dazu etwa RITZER, 2000). Die Beschreibung individueller Veranlagungsdaten in Abschnitt 3.2 vorliegender Arbeit weist darauf hin, daß es gerade Steuerpflichtigen mit hohem Einkommen gelang, die Summe ihrer Einkünfte im Jahre 1989 - zu einem Zeitpunkt, zu dem dies steuerrechtlich noch unbeschränkt möglich war - durch die Deklarierung hoher negativer Einkünfte vor allem aus Vermietung und Verpachtung zu mindern. Auch ließ sich in unseren Schätzungen eine besonders starke Sensibilität der von reichen Steuerzahlern deklarierten Bruttoeinkünfte (und weniger der geltend ge-

---

[259] Eine interessante Implikation der in Abschnitt 2.4 vorgestellten theoretischen Analyse besteht im übrigen darin, daß der Steuergesetzgeber die Höhe der Elastizität des zu versteuernden Einkommens unter bestimmten Bedingungen durch die steuerliche Bevorzugung einzelner Konsumgüter *senken* kann, wodurch sich die Effizienzeigenschaften des Systems insgesamt verbesserten. Voraussetzung dafür ist, daß sich der Umfang der unvermeidbaren Verzerrungen - etwa infolge der dem System inhärenten Bevorzugung nicht besteuerter Freizeit - durch absichtsvoll herbeigeführte zusätzliche Substitutionsprozesse verringert. Die intuitiv naheliegende (und sicherlich meist angebrachte) Annahme, die Elastizität des zu versteuernden Einkommens würde durch die Abschaffung bestehender "Schlupflöcher" im Einkommensteuersystem vermindert, trifft deshalb nicht in allen Fällen zu.

machten Abzüge) gegenüber steuerlichen Anreizen feststellen. Daß der neu geschaffene § 2 Abs. 3 EStG den Umfang des vertikalen Verlustausgleichs seit dem Veranlagungsjahr 1999 spürbar limitiert, dürfte sich vor diesem Hintergrund tendenziell in einer Abnahme der Elastizität des zu versteuernden Einkommens niedergeschlagen haben.[260]

Eindeutig ließe sich diese Aussage aber ausschließlich dadurch belegen, daß man Fragestellung und ökonometrisches Konzept vorliegender Arbeit auf Verhaltensänderungen der Haushalte infolge des Steuerentlastungsgesetzes 1999/2000/2002 oder infolge anderer jüngerer Reformprojekte bei der deutschen Einkommensteuer anwendete. Tatsächlich bleibt die Umsetzung solcher Vorhaben zum jetzigen Zeitpunkt allerdings so gut wie ausgeschlossen, denn der zeitnahe Zugang zu repräsentativen Mikrosteuerdatensätzen ist der angewandten finanzwissenschaftlichen Forschung in der Bundesrepublik weitgehend verwehrt.[261] Wenn der Eindruck zutrifft, daß in der öffentlichen Auseinandersetzung über die voraussichtlichen Effekte steuerpolitischer Maßnahmen der vergangenen Jahre eine auffallende Uneinigkeit (oder gar Konfusion) besteht, dürfte dies zumindest zum Teil auf das Fehlen relevanter Ergebnisse angewandter finanzwissenschaftlicher Forschungsarbeiten zurückzuführen sein. Im Fazit vermag die vorliegende Arbeit womöglich immerhin einen ersten Beitrag zur Erfüllung eines solch offenkundigen Desiderats zu leisten.

[260] Die empirische Untersuchung einer ganz vergleichbaren Fragestellung findet sich in KOPCZUK (2003). Er zeigt, daß sich jeweils rund die Hälfte der Effizienzgewinne, die die als *tax cut cum base broadening* konzipierte US-amerikanische Steuerreform 1986 erbrachte, auf gesunkene Steuersätze einerseits und auf Maßnahmen zur Verbreiterung der Bemessungsgrundlage andererseits zurückführen läßt. Der Grund besteht gerade darin, daß letztere im US-amerikanischen Fall eine Abnahme der repräsentativen Elastizität des zu versteuernden Einkommens zur Folge hatten.

[261] BACH/SCHULZ (2003) beschreiben das Forschungsprojekt "Mikrosimulation", das vom Deutschen Institut für Wirtschaftsforschung gemeinsam mit dem Bundesministerium der Finanzen durchgeführt wird. Das Projekt greift auf Einzeldaten der Einkommensteuerstatistik zurück, die im dreijährigen Turnus erhoben wird. Selbst im Querschnitt liegen Mikrosteuerdaten in der Bundesrepublik demnach nicht für jedes einzelne Veranlagungsjahr vor. Dem IAW-Steuerpanel vergleichbare Längsschnittdaten, mit denen sich das steuerlich relevante Verhalten einer identischen Gruppe von Steuerpflichtigen im Zeitablauf beobachten läßt, existieren hierzulande unserer Kenntnis nach ansonsten überhaupt nicht. In den USA stehen der angewandten finanzwissenschaftlichen Forschung hingegen sowohl repräsentative Einzelsteuerdatensätze für jedes Veranlagungsjahr seit 1973 (vgl. etwa FEENBERG/COUTTS, 1993, 189f.) als auch, in Form eines durchgängigen Panels, für den gesamten Zeitraum ab 1979 (vgl. die Beschreibung des *Continuous Work History Files* etwa bei NAVRATIL, 1995, Kapitel I, 14f.) zur Verfügung.

7 Zusammenfassung

Nimmt man die Wirkungen einer Einkommensteuer auf das Verhalten der besteuerten Individuen in den Blick, beschränkt sich die finanzwissenschaftliche Perspektive traditionell ganz überwiegend auf diejenigen Effekte, die von der Besteuerung auf die Zahl der von Lohnempfängern angebotenen Arbeitsstunden ausgehen. In dieser Sichtweise ist die Einkommensteuer einer partiellen Konsumsteuer äquivalent: Der Preis unbesteuert bleibender Freizeit verringert sich im Vergleich zum Preis aller übrigen und aus versteuertem Einkommen erworbener Güter. Das steuerlich verzerrte Preissignal motiviert zu Substitutionsprozessen zugunsten des präferentiell behandelten Konsumguts, und der Haushalt wird versuchen, einen Teil der zu leistenden Steuerzahlung durch Erhöhung seiner Freizeitnachfrage bzw. durch Verminderung seines Arbeitsangebots zu vermeiden. In ihrer großen Mehrzahl gelangen empirische Schätzungen individueller Arbeitsangebotsfunktionen zu der Auffassung, daß bei den meisten Beschäftigten nur eine sehr geringe Sensitivität der geleisteten Arbeitsstunden gegenüber steuerlichen Anreizen besteht. In der Konsequenz stünde dem Fiskus mit der Besteuerung des (Lohn-)Einkommens eine attraktive Form der Finanzierung staatlicher Aufgaben zur Verfügung, die ein geringes Ausmaß wohlfahrtsmindernder Substitutionseffekte mit einer gegenüber der Höhe der steuerlichen Belastung weitgehend unelastischen Bemessungsgrundlage vereint.

Die Vorstellung, das Spektrum von der Existenz einer Einkommensteuer beeinflußter Verhaltensweisen lasse sich auf Entscheidungen eines Steuerpflichtigen über Aufnahme und Ausmaß einer lohnabhängigen Beschäftigung reduzieren, widerspricht nicht nur der persönlichen Erfahrung, die man bei der Erstellung einer Steuererklärung oder bei der Konsultation eines Steuerberaters gewinnt. Sie widerspricht auch dem steuerpolitischen *common sense*, der seit längerem Klage gegen ein "Übermaß an Ausnahmetatbeständen" erhebt und mit der Forderung nach der Abschaffung sogenannter "Steuerprivilegien" oder "Steuerschlupflöcher" verbindet. Tatsächlich erweist schon eine flüchtige Lektüre der über 70 Paragraphen des deutschen Einkommensteuergesetzes, daß das Steuerrecht den Steuerpflichtigen - über die verstärkte Freizeitnachfrage hinaus - eine Vielzahl an weiteren Möglichkeiten sowohl zu Steuervermeidung (in Form des Konsums steuerbegünstigter Güter) als auch zu Steuergestaltung (in Form der Verfolgung steuerlich vorteilhafter Aktivitäten, die nicht an den Konsum eines bestimmten Gutes gekoppelt sind) gewährt.

Vor diesem Hintergrund bestand das zentrale Vorhaben vorliegender Arbeit darin, sich von der arbeitsangebotszentrierten Sichtweise zu lösen und die verzerrenden Effekte zu Steuervermeidung animierender Sonderregelungen in existierenden Einkommensteuersystemen auf umfassende und damit realitätsnähere Weise in den Blick zu nehmen. Ausgangspunkt der Überlegungen war, daß die Attraktivität sämtlicher Strategien, die ein Individuum mit dem Ziel der Steuerminderung verfolgt, auf eine gemeinsame Ursache zurückgeführt werden kann: Der Ertrag einer marginalen Kürzung der deklarierten Bemessungsgrundlage besteht in einer Minderung der geleisteten Steuerzahlung, deren Umfang gerade dem aktuellen Grenzsteuersatz des Steuerpflichtigen entspricht. In Relation zum Preis aus versteuertem Einkommen erworbener Güter sinkt der Preis steuerbegünstigten Konsums deshalb auf die Residualrate des Steuerpflichtigen, und die Intensität steuermindernder Verhaltensweisen in ihrer Gesamtheit läßt sich in der Elastizität des zu versteuernden Einkommens in bezug auf die Residualrate zusammenfassen.

In der Folge lassen sich die Ausführungen vorliegender Arbeit sämtlich als Variationen desselben Themas interpretieren - der Frage, welche Bedeutung diesem Verhaltensparameter bei der allokativen Beurteilung eines Einkommensteuersystems im allgemeinen und der deutschen Einkommensteuer im besonderen zukommt. Die Arbeit demonstriert theoretisch, daß sich Aussagen zu den Effizienzeigenschaften einer Einkommensteuer *qualitativ* nur unter Berücksichtigung sämtlicher Verhaltensänderungen, d. h. in Kenntnis der Elastizität des zu versteuernden Einkommens treffen lassen. Und sie belegt anhand einer ersten empirischen Schätzung der Elastizität des zu versteuernden Einkommens deutscher Steuerpflichtiger, daß Steuervermeidung hierzulande tatsächlich auch *quantitativ* ein bedeutsames Phänomen darstellt. Die Verbindung aus theoretischer Analyse und empirischer Evaluation der Steuervermeidung vermittelt einen neuen Blick auf die Wohlfahrtswirkungen des deutschen Einkommensteuersystems und hat wichtige Implikationen für die praktische Finanzpolitik.

In ihren theoretischen Teilen betrachtet vorliegende Arbeit das Entscheidungsproblem eines Haushalts, dem sich bei der Besteuerung seines Einkommens - in Erweiterung des herkömmlichen Konsum-Freizeit-Modells - mehrere Möglichkeiten eröffnen, die deklarierte Bemessungsgrundlage durch Steuervermeidung und Steuergestaltung zu kürzen. Gezeigt wird zunächst, daß der relative Preis aus unversteuertem Einkommen bestrittenen Konsums - oder anders gesprochen: der relative Preis steuerbegünstigter Aktivitäten überhaupt - auf die Residualrate eines Haushalts zurückgeht. Unter bestimmten Voraussetzungen läßt sich dann die Intensität, mit der der Haushalt sein Verhalten an sämtliche von der Besteuerung ausgehenden Anreize anpaßt, in der Reaktion des zu versteuernden Einkommens auf die geänderte Residualrate zusammenfassen. Die in dieser Arbeit erstmals sowohl für einen proportionalen als auch für einen progressiven Steuertarif ermittelte SLUTSKY-Gleichung für das zu versteuernde Einkommen ermöglicht, den kompensierten Effekt einer geringeren Residualrate auf steuerlich relevantes Verhalten und deklarierte Bemessungsgrundlage isoliert zu betrachten. Bei der Beurteilung der Effizienzeigenschaften eines Steuersystems kommt es gerade auf das gesamte Ausmaß der induzierten Substitutionseffekte an, und in der Folge nehmen einerseits die durch Erhebung einer Einkommensteuer bewirkten Wohlfahrtsverluste proportional mit der kompensierten Elastizität des zu versteuernden Einkommens in bezug auf die Residualrate zu. Je stärker die Haushalte auf die Besteuerung durch Steuerentzug reagieren - je höher also die unkompensierte Elastizität des zu versteuernden Einkommens - desto höher steigt andererseits auch der Wert der *marginal cost of public funds* und desto schwieriger wird es, mit den Einnahmen aus der Einkommensteuer finanzierte öffentliche Projekte unter Effizienzgesichtspunkten zu rechtfertigen.

Den empirischen Teilen vorliegender Arbeit liegt mit dem IAW-Steuerpanel ein Datensatz zugrunde, der mehrere für die Verhältnisse in der Bundesrepublik exzeptionelle Eigenschaften aufweist. Das IAW-Steuerpanel umfaßt den weitaus größten Teil der in der individuellen Steuererklärung enthaltenen Informationen einer identischen Gruppe von rund 40.000 Steuerpflichtigen, die in den Jahren 1988 bis 1991 ununterbrochen zur veranlagten Einkommensteuer herangezogen wurden. Im Vergleich zu alternativen Haushaltsdaten weist der Rückgriff auf individuelle Steuerdaten im Kontext vorliegender Untersuchung eine Reihe wichtiger Vorteile auf. So erlaubt die Beobachtung individueller Veranlagungen, das Verhalten eines bestimmten Steuerfalls in seiner Gesamtheit nachzuvollziehen und auf diese Weise mögliche Muster in der Kombination aus der Höhe des (Brutto-)Einkommens, den in unterschiedlichen Einkunftsarten deklarierten Beträgen und den in Anspruch genommenen Abzügen im einzelnen zu erfassen. Erkennbar wurde auf diese Weise etwa die Bedeutung, die dem vertikalen Verlustausgleich - und hier im besonderen den negativen Einkünften aus Vermietung und Verpachtung - sowie dem Sonderausgabenabzug bei Steuerfällen mit vergleichsweise hohen, aber bemerkenswerterweise auch bei Steuerfällen mit vergleichsweise niedrigen Gesamteinkünften zukommt. In dieser Hinsicht ergänzt und vertieft vorliegende Arbeit die empirische Evidenz, die besonders von LANG ET AL. (1997) zum Ausmaß des gesamten Steuerentzugs und von PAQUÉ (1986) zum Spendenverhalten deutscher Haushalte auf Basis alternativer Datensätze vorgelegt wurde.

Im Mittelpunkt der angewandten Teile vorliegender Untersuchung aber stand die Frage nach der Sensitivität, mit der deutsche Steuerpflichtige auf die Besteuerung ihres Einkommens durch Steuervermeidung reagieren, d. h. die empirische Schätzung der Elastizität des zu versteuernden Einkommens in der Bundesrepublik. Diese Arbeit interpretiert die Steuerreform 1990 als quasi-natürliches Experiment. Die gewählte empirische Strategie macht sich den Längsschnittcharakter der im IAW-Steuerpanel enthaltenen Veranlagungsdaten zunutze und identizifiert die Intensität des Steuervermeidungsverhaltens in der Änderung des zu versteuernden Einkommens, das von der reformbedingten Änderung der individuellen Residualrate in unterschiedlichem Ausmaß betroffene Steuerpflichtige im Veranlagungsjahr 1990 - im Vergleich zur Situation vor Durchführung der Reform - deklarierten.

Die empirische Analyse greift auf zwei im Kern verwandte, aber methodisch unterschiedliche Schätzverfahren zurück. Der erste Ansatz überträgt die in diesem Kontext erstmals von FELDSTEIN (1995a) angewandte *difference-in-differences*-Methode auf die Untersuchung von Verhaltensänderungen deutscher Steuerfälle im Veranlagungsjahr 1990, die sich als Reaktion auf von der Steuerreform ausgehende Anreize identifizieren lassen. Vorliegende Arbeit macht zunächst die zum Teil weitreichenden Voraussetzungen transparent, unter denen einfache *diff-in-diff*-Berechnungen in aussagekräftigen Elastizitätswerten resultieren; und sie beschreibt ausführlich, welche Bedeutung der Wahl des Beobachtungszeitraums, der Selektion der beobachteten Steuerfälle und der exogenen Fortschreibung der Veranlagungsdaten vor allem im Hinblick auf eine möglichst homogene Zusammensetzung von Experiment- und Kontrollgruppe des natürlichen Experiments zukommt.

Feldstein (1995a) zufolge weist das Verhalten US-amerikanischer Haushalte auf außerordentlich hohe Elastizitätswerte hin, die sich im deutschen Fall offensichtlich *nicht* replizieren lassen: Die *diff-in-diff*-Schätzung resultiert überwiegend in (unplausibel deutlich) negativen und überdies in den meisten Fällen wenig robusten Elastizitätswerten. Dies ist einerseits deswegen bemerkenswert, weil sich vorliegende Untersuchung wichtigen Kritikpunkten an der Arbeit Feldsteins (1995a) - zum Teil wegen des Charakters der untersuchten Steuerreform, zum Teil wegen eines methodisch in mehrerlei Hinsicht weniger angreifbaren Vorgehens - gerade nicht gegenübersieht. Andererseits lassen sich die geringen Schätzwerte vorliegender Arbeit kaum auf eine mangelnde Neigung (oder vergleichweise wenig attraktive Möglichkeiten) deutscher Haushalte zurückführen, die geleistete Steuerzahlung durch Vermeidungsstrategien zu mindern. Vielmehr sprechen nach Auffassung dieser Arbeit gute Gründe für die Annahme, daß die Berechnung von *diff-in-diffs* im Grundsatz keine adäquate Methode darstellt, aussagekräftige Werte der Elastizität des zu versteuernden Einkommens im natürlichen Experiment einer Steuerreform zu gewinnen. Im Hinblick auf die *diff-in-diff*-Methode kommt vorliegende Arbeit deshalb vornehmlich zu einer negativen Schlußfolgerung: Die vielbeachteten Ergebnisse der mittlerweile klassischen Arbeit Feldsteins (1995a), deren Implikationen der Autor selbst in auch öffentlich geführten steuerpolitischen Auseinandersetzungen mit Nachdruck betont, halten einer methodischen Überprüfung nicht stand. Zu einer ähnlich kritischen Auffassung waren zuvor zwar bereits andere Arbeiten - vor allem von Navratil (1995) und Slemrod (1995; 1996; 1998) - gelangt. In Blickrichtung und Detailschärfe vorliegender Untersuchung stand eine solche Überprüfung allerdings bis heute aus.

In den folgenden Abschnitten wandte sich vorliegende Arbeit mit der multivariaten Regressionsanalyse auf Basis eines *fixed effects*-Modells einem alternativen Schätzverfahren zu, mit dem sich eine Reihe der im Rahmen der *diff-in-diff*-Analyse aufgetretenen Probleme vermeiden lassen: Die gewählte Schätzspezifikation ermöglicht es, exogene und von den Effekten der Steuerreform selbst unabhängige Determinanten von Änderungen des zu versteuernden Einkommens im Veranlagungsjahr 1990 separat zu erfassen und Substitutions- und Einkommenseffekte der Reform auf das Verhalten der Steuerpflichtigen unabhängig voneinander zu identifizieren. Innerhalb der verwandten - Feldstein (1995a) nachfolgenden - Literatur entwickeln lediglich Gruber/Saez (2002) und Saez (2003) eine empirische Strategie, die ein vergleichbar umfangreiches Spektrum steuerpolitisch relevanter Fragestellungen zu behandeln erlaubt.

Das zentrale Ergebnis besteht in der Beobachtung, daß die kompensierte Elastizität des zu versteuernden Einkommens von Steuerpflichtigen mit einem zu versteuernden Einkommen von mehr als 80.000 DM in der Bundesrepublik einen Wert von mindestens 0,6 annimmt. Dieser Wert übersteigt die von empirischen Schätzungen individueller Arbeitsangebotsfunktionen vorgelegten Ergebnisse bei weitem und macht deutlich, daß steuerrechtlich gewährte Ausnahmetatbestände von Haushalten mit hohem Einkommen tatsächlich auf gegenüber preislichen Anreizen sensible Weise wahrgenommen werden. Bei Haushalten mit niedrigerem Einkommen läßt sich eine gleichfalls positive, wenn auch geringere Beziehung zwischen Residualrate und deklarierter Bemessungsgrundlage feststellen. Im Unterschied zu US-amerikanischen Untersuchungen, die ausnahmslos das steuerlich relevante Verhalten vor dem Hintergrund eines Stufentarifs zum Gegenstand haben, ist diese Beziehung im deutschen Fall jedoch statistisch nicht signifikant. Eine plausible Erklärung beruht auf dem Verlauf des deutschen Einkommensteuertarifs: Gerade bei mittleren Einkommen zieht die linear-progressive Besteuerung eine mit zunehmender Bemessungsgrundlage steigende Grenzbelastung nach sich und übt auf jegliche Anreize, das deklarierte Einkommen infolge verminderter Steuersätze zu erhöhen, eine dämpfende Wirkung aus. Mit dem Verweis auf eine im Fall stetig ansteigender Grenzsteuersätze geringere Elastizität des zu versteuernden Einkommens fügt vorliegende Arbeit der bis heute aktuellen Auseinandersetzung um den "richtigen" Tarifverlauf der deutschen Einkommensteuer ein wichtiges und bislang unerwähnt gebliebenes Argument hinzu.

Im Gegensatz zu den Substitutionseffekten fallen Einkommenseffekte der Besteuerung auf die Höhe des zu versteuernden Einkommens weniger ins Gewicht. Vor allem im Bereich niedriger Einkommen stellt vorliegende Arbeit aber einen positiven Zusammenhang zwischen exogenem Haushaltseinkommen und deklarierter Bemessungsgrundlage fest und ergänzt damit die Ergebnisse der empirischen Literatur zum Arbeitsangebot, die vor allem bei weiblichen Zweitverdienern auf eine negative Elastizität der Beschäftigung in bezug auf exogene Einkommenskomponenten hindeuten. Über Umfang und Determinanten bestimmter Vermeidungsstrategien ist im deutschen Fall bislang empirisch zwar wenig bekannt. In der Tendenz sprechen die Ergebnisse dieser Arbeit aber dafür, daß das deklarierte zu versteuernde Einkommen zunimmt, wenn der Fiskus den Individuen - bei unverändertem Grenzsteuersatz - eine Entlastung beim Steuerbetrag gewährt.

Die empirischen Ergebnisse zur Intensität des Steuervermeidungsverhaltens deutscher Haushalte haben weitreichende finanzpolitische Konsequenzen. Mit der Erhebung der Einkommensteuer sind in der Bundesrepublik allokative Störungen in beträchtlichem Umfang verbunden. Steuerlich verzerrte Anreize führen zu Nutzenverlusten, die bei einkommensstarken Haushalten einen Anteil von rund 40 Prozent des entrichteten Steuerbetrags erreichen. Zudem nahm die Attraktivität, weitere Maßnahmen zur Minderung der deklarierten Bemessungsgrundlage zu ergreifen, nach Einführung des Solidaritätszuschlags deutlich zu. Im Resultat ließ sich von Steuerpflichtigen mit hohem Einkommen weit weniger (nämlich nur ein Drittel) an Aufkommen als unter der Voraussetzung gegebenen Verhaltens erzielen, und die verzerrungsbedingten Nutzenverluste stiegen spürbar (nämlich um das doppelte des neu entrichteten Steuerbetrags) an. Vor diesem Hintergrund läßt sich kaum leugnen, daß es sich bei der seit 1991 bestehenden Ergänzungsabgabe um eine unter Effizienzgesichtspunkten überaus unvorteilhafte Form der Finanzierung vereinigungsbedingter Sonderlasten handelte und noch bis heute handelt. Umgekehrt lassen die Ergebnisse dieser Arbeit gute Gründe für die Auffassung erkennen, die in den vergangenen Jahren vollzogene Verringerung der steuerlichen Grenzbelastung vor allem bei hohen Einkommen habe Effizienzgewinne in bedeutsamem Umfang erbracht.

Das Ziel vorliegender Arbeit bestand darin, mit der theoretischen Untersuchung und der empirischen Schätzung der Elastizität des zu versteuernden Einkommens die Wirkung von Entscheidungen der Steuerpflichtigen über die Höhe ihrer Bemessungsgrundlage in ihrer Gesamtheit zu erfassen. Die Bedeutung, die der Inanspruchnahme eines bestimmten Abzugstatbestands innerhalb des individuellen Steuervermeidungsverhaltens zukommt, wird durch dieses Vorgehen nicht erfaßt und braucht, wie gezeigt, zur Beurteilung der allokativen Eigenschaften eines Einkommensteuersystems im einzelnen auch nicht erfaßt zu werden. Zum Abschluß möchte vorliegende Arbeit dennoch den Blick ein wenig stärker auf das Ausmaß und die Intensität richten, in denen einzelne steuerrechtlich gewährte Möglichkeiten zur Minderung des zu versteuernden Einkommens von den Steuerpflichtigen wahrgenommen werden. Ein solcher Wechsel der Perspektive scheint - das Vorgehen dieser Arbeit ergänzend - sowohl unter Effizienz- als auch unter Verteilungsgesichtspunkten angemessen zu sein.

Zum einen sprechen auf Grundlage der Ergebnisse dieser Arbeit zwar zweifellos Gründe dafür, das steuerpolitische Ziel einer Annäherung an das SCHANZ-HAIG-SIMONS-Prinzip einer "idealen" einkommensteuerlichen Bemessungsgrundlage allokativ zu befürworten. Denn die individuelle Elastizität des zu versteuernden Einkommens ist keine unabänderlich vorgegebene, sondern - gewissermaßen in Anlehnung an das zur LUCAS (1976)-Kritik führende Argument - eine durch steuerpolitische Entscheidungen wesentlich beeinflußte Größe. Andererseits wurde in dieser Arbeit aber auch demonstriert, daß und unter welchen theoretischen Voraussetzungen der Steuergesetzgeber die Höhe der Elastizität des zu versteuernden Einkommens durch die absichtsvoll herbeigeführte steuerliche Bevorzugung einzelner Konsumgüter *senken* und dadurch die Effizienzeigenschaften des Steuersystems insgesamt verbessern kann. Dabei läßt sich zum Beispiel an die sehr weitgehende Anerkennung privat mitveranlaßter Werbungskosten und Betriebsausgaben denken, bei denen ein positiver Effekt auf die Höhe der deklarierten Einkünfte zumindest *a priori* nicht unplausibel erscheint. Die praktische Umsetzung eines solchen *second best*-Arguments setzt jedoch eine umfassende Kenntnis der empirisch zu beobachtenden Parameter entsprechender Nachfragefunktionen voraus. Wichtige Arbeiten etwa von TRIEST (1992) sowie von SLEMROD (2001) und SLEMROD/KOPCZUK (2002) weisen Wege in diese Richtung und verdeutlichen, daß auch (und gerade) das weithin akzeptierte Ziel einer durch die Abschaffung von Steuervergünstigungen finanzierten Tarifsenkung durchaus einer solchermaßen differenzierten Argumentation bedarf.

Zum anderen kann es unter verteilungspolitischen Gesichtspunkten Gründe geben - wenn diese bei einer hohen Elastizität des zu versteuernden Einkommens auch schwerer aufrecht zu halten sind -, die Existenz hoher Grenzsteuersätze trotz damit verbundener Vermeidungsreaktionen und Nutzenverluste auf seiten der besteuerten Haushalte für gerechtfertigt zu halten. In der Gesamtbetrachtung ihrer Verteilungswirkungen ist parallel dazu aber auch eine empirische Evaluation der Bedeutung erforderlich, die der Inanspruchnahme einzelner Steuerprivilegien im Verhalten von Steuerpflichtigen in unterschiedlichen Einkommensklassen (vor Berücksichtigung der entsprechenden Abzüge) zukommt. Und es ist offensichtlich, daß die Beanwortung dieser steuerpolitisch heftig umstrittenen Frage ebenfalls sehr viel genauere Informationen zum empirischen Umfang individueller Verhaltensparameter voraussetzt, als diese derzeit erkennbar wären.

Die voraussichtlichen Effekte vorgeschlagener Reformmaßnahmen auf Effizienz und Gerechtigkeit sind fester Bestandteil der wichtigen (und spannenden) Diskussion, die über das "richtige" Einkommensteuersystem in der Bundesrepublik schon seit längerem geführt wird. Das Ziel vorliegender Arbeit bestand darin, die Effizienzwirkungen von Steuervermeidung bei der Einkommensteuer einer Untersuchung unter sowohl theoretischem als auch empirischem Blickwinkel zu unterziehen. Ihr zentrales Ergebnis läßt sich in einem Satz zusammenfassen: An der Wohlfahrt der besteuerten Haushalte orientierte steuerpolitische Entscheidungen dürfen sich nicht auf die Folgen einer verzerrten Arbeitsangebotsentscheidung beschränken, sondern ziehen Ausmaß und allokative Konsequenzen von Strategien zur Minderung der einkommensteuerlichen Bemessungsgrundlage in ihrer Gesamtheit in Betracht. Im Fazit erhofft sich diese Arbeit, mit untersuchter Fragestellung und vorgelegten Ergebnissen einen sowohl in theoretisch-qualitativer als auch in empirisch-quantitativer Hinsicht hilfreichen Beitrag zur Steuerreformdiskussion in der Bundesrepublik zu leisten.

Literatur

AARBU, K. O./THORESEN, T. O. (1997), The Norwegian Tax Reform: Distributional Effects and the High-Income Response, Statistics Norway Research Department, Discussion Paper No. 207.

AARBU, K. O./THORESEN, T. O. (2001), Income Responses to Tax Changes - Evidence from the Norwegian Tax Reform, *National Tax Journal* 54, 319-335.

AHLHEIM, M./ROSE, M. (1984), Alte und neue Maße individueller Steuerlasten, *FinanzArchiv* 41, 274-349.

AHMED, S./CROUSHORE, D. (1995), The Importance of the Tax System in Determining the Marginal Cost of Funds, *Public Finance* 50, 173-181.

ALM, J. (1988), Compliance Costs and the Tax Avoidance-Tax Evasion Decision, *Public Finance Quarterly* 16, 31-66.

ALM J./WALLACE, S. (2000), Are the Rich Different?, in: J. B. SLEMROD (Hg.), Does Atlas Shrug? The Economic Consequences of Taxing the Rich. Cambridge/MA und London, 165-187.

ANDEL, N. (1987), Eine insgesamt begrüßenswerte Tarifanpassung, *Wirtschaftsdienst* 67, 171-174.

ANDREONI, J./ERARD, B./FEINSTEIN, J. (1998), Tax Compliance, *Journal of Economic Literature* 36, 818-860.

ATKINSON, A. B./STERN, N. H. (1974), Pigou, Taxation and Public Goods, *Review of Economic Studies* 41, 119-128.

ATKINSON, A. B./STIGLITZ, J. E. (1972), The Structure of Indirect Taxation and Economic Efficiency, *Journal of Public Economics* 1, 97-116.

ATKINSON, A. B./STIGLITZ, J. E. (1976), The Design of the Tax Structure: Direct versus Indirect Taxation, *Journal of Public Economics* 6, 55-75.

ATKINSON, A. B./STIGLITZ, J. E. (1980), Lectures on Public Economics. New York u. a.

AUERBACH, A. J./HINES, J. R. JR. (2002), Taxation and Economic Efficiency, in: A. J. AUERBACH/M. S. FELDSTEIN (Hg.), Handbook of Public Economics, Vol. 3. London und New York, 1347-1421.

AUTEN, G./CARROLL, R. (1999), The Effect of Income Taxes on Household Income, *Review of Economics and Statistics* 81, 681-693.

BACH, S./SCHULZ, E. (2003), Fortschreibungs- und Hochrechnungsrahmen für ein Einkommensteuer-Simulationsmodell. DIW-Materialien 26.

BALDRY, J. (1998), Income Tax Deductions for Work-Related Expenses: The Rationale Examined, *Australian Economic Papers* 37, 45-57.

BALLARD, C. L. (1991), Marginal Efficiency Cost Calculations for Government Exhaustive Expenditure and for Redistribution, *Public Finance* 46, 177-185.

BALLARD, C. J./FULLERTON, D. (1992), Distortionary Taxes and the Provision of Public Goods, *Journal of Economic Perspectives* 6, 117-131.

BALLARD, C. J./SHOVEN, J. B./WHALLEY, J. (1985), General Equilibrium Computations of the Marginal Welfare Costs of Taxes in the United States, *American Economic Review* 75, 128-138.

BAREIS-KOMMISSION [=BUNDESMINISTERIUM DER FINANZEN] (1995), Thesen der Einkommensteuer-Kommission zur Steuerfreistellung des Existenzminimums ab 1996 und zur Reform der Einkommensteuer. BMF-Schriftenreihe, Heft 55, Bonn.

BECKER, I. (2000), Einkommensverteilung in Deutschland. Strukturanalyse der Ungleichheit nach Einkommenskomponenten, *Jahrbücher für Nationalökonomie und Statistik* 220, 400-418.

BEIRAT BMF [=WISSENSCHAFTLICHER BEIRAT BEIM BUNDESMINISTERIUM DER FINANZEN] (1996), Zur Reform des Einkommensteuertarifs. BMF-Schriftenreihe, Heft 60, Bonn.

BEIRAT BMWI [=WISSENSCHAFTLICHER BEIRAT BEIM BUNDESMINISTERIUM FÜR WIRTSCHAFT (1996), Anstehende große Steuerreform. BMWi Studienreihe Nr. 94, Bonn.

BERNHEIM, B. D. (2002), Taxation and Saving, in: A. J. AUERBACH/M. S. FELDSTEIN (Hg.), Handbook of Public Economics, Vol. 3. London und New York, 1173-1249.

BIEWEN, M. (2002), The Covariance Structure of East and West German Incomes and its Implications for the Persistence of Poverty and Inequality. DIW Discussion Paper No. 202.

BLUNDELL, R./MACURDY, T. (1999), Labour Supply: A Review of Alternative Approaches, in: O. ASHENFELTER/D. CARD (Hg.), Handbook of Labor Economics, Vol. 3. London und New York, 1559-1695.

BORK, C. (2001), Verteilungswirkungen des Karlsruher Entwurfs zur Einkommensteuerreform, *Wirtschaftsdienst* 81, 480-488.

BORK, C./KLEIMANN, R. (1997), Analyse der Aufkommens- und Verteilungseffekte des Reformvorschlags zur Einkommensbesteuerung der Bundestagsfraktion Bündnis 90/Die Grünen. Gutachten im Auftrag der Bundestagsfraktion Bündnis 90/Die Grünen (Endbericht). Tübingen.

BOSWORTH, B./BURTLESS, G. (1992), Effects of Tax Reform on Labor Supply, Investment, and Saving, *Journal of Economic Perspectives* 6, 3-15.

BROWNING, E. K. (1976), The Marginal Cost of Public Funds, *Journal of Political Economy* 84, 283-298.

BROWNING, E. K. (1987), On the Marginal Welfare Cost of Taxation, *American Economic Review* 77, 11-23.

BROWNING, J. M. (1979), Estimating the Welfare Cost of Tax Preferences, *Public Finance Quarterly* 7, 199-219.

BUNDESMINISTERIUM DER FINANZEN [BMF] (1989), Finanzbericht 1989, Bonn.

BUNDESMINISTERIUM DER FINANZEN [BMF] (1990), Finanzbericht 1990, Bonn.

BUNDESMINISTERIUM DER FINANZEN [BMF] (1991), Finanzbericht 1991, Bonn.

BUNDESMINISTERIUM DER FINANZEN [BMF] (1992), Finanzbericht 1992, Bonn.

BUNDESMINISTERIUM DER FINANZEN [BMF] (1993), Finanzbericht 1993, Bonn.

BUNDESMINISTERIUM DER FINANZEN [BMF] (2003), Finanzbericht 2004, Berlin.

CHRISTIANSEN, V. (1985), The Choice of Excise Taxes when Savings and Labour Decisions Are Distorted, *Journal of Public Economics* 28, 95-110.

CLOTFELTER, C. T. (1983), Tax-Induced Distortions and the Business-Pleasure Borderline: The Case of Travel and Entertainment, *American Economic Review* 73, 1053-1065.

CLOTFELTER, C. T. (1985), Federal Tax Policy and Charitable Giving. Chicago.

CLOTFELTER, C. T. (1990), The Impact of Tax Reform on Charitable Giving: A 1989 Perspective, in: J. SLEMROD (Hg.), Do Taxes Matter? The Impact of the Tax Reform Act of 1986. Cambridge/MA and London, 203-235.

CNOSSEN, S./MESSERE, K. (1990), Personal Income Taxation Reforms in OECD Member Countries, in: S. CNOSSEN/BIRD, R. M. (Hg.), The Personal Income Tax: Phoenix from the Ashes? Oxford u. a., 17-60.

CONRAD, K. (1991), Intertemporal General Equilibrium Modeling of German Tax Reform Proposals, *FinanzArchiv* 48, 194-221.

CORLETT, W. J./ HAGUE, D. C. (1953), Complementary and the Excess Burden of Taxation, *Review of Economic Studies* 21, 21-30.

COWELL, F. A. (1990), Cheating the Government. The Economics of Tax Evasion. Cambridge/MA und London.

DAHLBY, B. (1998), Progressive Taxation and the Marginal Cost of Public Funds, *Journal of Public Economics* 67, 105-122.

DAVIDSON, R./MACKINON, J. G. (1993), Estimation and Inferences in Econometrics. Oxford u. a.

DEUTSCHE BUNDESBANK (1990), Monatsbericht: Januar 1990. Frankfurt a. M.

DEUTSCHE BUNDESBANK (1991), Monatsbericht: Dezember 1991. Frankfurt a. M.

DIAMOND, P. A./MCFADDEN, D. L. (1974), Some Uses of the Expenditure Function in Public Finance, *Journal of Public Economics* 3, 3-21.

EISSA, N. (1995), Taxation and Labor Supply of Married Women: The Tax Reform Act of 1986 as a Natural Experiment. NBER Working Paper No. 5023.

VAN ESSEN, U./KAISER, H./SPAHN P. B. (1988), Verteilungswirkungen der Einkommensteuerreformen 1986-1990. Eine Simulationsstudie für die Bundesrepublik Deutschland auf Basis des Sozio-ökonomischen Panels, *FinanzArchiv* 46, 56-84.

FALKINGER, J. (1988), Öffentliche Güter - eine vergessene Größe in der Analyse der Allokationswirkungen von Steuern, *FinanzArchiv* 45, 260-267.

FEENBERG, D./COUTTS, E. (1993), An Introduction to the TAXSIM Model, *Journal of Policy Analysis and Management* 12, 189-194.

FEENBERG, D./POTERBA, J. M. (1993), Income Inequality and the Incomes of Very High-Income Taxpayers: Evidence from Tax Returns, in: J. M. POTERBA (Hg.), *Tax Policy and the Economy* 7, 145-177.

FEHR, H./KNOLL, L./MIKUS, L. (2003), Taxation of Stock Options: An International Comparison. Universität Würzburg, mimeo.

FELDSTEIN, M. S. (1976), On the Theory of Tax Reform, *Journal of Public Economics* 6, 77-104.

FELDSTEIN, M. S. (1995a), The Effect of Marginal Tax Rates on Taxable Income: A Panel Study of the 1986 Tax Reform Act, *Journal of Political Economy* 103, 551-572.

FELDSTEIN, M. S. (1995b), Tax Avoidance and the Deadweight Loss of the Income Tax. NBER Working Paper No. 5055.

FELDSTEIN, M. S. (1997), How Big Should Government Be?, *National Tax Journal* 50, 197-213.

FELDSTEIN, M. S. (1999), Tax Avoidance and the Deadweight Loss of the Income Tax, *Review of Economics and Statistics* 81, 674-680.

FELDSTEIN, M. S./FEENBERG, D. (1996), The Effect of Increased Tax Rates on Taxable Income and Economic Efficiency: A Preliminary Analysis of the 1993 Tax Rate Increases, in: J. M. POTERBA (Hg.), *Tax Policy and the Economy* 10, 89-117.

FITZENBERGER, B. ET AL. (2001), Testing for Uniform Wage Trends in West-Germany: A Cohort Analysis Using Quantile Regressions for Censored Data, *Empirical Economics* 26, 41-86.

FUEST, C./HUBER, B. (2001), Steuerliche Probleme von Mitarbeiteraktienoptionen, *Wirtschaftsdienst* 81, 155-158.

FUEST, C./WEICHENRIEDER, A. J. (2002), Tax Competition and Profit Shifting: On the Relationship between Personal and Corporate Tax Rates, *Ifo-Studien* 48, 611-632.

FULLERTON, D. (1991), Reconciling Recent Estimates of the Marginal Welfare Cost of Taxation, *American Economic Review* 81, 303-308.

GOOLSBEE, A. (1999), Evidence on the High-Income Laffer Curve from Six Decades of Tax Reform, *Brookings Papers on Economic Activity*, 1-47.

GOOLSBEE, A. (2000a), It's Not About the Money: Why Natural Experiments Don't Work on the Rich, in: J. B. SLEMROD (Hg.), Does Atlas Shrug? The Economic Consequences of Taxing the Rich. Cambridge/MA und London, 141-158.

GOOLSBEE, A. (2000b), What Happens when You Tax the Rich? Evidence from Executive Compensation, *Journal of Political Economy* 108, 352-378.

GORDON, R. H./MACKIE-MASON, J. K. (1994), Tax Distortions to the Choice of Organizational Form, *Journal of Public Economics* 55, 279-306.

GORDON, R. H./SLEMROD, J. B. (2000), Are "Real" Responses to Taxes Simply Income Shifting Between Corporate and Personal Tax Bases?, in: J. B. SLEMROD (Hg.), Does Atlas Shrug? The Economic Consequences of Taxing the Rich. Cambridge/MA und London, 240-280.

GREENE, P./MCCLELLAND, R. (2001), Taxes and Charitable Giving, *National Tax Journal* 54, 433-453.

GRUBER, J./POTERBA, J. (1994), Tax Incentives and the Decision to Purchase Health Insurance: Evidence from the Self-Employed, *Quarterly Journal of Economics* 109, 701-733.

GRUBER, J./SAEZ, E. (2002), The Elasticity of Taxable Income: Evidence and Implications, *Journal of Public Economics* 81, 1-32.

HALL, R. (1988), Intertemporal Substitution in Consumption, *Journal of Political Economy* 96, 339-357.

HAUSMAN, J. A. (1981), Labor Supply, in: H. A. AARON/J. A. PECHMAN (Hg.), How Taxes Affect Economic Behavior. Washington, 27-72.

HAUSMAN, J. A./POTERBA, J. M. (1987), Household Behavior and the Tax Reform Act of 1986, *Journal of Economic Perspectives* 1, 101-119.

HECKMAN, J. J. (1993), What Has Been Learned about Labor Supply in the Past Twenty Years, *American Economic Review (Papers and Proceedings)* 83, 116-121.

HEMMING, R. (1980), Income Tax Progressivity and Labour Supply, *Journal of Public Economics* 14, 95-100.

HERZOG-KOMMISSION [= CHRISTLICH-DEMOKRATISCHE UNION DEUTSCHLANDS] (2003), Bericht der Kommission "Soziale Sicherheit" zur Reform der sozialen Sicherungssysteme. Berlin.

HICKS, J. R. (1946), Value and Capital. 2. Auflage, London.

HINTERBERGER, F./MÜLLER, K. (1988), Verteilungswirkungen der Einkommensteuertarifreform 1990, *Zeitschrift für Wirtschafts- und Sozialwissenschaften* 108, 355-369.

HOCHMUTH, U./KLEIMANN, R. (1994), Das Steuerpanel. Konzept, Informationsgehalt, Fragestellungen und ausgewählte Ergebnisse, in: U. HOCHMUTH/J. WAGNER (Hg.), Firmenpanelstudien in Deutschland. Konzeptionelle Überlegungen und empirische Analysen. Tübingen, 107-112.

HOMBURG, S. (1997), Allgemeine Steuerlehre. München.

JACOBS, O. H./SPENGEL, C./HERMANN, R. A./STETTER, T. (2003), Steueroptimale Rechtsformwahl: Personengesellschaften besser als Kapitalgesellschaften. ZEW Discussion Paper No. 03-30.

JAKOBSSON, U. (1976), On the Measurement of the Degree of Progression, *Journal of Public Economics* 5, 161-168.

JOHNSTON, J. (1991), Econometric Methods. 3. Auflage, Auckland u. a.

KAISER, H./VAN ESSEN, U./SPAHN, P. B. (1993), Income Taxation and the Supply of Labour in West Germany: A Microeconometric Analysis with Special Reference to the West German Income Tax Reforms 1986-1990, in: A. HEIMLER/D. MULDERS (Hg.), Empirical Approaches to Fiscal Policy Modelling. London u. a., 163-182.

KASTEN, R./SAMMARTINO, F./TODER, E. (1994), Trends in Federal Tax Progressivity, 1980-93, in: J. SLEMROD (Hg.), Tax Progressivity and Income Inequality. Cambridge/MA u. a., 9-50.

KATZ, A./MANKIW, N. G. (1985), How Should Fringe Benefits Be Taxed?, *National Tax Journal* 38, 37-46.

KAY, J. A. (1980), The Deadweight Loss from a Tax System, *Journal of Public Economics* 13, 111-120.

KOPCZUK, W. (2003), Tax Bases, Tax Rates and the Elasticity of Reported Income. NBER Working Paper No. 10044.

LANG, O./NÖHRBASS, K.-H./STAHL, K. (1997), On Income Tax Avoidance: The Case of Germany, *Journal of Public Economics* 66, 227-247.

LEVY, F./MURNANE, R. J. (1992), U.S. Earnings Levels and Earnings Inequality: A Review of Recent Trends and Proposed Explanations, *Journal of Economic Literature* 30, 1333-1381.

LINDSEY, L. (1987), Individual Taxpayer Response to Tax Cuts, 1982-1984, with Implications for the Revenue Maximizing Tax Rates, *Journal of Public Economics* 33, 173-206.

LIPSEY, R. G./LANCASTER, K. (1956), The General Theory of Second Best, *Review of Economic Studies* 24, 11-32.

LONG, J. E./GWARTNEY, J. D. (1987), Income Tax Avoidance: Evidence from Individual Tax Returns, *National Tax Journal* 40, 517-532.

LUCAS, R. JR. (1976), Econometric Policy Evaluation: A Critique, in: K. BRUNNER/A. H. MELTZER (Hg.), The Phillips Curve and Labor Markets, Amsterdam: Carnegie-Rochester Conference Series on Public Policy No. 1, 19-46.

MACURDY, T. (1992), Work Disincentive Effects of Taxes: A Reexamination of Some Evidence, *American Economic Review (Papers and Proceedings)* 82, 243-249.

MAYSHAR, J. (1990), On Measures of Excess Burden and their Application, *Journal of Public Economics* 43, 263-289.

MAYSHAR, J. (1991), Taxation with Costly Administration, *Scandinavian Journal of Economics*, 93, 75-88.

MERZ, J. (1991), Wirkungen der Steuerreform 1990 auf Nebenerwerb und Schwarzarbeit, in: D. DÖRING/P. B. SPAHN (Hg.), Steuerreform als gesellschaftspolitische Aufgabe der neunziger Jahre. Berlin, 283-303.

MEYER, B. D. (1995), Natural and Quasi-Experiments in Economics, *Journal of Business & Economic Statistics* 13, 151-161.

MILLIGAN, K. (2003), How Do Contribution Limits Affect Contributions to Tax-Preferred Savings Accounts?, *Journal of Public Economics* 87, 253-281.

MOFFITT, R. A./WILHELM, M. (2000), Taxation and the Labor Supply Decisions of the Affluent, in: J. B. SLEMROD (Hg.), Does Atlas Shrug? The Economic Consequences of Taxing the Rich. Cambridge/MA und London, 193-234.

MUSGRAVE, R. A. (1976), ET, OT and SBT, *Journal of Public Economics* 6, 3-16.

MUSGRAVE, R. A./THIN, T. (1948), Income Tax Progression 1929-1948, *Journal of Political Economy* 56, 498-514.

NAVRATIL, J. (1995), Essay on the Impact of Marginal Tax Rate Reductions on the Reporting of Taxable Income on Individual Income Tax Returns. Unveröffentlichte Dissertation, Harvard University.

NÖHRBASS, K.-H./RAAB, M. (1990), Quellensteuer und Kapitalmarkt, *FinanzArchiv* 47, 179-193.

VON OEHSEN, J. H. (1982), Optimale Besteuerung. Frankfurt a. M.

PAQUÉ, K.-H. (1986), Philantropie und Steuerpolitik. Eine ökonomische Analyse der Förderung privater Wohltätigkeit. Tübingen.

PARRY, I. W. H. (2002), Tax Deductions and the Marginal Welfare Cost of Taxation, *International Tax and Public Finance* 9, 531-552.

PETERSEN, H.-G. (1988), Wer trägt die Einkommensteuerlast? Aufkommensentwicklung und Verteilungswirkungen der Lohn- und Einkommensteuer 1965-1990. Stuttgart u. a.

PIGOU, A. C. (1947), A Study in Public Finance. 3. Auflage, London.

PITT, M. M./SLEMROD, J. (1989), The Compliance Cost of Itemizing Deductions: Evidence from Individual Tax Returns, *American Economic Review* 79, 1224-1232.

RICHTER, W./THEILE C. (1998), Aufwendungen für Fahrten zwischen Wohnung und Arbeitsstätte: Ein Vorschlag zur Verwirklichung einkommensteuerlicher Entscheidungsneutralität, *Steuer und Wirtschaft* 75, 351-357.

RITZER, C. (2000), Die Mindestbesteuerung nach dem Steuerentlastungsgesetz 1999/2000/2002. Neuwied u. a.

RÜRUP-KOMMISSION [= BUNDESMINISTERIUM FÜR GESUNDHEIT UND SOZIALE SICHERUNG] (2003), Nachhaltigkeit in der Finanzierung der Sozialen Sicherungssysteme. Bericht der Kommission. Berlin.

SAEZ, E. (2003), The Effect of Marginal Tax Rates on Income: A Panel Study of 'Bracket Creep', *Journal of Public Economics* 87, 1231-1258.

SAMMARTINO, F./WEINER, D. (1997), Recent Evidence on Taxpayers' Response to the Rate Increases in the 1990's, *National Tax Journal* 50, 683-705.

SAMUELSON, P. A. (1954), The Pure Theory of Public Expenditure, *Review of Economics and Statistics* 36, 387-389.

SANDMO, A. (1975), Optimal Taxation in the Presence of Externalities, *Swedish Journal of Economics* 77, 86-98.

SCHMIDT, L. -Hg.- (1988), Einkommensteuergesetz. 7. Auflage, München.

SCHMIDT, L. -Hg.- (1990), Einkommensteuergesetz. 9. Auflage, München.

SCHMIDT, L. -Hg.- (2001), Einkommensteuergesetz. 20. Auflage, München.

SCHÖN, W. (2002), Vermeidbare und unvermeidbare Hindernisse der Steuervereinfachung, *Steuer und Wirtschaft* 79, 23-35.

SCHWARZE, J. (1995), Simulating German Income and Social Security Tax Payments Using the GSOEP. Cross-National Studies in Agin Program Project Paper No. 19.

SELÉN, J. (2002), Taxable Income Responses to Tax Changes - A Panel Analysis of the 1990/91 Swedish Reform, FIEF Working Paper Series No. 177.

SILLAMAA, M.-A. (1999), How Work Effort Responds to Wage Taxation: A Non-linear versus a Linear Tax Experiment, *Journal of Economic Behavior and Organization* 39, 219-233.

SILLAMAA, M.-A./VEALL, M. R. (2001), The Effect of Marginal Tax Rates on Taxable Income: A Panel Study of the 1988 Tax Flattening in Canada, *Journal of Public Economics* 80, 341-356.

SIMONS, H. C. (1938), Personal Income Taxation. Chicago.

SINN, H.-W. (1985), Kapitaleinkommensbesteuerung. Eine Analyse der intertemporalen, internationalen und intersektoralen Allokationswirkungen. München.

SHOWALTER, M. H./THURSTON, N. K. (1997), Taxes and Labor Supply of High-Income Physicians, *Journal of Public Economics* 66, 73-97.

SLEMROD, J. (1995), Income Creation or Income Shifting? Behavioral Responses to the Tax Reform Act of 1986, *American Economic Review* 85, 175-180.

SLEMROD, J. (1996), High-Income Families and the Tax Changes of the 1980s: The Anatomy of Bahavioral Response, in: M. S. FELDSTEIN/J. M. POTERBA (Hg.): Empirical Foundations of Household Taxation. Chicago und London, 169-189.

SLEMROD, J. (1998), Methodological Issues in Measuring and Interpreting Taxable Income Elasticities, *National Tax Journal* 51, 773-788.

SLEMROD, J. (2001), A General Model of the Behavioral Response to Taxation, *International Tax and Public Finance* 8, 119-128.

SLEMROD, J./KOPCZUK, W. (2002), The Optimal Elasticity of Taxable Income, *Journal of Public Economics* 84, 91-112.

SLEMROD, J./YITHAKI, S. (2001), Integrating Expenditure and Tax Decisions: The Marginal Cost of Funds and the Marginal Benefit of Projects, *National Tax Journal* 54, 189-201.

SLEMROD, J./YITHAKI, S. (2002), Tax Avoidance, Evasion, and Administration, in: A. J. AUERBACH/M. S. FELDSTEIN (Hg.), Handbook of Public Economics, Vol. 3. London und New York, 1423-1470.

SNOW, A./WARREN, R. S. JR. (1996), The Marginal Welfare Cost of Public Funds: Theory and Estimates, *Journal of Public Economics* 61, 289-305.

STATISTISCHES BUNDESAMT (1987), Finanzen und Steuern. Fachserie 14, Reihe 7.1: Einkommensteuer 1983. Wiesbaden.

STATISTISCHES BUNDESAMT (1988a), Wirtschaftsrechnungen. Fachserie 15: Einkommens- und Verbrauchsstichprobe 1983. Heft 6: Einkommensverteilung und Einkommensbezieher in privaten Haushalten. Wiesbaden.

STATISTISCHES BUNDESAMT (1988b), Statistisches Jahrbuch 1988. Wiesbaden.

STATISTISCHES BUNDESAMT (1991a), Finanzen und Steuern. Fachserie 14, Reihe 7.1: Einkommensteuer 1986. Wiesbaden.

STATISTISCHES BUNDESAMT (1991b), Volkswirtschaftliche Gesamtrechnungen. Fachserie 18, Reihe S.15: Revidierte Ergebnisse 1950 bis 1990. Wiesbaden.

STATISTISCHES BUNDESAMT (1991c), Statistisches Jahrbuch 1991. Wiesbaden.

STATISTISCHES BUNDESAMT (1991d), Volkswirtschaftliche Gesamtrechnungen. Fachserie 18, Reihe S.18: Ergebnisse für Wirtschaftsbereiche (Branchenblätter). Wiesbaden.

STATISTISCHES BUNDESAMT (1995), Finanzen und Steuern. Fachserie 14, Reihe 7.1: Einkommensteuer 1989. Wiesbaden.

STATISTISCHES BUNDESAMT (1998), Finanzen und Steuern. Fachserie 14, Reihe 7.1: Lohn- und Einkommensteuer 1992. Wiesbaden.

STIGLITZ, J. E. (1985), The General Theory of Tax Avoidance, *National Tax Journal* 38, 325-337.

STIGLITZ, J. E./DASGUPTA, P. (1971), Differential Taxation, Public Goods, and Economic Efficiency, *Review of Economic Studies* 38, 151-174.

SUNLEY, E. M./STOTSKY, J. G. (1998), The Tax System in Industrialized Countries: The United States, in: K. MESSERE (Hg.), The Tax System in Industrialized Countries. Oxford und New York, 377-430.

TABER, C. R. (2000), Taxation and the Labor Supply Decisions of the Affluent: Commentary, in: J. B. SLEMROD (Hg.), Does Atlas Shrug? The Economic Consequences of Taxing the Rich. Cambridge/MA und London, 235-239.

TIPKE, K./LANG, J. (1991), Steuerrecht. Ein systematischer Grundriß. 13. Auflage, Köln.

THUM, M./VON WEIZSÄCKER, J. (2000), Implizite Einkommensteuer als Messlatte für aktuelle Rentenreformvorschläge, *Perspektiven der Wirtschaftspolitik* 1, 453-468.

TRIEST, R. K. (1990a), The Relationship Between the Marginal Cost of Public Funds and Marginal Excess Burden, *American Economic Review* 80, 557-566.

TRIEST, R. K. (1990b), The Effect of Income Taxation on Labor Supply in the US, *Journal of Human Resources* 25, 491-516.

TRIEST, R. K. (1992), The Effect of Income Taxation on Labor Supply when Deductions Are Endogenous, *Review of Economics and Statistics* 74, 91-99.

TRIEST, R.K. (1998), Econometric Issues in Estimating the Behavioral Response to Taxation: A Non-technical Introduction, *National Tax Journal* 51, 761-772.

USHER, D. (1986), Tax Evasion and the Marginal Cost of Public Funds, *Economic Inquiry* 24, 563-587.

VARIAN, H. R. (1984), Microeconomic Theory. 2. Auflage, New York und London.

WAGENHALS, G. (1990), Einkommensbesteuerung und Frauenerwerbstätigkeit, in: B. FELDERER (Hg.), Bevölkerung und Wirtschaft. Berlin, 473-492.

WAGENHALS, G. (2000), Arbeitsangebotseffekte des Steuer- und Transfersystems in der Bundesrepublik Deutschland, *Jahrbücher für Nationalökonomie und Statistik* 220, 191-213.

WAGNER, F. W. (1992), Die systemgerechte Besteuerung von Personalleistungen, *Steuer und Wirtschaft* 69, 291-301.

WIEGARD, W. (1987), Reform der Einkommensteuer: Einfacher, gerechter, effizienter?, *Wirtschaftsdienst* 67, 239-246.

WILDASIN, D. E. (1984), On Public Good Provision with Distortionary Taxation, *Economic Inquiry* 22, 227-243.

Woodbury, S. A. (1983), Substitution between Wage and Nonwage Benefits, *American Economic Review* 73, 166-182.

WREDE, M. (1993), Ökonomische Theorie des Steuerentzuges. Steuervermeidung, -umgehung und -hinterziehung. Heidelberg.

WREDE, M. (2000), Tax Deductibility of Commuting Expenses and Leisure: On the Tax Treatment of Time-Saving Expenditure, *FinanzArchiv* 57, 216-224.